함께하는
행복한
복지사회

-사회복지행정론-

윤권종 지음

박영사

머 리 말

가끔씩 "삶의 목적이 무엇인가?" 하는 질문을 던져보곤 한다.

오늘날 인류는 복지국가를 지향하며 복지사회를 만들어 가는 데 목적을 둔다고 하지만, 개인들은 나날이 힘든 경쟁 속에서 살아남기 위한 생존에 내몰리고 있는 것이 현실이다.

국가는 인간다운 삶을 보장하고, 국민은 인간다운 생활을 할 생존권을 기본권으로 보장받을 것을 소망한다. 이와 같은 기본권의 보장은 헌법상의 생존적 기본권리를 사회복지를 통하여 실현하고자 한다. 급격한 변화의 소용돌이 속에서 살아가는 우리는 정치·경제·사회·문화적 환경에 대응하는 사회복지의 참정신의 실천을 통하여 보다 좋은 세상을 만들어 가기 위함이 아닌가 한다.

몇 해 동안 사회복지를 강의하면서 보고, 느끼고, 고심했던 것들을 조금이나마 담아보려고 마음먹고 1년여에 걸쳐 오류에 오류를 반복하는 과정 속에 탈고를 마치고 나니 다시 마음은 무념무상으로 텅 비어 버렸다. 늘 주변에 무심하면서 나만을 위해 살았던 이기적인 시간들을 돌아보게 된다. 욕구와 욕망 그리고 도전과 같은 단어들이 내 삶의 목적이 되어 왔다. 이제는 달리는 시간 위에서 주변을 살피고, 관찰하고 조금은 내려서 걸어보는 여유가 필요하지 않겠는가!

사회복지란 그런 것이리라...

나와 함께 살아가는 이 시대의 또 다른 삶들과 함께 산책하듯 걸어가는...

이 책을 위하여 분주히 시간을 쪼개면서 함께해 준 강경인 선생 그리고 사회복지를 공부하는 박영훈 학생 그리고 원고의 정리와 편집에 수고하신 박영사 관계자 분들께도 감사를 드린다.

봉서산 기슭 연구실 창속으로 들어오는
2013년의 저녁 하늘은
한껏 눈덩이를 머금은 듯하다.
저자 **윤 권 종**

차 례

제 6 장 사회복지조직구조과 사회환경

제11장 사회복지행정 프로그램

제12장 욕구조사 및 관리기법

제13장 사회복지행정의 프로세스

그림 차례

표 차례

제1장
사회복지행정의 이해

제1장 사회복지행정의 이해

1. 사회복지행정의 개요

1) 개념

오늘날 사회복지행정(Social Welfare Administration)에 관한 논의가 여러 방면에서 활발하게 진행되고 있으나 아직 사회복지행정의 개념에 대한 이론적 일치가 이루어지지는 않고 있다. 그것은 사회복지를 보는 관점에 따라 사회복지행정의 개념이 다르게 나타나기 때문이다. 즉, 사회복지를 협의로 보느냐, 광의로 보느냐에 따라 그 개념과 성격이 달라질 뿐 아니라, 행정에 대한 개념 또한 관리적인 측면을 강조하는가 혹은 기능적인 측면을 강조하는가에 따라 학문적인 견해가 다양하게 나타나고 있다.

그러나 대개의 경우 협의의 사회복지행정과 광의의 사회복지행정으로 구분하고 있다. 이러한 구분은 사회복지의 개념을 협의 및 광의로 나누어 고찰하는 맥을 그대로 받아들이는 것으로 이해된다. 전자의 경우 사회복지행정을 사회복지실천을 용이하게 하기 위하여 조직 관리자에 의해 수행되는 일련의 체계적 개입과정을 의미한다. 그리고 후자의 경우는 사회복지행정을 사회조직에 다양하게 기여하는 조직구성원들의 협동적이며 조정적인 노력과 함께 국가의 사회복지정책을 사회복지서비스로 구체화시키는 데 필요한 사회복지 분야의 총체적인 활동이라 한다.

(1) 협의의 사회복지행정과 광의의 사회복지행정

협의의 사회복지행정은 사회사업행정(Social Work Administration) 또는 사회사업시설행정(Social Agency Administration)으로 이해하는 것으로서 개별화사업(Case Work), 집단사회사업(Group Work), 지역사회조직(Community Organization)과 연장선상에 있는 실천방법의 하나로 보는 것이다. 개별사회사업이 구체적이며 특수한 환경에 처한 개인과 마찬가지로 사회복지행정 또한 사회사업조직(기관)을 대상으로 사회사업서비스를 계획하고 시행하는 과정을 통하여 변화를 이루어 가는 과정이라고 할 수 있다(Skidmore, 1983 : 12).

다시 말하면, 사회복지행정 과정을 통해 사회복지조직의 운영 및 기능을 촉진시키고, 조직을 통한 사회복지 실천 활동을 증진시킴으로써 직접적으로는 사회복지조직의 일부인 사회사업기관 및 시설의 활동에 변화를 가져오고, 간접적으로는 클라이언트 체계인 가족,

개인 소집단 및 지역사회의 성장과 행동에 변화를 초래하게 된다는 측면에서 사회복지행정을 사회복지실천의 한 개입방법이라 보는 것이다. 이와 같이 협의의 사회복지행정은 사회사업실천이라는 맥락 속에서 그 개념이 정의된다(최성재·남기민, 1993 : 20~21).

한편 광의의 사회복지행정이란 국가의 사회복지목표 달성을 위하여 정치권력을 배경으로 하는 사회복지정책의 형성 및 구체화를 위한 합리적인 행동을 의미하게 된다. 이 경우 광의의 사회복지행정은 협의의 사회복지행정을 포함하는 것은 물론 결국 공·사를 막론한 사회복지조직 자체의 관리와 업무의 집행, 국가의 사회복지정책의 형성과 구체화, 사회복지정책의 목표와 이념 설정 등의 활동을 구체적인 사업별로 전 국민에 대하여 행하게 되는 사회복지의 제도와 행태를 총체적으로 말하는 것으로 볼 수 있다.

(2) 사회복지행정관리설과 사회복지행정기능설

한편으로 사회복지행정의 개념을 사회복지행정관리설과 사회복지행정기능설로 나누어 설명하기도 한다. 사회복지행정관리설은 사회복지행정을 사회복지에 관한 업무처리, 특히 클라이언트와의 관계를 중심으로 하는 실제적 과정 및 활동으로 보고 사회생활 관계에서 나타난 기본적 욕구를 충족시키는 기술로 봄으로써 협의의 사회복지행정과 같은 맥락에서 이해하게 된다. 반면 사회복지행정기능설은 사회복지행정을 사회복지의 목표를 달성하기 위한 공공사무의 한 기능으로 보는 견해로서 광의의 사회복지행정과 맥을 같이하게 된다.

Arthur P. Miles(1949 : 11~12)는 "사회복지행정은 정부의 보호 하에 인간의 빈곤과 곤란을 구제하고 인간의 부적응을 치료하는 기술 또는 테크닉이다"라고 하였다. R. Clyde White(1980 : 27)는 "사회복지행정은 빈곤자의 구제, 중독아동과 문제아동의 보호, 범죄자와 비행자의 치료, 정신병자의 치료를 목적으로 하는 기술이며 과학이다"라고 규정함으로써 사회복지행정관리설을 주장하고 있다.

그러나 구자헌(1970 : 245)은 "사회복지행정이란 공·사 사회복지기관의 운영을 말한다. 행정이란 2인 이상이 합리적인 목적을 추구하는 조직된 활동을 말한다. 행정은 사행정과 공공행정의 두 가지로 크게 나누어진다"고 하였으며, 明山和夫(1957 : 51~55)는 "행정학적 행정 개념 하에서 사회복지행정을 복지 분야에 있어 공공목적을 달성하기 위한 제 과정의 관련된 기능"으로 복지행정기능설을 주장하고 있다.

(3) 사회복지행정의 주체와 대상

또한 사회복지행정의 주체를 민간 중심의 복지기관이나 시설로 보느냐, 아니면 공공행정기관으로 보느냐에 따라 개념이 달라질 수도 있다. 민간 복지기관을 주체로 보는 경우에는 그 대상을 구체적 요보호자에게 한정시키고 그들에게 서비스를 제공하는 데 필요한 전문적 기술을 중요시하게 된다. 따라서 사회복지행정은 사회복지기관과 인적 자원들이 효과적으로 서비스를 기획, 실천, 평가하도록 지원해주는 사회사업 또는 사회복지실천의 한 방법이라고 보게 된다(성규탁, 1998 : 1). 그러나 사회복지행정의 주체를 공공행정기관으로 보는 경우에는 그 대상이 구체적 요구호자뿐만 아니라 전 국민으로 확대되기 때문에 사회 전체적인 입장에서 문제해결을 중요시하게 되는 것이다(배기효, 1995 : 14).

(4) 사회복지행정의 정의

사회복지행정은 민간 중심의 사회복지시설 및 기관행정의 범주에 한정한다. 사회사업적 지식과 기술 등을 적용하여 요보호자를 대상으로 하는 실천방법으로 이해될 때에는 협의의 개념으로, 그 범주를 넘어서 공공행정, 즉 중앙이나 지방정부의 복지관련 행정을 통해 전 국민을 대상으로 하는 공공복지의 영역에서 공공사무의 기능을 포괄할 때는 광의의 개념으로 볼 수가 있다.

이 같은 두 가지 개념의 공통적인 요소를 간추려 보면 첫째로 수행될 기능, 즉 과업이나 프로젝트 또는 문제해결 등에 기반을 두고 그 실천적 과정을 중시하는 정의와 둘째로 사회적 제 서비스의 조직 내에서 관련되는 인간 간의 행동적 상호작용을 강조하는 정의, 그리고 셋째로 이 양 요소를 통합하여 사용하는 것으로 분류한다.

따라서 사회복지행정이란 공·사의 사회복지시설이나 기관에서 요보호자 및 전 국민의 복지 증진을 위한 어떠한 목적을 설정하여 그것을 달성하기 위하여 관련된 인간 간의 협동적 노력과정이라는 일반적 정의를 내릴 수 있는 것이다.

이렇게 다양한 견해가 있는 사회복지행정의 개념을 정리하면 다음과 같다.

[표 1-1] 사회복지행정의 개념

구 분	사회복지행정	주 체	대 상
광의의 개념	사회사업시설 및 기관행정 (협의의 사회복지행정)	민간복지기관	요보호자
	공공복지기관행정	국가 및 지방자치단체	전 국민

* 출처: 장인협·이정호, 1993 : 14.

2) 중요성 및 특성

(1) 사회복지행정의 중요성

최근 각종의 사회복지조직이 늘어나면서 조직을 유지 발전시켜 나가기 위한 행정의 중요성에 대하여 인식하기 시작하였다. 한 예로 기획, 조직, 인사, 통제, 지도와 같은 행정 기능이 없는 사회복지조직을 가정해 볼 때 다음과 같은 결과가 나타날 것으로 예상된다

(Weinbach, 1990 : 19~20).

① 클라이언트와 직원들은 마음대로 나타나기도 하고 사라지기도 할 것이다.
② 직원들은 매일 업무를 시작할 때 하고자 하는 것을 결정할 것이며 그들의 업무는 다른 직원들의 활동과는 어떤 유기적인 관련 없이 이루어질 것이다.
③ 아무도 자신의 업무 또는 다른 사람의 업무에 대해 책임지지 않을 것이다.
④ 아무도 다른 사람의 업무 또는 어떤 프로그램 및 서비스를 평가하지 않을 것이다.
⑤ 아무도 지역사회 내에서 조직의 현재의 역할에 대해 알지 못할 것이고 조직의 미래에 대해서도 관심을 갖지 않을 것이다.
⑥ 아무도 다른 직원과 어떤 정보를 함께 나누려 하지 않을 것이다.
⑦ 어떤 확실한 지도자도 없을 것이며 또한 직원들에 대한 분명한 역할 기대도 하지 않을 것이다. 모든 결정은 일방적이 될 것이다.
⑧ 행동을 지도할 목표도 사명도 없을 것이다.
⑨ 직원들의 지식과 기술을 향상시키는 것을 도울 어떤 수단도 없을 것이다.
⑩ 과업의 위임도 전혀 없을 것이다.

사회복지조직에서 이와 같은 현상이 나타난다면 사실상 그것은 이미 조직이 아니다. 따라서 행정이 없다면 사회복지조직은 존재할 수가 없는 것이다. 따라서 사회복지행정은 사회복지조직에 있어서 필요불가결한 것이고 필연적인 것이며, 사회복지조직을 사람들이 그 안에 목적 없이 모여 제멋대로 활동하는 단순한 건물과 같은 존재로 만들지 않으려는 노력의 과정으로 이해된다.

특히 사회복지조직에 의해 제공되는 서비스는 사회복지조직에서 행정이 어떻게 이루어지느냐에 결정적으로 영향을 받는다. 이와 같이 서비스와 행정 간의 불가분의 관계 때문에 사회복지조직에 있어서 서비스 질은 사회복지행정의 질에 크게 좌우된다고 볼 수 있다(Trecker, 1977 : 25). 따라서 현대 산업사회에서 각종 사회문제의 발생으로 인해 충족되지 않은 사회적 욕구가 증가하면서 사회복지조직으로부터의 서비스 기대가 그 어느 때보다도 높아져 가고 있는 만큼 효과적인 서비스를 위해 사회복지행정이 중요하다는 인식이 학계와 사회복지 실무자들에게 보편화되어 가고 있다(최성재·남기민, 1993 : 23~24).

(2) 사회복지행정의 특성

사회복지의 목표 달성, 특히 사회사업의 성취는 인력이나 물자의 단순 투입만으로 소기의 성과를 거둘 수 없다는 것은 자명한 사실이다. 투입되는 인력이나 물자를 효율적으로 활용하는 합리적 행정과정을 통할 때 성과가 뚜렷하게 나타난다는 것은 주지의 사실이다.

그러므로 사회복지행정은 조직, 관리, 인적·물적 자원의 효율적 활용 또는 사회적 서비스를 제공하는 과정을 그 주요 내용으로 하고 있으며, 또 효율성을 위해서는 건물이나, 자본, 설비 등의 중시보다는 인간을 중심으로 역점을 두게 된다.

따라서 사회복지행정은 기업이나 정부의 일반 행정과 관리의 기술이나 원리의 면에서는 공통성을 가지고 있지만 건전한 인간의 가치와 관계성에 관한 원리와 감정을 부가하고 있다는 점이 다르다. 즉, 사회복지행정은 국민의 복지증진을 목표로 하고 있으며 그 최종 목표는 모든 사회 구성원이 '건전한 인간'으로 육성·발전되어 간다.

사회복지행정은 클라이언트에게 의타심을 조장케 한 종전의 자선사업(charity work)과는 근본적으로 다르다. 단순한 구호, 육성, 갱생조치가 아니라 서비스를 받는 자가 정상적인 사회인으로 참여하도록 하는 데 의의가 있고, 나아가 사회문제의 예방과 복지의 증진을 의도하고 있다는 점에서 일반 행정과 다른 특징이 있다. 이러한 사회복지행정의 특징을 정리해 보면 다음과 같다(장인협·이정호, 1993 : 21~22).

첫째, 사회복지행정은 국가의 이념, 개발방향, 정책 등의 내용에 따라 결정되는 성격이 농후한 분야이다. 따라서 국가 책임에 의한 거시적·정책적 가치 지향을 목표로 한다. 즉, 헌법 제34조 제1항에 규정하고 있는 "모든 국민은 인간다운 생활을 할 권리를 가진다"를 보장하기 위하여 헌법 제34조 제2항에는 "국가는 사회보장·사회복지의 증진에 노력할 의무를 진다"라는 국가의 사회복지에 대한 책임을 사회복지해결과정을 통해 구현해 가는 것이다.

둘째, 사회적으로 인지된 욕구(needs)를 충족시키기 위해 사용 가능한 사회적 자원의 동원을 욕구충족을 위한 방법으로서 적용한다.

셋째, 사회복지행정은 이윤추구 및 가격관리를 목적으로 하지 않는다. 다양한 복합적 욕구충족의 우선순위 및 그 선택에 관련되는 클라이언트 및 지역주민의 존엄성에 관련된 행동을 규제하는 윤리, 공적 책임, 전문 인력 관리 등에 주안점을 둔다.

넷째, 사회복지행정은 복지정책으로 설정된 목표를 달성하는 이행수단·방법과 그것의 선택, 사회복지서비스를 준비하고 운영하는 특정의 조직과 기구에 관심을 둔다.

한편으로 Sarri(1971 : 43~44)는 복지행정의 특징을 세 가지로 기술하고 있다.

첫째, 사회복지행정의 클라이언트는 투입(input)인 동시에 산출(output)이다.

둘째, 사회복지행정은 카운슬링, 케이스워크, 그룹워크 등 인간관계의 기술에 크게 의존하며, 따라서 전문가에게 의존한다.

셋째, 사회복지행정은 높은 비율의 비일상적인 사건에 직면한다. 가족의 위기, 위급한 건강문제, 주택문제 등 긴장에 처한 클라이언트의 행동은 가끔 돌발적이고 예측할 수 없는 문제에 관심을 가진다.

3) 이념

사회복지행정의 이념은 사회복지행정이 지향하고자 하는 최고 가치와 정신을 의미한다. 이는 사회복지정책을 서비스로 전환하는 행정과정의 기준과 목표가 되고, 실천적 방향을 제시해 주는 것이다. 일반적으로 행정이념에서 논의되고 있는 것들은 합법성, 능률성, 민주성, 효과성, 생산성 및 사회적 형평성이다. 사회복지행정에서 일반적으로 논의되는 이러한 행정이념이 모두 적용되어야 함은 당연하다. 나아가 사회복지서비스의 욕구를 명확히 하고 그 욕구를 충족시켜 줄 수 있도록 효과성, 효율성, 공평성, 편익성이 특히 더 요구되고 있다.

(1) 효과성

효과성은 목표의 결과적 달성 정도를 의미한다. 즉, 욕구의 충족 또는 해결에 있어서 조직과 서비스가 어느 정도 유효한가를 의미하는 것이다. 즉, 욕구충족을 위해 선택된 서비스가 어느 정도 적합한가의 관점에서 판단되며 이는 사회복지조직의 목표가 명확하게 설정되어 있어야만 그 달성 여부를 파악할 수 있다.

(2) 효율성

효율성은 최소의 자원으로서 최대의 효과를 어떻게 거둘 것인지의 개념이다. 이 이념은 자원의 유한성을 전제로 하는 경우 항상 문제가 되며, 자원의 제한성이 있는 사회복지서비스의 공급에 있어서는 중요시되는 이념이다. 그러나 사회복지의 특성상 이 효율성의 이념은 현장에서 추구되기가 어려운 것도 사실이다. 이는 보통 효율성을 경영의 개념과 함께 인식함으로써 비용, 시간, 인력 등의 자원을 극소화시키려는 것으로 파악하고 있기 때문이다. 따라서 사회복지현장에 있어서 효율성은 자원의 극대화라는 시각을 넘어서서 동일한 자원으로 보다 최적의 서비스와 최대의 만족을 클라이언트에게 주어야 한다는 것이다.

(3) 공평성

공평성이란 동일한 욕구를 가진 대상자는 동일한 혜택을 받아야 한다는 것이다. 특히 사회복지서비스의 공급에 있어서는 공평성이 특별히 배려되지 않으면 안 된다. 공평성은 서비스를 받는 기회와 내용뿐 아니라 그 비용 등을 포함하여 수반할 필요가 있다. 간혹 사회복지서비스의 공급은 필요한 서비스 또는 시책 등이 충분히 준비되지 않기 때문에 서비스의 수익자와 비수익자 간에 공평성을 결하는 점이 있으며, 사회복지시설 발전의 불균형에서 생기는 불공평 등이 있다. 그러나 공평성은 반드시 형식적 평등만을 의미하는 것은 아니다. 가령 기회의 평등이 확보되어도, 그것은 반드시 결과의 평등을 가져오는 것은 아니다. 즉, 필요에 따라 장애를 가진 대상자에게 특별한 서비스 제공을 하였지만 결과의 평등에 관계없는 경우도 있다. 이러한 의미에서 공평성의 판단은 실제 사례에 따라서 유동성 있게 행할 필요가 있다.

(4) 편익성

편익성은 사회복지욕구 중 특히 비화폐적 욕구충족의 경우에 문제가 되는데 이것은 대상자가 서비스를 쉽게 이용할 수 있어야 한다. 비화폐적 욕구충족은 금전급부와는 달리 현물(시설, 물품, 인적 노동서비스) 또는 상담 서비스로 되기 때문에 이용자의 신변에 쉽게 이용되도록 하는 것이 문제로 된다. 어떤 종류의 욕구충족에 있어서 시설 서비스가 필요로 할 때 시설이 충분한 설비·기능을 갖추고 있어도 그 설비가 이용자에게 물리적으로 떨어져 있거나 그 시설의 운영관리가 지나치게 관료적이면 그 서비스는 욕구충족의 기능을 다하지 못하게 된다.

이와 같은 사회복지서비스 제공의 네 가지 이념은 때에 따라서 상호 간에 모순 대립되는 것도 적지 않다. 따라서 사회복지서비스를 보편주의에 의할 것인가 선별주의에 의할 것인가라는 문제가 대두된다.

보편주의적 운영방법은 서비스의 공급을 행할 때에 대상자에게 특정의 자격 또는 조건을 부여하지 않는 것을 원칙으로 하는 방법이며, 선별주의적 운영방법은 대상자에 대한 수급자격, 조건 등을 붙여 서비스 제공을 행하는 것이다. 보편주의적 운영방법은 공평성·편익성의 측면에서는 적합하지만 서비스를 집중하여야 한다는 효과성·효율성의 측면에서 보면 약간의 문제가 있다. 반면 선별주의적 운영방법은 욕구의 선별이 적절하게 행하여지는 한에서는 효과성, 효율성의 면에서 보다 우월한 특징을 갖지만 공평성·접근성의 면에서 보면 약간의 문제가 제기된다. 오늘날 보다 넓게 이해되는 사회복지의 맥락에서 행정이념은 보편주의적 운영방법을 일차적 목표로 삼아야 할 것이다(장인협·이정호, 1993 : 18~20).

4) 영역과 활동범위

(1) 사회복지행정의 영역

사회복지행정의 개념이 국가나 시대와 학자에 따라 다양한 만큼 사회복지행정의 영역을 설정하는 문제도 어려운 것이 현실이다. 그러나 사회복지행정의 영역에 대해서는 어느 정도의 합의가 있는 것 또한 사실이다. 그것은 행정 자체의 기능이 바로 조직관리와 법령의 집행에 있다는 점이 사회복지행정에서도 그대로 적용되기 때문이다.

한 국가의 사회복지이념은 사회복지정책으로 수렴되며 그것은 사회복지법규와 제도로서 구체화되고 동시에 이 정책과 법규 그리고 제도는 클라이언트에게 가장 효과적으로 기능함과 동시에 구체적이며 전문적인 실천방법으로 구현되어야 하는데 바로 여기에서 사회복지행정의 영역이 자리매김하게 된다.

즉, 정책과 법규 및 제도를 사회복지실천으로 연결시키는 가교의 역할을 사회복지행정이 맡게 된다. 법령을 해석하고 집행하며, 조직의 내적·외적 환경을 조정하고 통합하여 인적·물적·사회적 자원을 동원하여 클라이언트를 위한 프로그램을 개발하고 실행하며, 지역사회와의 관계를 정립하고 사회복지조직의 전 활동과정을 평가하고 혁신시키는 일을 통하여 일선의 사회복지실천가들을 지원하고 보조하는 일을 사회복지행정이 담당하게 되는 것이다. 사회복지행정이 비록 클라이언트에게 직접적인 실천활동을 행하지는 않지만, 직접적 실천 활동에 중요한 영향을 미치는 것 자체만으로도 이미 또 하나의 실천 방법으로서 이해할 수 있다. 이를 그림으로 나타내면 [그림 1-1]과 같다.

그림 1-1   사회복지행정의 영역

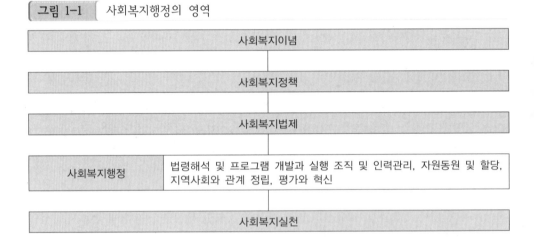

(2) 사회복지행정의 활동범위

사회복지행정의 활동범위의 설정은 관점에 따라 여러 가지로 분류할 수 있다. 일반적으로 크게 복지 구현 방법을 기준으로 한 분류, 고객을 기준으로 한 분류, 행정과정을 기준으로 한 분류, 그리고 공간적 범위를 기준으로 한 분류 등으로 구분될 수 있다. 그러나 이들 분류는 시행과정에서 복합적으로 이루어질 수도 있어 엄격히 구분하기 어려운 경우가 많다.

① 복지 구현 방법을 기준으로 한 분류

Walter A. Friedlander와 Robert Z. Apte(1974 : 200~202)는 사회복지의 전체 실천체계(practice system)를 (a) 경제보장 및 고용기회(economic security and employment opportunity), (b) 사회 환경 및 주택 '서비스'(social environment and housing service), (c) 건강증진 및 의료 '서비스'(health promotion and health care service), (d) 개인적·사회적 발전 '서비스'(persona land social development service)로 나누고 있으며, 여기에 교육(education)을 추가할 수도 있다. 소득, 건강, 고용, 생활환경, 교육 등이 인간 수요의 가장 기본적인 사항이라 할 수 있는 것이다. 다시 말해서, 사회복지를 실현하는 데 있어서 소득과 건강의 유지는 무엇보다도 필요하며 고용, 생활과 환경, 개인적 성장과 사회적 발전, 교육 등은 건전한 사회생활을 하기 위한 인간의 수요에 있어서 가장 기본적인 요소라고 할 수 있다. 그런데 이러한 인간의 기본적 수요를 충족시키는 수단방법으로서의 사회적 급여(benefits)는 (a) 물질인 현금(cash) 및 현물 (goods), (b) 서비스(service), (c) 기회(opportunity) 또는 우선권(preferences) 부여 등이 있다.

② 고객을 기준으로 한 분류

사회복지행정의 대상이 되는 고객을 기준으로 해서 기초생활보호행정, 노인복지행정, 아동·청소년복지행정, 여성복지행정, 장애인복지행정, 보호대상자복지행정, 근로자복지행정 등으로 나눌 수 있다. 그러나 사회복지대상이 되는 고객은 시·공간에 따라 그의 종별이나 비중이 유동적으로 나타나는 것이기 때문에 사회복지행정의 유형을 고정화할 수는 없을 것이다.

③ 행정과정을 기준으로 한 분류

복지를 실현하는 행정과정을 기준으로 해서 (a) 의사결정 분야인 사회복지행정 기획, (b) 조직 분야인 사회복지행정 조직, (c) 인적관리 분야인 사회복지인사행정, (d) 재적관리 분야인 사회복지행정통제로 분류할 수 있다. 이는 일반 행정을 행정기획, 행정조직, 인사행정 및 행정통제로 분류하는 것과 상응하는 것이다(신상준, 1970 : 30). 사회복지 기획 및 사회복지정책결정을 행정의 관리과정의 상위과정이라고 할 수 있다. 그러나 사회복지정책이나 기획 자체가 사회복지행정과 상호관계에 있으므로 사회복지행정의 분류에 포함시키는 것이 옳다고 본다. 사회복지행정 기획은 일단 정책이 결정된 후에 이루어져야 할 정책추진계획으로서 사회복지행정의 목적, 내용, 추진방법에 관한 계획수립과 결정에 관한 것이고, 사회복지행정 조직은 사회복지행정에 수반되는 인적·물적 수요의 교류적 활용에 관한 것이다. 그리고 사회복지행정통제는 복지행정의 효과를 보장하기 위한 환류로서 통제작용에 해당되는 것이다.

④ 공간적 범위(장소)를 기준으로 한 분류

이것은 사회복지를 수행하는 장소가 어디인가에 따른 분류로서 공간적 범위에 의한 분류라고도 할 수 있다. 사회복지행정은 그 수행 주체나 장소가 국내냐 국외냐에 따라 국가사회복지행정과 국제사회복지행정으로 나눌 수 있다. 전자는 중앙사회복지행정 및 지방사회복지행정으로 구분해 볼 수 있다. 이것은 행정을 국가행정과 국제행정으로, 국가행정을 중앙행정과 지방행정으로 분류하는 것에 대응하는 것이다. 국제간의 교류 확대, 세계화·국제화로 인해서 국제사회복지행정을 비롯한 국제행정의 중요도가 검증되고 그 업무 범위가 확대되고 있다. 다시 말하면, 국제사회복지행정은 행정의 파급영역이 국가영역을 넘어서서 국가 간의 협력에 의해서 복지 목적이 수행되고 있는 행정을 말한다.

이와 같이 사회복지행정의 범위를 네 가지로 나누어 살펴보았으나, 이들 범위의 분류가 엄격히 나누어져야만 복지행정의 이루어지는 것은 아니며 또 그렇게 될 수도 없다. 따라서 실제로는 다양하게 서로 맞물려 중복되어 사회복지행정이 이루어지고 있는 것이다(배기효, 1995 : 19~21).

2. 사회복지행정의 정의

1) 사회복지이념과 사회복지행정

사회복지에 대한 정의는 매우 다양하게 존재한다. 어떤 사회는 노동조합이나 민간의 자원서비스(volunteering service)를 사회복지의 개념에 포함시키기도 하고, 어떤 사회는 전문인력에 의한 개인적 서비스(personal service)들을 개념에 포함시키기도 하며, 사회보장이나 이와 유사한 소득이전(income transfer)과 같은 것만을 사회복지에 포함시키는 사회도 있다. 이처럼 사회복지에 대해 사회마다 각기 다른 정의가 존재하는 이유는 각 사회의 문화나 역사, 가치체계 등이 서로 차이를 보이기 때문이다.

현대사회는 산업화와 도시화에 의해 발생하는 공통적인 문제 혹은 문제 압력들을 안고 있다. 그러나 이들에 대해 모든 사회가 동일한 양식을 갖고 대처하는 것은 결코 아니다. 각 사회가 처한 독특한 역사적·문화적·정치경제적 요인들에 따라 해결 방안 역시 차이를 갖고 나타나게 된다. 비록 유사한 도시·산업 사회적 문제들을 안고는 있으나, 그것에 대처하기 위한 사회복지제도의 유형과 방법론들은 사회마다 각기 다르게 갖출 수 있다는 것이다. 사회복지에 대한 다양한 정의들이 존재하는 이유도 여기에서 비롯된다. 이러한 관찰을 통해서 티트무스(R. Titmuss)는 아예 사회복지를 '한 사회에 의해서 그 사회의 사회문제를 다루기 위해 개발된 모든 방안들'이라고까지 폭넓게 규정한다.

(1) 잔여적 및 제도적 사회복지

비록 다양한 사회복지에 대한 규정들이 존재하지만, 이를 기본적인 사회적 가치와 관련한 이념형(ideal type) 모델로서 구분해 볼 수는 있다. 그 대표적인 것이 윌렌스키와 르보(Wilensky and Lebeaux)가 제시한 두 가지의 대안적인 복지 유형으로서, 여기서는 잔여적 관점과 제도적 관점으로 구분한다. 이러한 유형 구분은 사회 비교를 위해 필요한 잣대를 제공한다는 데 중요한 의의가 있다.

잔여적(residual) 사회복지 아담 스미스(A. Smith)와 허버트 스펜서(H. Spencer)에 의해 대표되는 자유방임의 사회철학에 근거하고 있다. 개인들의 욕구는 가족과 시장이라는 '자연스런'제도에 의해 충족되는 것이 정상이라고 본다. 일시적으로는 개인들이 이 기구들로부터 욕구 충족을 못하게 되는 경우도 발생하는데, 이 경우를 대비해서 사회복지가 필요하다. 즉, '안전망(safety net)'의 개념으로서 사회복지를 보는 관점인 것이다. 줄타기를 하며 살아가는 사람들과 그 환경은 지극히 정상적이며, 어쩌다 실패해서 줄에서 떨어지는 경우를 대비해서 그물을 쳐 놓는다는 것이다. 정형화된 사회복지적 노력과 활동들은 일시적인 위기가 지나가면 존재할 필요가 없다는 생각이다. 잔여적 개념에서는 사회적 의존인구들을 비정상적인 집단으로 간주하기 때문에, 서비스의 대상 인구들에게 스티그마(stigma)가 작용할 수밖에 없다.

제도적(institutional) 사회복지 현대 산업사회의 특성상 가족과 시장의 기능만으로는 대다수 개인들의 욕구가 충족될 수 없음을 전제로 한다. 개인들의 욕구 불충족이나 사회문제들은 일시적으로 발생하는 것이 아니라, 현대사회의 구조에 내재되어 있는 현상이라고 보는 관점이다. 따라서 이러한 사회에서 개인들은 가족이나 시장제도에만 의존할 수 없으므로 새로운 제도를 필요로 하게 된다. 이 경우에 사회복지란 단지 이념이나 일시적인 서비스들의 조합을 의미하는 것이 아니라 항상성(恒常性)을 띤 제도(institution)의 성격을 갖는 것이다. 사회복지는 개인들의 신체적·심리적·사회적 욕구나 문제의 전 영역을 다루는 것이다. 제도적 사회복지의 관점에서는 개인들의 사회적 및 경제적 의존성이 사회의 집합적인 책임이라는 의식을 수용한다.

우리 사회를 포함한 대부분의 현대사회들은 위의 두 가지 이념형 연속선상의 어느 한 점에 있다. 어떤 사회도 전적으로 잔여적이거나 제도적이지는 않다. 그럼에도 굳이 이러한 이념형 구분이 필요한 이유는 이것이 한 사회의 사회복지적 이념을 가늠케 하는 척도로서의 역할을 하기 때문이다.

위의 두 가지 사회복지 유형들은 사회복지행정이 추구해야 하는 각기 다른 사회적 목표의 방향을 제시하는 것이다. 잔여적 사회복지 모델에 바탕을 둔 사회에서의 사회복지행정은 시장과 가족 기능에 의해 파생되는 문제들을 떠맡는 '시녀적' 도구로서의 역할에 국한된다. 시장과 가족제도로부터 이탈되는 비정상적인 개인들을 '치료'하고 '복구'하는 데 주된 행정적 목표들이 주어진다. 반면에, 제도적 모델의 사회복지행정은 시장과 가족제도를 포함한 제반 사회구조적 측면의 근원적인 결함들을 문제의 초점으로 삼는다. 이들 제도를 '보충' 혹은 '대체'하는 예방적 기능 역할까지도 사회복지행정의 목표로 하게 된다.

(2) 이상적 및 현실적 사회복지

한 사회의 사회복지에 대한 규정은 이상적인 가치와 현실적인 가치에 있어서도 차이가 나타난다. 한 예로 미국의 사회복지 영역에 대한 정의에서 나타나는 괴리를 들 수 있다. 1970년대 중반에 터너(J. Turner)는 UN의 한 보고서를 통해 사회복지의 정의를 시도하여 내린 결론은 우리 사회의 현실과 관련해서도 매우 시사적이다.

터너는 미국에서 사회복지가 차지하는 영역은 관심 있는 사람들이 희망하는 것처럼 그리 폭넓은 것은 아니라고 보았다. 대부분 선호되고 있는 정의들에서는 사회복지의 영역이 사회적 조건의 개선과 관련된 보편적 서비스들을 포함하고 있는 것으로 나타났다. 그렇지만 실천 현장에서는 사회복지의 영역이 '보다 좁고 보다 잔여적으로 지향되어 있으며, 그 결과 사회복지의 주된 목표는 문제적인 상황에 처한 특수한 인구집단들, 예를 들어 빈민, 장애인, 의존인구, 불우한 사람들, 일탈자들, 혜택 받지 못한 사람들, 소외된 사람들 등에 주로 주어진다'고 보았다.

터너의 규정은 헤퍼넌(J. Heffernan) 등과 같은 학자들이 내리는 보다 넓은 의미로서의 사회복지에 대한 정의와는 많은 차이가 있다. 헤퍼넌 등은 사회복지를 '전체인구의 사회적 안녕을 증진하기 위한 모든 조직화된 사회적 대응들'을 의미하는 것으로 규정하고 있다. 이러한 이상적이고 포괄적인 정의들은 교육, 의료, 재활, 성인과 아동에 대한 보호적 서비스, 공적 부조, 사회보험, 신체적 및 정신적 장애인들에 대한 서비스, 직업훈련 프로그램, 가족문제 상담, 심리치료, 가족계획 상담, 입양, 그리고 이외에도 사회적 안녕을 증진시키기 위해 고안된 무수히 많은 활동들이 사회복지의 영역에 포함하고 있다.

대부분의 사회에서 이상적인 사회복지의 가치와 실제적으로 행해지는 사회복지의 가치 사이에는 괴리가 나타나는 것이 보통이다. 사회복지적인 가치뿐만 아니라 대부분 다른 사회적 가치들에서도 이처럼 이상과 실질적인 가치 사이에서의 괴리는 존재한다. 따라서 이러한 가치의 괴리를 단순히 문제로서 치부하는 것은 바람직하지 않다. 그보다 오히려 두 가치 모두 나름대로의 사회적 기능을 수행할 수 있음을 인정하는 것이 필요하다. 이상적인 가치란 현실이 추구하고 지향해 나가야 할 목표 가치이며, 실질적인 가치는 현실에서의 실천 활동을 위해 필요한 수단적 가치로서 각각은 나름대로의 기능을 갖고 있다.

따라서 사회복지에 대한 개념 규정 역시 이러한 이상적 및 현실적 가치들이 모두 포함될 수 있는 포괄성을 인정하는 것이 중요하다. 두 가치 중에서 어느 하나만을 선택하는 것은 바람직하지 않다. 이상적인 가치에만 충실하면 현실적인 상황들을 부정할 수밖에 없고, 그렇다고 현실적인 가치에만 매달리면 사회복지의 이상이나 현실적인 목적 추구가 불가능해지기 때문이다.

사회복지에 대한 이상과 현실적 가치의 동시 존재성은 사회복지행정의 개념 규정에도 영향을 미친다. 사회복지행정의 역할은 현실적인 가치를 수용하면서, 한편으로는 이상적 상태로 지향해 나가는 도구나 수단이 되어야 한다는 것이다. 사회복지행정의 실천에 있어서 가치 긴장이나 갈등과 같은 부정적인 결과를 초래할 수 있기 때문이다. 따라서 현실과 이상이라는 두 가치를 동시에 포용하면서도, 그러한 가치들 간의 괴리를 최대한 줄여 나가기 위해 노력하는 발전적인 자세가 필요하게 된다.

(3) 발전적 사회복지행정의 필요성

한 사회가 갖는 사회복지의 이념이나 가치는 사회복지행정이 추구해야 할 목적이 된다. 사회복지행정은 그것들을 실천에 옮기는 과정적인 역할을 수행한다. 사회복지행정이 다루는 사회문제와 인구집단, 그리고 기본적인 실천 방법들은 대부분 그 사회의 이념이나 가치가 허용하는 범위 내에서 결정된다. 그러나 이 경우에도 반드시 현실적인 가치에만 고착되어 결정되지 않으며, 그렇게 되는 것이 결코 바람직하지도 않다. 변화 지향적이며 발전적인 사회복지행정의 모델이 필요한 이유도 여기에 있다.

대부분의 현대 산업사회 국가들의 역사에서 볼 때, 사회복지 이념은 잔여적인 것에서부터 제도적인 것으로 이동해 왔다. 그런 사회에서는 사회복지에 대한 현실적인 가치 기준의 이념 모델이 잔여적 이었음에도 불구하고, 이상적인 가치에 근거한 진보 방향은 제도적인 것으로 설정하여 발전해 왔던 것이 사실이다. 제도적 사회복지로의 이행이 1980년대 이후 서구사회에 등장한 신자유주의의 영향으로 인해 다소 주춤거리고 있는 것처럼 보이나, 현대 도시·산업사회의 증가되는 문제 압력들은 오히려 더욱 크게 현실로 나타나고 있다. 그로 인해 현재까지도 제도적 사회복지 이외의 뚜렷한 대안은 존재하지 않는 것처럼 보인다.

사회복지행정은 현실적인 모델에만 고착되어서는 안 된다. 한 사회의 사회복지이념이나 가치들은 고정적이지 않으며 시대에 따라 변화한다. 동시대라 할지라도 가치들은 획일적이지 않으며, 현재적 가치와 이상적인 가치들이 혼합되어 존재하고 있다. 따라서 이러한 가치들을 포괄적으로 수용하여 발전적인 사회복지의 방향에 대해 관심을 갖는 것이 필요하다. 또한 그러한 방향을 실천하기 위한 수단으로서의 계획과 활동들을 수행하여, 전체 사회의 발전에 적극적이고 능동적으로 기여해야 할 책임이 있다. 이를 위해 사회복지행정은 제도적·잔여적, 이상적·실질적인 사회복지의 가치 이념들을 연속선상에서의 이동과 발전에 대한 인식을 명확하게 해야 한다.

2) 행정영역과 사회복지행정

사회복지행정은 사회복지와 행정이라는 두 개념이 합성된 것이다. 그에 따라 한 사회의 사회복지 이념이나 가치가 그 사회의 사회복지행정의 성격을 규정한다. 행정의 개념을 어떻게 규정하느냐에 따라 사회복지행정의 성격이 다르게 정의된다. 행정은 흔히 정책이나 기획, 혹은 다른 유사한 개념들과 중첩되는 영역을 갖고 있다. 사회복지행정을 명확하게 정의하려면, 이들 유사 개념과의 관련성을 검토해 보아야 한다.

(1) 정책과 행정

정책과 행정을 단순히 분리하면, '목적과 수단, 목표와 노정(路程), 근본주의와 점진주의, 유토피아와 여행수단' 등으로 흔히 표현된다. 정책(policy)은 일종의 방향 제시이고, 행정(administration)은 그것을 실천하는 수단이나 과정에 속하는 것으로 구분한다. 일반적으로 행정에서 정책과의 관련성을 어떻게 규정하느냐에 따라 행정은 크게 협의와 광의의 개념으로 나누어진다.

<u>협의의 행정</u> 정책과의 관련성이 배제되는 경우를 말하며, 행정은 수단으로서의 실천방법들에 국한된다. 즉, 조직 목표들은 이미 주어진 것이 되고, 행정은 이를 달성하기 위해 필요한 업무와 기능적 역할들을 수행하는 것이 된다. '관리'라는 개념이 이러한 행정의 정의와 영역을 나타내는 데 보다 적합하다.

<u>광의의 행정</u> 목표 형성, 기획, 실행, 평가, 변화 등을 포함하는 조직의 전반적인 활동들을 포함하는 것이 된다. 즉, 광의의 행정이란 조직의 정책부분에 해당하는 목표 설정까지를 포함하고 있으므로, '경영'과 '관리'를 통합한 보다 포괄적인 규정이 된다.

두 개념 모두 수단을 행정으로 보는 것은 같지만, 정책이나 목적을 행정의 영역에 포함하는지에 있어서는 차이를 보이고 있다. 그러나 실제로는 행정의 성격 규정에서 정책과의 관련성을 배제해 내는 것이 그다지 쉽지 않다. 어떤 상황에서든 수단과 목적을 뚜렷이 구분 짓는 것은 쉽지 않기 때문이다. 특히 행정 실천의 상황에서는 행정과 정책은 스스로 분리되어 존재하지 않는 것이 보통이다. 사회적 목표[1]들이 분화되어 나가는 과정에서, 목적과 수단 혹은 정책과 행정은 대개 절대적이 아니라 상대적으로 구분되어지는 것이다.

따라서, 행정의 협의와 광의에 의한 규정만으로 사회복지행정의 정의를 내리는 것은 명백한 한계가 있다. 그러한 정의를 통해 드러나는 유용성이 크게 없기 때문이다. 사회복지행정을 보다 구체적으로 정의하기 위해서는 유사한 영역들을 공유하고 있는 관련 개념들을 비교·검토해 보는 것이 적절하다.

---

1) 사회적인 목적을 추구하는 과정에서, 하나의 목적을 추구하기 위해서는 다수의 하위 목표들이 생겨나는 것이 보통이다. 또한 그러한 하위 목표들 역시 실행 과정에서 각자의 하위 목표들을 발생시켜서 갖게 된다. 그리고 이러한 하위 목표들로의 분화 과정은 최종 실행 단계에 이르기까지 계속해서 진행된다. 이 경우에 하나의 목표 단위는 자신이 분화되어져 나온 상위 목표를 추구하기 위한 수단이지만, 반면에 자신으로부터 분화된 하위 목표들이 추구해야 할 상위 목표로서의 목적이 되기도 한다.

(2) 사회복지행정의 유사 개념들

사회복지정책, 기획, 지역사회조직 등은 사회복지행정과 부분적으로 유사한 성격들을 갖고 있는 개념들이다.

<u>사회복지정책(social welfare policy)</u> 정책 결정 과정을 주로 다루는데, 결정되어 있는 정책 결과를 나타내는 것이기도 하다. 정책은 보통 '무엇을 할 것인지'라는 목적 설정에 관심이 있으며, 경우에 따라서는 '어떻게 할 것인지'와 같은 방법에 대한 결정도 포함한다.

<u>기획(planning)</u> 선택과 합리화를 통해 정책을 형성하고 실현하는 것으로, 조사연구, 가치 분석과 가치들의 표출 유도, 정책 형성, 행정적 구조화, 측정과 피드백 등과 같은 내용들을 포함하는 것이다.

<u>지역사회조직(community organization)</u> 활동 내용들에 있어서는 역시 정책개발, 기획, 행정 등과도 중첩되나 주민참여에 대해 특별한 강조를 둔다는 점에서 차이가 난다.

정책과 기획, 지역사회조직, 행정 간에는 중첩된 영역들이 있어서 서로의 영역을 명백히 떼어내 규정하기는 쉽지 않다. 특히 정책과의 관련성은 사회복지행정의 영역을 규정하는 과정에서 중요한 쟁점들로 나타난다. 기본적으로 정책을 갈등적인 정책적 목표와 목적들 사이의 선택이나 선택 과정에 관해서, 행정은 사회서비스를 제공하는 정형화된 구조들에 관해서 주된 관심이 있다. 비록 이러한 구분이 정책은 목적 선택에 관한 것이고 행정은 도구적 실행에 관한 것처럼 보이게도 하지만, 실행의 과정에도 많은 가치 판단과 선택들이 작용한다는 점이다.

여타 개념들과의 비교를 통해 사회복지행정을 폭넓게 규정하면, 사회복지행정이란 '사회정책과 계획들을 지역사회의 가치와 지지라는 틀 내에서 효과적이고도 효율적으로 수행하는 과정'이라 할 수 있다. 이러한 정의는 사회복지행정을 목적과 수단을 연결하는 것으로 보는 전체적인 접근(holistic approach)의 주장들과 맥락을 같이 한다. [표 1-2]와 같이 사회복지행정의 범위는 정책에서부터 관리에 이르기까지 폭넓은 연속선상에 위치하는 것으로 파악될 수 있다.

사회복지행정의 영역을 이처럼 포괄적으로 규정하게 되면, 다른 학문이나 실천 분야들과의 차별성이 그만큼 불명확해진다는 문제가 나타난다. 그래서 보다 분명한 영역 설정을 위해서 양쪽 극단으로 분리해서 이동하려는 경향들도 나타나게 된다. 그러나 이런 경우는 명백히 사회복지행정의 원래 의미를 상실하는 것이다. 목적과 수단의 적합성을 추구하는 것이 사회복지행정의 목적이라면, 영역 규정의 편의를 위해 특정 부분에 치중하는 것은 바람직하지 못하다. 이러한 이유들로 인해서 비록 힘들더라도 사회복지행정은 통합적인 관점을 고수해야 한다는 것이 일반적인 합의로서 존재한다. 사회복지행정의 구체적인

[표 1-2] 사회복지행정의 범위

목 적 ◀───▶ 수 단		
(정 책)　　　　　　　　　(기 획)	(행 정)　　　　　　　　(관 리)	
• 사회복지에 대한 규범적인 접근 분석 • 장기 경향에 대한 분석; 프로그램 결과의 예상 분석 • 프로그램 분석과 개발을 위한 모델 개발 • 사회자료의 기반 개선	• 프로그램 목적들의 개념적, 조작적 확인 • 사회복지적 가치와 결부하여 프로그램 의도를 구체화 • 프로그램 실행을 위한 적절한 구조의 설계 • 프로그램 활동들에 대한 모니터링-평가 • 일관적이고 합리적인 서비스 체계들을 개발	• 조직 운영을 위한 자원기반의 확보와 유지 • 조직 하부 단위들의 조정과 통합 • 프로그램의 효과성을 증진하기 위한 조직구조의 설계 • 조직 활동들에 적절한 참여를 유도

활동 영역은 '사회적 목적이 그것을 실현하기에 적합한 구조와 접합되는 부분'으로서의 중간 정도에 위치하는 것으로 본다.

　　사회복지행정을 목적 설정과 실행 도구를 포함하는 종합적인 관점에서 파악하지 않을 때의 문제점은 행정관리자들이 조직의 내부 관리와 안정에만 전념하는 현상을 초래할 수 있다는 것이다. 이러한 현상은 종종 목적과 수단이 뒤바뀌는 목적 전도(goal displacement) 현상을 유발하게 된다. 조직은 사회적 목적을 추구하기 위한 수단으로써 존재한다. 그런데도 수단으로써의 조직이 그 존재 이유가 되는 사회적 목적 추구를 등한시하고 조직 자체를 목적(즉, 생존과 유지의 목적)으로 삼을 수도 있다. 이런 경우를 목적 전도라 하는데, 사회복지행정을 단순한 실행도구로써만 간주하게 될 때 이러한 위험성이 나타나게 된다.

　　행정이라는 개념 자체만으로는 어떠한 범위가 더 적절한가를 규명하기는 어렵다. 다만 분명한 사실은 조직들마다 성격이 다르고, 한 조직 안에서도 행정관리자들의 위치와 역할은 각기 다르게 존재한다는 것이다. 이것은 조직과 행정관리자들의 성격에 따라 행정은 [표 1-2]에서와 같은 전반적인 범위의 연속선상에 위치할 수 있음을 의미한다. 그런 점에서 사회복지행정에 대한 일반적인 정의는 포괄적으로 규정하는 것이 보다 유용하다.

3) 전문직과 사회복지행정

　　사회복지행정은 전문직과의 관련성 정도에 따라 크게 세 가지 모델로 구분할 수 있다. 각 사회는 시대적·환경적 여건에 따라 사회복지전문직과의 관계를 각기 달리 설정하고 있으며, 이를 반영하여 사회복지행정의 모델들이 다르게 나타난다.

　　사회사업행정은 사회복지전문직의 영향력이 가장 강하게 반영된 모델이고, 반면 사회행정은 가장 미미한 영향을 반영한다. 사회복지행정은 그 중간 정도의 영향력을 반영하는 것이다. 이를 비교하면 [표 1-3]과 같다.

[표 1-3] 사회복지행정의 세 가지 모델

구분	사회사업행정	사회복지행정	사회행정
관점	전문직	전문직과 외부사회	전체사회
기능	잔여적	잔여적—제도적	제도적
개인과 환경	개인의 치료	개인과 환경의 상호작용	구조와 환경
지식과 기술	전문직의 3대 사회사업방법론	휴먼서비스 조직의 관리에 필요한 사회과학적 지식	전체사회의 욕구와 자원 배분에 관한 지식

사회행정 모델은 영국이 채택한 것이었다. 20세기 초의 개혁적 사회정책의 영향력이 강했으며, 사회복지전문직은 비교적 늦게 출현했던 결과로 영국에서는 사회복지전문직이 사회복지행정에 관여하는 영향력이 약하게 행사되었다. 오히려 사회행정 모델에서는 전문직 자체를 분석의 대상으로 혹은 변화의 표적으로 삼는 경향도 있었다.

이와는 대조적으로 사회사업행정은 사회사업전문직의 관점에서 사회사업 실천을 관리하는 것에 주된 관심을 둔다. 이 모델은 개인과 환경이라는 사회복지의 양면적인 관심사에 있어서 개인의 치료라는 측면으로 기울고 있고, 그 결과 잔여적 사회복지의 기능을 지지하는 데 적합하다. 행정 실천을 위해 필요한 지식과 기술들은 전문직의 3대 사회사업방법론(개별, 집단, 지역사회조직)에서 대부분 도출될 수 있는 것으로 본다. 사회사업전문직의 영향력이 강했던 미국의 경우에는 사회사업행정의 모델을 통해 전문직의 가치와 지식들을 채용하는 데 주력해 왔으며, 그 결과 행정의 영역도 전문가들의 활동을 촉진하기 위한 보조 역할들에 한정되어 왔다. 그러다 1970년대 이후 미국 사회의 환경이 변화하면서 사회복지행정으로의 성격 이동이 나타나게 된다.

사회복지행정은 사회사업행정과 사회행정의 중간 정도에 위치한다. 이 모델에서는 전문직과 외부사회의 관점을 연결하고 조정하는 역할을 수행하며, 그래서 단순히 사회사업전문직의 목표만을 추구하지 않는다. 휴먼서비스(human service)에 관련된 제반 전문직들이 함께 사회복지적 목표를 달성할 수 있도록 사회복지조직이나 프로그램들을 운영·관리하는 것이 목적이다. 개인과 환경의 상호작용 부분에 관심의 초점을 두며, 그래서 잔여적-제도적 사회복지의 기능들을 혼합하고 있다. 이 모델을 실행하기 위해 필요한 지식 기반은 제반 사회과학 분야들에서 원용(援用)한다.

미국에서는 휴먼서비스의 수요와 영역들이 확대되면서, 사회사업전문직뿐만 아니라 다양한 휴먼서비스 전문직들이 하나의 조직적 울타리에 있는 경우가 늘어나고, 다수의 휴먼서비스 조직들 간의 연계가 필요한 상황이 증대하게 된다. 거기에 자원 동원과 관리 방

법들이 복잡해지고, 평가와 책임성에 대한 압력들이 가중되는 현실에서, 사회사업전문직
은 전통적인 3대 방법론에 기초한 고유한 가치와 지식만으로는 더 이상 조직 과정을 이끌
어 가기 어렵게 되었다. 1980년대에 들어 휴먼서비스 행정 혹은 휴먼서비스 관리 등의 개
념이 사회복지행정에서 본격적으로 사용되기 시작한 것도 이와 같은 맥락에서 이해될 수
있다.

그 결과, 사회복지기관들에서 행정관리자의 책임을 수행하는 데 직접서비스 실천의
경험이 전제되는 주장도 점차 합리화되기 어렵게 된다. 현재로서는 사회복지행정은 휴먼
서비스를 행정 관리하는 데 따르는 특성을 강조한다. 전산화와 MIS 등의 도입을 통한 의
사결정 메커니즘의 효율화, 과학적 조사연구와 통계학적 기법 등을 통한 서비스나 프로그
램들에 대한 효과성 및 효율성 제시, 대외관계 및 홍보, 마케팅 전략, 자원동원 및 관리를
위한 기법 등에서 제반 사회과학적 지식들을 수용하고 있다.

4) 사회복지행정의 영역 및 활동

사회복지행정은 다양한 시대적·사회적 상황들을 반영하고 있으므로, 일반적인 정의
에 관한 합의점을 도출하기가 쉽지 않다. 그럼에도 사회복지행정의 주된 활동 영역에 대해
서는 어느 정도의 합의가 있다. 사회복지조직들을 적절히 행정 관리하는 것이 사회복지행
정의 주된 활동이라는 점이다. 이와 관련해서 사리(R. Sarri)는 사회복지행정이란 하나의 조
직 내에서 이루어지는 일련의 활동 과정들의 합이라고 본다.

사회복지의 이념이나 정책목적들을 실천적인 서비스로 전환하는 조직적인 활동 과정
에 사회복지행정이 위치하고, 그에 따라 사회복지행정은 그림에 나타나 있는 바와 같이 ①
조직의 정책 형성과 목적 설정에서부터 ⑧ 조직의 생산성 향상을 위한 모니터링·평가·혁
신에 이르기까지의 다양한 활동 과정들을 포함한다.

사회복지행정의 영역을 이처럼 포괄적인 조직 관리로서 규정한다면, 사회복지행정 관
리자들이 맡게 되는 구체적인 업무 활동들은 [그림 1-2]와 같이 나타난다.

모든 행정관리자에게 다음의 활동들이 모두 적용되는 것은 아니다. 비록 대부분의 사
회복지행정에 관한 정의들이 포괄적인 사회복지조직의 행정관리를 다루고 있으나, 그 안
에서도 행정관리자들 각자가 처한 조직 내에서의 위계나 여건에 따라 요구되는 행정 활동
들의 성격이 달라진다. 먼저, 조직의 규모가 행정관리자들의 활동 영역을 규정한다. 규모
가 큰 조직에서는 행정관리의 역할들은 분화되어 있을 것이고, 작은 규모의 조직에서는 행
정관리자들이 다수의 복합적인 역할들을 수행하도록 요구받을 것이다. 동일한 조직 내에
서도 행정관리자가 처한 위계에 따라 각기 상이한 행정적 시각과 활동들을 나타낼 수 있
다. 조직 위계의 상부로 올라갈수록 행정관리자들은 목적 설정이나 정책과 관련한 행정 업
무들에 집중하게 될 것이고, 하부 위계로 내려갈수록 직접서비스와 관련한 관리 활동들

그림 1-2 사회복지행정의 영역 및 활동

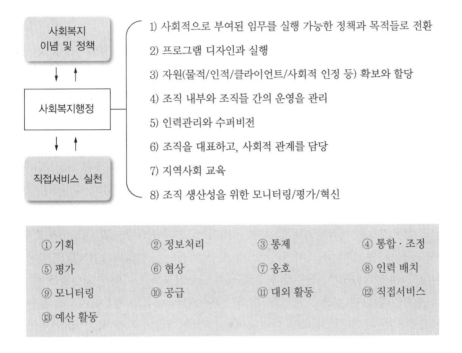

사회복지 이념 및 정책	1) 사회적으로 부여된 임무를 실행 가능한 정책과 목적들로 전환
사회복지행정	2) 프로그램 디자인과 실행
직접서비스 실천	3) 자원(물적/인적/클라이언트/사회적 인정 등) 확보와 할당
	4) 조직 내부와 조직들 간의 운영을 관리
	5) 인력관리와 수퍼비전
	6) 조직을 대표하고, 사회적 관계를 담당
	7) 지역사회 교육
	8) 조직 생산성을 위한 모니터링/평가/혁신

① 기획	② 정보처리	③ 통제	④ 통합·조정
⑤ 평가	⑥ 협상	⑦ 옹호	⑧ 인력 배치
⑨ 모니터링	⑩ 공급	⑪ 대외 활동	⑫ 직접서비스
⑬ 예산 활동			

이 많아지게 될 것이다. 조직의 위계에 따른 행정관리자의 영역을 크게 세 가지로 나누어 각각에 해당하는 주요 활동들을 구분하면 다음과 같다.

경영자급(혹은 제도적 영역) 행정관리자는 사회적, 법적인 위임 사항들을 행동으로 옮기는 작업을 한다. 주요 활동은 조직 환경과의 관계를 통해서 조직의 경계를 설정하는 것인데, 여기에는 조직의 사회적 산출물을 규정하는 것과 이에 필요한 자원을 획득하는 것 등이 포함된다. 이러한 경영자급의 기능 수행을 통해 다른 기관들과의 교환 관계의 성격(협조적, 경쟁적, 갈등적, 혹은 무관계)이 결정된다.

중간관리자급(혹은 기술적 영역) 소비자와 조직의 하위 기술부서들 간의 중재가 중요한 활동이 된다. 이 차원의 행정관리자의 역할은 서비스의 조달과 할당, 프로그램 구조의 디자인, 부서들 간의 조정, 직원들의 지휘 및 개발(모집, 선발, 훈련, 감독) 등이 포함된다. 프로그램 관리에 적합한 행정 영역으로 계획을 실행 가능한 현실로 바꾸어 나가는 기술적이고 전문적인 과정이 포함된다.

수퍼바이저급(혹은 관리적 영역) 일선 업무자들과의 관계가 주된 활동 영역으로, 대개는 수퍼바이저의 행정관리 활동들과 일치한다. 표준화, 일상화, 주기적인 사정과 평가 등에 관심이 있다. 부수적인 역할들로는 컨설팅, 케이스 관리, 강습, 의뢰, 모니터링(monitoring) 등이 있다. 클라이언트에 대한 직접서비스 전달도 경우에 따라서는 이 영역의 행정관리 활동으로 포함하기도 한다.

　　일반적으로 사회사업행정에서는 일선 관리자급 혹은 수퍼바이저의 역할 등과 관련한 행정 지식들이 강조되는 경향이 있다. 전문가로서 일선 실천가(practitoner)들의 활동을 보조하는 역할로 행정을 규정하기 때문이다. 그러나 사회복지행정에서는 행정의 영역과 범위를 보다 넓혀서, 행정 활동 그 자체를 중요한 실천 서비스로 간주한다. 비록 클라이언트와의 대면적인 관계를 통한 직접실천(direct practice) 서비스 활동과는 일정한 거리가 있지만, 간접적으로 그러한 활동들에 영향을 미치는 행정 활동이 중요함을 인정하는 것이다.

　　조직에서 활동과 과업은 다수의 개인들에 의해 분할되어 수행된다. 한 조직 내에서도 행정관리자들의 활동 영역은 분화되어 있다. 다만 이러한 영역 구분이 모든 사회복지조직들에서 유사한 정도로 나타나지는 않으며, 조직의 성격과 규모에 따라 분명하게도 혹은 희미하게도 나타날 수 있다. 사회복지서비스를 직접 제공하는 사회복지조직들은 전형적으로 규모가 그리 크지 않았으며, 전문직 위주로 서비스를 제공하므로 행정 역할들에 대한 분화가 그리 심하지 않았던 것으로 보인다. 그러나 1990년대 미국의 경우에서처럼 휴먼서비스 조직들의 규모가 확대되는 경향이 나타나며, 사회복지행정의 지식 혹은 실천 영역에서도 분화에 대한 필요성은 점차 커지게 된다.

3. 사회복지행정의 특성

　　사회복지행정에는 사회복지와 행정이라는 두 개념이 결합되어 사회복지의 목적을 행정적 수단을 통해 추구한다는 것이다. 그런데 이러한 결합에서 종종 쟁점이 되는 것은, 과연 사회복지행정의 주된 가치와 지식을 사회복지의 목적에 둘 것인지, 아니면 행정의 방법 원리에 둘 것인지에 관한 의문이다. 여기서는 이러한 쟁점을 소개하고, '휴먼서비스'의 개념을 통해 사회복지행정의 특성을 설명한다.

1) 일반행정과 사회복지행정

　　일반행정과 사회복지행정의 차이에 대해서는 상당한 논란이 있어 왔다. 주된 쟁점은 비영리조직과 영리조직, 혹은 휴먼서비스와 여타 서비스들 간에 보이는 특성들의 차이가 사회복지행정 실천의 가치와 지식에는 어떤 영향을 주는지에 관한 것들이다. 휴먼서비스 (human service)란 사회복지서비스를 포괄하는 개념으로 인간에 대한 직접적인 서비스를 제공한다는 점에서 다른 서비스들과는 구분되는 독특함이 있다. 한편에서는 휴먼서비스 조직의 독특함이 일반행정의 가치와 원리를 거부할 정도는 아니라는 주장이 있다. 휴먼서비스 조직은 다른 조직들과 구분되는 독특한 목적과 수단을 갖고 있어서 일반행정의 원리나 가치, 지식들로부터 분리되어 다루어져야 한다는 입장도 있다. 즉, 일반행정과 사회복지행정은 별다른 차이가 없다는 유사성의 입장과 두 행정은 본질적으로 다를 수밖에 없다는 특이성의 입장들이 대립해 왔다.

유사성을 강조하는 주장은 어떤 유형의 조직일지라도 거기에 공통적으로 적용될 수 있는 행정적인 원리가 존재한다고 믿는 입장이다. 비록 조직들마다 목표나 구조, 기술, 대상 인구들에서 다르더라도 모든 조직을 움직이는 행정의 궁극적인 기술과 방법은 일관적이고 유사하다는 것이다. 이는 도박장을 성공적으로 경영하는 사람이 학교도 성공적으로 경영할 수 있다는 주장과도 같다. 비록 두 조직이 하는 일은 다르다 해도 경영의 요체는 동일하다고 보는 것이다. 사회복지 분야에서도 투자의 효율성을 강조하는 쪽에서 이러한 주장이 강하게 나타나고, 사회복지조직들을 기업적인 효율성으로 통제하는 것이 가능하다는 논리의 근거로 삼는다.

반면, 조직 유형에 따른 특이성을 앞세우는 주장은, 행정적 과정과 절차보다는 각 조직이 갖는 본질이 우선적으로 중요하다는 것을 강조한다. 각 조직이 추구하는 가치와 목표, 업무 활동들은 각기 판이하게 다를 수 있으므로, 조직의 특성이 곧 행정의 본질을 규정하는 개연성을 갖는다는 입장이다. 사회복지조직은 서비스의 가치와 목표가 다른 행정조직들과는 다르고, 클라이언트 집단도 특이하며, 따라서 이들을 다루기 위한 조직의 운영방식도 독특하게 나타날 수밖에 없다고 본다. 이러한 주장은 사회복지전문직과 사회복지의 옹호자들에 의해 지지되는데, 사회복지서비스가 일반 기업이나 여타 공공행정과는 얼마나 다른지를 보여줌으로써 논리의 근거를 세운다.

현실적으로는 두 주장[2]이 확연히 구분되기보다 행정 실천의 과정에서 무엇이 우선되어야 할 것인지에 대한 입장들의 차이로써 구분되는 경우가 많다.

일반적으로 사회복지서비스는 기업이나 공공행정서비스와는 판이하게 다르고, 그로 인해 운영, 관리하는 사회복지행정은 일반행정과는 구별되는 독특성을 갖고 있다고 보는 것이 보통이다. 비록 사회복지행정의 방법과 기술적인 부분들을 일반행정의 원리에서부터 상당 부분 차용해 온 것은 사실이나, 사회복지의 가치와 사회복지서비스의 독특함은 일반행정의 원리와 기술에 스며들어 있는 가치나 방법들과는 융화되기 어려운 것도 사실이다. 사회복지의 대상, 목표, 그리고 서비스 전달과정 등은 기존의 일반행정적 방법과 지식을 그대로 적용시키기 어렵게 한다.

클라이언트의 인간적·질적 측면이 조직에 대한 원료이자 산출물이 된다는 것이 사회

---

2) 어떤 조직이 서비스의 효율성을 높이기 위해 클라이언트 정보시스템을 구축하려 할 때, 클라이언트의 비밀 보장이라는 전문직의 원칙과 충돌하는 경우가 발생할 수 있다. 이 경우에 조직 관리의 목적과 전문직 규범의 준수 사이에 어느 입장이 우선적으로 존중되어야 할 것인지에서 사회복지행정을 바라보는 두 주장의 차이들이 확연히 드러나게 된다.

복지행정의 가장 두드러진 특징으로 표현된다. 또한 조직의 운영과 관리에 있어서 비영리 추구 목적에 대해 가치나 가격을 설정하는 데 따르는 어려움, 대인적 서비스 전달과정에 대한 외부 통제의 어려움, 생산자원의 확보를 위해 외부 환경에 의존한다는 점, 다양한 이 해집단들의 개입으로 목적 설정에 혼란이 야기될 수 있다는 점, 일단 변화에 대한 명확한 기술이 존재하기 어렵다는 점 등과 같이 사회복지서비스를 행정관리하는 상황에만 존재하는 독특한 상황들도 있다. 이러한 특성들을 감안한다면, 사회복지서비스 혹은 휴먼서비스를 행정관리하는 데 따르는 독특한 가치와 지식들이 존재한다는 사실은 결코 부인할 수 없다.

결론적으로, 사회복지행정은 ① 사회복지서비스의 독특한 상황을 고려하고 ② 자생적으로 나타나는 혹은 외부에서 차입되는 행정적 지식들을 사용해서 ③ 사회복지적 목적과 가치들을 실현하기에 적절한 행정 원리로 발전시켜 나가야 하는 과제가 주어져 있다. 먼저, 사회복지행정의 독특한 성격은 휴먼서비스 개념으로 적절히 설명될 수 있다.

2) 휴먼서비스와 사회복지행정

사회복지서비스의 독특성에 대한 논의는 대부분 '휴먼서비스[3])(혹은 인간 봉사, human service)'의 개념과 밀접하게 관련해서 발전해 왔다. 휴먼서비스라는 개념은 사회서비스와 유사한 의미로도 쓰이는데 인간에 대한 직접적인 서비스를 행사하는 의료, 교육, 복지 등의 부문을 포함하는 것이다.

휴먼서비스에 포함되는 모든 서비스들에서 나타나는 공통점은 이들 서비스의 주된 기능이 '개인의 행동이나 속성, 사회적 지위를 규정하거나 변화시킴으로써 그 개인의 안녕을 유지하거나 증진에 기여하는 것'이라는 점이다.

휴먼서비스는 운영되는 환경의 독특성으로 인해서 일반적인 기업이나 공공행정과는 매우 다른 원리를 요구하고 있다. 휴먼서비스의 가치와 실천 방법은 다른 서비스나 조직들에서 사용되는 운영원리를 적용시킬 수 없게 하는 독특함을 갖고 있기 때문에, 독자적인 가치와 실천 방법을 포함하는 행정지식이 필요하다는 것이다. 휴먼서비스에 대한 이러한 개념과 휴먼서비스 행정의 독특성에 대한 지식의 발전으로, 이들 휴먼서비스에 있어서 중심적인 위치를 차지하는 사회복지행정에 대한 행정 지식의 발전도 가져오게 되었다. 그리하여 사회복지행정의 독특성에 대한 설명은 휴먼서비스의 특이성을 바탕으로 전개될 수 있다. 휴먼서비스의 특성에 대해서 공통적으로 지적되는 세 가지를 묶어서 설명한다.

---

3) 휴먼서비스에 어떤 것들이 포함되는지에 대해서는 다양한 견해들이 있지만, 일반적으로 소득보장, 의료, 교육, 주택, 고용 등과 같은 보편적인 사회서비스들에 대인적 사회서비스를 덧붙여서 영국 등에서는 이를 사회서비스라고 부르고, 미국에서는 휴먼서비스라고 부른다. 미국에서는 의료, 교육 등과 같은 일찍 감치 전문직으로 발전한 분야들이 사회서비스에 포함되기를 거부하여(일종의 스티그마로 인해), 이들을 포함하는 광범위한 사회복지제도들을 언급하기 위한 '완곡어법'이었다고 보기도 한다.

(1) 인간 존재와 사회복지행정

휴먼서비스의 가장 중요한 본질은 인간 존재를 서비스의 중심 대상으로 한다는 점이다. 물론 다른 많은 서비스들도 사람을 대상으로 하고 있다. 그러나 휴먼서비스에서는 '사람과 함께 사람에 대해 직접적으로(directly with and on people)' 일을 한다는 점에서 다른 서비스들과 다르다. 휴먼서비스는 서비스의 대상이 물질이나 다른 동식물이 아닌 인간이라는 사실, 이들에 대해 간접적이 아니라 직접적으로 서비스가 전달된다는 점, 서비스 수급자가 서비스 과정에 참여한다는 점 등에서 다른 서비스들과 차이가 난다. 단순히 '사람을 위한' 서비스라 해서 그것이 휴먼서비스가 되지는 않는다. 도로나 공원을 만드는 등의 대부분의 일반 행정도 사람을 위한 것이지만, 사람들에게 '직접' 서비스가 이루어지지 않는다는 점에서 휴먼서비스라고 볼 수는 없다.

휴먼서비스에 있어서 인간은 서비스의 '원료(raw material)'이자, '생산물(product)'이다. 휴먼서비스는 서비스의 대상이 되는 인간들을 직접적으로 변화 혹은 유지하기 위해 제공되며, 변화나 유지의 대상자인 클라이언트는 곧 서비스를 위한 원료이자 서비스의 결과로 발생하는 생산물인 것이다. 그러므로 휴먼서비스를 실천하는 사회복지행정은 이러한 인간들을 다루는 서비스를 운영함에 있어서, 그 원료이자 산출물이 되는 인간 존재에 대한 가치와 도덕성을 명확하게 전제하고 있어야 한다. 또한 인간 존재를 전체성과 개별성을 통해 이해해야 할 필요가 있다.

① 인간 존재의 가치와 도덕성

인간은 도덕성을 공유하며, 존재 그 자체로서 고귀함을 갖는 인간이 휴먼서비스의 목적과 대상이 된다. 따라서 휴먼서비스를 실행하는 조직들의 기술과 과정은 인간이 갖는 도덕적인 본질에 의해서 영향을 받을 수밖에 없다. '휴먼서비스 행정의 공통적인 가치는 인간 존재의 가치와 도덕성 측면에 근거해야 한다'라는 와이너(M. Weiner)의 견해는 이에서 비롯된다. 흔히 행정을 기술적인 측면으로 이해하기 쉬우나, 사회복지행정에서는 기술 이전에 가치와 도덕성이 전제되어야 하는 이유도 여기에서 찾을 수 있다. 사회복지행정은 인간 존재를 직접 다루며 그들의 가치를 구현하기 위한 것이므로, 단순히 몰가치적인 기술자들보다는 인간과 사회에 대한 깊이 있는 가치와 철학을 가진 행정관리자들을 필요로 한다. 인간과 사회에 대한 가치는 시대에 따라 달리 나타날 수 있다. 또한 동시대라 할지라도 지역이나 집단, 혹은 개인적 지향의 차이에 따라 인간과 사회를 바라보는 가치 관점들이 다를 수도 있다. 사회복지행정에서는 이러한 이유로 인해 인간과 사회에 대한 가치 관점을 유사하게 통합해야 할 필요성이 있다. 만약 이러한 통합된 가치 관점이 없다면, 사회복지행정은 각기 다른 가치를 갖는 사람들에 의해, 각기 다른 목적을 추구하기 위한, 각기 다른 실천 방법들이 되어버릴 것이기 때문이다.

사회복지의 일반적인 가치와 일치하면서, 21세기를 지향하는 인간에 대한 보편적인 가치로서 휴머니즘(humanism, 인본주의)을 들 수 있다. [표 1-4]는 사회복지행정을 포함하는 휴먼서비스 행정에서 휴머니즘의 가치가 어떻게 설명되는지에 대해 설명하는 것이다.

② 인간 존재의 전체성과 개별성

인간 존재란 항시 다면적(多面的)이며 복잡성을 띠고 있다. 따라서 이러한 인간 존재를 바라보는 관점들 역시 다양할 수밖에 없다. 인간 존재를 어떻게 이해할 것인가의 문제는 끊임없이 대두되어 왔다. 와이너(M. Weiner)는 20세기 후반 이후의 세계적인 현상으로, 인간 존재를 이해하는 관점들이 보다 종합적이고 통합적으로 되어간다고 본다. 이제까지는 개인을 보는 시각이나 개인 문제의 해결 방법들이 종합적이지 못했으며, 오히려 분석적으로 지향되어 있었다. 한 개인을 이해하기 위해서는 그 개인을 부분별로 쪼개고 세분화해서 각 부분에 적합한 이해 방법과 기술을 각기 따로 적용해 왔다. 마치 의료전문직에서 사람의 신체를 부위별로 나누어서 특화된 기술들을 발전시켜 왔던 것과도 같다. 또한 인간의 문제를 신체적·심리적·사회적 문제 등으로 분리시키고, 그 안에서도 세분화해 가면서 제반 학문이나 실천 분야들이 발전해 왔던 것도 사실이다.

전체적 접근 분석적 접근과 상반되는 것으로 인간을 통합된 하나의 전체로 본다. 한 개인이 갖는 제반 문제들은 서로가 밀접하게 상호 관련되어 있어서, 하나의 문제도 다른 문제들과 결부시키지 않고서는 해결이 불가능하다는 입장이다. 한 개인을 전체적인 인간으로 다루지 않고 단지 쪼개어진 문제 조각들을 소유하는 것으로 간주하는 것은 결코 바람직하지 않다고 본다. 이러한 개인 속성의 파편화 현상으로 인해 나타나는 문제를 해결하기 위해서는 이른바 전체적 접근이라는 새로운 접근이 필요하다는 것이다.

개별화된 접근 전체적 접근과 동시에 고려되어야 할 것으로 '개별화된 접근(individu-alized approach)'이 있다. 이것은 모든 개인들이 개별화된 차원에서 다루어져야 한다는 것으로 개별화된 접근의 상반되는 입장은 '표준화된 접근'이다. 표준화된 접근은 초기 및 중기 산업사회의 전형적인 서비스 전달 방식으로, 대량 생산·소비 시대에 인간들의 욕구 처리를 결정하는 유형이었다. 마치, 표준 치수의 신발들을 미리 만들어 두고, 사람들이 그에 맞추어 신발을 선택하는 식과 같다. 이 과정에서 개별적이고 특이하게 다루어져야 할 개개인의 욕구들은 쉽사리 무시되어 버린다. 개별화된 접근에서는 표준화를 배격하고 인간 욕구의 개별성에 대해 강조한다. 규격화된 욕구의 틀에 맞추는 식의 서비스 접근으로는 개별적이고도 독특한 인간 욕구를 해결할 수 없다고 보기 때문이다. 이러한 접근을 구현하기 위해서는 고도의 기술이 필요한데, 그에 대한 가능성은 이미 존재하고 있다. 소위 말하는 '주문자 생산' 방식으로, 개인의 개별화된 욕구에 대해 진단하고 그에 적합한 서비스 계획을 세우는 것이다. 이것은 궁극적으로 생산자의 관점에서 소비자 관점으로 이동을 의미하는 것이다.

사회복지에 있어서 인간을 전체적이고 개별화된 존재로 보는 관점은 전혀 새로운 것이 아니다. 이 관점은 사회복지 전문직의 가치로서 이미 오래전부터 제반 실천방법론의 중심적인 가치를 형성했던 것이기도 하다. 다만 이제까지 그것을 실행하기에는 자원이 부족했으며, 기술적인 장벽 등도 문제가 되어 왔었다. 그러나 20세기 후반에 이루어진 다양한 정신적, 물질적 지식과 기술의 진보는 인간의 욕구를 개별화시키면서 한편으로는 전체적인 관점에서 다루는 것을 점차 가능하게 한다. 이러한 진보는 곧 사회복지행정에 대한 압력으로 작용한다. 사회복지행정은 인간의 욕구와 문제 해결을 위한 관점과 지식의 변화를 수용해야 하며, 그에 따르는 행정 가치와 기술 방법들을 개발해야 하는 과제를 부여받고 있다.

[표 1-4] 휴먼서비스 행정의 인간관

존재지향적 인간관 휴먼서비스 행정의 중심적인 가치이다. 인간의 가치는 사물로서가 아니라 존재 그 자체에 있다는 것이다. 존재로서의 인간을 다룬다는 것은 휴먼서비스 행정을 다른 행정들과 차이 나게 하는 가장 근본적인 속성이다. 각각의 인간 존재를 하나의 귀중하고 독특한 실재(實在)로서 다룬다는 것과, 사물-지향적이 아니라 존재-지향적이어야 한다는 것을 포함하는 가치관이다.

성장 잠재성과 인간 존재의 고귀함 인간 존재의 조건을 지속적인 성장과 발전의 과정으로 파악한다. 인간 존재는 계속해서 발전하고 성장한다는 데 대한 믿음을 통해서, 인간 존재가 고귀함을 지속적으로 추구해 나가고 있다는 가치를 형성하게 된다. 즉, 인간 존재에 대한 고귀함의 가치는 인간 존재의 성장 잠재력에 대한 믿음으로부터 가능하다는 것이다.

독특함에 대한 추구 어떤 인간 존재도 배타적인 독특함을 갖고 있다. 자신의 독특함과 개성을 찾는 것에 의해, 사람들은 자신의 내면적인 존재를 보다 깊이 있게 추구한다. 인간 삶의 핵심은 도구로서의 사회적 지위나 역할 등에 있지 않고, 개별 인간의 독특함에 있다. 휴먼서비스 행정이 개별 인간 존재의 독특함을 중심적인 가치로 한다면, 각 인간의 본질적이고 근원적인 삶— 가족이나 커뮤니티와 같은 일차집단, 동료집단, 클라이언트 등— 을 중심으로 문제를 보고, 이에 적합한 조직적 전략과 서비스의 기획 및 전달 능력이 요구된다.

삶의 의미에 대한 추구 삶에 대한 의미를 찾는 작업은 모든 인간 존재에게 필요하고, 개인들이 삶을 건설적으로 꾸려나가는 데 필요한 일차적인 힘이다. 이러한 과정에 존재하는 장애요소들을 제거해서 삶의 질을 높이는 데 휴먼서비스 행정의 의의가 있다.

인간 존재의 창조적 잠재성 대다수 인간들은 능력과 잠재력의 극히 일부분만을 활용한다. 각자의 잠재력을 배양하고 이를 창의적으로 활용하는 것이 가능하다는 데 대한 신념이 필요하다. 휴먼서비스 행정은 이러한 창조적 잠재성을 도출해 내기 위한 방법이어야 한다.

(2) 조직과 사회복지행정

휴먼서비스가 전달되는 과정은 본질적으로 조직적인 특성을 갖는다. 서비스들은 조직 과정을 통해 생산되고 소비되는데, 이 점이 휴먼서비스를 여타 개인이나 집단들 간에 도움을 주고받는 과정과 차이 나게 하는 일차적 조건이기도 하다. 물론 휴먼서비스의 대부분은 업무자와 클라이언트간의 도움을 주고받는 과정으로 구성되어 있다. 이들 간의 대면적인 상호작용이 서비스 전달 과정의 핵심이며, 서비스의 조직화도 여기에 초점을 둘 수밖에 없다. 그러나 그것이 개인으로서의 업무자가 개인으로서의 클라이언트를 만난다는 것을 의미하지는 않는다. 이러한 만남은 사회적 목적과 조직적인 과정에 의해 가능한 것이며, 엄격히 말하면 이 만남의 관계에서 업무자는 사회 정책과 그것을 실행하는 조직을 대변하는 공적인 존재인 것이다.

휴먼서비스의 또 다른 조직적인 특징은 인간 문제를 통합적으로 해결하기 위해 조직들 간의 연계성이 중요하게 다루어진다는 점이다. 현대 사회의 복잡성은 제반 서비스의 분화와 함께 다양한 조직들의 분화도 초래하였다. 휴먼서비스도 예외는 아니며, 개인들의 다양한 욕구들이 유형화되고, 각 유형별 욕구를 중심으로 특화된 개별 조직들에서 서비스가 이루어져 왔다. 이런 현실 하에 인간 욕구의 전체성을 구현하기 위해서는 개별 서비스나 조직들을 연계하거나 통합하려는 노력이 필연적이 된다. 이러한 휴먼서비스의 조직적 성향이 사회복지행정에 미치는 영향은 다음과 같다.

① 전문적 상호작용과 서비스 통제의 어려움

인간은 무한한 개별성을 갖는 존재이다. 그러한 인간이 제기하는 문제들은 천차만별이므로, 이를 해결하기 위해 유형화된 공식을 만들어 낸다는 것은 것의 불가능에 가깝다. 이는 곧 휴먼서비스를 실행하는 조직들의 기술이 항시 불완전할 수밖에 없음을 설명하는 이유가 된다. 서비스가 전달되는 과정에서 클라이언트의 가변적인 인간 존재의 특성이 크게 작용하기 때문에, 프로그램의 구조적 혹은 기술적인 효과가 그다지 크게 나타나지 않는다. 이것이 사회복지를 포함하는 대부분의 휴먼서비스 조직들에서 나타나는 기술의 불명확성에 대한 주된 이유가 된다.

휴먼서비스는 서비스 전달의 핵심적인 과정을 업무자와 클라이언트의 대면적인 관계에 의존한다. 이러한 관계는 클라이언트의 문제에 대한 개별화된 접근을 가능하게 한다는 점에서 중요하다. 사전에 유형화된 서비스들로서는 개별화된 클라이언트의 문제를 다룰 수도 없거니와, 인간 존재의 다양성으로 인해서 그러한 유형화가 애초부터 불가능에 가깝기 때문이다. 휴먼서비스의 핵심이 업무자와 클라이언트의 대면적인 관계에 의존하고, 또한 그 관계에 대해 사전에 유형화된 기술이 부족함으로 인해서 휴먼서비스 조직들은 대부분 전문적인 기술과 전문가들에 의존하게 된다. 전문가란 전문적인 교육을 받고 전문직 집

단에 소속되어 있는 사람을 뜻하는데, 이 경우 휴먼서비스의 효과성은 대부분 휴먼서비스
전문직의 역량에 의존하기가 쉽다.

　　업무자와 클라이언트의 대면적이고도 상호작용적인 교류에 의해 서비스가 산출된다
는 것은 한편으로 클라이언트가 서비스 과정에서 수동적인 소비자로 머물지 않음을 의미
한다. 그보다는 휴먼서비스의 특성상 오히려 소비자인 클라이언트가 서비스의 생산과정에
적극적으로 참여해야만 효과적인 서비스 결과가 나타날 수 있다. 이는 곧 클라이언트에 대
한 서비스의 목표 설정이 조직이나 조직을 대표하는 업무자에 의해서 일방적으로 이루어
져서는 안 된다는 것을 뜻한다. 휴먼서비스에서는 이처럼 업무자와 클라이언트가 서로 상
이한 목표들에 대해 조정하고, 관계를 설정해 나가는 것이 중요한 행정적 과업들이 된다.

　　개별 서비스들의 목표를 조직이 일방적으로 결정하기가 어렵다는 것은 곧 조직이 서
비스 과정에 대한 정형화된 평가를 내리기가 힘들다는 것을 의미한다. 서비스 과정의 핵심
인 업무자와 클라이언트의 관계는 대개 내밀(內密)한 과정으로서 이를 물리적으로 감독하
고 평가하기란 매우 어려운 일이다. 서비스의 진정한 성과에 대해 평가한다는 것은 더욱
어려운 일이 된다. 따라서 이러한 휴먼서비스에 수반되는 특성들을 적절히 관리하고 운영
하기 위해서는, 휴먼서비스 조직은 관료적이고 위례적인 구조보다 수평적이고 참여적인
구조를 갖추는 것이 바람직하게 된다.

② 조직들 간의 상호관련성

　　현대사회는 과거와는 비교도 안 되는 거대하고도 복잡한 구조와 과정의 체계로 이루
어져 있다. 이러한 체계를 유지하기 위해서, 현대사회는 다양한 형태의 수많은 조직들에 의
존하고 있다. 휴먼서비스의 체계 역시 이러한 조직들로 구성되는 다수의 개별적인 조직들
이 전체사회의 기능 유지를 위한 목적에 기여하려면 조직들 간의 상호연관성이 필요하다.

　　조직들 간의 상호관련성을 높이기 위해서는 우선 각각의 조직들을 하나의 체계 안에
서 활동하는 부분들로 파악하는 시각이 필요하다. 휴먼서비스는 독자적인 기능들을 발휘
하는 개별 조직들의 단순 집합이 아니라, 상호보완적 기능을 발휘하는 전문직들 간의 혹은
분야들 간의 상호의존적인 조직망(네트워크)으로 이해되어야 한다. 이를 위해서는 체계적인
관점에서 조직을 이해하는 것이 필요하다.

　　와이너(M. Weiner)는 앞으로 휴먼서비스에 주어진 주된 도전을 '초조직적이고도 상호
교류적인 분야들의 체계 확보'라고 보았다. 효과적이고 생산적인 휴먼서비스를 체계로 간
주하고 다룰 수 있는 장치들이 필요하다는 것이다. 서비스 통합을 통해 개인에게 적절한
묶음 서비스를 제공하기 위해서도, 서비스 조직들 간의 긴밀한 상호 연계는 필수적인데,
전통적으로 엄격한 테두리를 유지하는 조직들의 집합으로는 이러한 목적을 성취하기가 어
렵다.

체계와 연계를 통해 휴먼서비스의 생산성을 높이기 위해서는 다른 조직들에 대한 이해와 조직 외부 환경에 대한 이해, 그리고 역동적인 외부 환경이 조직 내의 작용들에 미치는 영향 등에 대한 관심과 이를 이해할 수 있는 지식적 기반이 필요하다. 조직의 테두리가 외부 조직들이나 환경과의 활발한 교류를 유지하기 위해서는 기존의 단일 조직을 근거로 한 폐쇄적인 체계 관점은 도움이 되지 않는다. 조직 내부 관리에 대한 지식과 기술들만으로는 새로운 사회적 환경의 변화와 요구들에 대처할 수 없으므로, 조직을 개방 체계의 일부로서 인식하는 관점을 갖추어야 할 필요성이 있다.

(3) 환경과 사회복지행정

휴먼서비스의 환경은 매우 특이하고, 그로 인해 사회복지행정 역시 일반행정과는 다른 독특한 행정 환경을 갖고 있다. 휴먼서비스를 운영·관리하는 사회복지행정으로서의 이러한 독특한 환경에 대한 이해와 관심은 매우 중요한 것이다.

휴먼서비스에 있어서 외부환경이란 자원을 제공한다. 조직의 사회적 활동에 대한 합법성을 제공하고, 새로운 서비스 기술이나 행정 기법들을 제공하기도 하고, 클라이언트들을 의뢰하거나 제공하고, 각종 이해 집단들로서 존재하기도 하는 것이다. 이러한 유형의 외부환경을 조직이 업무활동을 통해 직접적으로 관련을 맺고 있는 것들이라 해서 '업무환경(work environment)'이라고 부른다. 그리고 비록 간접적이기는 하지만 업무환경에 대한 영향을 통해서 조직들에 중대한 영향을 미칠 수 있는 '일반환경(general environment)'이라는 존재도 간과할 수 없다. 일반환경이란 조직의 거시적인 사회 환경으로서, 직접적이기보다는 업무환경을 통해 간접적으로 조직에 영향을 주는 것이다. [그림 1-3]은 이러한 환경 요소들을 그림으로 구성해 본 것이고, [표 1-5]는 각각의 환경 요소들에 대한 설명을 붙인 것이다.

대부분의 휴먼서비스 조직들은 이러한 일반 및 업무환경 요소들의 막대한 영향력 아래에 있다고 인정되는 것이 보편적이다. 특히 휴먼서비스 조직의 성격을 강하게 띠는 사회복지조직들의 경우에는 더욱 그러하다. 불확정적인 서비스 기술을 갖추고 있으며 조직 운영에 필수적인 인적·물적 및 합법성 자원들을 외부 환경으로부터 조달해야 하는 사회복지조직들로서는 환경적 요소들이 행정관리에서 차지하는 비중은 매우 클 수밖에 없다. 이러한 환경적인 성격에 의해서 발생하는 사회복지행정의 특성들을 설명하면 다음과 같다.

① 외부 환경에 대한 의존성

제반 휴먼서비스 가운데서도 특히 사회복지서비스는 다양한 환경적 요소들에 대해 의존적인 성격이 강하다. 서비스 생산에 필요한 자원의 대부분을 조직이 자체적으로 해결할 수 없기 때문에 자원을 통제하는 외부 환경요소들에 의존하게 되기가 쉽다.

사회복지서비스의 소비자인 클라이언트 집단은 실업자, 고아, 거지, 정신병자, 미혼

그림 1-3 사회복지조직의 환경

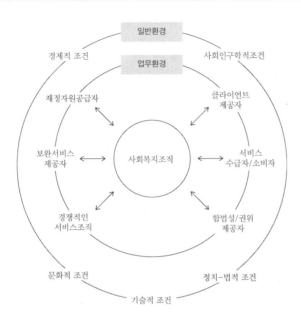

모, 비행청소년 등의 스티그마(stigma)를 안고 있는 경우가 많다. 대개 경제적인 능력면에서 자발성을 갖기가 힘들기 때문에 자신들이 받는 서비스에 대해 비용을 지불하기가 힘들다. 즉, 사회복지서비스를 실행하는 조직들은 조직이 필요로 하는 서비스 자원을 소비자들로부터 직접 확보하기가 어렵다는 것이다. 따라서 이런 조직들은 클라이언트 이외의 외부 환경에서 서비스 자원을 찾아야 하고, 그 결과 그러한 자원을 보유하고 있는 외부 환경 요소들의 영향을 강하게 받을 수밖에 없다.

외부 환경에의 의존성이 사회복지행정의 특성 결정에 미치는 영향은 매우 크다. 대표적으로는 사회복지행정이 단순히 소비자인 클라이언트의 욕구 충족에만 치중할 것이 아니라, 다양한 외부 환경적 요소들의 욕구도 충족시키기 위해 노력해야 한다는 점이다. 외부 환경에 대한 의존성이라는 특성의 발견은, 곧 사회복지행정이 사회사업행정의 한계를 벗어나게 되는 커다란 전환점이기도 하다. 사회복지행정은 더 이상 사회복지전문직과 기관 내부의 운영과 관리를 위한 도구가 아니라, 전체사회의 목적과 사회복지조직들의 활동을 연결하는 수단이라는 관점을 갖게 되는 것이다.

[표 1-5] 일반·업무환경 요소들에 대한 설명

일반환경	경제적 조건	자원공급의 절대량과 서비스 수요에 영향을 줌 예) 경기불황 및 호황, 자치단체의 재정 증감 등
	사회인구학적 조건	장기적인 서비스의 수요 변동과 예측에 영향을 줌 예) 연령별 인구분포, 성별분포, 가족구성, 지역·계층 간 분포 등
	문화적 조건	사회의 가치와 규범, 사회복지조직의 목표와 기술에 영향을 줌 예) 가족주의 가치, 빈곤에 대한 사회적 인식 변화 등
	정치적·법적 조건	자원의 흐름에 대한 통제에 영향을 줌 예) 정신보건법의 제정으로 서비스 공급자와 수요자의 상황변화
	기술적 조건	사회의 기술적 진보 혹은 변화가 초래하는 영향 예) 컴퓨터와 네트워크의 발달로 인한 조직관리 방법의 변화 압력, 신경안정제의 개발로 인한 탈시설화 등
업무환경	재정자원의 공급자	정부(보조), 기업체(출연), 개인(후원), 서비스이용자(부담) 등
	클라이언트의 제공자	개인, 가족, 의뢰기관, 정부기관(조치) 등
	서비스의 수급자·소비자	클라이언트 자신, 가족, 지역사회, 국가 등
	보완적 서비스의 제공자	조직의 업무수행을 위해 보충적으로 필요한 서비스를 제공
	합법성·권위의 제공자	정부, 전문직협회, 의회, 운영법인, 클라이언트 옹호단체 등
	경쟁 조직	자원과 클라이언트들을 두고 경쟁관계에 있는 다른 조직들

② 역동적인 환경

휴먼서비스의 환경은 고정적이지 않으며 심하게는 '격동적(turbulent)'이다. 일반환경 및 업무환경에 속하는 개발환경 요소들은 고정적이지 않으며 계속해서 변화하고 있다. 인구는 항상 변화하고 정치경제적 사회 상황이 수시로 바뀌고, 기술적인 혁신들도 계속되고 있다. 사람들의 가치도 시대의 흐름을 쫓아 변화한다. 이러한 거시적·일반적 환경 요소들의 변화는 사회복지조직의 업무환경에도 영향을 미친다.

사회복지조직은 외부환경 요소들에 극히 의존적이므로 이들의 변화는 곧바로 사회복지조직에 대한 변화의 압력으로 작용하게 된다. 소비자로서의 클라이언트 집단의 성격과 구성이 변화하고, 자원제공자들의 성격도 변화하고, 사회적 가치와 문화, 기술 수준이 변화함에 따라 조직이 다루는 문제와 서비스 대응 양식들도 변화되어야 한다. 따라서 이처럼 변화하는 환경적 요소들을 모니터링하고 그것들이 서비스에 미치게 될 영향을 분석하며 조직적 구조와 과정을 계속해서 혁신해 나가는 것이 된다.

③ 대립적인 가치들의 생존

휴먼서비스의 실천 현장에서는 대립적이고 갈등적인 가치들이 항시 존재할 수 있다. 명확한 정답이 존재하지 않는 상황이 지속될 수 있다. 선악이 분명히 구분되는 고전적인 가치의 개념이 아니라, 등가(等價)의 대립적인 가치들 속에서 선택적인 판단을 필요로 하

는 상황에 처할 경우가 많다. 휴먼서비스 조직들에서 전문직의 자율성과 조직 관리를 위한 통제의 필요성은 대표적인 등가의 가치 갈등에 속하는 것이다.

사회복지서비스에는 대립적인 가치 갈등의 대표적인 경우가 '혼합재(mixed goods)' 생산에 따른 갈등이다. 사회복지조직들은 클라이언트를 위한 '사적 급여(private benefits)'와 사회를 위한 '공적 급여(public benefits)'를 동시에 추구해야 한다. 제공되는 서비스가 클라이언트의 욕구를 충족시키는지를 고려하는 것만으로는 부족하고, 공공의 이해 관심에 얼마나 부합 되는지를 동시에 고려해야 한다는 것이다. 문제는 이러한 두 가지 목적이 빈번하게 상충된다는 것이다.

> 예를 들어, 정신질환자에 대한 서비스가 직접 소비자인 정신질환자들의 관점에만 치중하여 통제보다는 사회 복귀에 우선 관심을 둔다고 하면, 공공의 관심은 이에 반발할 수 있다. 정신질환자들에 대한 공공의 이해 관심은 정신질환자들로부터 사회를 방어하는 쪽에 치우치기 쉬우며, 그래서 관련 서비스 조직들에 대해 통제의 수준을 높이기를 요구할 수 있다. 이처럼 서비스 자원의 공급자이며 간접 소비자인 공공과 서비스의 직접 소비자로서의 클라이언트가 서로 분리되어 있는 경우에, 이러한 갈등 요소들이 증폭되는 경우가 많다.

공공이나 민간의 자원 제공자, 서비스 이용자, 이용자 가족, 전문가 집단, 조직의 직원, 그 외 가족 이해집단(interest group)들은 사회복지서비스와 관련해서 각기 다른 목표와 이해들을 추구할 수가 있다. 종종 그러한 이해들은 서로 간에 대립되는 입장을 노출하기도 한다. 이러한 문제는 사회복지서비스 프로그램들에 대한 평가 과정에서 두드러지게 나타난다. 한 조직의 서비스 프로그램에 대해서 이해집단들이 각기 상이한 목표들을 설정하고 있다면, 동일한 서비스 결과를 두고서도 각기 다른 이해 관점에 따라 그것을 성공 혹은 실패로 제각기 달리 규정할 수 있기 때문이다.

이처럼 상반된 가치들로 둘러싸인 환경 속에서 사회복지조직의 활동을 이끌어 가야 하는 것이 사회복지행정의 역할이다. 그래서 상반된 가치들을 조정할 수 있고, 이를 관리할 수 있는 능력을 필요로 한다. 이들 간의 상충되는 기대들을 소화시키면서, 한편으로는 조직의 목표(조직의 유지나 혹은 대사회적 임무)들을 지속적으로 추구해 나가야 하는 과제를 안고 있다. 즉, 사회복지조직들은 다양한 사회적 가치에 대한 정답을 스스로 선택하기보다는 다양한 가치들을 조정하고, 이들이 조직 운영과 활동에 부정적인 요소로 작용하지 않도록 관리하는 것이 중요한 행정적인 과제가 된다는 것이다.

3) 사회복지행정의 특성 및 과제

사회복지행정의 특성은 휴먼서비스의 기본적인 속성들로부터 도출된다. 사회복지행정은 사회복지서비스를 전달하는 조직과 그 조직들의 체계에 주된 관심의 초점을 두는 것이다. 따라서 사회복지행정의 특성과 과제는 사회복지서비스가 갖는 독특한 휴먼서비스 속성들과의 관련을 통해서 설명될 수 있다. 앞서 설명은 이러한 점들을 다루었는데, 이를 요약해서 나타내면 [표 1-6]과 같다.

[표 1-6] 사회복지행정의 특성과 과제

속성		사회복지행정의 특성 및 과제
인간	가치와 도덕성	·몰가치적 행정 배격 ·인간·사회에 대한 휴머니즘 가치에 입각한 행정
	전체성과 개별성	·전체적 접근 방식의 행정 구현 ·개별화된 클라이언트의 욕구를 구현하기 위한 행정
조직	클라이언트의 전문적 상호작용	·참여적·수평적 조직구조로 창의성과 역동성 추구
	조직들 간의 체계적 관련성	·'초조직적'이며 개방적인 조직 체계 구축 ·조직들 간의 통합과 연계를 중시하는 행정 구현
환경	의존성	·환경요소들의 영향에 대한 지속적인 관심과 관리
	역동성	·환경적 변화에 대한 탄력성과 유연성 구비
	다면적 가치	·혼합재 관리 ·다양한 기준의 책임성 요구들에 대한 관리

사회복지서비스의 속성을 인간, 조직, 환경의 측면으로 크게 구분하였고, 그에 따른 사회복지행정의 특성과 과제들을 요약해서 제시한 것이다.

먼저, 사회복지서비스는 인간을 대상으로 인간에 대한 직접적인 서비스를 제공한다. 서비스의 결과물 또한 인간 혹은 유지나 변화가 된다. 이처럼 인간이 원료이자 생산물이 되므로, 인간 존재의 가치와 도덕성, 전체성과 개별성 등의 속성들이 서비스 과정에서 반영되어야 함이다. 그러므로 사회복지행정은 전형적인 관료제적 행정에서 추구하고자 하는 몰가치성의 원리에 기초해서는 안 되고, 그와 반대로 휴머니즘의 가치를 뚜렷하게 하는 가치지향적 행정 원리를 내세워야 하는 것이다. 또한 분산적이고 표준적인 구조와 절차들을 지양하고, 전체적(holistic)이고도 개별적인 클라이언트의 욕구를 충족시키기 위한 탄력적인 행정 원리를 갖추어야 하는 과제를 갖고 있다.

다음으로, 사회복지서비스는 조직적 과정을 통해 전달된다. 사회복지서비스는 워커와 클라이언트 간의 전문적인 상호작용을 통해 이루어지고, 분화된 조직 기능들은 체계적인 연계를 통해서만 서비스의 효과성이 신장된다는 특성을 갖고 있다. 따라서 이러한 서비스의 속성을 적절히 반영하기 위해서는, 참여적이고도 수평적인 조직구조를 통해 창의성과 역동성이 서비스 관계들에서 극대화되도록 하고, 초조직적이며 개방적인 조직 체계의 구축과 조직들 간의 통합 및 연계를 중요시하는 사회복지행정의 원리를 구축하는 것이 중요하다.

마지막으로, 사회복지조직은 환경에 의존적이어서 환경 요소들의 변화에 의해 심하게 영향을 받는다. 또한 환경 요소들은 대립되고 갈등적인 가치들을 동시에 조직에 제시하는 경우도 많다. 사회복지행정은 제반 환경 요소들이 사회복지서비스와 조직에 미치는 영향에 대해 지속적으로 관심을 갖고, 모니터링이나 관리를 해 나가는 것이 필요하다. 또한 역동적인 환경임을 감안하여 서비스와 조직이 탄력성과 유연성을 구비할 수 있도록 하는 것이 중요하다. 다면적이고도 갈등적인 가치들이 상존하는 것에 대해서는, 혼합재의 관리를 위한 독특한 관점과 행정 방법을 갖추어야 하고, 이를 통해 다양한 기준의 책임성 요구들을 소화할 수 있어야 한다.

사회복지행정의 역사

제 2 장   사회복지행정의 역사

현대 복지국가들은 국민복지욕구의 효과적인 충족과 사회복지비의 효율화, 지역사회에 대한 책임성 확보라는 측면에서 사회복지행정을 매우 강조하고 있다. 이러한 시대적 경향을 감안하여 사회복지행정이 어떠한 시대적 상황과 사회복지학적 배경에 관련되어 발전되어 왔는가를 고찰하는 것이 필요하다. 학문분야 혹은 실천방법으로서의 사회복지행정은 일반사회학적 환경 분야 혹은 일반사회학적 환경과 밀접하게 관련되어 있다. 사회복지의 역사가 일반사회라는 거시적 흐름과의 관련 속에서 이루어지듯이 사회복지행정의 역사도 그에 벗어나지 않는다(김영종, 2001 : 55).

미국은 다른 국가에 비해 빨리 사회복지행정을 사회복지방법론 중의 하나로 정착시켰다. 따라서 미국의 사회복지행정의 역사와 우리나라의 사회복지행정의 역사를 각각 살펴보고자 한다.

1. 미국의 사회복지행정

1) 인식기(1900년~1935년)

이 기간은 하나의 전문 직업으로서 사회사업이 정체성(identity)을 형성하고 대표적인 사회사업 방법론으로서 개별사업사회(casework)를 개발하던 시기였다. 이 시기 동안에 병원, 법정, 학교, 정신과 분야에 사회사업이 도입되었고 사회사업 학교 및 사회사업 전문직 협회들이 설립되기 시작하였다. 이러한 과정에서 개별사회사업은 사회사업 전문직의 핵심적 기술이 되었으며 사회사업은 이 기술을 중심으로 정체성을 형성하게 되었다(Lubove, 1965 : 119).

사회사업의 모든 이론, 지식, 기술은 물론 심지어는 사회사업 교육까지도 전부 개별사회사업에 초점을 두고 있었으므로 개별사회사업은 전체 사회사업 전문직을 대표하는 것으로 생각되었으나 상대적으로 사회복지행정은 20세기 초반까지도 전문직의 실천행태로서 사실상 인정을 받지 못하였다(신복기, 1984 : 221). 그러나 전문 사회복지사들의 활동이 직간접으로 불가피하게 행정과 관련되어 있었기 때문에 완전히 행정에 무관심하기는 어려웠다. 따라서 사회사업 전문직 자체는 사회복지조직들의 실천을 합리적으로 관리하고 그것의 효율성을 높일 수 있는 전문적 방법의 필요성을 인식하게 되었던 것이다. 이와 같이 사회복지행정의 필요성을 인식한 대표적인 학자들은 Edith Abbott, James Hagerty, 그리고 Arthur Dunham 등이다(Patti, 1983 : 3~4).

Abbott는 사회사업 전문직 교육이 개별사회사업의 기법에 초점을 둔 고도의 기술적이고 특수한 과정으로 구성되어야 한다는 견해에 반대하면서 사회사업에 있어서 직접적 서비스가 중요하기는 하나 이것만으로는 충분하지 않다고 주장하였다. 그녀는 사회사업 대학생들은 개별사회사업과 같은 지식뿐만 아니라 행정 및 다른 형태의 리더십에 관한 지식을 갖추어야 한다는 생각을 갖고 있으면서 사회복지행정에 대한 필요성을 인식하고 있었음을 알 수 있다. 한편 Hagerty도 사회사업이 개별사회사업에 너무 치중되어 있는 사실에 대하여 경고하면서 학교에서 하여야 할 가장 중요한 과제는 지도자와 조직가, 행정가들에 대한 교육, 즉 사회복지행정 실무자들을 위한 교육이라는 입장을 내세웠다. 그러나 이들의 이와 같은 입장에도 불구하고 1930년까지 개별사회사업은 사회사업의 지배적인 방법으로 자리를 굳혔다.

이에 대하여 Dunham은 사회사업 초기에는 "사회복지행정은 직접적 실천과 구별되지 않았을 뿐더러 분리된 기능으로 생각되지도 않았다"고 결론지으면서 개별사회사업의 지식과 능력은 모든 형태의 전문적 실천의 기초가 되므로 사회복지사는 이와 같은 기초를 닦고 난 후에 효과적으로 관리하는데 필요한 것들을 배울 수 있다고 주장하고 있다. 이러한 Dunham의 주장은 사회복지사들에게는 직접적 실천적으로서의 개별사회사업의 지식과 기술을 우선적으로 갖추고 나서 행정에 대한 지식과 기술을 습득해야 한다는 입장이므로 행정을 간접적인 방법, 그리고 직접적 실천의 보조적인 방법으로 인식하고 있었다고 볼 수 있다(신복기, 1984 : 222).

20세기 초 사회사업 교육의 교과과정 속에 사회복지행정이 최초로 나타난 것은 1914년이었으며 이후로 여러 학교들이 사회복지행정을 가르치게 되었다. 그러나 이러한 행정 과목들이 핵심적인 필수과목으로 여겨지지는 않았고 정규 교수지위를 갖고 있지 않는 기관 관리자들이 가르쳤기 때문에 그 당시 행정과목은 전체 교육과정에서 높은 비중을 차지하지 못했다고 볼 수 있다. 실제로 미국 사회사업 대학협의회가 1923년에 대학원 석사과정 1학년생을 위해 채택한 교과과정에는 행정이 선택과목들 중의 하나로 되어 있었다(Lubove, 1956 : 152).

행정에 대한 사회사업 교육의 태도는 1929년 Miford 회의에 잘 나타나 있다. 그 회의 참석자들은 개별사회사업의 개념을 설정한 후 사회사업의 기초적 기술을 가르칠 전문가 훈련학교의 교과과정으로 개별사회사업, 집단사회사업, 지역사회 조직사업, 사회조사 및 행정을 제안하였다(AASW, 1929 : 78). 그런데 이 제안 속에는 개별사회사업 교육을 위한 특수한 건의가 포함되어 있으나 다른 실천방법을 위한 교육내용은 거의 언급하고 있지 않으면서도 사회복지기관의 조직과 구조에 관한 틀과 기준에 대해서는 세심한 관심을 나타내고 있다. 그러나 이러한 조직과 구조를 위한 틀과 기준을 형성하는 데 필요한 기술 혹은 과정과 효과적 실천을 위해서 훈련된 관리자가 필요하다는 언급도 하지 않고 있다.

이와 같이 사회사업 교육에 관한 이 시대의 영향력 있는 회의에서 사회사업의 근본적인 기술로서 사회복지행정을 확인했고 또 효과적인 서비스 전달체계를 위한 조직상의 배경을 설명하였으면서도 그 구체적인 기술과 과정에 대해서는 언급이 없다는 것은 사회사업 실천가나 교육을 담당하는 사람들이 행정의 필요성을 인식하면서도 행정업무나 행정가의 역할 등 구체적인 내용을 확립하지는 못했다는 것을 의미한다 하겠다(신복기, 1984 : 223). 1929년에 처음 발간된 사회사업 연감에 행정에 관한 논문이 한 편도 없다가 1933년의 사회사업 연감에 처음으로 행정논문이 실렸다.

이 시기에 사회사업의 근간으로서 개별사회사업이 하나의 기술로서 간주되었다고 보는 것이 적절하겠다. 이 시기에 행정의 중요성을 인정한 것은 사실이나 이론과 실무에 있어서 부속적인 개념으로 정의되었다. 행정이 개별사회사업에 대한 이해를 못했기 때문에 사회사업의 한 분야로서 인정받는 데 여러 가지의 어려움을 겪었다.

2) 팽창기(1935년~1960년)

이 기간은 사회복지행정이 사실상의 사회사업 실천방법으로 대두되었던 시기이다. 1930년대 초 경제 대공황에 따른 빈곤 및 실업문제를 해결하기 위해 정부가 직접 개입하게 되었고 사회복지행정이 전문 사회사업의 실천 방법론으로 발전하는 데 중요한 영향을 미쳤다. 1934년 연방긴급구호청(Federal Emergency Relief Administration)의 설립과 곧이어 1935년의 사회보장법(Social Security Act) 제정에 따른 연방과 주에서 공적부조제도가 생겨나면서 공공 사회복지서비스 부문에서 공무를 담당할 인력수요가 급증하였다. 새로 생겨나거나 확장된 주 및 지방정부의 공공복지국에는 연방정부에 의해 위임된 사회복지서비스의 전달을 계획하고 조직하며, 기획하고 감독하기 위해 훈련된 많은 직원들을 필요로 하였고 (Brown, 1940 : 273~298) 정부에서는 사회복지서비스를 전달하고 조직하는 일과 방향을 제시하는 전문직에 위임하게 되었다.

이와 같은 추세에 따라 사회사업 대학에는 지원자가 몰리게 되었고 대학들은 교과과정을 재검토할 필요성이 생겨났다. 왜냐하면 대부분의 사회사업 대학들은 민간기관에서 직접적 서비스를 제공하는 사회복지사 양성에 주력하고 있었기 때문에 교과과정은 주로 개별사회사업 중심으로 되어 있었다. 물론 교과과정의 내용 중에는 공공복지 부문에 그대로 적용될 수 있는 것도 있었지만 사회사업 대학들은 공공복지 분야의 전문적 실천의 특징적 요소를 인식하고 그들의 교과과정을 수정할 필요가 있었다. 사회사업 대학들은 개별사회사업과 집단사회사업 기술이 공공복지 부문의 행정 및 감독책임에 어떻게 적용될 수 있으며 그러한 내용이 공공사회정책에 어떻게 결합될 수 있는지를 검토하게 되었다(Brown,

1940 : 290~291).

이렇게 개정된 교과과정으로 교육받은 학생들이 연방 긴급구호청을 비롯한 지방 긴급구제 기관, 공적 부조 관련기관 등의 공공복지 분야에 공무원으로서 진출하면서 사회복지행정의 실천영역이 점차로 확보되기 시작하였다. 이와 같이 공공복지에서 사회사업의 개입이 사회복지서비스의 조직과 관련에 많은 관심을 갖도록 자극한 것은 사실이나 사회사업의 기본 방법론으로서 개별사회사업의 중요성은 여전히 지속되고 있었고 1940년대 중반까지도 사회복지행정은 전문사회사업의 주변 분야로 인식되고 있었다. 그러다가 2차 대전 이후 10여년에 걸쳐 사회사업의 핵심이 되는 지식, 가치, 기술 등을 행정에 접목시켜 사회복지행정을 발전시키려는 노력이 여러 가지 방법으로 이루어졌음이 다음과 같이 나타나고 있다(Patti, 1983 : 8~9).

첫째, 사회복지행정은 일반행정과 다르거나 적어도 일반 행정과 구별되는 속성을 갖고 있는 것으로 생각하였다. 일반행정의 요소들이 모든 조직에 공통된 것은 확실하나 사회복지조직 및 사회복지서비스의 독특한 특성은 사회복지행정이 하나의 독립된 영역으로서 주목받을 만한 가치가 있는 것으로 평가되었다. 다양한 조직에 적용될 수 있는 행정이 존재한다는 생각은 사회복지행정이 특수한 훈련과 전문성을 필요로 함에 따라 부정되었다. 사회복지행정의 중요한 특성은 급여 및 서비스의 적절성, 클라이언트 중심의 서비스, 전문적 능력, 프로그램의 효과성, 운영의 효율성 등에 나타나는 바와 같이 서비스 질을 강조하는 데서 찾을 수 있다고 생각되었다. 사회복지조직에서 사회복지행정가는 다른 조직에서 발견할 수 없는 특별한 문제에 직면하게 되는데 예를 들면 납세자나 후원자들이 그들이 낸 돈이 클라이언트에게 어떻게 쓰였는지 관심을 갖는다든가 또는 사회복지사들이 행정의 공식화된 절차를 싫어한다든가 사회복지서비스의 효과 측정에 상당한 어려움이 뒤따르는 그런 문제들 때문에 사회복지행정은 독특한 지식과 기술이 필요한 것으로 생각되었다.

둘째, 이 시기의 주요 이론가들은 사회복지행정과 개별사회사업의 지배적인 가치와 방법을 연결시키려고 노력하였다. 행정의 핵심적인 기능의 조직 내 개인이나 집단들을 도와 민주적 과정을 통해 그들의 조직에 대한 기여를 극대화하도록 하는 것이었다. 행정은 행정가에 의한 일방적 권한의 행사가 아니라 직원, 이사회, 자원봉사자, 회원 및 수혜자 등을 포함하는 모든 집단과 이해당사자들에 의해 책임을 함께 나누는 것으로 보았다. 이와 같은 관점에서 볼 때 행정적 권한은 행정가와 직원 및 수혜자 간의 상호관계로부터 생겨나는 것이었다. 이와 같은 집합적 권한의 원동력은 참여이고 참여를 통해 모든 관계 당사자들은 조직의 운명을 결정하는 데 실제적인 자기 목소리를 내는 것이었다. 궁극적으로 행정가의 권한은 명령에 의해서라기보다 합의와 행위의 자발적인 선택으로부터 생겨나는 것으로 보았다.

셋째, 사회복지행정의 민주적이고 참여적인 성격과 대인 및 집단과정에 대한 관심은 필연적으로 인간관계 기술이 사회복지행정의 기초를 이루는 데 기여하도록 하였다. 동시에 인간관계 기술은 행정을 사회사업 전문직의 주류에 포함시키는 가교의 역할을 제공하였다. 만일 행정의 역할이 도와주고 가능케 해주는 것이라면 사실상 행정가가 개별사회사업 및 집단사회사업으로부터 많은 것을 빌려올 수 있는 것이었다. 따라서 사회복지행정을 개별사회사업이나 집단사회사업과 본질적으로 같은 선상에 놓음으로써 사회복지행정가는 개별사회사업 및 집단사회사업에서의 확립된 원칙과 실무를 활용할 수 있었다. 개별사회사업으로부터 행정가는 개별화 및 관계를 통한 성장과 같은 개념을 활용함으로써, 그리고 인간행동의 역동성을 이해함으로써 개인 및 집단 간의 관계에 대한 이해를 높일 수 있었다. 한편 집단형성의 기술, 집단 내 활동과 발전의 촉진, 집단목적의 결정, 집단성원의 이해관계와 욕구의 발견, 상호작용 지도 등과 같은 집단사회사업은 행정가가 이사회, 위원회, 직원 및 지역사회 집단과 함께 일할 때 활용될 수 있었다.

1950년대까지 행정은 단순히 하나의 부속적인 도구라기보다 전체 사회사업 과정에 없어서는 안 될 중요한 부분이 되어가고 있음이 명백해졌다. 이와 같이 행정이 발전을 위한 발판을 굳히기는 했지만 그간 행정을 하나의 전문적 실천방법으로서 인식하는 데는 계속적인 저항이 있었다. 그러나 이러한 저항에도 불구하고 사회사업 대학들은 그 교과과정 속에 행정적 실천을 위한 프로그램을 발전시켰으며 또한 사회복지사들이 행정에 대한 교육을 받아야 한다는 생각은 많은 지지를 받았다. 사회복지행정이 다른 사회사업 방법들과 동등한 위치를 차지하려면 많은 연구와 발전이 있어야겠지만 그것을 위한 기초는 미흡하게나마 이 시기 동안에 정립되었다고 볼 수 있을 것이다(신복기, 1984 : 228).

3) 정체기(1960년~1970년)

이 기간은 사회복지행정의 발달에서 하나의 정체기라고 볼 수 있다. 1960년대 초반에는 사회복지행정의 이론과 실무에 있어 상당한 발전이 있을 것으로 기대되었으나 몇 가지 상징적인 발전으로 그쳤고 그 기대는 별로 충족되지 못하였다.

첫째, 1960년대 전국사회복지사협회(National Association of Social Workers)는 사회복지행정과 지역사회 조직을 연구하는 한 연구소를 후원하였다. 유명한 학자들과 실무자들이 참여한 이 연구소에서는 사회복지조직과 행정에 관한 이론과 연구를 종합하는 보고서를 출판하였으며 1960년대 사회사업 전문직을 위한 안내도로서 공허한 행정발전을 위한 건의서를 발표하기도 하였다.

둘째, 전국사회복지협의회(National Conference on Social Welfare)는 1960년 현 의회 후원위원회를 통해서 행정에 대한 논문들을 발표하였다.

셋째, Exeline Burns라는 사회사업 교육자는 1961년 사회사업교육위원회(Council on

Social Work Education)에 보고서를 제출하였다. 교과과정에 사회복지 정책과 행정을 도외시하는 사회사업 대학들을 비판하고 행정 분야에 종사할 사람들을 위한 전문적인 연구과정을 제시하였고 이듬해 사회사업 교육위원회는 실무교육에 대한 새로운 접근방법을 시도하는 개개 사회사업 대학들의 교과과정 정책을 인정하게 되었다.

넷째, 행정에 관한 관심이 증대되면서 1963년에 전국사회복지사협회 내에 사회사업 행정위원회(Council on Social Work Administration)를 설립하기도 하였다(Patti, 1983 : 11~12).

이상의 몇 가지 발전과 더불어 사회복지행정에 대한 필요성과 인식은 매우 증가하였으나 실제로 이루어진 것은 별로 없었다. 이의 원인은 그 당시 사회변화의 요구에 적절히 대처하지 못한 사회복지조직에 대한 불신과 행정에 대한 요구의 대안으로 지역사회 조직사업의 급속한 발전에서 찾을 수 있을 것이다.

1960년대의 미국의 역사는 청년, 소수민족 집단, 박탈당한 집단 등이 사회제도를 인식하고 관계하는 방식에 중요한 변화가 있었던 것으로 특징지어질 수 있다. 그와 같은 변화는 국가가 빈곤, 인종차별, 도시문제와 같은 사회문제를 잘 다루지 못한 데서 그 원인을 찾을 수 있었다. 1960년대 초에는 사고와 행동에 낙천주의가 만연되어 있어 정치·경제제도가 사회문제들을 효과적으로 해결할 수 있다는 믿음을 갖고 있었으나 사회정책 및 프로그램이 별로 효과가 없음이 드러나고 베트남 전쟁으로 경제자원마저 부족해지자 사람들은 크게 좌절하게 되었다. 사람들은 사회제도에 대해 의구심을 갖기 시작했으며 특히 사회복지조직들은 사회적 비판의 표적이 되었다. 사회복지 내부 또는 외부에서 모두 종래의 사회복지기관들이 클라이언트에게 서비스할 자신들의 책임을 소홀히 해왔다고 주장하였다. 사회복지기관들이 서비스의 제공보다는 조직의 유지와 안정에 더 힘쓰면서 변화하는 욕구에 반응하지 않고 있음이 널리 비난의 대상이 되었다. 설상가상으로 몇몇 분석가들은 불평등을 영속화시키고 빈곤한 사람들이 권리, 서비스 및 기회에 접근하는 것을 막는 정치, 경제적 과정 속에 사회복지조직, 특히 공공복지 체계를 포함시키기도 하였다(Piven & Cloward, 1971).

사회복지행정의 발달에 비판으로는 첫째, 1960년대 동안 사회복지조직 및 기관에 대한 도전과 불신은 궁극적으로 사회사업 방법으로서의 행정을 타락시키고 행정가들에 대한 경멸을 가져왔다는 것을 의미한다. 둘째, 사회복지조직 및 기관들의 역기능적 결함을 그것을 운영하는 사람들의 전문적이고 이념적인 결함의 탓으로 돌리는 것을 의미한다(신복기, 1984 : 231).

한편 대규모 사회변화를 원하는 사회사업에 관심을 갖는 많은 학생들에게 있어서 지역사회 조직사업은 행정에 대한 좋은 대안이 되었다. 1960년대 중반까지 지역사회 조직사업은 지역사회공동모금 및 복지 단체들과 별로 밀접한 관계를 맺고 있지 않았으며 지역사회 조직사업은 행동주의적, 개혁주의적 입장을 취하였다. 학생들과 학자들 간에는 이런 방법이 지금까지의 사회복지조직의 운영방식에 변화를 크게 주는 것이며 조직 밖에서의 실천이었기 때문에 매력적인 전문적 방법으로 인식하게 되었다. 지역사회 조직사업 실천은 당시에 사회복지사들에게 그들의 기술과 영향력을 가난한 사람들을 위해 사용할 수 있는 기회를 제공하였다. 이러한 맥락에서 볼 때 지역사회 조직사업이 하나의 실천방법으로서 급속히 발전된 것을 이해할 수 있다. 1960년에서 1969년 사이에 사회사업 대학원에서 지역사회 조직사업을 전공한 학생들의 수는 1.5%에서 9%로 증가하였다. 이와 같이 1960년대 말까지 지역사회 조직사업은 사회사업 실천의 주요한 방법론으로서 그 지위를 굳히게 되었다(Patti, 1983 : 14).

사회문제 해결을 위해 사회복지조직들의 활동에 대한 기대가 좌절된 사람들은 지역사회 조직사업을 사회복지행정에 대한 대안으로 나타나게 되었다. 이렇게 행정의 대안으로서 지역사회 조직사업의 획기적 발달은 상대적으로 사회복지행정의 발달을 정체시키는 결과를 가져왔던 것이다(신복기, 1984 : 231). 그러나 지역사회 조직사업에서 이루어진 많은 이론적 연구는 행정에 곧바로 적용될 수 있는 것이 많았고 이 두 분야는 실제적인 면에서 서로 통하는 것이 많았으며 기획, 시민의 참여, 이사회 및 위원회 활동과 같은 영역은 행정의 이론과 실천에 직접 적용될 수 있는 것들이었다.

4) 도전기(1970년~1990년)

이 기간은 1960년대의 사회·경제적 배경을 기반으로 하여 사회복지행정에 관한 관심과 필요성의 증대 및 전문 사회복지행정가에 대한 수요가 늘어나 사회복지행정의 발전이 가속화되는 시기라 볼 수 있다. 이 시기는 미국 역사상 사회복지 지출이 그 어느 때보다도 많이 증가한 시기였다. 그리하여 1960년대 말에 이르러서는 사회복지가 정부만의 활동이 아니라 미국 국민 전체의 관심사도 되었다. 1960년대 초까지만 해도 경제성장에 대한 자신감을 갖고 있었으나 1960년대 후반에 이르러 베트남 전쟁, 사회복지비 지출 증가, 인플레이션과 경제성장의 둔화 등의 요인이 복합적으로 작용하여 사회복지 프로그램의 재정적 부담이 어렵게 되자 1970년대에 이르러 정부에서는 지출된 비용에 대하여 가장 큰 효과를 낼 수 있는 사회복지 프로그램을 선정하여 재정지원을 할 수밖에 없었다.

1960년대의 사회복지행정가들은 사회복지 프로그램을 유지하고 확장하는 데 관심을 가졌다. 얼마의 비용에 어떠한 일을 했으며 그 결과는 어떠했는지를 보고하는 단순한 업무를 하였으나 이제 1970년대의 사회복지행정가들은 프로그램의 유지와 확장으로부터 프로그램에 대한 설명, 통제, 평가에 관심을 갖지 않을 수 없게 되었다. 이와 같은 변화과정에서 사회복지조직들은 자신들이 기술과 지식의 공백상태에 있음을 깨닫게 되었다. 중간 및 최고 관리층의 사회복지행정가들은 대체로 필요한 기술적 방법을 소유하지 못하였다. 결과적으로 사회복지조직들은 이와 같은 새로운 시대의 수요에 부응하는 데 필요한 관리를 추구하기 시작하였다(Patti, 1983 : 16).

특히 1973년 사회사업교육위원회 연례 프로그램 화합의 기조연설에서 Sarri 교수는 "사회사업 전문직이 이 시대의 중요한 사회적 요구를 충족시키지 못하거나 사회적 서비스의 계획 및 전달에 리더십을 제공하지 못한다면 사회사업 전문직은 사적인 사업 사회복지사나 다른 전문직의 시녀로서의 역할로 전락하게 될 것이다"고 경고하였다(Sarri, 1973 : 31~32). 이 같은 도전은 1970년대 초반까지 사회사업 전문직에 커다란 반향을 일으켰으며 행정을 위해 사회복지사들을 훈련시키는 것에 우선적 관심을 두어야 한다는 일반적 반응이 나타났다. 그리고 이제까지 관심을 가지지 않았던 새로운 관리기법(PPBS, 비용−편익분석, PERT)들이 사회복지행정에 도입되어 행정은 사회복지서비스의 계획, 유지, 관리, 평가의 주된 기술로서 전문 사회사업의 고유한 방법으로 발전되었다(신복기, 1984 : 233).

사회사업 대학에서는 행정 교과과정이 급속도로 확장되었다. 1975년까지 84개 사회사업 대학들 중 19개 대학에서 사회복지행정을 전공하고 있었고 나머지 많은 대학들이 학생들에게 기획, 조직, 그리고 행정을 조합하여 가르쳤다. 그리고 2년이 지나서 사회복지행정 전공프로그램을 가진 대학의 수는 적어도 35개 대학으로 증가하였다. 이와 같이 사회복지행정에 대한 교육이 확산되자 이에 대한 학문적 관심도 증가하여 1970년대 중반에는 CSWE, NASW, NCSW 등의 후원을 받은 전문직협회를 중심으로 행정실천에 관한 논문들이 발표되고 토론회가 개최되었다. 1973년 이후 학술지에 실린 관리에 관련된 논문들의 수가 급격히 증가했으며 1976년에는 Administration in Social Work라는 이 분야 최초의 학술지가 발간되었다. 이 학술지에는 사회복지행정에 관한 풍부한 자료들이 실리기 시작하였고 행정에 관한 지식을 종합하고 이용하게 하는 데 기여하였으며 전문적 의견교환을 가능하게 해 주었다(Patti, 1983 : 17~18).

1980년대에 들어 레이건 행정부에 의해 가속화된 연방정부의 사회복지에 있어서의 역할 축소에 대한 시도는 사회복지행정에 있어서 중대한 변화를 가져오게 된다(김영종, 1998 : 48). 사회복지서비스 전달체계에 있어서 민영화(privatization)의 시도가 본격화되고 그에 따라 서비스 구입계약과 보조금에 의해 유지되는 많은 민간 사회복지기관들이 생겨났다. 이러한 민간기관들에서는 행정적 전문지식을 갖춘 실무자들을 더욱 필요하게 되었다. 이 시기에 많은 사회사업 교육자들이 미국의 사회사업 교육이 행정적 지식의 필요성을 역설하게 되고 사회 환경적 요인과 사회사업 전문직의 상황들로 말미암아 사회복지행정에 대한 실질적인 관심이 집중된다. 행정은 사회사업 방법으로서 중요한 위치를 차지하게 되었고 교육·실천에서 행정의 사회사업에의 접목과 노력이 가속화되었다.

사회복지행정, 지역사회 조직사업 및 사회복지에 대한 거시적 영역에 대한 관심이 발전하면서 1986년에는 Miami에서 사회사업교육위원회 연례프로그램 모임에서 '지역사회 조직사업 및 사회복지행정' 심포지엄이 개최되었다. 이 심포지엄 주제는 "거시 사회복지교육과 실천의 정통성, 효과성 및 생존문제"였다. 이와 같은 주제설정의 배경은 1980년대의 보수주의 정치·경제적 배경과 정부의 사회복지 비용 축소에 따른 거시 사회복지교육과 실천이 생존문제라는 도전에 직면하고 있다는 문제의식에서 출발한 것이다. 이듬해인 1987년 여름에 이 심포지엄에 제출된 논문을 가지고 「사회사업행정의 특별한 쟁점」이라는 책자를 발간하기도 하였다(Skidmore, 1990 : 11).

1990년대 미국 사회에서 나타나고 있는 보수주의적인 성향으로 사회복지 프로그램의 지속적인 비용긴축이 진행되었다. 따라서 사회적 자원을 활용하는 데 따르는 책임성은 사회복지 전문직의 당면한 과제로 지속되어 왔다. 1990년대에 미국 사회복지행정과 관련한 사회복지환경은 첫째 기획에서 서비스 전달까지를 직접 담당했던 거대 공공관료조직들의 퇴조, 둘째 계약이나 서비스 구입 등의 방법을 통한 민간부문의 직접 서비스 전달에서의 역할증대, 셋째 민간과 공공의 엄격한 조직적 구분의 퇴조, 넷째 서비스의 목적 실현을 위해서는 느슨하게 연결되어 있는 다양한 서비스 조직들을 연계할 서비스 전달체계의 통합이 필요하다는 인식확산, 다섯째 사회복지서비스의 책임성에 대한 구체적인 행정실천 등으로 나타난다(김영종, 1998 : 51).

이와 같이 미국 사회복지행정이 급변하는 사회복지환경과 더불어 많은 문제와 도전에 직면하고 있다. 최근 커다란 발전이 이루어지고 있고 미래의 전망도 밝아 보인다. 미래의 추세와 발전의 가능성을 다음과 같이 요약해 볼 수 있다(Skidmore, 1995 : 295~296).

① 미래에는 분명히 삶의 질을 강조하는 사회사업 프로그램이 증가할 것이다. 미래지향적 사회복지행정가들은 삶을 풍요롭게 하는 것이 사회사업 전문직의 필수적 과제임을 인식하고 사회복지행정의 방향을 잡아갈 것으로 예측한다.
② 최근 사회복지행정에서는 많은 대규모 회사들에 적용되어 온 관리기법인 최고품질관리기법(TQM)에 관심을 갖기 시작하였다. 앞으로 사회복지행정가들은 조직의 중요한 목표로서 품질을 강조하는 최고품질관리의 접근을 사회복지조직에 적용하는 데 많은 노력을 기울일 것이다.
③ 사회복지행정가들은 검증하는 다양한 사회복지조직에서 기관장과 같은 새로운 행정직위를 차지하게 될 것이다.
④ 사회복지행정은 과거의 피라미드형 권위주의적 행정으로부터 오늘날 순환형의 민주적이고 참여적인 행정으로 변화되어 가고 있다. 미래의 행정은 행정가, 일선 직원, 그리고 클라이언트들이 권한과 책임을 함께 나누는 방향으로 변화되어 갈 것이다.
⑤ 사회사업의 개인사업(private practice)의 증가로 인해 사회복지행정이 거대한 공공 및 민간 사회복지조직을 벗어나서 소규모로 이루어지는 모습도 보일 것이다.

⑥ 세계가 하나로 되어가는 세계화 추세에 따라 사회복지행정가들은 사회사업 지식과 기술도 국가적 경계를 벗어나고 있음을 인식하고 있다. 따라서 사회복지행정가들의 국제협력과 교류는 더욱 활성화 될 것이다.

⑦ 지금까지 여성들이 사회복지행정가로서의 중요한 직위를 갖고 있지 못하였으나 점차로 여성들의 사회복지행정에의 개입이 증가할 것으로 예측된다. 최근 한 사회사업대학에는 '사회복지행정에서 여성'이라는 교과목이 개설되기도 하였다.

⑧ 대부분의 사회복지행정가들 및 사회복지조직들이 기록, 기획, 서비스 전달을 위해 전산망 및 기타 기술들을 활용하고 있고 미래에는 더 고급화된 선진 기술이 행정에 적용되어 효율성과 효과성을 증진시켜 나갈 것이다.

⑨ 지금까지 사회복지행정의 이론적 기초가 취약했으나 창의적 사회복지행정가들의 노력 등으로 이론적 기초가 형성되기 시작하고 있으며 앞으로 다양한 이론들의 개발될 것으로 예측된다.

⑩ 사회복지서비스 전달에 대한 책임성이 과거 어느 때보다 더 많이 요구되고 있다. 미래는 사회사업전문직에 대한 더 많은 책임이 요구되며 책임성은 과잉 강조될지도 모른다.

⑪ 정신의학자, 사회복지사, 심리학자 등을 포함하는 전문적 팀이 사회복지서비스 전달에 활용되어 왔으며 앞으로는 이의 활용이 점차로 증가하게 될 것이다.

⑫ 사회복지조직에서 직원개발에 대한 강조가 증가하고 있다. 미래에는 직원개발 프로그램이 더욱 강조될 것이다. 이 프로그램의 목적은 직원이 자신에 대한 이해를 증진시키고 자신의 기술을 개선시켜 더욱 효과적인 조력자가 되는 것이다.

⑬ 유능한 사회복지행정가들은 사람들을 돕기 위해 점점 더 지역사회 자원을 활용하게 될 것이며 지역사회와 함께, 지역사회를 통해서 일하는 경우가 점증할 것이다.

⑭ 최근 사회복지조직에서 홍보의 중요성이 강조되고 있으며 앞으로도 홍보가 사회복지행정가에 대한 훈련과 실무에 보다 많이 강조될 것이다.

⑮ 사회복지행정에서 리더십에 대한 강좌와 실습은 미래에 더욱 증가하게 될 것이다. 유능한 사회복지행정가들은 모든 사람들의 일상생활의 질을 높일 수 있는 지침을 제공할 뿐만 아니라 개인 및 사회문제의 예방에 의미 있는 기여를 할 것이다.

⑯ 사회복지행정에서 직원 간, 직원과 클라이언트 간에 효과적인 의사소통을 위한 방법들이 더욱 강조될 것이다. 이는 사회복지조직을 개선하고 기능화 시키는 데 도움이 될 것이다.

⑰ 공공 및 민간 사회복지조직에서 모든 연구조사는 증가할 것이다. 이와 같은 연구조사는 사회복지행정가들이 많은 사람들의 생활에 영향을 미치기 위해 사용할 수 있는 지식과 기술을 제공해 줄 것이다.

⑱ 많은 학생들이 사회복지조직과 지역사회에서 사회복지행정가로서의 자신들의 역할을 예상하면서 행정을 전공할 것이다.

⑲ 미래의 사회복지행정가들은 현재보다 예방에 더 많은 시간과 노력을 기울일 것이다. 예방을 통해 사회문제는 감소될 것이라는 희망이 상종하고 있으며 앞으로는 사회사업대학에서 예방에 관한 구체적인 교과목이 생겨날 것으로 예측된다.

⑳ 유능한 사회복지사들이 사회복지조직에서 과거에는 주어지지 않았던 리더십 직위를 맡게 된다. 그들의 심리학, 경영학, 행정학, 사회학 등을 전공한 타 전문인들과 사회복지조직에서 리더십 직위를 놓고 경쟁을 하게 될 것이다. 따라서 사회사업대학에서는 상당량의 행정교육이 필요할 것이다.

5) 발전기(1990년~현재)

1980년대 이후 미국사회에서 나타나고 있는 보수적인 성향은 사회복지 프로그램들의 지속적인 긴축을 예고하고 있다. 1990년대에 들어서도 미국에서는 대형 공적부조 관련 사회프로그램들의 감축이 진행되고 있다. 1996년의 대통령 선거에서 중요한 이슈가 되었던 '가족(family)'과 '공동체사회(community)'에 대한 논쟁에서 볼 수 있듯이, 더 이상 사회복지의 목적과 프로그램들이 막연한 논리와 정당성으로 유지되기는 힘들게 되었다. 또한, 비록 외부로부터의 공격이 없더라도, 주어진 사회적 자원의 활용에 따른 책임성은 사회복지 전문직의 당연한 관심으로 기정사실이 되어왔다. 이것은 곧 사회복지행정 지식의 필요성을 강화하는 것이다.

1990년대에는 사회사업가들이 영역 이동이 하나의 특징적인 현상으로 나타난다. 영리 목적의 건강보호관리(managed health care) 조직들의 출현으로, 사회사업가들이 일반 혹은 정신건강보호 부문으로 이동하는 현상이 나타난다. 또한 지방이나 연방 정부에서 사회사업행정 관리자들이 사회복지 관련 고위관리직에 임명되기 시작했다는 것도 중요한 특징으로 나타난다.

서비스 전달체계에 있어서는 공공과 민간 조직이라는 전통적인 구분을 파괴하는 복합적인 조직들이 등장하기 시작하는 변화를 보인다. 1990년대 초기에 나타나기 시작한 새로운 형태의 조직들은 전통적인 민간 서비스 기관, 관립민영 기관, 공공 기관 등의 구분을 점차 희미하게 만든다. 전통적인 중앙집중식 공공 관료조직들은 점차로 기능적 혹은 지리적으로 탈집중화되고 느슨하게 연결되는 공공서비스 조직들에 의해 대체되기 시작한다. 이들 조직의 특징은 개인 서비스 제공자, 비영리 서비스 조직, 영리 기업 등과 같은 다양한 조직들과의 계약이나 서비스 구입의 방법으로 서비스를 제공한다. 즉 자신들은 실질적인 서비스를 직접 제공하지 않고, 다양한 차원의 서비스 제공 조직들을 연결하는 역할만을 담당하는 것이다. 1980년대에 추진되었던 '민영화'의 결과가 본격적으로 나타나기 시작한 것이다.

1990년대에 들어 나타나는 또 다른 현상은, 전통적인 민간 기관들의 규모가 점차 커지게 된다는 것이다. 민간 사회복지서비스 기관들이 다양한 프로그램과 복합적으로 자원 제공처를 갖게 됨으로써 이러한 결과가 나타나게 된다. 이러한 민간 기관들 중에는 회장이나 이사장 등으로 지칭되는 경영진을 가진 조직 구성을 갖추고서 영리 회사처럼 운영되는 곳도 있다. 또한 정부 기관과의 관련성이 점차로 증대함에 따라 이들의 역할이 마치 공공기관과 같은 유사성을 띠는 성향도 증대하게 된다.

서비스 네트워크(network)에 대한 관심도 높아지게 된다. 제각기 다른 유형의 후원처와 자금줄을 가진 기관들이 차츰 복잡한 서비스전달 네트워크에 함께 연결된다. 많은 서비스 부문들에서, 정부나 비영리 조직들은 상당한 자금을 동일한 제3자 자금지원 메커니즘을 통해 지원받고 있다. 그래서 민간과 정부 기관들은 유사한 컴퓨터 시스템을 공유하고 있으며, 급격하게 변화하는 정보 교환 기술에 대해 합의를 이루려고 노력하는 중에 있다.

클라이언트 옹호집단들의 요구나 다양한 법률적 요구들이 프로그램 변화에 대한 압력으로 작용하고 있다. 이러한 현상은 공공이나 민간 할 것 없이 마찬가지로 나타난다. 서비스 조직들 또한 복수의 자금 지원처를 갖게 됨에 따라, 복수의 책임성에 대한 요구들을 수용해야 하는 압박을 받게 된다. 이러한 변화들로 인해서, 사회복지기관들에서는 행정 과정에 있어서 책임성을 나타내는 절차들이 필수적인 것으로 받아들여지고 있다.

1990년대의 미국의 사회복지행정과 관련한 사회복지환경은 ① 기획에서 서비스 전달까지를 직접 담당했던 거대 공공 관료조직들이 퇴조하고 있고 ② 계약이나 서비스구입 등의 방법이 활성화됨에 따라 직접 서비스 전달 부분에서 민간의 역할이 증대되고 있으며 ③ 공공과 민간 조직들 간에 엄격한 조직적 구분이 퇴조하고 ④ 느슨하게 연결되어 있는 다양한 서비스 조직들을 연계하기 위해 서비스 전달체계의 통합이 필요하다는 인식과 네트워크의 방법이 확산되고 있으며 ⑤ 사회복지서비스의 책임성을 구체화할 수 있는 행정 실천 노력을 강화하는 것 등으로 나타난다. 이러한 환경 변화는 한마디로 사회복지행정의 중요성을 한층 강화하는 것으로 요약될 수 있다.

1990년대에 나타났었던 이러한 사회복지의 환경 변화로 인해, 미국의 사회복지행정 관리자들의 전형적인 역할에서도 많은 변화가 일어나고 있다. 미국 전역의 사회복지행정 관리자들을 대상으로 1990년대에 실시한 한 조사연구에서, 사회복지행정 관리자들의 주요 역할이 단순 내부 관리에서부터 전략적인 차원으로 옮겨가고 있음이 확인되었다. 사회복지행정 관리자들은 이전에 비해 외부 환경과 조직 내부 사이의 경계를 모니터링하고 관리하는 데 보다 많은 역할을 수행하고 있으며, 그로 인해 서비스 전달의 전반적인 맥락에 보다 많은 관심을 두고 있음을 보여준다. 이처럼 한 조직영역 내에서의 역할보다는 조직들 간의 관계를 관리하고 네트워킹 하는 등과 같은 조직의 '경계 잇기(boundary spanning)' 역할이 사회복지행정 관리자들 사이에서 점차 중요하게 다루어지고 있다.

사회복지조직을 바라보는 관점도 1990년대에 들어 급격하게 변화한다. 실천 현장의 변화들을 적절히 뒷받침하기 위해서는 사회복지행정 체계의 관점도 변화가 필요가 있다. 특히 행정 지식의 근간을 이루는 '조직에 대한 이해'에 있어서는 관점의 전환이 절실히 요구되고 있는 상황이다. 휴먼서비스 행정관리자들에게 협력과 네트워크를 통한 서비스 전달체계에 대한 요구가 점차 강해지는 상황에서 폐쇄체계적 관점에 의한 행정관리의 방법들은 명백한 한계를 가질 수밖에 없다. 사회복지행정 관리자들이 조직 상호간의 과정이나 본질을 이해하고 실천하기 위해서는 개방 체계로의 관점 이동을 통해 새로운 행정 지식과 기법들을 개발해 내는 것이 필요하다는 점들이 계속적으로 강조되고 있다.

2. 한국의 사회복지행정

1) 미인식기(1960년대 이전)

한국에 사회복지행정을 실천할 수 있는 장(場)으로 공적 사회복지조직이 형성된 것은 일제시대인 1921년에 조선총독부 내무부 지방국(地方局) 내에 사회과를 설치한 것부터 시작되었다. 해방되기까지 공적 조직의 사회복지 활동은 시혜적인 활동에 국한되어 공적인 사회복지조직이라 보기 어렵다. 그리고 해방 이후는 공적 조직으로 미군정 기간 동안의 보건위생부(1946~1948), 정부수립 이후의 사회부(1949~1955)와 보건사회부(1955년 2월 이후)가 있었지만 공적 조직에서의 사회복지 활동도 월남 피난민, 전쟁 피해자에 대한 긴급구호 위주였기 때문에 사회복지라는 개념에서의 행정은 생각할 수 없었을 것으로 본다. 또한 다른 사회복지행정 실천의 장으로 현대적인 민간 사회복지기관이 설립된 것은 6·25 전쟁을 계기로 외국의 민간 원조기관(이하 외원기관)들이 설립되면서부터라 할 수 있다. 1953년 이후 1959년까지 1950년대에는 외원기관이 39개 단체였으며(보건사회부, 1992 : 291) 이 시기의 외원기관의 활동은 전쟁피해자인 고아, 미망인, 무의탁 노인, 빈민들에 대한 긴급구조를 위주로 하였으므로 조직적인 원조활동과 전문적 사회복지 활동을 수행할 수 없는 상태였다. 이러한 상황에서 공적 및 사적 사회복지의 현장에서 사회복지행정의 필요성은 거의 인식되지 못하였다.

사회복지의 다른 방법론의 제반지식과 기술이 사회복지실천 현장의 필요성에 의하여 개발되고 발전된 것과 마찬가지로 사회복지행정의 지식과 기술도 실천현장에서의 필요성에 의하여 발전되었다. 그러나 한국에서는 미국적 사회사업교육을 도입한 관계로 사회사업적 지식의 개발과 발전은 사회사업 또는 사회복지의 현장에서 필요성을 느끼기 전에 이루어졌다고 할 수 있다. 1947년에 이화여자대학교 기독교사회사업학과가 설치된 것이 전문적 사회사업 교육의 출발이라 할 수 있다. 그 후 1953년에 중앙신학교(현 강남대학교 전신)에 사회사업학과가 설치되었고, 1958년에 이화여자대학교의 기독교사회사업학과에서 사회사업학과가 분리되어 독립학과로 되었고 같은 해에 서울대학교 대학원에 사회사업학과가 설치되었다. 이리하여 1950년대까지 대학 학부 수준의 사회사업교육이 3개 대학에서 개설되었지만 이 당시 대학교육에서 사회사업행정 또는 사회복지행정이라는 과목이 가르쳐졌는지는 기록이 명확하지 않다.

다만 1958년과 1959년에 서울대학교에 사회사업학과 창설과 관련된 기록에서 보면 사회사업행정은 대학의 교수과목에 계획되었던 것이 확실하다는 점에서 사회사업학계의 일부에서 그 중요성이 인식되었다고 할 수 있다. 그러나 당시의 다른 2개 대학에서의 교과과정에 대한 기록을 확인할 수 없어 대학교육에서 사회사업행정에 대한 중요한 인식은 확실히 알 수 없다. 1954년에 미국 미네소타 사회사업대학원장인 Kidneigh박사가 내한하여 한국에 미국식의 사회사업 전문교육이 필요하고 교육이 가능하다는 판단에 따라 서울대학교에 사회사업대학(school of social work)을 설치할 것을 건의하여 정부에서는 이 건의에 따라 교수요원의 교육을 위해 3명을 미네소타대학교 사회사업대학원에 파견하여 사회사업 석사과정을 이수케 하는 한편 1958년에 서울대학교 대학원에 사회사업학과를 창설하였다. 1954년 Kidneigh 박사가 서울대학교 사회사업대학의 교과과정으로 건의한 내용에 보면 4학년 과정의 과목으로 "사회사업행정"(social work administration)이 포함되어 있었던 것(최원규, 1991 : 216)을 참고로 하여 서울대학교에서는 학과개설부터 사회사업행정을 교과목으로 개설하도록 되어 있었고 1961년부터 3학년 과목으로 사회사업행정을 가르치게 되었다. 이렇게 보면 사회사업 교육이 처음 시작되었다고 할 수 있는 1950년대에 있어서는 사회사업행정의 중요성에 대한 인식은 거의 없었다고 할 수 있고, 있었다 하더라도 대단히 미약했을 것으로 추정된다.

2) 인식기(1960년대~1970년대)

1960년대는 6·25 전쟁의 복구에서 벗어나 경제발전 정책을 시행하던 시기로서 정부의 사회복지 정책은 저소득층 중심의 공적 부조(시설보호 및 거택보호)였다. 정부예산의 2배가 넘는 민간 외원단체의 원조로 사회복지적 긴급한 문제와 욕구를 해결하였다. 1960년대에는 보건사회부의 역할도 전반적으로 생활보호 위주의 정책수행이었고, 123개의 외원기관도 거의 전부 저소득층에 대한 원조를 위주로 하였다. 이러한 상황에서 공적 사회복지행정조직의 역할은 단순한 정책적 계획과 비전문적 활동이 위주였으며 사회복지서비스의 효과성과 효율성을 생각할 수 있는 정도가 전혀 되지 못하였다고 할 수 있다. 1960년대는 토착적인 민간 복지기관이 거의 없는 상태에서 많은 민간 외원기관이 원조활동을 전개하던 시기이므로 한국의 민간 사회복지기관은 거의 전부가 외원기관이었다고 해도 과언이 아니다. 민간 외원기관 중의 일부는 미국적인 사회사업의 방법론을 적용하려는 노력을 하였으며 사회사업의 전문성을 보이려는 노력도 있었지만 이러한 노력이 사회사업행정의 연구 및 실천과 연결되지는 못했던 것으로 보인다. 따라서 이 시기에도 사회복지의 현장에서 사회사업행정의 필요성은 거의 인식되지 못하였다고 할 수 있다.

1960년대에 7개 대학에 새로이 사회사업학과가 설립되어 총 10개 대학에서 사회사업교육이 이루어졌다. 1961년에 서울대학에서 사회사업행정을 가르치기 시작하면서 기존 대학의 사회사업과 및 새로 신설된 대부분 대학의 사회사업학과에서도 사회사업행정을 가르쳤다는 사실에서 적어도 사회복지학계 또는 교육계에서는 명목상으로나마 사회복지행정의 중요성이 인식되었다고 볼 수 있다.

1970년대에는 경제발전의 불평등하고 불공평한 분배 문제가 점차 사회문제로 부각되기 시작하였으나 정부의 사회복지 부문에 대한 투자는 여전히 미미한 상태에 머물렀다. 1970년대에도 사회복지의 가장 큰 욕구는 빈곤문제 해결과 의료적 혜택의 평등화였다고 할 수 있다. 그러나 공적 조직에서 수행하는 사회복지 프로그램은 아직도 단순한 저소득층 중심과 시설보호 위주의 구호행정에서 크게 벗어나지 못하였고 별다른 사회복지행정적 욕구는 없었다고 할 수 있다. 1970년대에 들어와서도 토착적인 사회복지기관의 설립은 아주 저조하였고 여전히 외원기관이 민간 사회복지기관의 주류를 이루고 있었다. 1970년대에 들어오면서 경제발전 정책으로 국민소득이 향상되고 국가의 재정능력이 향상되었다는 국외의 평가로 인하여 외원단체들이 서서히 원조를 줄이거나 중단 또는 철수하기 시작하여 1970년대에는 그 수가 81개로 크게 줄었다. 일부의 외원기관에서는 다양한 사회복지 프로그램을 개발하기도 하였지만 효과적이고 효율적인 서비스를 위하여 행정적인 지식과 기술을 활용하려는 인식은 여전히 저조하였다.

1970년대에 3개 대학에 새로 사회사업학과(사회복지학과)가 설립되어 1970년대 말에 대학수준의 사회사업(사회복지) 교육이 총 13개 대학의 학과에서 이루어지게 되었다. 대학에서 사회사업행정은 모두 개설되어 가르쳐지고 있었지만 대학에 따라 그 중요성을 인정하는 정도는 달랐다. 즉 사회사업행정을 전공 필수 과목으로 하는 대학과 그렇지 못한 대학이 반반 정도 되었다(남세진, 1979 : 59). 그리고 1970년대까지만 해도 사회사업행정 또는 사회복지행정을 주된 전공분야로 연구하는 학자와 사회복지행정에 관련되는 학계의 논문 등이 전무하였다.

이렇게 볼 때 1970년대 사회사업행정은 학계나 교육 분야에서는 상당히 중요하게 인식되고 있었고 실무 현장에서는 거의 필요성과 중요성이 인식되지 못한 상태였다고 할 수 있다.

3) 중요 인식기(1980년대~1990년대)

1980년대 이후는 산업화의 급속한 진전과 경제발전 위주의 국가정책추진의 결과 다양한 사회문제가 나타나기 시작하였고 이를 해결하기 위한 여러 가지의 제도적 뒷받침이 이루어지기 시작한 시기라 할 수 있다. 아동, 노인, 장애인을 위한 사회복지서비스 관련법들이 제정 및 개정되기 시작하였다. 이에 따라 공적 사회복지조직인 보건사회부 조직과 지방자치단체의 조직도 사회복지 대상자 및 문제별로 분화되기 시작하였다. 정부의 지원을 받는 국내의 토착적 민간 사회복지기관들도 많이 설립되었다. 이러한 사회복지적 욕구의 다양화와 이를 해결하기 위한 사회복지 정책 및 프로그램이 다양화됨으로써 공적 행정에서 사회복지 분야가 확대되었다.

1980년대에만 전국적으로 사회복지학과 또는 사회사업학과가 집중적으로 30개 대학에 설립되었는데 이러한 현상도 사회복지 욕구의 다양화와 사회복지에 대한 국민적 및 학문적 관심의 고조를 반영하는 일면이라 할 수 있다. 이와 때를 같이하여 국가공무원 임용분야에 5급 사회직이 새로이 신설되어 공적 사회복지행정 분야에 대한 관심도 사회복지학의 분야뿐만 아니라 정치학, 행정학 분야에서 크게 나타나기 시작하였다. 행정학이나 정치학계에서 다룬 사회복지행정의 단행본이나 연구 논문에서 나타난 접근방법들은 사회복지학의 입장에서 다루는 접근 방법들과 거리가 있기는 하지만 사회복지에 대한 관심과 중요성을 인식시키는 데 기여하였고 접근방법이 다르면서 사회복지행정의 영역에서 다룰 수 있는 다양한 연구 및 실천과제를 제공하고 있는 것으로 본다. 사회복지행정에 대한 단행본 책이 발간된 것을 보면 행정학계가 앞서고 있다(이계탁, 1983).

특히 1980년대에 들어오면서 사회복지 분야에서는 사회복지의 전문성과 행정의 효율성과 효과성을 제고하기 위해서 사회복지 전달체계를 개선해야 한다는 주장이 강력하게 계속적으로 대두되었다. 이러한 주장들이 공적 행정조직과 학계 및 민간 사회복지 실무현장에서도 사회복지행정에 대한 관심을 고조하는 데 기여하였을 것으로 본다. 1980년대 후반에는 공공부조의 전달인력을 사회복지전문요인으로 대체하기 시작하였고 사회복지학적 관점에서 사회복지행정에 대한 단행본이 발간되었으며(성규탁, 1988), 민간 사회복지의 실무분야에서 사회복지 프로그램평가에 관한 연구와 적용에 관심이 일어나기 시작하였다.

이렇게 보면 1980년대 초반부터 사회복지행정의 중요성이 실질적으로 인식되기 시작하여 1990년대에 들어와서는 그 중요성에 대한 인식이 더욱 확산되고 있다고 판단할 수 있다. 1990년대 전반기에 일어난 중대한 정치질서의 변화로서 지방자치의 전면적 실시는 공공과 민간부문에 있어서 사회복지 전달체계가 보다 체계적으로 정비되어야 함을 강제하였다(김영종, 1998 : 55). 이에 따라 1994년까지 공공부문에서 3,000명의 사회복지 전문요원이 채용되었고 사회복지관을 중심으로 각종 민간 사회복지조직들이 증가하면서 사회복지행정에 대한 교육 및 연구가 점차로 활성화되었고 사회복지행정을 전공하거나 가르치는 교수들이 늘어나기 시작하였다.

1990년대 후반기 들어 사회복지환경이 급변했고 사회복지행정의 중요성은 더 크게 확산되었다. 1997년도 이후 IMF 체제하에서는 산업화 이후에 경험하지 못한 경제위기와 대량실업, 빈곤의 문제에 직면하여 각종 사회복지 대책이 강구되면서 그 어느 때보다도 사회복지행정의 역할이 절실히 요구되고 있다(남기민, 1996b : 4).

　민간복지 부문에서는 사회복지조직의 급증과 더불어 1997년에 사회복지사업법이 개정되어 시·도 사회복지협의회의 독립법인화가 이루어지고 1998년부터 사회복지 공동모금법에 의한 공동모금제도의 도입이 이루어져 민간 사회복지조직과 재정의 자율성이 강화되는 방향으로 발전하고 있다(장인협·이혜경·오정수, 1999 : 55). 이에 따라 사회복지조직 평가의 중요성이 강조되고 공공복지 부문에서는 1999년 8월 국민기초생활보장법이 제정됨으로써 국가의 도움이 필요한 빈곤한 모든 국민들에게 기본적인 생활을 제도적으로 보장하게 된다. 이를 위해 1,200명의 사회복지전문요원이 새로 채용되었고 앞으로 공공 사회복지행정의 범위도 크게 확대될 것으로 전망된다.

　1990년대에는 대학에서 사회복지행정에 관한 석·박사 논문들이 점증하였고 사회복지학적 관점에서 쓴 사회복지행정 단행본들이 속출하였다(장인협·이정호, 1993 : 최성재·남기민, 1993 : 박태룡, 1997 : 김영종, 1998). 또한 1990년대에 들어서 대학의 사회복지학과가 계속 신설되면서 1998년 12월 현재 한국사회복지교육협의회에 등록된 대학만도 52개에 이르고 이들 대학 중 거의 모든 대학에서 사회복지행정을 필수과목으로 가르치고 있다. 이와 같은 사회복지행정의 연구 및 교육 분위기 속에서 1999년 3월에는 '한국 사회복지 행정학회'가 창립되었고 1999년 10월에는 「한국 사회복지 행정학」 창간호가 발간되어 향후 한국 사회복지행정의 이론적 발전에 기여할 것으로 전망된다.

4) 발전기(2000년대 이후)

　21세기 한국 사회복지행정의 과제를 사회복지조직의 책임성, 사회복지 전달체계, 그리고 사회복지 역할분담이라는 3가지 차원에서 논의해 보고자 한다.

　첫째, 21세기는 사회복지조직의 책임성에 대한 요구가 더욱 높아질 것이다. 이러한 요구와 기대에 부응해서 사회복지조직들은 책임성 이행을 위한 절차와 기술을 갖추고 있어야 한다. 만약 이에 대한 대비가 없을 때 사회복지조직에 커다란 위기상황이 초래될 수도 있을 것이다. 과거와 같이 소외계층에 대한 서비스를 제공하는 것만으로는 사회복지조직이 정당화될 수는 없다. 사회복지조직이 제공하는 서비스의 결과로 대상자들에게 바람직한 방향으로의 효과성이 나타나고 비용이 효율적으로 사용되었다는 효율성이 제시될 때 사회복지조직의 정당성이 주어진다(정무성, 1999 : 18).

　그간 대학에서는 사회복지 현장에서의 요구 등으로 직접적 서비스실천에 필요한 지식과 기술을 교육시키는데 더 강조를 두었다. 그러나 최근 점차 책임성과 관련된 행정지식과 기술이 절실하게 요구되고 있다. 기업복지재단 등에서 자금지원을 할 때 제안된 사회복지 프로그램을 평가하여 계속 지원여부를 결정함으로써 프로그램관리의 필요성이 제기되고 모든 사회복지기관 및 시설은 평가를 받도록 이미 법제화되어 기관 및 시설평가가 진행되고 있다. 따라서 대학에서는 사회복지행정교육의 중요성을 더 깊이 인식할 필요가 있으며 사회복지행정학자나 사회복지행정가들은 이와 같은 시대적 변화에 적극적으로 대처해 나가야 한다.

둘째, 사회복지 전달체계는 경제여건, 인구의 규모와 욕구, 정치제도 등과 같은 사회복지환경에 의해 그 틀과 내용이 구성된다. 특히 공공 사회복지 전달체계는 국가의 정책지향과 경제·사회적 여건 변화에 직접적인 영향을 받는다. 그간 공공행정체계에서 수행되던 사회복지 관련업무가 사회복지환경의 변화로 이제 사회복지 전문요원의 배치만으로는 해결하기 힘들고 독립적인 체계에서 수행하는 것이 바람직하다는 주장이 1980년대 중반 이후 계속 제기되어 왔고 지금까지 전국 다섯 곳에서 보건복지사무소 시범사업이 추진되어 왔으나 아직 실시가 지연되고 있다.

IMF 사태 이후 대량실업 등으로 많은 사람들이 빈곤층으로 전락하면서 이를 위한 사회적 안전망으로 국민기초생활보장법의 제정은 우리나라 사회복지행정의 역사에 중요한 전환점이 될 것으로 평가된다. 생계비 지원대상이 많아지고 이들의 소득을 정확히 파악하여 이들에게 적절한 서비스를 제공하기 위해서 지금까지의 시범 보건복지사무소의 평가를 기초로 획기적인 공공 사회복지 전달체계의 개편이 필수적이다. 이외의 개편은 각 지역의 물리적 여건과 복지수요 등을 고려하여 지역특성별로 융통성 있는 대안을 모색해야 할 것이다.

또한 최근 사회복지 공동모금법의 제정으로 중앙 및 지역 공동모금회가 발족되고 사회복지사업법의 개정으로 사회복지 시설의 설치 및 운영이 허가제에서 신고제로 바뀌면서 사회복지 시설의 설치 및 운영이 용이해졌을 뿐만 아니라 법인에게만 허용되던 시설의 설치 및 운영이 개인도 가능하게 되었다. 그리고 지방 사회복지협의회를 중앙 사회복지협의회와 분리하여 단독 법인화함으로써 민간 사회복지 전달체계에 커다란 변화가 일고 있다. 이와 같은 변화는 그것이 수행되는 과정에서 어떤 결과들을 가져올지 아직 예측하기 어렵다(성규탁, 1999 : 6).

그러나 이와 같은 민간 사회복지 전달체계의 확대 및 강화는 폭증하는 사회복지 수요에 대응하여 민간의 사회복지활동에 대한 보다 적극적인 참여를 유도하기 위한 의도로 볼 수 있다. 위와 같은 제도의 변화가 정착되어 성공하기 위해서는 무엇보다도 위의 민간 사회복지조직들이 외부환경으로부터 신뢰감과 정통성을 얻는 것이 중요하다(남기민, 1999 : 8~9). 따라서 민간 사회복지조직을 지역사회에 개방하고 투명한 행정을 하며 외부환경을 효과적으로 관리하는 행정지식과 기술이 요구된다.

셋째, 그간 지방자치의 전면적 실시는 사회복지제도에 많은 영향을 미쳤다. 지방자치가 사회복지에 긍정적인 영향을 미치기 위해서는 지방정부가 지역특성에 맞는 정책을 시행할 수 있도록 재량권을 가질 수 있어야 하며 중앙정부와 지방정부의 사회복지를 위한 역할이 적절히 분담되어야 한다. 국가 전체적인 통일성이 필요한 업무는 반드시 중앙정부에서 담당하며 지방정부에서 수행하는 것이 효율적인 것은 지방에 이양하도록 하되 사회복지행정에 대한 전반적인 리더십은 중앙정부가 담당하면서 지방정부의 자치능력을 키워 나가야 할 것이다. 특히 사회복지 재정의 경우 지방정부의 자치능력이 생길 때까지 지속적으로 중앙정부의 지원이 이루어져야 할 것이다.

그러나 미래의 사회복지환경의 변화를 고려한다면 사회복지의 확충에 있어서 지방정부의 역할은 점점 더 그 무게를 더해갈 것이다. 지방정부에게는 정책의 합리성을 제고하고 상명하달식 정부 간 관계의 한계를 극복하는 것이 요구된다. 따라서 지방정부의 자신의 정책수단을 선택하게 하는 현실에 대한 객관적이고 과학적인 자료의 수집과 자신의 고유한 정책을 이끌어 가는 리더십이 필요하다. 지방정부가 처한 현실에 대한 정확한 문제인식, 문제해결을 위하여 투입할 수 있는 지방정부의 자원, 그리고 정책수단의 선택에 있어서 준거를 마련해 주는 것이 사회복지 계획이므로 지방정부에 있어서 사회복지 계획의 입안과 시행은 시급한 과제이다(박광준, 1999 : 46).

또한 사회복지의 질적 수준의 향상을 위해서는 정부의 노력이 중요하지만 민간의 노력도 뒷받침되지 못하면 우리의 복지국가 지향은 어렵게 될 것이다. 정부는 대규모 조직이라는 특성과 정책수행의 획일성 때문에 다양성을 기초로 한 복지욕구의 개별적 충족은 불가능하게 된다. 그러므로 정부의 복지정책을 보완해서 민간자원이 효율적으로 보충되어야 한다(정견배, 1998 : 23). 정부는 모든 국민에게 기초의료보장, 기초소득보장, 기초교육보장, 기초거주보장 등 기초보장을 실시해야 하며 민간은 자원봉사와 민간자원 동원뿐 아니라 공동체의 발전과 사회통합을 증진시키는 보완적 기능을 수행해 나가야 한다.

민간 보완적 기능이 제대로 수행되기 위해서는 민간부문의 역량이 질적으로나 양적으로나 커져야 한다. 이들의 역량을 키우는 일, 즉 교육, 훈련, 제도개선 등에 정부는 적극적이고 우호적으로 반응하여야 한다. 또한 시민단체 등 비정부조직(NGO)이 공식적으로 복지활동을 할 수 있게 하는 법인격 인정절차나 조건이 간소화되어야 한다. 아니면 법인격 없이도 법인격을 가진 조직과 같은 활동을 할 수 있도록 해야 할 것이다. 그리고 민간부문이 국가를 대신한 공익활동을 수행할 때에는 어떤 형태로든 공식적인 인정이 있어야 한다. 세금의 감면, 보호는 기본이다. 그러한 공익활동에 대한 정부의 조세양보가 적극적으로 확대되지 않으면 사회복지활동에 있어서 관민의 협조체제 구축은 사실상 공허할 수밖에 없다(장인협·이혜경·오정수, 1999 : 381).

공동모금회에 대한 기부금을 법정기부금화 하여 전액 면세조치 함으로써 사회복지 공동모금제도의 안정적 발전을 위한 여건을 조성하였다. 자원봉사 경력인정, 세계지원 및 보상제도 등을 통하여 자원봉사 동기를 부여하고 실직노숙자 등을 위한 복지사업에 종교계의 적극적인 참여를 유도함으로써 민간사회복지를 적극적으로 추진해 나가는 것은 한국 사회복지행정의 또 하나의 중요한 과제이다.

3. 사회복지행정의 전망과 과제

1) 사회복지환경의 변화

1990년대에 나타났던 사회복지행정의 필요성은 2000년대에도 지속될 전망이다. 사회복지서비스들에 대한 수요는 앞으로도 꾸준히 증가할 것이고, 그에 따라 이를 담당하는 인력과 서비스 조직들의 규모와 수도 증대될 것이다. 이에 비례해서 이들 서비스 조직들을 적절히 관리하여 전체사회의 사회복지 목적 달성에 기여하기 위한 사회복지행정의 역할도 확대될 것이다. 이러한 전망을 정리하기 위해, 먼저 2000년대 한국 사회복지의 거시적 환경과 사회복지서비스 운영체계의 변화들을 설명하고 그에 따른 사회복지행정의 과제를 제시해 본다.

20세기 후반에 들어 서구사회에서는 복지국가의 퇴조론이 등장하기 시작했다. 복지국가의 유지를 위해서는 시장의 규제가 필요하지만 그로 인해 비효율적인 비용 지출이 발생하게 된다는 시장왜곡론, 인구의 고령화로 인해 현재와 같은 수준의 의존인구에 대한 비용지출이 어려워지게 된다는 인구학적 이론, 국가들 간의 무한 경쟁체제로 인해 한 국가의 폐쇄적인 정치경제 논리에 의해 움직이는 복지국가 모델은 불가능하게 된다는 세계경제체계 이론 등이 퇴조론의 배경 논리로 제시되고 있다.

한편에서는 1980년대 이후 동구 공산권이 붕괴함에 따라 자본주의 국가들에 대안적인 적대 세력이 부재하게 되었고, 신보수주의 혹은 신자유주의적 이념의 자유로운 확산이 가능하게 되었다. 1980년대 영국의 대처리즘과 미국의 레이거노믹스에 의해 대표되는 이러한 신자유주의적 사조들은 2000년대에 들어서도 중장기적으로 계속될 것으로 예상되고 있다. 20세기 말의 정보통신의 혁명으로 인해 지리적·물리적 개념의 국가의 약화와 함께 국가 간에 이루어지는 자본 이동의 자율성 등도 신자유주의의 지속 가능성을 더욱 뒷받침하고 있다.

비록 복지국가의 퇴조와 신자유주의의 등장에 관한 유효성에 대해서 많은 논란들이 있어 왔지만, 분명한 사실은 2000년대의 한국사회 역시 이러한 신자유주의라는 세계적인 조류 속에 포함되어 있다는 것이다. 1990년대에 들어 김영삼 정부가 내세운 '작은 정부론' 이후, 김대중 정부의 '생산적 복지'라는 어휘의 사용에서도 그 정책 기조에 내포되어 있는 뉘앙스는 여전히 복지국가에 대한 소극적인 입장을 견지하는 것이다.

문제는 과연 서구 국가들에서 나타났었던 과도한 복지국가의 비용으로 인한 시장의 왜곡과 비효율성이 한국사회에도 존재했는가에 있다. 특히 한국사회는 국제통화기금(IMF)에 의한 관리 체제라는 국가적 위기 상황에서 사회적 안전망의 부재로 인해 나타났던 혹독한 문제들을 이미 경험한 바 있다. 그러한 상황은 전통적으로 자유주의적 시장체제를 숭상하던 미국사회가 1930년대에 이르러 유례없는 경제 대공황이라는 상황에 직면하면서 비로소 사회적 안전망에 대한 필요성과 국가의 보다 적극적인 개입 역할이 필요함을 느꼈던 것과도 유사하다. 현재 우리나라의 경우에는 이러한 기본적인 사회적 안전망조차도 부족한 상태에서 복지국가의 비효율성을 거론하는 것이 과연 타당한지에 대한 의문이 제기되고 있다.

2000년대 한국사회는 세계적 흐름인 신자유주의적 사조의 도입으로 인한 복지국가의 약화 압력과 신경제체제로의 이행에 따른 고실업, 빈부격차 확대, 의존인구의 증가 등으로 인한 복지국가의 강화 압력을 동시에 갖고 있다는 것이다. 복지국가의 대안으로 제시되는 생산적 복지(workfare), 복지다원주의(welfare pluralism), 민영화(privatization), 지방 분권화 등의 문제 역시 일차적으로 전국가적인 기본 구조(backbone)가 없는 상태에서는 본격적으로 거론되기 힘들다. 따라서 현재 한국사회는 약간은 어정쩡한 상태에서 한편으로는 복지국가의 확대라고 불리는 작업들(예를 들어, 국민기초생활보장법의 제정, 사회보험의 통합, 중앙정부의 복지지출 확대 등)을 진행하고, 한편으로는 자유경제 체제로의 전환을 위한 작업들(예를 들어, 시장기능의 강화, 정부의 규제완화, 민간의 사회복지 참여 증대)을 병행할 수밖에 없다. 그리고 이러한 경향은 한국사회가 처한 정치경제적 환경 여건을 감안한다면 당분간 지속될 전망이다.

2) 사회복지서비스의 운영체제의 변화

거시적 사회복지환경의 변화는 궁극적으로 사회복지서비스의 운영 환경에도 영향을 준다. 2000년대에 나타나는 운영 환경의 변화들은 다음과 같이 정리될 수 있다.

(1) 「국민기초생활보장법」의 제정 및 시행

1999년 9월에 새롭게 제정된 「국민기초생활보장법」은 기존의 「생활보호법」을 대체한 것이다. 이 법 제정의 취지는 국가에 의한 공적부조(public assistance)의 성격을 '보호'에서부터 '보장'으로 강화하려는 것이다. 현재로서는 국가의 역할을 강화하는 이념을 천명하였다는 점에서 일단은 이전의 「생활보호법」에 비해 진일보한 것으로 평가되고 있으나, 재정적인 문제들에 대한 불분명함으로 인해 그러한 법 의도가 적절히 실현될 수 있을지는 여전히 미지수로 남아 있다.

사회복지서비스와 관련해서 이 법이 갖는 의미는 매우 크다. 이전의 「생활보호법」에서는 결여되어 있던 급여자들에 대한 직접서비스가 포함되어 있기 때문이다. 급여의 내용이 단순히 현금·현물에만 한정된 것이 아니라, 자활서비스라는 직접 대인적 사회서비스를 급여에 포함시켰다는 점이다. 국가(보장기관)가 수급자들의 자활에 강한 책무를 갖도록 하고 있으며, 자활에 이르는 과정에 대한 상세한 규정들을 제시하고 있다. 이것은 서구 국가들에서 강조되고 있는 이른바 '단순 복지(welfare)에서부터 생산적 복지(workfare)'로의 추세의 연장선상에 서 있는 것이라고 볼 수 있다. 이에 따라 '자활후견기관'과 '자활후견협회' 등의 개념이 기존의 사회복지서비스 유형에 추가되는 효과를 낳게 되었고, 기존의 생활보호대상자들을 수용했던 수용(생활)시설들은 이 법에 의해 '보장시설'로 바뀌게 되는 결과를 초래한다.

(2) 평가 제도의 실행

1997년 8월에 개정된 「(신)사회복지사업법」 43조(시설의 평가) 1항에는 "보건복지부장관 및 시·도지사는 보건복지부령이 정하는 바에 따라 시설을 정기적으로 평가할 수 있으며, 이를 시설의 감독 또는 지원 등에 반영할 수 있다"고 되어 있다. 이러한 조항들을 근거로 해서, 사회복지서비스 조직들에 대한 평가지표들이 개발되었으며, 2000년 8월 중에 실시된 사회복지관 평가를 비롯해서 제반 생활 시설들에 이르기까지 전면적인 평가가 실시되었다.

평가 제도의 실행은 나름대로의 의의와 문제를 동시에 안고 있다. 문제점들은 주로 평가의 방법에 관한 것인데, 평가 도구의 적절성 문제, 평가를 위해 소모되는 인력자원과 비용의 적정성 문제 등이 주로 지적되고 있다. 여기에 장기적으로 평가가 계속될 때는 서비스 조직들에서 '기준 행동'이 나타날 위험성도 예상되고 있다. 사회복지서비스 조직들이 자칫 평가에만 매달리게 될 때, 질 높은 서비스에 충실하기보다는 평가의 기준들에만 맞추어서 행동하려는 성향이 나타날 위험성이 있다.

평가의 본질적인 목적과는 다소 거리가 있음에도 불구하고, 평가의 실시로 인한 긍정적인 효과도 인정되고 있다. 그것은 지역 사회복지서비스 시설들이 기존의 자기중심적인 가치에서 벗어나, 객관적인 잣대로 자신들의 활동을 비춰보게 하는 효과이다. 그로 인해 조직의 폐쇄성을 완화하고, 지역사회적 가치를 조직에 흡입시키는 데는 도움이 될 것으로 기대된다. 그러나 이것 역시 평가의 비용 문제와 결부시켜 볼 필요가 있다. 평가에 투입되는 업무자들의 시간과 조직 자원은 궁극적으로 클라이언트에 대한 서비스의 몫을 할애하는 것이기 때문이다. 평가에 따르는 제반 손익비교계산, 평가 비용의 부담 등에 대해서는 충분히 논의가 필요할 것으로 간주된다.

(3) 민간 자원의 활성화와 공동모금법

민간 자원의 효율적인 모금과 배분을 목적으로 1997년 3월에 법률 5317호로 제정된 「사회복지공동모금회법」은 민간 사회복지기관들에서 필요한 자원이 세금 등의 형태로 정부 기관을 거쳐서 조달되는 방식을 지양하고, 민간이 직접 모금하고 분배하는 방식을 권장하고 있다. 이 법은 전국 혹은 지역 단위에서 공동모금을 활성화하기 위한 기구의 설립과 그 활동에 대한 규정 등을 담고 있다. 이에 의거해서 지역 공동모금회는 공동모금 사업의 실시, 모금된 재원의 배분, 조사연구 및 홍보 등에 관한 활동을 주로 수행한다. 물론 기본적인 사회복지 재원은 정부의 지원 형태를 유지할 수밖에 없지만, 이러한 민간 자원의 직접 모집과 활용 방식의 등장은 사회복지서비스 조직과 프로그램들에게 중요한 운영 환경의 변화임에 분명하다.

공동모금은 사회복지서비스 분야에 민간 자원을 효율적으로 끌어들이기 위한 방책으로, 국가와 함께 민간부문의 직접적인 기여와 역할을 강조하는 복지다원주의를 향한 노력이기도 하다. 그럼에도 현재와 같이 지역공동모금을 통해 얻어지는 모금 규모로는 지역 기관들이 조직 운영에 필수적인 자원을 여기에서 충당하는 것은 불가능하다. 또한 매해마다 할당 여부와 액수에 대한 안정성을 담보할 수 없다는 것도 공동모금 자원이 기관들에게 크게 선호되지 못하는 이유가 되고 있다. 비록 규제가 까다롭기는 하지만 기관들에서 정부 자원을 선호하는 이유도 민간 자원이 갖는 이러한 한계와 관련되어 있다.

이것은 미국의 경우에도 마찬가지로 나타난다. 미국의 공동모금 기구인 유나이티드웨이(UW)의 경우에는 전국의 1,400여 개 지역 UW에서 한 해 모금하는 액수가 약 34억 불(1998년 기준)에나 이른다. 이 중에서 13%의 행정경비를 제외하고 나머지 액수를 약 45,000개 기관에 배분하는데, 각각의 편차가 크기는 하지만 대략 평균적으로 보자면 한 기관 당 약 68,000불 정도로 환산된다. 이것은 기관 당 약 2~4명의 전담 직원을 고용할 수 있을 정도이다. 그럼에도 많은 수의 기관들에서 민간 자원이 갖는 근본적인 한계, 즉 불안정성의 이유로 인해 정부자원을 우선적으로 선호하고 있는 것이 현실이다. 다만 정부 자원의 경직성이라든지 관리의 까다로움과 절차의 복잡성 등으로 인해 탄력성 측면에서 장점을 갖고 있는 민간 자원을 통해 조직의 활력을 보완하려는 경향이 있다.

공동모금 이외에 지역 사회복지서비스 조직들이 활용할 수 있는 민간 자원의 규모와 종류도 점차 늘어가고 있는 추세이다. 이러한 추세는 정부의 민간 자원 활성화라는 기본 방향이 유지되는 한 계속될 것으로 보인다. 사회복지서비스 분야에 대한 「기부금품모집규제법」의 완화라든지, 각종 세제의 개편을 통해 개인이나 기업의 기부 행위 등을 장려해 나갈 수 있을 것으로 보인다. 현재와 같이 정부 자원이 정체된 상황에서는 지역 사회복지서비스 조직들로서는 민간 자원의 개발에 보다 많은 관심을 기울여야 할 필요성이 앞으로도 클 것이다.

(4) 신개념의 서비스 조직

1980년대 초반만 해도 우리나라의 사회복지서비스 조직들은 아동, 장애인, 노인, 모자, 정신장애, 부랑인 등에 대한 수용(생활)시설들이 중심을 이루었다. 그러다 1980년대 말 이후 종합사회복지관을 위시한 각종 이용시설들의 급증으로 인해 현재는 다양한 유형의 사회복지서비스 시설들이 혼재하고 있다. 1990년대 후반에는 일종의 혼성형(hybrid) 서비스 조직 유형도 많이 나타나고 있다. 보건과 복지서비스를 통합하려는 '보건복지사무소

(안)'라든지 사회복지관의 부설기관으로 설치된 재가복지센터를 비롯해서 이용자 수용의 중간 형태인 주간·단기보호 시설로서의 탁노소, 낮병원, 쉼터, 일시보호, 치료센터 등이 생겨나고, 탈시설화의 이념에 기초한 장애인들의 사회복귀시설(half-way house), 그룹홈(group-home) 등이 늘어나고 있다. 이것은 여태껏 공급자를 중심으로 나누어져 왔던 서비스 유형이 수요자의 욕구를 중심으로 재편되면서 서비스의 기술과 과정들이 재결합되고 있다는 것을 의미한다.

서비스 기술에 있어서의 변화도 이에 한몫을 하고 있다. 정신장애인들을 사회복귀시설 거주나 재가(在家)를 가능토록 하는 정신의학의 발전이라든지, 지역사회에의 통합이 클라이언트들에 미치는 영향을 이해하고 그에 따른 사회적응 훈련의 개발 및 발전이 이루어졌다든지, 가족과 시설의 협력체계를 가능케 하는 조직기술이 발전했다든지 등이 이러한 새로운 혼성형 서비스 조직들의 태동을 초래하고 있다. 현재 빠르게 진행 중인 정보통신기술의 혁명은 사회복지서비스 분야에서 또 다른 서비스 유형과 그에 따른 새로운 조직 개념들을 만들어 낼 수 있을 것으로 보인다.

이러한 신개념의 서비스들이 자유로이 개발되고, 수요자의 욕구에 부응할 수 있기 위해서는 기존의 법이나 제도상의 관행들에서도 변화가 필요하다. 사회복지서비스와 서비스 조직들에 대한 기본 운영체계라 할 수 있는 「사회복지사업법」 체계에서의 변화가 그 대표적인 것이다. 2000년 1월에 개정된 동법 시행규칙에서는 법인에 한하여 운영할 수 있는 사회복지시설의 종류, 사회복지시설의 종류별 규모 및 설치·운영기준과 비용징수 승인, 수익사업의 승인신청 등과 같은 이전까지의 규제 등을 폐지하고 있다. 새롭고 혁신적인 서비스와 조직 모델의 발전에 있어서 걸림돌이었던 몇 가지 제도적 요소들이 제거되었다는 점에서 이것은 매우 긍정적으로 평가된다. 다만 여태껏 그러한 법 조항들이 존치되어 왔던 이유가 서비스의 자유로운 발전을 저해하자는 것이 아니라 약자로서의 클라이언트를 보호하기 위한 국가의 감독권 행사에 있었다는 점을 감안한다면, 정부의 규제 완화에 따른 부작용을 최소화하고 클라이언트 보호와 사회복지서비스의 올바른 발전으로 유도하기 위한 대안적인 장치들이 추가되어야 할 필요성은 여전히 숙제로 남아 있다.

(5) 휴먼서비스 시장의 개방

과거에는 사회복지법인 등과 같은 특수 법인들에게 제한되어 있던 사회복지서비스의 시장이 점차 개방되고 있는 추세이다. 1997년 8월에 개정된 「(신)사회복지사업법」은 사회복지사업 분야에서 중대한 변화를 초래하고 있다. 이 법의 주된 변화 중의 하나는 사회복지시설의 설치 및 운영에 대한 허가제를 신고제로 변경한 것인데, 사회복지기관의 설치와 운영을 용이하게 하자는 것이었다. 또한 이제까지는 법인에만 허용하던 시설 설치 및 운영을 개인에게도 개방한다는 것이었다. 「(신)사회복지사업법」 체계에서 보이는 이러한 일련의 개정들이 의도하는 바는, 사회복지사업에 대한 다양한 민간부문으로부터 참여·확대를 가능하게 하여 민간 사회복지사업의 활성화를 꾀하자는 것이었다.

사회복지서비스 시장을 개방하려는 의도는 기존의 폐쇄적인 운영체계로는 서비스 질 향상이나 점차 증가하고 있는 사회복지서비스의 수요 증가에 적절히 대처하지 못하게 될 것이라는 판단 때문이다. 1990년대 초반까지만 해도「사회복지사업법」체계는 서비스의 육성보다는 오히려 서비스의 억제에 초점이 맞추어져 있었다. 그것은 마치 6·25 전쟁의 와중에서 무분별하게 난립했던 구호 행위들을 억제하기 위해 만들어졌던「기부금품모집 금지법」이 시대적인 추세에 따라 점차 완화되어 현재「기부금품모집규제법」정도로 바뀌었듯이, 사회복지서비스 사업도 이제는 규제의 필요성보다는 오히려 육성의 필요성이 더욱 커지는 환경으로 변화했다는 것을 뜻한다.

사회복지서비스의 넓은 의미인 휴먼서비스(human service) 시장의 확대는 세계적인 추세이다. 노인인구의 증가와 가족기능의 약화라는 두 가지 현상이 맞물리면서 이러한 휴먼서비스 산업의 폭발적인 신장세를 주도하고 있는데, 우리나라도 이러한 영향권 아래 조만간 편입될 것으로 보인다. 아동보육서비스는 이미 보편적 서비스로서 우리나라 휴먼서비스의 한 축을 형성했으며, 노인과 장애인 관련 서비스들이 새롭게 한 축을 형성하게 될 것으로 전망된다. 이에 따라 다양한 유형의 휴먼서비스들과 서비스 조직들이 등장하게 될 것이다. 이와 관련된 시장은 아동보육서비스의 확대 과정에서 보듯이, 특정 법인이나 집단들에게 배타적으로 허용되지는 않을 것이다. 따라서 비록 완전하지는 못하겠지만 제한적으로나마 시장경제 상황의 서비스 시장 군이 형성될 전망이고, 여기에서 기존의 사회복지서비스 조직들이 갖고 있던 노하우(know-how)가 얼마나 경쟁력을 가질 수 있을지가 이들 조직의 향후 운명을 결정하게 될 것이다.

이러한 법적인 환경 변화에서 나타나는 정책적 의도들이 실행 과정을 통해 어떤 결과를 초래할지에 대해서는 아직까지도 명확하지 않다. 다만 그것이 명백히 지향하는 바는 한정된 집단에 의한 배타적인 사회복지의 실천보다는 전체 시민집단이 사회복지 활동에 보다 적극적으로 참여하도록 유도하거나 보장하려는 것이다. 이들 시민집단을 비롯한 다양한 민간 자원들이 현재로서는 정체되어 있는 정부의 공공자원을 보완 혹은 대체할 수 있는 주요한 자원 원천으로 간주되고 있는 것이다.

(6) 시민단체의 영향력 증대

1990년대 후반에 들어 NGO(Non Government Organization, 비정부기구)의 성격을 띤 시민단체들의 영향력이 증대하고 있다. 인권과 환경문제들에 대한 관심에서 출발하여, 사회복지 등의 다양한 분야에 이르기까지 자발적인 조직(voluntary organization)의 형태로서 우리사회의 각 분야에 등장하고 있다. 아직까지 이러한 시민단체의 활동들이 기존의 사회복지서비스 조직들에 어떤 영향을 주고 있으며 앞으로는 어떨 것인지에 대한 명확한 판단이 내려지지 않고 있다. 다만, 현재까지의 상태에서 추정될 수 있는 상황은 다음과 같다.

첫째, 이제껏 사회복지서비스의 주 대상자인 저소득층 클라이언트들에 대한 옹호권(advocacy)에 있어서, 사회복지서비스 조직 혹은 사회복지전문직과 경쟁 관계에 놓이게 될 가능성이 있다는 것이다. 만약 이러한 경쟁관계가 나타나면, 실제 서비스 제공자인 시설이나 전문직은 대(對)언론이나 사회적 이미지 면에 있어서 시민단체에 비해 오히려 불리한 입장에 처하게 될 가능성이 있다. 둘째, 만약 갈등관계가 형성된다면 인권이나 서비스 질 등을 앞세우는 시민단체가 재정자원의 부족과 열악한 환경 조건하에서 활동할 수밖에 없는 시설이나 전문직들보다 도덕적으로는 오히려 우월한 평가를 받을 가능성이 있다.

그럼에도, 시민단체의 영향력 증대가 사회복지서비스에 전반적으로 미치는 영향은 긍정적일 것으로 예상할 수 있다. 첫째, 사회복지서비스 조직들이 일반사회의 관심과 가치에 보다 많은 관심과 주의를 기울이게 하여, 조직들의 '자기중심적 가치'로의 몰입현상을 억제하고 폐쇄성을 완화시켜줄 수 있다는 장점이 있다. 둘째, 사회복지조직의 열악한 처우 상황들을 일반사회에 알릴 수 있는 기회로 삼을 수 있고, 정부에 대해 자원 할당을 요구하는 과정에서 보다 많은 사회적 지지를 끌어내기 위한 전략에 활용할 수도 있다. 이를 위해서는 물론 사회복지조직들의 투명성의 확보 노력이 우선되어야 함은 분명하다.

3) 사회복지행정의 변화

1990년대 이후 한국사회는 정치·경제·사회 전반에 걸쳐 신자유주의적 성향이 대두되고 있다. 이에 따라 사회복지서비스 실천 환경도 앞서 살펴본 바와 같이 이전과는 다른 변화의 조짐을 나타내고 있다. 이러한 경향은 2000년대에도 당분간 지속되어 나타날 전망으로 있다. 이에 따른 한국사회복지행정의 과제를 두 가지 측면으로 요약해 볼 수 있다.

(1) 다원화된 서비스 전달체계의 적정 관리

한국의 사회복지 실천 현장에서 현재 나타나고 있는 변화들은 한마디로 다원화된 서비스 전달체계로의 진입이라는 의미로 압축될 수 있다. 중앙과 지방 정부의 역할 분화, 공공과 민간의 역할 분담, 영리와 비영리 조직들의 공존 등으로 사회복지서비스의 전달체계가 점차 복잡하게 되고 있다. 이처럼 변화되는 사회복지의 실천 환경에서는 조직과 프로그램을 적정하게 운영·관리하고, 지역사회 서비스 전달체계에 대한 책임성을 이해하며, 조직들 간의 네트워크(network)를 통한 서비스 통합을 가능하게 하는 행정관리의 역할이 필요하다. 또한 기존의 폐쇄적인 조직 운영의 관점에서 탈피해서, 클라이언트를 포함한 다양한 이해집단들과 지역사회의 참여를 장려할 수 있는 초조직적이고도 개방체계적인 관점에 입각한 사회복지행정이 요구된다.

(2) 책임성과 행정 지식

한국사회에서 사회복지조직과 전문직에 대한 책임성의 압력은 더욱 강화될 전망이다. 사회복지에 투입되는 사회적 자원의 규모가 확대됨에 따라 이러한 자원의 운용에 대한 주된 책임을 맡고 있는 사회복지조직과 전문직에 대해 사회적 책임성의 요구가 커진다는 것은 당연한 일이다. 책임성을 실현하기 위해서는 사회복지서비스를 효과적·효율적으로 운용할 수 있는 능력을 갖추어야 한다. 이를 위해 직접서비스 실천과 관련한 전문지식의 강화만으로는 한계가 있으며 행정과 관련한 지식들을 확대, 발전시켜 나가야 한다.

현재 사회복지기관의 일선 전문직들이나 중간관리자들이 곧 다가올 미래에 사회복지기관들을 이끌어 갈 것이다. 1980년대 말경부터 본격적으로 배치되기 시작했던 사회복지 전문 인력들이 현재 많은 사회복지서비스 기관들에서 중간관리자의 위치를 점유하고 있으며, 경우에 따라서는 기관장으로 승격되는 현상들도 점차 나타나고 있다. 공공부문에서는 2000년에야 사회복지직 공무원의 직렬제가 실현되었다는 점을 감안하면 전문직이 상위 관리직으로 이동하는 경우를 아직 찾아보기는 힘들지만, 장차 사회복지서비스의 공공 기획 측면에서의 역할과 활동들이 커질 것으로 기대되고 있다. 점차 사회복지를 전문적으로 공부한 인력들이 공공과 민간부문 모두에서 사회복지조직과 프로그램, 전달체계를 움직이는 실질적인 세력으로 형성될 가능성이 크다.

제 3 장
사회복지행정이론

제 3 장　사회복지행정이론

　　사회복지행정이론의 핵심은 조직이론으로서 행정은 조직을 전제하지 않고는 성립될 수 없는 개념이기 때문이다. 사회복지행정의 개념을 정의할 때도 언급되었듯이 조직이 중심적인 위치를 차지하여 정책을 서비스로 전환시키는 것이 행정이므로 실제로 각종 사회복지서비스는 개인사회 사업실천가(private practitioner)를 제외하고는 거의 공공과 민간기관의 조직 내에서 행정과정을 통해서 서비스는 산출되고 있다. 조직에 대한 이해의 중요성에 관해서 Drucker는 "우리의 선조들이 농사짓는 것을 배웠듯이 현대인은 조직을 배워야만 한다"고 말했다. 그만큼 현대인의 생활에서 조직과 관련되지 않는 영역은 찾아보기 힘들다. 이 장에서는 사회복지조직이론을 체계적으로 이해하기 위해서 먼저 다양한 사회복지조직이론을 분류하는 기준을 마련하여 접근하고자 한다.

1. 이론의 개관

　　조직을 어떻게 이해하는가는 조직을 보는 관점과 시각에 따라 달라진다. 지금까지 여러 학자에 의해서 수많은 조직이론이 제시되고 있지만 실제로 그 어떤 이론과 시각도 완전히 복잡다양한 조직의 본성과 활동을 통합적으로 설명하는 데에는 실패하고 있다. 그것은 각 이론 또는 관점마다 조직의 특정한 활동과 측면을 강조하거나 다른 측면을 소홀히 다루거나 간과하는 데서 비롯된 것이다. 예를 들면 조직을 특정한 목적을 달성하기 위한 도구로 보는 시각이 있는 반면 조직을 하나의 체계로서 내부적 역동성과 외부적 영향을 강조하는 시각도 있다.

　　사회복지행정조직을 이해하는 데 도움을 주는 조직이론도 여러 가지이다. 문제는 어떻게 수많은 조직이론을 체계적으로 분류하고 선별하는가에 달려 있다. 유명한 조직이론가인 Scott(1987)은 다양한 조직이론은 크게 세 가지의 체계적(systemic)인 시각 또는 관점으로 수렴될 수 있다고 보았다. 즉, 조직은 목표, 구조, 참여자, 기술, 환경의 기본적인 요소를 갖춘 체계로 보아 제각기 다른 조직이론들은 비록 강조점은 달리하지만 이러한 조직의 구성요소를 갖춘 하나의 체계(system)로 보는 데에는 일치한다는 점에 착안하여 조직이론을 분류한다. 그래서 과학적 관리 이론과 관료제이론을 조직목표의 구체성과 공식화를 강조하는 측면에서 합리체계관점(rational systems perspective)에 속하는 이론으로 분류하고, 조직의 인간적인 측면과 비공식조직의 중요성을 특별히 강조하는 인간관계이론과 제도적 접근을 자연체계관점(natural systems perspective)에 속하는 것으로 보았다. 조직구조와 내부적 활동에 크게 영향을 주는 요소를 환경적으로 보아 환경과 조직과의 관계를 유난히 강조하는 상황이론과 Weick의 조직이론 등을 개방체계시각(opens systems perspective)에 포함되는 이론들로 분류하였다. 이상과 같은 세 가지 분류체계를 다소 통합하려는 노력을 보인 통합적 시각의 이론으로는 Etzioni의 구조모델, Lawrence와 Lorsch의 상황적합이론, Thompson의 조직이론 등이 포함된다고 보았다.

[표 3-1] Scott의 조직이론 분류체계

이론적 시각	주요 학파 및 이론
합리체계시각 (rational system perspective)	Taylor의 과학적 관리론, Weber의 관료제이론
자연체계시각 (natural system perspective)	Mayo의 인간관계론, Selznick의 제도적 관점
개방체계시각 (open system perspective)	상황적합이론, Weick의 조직모델
통합적 시각 (combining system perspective)	Etzioni의 구조주의 모델, Thompson의 조직이론, Lorsch의 상황이론

한편, Hasenfeld(1992)는 사회복지조직을 포함한 넓은 의미의 휴먼서비스조직을 설명하는 유용한 이론을 두 가지 축으로 구분하여 분류할 수 있다고 보았다. 하나는 조직이론이 환경에 대해서 개방적으로 접근하는가, 그렇지 않은가의 관점에 따라 폐쇄이론과 개방이론으로 나누고, 다른 하나는 조직이 자신의 운명을 결정하는 데 수동성과 능동성의 정도가 어떠한가에 따라 주도적 조직이론, 적응적 조직이론, 수동적 조직이론으로 구분된다고 하였다. 수동적 조직이론은 환경이 조직의 존립과 성패를 좌우한다는 이론이다.

[표 3-2] Hasenfeld의 사회복지조직이론의 분류

구 분		환경에 대한 관점	
		폐 쇄 적	개 방 적
조직의 운명 결정력	주도적	합리·합법모델 (관료제, 과학적 관리론)	상황적합이론
	적응적	인간관계론	정치경제이론
	수동적	수동적	조직군생태학이론, 제도이론, 마르크스 이론

Hasenfeld에 의하면 관료제이론과 과학적이론은 조직을 폐쇄적 체계로 보고 목표달성을 위해서 효율적인 내부체계를 유지한다면 자신의 운명을 스스로 적극적으로 개선해

나갈 수 있다고 보는 관점에서 일치한다고 보았다. 따라서 이러한 이론들은 합리합법모델 (rational-legal model)이라고 칭하였다. 반면 인간관계이론은 조직의 목표달성에서 목표자체에 대한 회의적인 시각에서 출발하여 조직내부 참여자의 복리 증진과 동기부여가 궁극적인 조직의 목표달성에 더욱 중요하기에 조직은 내부구성원과의 타협에 의해서 조직의 성패인 운명이 결정될 수 있다고 보았다. 상황적합이론, 정치경제이론, 조직군생태학이론들은 조직을 개방체계로 보면서 환경과의 관계를 중요시하는 이론인 점에서 공통점을 갖지만, 상황적합이론이 환경을 적극적으로 변화시키거나 조직을 환경에 매우 적합하게 내부구조와 기술을 개발하여 효과성을 극대화하여 조직의 생명력을 능동적으로 창조한다는 입장인 반면, 조직군생태학이론은 환경의 중요성을 너무나도 강조한 나머지 조직의 성패와 운명은 환경에 의해서 거의 결정된다는 관점을 보여주고 있다.

지금까지의 대표적인 학자들에 의해서 제시된 사회복지조직이론의 분류체계를 충분히 고려하고 또한 사회복지조직을 설명하는 데 유용성의 정도가 어떠한가를 기준으로 조직이론을 선별해서 설명하려고 한다. 우선 조직을 합리적인 목적 달성을 위한 폐쇄체계로 접근하는 관료제이론과 과학적 관리론을 고전이론이라는 이름하에 다루기도 하고, 인간관계이론은 고전이론에 대한 반동으로 출발한 조직내부의 인간관계와 비공식적 조직의 중요성을 강조하는 폐쇄체계의 이론으로 별도로 취급하고자 한다. 오늘날 모든 조직은 개방체계로 보고 부단히 환경과 상호작용 속에서 성장하고 발전한다는 시각에 거의 모든 학자들이 동의하듯이 개방체계적 시각을 갖는 이론의 중요성이 점차 강조되고 있다. 특히 사회복지조직인 경우 환경에 대한 의존성이 다른 조직보다 매우 크기 때문에 개방체계적 시각에 속하는 이론을 자세히 이해하는 것이 매우 중요하다. 따라서 이 책에서는 개방체계이론에 속하는 상황이론, 정치경제이론, 조직군생태학이론, 그리고 제도이론 등을 설명할 것이다. 최근 행정 및 조직이론으로 크게 각광을 받고 있는 TQM과 학습조직이론에 대해서도 간략히 서술하고자 한다.

2. 고전이론

고전이론(classical theory)에 속하는 관료제이론과 과학적 관리론은 기본적으로 이론적 전제에서 다음과 같은 공통점이 있다. 우선 조직의 공식적인 목표를 중요시하고 개인의 목표와 조직의 목표는 일치된다고 본다. 그리고 조직은 합리적인 체계로 기계와 같이 설계되면 효율성과 효과성을 높일 수 있다고 보는 시각에서 일치하고 있다.

1) 관료제이론

관료제(bureaucracy)란 개념은 거대한 정부조직을 의미할 때도 있고 조직의 병폐를 의미하는 용어로 사용되는 경우도 있으나 일반적으로 계층적 조직구조를 갖고 합리적인 지배가 제도화된 조직 형태를 의미한다. 관료제이론은 Weber에 의해서 확립된 이론으로 Weber는 산업사회에서는 관료제가 발달하고 가장 보편적인 사회조직으로 등장할 수밖에 없다고 주장했다. 왜냐하면 그것이 자유와 권력을 합리적으로 합법적으로 사용하는 데 가장 효율적인 조직이기 때문이다.

Weber(1947 : 152)는 조직체는 반드시 권위와 통제가 있기 마련인데 권위의 종류를 전통적(traditional) 권위, 카리스마적(charismatic) 권위, 합법적(rational) 권위의 세 가지로 분류했다. 전통적 권위는 하급자가 상사의 명령을 전통적으로 그러했다는 논리에서 정당한 권위로 받아들이는 것이고, 카리스마적 권위는 상사의 비범한 특성과 자질에 기초하여 하급자가 상사의 명령을 정감적으로 수용하는 것이다. 합법적 권위는 개인이 지닌 법적 지위에서 행사하는 당연한 명령으로 인정된다는 권위이다. 산업사회에서는 전통적 권위와 카리스마적 권위가 더 이상 보편적으로 인정되기 어렵기 때문에 공식적인 조직에서 정당한 합법적인 권위의 행사와 지배가 구조화되어 있는 관료제가 이상적인 구조의 형태로 나타난다. 따라서 관료제는 합리적 또는 합법적인 지배가 제도화된 조직으로 간주된다. 오늘날 대부분의 사회조직은 Weber가 주장한 바와 같이 아래의 관료제의 주요특징을 가지고 있다.

(1) 권위의 위계구조

관료제는 일련의 권리와 책임을 수반하는 권위의 위계가 있기에 상급직위에 있는 사람은 합법적으로 하급직위에 있는 사람을 통제한다.

(2) 규칙과 규정

관료제는 의도적으로 일관성 있는 규칙에 의해서 직무의 배분과 인력의 배치가 이루어진다. 이러한 규칙과 규정은 조직 활동에 통일성과 안전성을 보장해 준다.

(3) 사적 감정 배제

관료조직의 운영에 있어서 개인적인 생각이나 감정이 무시되고 공식적인 원칙과 절차가 중요시된다. 조직의 생산성은 조직구성원의 개인적 감정이 배제되고 합리성에 기초한 의사결정에 따라 집행되었을 때 확보될 수 있는 것이다.

(4) 분업과 전문화

조직에서 수행되는 모든 과업은 각 구성원에게 분담된다. 특정한 과정을 분업화함으로써 전문화를 추구할 수 있다.

(5) 경력지향성

구성원은 전문적인 능력과 기술을 중요시하기 때문에 그들은 자신의 직업을 경력으로 생각한다. 따라서 승진은 일정한 규칙 하에 연공서열과 실적에 따라 이루어진다.

(6) 능률성 강조

Weber가 이념형인 순수한 관료제는 조직에서 최대의 능률을 올릴 수 있다고 말했듯이 관료제는 합리적인 의사결정과 행정능률을 극대화하고자 한다.

Weber는 관료제이론은 이념형(ideal type)이라고 했는데 이러한 특성을 갖는 관료조직이 현실사회에서 존재할 수 있고 그렇지 않을 수도 있다는 의미이다. 그러나 그의 관료제이론은 현대사회의 거의 모든 조직이 관료제의 특성을 완벽하게 갖추었다고 보기는 어렵지만 대체로 관료제의 특성을 거의 내포하고 있기에 현실타당성을 확보하고 있다. 현대사회의 거의 모든 조직이 관료제의 특성을 갖고 있다면 관료제는 어떤 기능을 수행하는가에 관한 논의에 초점이 될 수 있다. 따라서 보다 자세히 관료제의 순기능과 역기능에 대해서 이해할 필요가 있을 것이다.

관료제는 조직의 효율성 증진에 순기능으로 작용하기도 하지만 오히려 부정적인 결과, 즉 역기능을 할 가능성도 존재한다는 것이 그들의 관료제이론에 대한 비판의 주요골자이다. 따라서 권위의 위계질서는 엄격한 지시이행과 조정이 가능하지만 하위직원의 의사소통을 저해하는 역기능이 나타날 수도 있다. 또한 규칙과 규정은 업무의 지속성과 통일성을 확보해 주는 반면 조직의 규칙이 너무 엄격하면 업무 수행이 경직되고 목표전치현상이 발생할 수 있다는 것이다.

목표전치(goal-displacement)는 조직의 규칙과 규정이 전체목표달성을 위한 수단으로 간주되지 않고 규칙과 규정 그 자체가 목적이 되거나 원래 목적이 다른 목적으로 변질되거나 대체되는 현상을 말한다. 이것은 관료제하에서 직원이 규정에 너무 지나치게 얽매이다 보면 적절한 적응능력을 상실하여 원래의 목적 달성은 어려워지는 관료제의 대표적인

[표 3-3] Weber의 관료제 특성에 따른 순기능과 역기능

관료제 특성	순 기 능	역 기 능
권위의 위계구조	엄격한 지시이행과 조정	의사소통의 저해
규칙과 규정	지속성과 통일성	경직성과 목표전치
사적 감정 배제	합리성 확보	직원의 사기저하
분업	전문성 강화	직무에 대한 권태
경력지향성	유인체계	연공과 업적 간의 갈등

* 참고: Hoy와 Miskel(1987 : 114~115).

역기능이며 폐단현상이다. Merton(1957 : 199)은 관료제 병리현상으로 목표전치 이외에도 비인간화, 할거주의, 형식주의, 무사안일주의, 번문욕례(red-tape) 등의 폐단이 발생할 가능성이 있다.

전문적 관료제

관료제의 가장 두드러진 현상은 집권화와 공식화이다. 집권화란 조직 내 의사결정이 조직의 상층부에 속하는 소수의 사람에게 집중의 정도를 말한다. 공식화란 직무수행활동이 표준화되어 누구나 명확히 기대할 수 있는 정도를 말한다. 관료조직에서는 집권화와 공식화가 필요하지만 전문가집단의 조직에서는 집권화와 공식화가 심각한 문제를 발생시킨다.

왜냐하면 전문가는 전문가집단의 윤리와 행동원칙에 따라 스스로 의사결정 하도록 요구되고 개별 클라이언트의 다양한 욕구충족은 표준화된 업무수행을 거의 불가능하게 만들기 때문이다. 전문가집단의 요구에 따라 의사결정이 분권화되고 업무수행이 비공식화 된다면 역으로 조직의 목표달성에 관한 문제를 야기한다. Mintzberg(1979)는 이와 같이 전문가집단의 속성을 인정하고 관료제의 특성을 중화시키는 방안으로 전문적 관료제(professional bureaucracy)를 제안했다.

전문적 관료제 하에서 의사결정의 책임은 전문가에게 주어 분권화시키면서 공식화의 정도는 낮추나 전문가의 다양하고 기술적인 업무는 전문적 기준에 따라 규칙성과 표준화를 추구하도록 한다. 전문적 관료제는 공공조직에서 특히 전문가적인 판단과 조직의 정책 사이에서 발생되는 갈등이 심각하게 나타난다. 사회복지조직은 일종의 전문적 관료제로 전문가의 자율성 존중과 기관의 정책 사이에서 마찰과 갈등이 일어난다. 또한 사회복지사, 의사, 간호사, 물리치료사 등 다양한 전문직 직원으로 구성된 사회복지조직의 경우 전문가집단 간의 다른 판단기준으로 의사결정이 분권화되어 있지만 조정되지 않아 난맥상을 이루는 경우도 허다하다. 주요 조정의 방법이 기술의 표준화인데 사회복지조직기술은 표준화하기도 어렵다는 데 문제가 있다.

---

2) 과학적 관리론

과학적 관리론(scientific management)을 창시한 Taylor(1911)는 엔지니어로서 공장에서 직원들이 주요업무를 효율적으로 수행하는 방안을 강구하는 과정에서 그 이론적 토대를 마련했다. 즉 조직 내 직원의 업무를 과학적으로 분석하며 이에 관한 지식을 적극적으로 활용한다면 조직의 능률성은 극대화될 수 있다고 보았다. 그래서 조직에서 개개인의 업무 수행에 관한 일의 형태와 소요시간을 표준화하여 적정 일일작업량을 산출하여 분업을 해서 개인별 과업부여와 성과를 임금과 연계시키면 조직의 생산성을 높아질 수 있다는 것이다. 조직의 효율성과 생산성을 향상시키기 위해서 과학적 관리방법은 다음과 같은 4단계를 순차적으로 진행시킬 수 있다.

(1) 목표설정

조직이 달성하고자 하는 목표를 설정하는 단계이다. 산업조직의 경우 생산성은 조직의 산출물을 극대화하는 것이다. 예를 들면 자동차를 10만 대 생산하려는 자동차 공장의 목표가 수량적인 지표에 의해서 설정될 수 있다. 목표달성에 대한 권한과 책임은 관리자에게 부여되어 있다.

(2) 직무의 과학적 분석

Taylor는 조직의 직원들이 수행하는 업무를 시간과 동작(time and motion) 연구를 통해서 개개인이 특정 양의 직무를 완성하는 데 걸리는 시간과 동작을 체계적으로 분석했다. 이때 최고의 업무생산량을 달성한 직원을 모델로 시간과 동작을 분석하여 전체 직원이 평균적으로 달성할 수 있는 생산량을 상향조정하여 일정한 기준으로 설정하여 직무성과를 평가한다.

(3) 관리의 원칙수립

과학적인 직무분석에 기초하여 모든 직무는 분업의 원칙이 적용되고 또한 엄격한 기획과 통제의 관리원칙이 수립되어 시행된다. 이때 관리자(supervisor)와 직원(worker)의 관계는 지시와 지도·감독의 주체와 대상이 된다. 직원의 선발과 배치도 과학적으로 이루어진다.

(4) 경제적 보상

개별적으로 달성된 직무를 성실히 수행한 사람과 그렇지 못한 사람을 구별하여 임금과 다른 경제적 보상을 달리한다. 즉 주어진 과업을 성실히 수행한 사람에 대해서는 경제적 인센티브를 부여하고 과업을 달성하지 못한 사람에게는 낮은 임금을 주어 전체적으로 조직의 생산성을 극대화하려는 경제적 보상체계를 시행한다.

Taylor의 과학적 관리론은 조직구성원을 단지 기계의 부품처럼 취급하고 인간의 개성과 능력 등을 고려하지 않고 오직 조직의 생산성을 향상시키려는 유일한 최고의 방법(one best way)만을 추구하는 수단으로 보기 때문에 상당히 비판을 받아 왔다(Zastrow, 1999 : 17). 그럼에도 불구하고 과학적 관리론은 20세기 초 산업사회에서 생산조직이 추구하는 목표를 분명히 인식하고 과학적이고 체계적인 지식을 활용하여 조직의 효율성과 생산성을 극대화하려는 관리과학의 효시로서 자리매김을 하고 있으며 오늘날까지 지대한 영향을 미치고 있다.

3) 인간관계론

인간관계이론(human relations theory)은 Mayo(1933)와 그의 동료들이 미국 시카고 지역에 위치한 서부전기회사의 Hawthorne 공장의 실험적 연구에 의해서 개발된 조직이론이다. 이 연구자들이 갖는 주된 관심사는 공장의 작업조건, 예를 들면 불의 밝기 등과 같은 것이 작업생산성에 어떤 영향을 미치는지에 관한 것이었다. 연구결과 기대한 대로 공장의 불이 밝은 작업반의 생산성이 그렇지 않은 작업반의 생산성보다 높은 것을 확인했다. 그러나 놀랍게도 어떤 작업반에서는 불의 밝기를 낮추어도 생산성이 꾸준히 향상되고 있다는 사실을 발견했다. 그래서 연구자들은 과학적 관리론에서 제시하는 바와 같이 직무를 과학적으로 분석하여 일정한 절차에 의해서 제품을 생산하는 소위 기술적 합리성(technical rationality)의 추구는 생산성을 극대화하는 데 충분한 조건이 되지 않는다는 사실을 인식했다. 다시 말해서 조직의 목표달성에는 기술적 요인(technical factor)보다 더욱 중요한 사회적 요인(social factor)인 직원 간의 인간관계에 보다 큰 관심을 두어야 한다는 점이 강조되었다. 결론적으로 Hawthorne 공장의 실험에서 밝혀진 연구결과는 다음과 같다.

① 직원의 생산성 향상을 좌우하는 것은 근로조건과 환경이 아니라 작업반 내 동료와 상사와의 인간관계에 의해서 좌우된다.
② 조직의 직원은 개인으로서 일하기보다는 비공식적인 집단의 성원으로 행동하며 이러한 집단 내의 인간관계는 비합리적이며 정서적인 요소에 따라 이루어진다.
③ 조직에는 공식적인 부서와는 다른 비공식적인 집단이 존재하며 이러한 비공식적인 집단이 개인의 태도와 생산성에 영향을 준다.
④ 조직에서 개인을 경제적인 동기에 입각한 합리적인 행동보다는 비경제적인 동기인 심리적·사회적 욕구에 따라 행동한다.

1920년대와 1930년대 개발된 인간관계이론은 실험연구의 타당성 문제로 비판의 대상이 되었다가 1960년대 조직인간주의(organizational humanism) 학자들에 의해서 새롭게 조명되어 각광받기 시작했다. 대표적인 조직인간주의 학자인 McGregor(1960)는 XY이론을 제시하여 인간관계이론의 맥을 이어갔다. XY이론은 조직의 관리자가 직원을 보는 기본적인 시각의 차이에 따라 전혀 다른 관리방법이 고안될 수 있다는 이론이다. 즉 X이론에 의하면 직원은 근본적으로 일을 싫어하고 이기적이며 변화에 저항적이기 때문에 관리자는 엄격한 지시와 통제가 있어야 조직의 효과성이 확보된다는 생각을 하기 때문에 고전적 조직관리이론과 그 맥락을 같이하고 있다. 반면 Y이론에 따르면 직원은 일을 자연스러운 활동으로 받아들이고 자신의 책임하에 스스로 일의 방향을 정하고 창의적으로 활동하며 조직의 목표를 달성하기 때문에 관리자는 그들의 능력과 가능성을 믿고 자율성을 부여하는 민주적 의사결정이 필요하다는 것이다.

Herzberg(1966)의 연구결과 X이론에 따른 관리방법보다 Y이론에 의한 관리방법이 우수하다는 결론이 제시되지만, Morse와 Lorsch(1970)에 의하면 조직에서 수행되는 과업의 성격에 따라 각 이론의 적용효과성은 달라진다고 보았다. 즉 반복적이고 예측가능한 과업 또는 직무수행은 X이론에 의한 통제중심의 관리가 효과적이지만 과업이 다양하고 직무의 성격이 전문성을 가질 때는 Y이론에 의한 민주적 의사결정이 더욱 효과적이라는 말이다. Netting과 그의 동료(1993)는 사회복지기관에서 사회복지사의 업무는 과업이 명확히 설정될 수 없고 사회복지사의 자율적인 판단에 크게 의존하므로 Y이론에 의한 관리방법이 더욱 적합하다는 견해를 제시했다.

이상에서 Y이론을 포함한 인간관계이론은 조직의 목표와 조직구성원의 목표는 일치될 수 있다는 가정 하에서 직원의 태도, 사기, 대인관계의 중요성을 강조한 이론으로 관리자는 이러한 조직구성원의 인간적인 측면에 착안하며 그들에게 동기를 부여한다면 조직의 효과성은 높아질 것이라고 본다. 이러한 인간관계이론이 사회복지조직에서 크게 각광을 받는 이유는 두 가지 측면에서 설명이 가능하다. 우선 인간관계 이론은 조직에서 인간을 보는 시각이 단순히 조직목표의 달성을 위한 수단이 아니라 인간 자체가 목적이 된다는 점에서 인도주의적 견해를 갖고 있기에 사회복지의 철학과 이념이 부합된다. 또한 조직환경에서 직원의 조직에 대한 태도와 동료직원간의 관계가 직접적으로 클라이언트 관계에 영향을 주기 때문에 더욱 사회복지조직의 조직구성원에게 잘 적용된다는 것이다 (Hasenfeld, 1992 : 27).

인간주의 조직이론가인 Likert(1967)는 조직의 주요변수인 리더십, 동기, 커뮤니케이션, 의사결정, 목표달성, 통제 등을 면밀히 조사 연구한 결과 4가지 유형의 조직을 제시했다. 권위적이며 착취적인 체계 1(system 1)은 리더가 부하직원을 불신하고 의사결정과 권력은 상층부에 집중되어 있기에 조직구성원의 목표달성에 대한 인식은 매우 약하다. 권위적이고 온정적인 체계 2(system 2)는 권력이 리더에게 집중되어 있지만 부하직원의 불만을 부분적으로 수용하나 통제해 나가는 조직이다. 자문적 체계 3(system 3)은 계층적 조직구조에서 직원의 의사결정과정에 참여가 허용되고 부분적인 권한위임이 이루어지며 의사소통이 활발한 조직이다. 참여적 체계 4(system 4)는 조직의 리더가 부하직원을 신뢰하고 의사소통이 조직 내에서 자유롭게 일어나고 목표에 대한 모든 조직구성원의 합의가 있으며 의사결정이 분권화되어 있어서 자기의 책임 하에 모든 업무의 수행과 자율적인 통제가 이루어진다. Likert(1967 : 46)는 대부분의 관리자는 체계 4가 이론적으로 다른 조직보다 우수하다고 믿고 있으며 다른 조건이 동일하다면 분명히 체계 4는 가장 바람직한 조직의 유형이라고 주장했다. McGregor의 Y이론처럼 Likert의 체계 4 조직유형도 분명히 조직 내 구성원인 직원의 인간적인 욕구에 관심을 두고 집단 간 의사소통의 중요성을 강조하면서 신뢰와 권한위임을 통한 참여적 관리(participatory management) 체계를 유지해 나가고 있다는 점에서 인간관계이론에 속한다.

　　인간관계이론의 사회복지조직에 적용되었을 때 갖는 장점은 사회복지조직의 특수성에서 찾을 수 있다. 사회복지조직의 활동이 직원과 클라이언트와의 관계 속에서 이루어지는 것이 일반적이기 때문에 능력과 동기와 자율성이 인정되는 방향으로 사회복지사에 대한 인사관리가 적절히 이루어진다면 조직의 효과성은 극대화될 수 있다. 또한 기본적으로 전문직이라 인정되는 방향으로 사회복지사에 대한 인사관리가 적절히 이루어진다면 조직의 효과성은 극대화될 수 있다. 또한 기본적으로 전문직이라 인정되는 사회복지사의 활동은 관리자와 슈퍼바이저에 의한 엄격한 통제보다는 자율성을 인정하고 참여를 권장하는 리더십이 더욱 적합하기에 인간관계이론의 적용범위는 더욱 넓어질 수 있다. 마지막으로 인간관계이론은 클라이언트의 가치, 독특성, 강점 등을 강조하는 사회복지실천의 근본적 가치와 조화롭기 때문에 사회복지실천이 행해지는 조직 관리의 원칙으로도 일반적으로 수용될 수 있다.

　　인간관계이론은 인간의 정서적 측면과 조직에서 인간관계인 사회적 측면을 지나치게 강조한 나머지 조직의 효과성을 결정하는 목표, 자원, 기술, 구조적인 특성 등을 소홀히 다루는 경향이 있다. 조직은 엄연히 공동으로 추구해야 할 공식적인 조직목표가 있고 이를

[표 3-4] 고전모형과 인간관계이론 비교

구분	고전모형	인간관계이론
기 본 가 정	·사람들은 본래 일하기 싫어한다. ·일 그 자체보다 보수에 더욱 관심 있다. ·창의성, 자기통제와 지시에 의해 일을 수행하는 사람은 거의 없다.	·사람들은 자기 일의 중요성을 알고 노력한다. ·일을 통해서 소속감을 느끼고 개인으로 인정받기 원한다. ·경제적 보상보다 인간적인 욕구가 충족되면 사람들은 책임감을 갖고 자기 통제 하에 목표를 달성한다.
관 리 정 책	·관리자는 부하에게 엄격한 지시와 통제를 강화한다. ·직무를 효율적으로 관리할 수 있도록 분할하여 할당한다. ·직무수행의 절차와 방법을 엄격히 규정하고 공평히 대우한다.	·관리자는 부하를 인간으로 간주하고 중요성과 의미를 부여한다. ·부하 직원에게 정보를 제공하고 자신의 생각과 의견을 수렴한다. ·부하직원이 스스로의 권한으로 의사결정하고 자기책임 하에 일을 수행하도록 허용한다.
기 대	·관리자가 공평하고 봉급수준에 만족하면 힘든 일도 참아 낸다. ·과업이 단순하고 적절히 통제된다면 일정 수준 이상의 효과를 발휘한다.	·정보공유와 참여가 보장되면 소속감을 느끼고 직무에 만족할 것이다. ·인간적인 욕구의 충족은 사기를 진작시키고 공식조직의 권위를 인정하고 협력적일 것이다.

* 자료: Miles, R. (1975). Theories of Management : Implication for Organizational Behavior and Development New York : McGraw Hill에서 재구성.

달성하기 위해서는 적절한 지도와 통제가 필요하다는 데 이의를 제기할 사람은 많지 않을 것이다. 인간관계이론은 조직구성원인 인간을 너무 단순화한다는 점이 문제로 나타난다. 조직 내에서의 인간관계는 협동과 참여가 일어나기도 하지만 갈등과 지배의 본질을 간과할 수는 없다. 그리고 인간행동의 동인으로 작용하는 경제적 보상이 전혀 고려되지 않았다는 점이다.

3. 개방체계이론

1) 상황이론

고전적 조직이론은 계층제, 직무분할, 전문화, 경제적 보상 등을 통해서 조직화의 최선의 방법을 모색하고자 했고, 인간관계이론은 조직 내 인간의 심리사회적 요소를 중요시하여 정보공유, 비공식조직의 인정, 참여 등을 통해서 최선의 조직화 방법을 모색했다는 점에서 공통점을 갖는다. 그러나 상황이론(contingency theory)의 기본이 되는 이론적 전제는 고전모형과 인간관계이론에서 제시되는 근본적인 전제를 부정하고 조직화에는 유일한 최선의 방법이 없으며, 조직화는 상황에 따라 결정되어야 한다는 것이다. 여기서 상황이란 조직을 둘러싼 내·외적인 환경을 의미한다. 따라서 상황이론은 기존 이론들이 조직을 폐쇄체계로 보고 조직내부의 문제에 주안하여 이론적인 전제와 주요개념을 제시하는 데 반해 조직을 개방체계(open system)로 보고 상황에 적합한 조직구조와 형태를 유지하는 것이 보다 바람직하다는 입장을 보이고 있다.

상황이론의 이론구성은 다음과 같은 두 가지 이론적인 전제에서 출발한다(Lawrence & Lorsch, 1967 : Thompson, 1967). 첫째, 환경으로부터의 요구는 조직 내 구조변화의 형태를 결정한다. 둘째, 조직이 사용하는 기술의 속성이 이 기술을 사용하는 부서의 구조를 결정한다. Lawrence와 Lorsch는 조직은 변화무쌍한 환경과 부단히 상호작용을 하는 개방체계로 보고 환경적인 변화에 의한 요구를 수용하는 방향으로 조직구조를 형성하는 것이 조직의 목표달성에 더욱 유리하다는 견해를 제시했다. Thompson은 조직의 환경이 변화할 때 조직 내 의사결정은 분권화되고 조직구조는 고도로 분화하는 것이 더욱 유리하다는 연구결과를 제시했다.

그림 3-1	상황이론

context (상황)	→	structure(구조)
환 경 기 술 크 기	→	집권화 공식화 초 점

위의 상황(context)을 구성하는 요소는 환경, 기술, 크기인데 환경은 안정적인 형태와 변화하는 형태로 나눌 수 있다. 기술은 고도로 복잡하고 전문적인 기술이 있는 반면에 단순하고 반복적 사용이 가능한 기술이 있고, 조직의 크기도 대규모 조직과 소규모 조직으로 나누어 생각할 수 있다. 여기에서 환경이 안정적이면 구조(structure)에서 분권화와 공식화의 정도를 높일 수 있으나, 환경이 불안하고 변화의 정도가 클 경우 효과적인 대응을 위해서는 집권화의 정도를 높이고 공식화의 정도를 낮추어 신속한 업무처리가 유리하다는 것이다. 기술도 복잡하고 전문적인 기술을 사용하는 경우 분권화하는 것이 더욱 적합하고 조정의 필요성이 크게 강조될 수 있다. 조직이 대규모 조직으로 규모가 클 경우 공식화의 정도는 높여도 되나 소규모 조직일 경우 공식화의 정도를 높여서 계층별 승인과 결재가 요구된다면 비효율적이라는 것이다. 이상에서와 같이 상황이론에서 조직의 내부구조는 환경의 변화와 안정성 정도, 기술의 복잡 다양성 정도, 조직의 규모에 따라 달리 적절히 결정되어야 한다는 것이다. 결국 상황이론은 조직이 환경에 적합(fit)해야 효과적이기 때문에 상황적합이론이라고 부르기도 한다.

상황이론가들은 특정한 조직구조와 관리방법이 다른 구조와 방법보다 효과적이라는 가정을 부정한다. 따라서 그들은 전통적인 관료조직으로부터 시작해서 항상 변화하는 조직에 이르기까지 거의 모든 형태의 조직이 그 조직의 특성과 요구가 상황이나 환경적 특성과 부합된다면 그 조직은 효과적일 수 있다고 본다. 그러므로 효과적인 조직은 다양할 수 있으며, 그 조직의 특성과 환경과의 적합성이 조직의 성패를 좌우한다고 본다는 점이 독특하다. 사회복지조직관리자가 상황이론을 활용할 경우 가장 우선적으로 고려해야 할 사항이 자신이 운영하는 사회복지조직의 특성과 욕구를 분명히 파악하는 것이며 그 다음으로 결정할 사항이 환경적 특성을 잘 이해하는 것이다(Lewis et al., 2001 : 95). 그래서 만일 사회복지조직이 단일계층의 클라이언트에게 일정한 서비스를 반복적이며 지속적으로 제공하는 활동으로 특성화되어 있다고 판단하면 정형화되고 기계적인 조직구조와 형태를 활용할 수 있으며, 반대로 다양한 클라이언트 집단에 전문적인 서비스를 제공하는 기관으로 파악한다면 보다 유연한 조직형태를 갖추는 것이 바람직스럽다. 상황이론이 사회복지조직을 설명하는 데 있어서 유용성을 평가하자면 우선 사회복지조직의 내부적 특성을 잘 설명하고 상황과 환경의 중요성을 강조한다는 점에서 시사하는 바가 크다. 실제로 사회복지조직은 클라이언트 집단에 따라 그 조직의 특성이 매우 다르다. 따라서 제각기 다른 특성을 충분히 이해하고 조직화와 관리방법 및 형태를 결정해야 한다는 점은 매우 유의 깊게 받아들일 필요가 있다. 또한 기존의 조직이론이 환경과의 관계를 도외시한 반면 상황이론은 환경적 변수의 중요성을 강조한 측면이 사회복지조직에 적용가능성을 더욱 크게 하고 있다. 실제로 사회복지조직은 환경적 변화에 크게 좌우되기 때문에 그에 따른 조직구조와 관리스타일의 적용이 절실히 요구되므로 이론적 타당성은 충분하다. 그러나 상황이론은 어떠한 상황이나 환경에 어떤 조직이 효과적이라는 일정한 원칙과 지침을 제공해 주는 데 실패했기 때문에 실제로 이 이론을 과학적으로 검증하거나 현실에 적용하는 데에는 일정한 한계가 있다.

2) 정치경제이론

정치경제이론은 규범적이기보다는 분석적이며, 개연성이론과 마찬가지로 환경적 요소들에 의해 조직의 특정 행태가 영향을 받는 과정에 초점을 둔다. 상황이론이 조직과 환경의 상호작용을 기반으로 발전된 조직이론으로 조직구조와 관리방법은 환경에 알맞게 구성되어야 한다는 것을 강조하고 있다. 정치경제이론(political economy theory) 역시 상황이론처럼 조직과 환경의 상호작용에 초점을 두고 있지만 그 역동적인 상호작용의 역할관계에 따라 조직의 성패가 좌우된다는 점을 유달리 강조하는 이론이다(G, Wamsley & M, Zald, 1976). 정치경제이론에 의하면 조직의 생존과 발전에는 두 가지 기본적인 자원이 필수불가결하다. 하나는 합법성과 권력과 같은 정치적(political) 자원이고, 다른 하나는 생산과 서비스에 요구되는 경제적(economic) 자원이다. 조직에서 합법성은 조직의 설립기반과 모든 활동의 근거가 되는 중요한 요소이며 권력과 같은 정치적 자원으로 인하여 조직의 목표달성을 위한 적절한 권위와 영향력이 행사될 수 있다. 또한 재원, 클라이언트, 인력과 같은 생산과 서비스를 위한 경제적 자원이 확보되지 않는다면 조직은 정상적으로 가동될 수 없을 것이다.

정치경제이론은 조직이 서비스 전달체계를 형성하는데 있어서 환경의 중요성, 특히 과업환경(task environment)의 중요성을 부각시킨다(Hasenfeld, 1992 : 31). 과업환경이란 조직에 직접적으로 영향을 미치는 환경으로 대개 지역사회 내의 다른 조직과 클라이언트 집단을 포함한다. 이러한 과업환경의 요소들은 조직이 필요로 하는 중요한 자원(합법성, 재원, 클라이언트 등)을 통제하고 있고 조직을 통해서 자신들의 목적을 실현시키려 하기 때문에 밀접한 이해관계를 형성하고 있다. 과업환경의 요소들이 조직에 대해서 힘과 영향력을 행사할 수 있을 정도의 반드시 필요한 정치적·경제적 자원을 보유하고 있다는 설명은 조직의 관점에서 보면 조직은 정치경제적으로 환경에 대해서 반드시 필요한 자원을 확보해야 하므로 의존하고 있다고 풀이된다. 그래서 정치경제이론은 일명 자원의존이론(resource dependency model)이라고도 한다.

자원의존이론의 기본적인 전제는 조직이 과업을 수행하기 위해서 필요한 자원을 조직 스스로 내부적으로 마련할 수 없으므로 조직은 결국 환경에 의존적일 수밖에 없다는 것이다(Thompson, 1967). 따라서 조직의 관리자는 조직의 생존과 발전에 결정적인 역할을 하는 과업환경을 면밀히 분석하여 능동적으로 대처하는 전략을 수립해야 한다. 자원의존이론에 따라 조직의 관리자가 취할 수 있는 효과적인 전략으로는 완충(buffering)과 연계

(bridging)가 있다(Scott, 1981 : 48~62). 완충전략은 조직이 과업환경으로부터 야기되는 혼란에서 조직을 보호하기 위하여 조직 내의 구조와 주요절차를 정비하는 방법이며, 연계전략은 조직이 필요한 주요자원을 획득하기 위해서 환경의 다른 요소 또는 조직들과 협력 혹은 공조관계를 형성하고 발전시키는 것을 말한다. 완충전략은 내부지향적이며 수동적인 환경 대응전략이라면 연계는 외부 지향적이고 능동적인 조직의 변화전략이라고 볼 수 있다. 완충전략을 선택했을 경우 관리자가 취할 수 있는 구체적인 전술은 다음과 같다.

(1) 분류

분류(coding)는 외부환경으로부터 지속적으로 투입되는 자원의 흐름에 방해가 생겼을 때 또는 새로운 자원 확보에 문제가 발생하는 경우 기존의 자원과 투입을 재분류하여 정리하는 방법을 말한다. 이러한 전술은 기존의 자원을 보다 효율적으로 활용하는 일종의 관리방법이다.

(2) 예측

예측(forecasting)은 조직의 투입과 산출에 대해서 미리 예측하여 환경적 변화에 적응하는 방안을 강구하는 전술을 일컫는다. 예를 들면 6개월 후 사업내용과 관련된 소요재원을 미리 예측하여 조달방안을 강구하는 방법이다.

(3) 비축

비축(stockpiling)은 환경으로부터 유입되는 자원이 불충분하다고 판단될 때 조직의 주요자원을 비축하여 긴급한 상황에 사용할 수 있도록 조치하는 전술이다.

(4) 평준화

평준화(leveling)는 환경적 요소의 변화가 조직에 큰 충격을 줄 경우 조직 내의 특정부서나 일부직원이 부담할 충격을 나누어 분담케 함으로써 충격을 완화시키는 전술이다. 예컨대 조직의 재원조달에 심각한 문제가 발생했을 때 각 부서의 지출규모를 약간씩 줄여 나가는 방법을 말한다.

한편 연계(bridging)의 전략을 취했을 때 관리자가 활용할 수 있는 전술도 여러 가지가 있다. 우선 협력(cooperation)의 전술은 충분한 수의 클라이언트를 환경으로부터 확보하기 위해서 타 기관과 협력관계를 형성하여 클라이언트를 의뢰받을 수 있는 방안이다. 또한 대체자원개발(developing alternative resources)은 의료기관이나 사회복지조직에서 흔히 사용할 수 있는 전술로 인정되고 있는 것으로 적극적으로 환경의존적인 조직의 위치를 변화시킬 수 있다. 그리고 서비스나 프로그램의 다변화(diversification) 전술도 새로운 클라이언트나 자원을 획득할 수 있는 방법으로 유용하게 사용될 수 있다.

그러나 이러한 완충과 연계의 전략이 갖는 장점이 있는 반면 사회복지서비스 대상자에 대한 윤리적인 문제도 야기할 수 있다는 점에서 주의가 요망된다. 크리밍(creaming)은 사회복지조직이 투입비용을 줄이고 자원을 극대화하기 위해서 비교적 성공의 가능성이 큰 클라이언트를 선별적으로 모집하고, 반대로 자원의 소모가 많고 서비스의 수요가 큰 클라이언트를 배척하는 현상이다. 결국 사회복지조직이 희소한 자원확보와 유지에 몰두한다면 서비스를 절실히 필요로 하는 클라이언트가 배제될 수 있기 때문에 크리밍에 따른 윤리적인 문제가 대두될 수 있다.

정치경제이론은 사회복지조직의 내·외부 정치경제적 관계가 조직의 서비스 전달체계에 어떤 영향을 미치는지를 잘 설명해 주기 때문에 이론적으로 기여하는 바가 크다 (Hasenfeld, 1992 : 32). 특히 사회복지조직이 외부환경에 크게 의존하고 있다는 사실을 강조하고 환경의존성을 탈피하려는 조직의 적응전략을 사용했을 때 어떤 영향이 나타나는가를 명확히 설명해 준다는 점에서 사회복지조직에의 적용성은 매우 높다고 평가된다. 따라서 정치경제이론과 자원의존이론은 아마도 한국의 사회복지기관의 본질적인 특성을 가장 잘 부각시키고 환경변화를 위한 구체적인 전략과 전술을 적용하는 데에도 매우 적합한 이론으로 간주된다(황성철, 2000 : 176). 이 이론은 또한 클라이언트를 중요한 자원으로 보면서 동시에 조직에 영향을 주는 이해관계 당사자로 파악하여 조직이 어떻게 클라이언트 집단에 반응해야 하는지를 예측가능하게 한다. 실제로 사회복지조직과 클라이언트와의 관계는 상호 필요한 자원을 어느 정도 갖고 있느냐에 따라 상호의존성의 정도가 달라질 수 있을 것임을 암시하고 있다. 그래서 조직이 클라이언트 집단이 갖는 자원을 과대평가할 경우 조직이 클라이언트에 대한 의존성은 심화될 수 있을 것이다. 정치경제이론은 이와 같이 조직과 환경과의 역학관계에서 사회복지조직의 형태를 자세히 설명하는 잠재력을 갖고 있지만 사회복지조직은 정치경제적인 힘과 자원에 의해서 전적으로 좌우되는 것은 아니며 그 조직을 이끄는 가치와 이념을 간과하고 있다는 점에서 적용상의 한계가 있다고 본다.

3) 조직군생태학이론

조직군생태학이론(population-ecology theory)은 조직을 개방체계로 보아 환경과의 상호작용을 전제로 하고 있지만 조직의 생존을 결정하는 것은 결국 환경이라는 결정론적 입장을 취한다. 조직군생태학이론에서 분석의 단위는 개별조직이 아니라 전체조직(a population of organizations)이다. 전체적으로 조직들은 유사한 조직구조와 특성을 일정기간 동안 유지하고 있지만 결국 어떤 조직은 역동적으로 발전하는 데 비해서 또 다른 조직은 변형되거나 소멸되는 현상을 보이게 마련이다. 이러한 현상은 조직들 간의 조직군생태학적 역동성과 조직의 생성과 소멸이라는 주기성에 의해서 나타나는데 궁극적으로 변화하는 환경에 적응적인 조직은 살아남고 그렇지 않은 조직은 도태된다는 점을 강조하고 있다(Hannan & Freeman, 1988).

조직들이 생겨나고 그 수가 늘어나는 것은 사회적으로 그 조직의 필요성이 인정되고 있다는 점을 반영한다. 그런데 일단 그 조직의 수가 일정수준까지 팽창하면 한정된 자원을 두고 상호경쟁하고 새롭게 그 영역에 진입하는 조직은 줄어들고 기존의 조직들 가운데 성공적으로 운영되는 조직은 존속하나 그렇지 못한 조직은 그 영역에서 사라지게 된다. 이것은 마치 생물학적 진화와도 같이 환경에 적응적인 조직은 다른 조직에 비해서 강점을 보유하고 있기 때문에 살아남을 수 있다고 설명한다. 의료산업에서 개인으로 개업하는 의원이 도태되거나 산부인과 의원이 사라지는 이유는 변화된 의료산업의 환경에 이러한 조직이 적응적이지 않다는 것을 말한다. 일반적으로 환경이 변화하고 주기적으로 큰 변동이 있는 경우 보편적인 서비스를 제공하는 조직이 살아남을 가능성이 높고, 반대로 상대적으로 안정된 환경에서는 특수하고 전문적인 서비스를 제공하는 조직이 생존에 성공적일 가능성이 크다(Freeman & Hannan, 1983).

조직군생태학이론은 성공적인 조직과 그렇지 않는 조직을 설명하고 조직의 생성과 발전에서 환경의 역할이 중요하다는 점을 강조하고 있지만 환경에 대해서는 구체적인 설명이 없다는 점에서 비판을 받고 있다. Perrow(1986 : 213)는 조직군생태학이론에서 환경의 개념은 매우 모호하고 환경에서의 조직 간의 권력관계, 갈등, 마찰 등 중요한 사항을 도외시하고 있다고 지적했다. 조직군생태학이론가인 Aldrich(1979)는 환경에서 정부의 역할이 중요하다는 점을 언급하고 있으나 환경이 조직의 생존을 결정하는 주체가 된다면 이에 관한 보다 자세한 분석이 제시될 필요가 있다고 주장했다.

조직군생태학이론을 사회복지조직에 적용시켜 볼 때 갖는 유용성은 오랜 기간 동안 사회복지조직의 변화양태를 잘 설명하는 데에서 찾을 수 있다. 전통적으로 우리나라 사회복지시설은 생활시설 중심이었다. 그러나 정부가 1980년대 이후부터 지역사회를 중심으로 한 재가복지로 정책을 전환시키자 사회복지관과 재가복지봉사센터 등 이용시설이 급격히 양산되었다. 이러한 과정에서 환경에 적응적인 기존의 생활시설은 그 조직의 영역을 이용시설로 변형시키거나 확대하여 성장할 수 있었다. 또한 복지환경이 최근과 같이 급변하는 상황에서는 보편적으로 다양한 사회복지서비스를 제공하는 사회복지관이 다른 사회복지조직보다 새롭게 필요성이 인정되는 자활사업, 노인주간보호사업, 사회복귀사업 등에 활발히 참여하며 비교적 환경변화에 적응적인 태도를 보이고 있다는 사실에서도 설명력이 인정된다.

4) 제도이론

제도이론(institutional theory)도 개방체계적 관점에서 조직에 대한 환경의 영향력을 강조하는 이론이다. 조직군생태학이론이 환경을 막연하게 다루는 데 반해 제도이론은 조직 그 자체의 규범과 조직을 둘러싼 사회적 가치와 규범의 결집체인 제도적 환경(institutional environment)이 조직의 특성과 행태를 좌우한다는 점을 강조한다. Meyer와 Rowan(1977 : 343)은 현대사회에서 조직의 위상, 정책, 프로그램, 절차는 사회적 여론, 주요 이해당사자의 시각, 교육과정에서 인정된 지식, 사회적 지위, 법률과 법원의 판결 등에 의해서 규정된다고 보았다. 이와 같은 제도적 환경이 특정조직의 구조나 성격을 결정하는데, 제도적 환경으로는 정부, 전문직, 그리고 여론을 들 수 있다.

한편, 특정조직의 제도화된 규칙은 동일한 영역에서 활동하는 조직들의 네트워크나 개별조직들의 성공적인 실천사례에서도 만들어질 수 있다(DiMaggio & Powell, 1983 : Zucker, 1988). 예를 들면 정신보건영역에서는 권위의 위계질서와 지배가 보편화되어 있는데 개별조직들은 그 영역에서 가장 권위적이고 강력하나 조직의 실천관행을 모방하여 제도화시킨다. 또한 개별조직이 새로운 실천관행이나 조직구조를 시험해 본 결과 성공적일 때는 그것을 관계화 또는 제도화시킨다. 조직이 환경에서 요구하거나 스스로 만든 제도화된 규칙을 받아들이고 지키는 이유는 조직의 생존과 관련되는데, 보다 구체적으로 이러한 규칙들이 바로 합법성의 원천이고 자원획득을 위한 통로가 되기 때문이다. 조직에서 이와 같은 제도적 규칙이 받아들여지는 과정과 방법은 세 가지로 나누어진다. 첫째, 정부나 법률의 규정에 의해서 강제로 받아들여지는 규칙이 있다. 법률적 규정에 따라 클라이언트를 의무적으로 서비스 대상자로 선정해야 하는 이유는 여기서 비롯된다. 둘째, 성공적인 조직의 관행과 절차를 모방하여 규칙을 정하는 방법이다. 우수복지기관의 조직체계와 프로그램을 도입하여 시행하는 경우는 여기에 해당한다. 셋째, 전문직의 규범으로 자연스럽게 그 절차를 수용하는 것으로 과학적으로 효과성이 입증된 실천모델을 적용하는 이유는 사회복지실천에서 경험적 실천의 중요성이 강조되는 전문직의 요구가 있기 때문이다.

제도이론은 개별조직의 이해뿐만 아니라 특정영역에서 활동하는 조직들의 전반적인 특성을 잘 설명한다는 점에서 유용한 조직이론을 볼 수 있는데, 특히 사회복지조직과 같이 도덕적인 이념이나 가치에 의해서 그 존립의 정당성이 확보되는 경향이 있고 정부와 전문직의 제도적 규범이 강하게 작용하는 조직을 이해하는 데 도움을 준다(Hasenfeld, 1992 : 36). 그러나 이 이론은 핵심적인 개념인 제도화 과정을 명확하게 서술하지 않고 제도화된 규칙을 적용한 결과에 대해서도 언급을 회피하고 있기 때문에 구체적인 조직관리의 원칙을 도출할 수는 없다.

제도이론을 한국의 사회복지조직에 적용시켰을 때 갖는 장점은 한국 사회복지기관의 준공공적 특성을 잘 설명할 수 있다는 점이다. 한국의 사회복지기관은 정부나 법률에 의해

서 설립이 인가되고 조직운영의 형태나 관행은 대체로 법률이나 규정에 의해서 규제되고 있
는 것이 현실이다. 또한 한국의 사회복지기관은 부단히 전문화를 추구하는 과정에 있기 때
문에 사회복지전문직의 윤리와 강령을 준수하는 방법으로 실천하고 있다는 점에서도 제도화
된 규칙의 영향을 크게 받고 있다고 볼 수 있다. 무엇보다도 이 이론은 다시 한 번 한국의
사회복지조직이 그 정당성과 자원을 결정하는 요소가 제도적 환경에 있다는 점을 일깨워 주
고 성공적인 조직관리를 위해서는 환경관리가 중요하다는 점을 강력히 시사해 주고 있다.

5) 의사결정이론

의사결정이론은 고전적 관료제이론이 조직에 있어 합리성 원칙을 지나치게 강조한
반면, 인간 관계론의 관점에서는 이 원칙이 지나치게 과소평가되었다. James March와
Herbert A. Simon은 이 두 가지 극단적 이론을 조직행동의 의사결정모델과 연결시키려고
하였다(성규탁 역, 1985 : 46).

March와 Simon 이론의 초점은 조직 속에서 상이한 지위를 점하고 있는 개인들의 의
사결정이다. Hasenfeld에 의하면 "인간의 합리성은 제한되고 한계가 있는데, 그 이유는 인
간에게 모든 가능한 대안적 선택, 선택에 따르는 결과, 그리고 각 예상된 결과의 미래가치
에 대한 완전한 지식이 결여되어 있기 때문이다. 결과적으로 의사결정자들은 과거의 경험,
현존하는 자극의 선택적 인식, 관습적 대안들을 토대로 하여 단순한 현실 모델을 구성함으
로써 만족할 만한 해결책을 모색한다. 의사결정이 조직의 맥락 하에서 이루어질 경우, 그
의사결정을 결정하는 변수를 규정하는 주체는 조직이 된다"고 했다. 즉, 그들은 '제한된 합
리성'을 개념화함에 있어 인간의 합리적 행동의 한계를 지적하고, 문제해결과 목표 달성을
극대화하기보다는 만족시키는 데 그쳐야한다고 주장한다(성규탁, 1986 : 42). March와 Simon
의 조직행동 모델은 개인의 의사결정을 결정하는 조직적 요인에 관하여 내리는 결정을 이
해하고 설명할 수 있는 분석적 도구를 제공하여 준다는 것이다.

그러나 이 모델은 다음과 같은 단점이 지적되고 있다. 사회심리학적 모델로서, 조직
맥락을 기존 사실로 간주하고 조직구조의 결정요인, 표준시행절차, 의사소통의 형태 등에
대한 설명을 할 수 없다. 이 이론은 다양한 형태의 조직을 생성시키는 요인들에 대해서는
전혀 언급하지 않고 있다. 또한 조직의 환경을 변치 않는 면에서 폐쇄체계 모델이다. 결론
적으로 조직 내에서의 권력과 자원에 대한 상이한 권한과 분배, 그리고 조직 내 부서 간의
이권을 둘러싸고 일어나는 갈등에 관한 중요한 문제들이 무시되고 있다(성규탁, 1986 : 44).

4. 현대이론

1) 총체적 품질관리

총체적 품질관리(TQM : Total Quality Management)는 조직이 산출하는 서비스 질을 향상시켜 궁극적으로 소비자 만족을 추구하기 위해서 조직문화와 질적 향상을 위한 효과적인 관리기법을 통합적으로 운영하는 조직관리방법이다. TQM은 일본 기업들이 산출물의 결함을 제거하여 소비자 만족을 극대화하는 조직관리방법을 효과적으로 사용하고 있다는 데 착안하여 1980년대 초반부터 미국 기업에도 적용하기 시작한 경영이론이며 기법이다 (Martin, 1993 : 22). TQM이 전통적인 관리기법과 구별되는 가장 큰 특징은 고객의 욕구나 필요에 따라 조직의 목표가 설정된다는 고객 중심의 관리가 강조되어 조직운영과 서비스의 지속적인 개선을 통해 양질의 서비스를 산출하여 조직의 경쟁력을 증대시키고 이를 위해 전 조직구성원들이 참여하며 노력하는 경영 시스템을 갖추는 것이다. 따라서 TQM은 단순히 제품이나 서비스의 결함을 발견하여 그것을 제거하는 데 있는 것이 아니라 총체적으로 소비자가 만족할 수 있도록 제품과 서비스를 향상시키는 혁신적인 조직관리와 경영기법으로 이해해야 한다. Swiss(1992)는 TQM의 7가지 주요원리를 다음과 같이 제시한다.

① 서비스 질은 궁극적으로 고객이 결정한다.
② 서비스 질은 제공과정보다는 서비스의 계획단계부터 고려된다.
③ 서비스의 변이(variation) 가능성을 사전에 방지하는 것이 산출에 중요하다.
④ 고품질의 서비스는 개인 노력보다는 조직의 다양한 협력적 활동의 결과로 나타난다.
⑤ 투입과 과정에 대한 지속적인 개선노력이 질적 우월성을 가져다준다.
⑥ 질적 개선은 직원들의 적극적인 참여를 통해서 이루어진다.
⑦ 전체조직의 사명감이 투철해야 질적 개선이 이루어질 수 있다.

TQM의 기본원리에 바탕을 두어 조직 내 퀄리티 서클(quality circle)과 과정향상팀 (process improvement team)과 같은 품질향상을 위한 팀을 구성하여 팀원들이 서비스의 과정흐름도표(process and flow charts), 파레토 도표(pareto charts), 인과관계도(cause-effect diagrams) 등의 기법을 활용하여 투입과 산출에 관한 전반적인 자료수집과 분석을 하는 과정이 포함된다. 따라서 TQM은 소비자나 고객의 만족도를 높이는 경영철학과 이념을 반영하고 전체조직이 품질향상을 위해서 참여, 협동, 학습조직 등의 조직화 방안을 추구하면서 효과적인 관리기법을 적극적으로 활용하는 방법이다.

처음에는 기업조직에서 사용된 TQM이 1980년대 후반부터 공공행정분야와 사회복지서비스조직에도 적용되기 시작했다. 사회복지조직도 최근 클라이언트의 삶의 질이 강조되면서 서비스 질적 향상을 위한 관리이론과 기법을 적극적으로 활용될 필요가 있다는 인식이 확산되면서 미국과 캐나다의 아동을 위한 재가복지 및 지역사회 서비스, 보건 및 의료시설, 재활서비스기관, 공공복지서비스기관 등에서 적용되기 시작했다(Gunther & Hawkin, 1999 : 9).

우리나라 사회복지조직에도 TQM을 도입하여 활용할 필요가 있다고 주장하는 학자들(최재성, 1997 ; 김영란, 1999 ; 박경일, 2000)이 있지만 전반적으로 다음과 같은 문제점으로 조심스럽게 그 적용으로 탐색하는 것이 바람직스럽다.

우선 사회복지조직이 산출하는 사회복지서비스의 효과성과 질을 객관성 있고 타당하게 측정할 수 있는 척도가 부족하기 때문에 TQM의 도입 이후 질적 향상을 가늠하기 어렵다는 문제가 있다. 그리고 성공적인 TQM의 시행은 조직 리더의 의지와 직원의 자발적인 참여가 선행되어야 하는데 한국 사회복지조직의 특성상 이러한 선행요건의 충족은 매우 어렵다. 마지막으로 TQM을 시행하기 위한 다양한 관리기법의 활용에 대한 지식과 기술이 구비되어야 한다. 아직도 한국의 사회복지조직의 관리자나 직원들은 이러한 효과적인 관리기법의 활용에 관한 지식이 결여되어 있기 때문에 조심스럽게 진행시킬 필요가 있다.

2) 학습조직이론

최근 사회복지실천에서 강점시각(strength perspective)에 바탕을 둔 임파워먼트 모델(empowerment model)이 크게 각광을 받고 있다. 이러한 모델은 과거 전통적인 의료모델과 문제해결모델이 지나치게 클라이언트 집단의 문제, 약점, 취약성을 강조하는 데 반해 클라이언트 집단의 잔존능력과 강점을 발견하고 계발하는 것이 사회복지실천의 근본적인 가치실현에 더욱 적합하다는 철학적인 기반에서 발전되었다. 사회복지조직과 인력을 임파워시켜 클라이언트 집단에 효과적인 서비스를 제공하는 방안으로 제시되는 조직이론이 학습조직이론(learning organization theory)이다(황성철, 2002 : 79).

학습조직이란 Senge(1990 : 4)에 의하면 조직구성원이 진정 바라는 결과를 창조할 능력을 확장하고, 새롭고 확대된 사고 패턴이 육성되며, 집단적 목표나 열망이 자유롭게 선정되고, 함께 학습하는 방법을 지속적으로 배우는 조직이라고 정의된다. 그는 어떤 조직이 학습조직화 되면 다음과 같은 조직의 주요영역이 임파워 된다고 보았다.

(1) 개인적인 통제감

개인적인 통제감(personal mastery)은 단순히 지식의 습득과 능력의 신장을 넘어서 조직구성원이 진실로 원하는 성과를 창조적으로 획득할 수 있는 능력을 확장시킨다.

(2) 정신적인 모델

정신적인 모델(mental model)이란 사고의 틀을 말한다. 인간의 사고와 정신이 인간행동의 방향을 결정하는 데 중요한 역할을 한다는 전제하에 학습조직은 구성원이 상호 간의 대화, 성찰, 질문을 통한 지속적인 학습과정에서 최선의 해결책을 강구하고 현재의 상황과 미래에 대한 사고의 틀을 형성한다.

(3) 비전공유

학습조직에서는 조직구성원 개인의 제각기 다른 목표와 지향점이 생산적인 학습과정을 통해서 통합된다. 모든 조직구성원에 의해 공유된 조직의 비전은 다시 조직학습의 목표와 에너지 원천으로 작용한다.

(4) 팀 학습

조직구조화의 원리를 팀제로 형성하는 학습조직은 조직 안팎의 문제해결을 위하여 팀 구성원들이 자유롭게 의견을 교환하여 다른 사람의 생각과 아이디어를 교환하고 학습하여 문제해결능력을 신장시킨다.

(5) 체계적 사고

체계적 사고(systems thinking)는 조직에 다양한 요소가 상호관련을 맺고 역동적으로 작용하고 있다는 인식을 바탕으로 한다. 이러한 요소 간의 마찰과 대립도 있을 수 있다는 것을 인정하는 동시에 타협과 협력으로 전체조직의 목표달성에 기여한다고 생각하는 것이다.

이상에서와 같이 학습조직은 조직과 구성원을 임파워 시켜 조직의 효과성을 극대화시킬 수 있다는 차원에서 조직 임파워먼트의 전략으로 간주되기도 하지만 지속적인 학습과정을 통해 조직변화와 혁신을 위한 전략으로 간주되기도 한다. 따라서 학습조직이란 조직구성원이 지속적인 학습과정을 통해서 조직의 인력, 재정, 구조, 직무성과를 개선해 나가는 혁신적인 조직을 의미한다. 다시 말해서 학습조직은 조직구성원인 개인, 팀, 조직이 지속적으로 학습을 권장하는 분위기를 갖는 조직으로 계속적으로 조직을 변형, 발전시키는 결과를 초래한다. 학습조직에서 강조되는 것이 조직학습의 과정과 방법이다.

Argyris(1999)에 의하면 조직에서 학습은 두 가지 경우에 일어나는데, 하나는 조직의 목표와 성과가 일치하여 성공적일 때와 다른 하나는 조직의 성과와 목표가 불일치하여 시정조치가 이루어질 때 일어난다. 그러나 조직운영의 결함이 발견되어 교정하는 방법이 임시방편적이거나 부분적인 변화를 초래할 때는 단선적 학습(single-loop learning)만 가능할 뿐이나 시정방법이 전체조직운영의 틀을 고치는 방향으로 전개된다면 복선적 학습(double-loop learning)이 일어난다. 복선적 학습이 조직과 구성원을 임파워 하는 데 더욱 효과적이다. 사실상 단선적 학습은 진정한 학습이라고 보기는 어렵다. [그림 3-2]에서 보는 바와 같이 조직은 성공했을 때와 마찬가지로 실패했을 때도 학습을 경험하는데, 실패의 결

| 그림 3-2 | 단선적 학습과 복선적 학습 |

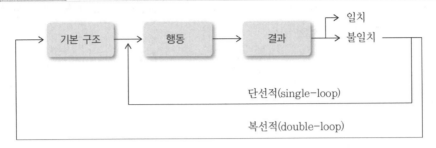

과를 심각하게 생각지 않고 조직운영의 기본적인 틀을 재구성하려는 노력이 뒤따르지 않는다면 학습의 효과는 거의 나타나지 않을 것이다. 복선적 학습이 이루어지는 조직문화에서 조직학습이 조직구성원과 팀 또는 조직 자체에 미치는 긍정적인 영향은 다음과 같다.

① 조직구성원 개개인에 대한 영향
 ·자신의 행동이 조직의 다른 부분에 미치는 영향을 이해한다.
 ·조직의 성과에 대해 책임감과 의무감을 느낀다.
 ·코치와 자문 등 도움을 주고받는 활동이 증대된다.
 ·창조적인 해결방안을 개발하고 업무와 책임을 공유한다.

② 팀과 조직에 대한 영향
 ·조직의 서비스에 질적 향상을 가져온다.
 ·새로운 서비스와 기술을 발전시킨다.
 ·직원 이직률이 낮고 직원의 사기가 진작된다.
 ·실수와 낭비를 감소시키고 직무를 효율적으로 변화시킨다.

학습조직과 조직학습의 방법을 사회복지조직에 적용시킨 연구는 극히 드물게 이루어졌다. Kurtz(1998)는 미국 남동부의 8개 주를 중심으로 산재해 있는 80여 개 가족복지기관으로 구성된 사회복지기관 네트워킹을 사례연구한 결과 학습조직의 전략이 효과적으로 적용되어 Senge가 제시한 학습조직의 5가지 특성들이 나타나고 관련기관들을 자원과 협동의 중요성을 강조하고 조직의 혁신과 효과성을 제고할 수 있었다는 연구결과를 발표했다. 또한 시설, 인력, 자원 등에서 극심한 취약성을 보이는 미국의 공립아동복지기관을 개혁하고자 조직학습의 방법을 사용하여 산학협동의 행동연구(action research)를 수행한 결과 학습조직의 긍정적인 영향이 직원개발의 영역에서 여실히 나타나고 있음이 입증되었다(Cohen & Austin, 1994). 한편 조직외부에 의한 평가를 조직학습의 방법으로 평가결과를 조직의 전 과정에 요소를 변화시키는 데 유용한 지식과 정보로 활용해야 한다는 연구(Cherin & Meezan, 1998)도 매우 고무적이다.

조직을 학습조직화 하는 것은 매우 어렵고 또한 오랜 시간과 많은 자원이 소요될 것이다. 특히 만성적인 인력과 재원부족을 안고 변화하는 환경에 적응해야 하는 사회복지조직은 더욱 그러할 것이다. 그러나 외국의 선행연구결과가 시사하는 바와 같이 어려운 여건에서도 학습을 강조하는 조직문화와 리더십을 갖추어 새로운 지식과 기술을 축적하여 활용한다면 그 조직은 경쟁력 있는 조직으로 변모되고 궁극적으로 조직의 역량은 크게 강화될 것이라고는 확고한 신념을 가져야 할 것이다.

3) 현대구조이론

현대구조이론(modern structural theory)은 고전적 조직이론의 분업전문화 등 구조 형성의 원리와 공식적 권한 체계에 중점을 두는 이론으로, 인간관계모형에 대한 비판으로부터 대두되었다. 즉, 인간관계적 접근은 조직에 대한 완전한 시각을 제공해 주지 못하며 그 부분적 시각은 관리자들을 유리하게 하고 근로자들을 잘못 인도하고 있다는 것이다(Etzioni, 1964 : 41).

현대구조이론은 조직 내 공시거적 요인과 비공식적 요인의 공존, 비공식적 집단의 역할 인정 등 고전모형에 인간관계모형을 조화시키고 통합하는 접근을 하고 있다. 한편 이이론은 고전이론 및 인간관계론과는 대조적으로 환경과의 상호작용을 강조하고 갈등의 존재 및 순기능을 인정하고 있다. 현대구조이론에서는 사회의 급변하는 환경적 특성은 조직이 기능하고 살아남기 위해 반드시 다뤄야 할 부분으로 간주한다. 그리고 갈등은 문제를 노출시키고 그에 따라 해결책을 찾게 함으로써 사회적 기능을 달성할 수 있게 하며, 갈등에의 직면은 권력을 시험하게 하고 조직 체계를 현실적 상황에 적응하도록 인도하며, 궁극적으로는 조직의 평화를 가져올 수 있도록 한다(Etzioni, 1964: 44).

제2차 세계대전 후 영국의 번스(Tom Burns)와 스토커(G. M. Stalker)가 영국과 스코틀랜드의 전기산업의 급속한 기술 변화를 검토한 후 제시한 기계적 체제(mechanic system)와 유기적 체제(organic system)의 이론은 그대표적인 이론이라고 할 수 있다. 이들에 의하면 안정적 상황에서는 전통적인 계층제, 공식적 구조에의 의존, 수직적 의사 전달, 구조화된 결정 작성이 가능한 '기계적 조직구조'의 사용이 적합한 반면, 환경에 급속히 변하는 동태적 상황에서는 덜 경직되고 참고적인 '유기적 조직구조'가 요구된다는 것이다(Burns & Stalker, 1961: 76~122).

또한 미국의 우주 프로그램에 시원을 갖고 있는 매트릭스(matrix) 조직구조는 조직설계에서 분화와 통합의 필요성을 함께 제기하고 있다. 즉, 변동하는 상황에 대처하기 위해서는 동래의 기능구조뿐 아니라 사업구조도 강조한다.

사회복지조직에서도 최근 서비스 전달 형태에 미치는 환경의 영향 등 환경에 대한 강조가 점차 중요해지고 있다. 사회복지조직의 환경에는 정치적, 법적, 경제적, 사회적, 기술

적 환경 등의 제공자, 조직 산물의 소비자 및 수혜자, 경쟁 및 협력조직 등과 같은 과업환경
이 있다.

한편 사회복지 분야에서 문제 해결을 위한 전략으로서 갈등을 사용하는 것에 대해서는
광범위한 저항이 있다. 법이나 정치 등 다른 전문직과 대조적으로 사회복지서비스 실천가들
은 일반적으로 갈등을 성격상의 문제 증상으로 보고 있기 때문이다(Neugeboren, 1985: 48).

후기행태론자인 아지리스(Agyris, 1964)는 구조주의의 가정은 자기표현, 창의성 그리고
독립성과 같은 인간의 욕구를 충족시킬 여지를 충분히 주지 않기 때문에 결국은 비효율과
조직을 건조하게 만든다고 비판한다. 이러한 비판에도 불구하고 사실상 현대구조이론은
광범위한 조직문제를 설명하는 유용한 이론이다.

4) 신공공관리론

신공공관리론(new public management: NPM)은 행정국가 또는 복지국가 시대의 정부실
패에 대한 대응으로 '작지만 효율적인 정부'를 구현하기 위해 1980년대 이후 대처 정부와
레이건 정부로 대표되는 앵글로색슨(Anglo-Saxon)계 국가들에서 주로 진전된 시장개혁에
서 비롯된 것으로, 크게 신보수주의(자유주의, 시장주의)와 신관리주의의 두 개의 패러다임
으로 살펴볼 수 있다.

신보수주의(new conservatism)는 경쟁 원리와 고객주의를 포함하는 개념으로 기존의 독
점적 정부 서비스에 경쟁과 고객 선택권을 최대한 적용해 행정 서비스를 제공하려는 것이
며, 이와 관련된 주요 정책 수단으로는 고객 지향적 서비스, 수익자 부담 원칙의 강화, 민간
위임 및 위탁, 규제 완화 등이 있다. 이에 비해 신관리주의(new managerialism)는 행정과 경영
의 유사성 인식 하에 도입된 사상으로 인사 및 예산 업무에서 내부통제를 대폭 완화하고
일선 관리자에게 관리상 재량권을 부여해 정부의 성과를 대폭 완화하고 일선관리자에게 관
리상 재량권을 부여해 정부의 성과를 향상시키도록 하는 기업적 정부를 실현 하려는 것이
며, 이와 관련된 주요 정책 수단으로는 성과에 기초한 관리, 인력 감축 및 재정지출 억제,
민영화와 민간위탁, 책임운영기관, 규제 완화, 총체적 품질관리(Total Quality Management:
TQM)[1] 기법 활용, 유인 및 마케팅(marketing)기법의 도입 등이다.

신공공관리론은 1960년대의 정치경제학자들을 중심으로 인간의 합리성에 대한 확신
에 근거해서 관료제에 대한 합리적 계획을 강조하고 관료제의 의사결정 능력에 관심을 두
었던 공공관리론(public administration: PA)이 정부 과부하와 정부 규모의 확대 등 관료제의 팽
창과 정부실패를 초래함에 따라 대두된 이론으로, 그 이론적 배경에는 공공선택이론, 주인-

---

1) TQM은 관리자와 직원들이 함께 서비스 개선에 참여할 수 있게 하는 일종의 관리철학으로, 조직의 모든
과정에 품질 인식을 불어넣어 수비자의 만족을 이루고 소비자 만족을 통해 조직의 장기적인 성공을 지
향하려는 것이다. 여기서 총체적 품질(TQ)이란 조직이 소비자들의 욕구를 충족시키는 서비스를 제공하
려는 문화, 태도, 조직 등을 포함하는 것으로 개별 업무자가 아닌 팀의 노력으로 도출되는 것을 강조한다.

대리인이론, 거래비용이론 등의 사상이 짙게 깔려 있다.

공공선택론(public choice theory)은 경제학자들이 시장을 분석하는 데 사용하는 경제학적 방법론을 정치 현상(투표, 정당제도, 이익집단, 입법활동, 관료제, 지방자치단체 등)의 연구에 적용하려는 것이다. 즉, 경제학자들은 시장에서 사람들이 사익(self-interest)에 따라 움직인다고 가정하는데 이러한 가정은 정치행정 영역에서도 적용할 수 있다고 한다.

공공선택론은 결과적으로 시민의 선호와 의사를 존중할 수 있는, 즉 고객 만족을 위한 제도와 체제를 설계하려는 이론이라는 점에서 신공공관계론의 고객주의에 많은 영향을 주었다고 할 수 있는데, 1950년대부터 연구되기 시작해 털럭(Gordon Tullock)과 함께 이 이론을 창시했던 뷰캐넌(James M. Buchanan)이 1986년 노벨경제학상을 받으면서 널리 알려지게 되었다.

주인-대리인이론(principal agent theory)은 인간 생활의 대부분은 주인과 대리인이라는 일련의 거래 또는 계약 관계를 통해 이뤄진다는 사고에 기초를 두고 쌍방의 계약에 따라 대리인은 주인을 위해 여러 가지 임무를 수행하고 그대가로 주인-대리인 관계의 성립은 대리인은 정보가 많고 주인은 정보가 적다는 정보의 비대칭성(非對稱性)에 기인한다. 이렇게 정보가 비대칭적으로 존재할 경우 이런 기회를 주인이나 대리인이나 자신에게 유리하도록 이용하려는 유혹이 생기게 되는데 이때 사전적 기회주의로서 역(逆)선택이, 사후적 기회주의로서 도덕적 해이가 나타난다. 역선택(reverse selection)이란 주인이 대리인을 선택할 때 대리인의 능력을 충분히 알지 못하므로 과다하게 보수를 지급하거나 기준 미달의 대리인을 선택할 수 있다는 것이며, '도덕적 해이(moral hazard)'란 대리인이 주인을 위해 업무를 수행할 때 주인이 대리인의 행동을 효과적으로 감시하거나 통제하기 어려우므로 대리인은 과업 수행에 필요한 주의와 노력을 기울이지 않을 유인이 생기며 이는 곧 관료 부패와 연결될 수 있다는 것이다.

주인-대리인이론은 처음에는 회사의 주주와 경영자 간의 관계분석에서 출발했으나 점차 사회적, 경제적, 정치적 일상 문제로 적용을 확대하게 되었다. 예를 들어 국민과 공무원, 유권자와 정치인 소송 의뢰인과 변호사, 지주와 소작농 등에서도 주인-대리인 관계는 설정될 수 있다. 이 이론에서는 공공선택론이나 다른 고전학파 경제학에서와 같이 개인들을 합리적인 사익을 추구하는 효용 극대 추구자로 가정하고 있으며 주인과 대리인 간에는 목적이나 선호가 달라 갈등이 발생할 수밖에 없다고 한다.

거래비용이론(transaction cost theory)은 기업의 존재 이유를 설명하기 위해 코스(R. H. Coarse)에 의해 제기된 후 윌리엄슨(O. E. Williamson) 등이 사이먼(Herbert S. Simon)의 '제한된 합리성(bounded rationality)'을 토대로 하여 발전시킨 이론으로, 기업의 시장거래의 개인 간 계약 관계에서 발생할 수 있는 거래 비용을 절감할 수 있기 때문에 존재한다고 본다. 시장거래에는 계약의 협상과 배달, 검사, 품질 보증 등에 관한 많은 거래 비용이 수반 되지만 시장의 거래에 따른 비용은 감소된다는 것이다. 이 이론에 의하면 기업의 범위는 시장의 거래 비용과 조직 내부 관리 비용의 상대적 크기에 따라 결정되며 이에 따라 시장과 기업 간의 효율적인 경계(efficient boundary)가 나타난다고 한다.

오스본(David Osborne)과 게블러(Ted Gaebler)는 1992년 출간한 정부재창조론(Reinventing Government)에서 이러한 신공공관리론에 입각해 정부 운영의 10대 원리를 강조한다. 즉, 정부의 역할은 ① 서비스 제공에서 노젓기(row) 역할보다 방향잡기(steering)를 하는 촉진적 정부, ② 서비스 공급에서 독점이 아니라 경쟁을 중시하는 경쟁적 정부, ③ 서비스 공급에서 정부 이외에 지역 주민과 지역공동체를 공급 주체의 일원으로 참여시키는 지역사회 주도 정부, ④ 법규나 규칙보다 목표와 임무를 중심으로 조직을 운영하는 사명 지향적 정부, ⑤ 정부의 성과를 높이기 위해 투입 아닌 성과나 결과를 기준으로 배분하는 성과 지향적 정부, ⑥ 소비자의 선택권을 높이기 위해 고객을 중시하는 고객 지향적 정부, ⑦ 지출보다 수입의 개념이 활성화되고 이를 위해 수익자 부담의 원칙이 강화되는 기업가적 정부, ⑧ 각종 문제 발생 후의 사후 대책보다 사전 예방 능력을 배양하는 미래에 대비하는 정부, ⑨ 분권과 위임을 통해 참여적 의사 결정을 촉진하는 분권적 정부, ⑩ 시장기구를 통해 변화를 촉진하는 시장 지향적 정부 등을 추구한다는 것이다.

5) 자원의존이론

자원의존이론(resource dependence theory)이란 조직이 생존하는 데 필요한 인적·물적·무형적 자원에 초점을 두면서 조직과 환경과의 관계를 설명하고자 하는 이론으로 톰슨(J. D. Thompson)과 맥원(W. J. McEwen) 등의 주장이다. 자원의존이론은 조직과 환경의 관계에서 조직의 주도적·능동적 행동을 강조한다. 조직은 환경의 변화에 수동적으로 적응하기만 하는 것이 아니라, 환경의 영향에 적극적으로 대처하는 환경을 조직이 유리하도록 관리하는 행동 주체라는 것이다.

자원의존이론에 의하면 조직의 생존과 발전에는 두 가지 기본적인 자원이 필수적이다. 하나는 합법성과 권력과 같은 정치적 자원이고, 다른 하나는 서비스 생산에 필요한 경제적 자원이다. 조직에서 합법성은 조직의 설립 기반과 활동의 근거가 되는 중요한 요소이다. 권력과 같은 정치적 자원은 조직의 목표 달성을 위해 적절히 권위와 영향력을 행사할 수 있게 한다. 또한 경제적 자원인 재원·인력·기술 등은 서비스 생산에 필요한 것들이다.

자원의존이론은 다음과 같이 세 가지를 전제한다.

첫째, 조직은 과업 수행에 필요한 자원을 조직 내부적으로 마련할 수 없으므로 결국 환경에 의존할 수밖에 없다. 외부 환경에 의존해야 하는 자원으로는 원자재·재원·인력·서비스 및 쇄신적 기술 등 다양하다.

둘째, 환경과의 관계에서 중요한 것은 조직에 의한 '전략적 선택(strategic choice)'이다.

조직은 환경에 의존하면서도 환경에 적응하고, 이를 조종할 수 있는 몇 가지 선택 방안을 갖는다.

셋째, 조직은 능동적으로 환경에 영향을 미친다. 환경적 영향이 중요하지만 조직은 그에 대한 대응 방안을 주체적으로 결정하며, 환경을 조직에 유리하도록 능동적으로 관리하려 한다. 결국 조직과 환경은 일반적 관계가 아니라 쌍방적 관계인 것이다.

자원의존이론에 따라 조직관리자가 취할 수 있는 효과적인 전략은 완충(buffering)과 연계(bridging)이다. 완충전략은 조직이 환경의 혼란으로부터 조직을 보호하기 위해 조직구조와 주요 절차를 정비하는 방법으로서 내부 지향적이며 다소 수동적인 환경 대응전략이다. 연계전략은 조직이 필요로 하는 주요자원을 획득하기 위해 환경의 다른 요소 또는 여타의 조직들과 협력관계를 형성하고 발전시키는 전략으로서 외부 지향적이고 능동적인 조직의 변화대응전략이다(이목훈, 2008: 140).

사회복지조직과 관련하여 자원의존전략을 이해하면 사회조직이 예산을 더 많이 확보하기 위해 벌이는 경쟁전략이나 사회복지시설에서 일부의 서비스 기법을 다른 사회복지시설에 제공하고 필요한 것을 획득하는 협상전략 등이 그것이다.

미시적 조직관리

제 4 장 미시적 조직관리

조직 내 개인이나 소집단의 행동과 관련되어 가장 중요한 구성요소라 볼 수 있는 조직구성원의 동기에 관한 내용과 조직관리자의 리더십이다. 이 장에서는 이에 관한 내용을 다룬다. 보통 조직 내의 개인, 아니 소집단의 행동을 연구하는 것을 미시적 조직관리로 보고 다음에는 동기와 리더십에 대한 내용을 소개하고 정리해 본다.

1. 동기부여

사회복지조직 구성원들이 처음과 같은 동기수준 혹은 더 높아진 동기수준을 갖고 사회복지조직의 목적을 위해서 일한다면, 이는 정말로 의미 있는 조직 자산일 것이다. 그리고 이를 가능케 하는 조직의 관리자가 있다면 그러한 관리자는 정말로 위대한 리더라 칭할 수 있을 것이다. 사회복지조직이든 다른 형태의 조직이든 조직구성원이 갖는 동기를 관리하는 것은 매우 중요한 과제이다. 이러한 중요성 때문에 조직 학자들은 동기에 관해서 오래전부터 논의를 해 왔다. 따라서 이 장에서는 동기에 관한 논의를 정리해 보고자 한다. 동기에 대한 학문적 논의, 즉 동기이론들(motivation theories)은 보통 크게 두 가지 범주로 구분할 수 있다. 하나는 구성원들에게 동기를 부여하는 요인에 대해 설명하는 내용이론(content theories)이고, 다른 하나는 구성원들에게 동기가 부여되는 인지과정에 대해 설명하는 과정이론(process theories)이다.

대표적인 내용이론(content theories)으로는 Maslow의 욕구단계이론(hierarchy of theories), Alderfer의 ERG이론(Existence – Relatedness – Growth theories), Herzberg의 동기위생이론(motivator – hygiene theory), McClelland의 3가지 획득되는 욕구이론(three acquired needs theory) 등이 있다.

1) 내용이론

(1) Maslow의 욕구단계이론

Maslow(1954 : 1968)의 욕구단계이론에서는, 인간은 자신의 삶에서 생리적 욕구 (physioligical needs), 안전에 대한 욕구(needs for safety and security), 사회적 욕구(needs for be – longingness), 자아존중감에 대한 욕구(needs for esteem and ego), 자아실현에 대한 욕구(needs for self-actualization) 등 5가지 위계적 단계의 욕구를 만족하고자 하는 존재인데, 이때 욕구 충족은 단계적으로 이루어진다고 보는 이론이다. 구체적으로 보면 1단계 욕구인 생리적 욕구는 물, 음식, 잠, 산소와 같은 신체적인 유지를 위한 인간의 모든 기본적인 욕구를 말한다. 2단계 욕구인 안전과 안정에 대한 욕구는 자신의 신체적인 환경 또는 감정적인 환경에서의 안전이나 보호 및 안정과 연관된 욕구이다. 여기에는 안전을 위한 열망, 질서, 안정, 감정적인 해악의 위험으로부터의 자유, 사고에 대비한 보호가 포함된다. 이것을 직장에 적용해 보면 안전한 근무조건과 안정된 직업에 대한 관심으로 표현될 수 있다. 3단계 사회적 욕구는 다른 사람으로부터 인정받고자 하는 욕구이다. 조직 내에서는 동료직원과의 인간관계나 근로자 중심의 리더십을 경험하는 것이 이러한 욕구를 만족시키는 데 도움이 될 수 있다. 4단계 욕구는 자기존경, 자아존중의 욕구로서, 직장 내에서 이런 욕구는 높은 직위에 오르고자 하거나 과업을 성공적으로 성취하여 인정받고자 하는 욕구로 나타나기도 한다. 5단계 욕구는 자아실현에 대한 욕구인데, 이는 자기만족을 위한 욕구로서 조직 내에서 이런 욕구는 창조적이거나 혁신적인 접근을 가능하게 하는 기술과 능력에 도전하고자 하는 열망으로 나타나기도 한다. 욕구위계이론이 동기이론으로 분류되는 이유는, 위에서 언급한 욕구들은 단계적으로 충족되는데 이때 충족되지 않은 욕구에 대해서 사람들은 이를 충족시키기 위해서 노력하게 되므로 충족되지 못한 상위욕구 자체가 노력의 동기로 작용하기 때문이다. 이 이론이 갖는 강점은 인간의 욕구와 동기의 관계를 잘 파악했다는 것이고, 제한점은 욕구의 단계를 단선적으로 한 방향으로만 움직여 나가는 것으로 설명하고 있다는 것이다. 여하튼 사람들이 갖는 욕구를 기반으로 해서 각 사람의 동기의 위치를 생각해 볼 수 있는 이론의 의미를 찾아볼 수 있다.

(2) Alderfer의 ERG이론

Alderfer(1972)의 ERG이론은 욕구위계이론의 5단계를 3단계로 축소하였다. ERG 중현실(Existence)욕구는 인간 존재와 관련된 욕구로서 욕구위계이론의 생리적 욕구, 안전의 욕구와 비슷하고, 관계(Relatedness)욕구는 대인관계에 있어서의 만족에 대한 욕구로서 사회적 욕구와 비슷하다. 성장(Growth)욕구는 인간의 잠재력의 성장과 발전에 연관된 욕구로서 자아존중과 자아실현 욕구의 단계라고 볼 수 있다. ERG이론의 경우도 욕구위계이론과 같이 인간은 존재의 욕구로부터 시작하여 관계의 욕구를 거쳐 성장의 욕구에 이른다는 단계적 욕구충족에는 동의한다. 그러나 욕구위계이론과 두 가지 면에서 큰 차이점을 가지고 있는데, 첫째, ERG이론은 욕구위계이론이 설명하는 만족-진보과정에 덧붙여서 좌절-퇴보과정 역시 존재한다고 본다는 것과, 둘째, 욕구위계이론과는 달리 ERG이론에서는 다음 단계의 욕구가 동기적인 행동을 일으키기 위해서 그 이전 단계의 욕구가 반드시 완전하게 충족되어야 한다고 보지는 않는다는 점이다. 즉, ERG이론에서는 개인의 한 시점에서 한

가지 이상의 욕구가 동시에 발생할 수도 있다고 본다. 이 이론은 욕구위계이론이 갖는 한계를 보다 현실적으로 정리하여, 사람들의 동기가 작용하는 현실을 상대적으로 더 정확히 보여주고 있다는 점에서 의미를 갖는다.

(3) Herzberg의 동기위생이론

Herzberg(1959 : 1966)의 동기위생이론(motivator-hygiene theory)은 불만족을 제거하는 위생(hygiene)요인과 만족을 증가시키는 동기(motivator)요인으로 구분하여 설명한다. 이 이론에 따르면, 일반적으로 만족과 불만족은 연속적인 것으로 생각하는데 실제에 있어서는 사람들을 만족시키는 요인과 불만족스럽지 않게 하는 요인이 따로 있다는 것이다. 즉 어떤 요인들은 그 요인이 충분히 작용할 때 사람들이 만족하게 되고 충분히 작용하지 않을 때에는 만족스럽지 않게 되는데 이것이 바로 동기요인이다. 그리고 어떤 요인들은 그 요인이 충분히 작용할 때 사람들이 불만족스럽지 않게 되고 충분하게 작용하지 않을 때에는 불만족하게 되는데 이것을 위생요인이라고 본다. 만족하는 데 기여하는 동기요인으로는 달성(achievement), 인정(recognition), 책임감, 발전, 성장 등이 있고, 불만족스럽지 않게 하는 위생요인으로는 감독(supervision), 조직규정, 상사와의 관계, 근로조건, 봉급, 동료와의 관계, 개인적 생활, 부하직원과의 관계, 지위, 안전 등을 제시할 수 있다. 물론 이 이론이 나온 이후의 연구들이 모두 일관된 결과를 갖지는 않지만, 동기와 관련해서 다차원적으로 생각해 볼 수 있다는 점에서 이론의 의미는 부각된다.

(4) McClelland의 욕구이론

McClelland(1961 : 1962 : 1965a : 1965b : 1971)의 3가지 획득되는 욕구이론은, 인간은 자신이 사회에서 경험하며 살아가는 과정에서 다양한 사건에 의해 사회로부터 특정 욕구를 획득하게 되는데 이 욕구들이 동기로 작용한다고 보는 이론이다. 이때 기본적으로 세 가지 욕구, 즉 성취욕구(need for achievement), 권력욕구(need for power), 관계욕구(need for affiliation)를 가질 수 있다고 한다. 이 이론에 따르면 인생의 과정에서 획득되는 욕구는 개인은 물론 직장의 상황에도 영향을 줄 수 있다고 본다. 즉 사람들은 삶의 과정에서 무언가를 더 낫게 하는 또는 효율적으로 성취하려는 욕구, 즉 문제를 해결하거나 복잡한 과업을 수행하고자 하는 욕구를 가질 수 있는데, 바로 이러한 욕구가 그들에게 중요한 동기로 작용할 수 있다는 것이다. 또한 사람들은 삶의 과정에서 타인을 통제하려는 희망, 타인의 행동에 영향을 미치고 싶어 하는 권력의 욕구를 가질 수 있고 타인과 우호적이고 인정 있는 관계를 맺고 그 관계를 유지하고자 하는 욕구를 가질 수 있는데, 바로 이러한 욕구들이 사람들에게 중요한 동기로 작용할 수도 있다. 이러한 논의들은 우리가 조직구성원의 직무설정 혹은 조직구성원의 직장 내 배치와 관련해서 구성원의 동기를 강화시켜 조직의 발전을 꾀하는 데 조직구성원의 욕구에 대한 정확한 이해가 매우 중요하다는 점을 시사한다.

2) 과정이론

동기에 대한 과정이론에는 Adams의 형평성이론(equity theory)과 Vroom의 기대이론(expectancy theory), 목표설정이론(goal setting theory) 등이 있다.

(1) Adams의 형평성이론

Adams(1963a : 1963b : 1965 : 1968)의 형평성이론은 기본적으로 사람들이 항상 자신이 투입한 것과 비교하여 보상결과가 어느 정도인가를 보고 이것을 남과 비교한다는 것에 주목한다. 사람들의 인지과정에서 만들어지는 형평성이 바로 사람들의 동기에 큰 영향을 미친다고 하는 이론이다. 내용이론에서는 동기를 부여하는 요인이 무엇인가에 대해 설명하지만 과정이론은 어떻게 사람들이 동기에 영향을 받게 되는가를 설명하는데 형평성이론에서는 사람들이 인지하는 형평의 상태가 동기에 영향을 미친다고 보는 것이다. 특히 비교를 통해 불평등이 있다고 인지하는 경우, 즉 본인의 투입에 비해 보상의 비율이 남의 것에 비해서 적다고 인지하는 경우에는 보통 부정적으로 동기에 영향을 미칠 수 있다. 반면 만약 보상비율의 비교에서 본인이 받은 것이 더 크다고 인지하는 경우는 보통 긍정적으로 동기에 영향을 미칠 수 있다고 한다. 즉 형평성이론은 불평등의 상태가 두 형태, 자신이 상대적으로 덜 보상받는다고 느끼는 부정적인 불평등과 다른 사람보다 더 나은 보상을 받는다는 긍정적인 불평등이 있다.

이론에서는 긍정적이거나 부정적인 보상 모두가 동기에 영향을 미친다. 이런 상황에서는 조직구성원이 일에 대한 투입을 변화하거나, 받는 보상을 변화하거나, 상황을 떠나거나, 비교 시점을 변화하거나, 비교에 대해 심리적인 왜곡을 일으키는 등의 행동을 일으킬 수 있음을 설명한다. 따라서 형평성이 보장되는 시스템의 구축이 조직구성원들에게 긍정적인 동기요인으로 기능할 수 있음을 시사한다. 그리고 동시에 관리자들은 구성원들의 형평성에 대한 인지에도 개입하는 노력이 항상 요구된다.

(2) Vroom의 기대이론

Vroom(1964)의 기대이론은 인간은 일과 관련해서 다양한 차원의 인지를 하는데, 특히 일의 결과와 그 결과가 자신에게 가져다 줄 이익(interests) 등에 대한 기대에 기초해서 행동하고, 바로 이러한 기대가 사람들의 동기에 영향을 미친다고 주장하는 이론이다. 인간은 자신이 할 수 있는 것, 자신이 원하는 결과를 가질 수 있는 것, 그리고 자신에게 긍정적인 이익을 가져올 수 있는 것이라는 인식에 기초하여 그 동기가 부여될 수 있다는 것이다. 즉 기대와 수단과 가치부여 이 세 가지 인지요소의 결합에 의해서 인간의 동기는 부여된다고 본다. 기대(expectancy)는 과업수행과 관련하여 실행 여부에 대한 가능성으로서 주어진 수행의 단계를 획득하는 것이 불가능하다고 느껴진다면 0이고, 수행이 달성된다고 자신한다면 1로 계산될 수 있다. 수단(instrumentality)은 과업을 수행한 후 달성하는 수준이 다양한 결과를 가져오게 될 가능성을 의미하는 것으로, 이것 역시 0에서 1까지로 계산될 수 있다. 즉 1은 수행에 따르는 결과가 확실하다는 것이고, 0은 수행에 따른 결과가 전혀 없다는 것을 의미한다. Valance는 기대되는 결과가 개인에게 얼마나 가치 있는 것인가를 나타내는데, −1(매우 바람직하지 못한 결과)에서부터 +1(매우 바람직한 결과)의 범위로 전개된다. 기대이론은 기본적으로 이 세 가지 요소의 곱의 관계를 기반으로 한 결합에 의해서 동기가 형성될 수 있다는 것을 나타낸다고 볼 수 있다. 이러한 기대이론은 조직구성원에게 동기를 부여할 때 특히 관리자의 과업이 무엇인가를 생각하게 하는 이론이다.

이외에도 목표설정이론은 목표의 설정 자체가 사람들의 인지에 영향을 미쳐서 이것이 동기화될 수 있다고 설명하는 이론이다. 따라서 조직에서 구성원들의 동기를 형성시키는 방안으로 목표설정에 대한 관리가 필요하다는 것을 지적한다(Locke & Latham, 1990). 강화이론은 행동수정이론에 기반을 둔 것으로서 인간의 행동에 대한 개입과 자극 요인의 다양한 설정을 통해 인간의 행동이 변화될 수 있다고 본다(Skinner, 1974). 이 이론은 엄밀하게 말하면 내적인 통제 차원에서 논의할 수 있는 동기이론의 일반적 내용과는 다른 차원의 것으로 볼 수 있다. 다시 말해 동기의 형성을 외적인 자극과 통제의 차원에서 논의하기 때문에 일반 동기이론의 범주와 함께 논하는 것이 적절하지 않을 수도 있으나 근래에는 이 이론의 현장에서의 효용성 때문에 일반 동기이론과 함께 이 이론을 논의하는 경향이 있다(Komaki, Coombs & Schepman, 1996).

2. 갈등관리

1) 갈등관리의 개념

현대조직사회에서 개인의 각종 욕구 및 목표의 상충이나 가치관, 신념 등의 차이로 인하여 개인 상호 간, 집단 간, 그리고 업무 간에 여러 유형의 갈등을 겪고 있다.

갈등이 발생하는 관계나 상황이 매우 복잡하고 다양하기 때문에 갈등에 대한 정의 또한 여러 가지로 규정되고 있다. Thomas(1992 : 651~717)는 '갈등이란 어떤 개인이 관심을 갖고 있는 것에 대하여 다른 사람이 부정적으로 영향을 주거나 영향을 줄 것으로 지각할 때 일어나는 과정'이라고 정의하고 있다. Miles는 '갈등이란 어떤 개인이나 집단의 목표지향적 행동이나 기대가 다른 집단 구성원에 의해서 좌절되거나 방해를 받을 때 나타나는 상태'라고 정의하고 있다. 조직관리 측면에서 Stooner는 갈등을 최소자원이나 직원활동을 배분하게 될 때나 목표, 가치, 인지 등의 차이가 존재할 때, 둘 이상의 개인 간이나 집단 내에서 일어나는 대립적 작용으로 정의하고 있다. 따라서 조직 내에 있어서의 갈등이란 희소자원이나 업무의 불균형 배분 또는 목표, 가치, 인지 등의 차이로 인해서 개인, 집단 및 조직의 심리, 행동 또는 그 양면에 나타나는 대립적 상호작용이라고 정의할 수 있다(박연호, 1994 : 341).

　조직에서 갈등이 거의 없거나 반대로 그 정도가 너무 높은 것은 모두 바람직한 현상이 아니며, 조직의 유효성을 향상시킬 수 있는 집단의 바람직한 행동을 유발하기 위해서는 적당한 정도의 갈등을 조성·유지하는 것이 필요하다고 할 수 있다. 그러므로 갈등의 관리란 갈등을 제거시키는 것이 아니라 적정수준의 갈등을 유지시키는 것이다(신철우, 1999 : 525~526).

2) 갈등의 원인

　Moore(1986)는 사회적 갈등의 원인을 다섯 가지로 분류하고 있다. 첫째, 관계상의 문제(감정, 인식, 고정관념, 의사소통, 반복적인 부정적 행동), 둘째, 가치상의 갈등, 셋째, 정보의 불일치, 넷째, 구조적 문제, 다섯째, 이해상의 갈등 등이다. 어떠한 갈등상황이든 이들 중에서 일부나 전체가 갈등을 빚는 원인으로 작용한다. 집단 간의 갈등에는 여러 가지의 원인이 작용하고 있는데 흔히 커뮤니케이션이 원활하지 못한 것이 갈등의 원인이 된다고 주장하는 경우도 있으나, 모든 갈등의 원인을 커뮤니케이션의 문제로만 돌릴 수는 없다. 다음과 같은 요인이 복합적으로 작용하여 갈등을 야기한다.

　① 상호 의존성, ② 제한된 자원, ③ 목표 차이, ④ 지각 차이, ⑤ 지위 신분상의 불일치, ⑥ 조직의 분화, ⑦ 의사소통의 왜곡, ⑧ 전문가에 대한 수요 증가 등과 우리나라 사회복지관 사회복지사들의 갈등원인으로서 인력 부족과 다른 방법에 의한 업무수행 및 처리, 물적 자원의 불충분이 가장 높게 나타났다.

3) 갈등관리의 전략

　갈등관리의 전략으로서 다음의 세 가지를 생각해 볼 수 있다.

　첫째, 갈등상황이나 근원을 변동시키지 않고 사람들을 적응시키는 방법이다.

　둘째, 조직상의 배열을 적극적으로 변동시켜 갈등상황을 제거하는 것이다.

　셋째, 조직의 순기능적인 갈등을 조장하는 방법이다.

3. 리더십

1) 리더십의 정의

어느 집단이나 조직에도 리더는 항상 존재한다. 리더십(leadership)이란 그러한 리더가 갖는 성향, 행동, 상황 등과 관련되는 제반 특성들을 묶어서 부르는 일반적인 개념이다. 그로 인해 리더십의 개념을 한마디로 규정하는 것은 쉽지 않으며, 현재에도 무수히 많은 정의들이 존재하고 있다. 크게 묶어서 보자면 지위와 능력으로 규정될 수도 있고, 과정과 속성의 측면에서 규정될 수도 있다.

(1) 지위와 능력으로서의 리더십

리더십은 지위와 능력의 측면으로 규정할 수 있다. 지위(position)로서의 리더십은 한 사람의 특정한 상황에 대한 통제의 책임을 갖고서 지휘 혹은 지도적 지위에 있는 것을 의미한다. 이 경우에 리더는 하나의 조직, 기관, 혹은 활동의 우두머리가 되는 것이다. 능력(ability)으로서의 리더십은 다른 사람들과의 관계에 영향을 미칠 수 있는 역량이나 기술을 의미하는 것으로, 그로 인해 리더가 취하는 방향으로 사람들을 따라오게 하는 것이다. 이 경우에 리더십은 다른 사람들로부터의 바람직한 변화나 행위를 가져오게 하는 능력을 포함한다.

(2) 과정과 속성으로서의 리더십

리더십은 또한 과정과 속성을 통해 규정될 수도 있다. 과정(process)으로서의 리더십은 비강압적인 영향력을 사용해서 집단구성원들이 목적 성취를 위한 활동을 하도록 지휘하고 조정하는 것이다. 속성(property)으로서의 리더십은 그러한 영향력을 성공적으로 사용하는 것으로 여겨지는 사람들에 귀속되어 있는 일련의 특성들을 말한다.

비록 어떤 측면에서 리더십을 규정하더라도 리더십이 '사람들에게 영향을 주는' 과정이나 방법을 의미한다는 것은 반드시 포함되어 있다. 리더십에는 그러한 영향을 행사하려는 목적이 있고, 리더십 스타일(style)이나 역할(role), 기술(skill) 등이 목적 획득을 위한 수단으로 활용된다. 또한 리더십을 행사하는 리더의 개인적 성향이나 행동들이 있고, 리더십에 영향을 미치는 상황들도 존재한다. 다음에 설명하려는 리더십의 제반 이론들은 리더십에 대한 이러한 각기 다른 관점에서부터 출발한 설명들이다.

2) 리더십 이론

리더십에 대한 정의가 다양한 만큼이나 리더십의 이론들도 다양하다. 리더십에 대한 고전적인 이론들은 크게 세 가지의 부류로 나누어질 수 있다. 리더의 개별 성향에 초점을 둔 성향 이론, 리더의 효과적인 행동에 초점을 둔 행동 이론, 리더십과 환경과의 개연성에 초점을 둔 개연성 이론이 있다.

(1) 성향 이론(trait theory)

초기 리더십 이론으로 20세기 전반부에 유행했던 것이다. 리더들이 갖추고 있는 독특한 퍼스낼리티의 성향이 리더십과 중요한 연관이 있다고 믿었다. 이 이론에서는 리더십 성향을 확인하고, 측정하는 기법을 개발하고, 그러한 기법을 사용해서 리더들을 선별해 내려는 의도를 가졌다. 이 이론에 근거해서 찾아낸 효과적인 리더십을 결정하는 성향들에는 예를 들어, 지능, 지배력, 자기-확신, 정열, 활동, 업무-관련 지식 등이 포함된다. 심하게는 키, 몸매, 관상, 손금 등의 성향들도 리더십의 효과성과 관련이 있다고 보는 경우도 있었다. 이 이론의 사후-가설 설정의 한계를 벗어나지 못하는 것이었다.

(2) 행동 이론(behavioral theory)

1940년대 후반에 들어 나타나기 시작한 이론으로, 경험적 검증이 힘든 성향 이론에서부터 탈피하려는 것이었다. 리더십을 관찰 가능한 과정 혹은 활동으로 보려는 접근이다. 행동 이론의 목적은 어떤 행동들이 효과적인 리더십과 연관되어 있는지를 결정하려는 것이다. 효과적인 리더들의 행동은 효과적이지 않는 리더들과는 다른 무엇이 분명 있을 것이라는 믿음이다. 이 접근에서는 비슷한 유형의 행동들을 몇 개의 범주로 묶어 리더십 유형으로 개념화하고, 어떤 유형의 리더십이 보다 더 효과적인지를 찾아보려고 했다. '미시간 연구(Michigan Studies)', '오하이오 주 연구(Ohio State Studies)', 브레이크와 모튼(Blake and Mouton)의 '관리격자(managerial grid) 이론' 같은 것들이 대표적이다.

(3) 개연성 이론(contingency theory)

피들러(F. Fiedler)의 상황 이론이 대표적인 출발점이었다. 한 리더의 효과성은 상황에 의존한다. 그 결과 동일한 리더가 어떤 조직이나 상황에서는 효과적일 수 있고, 다른 상황에서는 효과적이지 못할 수도 있다고 본다. 그 이유가 무엇인지 그리고 효과적인 리더십 수행을 초래할 수 있는 리더-상황 간의 적합(fit)은 무엇인지 등을 확인해 내려고 한다. 개별 이론들에 따라 상황이 달리 규정되는데, 피들러는 리더와 하급자의 관계(리더의 매력, 하급자의 충성심), 업무의 구조(일상적 혹은 불규칙적), 직위에 수반되는 파워(상벌, 공식적 권한, 상급자로부터의 지지)를 포함하는 것이라고 본다. 경로-목적 이론(path-goal theory)이나 브룸-예튼-제이고(Vroom-Yetton-Jago) 모델 등에서는 상황에 대한 규정들이 각기 다르게 나타난다.

이외에도 다양한 유형의 리더십 이론들이 있다. 리더십의 파워는 상징적인 본질에 있다고 보는 상징행위 리더십(leadership as symbolic action) 이론, 리더가 안정에 초점을 두느지 혹은 변화지향적인지에 의해 리더십 스타일을 구분하는 거래적－변환적 리더십(transactional－transformational leadership) 이론, 리더와 하급자 간의 개인적 관계의 중요성을 강조하는 수직－양자 연계 모델(vertical－dyad linkage model) 등 이외에도 다양한 이론들이 존재하고 있다.

3) 리더십의 수준

사회복지조직에서 리더십의 수준은 세 가지가 있다. 첫째, 최고관리층의 리더십(upper－level leadership), 둘째, 중간관리층의 리더십(middle－level－leadership), 셋째, 하위관리층의 리더십(lower－level－leadership)이다.

이들을 간략하게 설명하면 다음과 같다.

(1) 최고관리층의 리더십

최고관리층이라 함은 사회복지조직을 이끌어 나갈 전반적인 책임을 지고 있는 사람들(executive managers)을 말한다. 최고관리층은 정책을 해석하고 정책을 조직의 목표에 맞게 전환하며 필요한 재정적·정치적 지지를 획득하는 책임을 지고 있다. 그들은 통상 정책당국 및 자금조달기관과 깊은 관련을 맺고 조직의 업적을 설명하며 자금 청구를 정당화하려고 노력한다. 또한 그들은 외부환경의 변화를 잘 파악하여 조직을 적절히 대응시킨다. 그밖에 최고관리층은 조직에 대해 전반적인 지도와 지시를 한다. 주요한 배분과 프로그램 결정, 조직구조에 관한 문제들, 조직 활동의 우선순위에 관한 문제들이 최고관리층 수준에서 일반적으로 결정된다(Petti, 1983 : 43).

최고관리층의 리더십은 두 가지 주요한 과업의 달성을 필요로 한다. 첫 번째 과업은 내부 운영을 지시하고 조정하는 것이고, 두 번째 과업은 환경과의 관계를 확립하는 것이다(Hasenfeld & English, 1974 : 153). 이상의 과업을 수행하는 데 있어 최고관리층은 다음과 같은 다섯 가지 형태의 중요한 의사결정기술을 가져야 한다(Neugeboren, 1985 : 150).

첫째, 조직의 기본적 임무의 설정: 이와 같은 의사결정에는 조직이 감당할 수 있는 임무의 종류를 결정해 줄 과업환경에 대한 이해가 요청된다.

둘째, 외부의 이해관계 집단과 교섭하고 중재함으로써 조직의 정통성을 확립: 이와 같은 의사결정에는 조직의 생존을 확보해 줄 필요한 자원의 획득이 포함되며 사회적 지지와 정통성을 확보하기 위해 지역사회에 조직을 설명하고 대표하는 것이 포함된다.

셋째, 임무를 수행하기 위한 서비스 기술의 선정: 조직의 특수한 목표를 달성하기 위해 어떤 종류의 서비스 기술이 적당한가를 결정한다.

넷째, 내부구조를 발전시키고 유지함: 이와 같은 의사결정에는 기본과업 수행을 쉽게 하기 위한 방법으로 조직을 설계하는 것이 포함된다.

다섯째, 변화를 주도하고 수행함: 의사결정에는 변화할 환경적 요구와 새로운 혁신의 기회에 부응해서 계속적으로 프로그램을 평가하고 변화를 도입하는 것이 포함된다.

한편 위의 각각의 의사결정 기술들은 조직의 발달단계에 따라 그 중요성과 관련되는 정도가 달라지는데 이것이 바로 상황이 변하면 이에 필요한 리더십 기술과 행동도 달라지는 좋은 예가 될 수 있겠다. 조직의 발전단계에 따른 의사결정기술들의 관련성을 설명하면 다음과 같다(Hasenfeld & English, 1974 : 154~155).

첫째, 설립 단계(founding stage): 조직이 처음 시작될 때는 조직은 임무를 정의하고 조직을 정당화시키는 것과 관련된 결정을 내릴 수 있는 리더십 기술을 필요로 한다. 또한 이 단계에서는 조직의 임무와 이념에 헌신할 수 있는 직원의 모집이 중요하다. 이 단계에서 필요한 리더십 기술에는 지지와 정통성을 확보하기 위해 지역사회에 대해 조직을 대표할 능력을 반드시 포함시켜야 한다.

둘째, 생산 단계(production stage): 설립 단계와 대조해 볼 때 생산단계는 특히 조직기능의 기술적 측면의 발전과 표준화되고 공식화된 절차 및 활동의 확립에 관심을 갖는다. 이 단계에는 조직에서의 효과적인 서비스 전달을 위해 필요한 기술적 체계와 분업의 형태를 이해할 수 있는 리더십 기술을 필요로 한다.

셋째, 확장 및 분화 단계(expansion and differentiation stage): 이 단계에서는 조직 내에 여러 하위집단이 생겨나고 조직이 더욱 복잡해진다. 따라서 여러 하위집단을 조정하고 하위집단들 간에 생겨나는 갈등을 해결할 리더십 기술이 필요하다.

넷째, 안정 및 예측 단계(stability and predictability stagy): 조직의 계속적인 성장과 안정을 확보하기 위해서 최고관리층은 외부의 반대 세력으로부터 조직을 보호하는 의사결정을 내릴 수 있는 리더십 기술을 필요로 한다. 이때 이사회는 그러한 외부의 반대 세력을 완화하고 방지하는 데 도움을 제공한다.

다섯째, 혁신 단계(innovation stage): 조직발전의 마지막 단계는 외부의 요구에 반응해서 구조를 변화시키는 것을 포함한다. 이 단계에서 요구되는 의사결정의 리더십 기술은 체계적 관점(systematic perspective)을 가질 필요가 있다.

(2) 중간관리층의 리더십

사회복지조직에서 중간관리층이라 하면 조직의 중요한 프로그램 부서를 책임지고 있는 사람들을 말한다. 이 수준의 관리자들은 최고관리층으로부터 내려오는 지시를 구체적인 프로그램 목표로 전환하고 이와 같은 목표를 달성하기 위해 여러 프로그램 전략 중에서 어느 것을 선택하고 그에 따르는 직원과 물자를 확보하고 내부 운영절차를 개발하며 프로그램 활동을 감독, 조정, 평가하는 일을 한다. 또한 프로그램 관리자들은 하위관리층을 포함한 일선 직원과 최고관리층 사이의 연결쇠이므로(linking pin) 이 두 수준을 중재해야 하는 중요한 책임을 담당하게 된다. 즉 최고관리층의 바람을 하위직원들에게 설명, 해석, 전달하는 한편 하위직원들의 생각이나 관심, 욕구 등을 대변하는 역할을 하는 것이다. 또한 중간관리층은 프로그램에 대해 최고관리층뿐만 아니라 같은 수준의 다른 부서의 책임자에게도 설명을 하고 타협해야 할 책임을 진다. 다른 부서와 수평적 관계를 유지하는 것은 자원을 놓고 경쟁을 벌일 때는 쉬운 일이 아니지만 아무튼 중간관리층의 중요한 측면이다. 마지막으로 중간관리층은 직원들의 사기(morale), 효율성(efficiency), 효과성(effectiveness)에 도움을 주는 제반 조건들을 개발하고 유지하는 중요한 책임을 진다. 부서 내에서 그리고 부서 간의 수직적, 수평적 의사소통을 촉진하며, 개인 혹은 집단 간의 갈등을 해소하며, 조직의 규범 체계를 유지하며, 혁신을 하며, 문제를 해결하며, 성장과 발전을 촉진시켜 주는 것이 프로그램 관리자인 중간관리층에게 맡겨진 책임이다(Patti, 1983 : 43~44).

중간관리층의 리더십은 두 가지 종류의 기술을 필요로 한다. 하나는 수직적, 수평적 연결쇠로서의 기술이고 다른 하나는 개개 직원들의 욕구를 조직의 목표에 통합시키는 인간관계 기술이다(Neugeboren, 1985 : 156~157). 사회복지조직에서 수직적 연결쇠의 기능은 중요하다. 사회복지조직에는 많은 전문가들이 있고 이들은 전문가로서 조직에 기여하는 것뿐만 아니라 조직이 어떻게 돌아가고 있는가를 알 필요가 있다. 이들이 만일 그들의 생각이 최고관리층에 의해 고려되지 않고 있다고 생각한다면 그들은 최고관리층으로부터의 소외감과 이질감을 느끼게 될 것이며 사기가 떨어질 것이다. 이런 이유 때문에 중간관리층의 연결쇠의 기능은 중요하다. 한편 수평적 차원에서 통합도 또한 사회복지조직에서 아주 필요하다. 이의 목적은 각기 다른 하위부서 간의 조정을 용이하게 하기 위한 것이다. 각기 다른 하위부서를 조정하고 통합하는 기술에는 하위부서들의 목표와 이들 하위부서들이 어떻게 협력하고 있고 또 어떻게 갈등하고 있는가에 대한 이해가 필요하다. 중간관리층은 또한 개개인의 욕구와 기대를 조직의 목표에 통합시키는 인간관계 기술이 있어야 한다. 사회복지 분야에서 이와 같은 인간관계 기술에 대한 강조는 오래전부터 있어 왔다. 행정상의 인간관계 기술은 문제행동이나 태도를 변화시키기 위해 사용되는 것이 아니다.

(3) 하위관리층의 리더십

하위관리층은 일선 직원들(사회복지사들)과 매일 매일 정상적으로 접촉하고 있는 슈퍼바이저들(supervisors)을 말한다. 그들은 프로그램 수행을 감독하고 일선 직원들에게 업무를 위임 또는 분담시키고 서비스가 제대로 제공되고 있는가를 검토한다. 그들은 통상 케이스(case)를 다루는 결정에 있어서 일선 직원들을 상담하는 주요 책임을 맡고 있으며 단위 감독자, 조정자, 팀 리더의 역할을 수행한다. 하위관리층의 특징은 이들이 전문적이고 기술적인 사회복지사들과 일상적으로 긴밀한 관계를 맺고 있다는 것이다. 이들은 업무의 기술적 측면에 관해서 일선 직원들에게 충고와 지침을 제공하고 부족한 지식과 기술을 지적해 주며 개인적인 성과를 평가한다. 이와 같은 책임을 수행하기 위해 하위관리층은 일선 직원들에 의해 수행되는 방법이나 기법에 관한 지식을 갖고 있어야만 한다. 실제로 슈퍼바이저들은 직접적 서비스 분야에 전문성을 갖고 있어야 하기 때문에 전문적 기술을 지닌 사회복지사 중에서 발탁되곤 한다. 따라서 이들은 일종의 고참 전문가로서 역할모델을 보여주는 사람이라고 볼 수 있다. 한편 중간관리층처럼 하위관리층도 연결쇠로서 역할을 수행하는데 윗사람에겐 하위직원들의 관심거리를 알려주고 윗사람들과 의사소통을 촉진시키며 윗사람들의 지시를 하위직원들에게 분명히 하거나 강화하는 역할을 수행한다(Patti, 1983 : 44~45).

하위관리층의 리더십은 두 가지 종류의 기술을 필요로 하는데 하나는 전문적 기술(technical knowledge)이고 다른 하나는 공평에 대한 관심(concern for equity)이다. 전문적 기술은 슈퍼바이저가 직원과 효율적이고 효과적으로 활용하는 데 도움을 줄 수 있다. 이와 같은 전문적 기술은 또한 슈퍼바이저가 세 가지 주요한 슈퍼비전의 기능-행정적, 교육적, 지지적-을 수행하는 데 있어 중요하다. 전문적 기술은 슈퍼바이저로 하여금 하위직원들이 업무를 조직화하고 업무집단 내에서 다른 직원들과 더불어 하는 업무의 노력을 조정하도록 도움을 제공할 수 있게 해준다. 이와 같은 전문적 기술은 슈퍼바이저의 구조에 있어 주도적 행동에 필요한 것이다. 한편 사회복지조직에서는 보상과 제재의 분배가 공정해야 한다. 조직의 보상구조가 공정할 때 사기는 높아진다. 많은 사회복지조직에서 보상은 객관적으로 이루어지지 않는다. 공평을 가져오려는 하위관리층의 책임은 만약 그들이 직원들의 동기부여 및 조직에의 일체감을 발전시키려고 한다면 중요하다. 만약 승진과 보상이 윗사람에게 아첨하고 비판을 하지 않음으로써 윗사람을 위협하지 않는 등의 기준에 따라 이루어진다면 직원들은 요구되는 최소의 수준에서 일하려는 경향이 있을 것이다(Neugeboren, 1985 : 158).

4) 조직 리더십의 특수성

사회복지조직은 많은 전문 사회사업직원들로 구성된 특수조직이다. 전문가를 사용하는 조직들은 일반적으로 종적인 통제 형태를 취하려는 조직의 욕구와 횡적인 통제 형태를 선호하는 전문가들의 욕구가 조화된 특수한 형태의 권한구조를 창조한다. 이와 같이 조화된 특수한 권한구조에서의 핵심적 역할은 전문적 행정가(professional administrator)에 의해 수행된다. 전문적 행정가의 기능은 전문적 과업을 선택하고 평가하는 데 가능한 한 많은 자율성을 인정하는 한편 조직의 주요한 목표를 달성하기 위하여 전반적인 지시와 조정을 제공하는 것이다(Barber, 1965 : 15~34).

현대의 사회복지활동은 대부분 기관을 중심으로 수행되기 때문에 기관운영의 관리를 부여받은 행정가와 리더의 중요성이 더욱 강조되고 있다. 특히 기관 환경의 빠른 변화와 기관운영의 효율성, 효과성 및 책임성을 강조하는 최근의 경향에 비추어 본다면 기관행정가 리더십의 중요성은 사회복지행정의 중요한 핵심 주제가 되어야 한다.

사회복지조직 리더의 역할은 그 조직에서 생산되는 산출물에 의해 가장 직접적인 평가를 받게 된다(Austin, 1989 : 15). 즉, 클라이언트와 지역사회에 제공되는 서비스 및 활동의 질로서 평가받게 되는 것이다. 이것은 그들의 가장 중요한 임무가 양질의 서비스를 효율적으로 공급하는 것임을 의미한다. 다시 말하자면, 사회복지조직의 리더는 전통적 경영기술과 함께 그들이 봉사하는 클라이언트에 대한 옹호의 노력인 사회복지정책 형성과정에도 매우 중요한 역할을 수행한다는 것이기 때문에 사회복지관의 리더십은 기관생산성, 효율성 및 책임성의 강조 등에 대한 노력에도 힘을 기울여야 함과 동시에 인간적인 서비스 공급과 클라이언트의 문제와 욕구 등에 대해서도 민감해야 한다는 것이다. 이는 결국 사회복지조직의 최고행정가의 역할에 대한 윤리적 측면의 중요성을 지적하는 것이며 사회복지 전문직의 특수성에 비추어 볼 때 매우 중요한 요인이 된다.

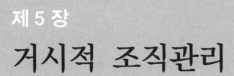

제 5 장
거시적 조직관리

제5장 거시적 조직관리

1. 조직구조

　　사회복지조직이든 영리조직 등의 다른 형태의 조직이든 조직을 변화시키는 데 있어 가장 먼저 떠올리는 것이 바로 조직구조이다. 즉 조직의 변화를 위해 가장 먼저 생각할 만큼 조직구조는 조직을 구성하는 핵심적인 요소인 것이다. 이런 중요성을 갖는 조직구조의 내용은 도대체 무엇일까를 생각해 보면, 조직구조 개념으로부터 떠오르는 것이 많다. 조직노동의 분화, 위계, 조직 내 과업수행과 관련된 규칙과 규율, 통제와 조정, 의사결정의 권한 등 여러 가지 내용을 조직구조란 개념으로부터 떠올릴 수 있다. 조직구조의 이러한 내용들에 접하게 되면서 우리는 다음과 같은 질문을 갖는다. 이러한 조직구조는 조직에서 무엇을 위해 존재하는 것일까 하는 것이다. 이러한 의문에 다음과 같이 단순화시켜 답할 수 있다. 즉 조직구조는 무엇보다도 조직의 목적 달성을 더 효율적이고 효과적으로 달성하기 위해 존재하는 것이라고 볼 수 있다. 조직목적을 향해 조직 활동을 조직화하고 과업이 수행되는 과정을 공식화하고 의사결정의 지정과 방식을 결정해 주는 것을 기본내용으로 하는 조직구조는 조직목적을 달성하는 데 필요한 산출물을 보다 효율적이고 효과적으로 생산해 내기 위해 존재해야 한다는 것이다. 따라서 조직구조에 변화를 가져오고자 할 때 혹은 새롭게 설계해 보고자 할 때, 조직관리자는 조직구조의 내용과 기능에 대한 전반적인 이해에 기초해서 구조와 관련된 다양한 요소들을 어떻게 변화시키고 설계할 것인가를 고려하는 것이 절대적으로 필요하다. 그리고 관리의 과정에서도 조직구조의 기본내용과 기능이 제대로 갖춰져 있는가를 살펴보면서 구조에 대해 관리해 나가는 것이 필요하다.

1) 조직구조의 내용

　　조직구조와 관련해서 가장 기본적인 논리는 노동의 분화와 통합이다. 따라서 조직구조는 노동의 분화와 조정체계에 대한 것만을 생각하게 된다. 물론 분화와 조정이 조직구조에서 매우 큰 위치를 차지하지만 실제에 있어 조직구조는 좀 더 다양한 하부내용을 갖는다. 일반적으로 조직구조는 세 가지의 내용을 담고 있다. 첫째는 분화와 관련된 복잡성이고, 둘째는 과업의 표준화와 관련된 공식화이고, 셋째는 의사결정의 공식적 권한과 관련된 집권화이다. 즉 이 세 가지 차원을 통해서 우리는 조직구조에 대해 포괄적으로 이해할 수 있다.

(1) 복잡성

복잡성(complexity)은 조직 내의 분화(differentiation)의 정도를 의미한다. 보통 조직 내의 분화는 세 가지 차원으로 구성된다. 첫째는 동일 위계수준에서의 과업분화를 의미하는 수평적 분화이다. 둘째는 조직 내의 위계구조상의 분화를 의미하는 수직적 분화이다. 셋째는 조직 내 시설 및 인력의 지리적인 분산을 의미하는 공간적 분화이다. 그러나 조직구조의 가장 핵심적인 차원인 분화와 관련해서 일반적으로는 수평적 분화와 수직적 분화를 주요 내용으로 다루는 경향이 있다.

조직을 설계할 때 과업에 대한 분화를 많이 시키면 시킬수록 수평적 분화가 더 이루어지게 된다. 일반적으로 수평적 분화는 전문화된 분업화(specialization)와 전문화(depart-mentalization)를 통해서 수평적 분화의 의미를 이해할 수 있고 실제조직에서 그 정도를 관찰할 수 있다.

한편, 조직 내에서 수평적 분화가 증가될 때, 이들 분화된 과업들을 조정하고 통제해야 할 필요성을 더욱 강하게 갖는다. 즉 조직 내의 수평적 분화에 대응해서 조직 내에서 만들어지는 것이 바로 수직적 분화라고 이해할 수 있다. 조직은 수평적 분화가 이루어질 때, 이를 어떻게 조정하고 통제할 것인가의 과제를 갖는데 이러한 차원에서 만들어지는 것이 바로 위계구조상의 분화라고 설명할 수 있다. 보통 이러한 수직적 분화 정도는 통제범위(span of control)라는 것을 통해서 결정된다.

통제범위는 관리자 한 명이 직접적으로 지도하는 부하의 수로 측정할 수 있다. 같은 규모의 조직에서 통제범위를 좁게 설정할 때, 그 조직의 계층은 더 많아지기 때문에 상대적으로 보다 수직적인 조직구조를 갖게 되고, 통제의 범위가 넓을 때 그 조직의 계층은 더 적어지기 때문에 상대적으로 보다 수평적인 조직구조를 갖게 된다. 예를 들어, 조직의 규모가 4,096명이라고 할 때, 통제범위를 4명으로 하는가 혹은 8명으로 하는가에 따라 조직의 계층은 일곱 계층이 될 수도 있고 다섯 계층이 될 수도 있다. 수직적 구조는 보다 밀접한 지도감독이 가능하고 보다 긴밀한 상하관계를 형성할 수 있으나 계층이 많아지므로 조정과 의사소통은 더 복잡해지는 제한점을 갖는다고 평가된다. 수평적 구조는 더 간결하고 편리한 의사소통이 가능하나 지도·감독을 받을 수 있는 기회와 승진의 기회도 더 어렵게 된다고 평가된다.

분화를 의미하는 복잡성에서 가장 중요한 과제는 수평적 분화와 수직적 분화를 어떤 수준으로 설계하여 보다 효율적이고 효과적인 의사소통, 조정, 통제를 가질 수 있을 것인가를 찾아내는 것이다.

(2) 공식화

조직의 수평적 분화와 수직적 분화만을 통해서 조직 활동들이 효과적이고 효율적으로 이루어지게 할 수 없다. 즉 조직에서 수행되는 업무들과 업무의 수행과정에 대해서 공식화를 해주지 않는 한 그 업무들은 비효율적이고 비효과적인 결과를 가질 가능성이 많다는 것이다. 조직 내 직무와 수행과정을 규칙들로 명문화하는 것, 다시 말해 표준화 (standardization)시키는 것을 의미하는 공식화(formalization)는 조직 활동의 경제성과 예측성을 높이기 위해서 매우 중요하다. 조직에서 무슨 일들이 언제 어떻게 수행되어야 하는 가를 명문화시키는 것을 의미하는 공식화는 조직관리 측면에서 매우 중요한 기능을 한다.

먼저 공식화는 조직구성원의 행동을 규제해서 재량적으로 일하는 것이 갖는, 사적인 요소의 영향력을 줄인다. 둘째로 공식화는 구성원들의 업무에서 발생하는 편차를 줄인다. 셋째로 공식화는 조정을 보다 용이하게 한다. 조직에서 공식화는 기본적으로 업무분석에 기초한 업무에 대한 기술 및 업무수행 절차의 명시 등과 같이 문서를 통한 명문화를 통해서 이루어지는 것이 일반적이나, 명문화되지 않은 조직문화를 통해서 만들어지는 경우도 상당히 많음을 이해하는 것이 필요하다. 공식화는 업무가 안정적이고 단순한 경우 더욱 큰 효과를 가질 수 있으나, 업무가 복잡하고 유동적인 경우의 상황 및 업무의 상황에 적합한 수준의 공식화가 조직 관리의 효율과 효과를 높이는 데 절대적이라는 것이다.

(3) 집권화

집권화(centralization)는 조직에서 재량적으로 할 수 있는 의사결정의 공식적인 권한이 집중된 정도를 의미한다. 이러한 집중은 개인, 조직의 일정단위, 부서 등을 의미할 수 있다. 한편 분권화는 이러한 의사결정의 공식적인 권한이 분산되거나 이양되어 있는 정도를 의미한다. 조직은 조직활동과 관련된 의사결정의 권한을 적절하게 분산하거나 집중시킴에 의해서 조직관리의 효율성과 효과성을 확보해야 한다. 따라서 조직구조를 설계할 때, 집권화를 어느 정도 수준에서 설계할 것인가는 매우 중요한 과제일 수 있다.

그러나 실제조직에서 집권화의 정도가 어떠한가를 이해하고 판단하는 것이 매우 애매모호할 수 있다. 이러한 문제와 관련해서 Robbins(1990)는 다음과 같이 업무수행 과정에 대한 이해를 통해 집권화의 정도를 이해할 수 있다고 설명한다. 즉 우리가 조직에서 과업을 수행함에 있어 투입(input), 해석(interpretation), 선택(choice), 공식적 승인(authorization), 집행(execution)과 같은 과정을 거치는데, 만약 의사결정자가 이 모든 과정을 다 통제하는 경우 그 조직은 가장 높은 수준에서 집권화되어 있다고 볼 수 있다는 것이다. 그리고 만약 의사결정자가 모든 과정에 대한 통제를 하지 않고 선택과 공식적인 승인의 과정에 대한 통제력만을 갖는 경우 그 조직은 상당히 높은 수준에서 분권화되어 있다고 볼 수 있다는 것이다.

이렇게 이해될 수 있는 집권화와 분권화의 장점과 단점에 대해 이해하는 것은 조직구조 설계에서 매우 중요한 의미를 지닌다고 볼 수 있다. 일반적으로 집권화의 장점은 분권화의 약점과 연결되고, 집권화의 약점은 분권화의 장점과 연결되는 경향이 있다. 먼저 분권화의 장점을 살펴보면, 분권화는 정보가 과도하게 집중되어서 제대로 처리하지 못할 수 있는 가능성을 줄이고, 새로운 정보에 신속하게 대응할 수 있게 촉진하는 장점이 있다. 또한 분권화는 보다 상세한 정보를 기초로 의사결정을 내릴 수 있게 하고, 구성원이 기계의 부품이 아니라 조직의 중요한 일원으로서 일하고 있음을 인식하게 하여 동기를 북돋우는 기능을 하며, 마지막으로는 시키는 일에만 익숙하지 않고 필요한 의사결정을 내릴 수 있는 준비된 관리자를 훈련하고 개발하는 기회를 제공하는 장점이 있다. 그러나 조직에 대한 전반적인 시각에 기초하여 종합적인 관점을 갖고 의사결정을 내리는 것이 필요할 때, 그리고 집권화의 구조가 보다 경제적인 상황에서는 분권화된 구조는 약점이 될 수 있다. 집권화, 분권화와 관련해서 가장 중요한 과제는 어느 하나의 일방적인 선택이 아니라 조직의 상황에 대한 이해를 기반으로 해서 조직의 활동을 어떻게 분화하고 통합하는 것이 가장 효율적이고 효과적인가를 파악해 내면서 노력을 실행하는 것이라고 말할 수 있다.

2) 조직구조의 형태

보통 조직구조의 형태를 언급할 때, Burns와 Stalker(1961)가 구분하고 있는 두 가지 형태의 구조를 제시한다. 즉 과제들이 각 전문역할들로 세분화되고 구성원들의 상호작용은 주로 수직적으로 이루어지는 것을 특징으로 하는 기계적 구조(mechanistic structure)와 각 구성원들이 자기의 역할과 조직 전체의 과제와 관련지어 일을 수행하면서 구성원들이 수직적·수평적으로 밀접하게 상호작용하는 것을 특징으로 하는 유기적 구조(organic structure)의 형태로 구분한다. 이러한 구분과 함께 일상적인 업무나 정형화된 단순과제를 수행하는 데에는 기계적 구조가 적합하고, 비일상적이고 새로운 과제들로 구성된 조직의 과제를 수행하는 데에는 유기적 구조가 더욱 적합하다고 설명한다. 우리는 조직구조의 형태를 다양한 조건에 따라 다양하게 구성할 수 있고 그렇게 하는 것이 필요하다.

다음에서는 현대사회에서 관찰할 수 있는 조직구조의 대표적인 형태인 단순구조(simple structure), 기계적 관료제 구조(mechanistic bureaucratic structure), 전문적 관료제 구조(professional bureaucratic structure), 사업부제 구조(divisional structure), 특별위원회 구조(adhocracy) 등에 관한 내용을 정리해 보면서 우리가 선택할 수 있는 조직구조의 형태들을 살펴보고자 한다.

(1) 단순구조

단순구조(simple structure)는 복잡성의 수준이 낮고, 공식화의 수준도 낮고, 집권화의 수준은 높은 형태의 구조이다. 일반적으로 단순구조의 형태에서는 통제의 범위가 상당히 넓다고 볼 수 있다. 이러한 구조의 장점은 과업의 처리가 단순하고 신속하며, 과업이 유연하게 진행된다는 점이다. 그러나 이러한 구조는 조직의 규모가 커질 때 부적절할 수 있고 한 사람에 의존하는 정도가 너무나 과도할 수 있는 구조이기 때문에 조직의 규모가 작을 때 혹은 조직을 창업하는 시기에 적절하다고 평가되고 있다(Robbins, 1990).

(2) 기계적 관료제 구조

기계적 관료제 구조(mechanistic bureaucratic structure)는 매우 일상적인 과업들로 구성되어 있는 경우 더욱 용이하게 관찰할 수 있는 형태이다. 이 구조는 높은 수준의 분화, 높은 수준의 공식화 및 집권화를 특징으로 한다. 과업들이 기능적으로 매우 세세하게 분화되어 있고, 엄격한 규율과 규칙을 통해 운영되고, 집권화된 의사결정 체계와 함께 명령의 사슬에 의해서 수행된다. 이러한 조직구조의 장점은 과업의 중복이 최소화되고, 기능적으로 유사한 일을 하는 이들을 묶어 놓기 때문에 부서 내에서 구성원들이 편안하게 쉬고 빠르게 일을 할 수 있다는 점이고, 규율과 규칙에 의해서 관리하기 때문에 매우 효율적일 수 있다는 것이다. 한편 이러한 조직구조의 약점은 전문화된 부서들이 각자의 전문화된 과업 및 이해관계에만 몰두하기 때문에 전문화된 부서 간의 갈등발생이 상대적으로 더 빈번하고, 규칙과 규율에 대한 강조가 지나쳐서 너무나 완고하게 조직이 운영될 수 있다는 점이다. 일반적으로 이러한 조직구조의 형태는 우체국과 같은 정부조직에서 쉽게 관찰할 수 있는 것으로서 조직이 일상적인 조직기술을 가질 때, 조직의 규모가 클 때, 조직의 환경이 단순하고 안정적일 때 매우 높은 효율성을 가져오는 구조로 평가되고 있다.

(3) 전문적 관료제 구조

전문적 관료제 구조(professional bureaucratic structure)는 조직구성원들이 상당히 높은 수준의 전문성을 견지하는 경우, 이들의 전문성을 존중하고 살리면서 관료제의 장점을 지향하고자 하는 형태이다. 전문적 관료제 구조는 높은 수준의 수평적 분화, 전문가집단의 규율과 규칙에 입각한 표준화(내적 공식화), 높은 수준의 분권화를 특징으로 한다. 이 구조의 장점은 전문화된 과업의 수행을 전문성을 가진 그 영역의 구성원들에게 맡김으로써 중앙관리자들은 그 밖의 다른 일에 집중할 수 있다는 것, 즉 관리의 효율성이 매우 높다는 것이다. 그러나 단점은 조직의 목적보다 전문가집단의 목적을 우선시할 수 있는 문제와 함께 전문집단간의 갈등이 발생할 수 있고, 전문가집단 내에 내재화된 규칙과 규율이 완고한 경우 조직의 효과성에 방해요소로서 작용할 수 있다는 것이다. 일반적으로 이러한 조직구조의 형태는 병원과 같은 다양한 전문가집단들로 구성되어 운영되는 조직에서 쉽게 관찰할 수 있는 것으로서 조직이 전문적 기술을 활용해야 할 때, 조직의 규모가 클 때, 조직의 환경이 안정되어 있으나 매우 복잡한 모습을 가질 때 매우 높은 효율성을 가져오는 구조로 평가되고 있다.

(4) 사업부제 구조

사업부제 구조(divisional structure)는 조직이 사업에 대해서 수평적 분화를 진행시키면서 발생한 구조로서 각 사업부문이 독립적인 기능을 수행하게 하는 형태의 구조이다. 예를 들어, 미국의 자동차 회사들은 차의 크기 및 고급화의 정도에 따라 독립적인 기능을 수행하는 다양한 사업부를 갖고 있는데, 이러한 것이 사업부제 구조의 대표적인 예이다. 즉 사업부제 구조는 각 사업부가 완벽하게 자기 전략 하에서 업무를 수행하면서 자기 사업부와 관련된 의사결정을 내릴 수 있게 조직구조를 구성하여 관리하는 구조이다. 이러한 구조는 같은 기능을 갖는 여러 개의 조직을 조직하부에 두고 관리하는 형태와 마찬가지로 이해할 수 있다.

이러한 사업부제 구조의 장점은 각 사업부별로 책임을 짐으로써 각 사업부가 보다 높은 수준의 책임감과 함께 업무성과를 내기 위해서 노력한다는 점이다. 조직환경에 대해서 보다 신속하고 유연하게 대처하면서 보다 효과적이고 효율적으로 환경을 관리할 수 있다는 점이다. 아울러 중앙본부의 차원에서 볼 때 매일의 관리에 신경 쓰지 않고 전반적인 방향만을 잡아 주면서 책임경영을 통해 중앙본부는 자신의 역할에 집중할 수 있다는 점, 어느 한 사업부가 직면하는 어려움이 다른 사업부로 이전되는 효과가 미미하다는 점, 그리고 사업부 관리를 통해 전반적인 시각과 경험을 갖춘 관리자들을 개발해서 중앙관리자의 기능을 맡길 수 있다는 점 등이 사업부제 구조의 부가적인 장점이라고 볼 수 있다.

그러나 자원이 중복되는 점, 각 사업부 간의 수평적 조정이 원활하지 못하다는 점은 단점이다. 실제로 이러한 구조는 책임을 강요하는 자율경영이 될 수 있다는 점 등이 약점으로 지적된다. 일반적으로 이러한 조직구조의 형태는, 대상으로 하는 시장이 다각화되는 경우 혹은 각 시장에 같은 종류의 다양한 질과 형태의 상품을 제공하려는 조직에서 쉽게 관찰할 수 있는 것으로서, 조직의 규모가 클 때, 다양한 상품 라인을 갖고 있는 조직으로서 기능의 중복수행에 따르는 비용보다 상품별 관리를 통해서 발생하는 이익이 더 큰 경우에 적합할 수 있는 구조로 평가되고 있다.

(5) 특별위원회 구조

특별위원회 구조(adhocracy)는 높은 수준의 전문적 지식과 기술을 갖는 전문가들로 구성되는 구조이다. 기본적으로 높은 수준의 수평적 분화, 매우 낮은 수준의 수직적 분화, 매우 낮은 수준의 공식화와 분권화를 특징으로 한다. 이러한 구조는 임시위원회(Ad Hoc Committee) 및 임시적 특별팀(Ad Hoc Team)에서 연상할 수 있는 것처럼 조직이 이러한 위원회를 통해 현재 처리해야 할 과제들을 수행하는 모습과 같은 형태의 구조를 띠고 있다. 이러한 구조는 기본적으로 일상적인 과제를 표준화된 방식에 의해서 수행하는 것보다는 조직의 생존을 위해서 문제해결 역량을 강화하면서 보다 유연하고 신속하게 일을 전개하는 것이 절대적으로 필요할 때 적절한 구조이다. 이 구조에서는 전문가적인 역량과 순발력 및 자기통제가 무엇보다 중요시되며 공식화와 집권화와는 거리가 멀다. 이러한 구조에서 권력은 그야말로 전문성으로부터 발생하지 지위로부터 발생하지 않는다.

이러한 구조의 장점은 언급하였듯이, 전문가집단의 역량을 결집시켜 신속하게 대응하면서 혁신을 만들어 낼 수 있다는 것이다. 그러나 이러한 구조는 동시에 약점을 갖는데, 그것은 상하관계가 분명하지 않음에 의해서 발생하는 모호성과 갈등, 그리고 과업들이 분명하게 나눠지지 않은 상태에서 일들이 전개되면서 발생하는 갈등 등이다. 실제에 있어 이러한 구조는 비효율성의 약점이 워낙 커서 오래 지속되지 못하는 모습을 지니기 때문에, 보다 높은 생존력이 요구되는 조직의 초창기 혹은 조직이 매우 큰 위험에 처해 있는 시기에 적절한 구조라고 볼 수 있다.

특별위원회 구조는 유연성과 혁신의 욕구가 이 구조로 인한 비효율성의 문제보다 더 중요하게 여겨질 때, 조직이 매우 큰 위험에 처해 있고 변화의 전략을 가질 때, 조직기술이 전문가집단의 결합을 통해서 보다 높은 수준으로 발현될 수 있는 비일상화된 기술일 때, 조직의 환경이 역동적으로 변화하고 매우 복잡할 때, 보다 적절하다고 평가되고 있다.

2. 조직문화

사회복지조직을 비롯한 현대사회의 모든 조직에서 조직문화가 매우 중요하게 여겨지고 있다. 이러한 현상은 무엇보다도 조직문화가 조직관리의 효율성과 효과성에 큰 영향을 끼칠 수 있기 때문에 조직문화에 대한 관심이 상당히 많은 것 같다. 근래에 조직에서 일어나는 일들에 대한 해석과 의미부여를 통해, 즉 상징을 사용하여 관리하는 것의 중요성을 강조하는 상징적 관리(symbolic management) 역시 조직에 필요한 강한 문화의 형성을 위한 노력이라 볼 수 있다.

이렇게 조직문화에 대한 관심과 개입의 필요성이 논의되는 가운데 조직문화를 과연 변화시킬 수 있는 것인가, 즉 관리할 수 있는 것인가 하는 질문이 제기되기도 한다. 일부는 조직문화는 관리자가 창조하거나 밖으로부터 유입되는 것이 아니라 조직구성원 간의 상호작용에서 공유되는 상징과 의미체계로서 이를 기계적으로 조작할 수 없기 때문에 기술하고 해석할 수 있는 것이라고 주장한다. 그러나 또 다른 일부는 조직관리의 대상이 되는 하나의 변수로서 변화의 시도가 가능하기 때문에 이에 대한 관리를 통해 조직의 다른 부문의 기능에 영향을 미칠 수 있는 것이 바로 조직문화라고 주장한다. 조직관리의 측면에서 문화를 다룰 때 일반적으로는 후자의 견해에 따르는 경우가 많다. 다음에서는 조직문화의 정의와 함께 조직문화의 구성, 조직문화의 기능, 조직문화의 전파 및 변화, 조직문화 유형 등에 관해서 정리해 보고자 한다.

1) 조직문화의 정의

조직문화를 한마디로 정의하는 것은 쉽지 않은 일이고 문화에 대한 정의에 대해서는 이견들이 많다. Burger와 Luckman(1967)은 조직문화는 '성원들의 상호작용에 의해서 창조되고 재구성되는 결과적 산물로서의 사회적 실재이자 동시에 조직구성원의 상호작용을 규정하는 메커니즘'이라고 정의한다. Ouchi(1981)는 조직문화는 조직의 전통에 의해서 영향받는 것으로서 조직의 분위기를 결정하는 조직의 가치관, 신조 및 조직 내에서의 행동패턴을 규정하는 기준이라고 정의한다. 한편 Schein(1985)은 조직문화는 '조직이 환경에의 적응 혹은 내부적인 통합의 과정에서 창출, 발견해내고 발전시킨 조직의 기본전제로 조직의 적응 및 내부통합의 문제들과 관련하여 조직구성원들이 타당하다고 인정하는, 조직구성원 모두에게 주지되어야 할 기본전제'라고 정의한다. 조직문화는 조직구성원들이 집단적으로 공유하는 조직행동의 기본전제로서 여기에는 조직의 가치와 신념, 규범, 관습 및 행동양식이 모두 포함된다(Hatch, 1997). 보다 단순하게는 조직문화는 조직에 대해서 구성원이 공유하는 이해체계 혹은 의미체계라 할 수 있다.

2) 조직문화의 구성과 강도

Schein(1985)은 조직문화는 세 가지 수준에서 구성된다고 한다. 즉 조직문화는 가장 심층부의 잠재의식 수준인 기본적인 믿음과 전제, 인식수준인 가치와 규범, 그리고 가시적 수준인 표면에 드러나는 인공물 등이다(이창순, 1998). 믿음과 전제는 조직구성원들이 당연한 것으로 간주하는 기본적 전제인데, 이는 조직문화의 가장 원천적인 것으로 조직의 가치와 규범으로 표출된다. 조직의 가치는 조직구성원들에게 무엇이 중요한가를 규정하고, 규범은 구성원들에게 기대되는 행동양식을 규정한다. 이러한 가치와 규범에 근거하여 조직에서는 겉으로 드러나는 인공물을 가질 수 있다. 즉 문화의 표현물(culture's manifestations)이라고 하는 물리적인 것들(shared things), 말하는 방식(shared sayings), 행동하는 방식(shared doings), 이해하고 의사소통하는 방식(shared feelings) 등이 바로 가치와 규범에 근거하여 조직에서 드러나는 인공물이라고 말할 수 있다.

Robbins(1990)는 일을 시작하는 데 있어서 개인이 갖는 독립성의 정도(individual initiative), 조직이 위험을 감수하는 정도(risk tolerance), 일을 진행하는 데 있어 방향을 제시하는 정도(direction), 일을 조정과 통합에 비중을 두는 정도(integration), 일을 진행하는 데 있어 지원과 지지의 정도(management support), 통제가 이루어지는 정도(control), 조직구성원이 조직과 자신을 동일시하는 정도(identity), 일의 결과에 대한 보상방식(reward system), 조직 내 갈등에 대한 태도(conflict tolerance), 의사소통방식(communication pattern) 등과 같은 가시적 변수들을 통해 조직문화를 인식할 수도 있다고 한다. 조직에서 외부에 드러나는 인공적인 표현물을 분석하면, 그 하부에 깔려 있는 가치와 규범의 내용이 파악되고, 다시 이를 통해 조직에서 공유되는 기본적인 믿음과 전제가 도출될 수도 있음을 제시한다(최창현 외, 1996).

조직문화의 강도는 보통 다음과 같은 요인들을 통해서 만들어진다고 한다. 첫째, 조직의 믿음과 가치들이 더 깊게 공유될 때, 조직문화의 강도는 더 강해진다고 본다. 둘째, 조직의 믿음과 가치들이 더 넓게 공유될 때, 즉 더 많은 구성원들에 의해서 공유될 때 조직문화의 강도는 더 강해진다고 본다. 셋째, 조직의 믿음과 가치가 분명하게 위계화 되어 있을 때 조직문화의 강도는 더 강해질 수 있다고 본다. 넷째, 조직문화와 같이 하는 리더십이 보다 강할 때 조직문화의 강도는 더 강해질 수 있다고 본다. 다섯째, 조직구성원들의 이직이 적을 때, 즉 조직구성원이 오랜 기간 동안 조직을 위해 헌신할 때, 조직문화의 강도는 더 강해질 수 있다고 본다. 마지막으로 조직의 규모가 조직문화의 강도에 영향을 미칠 수 있다는 견해가 있으나, 이에 관한 실증적인 논의가 더 필요하다고 본다.

3) 조직문화의 기능

조직문화의 가장 중요한 기능은 조직문화가 구성원들에게 자신이 속한 조직은 어떤 조직인지 그리고 그 안에서 어떻게 행동해야 하는지에 대한 확실한 이해를 만들어 낸다는 것이다. 이러한 조직문화의 기능을 보통 내적인 통합과 외적인 적응이라는 큰 범주에서 설명한다(Robbins, 1990). 조직문화는 조직 내적인 측면에서 구성원들이 조직의 정체성을 공유하게 되면서 조직 내에서의 의사소통방식, 의사결정방식, 과업수행방식에 영향을 미쳐 조직의 통합을 가져오고 이러한 과정을 통해 궁극적으로는 조직성과에도 큰 작용을 갖는다고 본다. 그리고 조직문화는 조직환경과의 관계에서도 조직이 행동하는 방식, 즉 고객을 처리하는 방식, 경쟁자에 대응하는 방식 등에 영향을 미쳐 궁극적으로는 조직의 성과에도 큰 작용을 갖는다고 본다.

이러한 기능을 하는 조직문화에 대해서 학자들은 조직문화가 조직에 큰 자산이자 동시에 조직발전에 엄청난 저해요소일 수도 있음을 강조한다. 즉 조직문화가 의사소통에 영향력을 가져 잘못된 의사소통을 줄이고, 조직구성원 헌신에 영향을 가져 보다 높은 수준의 헌신도를 갖는 구성원을 개발하고, 공유된 이해를 갖게 함으로써 의사소통을 원활하게 하고, 불확실성 속에서도 실행을 보다 원활하게 하고, 문화의 코드를 통해 조직의 공식화를 견고하게 구성한다는 점에서 조직문화는 조직에 큰 자산일 수 있다는 것이다. 그러나 조직문화가 조직의 욕구, 구성원의 욕구, 혹은 다른 조직구성요소의 욕구와 같은 수준에서 같은 방향에서 존재하지 못할 때, 조직문화는 조직의 발전에 매우 부정적인 요소일 수 있음을 많은 학자들은 강조한다. 어느 조직에 오랜 기간 동안 존재해 온 매우 강한 문화가 존재하고 있을 때, 이 강한 문화는 조직의 변화가 요구되는 시점에서 혹은 조직구성원 대부분의 변화욕구와 맞지 않을 때는 조직의 변화에 매우 큰 저해요소가 될 수 있다는 것이다.

4) 조직문화의 형성, 유지 및 전파, 변화

조직문화의 형성과 관련해서 가장 많이 주목하는 것은 바로 조직설립자 혹은 최고경영자의 경영이념과 철학이다. 즉 설립자나 강력한 리더십을 갖는 최고경영자의 경영이념과 철학이 조직이 지향하는 가치관의 형성에 직접적인 영향을 미치고, 이러한 가치관이 조직의 역사 속에서 구성원들에게 보다 폭넓고 깊게 확산되고 내재화되어 조직문화는 형성된다고 설명한다(이창순, 1999).

조직문화는 바로 조직문화에 적합한 사람의 선발, 오리엔테이션, 훈련 및 교육을 통한 사회화, 그리고 조직 최고경영자들의 언행과 조직 내에서의 의식(rituals, ceremonies)을 통한 내재화를 통해 유지되고 전파된다고 본다. 즉 조직은 조직구성원이 되고자 하는 사람들 중에서 조직의 성향과 맞을 수 있다고 판단되는 사람의 선택을 통해 조직문화를 유지해 나간다. 또한 구성원들을 선발한 이후에는 조직문화에 대해 집중적인 사회화를 시키면서 조직문화에 잘 적응하는 구성원에게는 보상을 하고, 적응하지 못하는 구성원에 대해서는 교정을 통해 조직의 가치와 규범을 내재화시키고 이에 기반을 둔 행동을 할 수 있게 한다. 혹은 조직문화에 일탈하는 구성원들에 대해 제거의 방법을 적용함으로써 조직이 고수하는 문화를 정당화시키고 강화시켜 나간다.

일반적으로 조직은 조직문화에 대해 사회화시키는 과정에서 다양한 조직문화 의사소통 방식을 활용한다. 문화의사소통은 크게 명시적 방법과 암묵적 방법으로 나눌 수 있는데, 명시적 방법은 조직이 추구하는 것 혹은 선호하는 것에 관해 메모를 돌린다거나 혹은 선포를 한다거나 하는 방식이고, 암묵적 방법은 다양한 방식의 조직의식(rituals and ceremonies)을 통해 조직이 추구하는 것 혹은 선호하는 것을 직·간접적으로 인식시키고 정당화시키는 방식이다. 문화의 의사소통과정에서 특히 최고경영자의 언행은 조직이 추구하는 가치와 규범을 인식시키는데, 중요한 영향을 미친다.

조직문화는 변화시킬 수 있는 것인가? 일반적으로 조직문화의 변화는 그렇게 쉽지 않다고 한다. 그러나 다음과 같은 상황에서 조직문화의 변화가 비교적 용이하게 이루어질 수 있다고 설명한다(Robbins, 1990). 조직이 극단적인 위험에 처해 있을 때, 조직의 리더십이 기존의 가치체계와는 다른 대안적인 새로운 가치체계를 갖는 새로운 리더들로 변화될 때, 조직이 수명주기상 형성기에 있을 때, 조직의 규모가 상대적으로 작을 때, 그리고 조직의 기존문화가 그렇게 강하게 존재하지 않았을 때 조직문화의 변화는 보다 용이할 수 있다는 것이다.

5) 조직문화의 유형

조직문화의 유형에 대해서 체계적으로 일반화할 수 있는 유형을 제시하는 연구들은 거의 없고, 단지 자신의 경험과 제한된 관찰을 통해 문화의 유형을 파악해 보려는 탐색적인 시도만이 있어 왔다. 조직문화를 유형화할 때, 정말로 많은 차원들에 대한 결합을 고려해야 하는데 이는 쉬운 일이 아니다. 그럼에도 불구하고, 일부의 학자들은 제한된 차원만의 고려를 통해 문화의 유형을 일반화시켜 보려고 노력하고 있다.

다음은 여러 학자들의 문화유형을 파악하기 위해서 이용한 대표적인 차원들이다.

[표 5-1] 문화유형분류를 위한 차원

차원 \ 학자	Deal & Kennedy	Scholz	Denison	Weiner	Schein
환경적 차원	위험과 피드백 속도	외부적 차원	준거의 초점 (내부-외부)	준거의 초점 (내부-외부)	외부환경적응
내부적 차원		진화적 차원	변화추구정도	가치관의 원천 (카리스마-조직의 전통)	내부적 통합
		내부적 차원			

* 자료: 정인근(1996).

Weiner(1998)는 가치관의 초점과 원천이라는 두 가지 차원에 근거하여 조직문화를 기능적-전통적, 기능적-카리스마적, 엘리트적-전통적, 엘리트적-카리스마적 유형으로 구분한다. Deal과 Kennedy(1982)는 위험강도와 피드백 속도에 기초하여 4가지 문화유형, 즉 강인한 남성문화, 열심히 일하고 열심히 노는 문화, 투기적으로 조직이 운영되는 문화, 과정을 중시하는 문화 등으로 구분한다. Denison(1990)은 준거의 초점과 변화추구 정도에 따라, 적응성 문화, 사명문화, 몰입문화, 일관성 문화 등으로 구분하고 이러한 조직문화유형과 조직효과성은 관계를 지니고 있음을 논한다. Jones(1983)는 사회집단의 구성원들 사이의 교환 혹은 거래를 통제하기 위해서 발전된 제도적 장치, 특히 재산권의 교환구조에서 상이한 조직문화가 형성된다고 보았다.

이러한 시각에서 그는 문화유형을 생산적 문화, 관료적 문화, 전문적 문화 등의 세 가지 유형으로 구분한다.

Scholz(1987)는 조직문화 차원으로 환경적 차원, 내부적 차원, 진화적 차원을 제시하고, 각각의 차원을 이용하여 여러 개의 상이한 조직문화 유형을 정의할 수 있음을 주장하였다. 환경적 차원은 Deal과 Kennedy(1982)가 구분한 문화유형에 근거하는데, 과업환경의 위험정도, 의사결정 결과에 대한 피드백 속도의 고저에 따라 강인한 남성문화, 열심히 일하고 열심히 노는 문화, 투기적으로 조직이 운영되는 문화, 과정을 중시하는 문화로 구분할 수 있다고 주장한다. 진화적 차원에서는 조직의 발전단계에 따라 나타나는 문화적 특성을 파악하고자 하는 것으로 내부지향적 대 외부지향적, 시간적 지향성, 위험부담에 대한 성향, 변화에 대한 성향 등으로 구분한다. 내부적 차원은 조직의 내부 상황에 관한 것으로서 Jones가 제시한 문화유형에 근거한다.

3. 조직기술

조직기술은 보통 조직 내에서 투입물을 산출물로 변화시키는 과정 또는 방법이라고 정의한다. 즉 조직기술은 조직의 여러 가지 투입물을 조직이 원하는 산출물로 변환시키는 데 이용되는 지식, 도구, 기법, 그리고 활동을 의미한다(Perrow, 1967). 사회복지조직은 사람을 대상으로 해서 다양한 지식, 도구, 기법, 활동 등을 통해 우리 사회가 기대, 요망하는 상태로 변화시키기 위해 노력한다. 보통 사회복지조직은 사람들이 갖는 문제에 대해서 감정의 안정을 가져오거나, 인식의 변환을 가져오거나, 행동을 수정시키거나 혹은 동시에 자원이나 기회와 연결시키거나 하는 것들과 관련된 지식과 기법들을 통해 사람들의 문제 상태의 변화를 유도하는 활동을 전문적으로 수행한다.

사회복지조직에서도 기술은 매우 중요하다. 특히 사회복지조직에서는 사람을 대상으로 해서 적용되는 다양한 기술들을 지속적으로 개발하면서 조직 존재의 의미를 더욱 높이는 것이 필요하다. 즉 사회복지조직은 조직의 목적 달성을 용이하게 하는 다양한 기술을 선택해서 조직구성원들을 통해 선택된 기술을 적용해서 사람이라는 투입물에 대한 변화를 추구하는 조직으로서 사회로부터 꾸준히 그 활동의 합법성을 인정받으면서 전문적인 위치를 점하기 위해서는 기술의 관리가 다른 형태의 조직과 마찬가지로 매우 중요하다. 따라서 다음에서는 기술의 요건, 조직기술 개념의 차원, 사회복지조직기술의 정의와 종류, 사회복지조직기술의 과정적 구성, 사회복지조직기술의 특징, 사회복지조직기술의 조작화, 사회복지조직기술의 선택에 영향을 미치는 요인, 기술과 다른 조직 구성요소의 관계에 관한 논의 등을 정리해 보고자 한다.

1) 조직기술의 요건

Perrow(1967)는 기술이라는 인정을 받기 위해서는 기술의 요건으로 다음과 같은 최소한의 5가지 속성을 가져야만 한다고 주장한다. 첫째, 문제에 대한 개입에 의해서 그러한 결과가 발생하였다는 것, 즉 인과관계에 대한 지식을 반드시 갖고 있어야 기술이 될 수 있다고 주장한다. 둘째, 개입의 결과에 대해서 객관적인 방식에 의해 평가할 수 있어야 한다는 것, 즉 객관적 평가를 위한 환류 시스템을 반드시 갖고 있어야 기술이 될 수 있다고 주장한다. 셋째, 개입의 효과성에 대해서 반복된 입증이 가능해야 기술이 될 수 있다고 주장한다. 넷째, 개입활동에 대한 성공률의 산정과 함께 개입활동에 대한 합리적인 수용 범위의 설정이 가능해야 기술이 될 수 있다고 주장한다. 마지막으로는 개입활동이 전수될 수 있어야 한다는 것, 즉 활동내용의 전수가 가능해서 그 활동내용이 타인에 의해서도 원만히 수행될 수 있고 같은 결과를 만들어 낼 수 있어야 기술이 될 수 있다고 주장한다.

이러한 요건을 갖추지 못한 경우 기술의 차원에 있는 것이 아니라 그냥 개인적인 비법의 수준에 있는 것, 즉 객관화할 수 없고 전문적인 것으로 절대 수용할 수 없는 것의 차원에 머무를 수밖에 없다고 주장한다. 그의 이러한 주장은 사회복지조직기술이 실제로 인정받기 위해서는 어떠한 노력이 배가되어야 하는지를 인식하게 한다.

2) 조직기술 개념의 차원과 성격

조직기술에 대한 관심은 Woodward(1965)의 연구에서부터 시작하였다. 그녀는 조직의 생산기술에 초점을 두고 생산기술의 특징들을 분류하고 그러한 기술과 다른 조직 구성요소 및 성과와의 관계를 연구하였다. 기본적으로 그녀가 분류한 기술의 유형은 세 가지였다. 단위소량생산기술, 대량생산기술, 연속공정생산기술 등이었다. 그러나 이러한 기술의 유형은 다른 종류의 기술이 활용되는 다른 형태의 조직에 직접 응용될 수 있는 것이 아니었다. 이러한 제한점을 극복하는 차원에서 Perrow(1967)는 조직기술을 '어떤 대상물을 변화시키기 위해 그 대상에 대해 행해지는 모든 활동'으로 정의하고, 기술을 두 가지 차원에 따라 분류하였는데, 이러한 다양한 형태의 기술들을 그의 개념에 의거해서 분류할 수 있게 한다는 점에서 높게 평가받고 있다.

Perrow는 기본적으로 조직기술을 두 가지 측면, 즉 과업의 예외성 정도와 과업문제의 분석용이도 정도에 따라서 4가지 형태의 기술을 제시하였다. 즉 과업이 얼마나 예외적인 것이 적고 일상적인가, 그렇지 않으면 얼마나 예외적인 것이 많은가에 따라, 그리고 과업이 대상으로 하는 문제가 쉽게 분석될 수 있는 것인가 혹은 쉽게 분석되기 어려운 것인가에 따라 네 가지 형태의 기술을 제시하였다. 첫째, 장인기술(craft technology)로서, 과업의 다양성도 낮고 문제의 분석가능성도 낮은 경우이고, 둘째, 일상적 기술(routine technology)로서, 과업의 다양성은 낮고 문제의 분석가능성은 높은 경우이고, 셋째, 비일상적 기술(nonroutine technology)로서, 과업의 다양성도 높고 문제의 분석가능성도 높은 경우이다.

Perrow의 기술 개념에 대한 이러한 이해와 차원 분류는 사회복지조직기술을 이해하는 데 매우 유용하기 때문에 많이 인용되고 있다. 특히 이 분류에 의해서 사회복지조직기술이 많은 경우 비일상적 기술(nonroutine technology)의 모습을 가지고 있는 것으로 평가되고 있다. 즉 욕구를 갖는 사람의 변화를 추구하는 사회복지조직기술은 과업에 있어 일상적이지 않고 예외적인 것이 상당히 많고, 과업의 대상인 문제가 쉽게 분석되지 않는 특징을 가지고 있기 때문에 비일상적인 기술의 모습을 많이 갖는다고 평가되고 있다. 이러한 이해는 사회복지조직기술의 속성에 대한 이해를 제고하면서 기술과 관련된 사회복지조직관리의 과제를 이해하는 데 매우 중요할 수 있다.

3) 조직기술의 정의와 기능상의 종류

Hasenfeld(1980)는 사회복지조직기술을 '사회복지조직의 대상이 되는 사람들을 현재의 지위에서 새롭게 처방된 지위로 변화시키기 위하여 이들의 신체적·심리적·사회적·문화적 특징을 변화시키는 것을 목적으로 사용되는 제도화된 일련의 절차'로 정의한다. 사회복지조직기술은 일반적 대상이 되는 사람들의 문제 상태에서 문제가 치유된 상태로의 변화를 목적으로 한다는 점을 분명하게 강조한다. 또한 그는 사회복지조직기술은 '제도화된 절차'임을 기술하는데, 이는 사회복지조직기술은 사물이 아닌 사람을 대상으로 하기 때문에 마음대로 임의로 적용될 수 있는 것이 아니라 일반적으로 사회에 의해서 그리고 조직에 의해서 재가를 받고 합법화되는 것임을 강조하는 것이다. 이러한 정의는 사회복지조직의 대상을 사람으로 하고 있다는 점, 그리고 사회와의 밀접한 관계 속에서 존재하면서 기술을 적용하는 조직일 수밖에 없다.

이러한 특성을 갖는 사회복지조직기술은 보통 기능적인 측면에서 볼 때 인간 – 처리기술, 인간 – 유지기술, 인간 – 변화기술과 같은 세 가지로 구분될 수 있음을 강조한다(Hasenfeld, 1980). 첫째, 인간 – 처리기술은 인간의 문제 혹은 욕구 등의 지위를 판단하는 기술로서 분류하고 배치하는 활동으로 구성된다. 둘째, 인간 – 유지기술은 인간의 안정화를 가져오기 위한 기술로서, 기본적으로 이 기술은 문제 상태를 악화시키지 않고 그들의 존엄성과 가능성을 유지하고 보호하는 활동으로 구성된다. 셋째, 인간 – 변화기술은 인간의 문제 상태에 대한 개입을 통해 지위의 완전한 변화를 가져오기 위한 기술로서, 기본적으로 이 기술은 의도되고 계획된 바람직한 변화를 만드는 활동이다.

인간 – 처리기술은 사람들의 문제 상태에 대해서 정확한 판단과 적절한 대응을 위해서 절대적으로 필요한 기술이고, 인간 – 유지기술은 장애인이나 노인 등과 같은 일부 사회구성원의 존엄성을 유지하면서 삶의 안정을 위해서 절대적으로 필요한 기술이다. 인간 – 변화기술은 사람들의 상태를 더 바람직한 상태로 변화시키기 위해 사용되는 기술로서 우리 사회에서 사회복지조직의 존재의 이유를 보이고 그 기능을 정당화하기 위해서 절대적으로 필요한 것이다. 사회복지조직은 이러한 기술 중 어느 하나만을 집중적으로 사용하는 경우도 있으나, 혼용하는 경우가 많다고 볼 수 있다.

4) 조직기술의 과정적 구성

Hasenfeld(1980)는 사회복지조직에 의해서 활용되는 기술은 첫 번째로 클라이언트의 모집과 선택, 사정과 분류, 지위변화, 종결과 확증 같은 과정적 요소들로 구성될 수 있다고 설명한다. 두 번째로 이러한 과정 이후에는 사회복지조직이 클라이언트의 문제에 대해서 사정하고 분류하는 기술, 즉 진단을 통해 변환되어야 할 것들을 명료화시키는 기술을 적용한다고 설명한다. 세 번째로는 문제 상태에 대해서 미리 처방된 만큼의 변화를 실질적으로 가져오기 위해서 일련의 개입활동을 통해 지위를 변화시키는 기술을 적용한다고 설명한다. 그는 세 번째 구성 기술이 사회복지조직기술에서 핵심적인 기술(core technology)로서 사회복지조직의 성공과 실패를 가늠하는 기술이라고 강조한다. 그리고 이 핵심기술은 성공을 위해서 클라이언트의 순응을 가능하게 하는 다양한 통제기법을 병행하는 것을 특징으로 한다고 설명한다. 마지막으로 사회복지조직은 문제 상태에 대한 개입활동과 관련해서 종결을 할 것인지 혹은 지속할 것인지를 결정하는 것과 이러한 종결과 함께 사회에 클라이언트의 변화된 상태에 대해 확증해 주는 기술을 적용한다고 설명한다. 개입을 종료할 것인가를 판단하고 상태의 호전에 관해서 공적인 확증을 제공하는 기술이 사회복지조직기술의 마지막 요소라는 논의는 사회복지조직에서 클라이언트의 문제에 대한 개입을 종료하는 것을 의미한다.

5) 조직기술의 특성

Hasenfeld(1980)는 사회복지조직기술은 도덕적 시스템의 특성, 불확정적 시스템의 특성, 실행이념으로서의 특성, 대면적인 관계를 갖는다는 특성, 클라이언트 통제 시스템으로서의 특성을 갖는다고 설명한다.

먼저, 사회복지조직기술이 도덕적 시스템의 특성을 갖는다는 것은 사회복지조직기술이 사회의 도덕과 가치, 규범을 반영하는 특징을 갖는다는 것이다. 예를 들면, 사회복지조직기술은 클라이언트에 대한 도덕적 평가에 기초하여 개입의 내용이 구성되는데, 바로 이러한 경우에서 인식할 수 있듯이 사회복지조직기술은 사회의 지배적 도덕과 가치에 의해서 상당히 영향을 받는다는 것이다.

둘째로, 사회복지조직기술이 불확정적인 특성을 갖는다는 것은 사회복지조직기술은 사물이 아닌 인간을 대상으로 하기 때문이다. 상대적으로 자식의 측면, 특히 인간과 환경 및 이 둘 사이의 상호작용에 대한 지식의 측면 그리고 인간의 문제에 대한 개입과 결과라는 인과적 지식의 측면의 제한성을 갖는 상황에서 응용되는 것을 기본속성으로 하고 있다는 것이다. 완벽한 지식의 배경을 갖추지 못한 상황에서 적용되기 때문에 불확정적인 모습을 지닐 수밖에 없다는 것이다.

셋째로, 사회복지조직기술이 실행이념으로서의 특징을 갖는데, 이는 첫 번째와 두 번째 특성에서 기인한다. 즉 사회복지조직기술은 사회적 가치 및 도덕 기준에 의해서 영향을 받으면서 동시에 불확정성의 특징을 갖고 있는 상태에서 클라이언트의 문제 해결을 위해 개입활동을 펼쳐야 하는데, 이 상황에서 사회복지조직기술은 과학적 지식뿐만 아니라 사회복지사의 경험, 신념 및 기지를 통합해서 구성된다는 것이다. 이념적 경향이 반영되는 특성 때문에 사회복지조직기술은 불확실성과 모호성이 있는 상황에서도 클라이언트를 위한 활동을 지속적으로 수행하고 그러한 개입활동을 정당화할 수 있다고 한다. 그러나 이러한 이념적 특성 때문에 사회복지조직기술은 기존의 실행이념에 합치되는 지식만을 받아들이는 문제를 가질 수도 있다고 설명한다.

넷째로, 사회복지조직기술이 대면적 관계의 특성을 갖는다는 것은 사회복지조직기술은 클라이언트와의 대면적 관계에서 기술이 적용되는 것이다. 그리고 대면적 특성을 갖는다는 것은 사회복지조직기술은 상대적으로 전문가의 독립적인 권한, 즉 재량권을 상당히 존중하는 환경에서 기술이 적용될 수밖에 없음을 의미하는 것이다. 사회복지조직기술의 이러한 특성은 사회복지조직에서 슈퍼비전이 얼마나 왜 그렇게 중요한가에 대한 인식을 갖게 한다.

마지막으로 사회복지조직기술이 클라이언트 통제 시스템으로서의 특성을 갖는다는 것은 사회복지조직기술이 클라이언트에 대한 통제와 순응을 가져오기 위해 다양한 통제수단을 활용하는 것을 특징으로 하고 있다는 것이다. 사회복지조직은 클라이언트에 대한 개입활동을 전개할 때, 개입의 효과를 갖기 위해서는 다양하게 클라이언트를 통제하는 것이 필요하다. 사회복지조직은 클라이언트에 대한 통제를 가져야만 조직의 효과성을 담보할 수 있다는 것이다. 일반적으로 사회복지조직에서 사용할 수 있는 통제의 방법은 개입의 효과를 가질 수 있는 클라이언트들을 선별적으로 받아들이기 혹은 비협조적인 클라이언트들은 받아들이지 않고 거부하기 등의 방법과 함께, 클라이언트에 대해 부정적인 영향력이 있는 경우 이들 요소로부터 클라이언트를 격리시키는 등의 방법이 있다. 아울러서 클라이언트의 순응정도에 따라 보상과 벌칙이라는 다양한 상벌조치의 방법을 적용할 수도 있고, 클라이언트에 대해 긍정적인 이해를 갖는 경우 설득이라는 방법을 적용하기도 한다.

6) 조직기술의 조작화

사회복지조직기술은 다양한 측면에서 그 내용을 살필 수 있다. 즉 사회복지조직기술을 다음과 같은 측면에서 조작화해 볼 수 있다. Hasenfeld(1980)는 기술의 대상이 되는 클라이언트의 속성 측면, 지식의 내용 측면, 클라이언트와의 상호작용 측면, 클라이언트의 통제방식 측면, 그리고 운영방식의 측면에서 기술을 조작화를 제시한다.

먼저 조직기술은 기술의 대상이 되는 클라이언트의 속성 측면에서 그 내용을 살필 수 있다. 클라이언트의 속성 측면에서도 보다 세부적으로 기술의 내용을 살필 수 있다. 구체적으로 조직기술이 조직이 도움을 주려는 클라이언트의 생의 범위를 얼마나 넓게 잡고 있는지, 즉 현재의 범위에 두고 있는 것인지 혹은 현재와 미래의 범위를 갖는지 등의 세부 측면에서 클라이언트의 속성을 살필 수 있고, 조직기술이 클라이언트의 얼마나 다양한 부분에 개입하려는가의 세부 측면에서 클라이언트의 속성을 살필 수 있고, 마지막으로는 조직기술의 대상이 되는 클라이언트 속성의 안정성수준의 세부 측면에서 클라이언트의 속성을 살필 수 있다. 예를 들어, 자활조직기술은 클라이언트의 생의 범위를 현재와 미래에 두면서, 그들의 경제적 자활 및 사회관계 등의 다양한 부문에 대한 개입을 추구한다. 그리고 이러한 기술은 대부분의 경우 오랜 세월 동안 빈곤하게 생활한 이들을 대상으로 한다. 즉 클라이언트의 안정성 속성 측면에서 보면 그 안정성의 깊이가 매우 깊어 쉽게 변화시키기 어려운 속성을 대상으로 한다.

두 번째로 조직기술은 지식의 내용 측면에서 그 내용을 살필 수 있다. 지식의 측면에서 기술의 내용을 살펴보는 데 있어, 기본적으로는 두 가지의 세부 측면에 초점을 둔다. 문제상태에 대해서 변화를 가져오기 위해 필요한 개입 지식의 내용이 무엇인가이다. 즉 인간의 환경적 지식이 핵심적인가, 신체적인 지식이 핵심적인가, 인지적 지식이 핵심적인가, 혹은 감정적 지식이 핵심적인가로부터 시작해서 어떤 핵심적 지식에 근간해서 기술이 구성되는지를 살필 수 있다. 기술이 개입과 결과의 관계, 즉 인과관계 측면에서 표준화되어 있는가에 초점을 두고 기술의 구성을 살필 수 있다.

세 번째로 조직기술은 클라이언트와의 상호작용의 측면에서 그 내용을 살필 수 있다. Hasenfeld(1980)는 상호작용 측면에서 기술내용을 살펴보는 데 있다. 클라이언트와 대면적 방식의 상호작용을 하는가 혹은 비대면적 방식의 상호작용을 하는가이다. 전문가와 클라이언트가 취하는 태도에 초점을 두어 기술의 구성을 살필 수 있다. 즉 전문가가 능동적이고 클라이언트가 수동적인 태도를 취하는 방식의 상호작용을 하는지, 그 반대 방식의 상호작용을 하는지, 혹은 상호참여적인 방식의 상호작용을 하는지에 초점을 두어 기술이 어떻게 구성되는지를 살펴볼 수 있다. 또는 전문가와 클라이언트의 의사소통 형식에 초점을 두어 기술의 구성을 살필 수 있다. 즉 전문가 개인 대 클라이언트 개인이 의사소통을 하는 형식을 갖는지, 전문가 개인 대 클라이언트 집단이 의사소통을 하는 형식을 갖는지, 전문가 집단 대 클라이언트 집단이 의사소통을 하는 형식을 갖는지에 초점을 두어 기술이 어떻게 구성되는지를 살필 수 있다.

네 번째로 조직기술은 클라이언트를 어떻게 통제하는가의 측면에서 그 내용을 살필 수 있다. 클라이언트의 문제에 대한 개입과정에 요구되는 클라이언트 통제방식은 기본적으로는 두 가지 세부 측면에서 살필 수 있다. 통제의 방식이 외부와의 단절을 통한 통제를 하는가 그렇지 않은 방식의 통제를 하는가이다. 확실히 드러나는 직접적인 통제를 하는가 혹은 간접적인 통제를 하는가이다. 설득 등의 방식이 직접적인 통제방식에 속하고, 정보의 조정 등이 간접적인 통제방식에 속한다고 볼 수 있다.

다섯 번째로 조직기술은 운영방식 측면에서 그 내용을 살필 수 있다. 사회복지조직기술은 일련의 서비스 과정으로 구성되기 때문에 그 활동들을 다양하게 조직화할 수 있는데, 운영방식 측면에서 기술의 그러한 내용을 살필 수 있다.

Hasenfeld(1980)는 사회복지조직기술에서 일반적으로 네 가지 형태의 운영방식을 관찰할 수 있다고 주장한다. 첫째는 연속적인 절차로 기술이 운영되는 경우이고, 둘째는 의사와 사회복지사가 병원에서 상호보완적으로 일하는 것과 같이 기술이 상호보완적으로 운영되는 경우이고, 셋째는 전문가들이 함께 동시에 일을 하는 것, 즉 팀적인 형태로 기술이 운영되는 경우이고, 마지막으로는 기술이 서로 연결됨 없이 완전히 하나하나가 독립적으로 운영되는 경우이다.

7) 조직기술의 선택에 미치는 영향

사회복지조직기술의 선택은 어떻게 만들어지는 것일까? Hasenfeld(1980)는 조직에서 사용하는 기술은 보통 그 영역에서 현재 사용되고 있는 현존하는 기술의 상황들에 많은 영향을 받는다고 주장한다. 그 영역에서의 기술개발상태에 많은 영향을 받는다고 설명한다. 그리고 동시에 조직에서의 기술선택은 정치경제적 시각에서 이해해 볼 필요성이 있음을 제시한다. 즉 조직기술의 선택은 조직환경과의 관계에서 조직에 더 많은 합법성을 가질 수 있을 때, 생존력을 높일 수 있을 때, 지위를 강화시킬 수 있을 때, 그런 것을 가능하게 하는 기술을 선택하는 경향이 매우 높다고 설명한다. 그리고 이러한 정치경제적 시각은 기술선택과 관련된 조직 내적인 상황에도 적용될 수 있다고 설명한다. 즉 조직구성원의 경험, 현재의 전문성과 더 나아가 조직에서 권력을 갖는 이의 선호도가 매우 중요한 영향을 미칠 수 있다고 설명한다.

8) 기술과 다른 조직구성요소의 관계

조직기술은 기본적으로 조직구조와의 관계 속에서 많이 다루어진다. 즉 많은 조직학자들은 조직기술이 조직구조를 결정한다는 시각을 갖는다. 조직구조를 디자인하는 데 있어, 조직이 갖는 핵심기술이 가장 큰 영향을 미친다는 것이다. 그 이유는 기술이 가장 잘 적용될 수 있게 조직구조를 디자인하는 경우, 조직의 성과가 보다 효율적이고 효과적일 수 있기 때문에 조직에서 관계를 예측할 수 있다.

이러한 발전을 가장 최초로 한 연구자는 Woodward(1965)이다. 그녀는 조직기술에 가장 적합한 조직구조를 갖는 조직이 가장 효과적이었다는 연구결과를 발표함을 통해 조직기술과 구조가 매우 긴밀하게 연결됨을 제시하였다. 이러한 연구는 Perrow(1967)에 의해서도 지속되었는데, 그는 조직이 일상적 기술을 갖는 경우 이는 높은 수준의 공식화 및 집권화와 가장 적합하게 결합되고, 조직이 비일상적 기술을 갖는 경우 이는 낮은 수준의 공식화와 분권화와 가장 적합하게 결합됨을 제시하였다. 한편 Thompson(1967)은 좀 더 나아가 기술이 조직의 전략선택에 영향을 미치고 동시에 조직구조에 영향을 미침을 제시하였다. 즉 그는 조직기술에 따라서 조직은 기술과 관련된 불확실성을 가질 수 있는데 바로 기술은 이 불확실성을 낮추기 위한 전략의 선택에 영향을 미치고 동시에 다른 학자들이 주장하였듯이 조직구조의 선택에도 영향을 미친다는 것을 제시하였다.

그에 따르면, 서로 여러 단계로 연결되어 있는 연결기술(long-linked technology)의 경우, 투입과 산출에서 불확실성이 발생하기 때문에 조직은 투입과 산출을 통합하려는 전략을 사용하게 된다고 주장한다. 그리고 투입과 산출의 클라이언트를 연계하는 기술 (mediating technology)의 경우, 불확실성은 이 두 종류의 클라이언트에의 의존성에서 발생하기 때문에 조직은 투입부문의 클라이언트와 산출부문의 클라이언트 모두를 증대시키는 전략을 사용하게 된다고 주장한다. 즉 모금 조직의 경우, 어느 한 클라이언트 축소는 문제를 발생시키기 때문에 기부자와 도움이 필요한 사람들 모두의 규모를 지속적으로 증대시키는 전략을 사용할 수밖에 없게 된다고 주장한다. 마지막으로 다양한 우연적 상황에 대응해야 하는 집합기술(intensive technology)의 경우, 불확실성은 예기치 못한 우연적 상황들에 의해서 발생하기 때문에 조직은 다양한 우연적 상황에 대비할 수 있는 유연한 시스템을 준비시키는 전략을 사용할 수밖에 없다고 주장한다. 즉 병원 응급실의 경우, 우연적 상황에 대한 대비 능력이 핵심적으로 요구되기 때문에 응급실에서는 다양하게 적용될 수 있는 대비 시스템을 마련하는 전략을 사용할 수밖에 없다고 주장한다.

기술과 구조의 관계와 관련해서, Thompson은 연계기술은 규칙과 절차가 매우 중요하기 때문에 높은 수준의 공식화와 연결될 수밖에 없다. 연결기술은 기획이 매우 중요하기 때문에 그렇게 높은 수준의 공식화 및 분화보다는 중간수준의 공식화 및 분화로 연결되는 경향이 많다. 집합적 기술의 경우 상황에 따른 상호조정이 중요하기 때문에 높은 수준의 분화와 낮은 수준의 공식화와 연결되는 경향이 많음을 제시한다.

4. 조직환경

사회복지조직을 포함해서 어떠한 조직도 환경과의 교환관계가 없이는 생존할 수 없다. 조직환경의 중요성에 대한 이러한 이해 및 학문적 정리 작업은 1960년대에 와서야 비로소 본격화되기 시작했다. 즉 조직연구의 초창기에는 조직을 폐쇄체계로 이해하고 조직의 내적 구성요소에 초점은 많이 두었으나, 1960년대 이후 조직에 대한 이해에서 개방체계의 관점을 갖는 것이 필요함을 인식한 이후에 조직환경에 대한 이해와 폭과 깊이가 강화되기 시작했다.

이러한 변화와 함께 근래에는 조직현장에서 그리고 이론적인 탐구의 측면에서도 조직환경에 대한 관심이 보다 증폭되고 있다. 조직에 대한 이해에서 이렇게 조직환경의 위치가 더욱 핵심적인 위치를 점하는 이유는 무엇일까? 그것은 조직에 있어 이제 생존이 가장 중요한 문제이고, 조직 생존에 있어 조직환경은 불확실성(uncertainty)을 가져오는 가장 위협적인 존재이기 때문일 것이다. 조직환경의 불확실성은 모든 조직에 있어 공유되는 문제이다. 사회복지조직에서도 환경의 불확실성은 예외가 아니다. 이렇게 위협적인 의미를 갖는, 그러나 동시에 기회의 원천 혹은 기회의 장이라는 의미도 가질 수 있는 조직환경에 대한 이해는 사회복지조직의 관리에서 절대적으로 필요한 사항이다. 따라서 다음에서는 조

직환경에 대한 정의, 조직환경의 차원과 불확실성, 조직환경의 다양한 측면, 설정환경이라
는 조직환경의 실제적 의미와 설정환경관리의 과제, 사회복지조직과 조직환경 간의 관계
에 대해 보다 많은 이해를 제공한다.

1) 조직환경의 정의

일반적으로 환경이란 개별조직의 외부적인 모든 관련요소를 의미한다. 즉 조직이라는
경계 밖에 위치하여 조직에 여향을 미치는 제반요인들을 환경이라고 정의한다. 그러나 이
러한 환경의 의미는 너무나 포괄적이기 때문에 일부의 학자들은 과업환경(task environment)
이라는 것에 보다 주목한다. 과업환경은 단순히 정의하면, 조직의 목적 달성에 직접적으로
영향을 미치는 조직 경계 밖의 요인들이다. Dill(1958)의 정의에 따르면 경쟁자, 조직과 특
별히 관련이 있는 이해집단, 고객이나 클라이언트, 정부조직, 공공 압력단체, 사회복지사
협회와 같은 전문직업 단체, 그리고 노조 등이 바로 과업환경의 주요 구성요소일 수 있다.

2) 조직환경의 차원

조직환경이 가져오는 불확실성은 조직에게는 매우 중요하고도 어려운 과제이다. 조직
환경의 불확실성이라는 특성과 관련해서 연구자들은 그 내용이 다양한 차원에서 발생할
수 있음을 논의한다. 먼저 불확실성과 관련해서 조직환경의 차원을 논할 때 가장 주목하는
것은 동태성, 복잡성, 풍요성 등의 세 가지 하위개념이다. 동태성(volatility)은 조직환경의
변화정도를 나타내는 것이고, 복잡성(complexity)은 조직이 대응해야 하는 조직환경 요소의
수가 얼마나 많은가 그리고 그러한 요소들이 이질적인가 혹은 동질적인가의 정도를 나타
내는 것이고, 풍요성(capacity)은 환경의 자원이 조직의 성장을 지지하는 정도를 나타내는
것이다. 조직은 기본적으로 이러한 환경 차원들에 주목하면서 조직이 갖는 불확실성의 정
도를 논의할 수 있다.

3) 조직환경의 다양한 측면

조직을 둘러싼 환경의 일반적 측면은 기술환경, 법환경, 정치환경, 경제환경, 인구사
회환경, 문화환경 등으로 구분해서 살필 수 있다(Hatch, 1997).

첫째, 조직은 기술환경을 갖는다. 기술환경은 조직의 핵심기술과 관련된 조직 밖의
전개상황이라 볼 수 있는데, 이러한 기술발전의 전반적인 수준은 조직이 활용할 수 있는
정보나 지식에 영향을 미친다. 따라서 조직은 조직의 성공적인 운영을 위해서 기술의 측면
에서 환경적 변화와 보조를 맞춰 나가야 한다.

둘째, 조직은 법환경을 갖는다. 법은 조직의 활동을 가능하게 하기도 하고 동시에 규
제하는 기능을 하기도 한다. 특히 사회복지조직은 사람을 대상으로 하기 때문에 다양한 법

적 제도들에 의해서 규제 당한다. 따라서 조직은 조직의 성공적인 운영을 위해서 조직환경의 법적 측면에서의 변화에 매우 민감하게 대응하면서 활동을 전개시켜 나가야 한다.

셋째, 조직은 정치환경을 갖는다. 법제도의 생성 혹은 개정에 앞서, 사회에서는 사람들의 일반적인 관심과 의견으로 표현되는 사회적 분위기를 갖고, 이러한 사회적 분위기는 법의 형태로 전개된다. 따라서 조직의 성공적인 운영을 위해서 조직환경의 정치적인 측면에서의 변화에 민감하게 대응하면서 활동을 전개시켜 나가야 한다.

넷째, 조직은 경제환경을 갖는다. 기본적으로 경제환경은 두 가지 차원에서 고려할 수 있다. 거시적으로 경제환경은 국가경제의 현황과 변화 혹은 국제경제의 현황과 변화 등을 의미한다. 그리고 미시적으로 경제환경은 조직의 운영에 직접적 영향력을 갖는 재원 등의 자원현황과 변화 등을 의미한다. 조직은 조직의 성공적인 운영을 위해서 조직환경의 경제적인 측면에서의 변화에 민감하게 대응하면서 활동을 전개시켜 나가야 한다. 예를 들어, 국가경제의 변화와 정부예산의 변화는 사회복지조직과 같은 조직의 생존과 발전에 직접적인 영향력을 가질 수 있는데, 바로 이런 국가 경제의 상황 및 정부예산의 구성과 변화 등은 경제적 환경을 구성하는 구체적인 예이다.

다섯째, 조직은 인구사회환경을 갖는다. 인구사회환경의 변화, 즉 계층의 변화, 성비의 변화, 연령의 변화 등은 조직의 활동과 조직의 방향 등에 상당히 영향을 미친다. 따라서 조직은 조직의 성공적인 운영을 위해서 환경의 인구사회적 측면의 변화에 민감하게 대응하면서 활동을 전개시켜 나가야 한다. 예를 들어, 지역사회에서 노령인구의 급속한 증가와 아동인구의 급속한 감소를 경험할 수 있는데, 바로 이런 인구적 변화가 인구사회적 측면에서 조직환경의 내용을 구성하는 구체적인 예라 할 수 있다.

마지막으로 조직은 문화환경을 갖는다. 사회에서 형성되는 가치와 규범 및 생활양식 등은 조직활동의 선택 및 전개에 상당히 많은 영향을 미친다. 따라서 조직은 조직의 성공적인 운영을 위해서 조직환경의 문화적인 측면에서의 변화, 즉 가치와 규범 및 생활양식에서의 변화에 민감하게 대응하면서 활동을 전개시켜 나가야 한다. 예를 들어, 사회복지조직이 빈곤한 가정에 대한 개입을 결정할 때, 이러한 가정에 대한 사회의 이해 및 해결의지 등에 큰 영향을 받는데, 바로 이런 사회적 관심 및 해결의지가 빈곤과 관련된 문화환경을 구성하는 구체적인 예가 될 수 있다.

4) 조직환경의 설정과 설정환경관리의 과제

어떤 조직도 조직에 영향을 미칠 수 있는 조직환경의 요소 모두를 다 인식해 낼 수는 없다. 그리고 환경적 요소 모두에 대해 정확한 인식을 항상 가지고 있을 수도 없다. 그러나 환경은 인식된 만큼에서는 그 변화가 파악될 수 있다. 즉 환경설정을 어떻게 하는가에 따라서 우리는 환경의 변화에 대한 대응력을 가질 수 있다. 이러한 시각에서 많은 연구자들은 조직에서 환경이란 인식의 차원에서 논의될 수 있는 것(perceived environment)이고, 실제에 있어서는 조직에 의해서 설정되는 것(enacted environment)임을 강조한다. 조직의 환경이 설정환경이라는 사실은 우리가 어떤 현상이나 사물에 대해서 우리가 알고 있는 만큼만 볼 수 있는 것처럼, 조직환경도 바로 조직이 설정한 만큼만을 볼 수 있음을 시사한다.

조직환경이 설정환경이라는 사실은 조직관리실제에 있어 조직환경이 어떻게 설정되는가에 대해서 생각하게 한다. Pfeffer(1978)에 의하면, 조직이 환경을 설정할 때 영향을 미치는 요인으로 다음의 세 가지를 제시한다. 먼저 조직구조가 어떻게 구성되었는가, 둘째, 조직의 정보관리 시스템의 구조가 어떻게 되어 있는가, 셋째, 조직의 활동 자체, 이 세 가지 요인이 조직의 환경설정에 영향을 미칠 수 있다고 설명한다. Pfeffer(1978)는 조직이 이러한 구조와 과정을 통해 능동적으로 환경을 인식하고 규정해 나가고 있다고 한다.

환경설정에 영향을 미치는 요인에 대해 설명하면서 Pfeffer(1978)는 조직에서 환경을 설정하는 과정에서 일반적으로 다음과 같은 문제를 지닐 수 있음을 강조하는데 이는 많은 관리적 측면에서 많은 시사점을 제공한다. 그는 먼저 많은 조직은 환경요소와의 상호의존적 관계상황을 잘못 인식하는 문제로 인해 환경설정에서 문제를 가질 수 있다고 한다. 둘째, 환경에 의해서 조직에 요구되는 것들을 잘못 인식하는 문제로 인해 환경설정에서 문제를 가질 수 있다고 한다. 예를 들면, 정부가 사회복지조직에 효율성을 요구하는데, 사회복지조직이 이러한 정부의 요구를 효과성으로 인식, 설정하고 대응함으로 인해 발생하는 문제를 가질 수 있다는 것이다. 셋째, 많은 조직은 과거로부터 설정되어 온 것에 대한 집착으로 인해 조직환경의 설정에서 문제를 가질 수 있다고 설명한다. 마지막으로 조직은 다른 환경적 요소로부터의 요구가 갈등적 상황을 불러일으킬 때 이러한 갈등적 요구들과 관련해서 어느 하나의 요구에만 초점을 두고 선택적 대응을 하는 경향을 갖는데, 이러한 선택적 대응이 환경설정의 문제를 불러올 수 있다고 한다.

조직환경의 설정 문제점 논의에서 인식되듯이, 조직이 정확하고 적절하게 환경을 설정하는 것은 조직의 생존에 절대적으로 중요하다. 이러한 중요성 때문에 조직이 환경적 요구에 대해 상시적으로 사정하는 노력을 갖는 것이 필요한데, 이를 위해서는 다음과 같은 과제들을 수행하는 것은 조직에 매우 큰 도움이 될 수 있다(Pfeffer, 1978). 먼저 조직이 조직의 기능과 관련해서 중요한 이해관계를 갖는 외부조직과 집단을 파악하는 노력을 갖는다면, 이는 조직의 환경설정에 매우 도움이 될 것이다. 둘째, 조직이 이해관계를 갖는 외부조직과 집단의 중요성을 파악해 내는 노력을 갖는다면, 이 역시 조직의 환경설정을 더 정교하게 구성하는 데 매우 큰 도움이 될 것이다. 셋째, 조직이 조직과 이해관계를 갖는 외부조직과, 집단이 어떤 기준에 의해서 자기 조직을 평가하는가를 파악해 내면서 어떠한 대응적 활동들을 그들과의 관계에서 만들어 나가는 것이 적절한가를 파악하는 노력을 갖는다면, 이 역시 설정된 환경에 대한 대응적 활동들을 보다 구체화하는 데 매우 도움이 될 것이다. 마지막으로 외부조직의 우리 활동에 대한 평가기준을 준거로 해서 자기 조직이 행하고 있는 활동들의 파급효과가 어느 정도인가를 파악해 내는 노력을 갖는다면, 이 역시 설정된 환경에 대한 대응적 활동의 범위와 강도를 결정하는 데 매우 큰 도움이 될 것이다. 정리하면, 위에서 논의한 조직환경설정과 관련된 관리의 과제를 수행하는 것은 조직의 생존력을 제고하면서 환경과의 관계에서 적합성(congruence)을 강화하는 데 매우 중요한 기능을 할 것이다. 이러한 과제의 실천은 조직의 환경대응력을 키우면서 조직 생존과 발전을 가져올 수 있다는 점에서 매우 중요한 의미를 가질 수 있을 것이다.

5) 주요 조직환경이론

개방체계이론으로부터 발전되기 시작한 조직환경이론들의 핵심내용을 정리해 본다. 먼저 구조-상황이론의 핵심적 주장으로부터 시작해서, 자원의존이론, 신제도이론, 조직군생태학이론의 핵심적 내용을 살펴보고자 한다.

(1) 구조-상황이론

조직환경에 관한 이론의 발전은 개방체계이론의 적용으로부터 발전하기 시작했다. Katz와 Kahn(1966)은 조직을 개방체계의 관점에서 이해하는 것에 대한 당위성을 제시하며, 개방체계로서 조직의 특성을 설명하였다. 조직을 이해하는 데 있어 이러한 체계이론의 도입은 조직현상을 보다 열린 시각에서, 그리고 보다 폭넓은 시각에서 이해하게 하는 것을 가능하게 하였다. 개방체계이론은 너무나 추상적이어서 비록 실제로 적용하기에는 제한적이었으나, 이러한 시각 자체가 조직환경이론 발전의 토대가 되었다. 개방체계 시각의 적용을 통해 조직환경과 조직구조의 적합성(fit)이 조직의 성과, 궁극적으로는 조직의 생존에 중요한 영향을 미친다는 것이 구조-상황이론이다.

구조-상황이론(structure-contingency theory)은 조직구조를 디자인하는 데 있어 단 한 가지의 최선의 방법이란 있을 수 없고 조직의 설계는 조직의 맥락, 특히 조직이 관련을 맺고 있는 환경특성에 의존할 때 최선의 디자인을 구성할 수 있다는 전제들을 구성하였다(신유근, 1998). 이 이론은 조직의 환경적 요구와 같은 맥락적 요구에 적합한 구조를 조직이 구성해 낼 수 있을 때, 이러한 적합성을 갖는 조직들은 그렇지 못한 조직들보다 더 효율적이고 효과적일 수 있음을 가정한다. 이러한 가정하에 구조-상황이론은 조직의 환경적 제약에 대한 조직의 적응, 즉 환경적 특성에 대한 구조적 적응이 조직의 성과를 높이는 데 무엇보다도 중요할 수 있음을 강조한다.

이러한 내용을 중심으로 하는 구조-상황이론의 발전을 이루는 데 있어 Lawrence와 Lorsch(1967)의 실증적 연구는 매우 중요한 기여를 했다. 그들은 특정 산업 부문의 환경 불확실성의 특성에 적합한 적응을 구조적인 측면에서 갖는 조직과 그렇지 못한 조직들의 성과를 비교하는 방법을 통해, 환경의 불확실성 특성에 적합한 방식(fit)의 조직구조분화와 조직구조통합의 기제를 갖는 조직들이 성과에서 보다 효율적이고 효과적임을 제시하였다. 이러한 연구결과물에 기초하여, 구조-상황이론은 조직구조를 조직의 환경적 상황 혹은 맥락 등과 적합할 수 있게 구성하는 것이 조직을 보다 효과적이고 효율적으로 만들고 조직이 계속 생존할 수 있는 핵심적 주장을 전개하였다.

(2) 자원의존이론

자원의존이론(resource dependence theory)은 사회관계가 권력관계로 구성되어 있음을 가정하며 조직은 기본적으로 그 조직에 가장 중요한 자원을 제공하는 외적인 환경요소에 의존하면서 이의 통제하에 있는 것이 일반적 현실임을 설명한다. 이러한 인식에서 더 나아가 조직이 의존관계를 구성하는 조직환경에 대해 전략의 선택과 함께 능동적으로 대응하고 적응해 나가는 실체임을 강조한다(Aldrich & Pfeffer, 1976).

핵심적 주장을 다음의 두 가지 전제들로부터 이해할 수 있다. 첫째, 조직은 결코 자기 스스로 자원을 만들어 낼 수 있는 자기충족적인 존재가 아니고 외부환경으로부터 자원을 획득하지 않으면 존속할 수 없는 존재라는 것이다. 즉 조직은 환경에 의존하면서 자원의 획득, 그리고 획득된 자원의 처분을 위해 끊임없이 상호작용을 해야 하는 존재라는 것이다. 이러한 과정에서 조직은 그 조직에 핵심적인 자원을 제공하는 외적 환경요소에 의존하면서 이 요소에 의한 외적 통제에 의해 영향을 받을 수밖에 없는 존재라는 것이다. 둘째, 조직이 이러한 메커니즘에서 환경과 상호작용을 하지만, 조직은 여기서 완전한 의존을 용인하지 않고 스스로의 자율성을 확보하고 의존성을 줄이기 위해서 노력하며, 동시에 다른 조직을 자기 조직에 의존하도록 하여 스스로의 권력의 범위를 확대하려는 존재라는 것이다. 즉 조직은 전략적 선택 행위, 특히 경영자의 전략적 선택을 통해 의존으로부터 자율을 확보하고 확대하는 존재라는 것이다.

이 이론의 두 번째 전제는 조직은 환경에의 의존성과 불확실성을 제거하고 환경에 대한 통제력을 높이기 위해 자원의존회피전략 등의 다양한 전략을 취하는 존재라는 것이다. 이 이론은 조직이 환경과의 관계, 그리고 조직 간 관계를 어떻게 형성하는 것이 조직에 필요한 자원을 쉽게 획득하고 환경 및 타 조직에 대한 의존을 회피할 수 있게 하는가에 대해 많은 시사점을 제공한다. 이러한 일반적인 평가에 더하여 Hasenfeld(1992)는 자원의존이론이야말로 신제도이론과 함께 사회복지조직의 현실을 가장 잘 설명하면서 사회복지조직의 전략적 선택방향에 대해 핵심적인 시사점을 제공해 주고 있다고 평가한다.

(3) 신제도이론

신제도이론은 조직과 환경 간의 관련성을 다룬 여러 이론들 가운데 제도적 환경 (institutional environment)의 중요성을 특히 강조한다는 점에서 기존의 다른 이론들과 구별되다. 기존의 조직환경이론들은 과업환경에 대해 관심을 집중시켰으나, 신제도이론은 과업환경의 원천적 장이 된다고 평가할 수 있는 제도환경에 주목함으로써 조직환경의 핵심적 요소를 새롭게 인지시키는 기여를 했다고 평가받는다(신유근, 1998).

신제도이론은 개별조직들이 그들이 수행하는 활동에 대한 지원과 정당성을 얻기 위해서 반드시 따라야만 하는 사회적 규범과 가치 및 문화적 규범 시스템, 즉 제도환경에 순응하는 것의 중요성에 관심을 둔다(Scott, 1998). 신제도이론은 이러한 제도적 환경과 조직의 관계 및 조직환경에의 동조(conformity) 등에 주목해서 논의를 전개한다. 신제도이론은 제도적 환경이야말로 조직의 행동과 구조에 영향을 미치는 핵심적 원천으로서, 조직은 사회적 정당성을 확보하기 위해서 제도환경에서 기대하는 요소나 특성을 조직의 행동이나 구조에 반영하고 정착시켜야 하는 존재로서 동조적인 방식(conformity)을 통해 정당성을 확보해 나가고 생존해 나가는 존재임을 강조한다(Meyer and Rowan, 1977).

특히 더 강조하는 것은 현대사회에서 고도로 제도화된 환경 속에서 조직은 직접적인 능률과 성과라는 기준보다는 외부환경, 즉 제도환경으로부터의 정당성을 확보하기 위해 제도적 기대들에 순응하는 방식에서 공식구조와 조직활동을 전개시키는 존재라는 것이다. 조직의 입장에서 설명하면, 사회적으로 정당화된 요소들을 공식구조에 편입시키는 조직들은 그들의 사회적 정당성을 증대시킬 수 있으며, 필요한 자원을 환경으로부터 끌어오는 데 유리하고, 궁극적으로 조직의 생존가능성을 증대시킬 수 있다는 것이다.

신제도이론에서 조직은 사회적으로 정당화된 기대를 내규화하는 존재이고, 이러한 조직은 제도적 환경에 동조적 행동을 갖고, 바로 이러한 동조적 행동을 통해 정당성 및 합법성을 취득하고, 이러한 합법성을 기반으로 조직의 생존력을 강화해 나간다는 것이다. Hasenfeld(1992)는 조직환경과 조직의 관계에 관해 이러한 설명을 하는 신제도이론의 사회복지조직에 대한 설명력은 매우 정확하다고 주장한다. 그는 사회복지조직과 환경의 관계를 가장 적절하게 설명할 수 있는 이론이 바로 자원의존이론과 신제도이론인데, 특히 신제도이론은 사회복지조직이 어떻게 생존해 나가고 있는가, 그리고 어떻게 생존해 나가야만 할 것인가를 기술하는 가장 중요한 조직환경이론이라고 주장한다. 실제로 사회복지조직은 사회가 기대하는 것들을 중심으로 그 행동을 구성하는 경향이 매우 강하다. 그 이유는 사회복지조직이 그렇게 사회적으로 기대된 바대로 행동할 때, 제도환경으로부터 합법성을 취득할 수 있고 바로 그러한 합법성에 기초하여 자원을 보다 원활하게 유입시킬 수 있기 때문이다.

구조-상황이론 및 자원의존이론과 신제도이론을 비교해 보면, 신제도이론은 조직이 조직환경에 적응하는 데 있어, 조직의 합리적인 선택에 의한 적응을 가정하는 구조-상황이론 그리고 조직전략 등에 의한 의도적인 선택에 의한 적응을 가정하는 자원의존이론과는 다르게, 효율성의 논리가 아닌 생존 차원의 논리에 기반을 두고 사회적으로 합리화된 신화를 무조건적으로 내재시키는 차원에서의 조직적응을 가정한다. 이러한 차원에서의 조직적응과 관련해서 DiMaggio와 Powell(1983)은 유사한 제도적 환경에 있는 조직들이 구조적 동일성(institutional isomorphism)을 갖는 이유는 구조적 동일성을 통해서 조직이 합법성을 취득하고 지속적인 생존을 보장받기 때문이라고 한다.

(4) 조직군생태학이론

조직군생태학이론(organizational population theory 혹은 population ecology theory)은 조직과 환경과의 관계에서 환경의 조직선택이라는 환경결정론적인 시각을 취하는 이론이다. 다윈의 진화론, 특히 적자생존(natural selection)이라는 개념에 영향을 받은 것으로서 조직과 환경 간의 관계에 있어 개별조직에 관심을 두지 않고 조직군(organizational population)에 대해서 관심을 두면서 조직군을 둘러싸고 있는 환경적 욕구에 부합하는 조직만이 선택되어 생존하게 되는 원리가 조직과 환경 간의 관계에서 적용됨을 주장한다. 즉 이 이론은 조직군에 초점을 두면서 조직들이 환경에 의해서 선택되는 변천과정을 설명하는 것에 많은 비중을 둔다.

Hannan과 Freeman(1984)은 기존의 이론들이 조직의 적응 능력을 지나치게 과장하는 경향을 가지고 있다고 비판하면서, 조직의 능동적인 적응은 극히 제한적일 수밖에 없다고 설명한다. 그 이유는 조직이 적응을 어렵게 하는 구조적인 관성 압력(structural inertial pres-sures)을 갖고 있기 때문이라고 설명한다. 즉 조직은 움직이지 않고 계속 멈추어 있거나 혹은 결정된 일정 방향으로만 이동하게 하는 구조적 관성(structural inertial)을 갖는데, 구체적으로 조직 내적인 측면에서 설비투자, 매몰비용, 정보처리의 한계, 정치적 제약, 조직의 역사와 전통 등이 그러한 관성을 이끈다는 것이다. 그리고 조직의 외적 측면에서 진입장벽, 철수장벽, 정보유통의 한계, 정부의 입법과 규제, 사회적 정당성 등이 그러한 관성을 이끈다는 것이다. 정리하면, 조직군생태학이론은 조직은 환경의 변화속도보다 조직의 변화속도가 느림에 따라 구조적 관성을 나타내게 되고, 구조적 관성에 의해서 개별조직의 변화는 일어나기 어렵기 때문에 조직의 환경적응은 어렵게 되고, 이에 따라 조직은 환경에 의해서 선택 당하게 될 수 있음을 설명한다.

조직군생태학이론은 환경에 의한 선택과 관련해서 그 과정이 변이, 선택, 보전의 단계로 이루어진다고 설명한다. 첫째 단계인 변이(variation)는 기존의 보전기제가 붕괴되고 선택기준이 변화하면서 새로운 조직이 출현하여 기존의 조직군에 유입되는 단계이다. 둘째 단계인 선택은 어떤 변이는 선택되고 어떤 변이는 도태되는데, 이러한 선택은 이러한 조직군을 둘러싼 환경이 결정한다는 것이다. 마지막 단계인 보전은 선택된 변이들이 보전되는 단계이다. 비록 조직군생태학이론이 환경결정론적 논리를 지나치게 강조한다는 점,

즉 조직의 자율적인 선택과 적응능력을 지나치게 과소평가한다는 점에서 많은 비판을 받고, 또한 이 이론의 논리가 소규모 조직이나 자원봉사 조직 등과 같은 환경의 영향에 의해 민감하게 부침을 겪는 조직들에만 적용될 수 있다는 평가를 받고 있기는 하나, 조직의 진화과정, 산업부문의 진화과정, 즉 조직군의 거시적인 차원에서의 변화와 관련해서 매우 높은 수준의 통찰력과 설명력을 가진다고 볼 수 있다.

제 6 장

사회복지조직구조와
사회환경

1. 사회복지조직

1) 사회복지조직의 이해

어떤 이론도 조직 현상에 대한 모든 것을 적절하게 설명하지는 못한다. 각 이론이 갖는 효용성은 그것이 설명하려는 조직 현상의 특정 측면에 국한되어 있기 때문이다. 요약하면, 합리-합법적 모델에 속하는 이론들은 조직의 효율성이 어떻게 추구되는지를 이해하는 데 도움을 준다. 인간관계 이론은 조직 내에서의 대인 관계의 본질이 조직의 효과성에 미치는 영향을 이해하려고 할 때 적합하다. 개연성 이론이나 사회기술체계 이론들은 서비스 환경과 기술이 조직구조와 과정에 어떤 영향들을 미치는지를 파악할 수 있게 한다. 정치경제 이론은 자원을 획득하기 위한 조직 전략들이 어떻게 그 조직의 서비스 전달체계에 영향을 미치는지를 파악할 수 있게 한다. 제도 이론은 제도적 환경이 조직들에 어떻게 영향을 미치고 조직들은 그 안에서 합법성을 어떻게 획득해 나가는지를 설명한다. 마르크스주의와 비판이론은 휴먼서비스 조직을 거시적인 사회경제 체제에서 이들이 수행하는 역할을 통해 이해할 수 있게 된다.

각각의 이론들은 나름대로의 조직 현상에 대해 설명하는 것이다. 따라서 이론들에 대한 상대적인 가치평가를 내리기는 쉽지 않다. 다만 사회복지조직의 주어진 특성에 비추어 본다면, 개방 체계로서 조직을 이해하는 관리실천의 이론들 특히 제도 이론과 정치경제 이론의 결합이 가장 적절할 것이라는 평가가 있다. 이러한 이론들이 중요하게 취급되는 이유는, 사회복지조직의 구조와 기능 수행에 영향을 미치는 힘들이 대개가 조직 내부에 있기보다는 외부에 있다고 믿어지기 때문이다. 이런 관점으로 사회복지조직을 이해한다면 사회복지행정의 역할 역시 조직의 내부 관리에서부터 외부환경에 대한 관리로 강조를 옮겨가게 될 것이다.

사회복지행정을 공부하는 학생과 행정관리자들은 조직과 조직 관리에 대한 폭넓은 시각을 갖추는 것이 필요하다. 조직 현상이란 고착적이지 않으며 역동적이다. 조직관리를 위한 지식이란 것도, 현재 이루어지고 있는 조직 과정이나 절차들에 전착해서는 결코 얻어질 수 없다. 조직관리에 필요한 세부적인 지식들은 궁극적으로 그것들이 변화와 역동의 가능성을 내포하고 있음을 전제로 습득되어야 한다. 이를 위해서는 우선 조직의 제반 현상을 이해할 수 있는 다양한 시각과 폭넓은 이론적 관점을 갖추는 것이 필요하다. 그것이 편협된 조직 이해와 관리의 시각에서 벗어날 수 있는 유일한 방법이기도 하다.

현대사회의 대부분 서비스들은 조직을 통해 산출된다. 사회복지서비스도 예외는 아니어서, 서비스가 전달되는 과정이 조직적인 맥락으로 형성되어 있다. 따라서 사회복지의 이념과 정책을 직접서비스로 전환시키는 사회복지행정의 주요 과업들을 이해하기 위해서는 조직적 맥락에 대한 파악이 우선적으로 필요하다. 조직구조는 조직적 맥락의 대표적인 구성요소이다.

2) 조직구조의 정의

조직구조란 조직의 각 부분들 사이에 성립되어 있는 관계의 유형을 뜻하는 것으로, 조직의 기능과 권한, 책임 등이 어떻게 배분되고 조정되는지와 관련되어 있다. 대부분의 조직들에서 이러한 조직구조는 명시화되어 있는 것이 보통이다. 쉽게 볼 수 있는 '조직표(organizational chart)' 등이 이러한 조직구조의 공식적 표방이다. 대개 이런 표들은 조직 내에서 업무와 기능들이 어떻게 분화되어 있는지, 그처럼 분화된 기능들이 어떻게 서로 연결되고 조정되는지를 나타내고 있다. 즉, 조직의 공식적 구조란 분화(division)와 조정(coordination)이라는 두 가지 목적에 기여하기 위해 조직의 부분들이 연결되어 있는 상태를 의미한다. [그림 6-1]은 한 사회복지기관의 공식적인 조직구조를 나타내는 조직체계표이다.

비록 대부분의 조직들이 이러한 공식적인 조직구조를 갖지만, 조직을 소유하고 조직을 움직여 나가는 것은 아니다. 또한 이러한 조직구조가 조직구성원들의 행동이나 태도 등에 미치는 실질적인 영향력도 제한적인 것으로 알려져 왔다. 그럼에도 서비스 프로그램의 과정을 세분화된 역할들로 배분하고 이를 다시 통합·조정하는 기능으로 구성하기 위해서는 조직구조를 명시화하는 것이 일차적으로 필요한 작업이다.

조직의 구조는 크게 두 가지의 차원으로 나누어서 분석해 볼 수 있다. 조직의 업무들이 분화된 정도를 나타내는 수평적 세분화와, 권한이나 명령 계통을 나타내는 수직적 위계화의 정도로 조직구조를 나타낼 수 있다.

3) 업무의 세분화

업무의 세분화란 한 조직 단위 내에서 업무들이 구분되어 있는 정도를 말하는 것으로, 단순하게는 구분될 수 있는 업무의 수에 의해 파악될 수 있다. 기능적으로 구분되는 업무들과 그에 따른 직위의 수가 많을수록 업무의 세분화는 증가하는 것으로 본다. 업무들이 세분화될수록 조직 전체의 분업 현상은 더욱 복잡해지게 된다. 조직의 업무 세분화는 나름대로의 장·단점들을 갖고 있는데, 이를 정리하면 [표 6-1]과 같다.

| 그림 6-1 | 조직체계표(종합사회복지관의 예) |

[표 6-1] 업무 세분화의 장·단점 비교

장 점	단 점
업무와 기술의 단순화 전문기술 개발의 용이 효율성 증대 관리와 감독의 용이	업무자의 매너리즘 클라이언트의 혼란 업무 조정에 따르는 비용 증대

(1) 업무세분화의 장점

조직이 업무를 세분화하게 되면 세분화된 업무 단위들에서 업무 기술이 단순화되어, 기술 개발이 용이하고 그에 따라 효율성이 증대될 수 있다. 이것은 관리자들로 하여금 관리 감독을 용이하게 한다.

업무와 기술의 단순화 업무 단위가 세분화됨에 따라, 각각의 업무 단위에서 수행하는 업무들이 단순화되게 된다. 단순화된 업무로 인해서, 업무에 적용할 기술과 업무자의 역할들도 단순하게 된다.

　　전문 기술 개발의 용이　업무 단위들이 세분되어 단순화되면, 각 업무자가 업무에 대한 세밀한 전문적인 기술 개발이 용이하게 된다.

　　효율성 증대　개별 단위들에서 단순한 작업을 반복하게 됨에 따라, 투자되는 시간과 자원에 대한 상대적인 생산성, 즉 효율성이 증가한다. 이것은 개별 단위 차원에서의 효율성 증대를 의미하는 것이므로, 이로 인해 반드시 전체의 효율성이 증대한다고는 볼 수 없다.

　　관리와 감독의 용이　세분되어 단순화된 업무 단위들에 대해서는 구체적인 업무 규정을 두기가 쉽고, 그로 인해 각각의 업무들을 관리하고 통제하기가 쉬워진다. 또한 해당 업무와 개인들의 적성을 고려한 인력 배치도 용이하게 된다.

　　업무의 세분화를 통해 효율성과 전문성을 높이고자 하는 노력은 사회복지조직들에도 그대로 적용될 수 있다. 특히 업무와 기술이 단순하거나 세분화될 수 있으면서 관료제적인 조직구조의 틀을 통해 전달되는 특정한 사회복지서비스들의 경우에, 조직의 업무 세분화에 따른 장점들이 강하게 작용할 수 있다. 한편, 그렇지 못한 사회복지서비스들에서는 업무 세분화로 인한 단점들이 지나치게 강하게 나타날 수도 있다.

(2) 업무세분화의 단점

　　업무의 세분화에 따르는 단점들도 있다. 이러한 단점들은 때로 세분화로 인해 긍정적인 기능을 상쇄하고도 남을 정도의 문제와 역기능을 초래할 수도 있다. 대표적인 단점들에는 다음과 같은 것들이 있다.

　　업무자의 매너리즘　단조로운 역할과 활동들이 계속해서 반복될 때, 업무자가 싫증과 나태를 느끼기 쉽다. 창의적 사고를 동반하지 않는 상태에서 이상적인 역할들을 기계적으로 되풀이하다 보면 대개는 매너리즘(mannerism)에 빠지게 된다. 매너리즘의 성향은 자신의 업무에 대한 고정적인 관념을 형성시키고, 일의 처리 방식을 고착화시켜 버린다. 그 결과 클라이언트들이 제기하는 다양한 문제와 욕구들은 '개별화된 것'으로 취급하지 않고, 업무자 자신이 미리 설정해 두고 고집하는 틀에 맞추어 해석하고 처리해 버리는 편협한 성향을 초래하게 된다.

　　클라이언트의 혼란　서비스 조직이나 프로그램을 업무의 효율성이라는 목적으로 세분화하는 것이 자칫 클라이언트들에게는 오히려 혼란을 초래하게 된다. 조직 업무가 세분화되면 클라이언트들은 자신들의 문제와 욕구를 조직이 설정해 놓은 다양하고도 복잡한 구조와 절차들에 끼워 맞추어야 하는 부담을 안게 된다. 특히, 세분화 과정에서 각각의 단위들이 서로 간에 일관성 없는 기준을 만들어 내고, 클라이언트들에게 요구하는 경우가 발생하는데, 그로 인해 클라이언트들은 더욱 심한 혼란에 빠지게 된다.

　　<u>업무의 조정</u>　업무 세분화의 원래 목적은 조직이나 프로그램 전체의 목적을 보다 효율적으로 수행하기 위한 것이다. 그런데 개별 업무들이 점차 세분화되다 보면 분화된 단위들은 점점 자신들만의 목적과 의도에 충실하게 될 수 있다. 심하게는 개별적인 업무들은 쪼개어 놓고 보면 각각은 효율성을 극대화하고 있으나, 전체의 효율성에는 기여하지 못하고 있는 결과를 초래할 수도 있다. 따라서 세분화에는 업무의 조정이 반드시 필요하게 되는데, 업무 조정이란 분화된 업무들이 전체적이 목표에 기여하도록 개별 업무들을 통제하는 것이다. 그런데 이러한 업무의 조정에 드는 조직적인 노력과 비용 또한 무시할 수 없을 만큼 심각할 수 있다.

　　이러한 문제들로 인해서 업무의 특성상 세분화를 하기가 쉽지 않은 서비스와 조직들의 경우에는, 세분화의 장점보다는 단점을 우선적으로 고려하여 조직구조를 디자인하는 것이 필요하다. 세분화로 인한 개별 단위들의 효율성만을 중요시하고, 그에 수반되는 업무 조정이나 클라이언트들의 혼란으로 인한 비용 등을 무시하는 것은 결코 바람직하지 않다. 특히 업무의 조정에 드는 비용은 대개 가시적으로 나타내기 어려우므로 쉽게 무시되어 버리는 경향이 있다. 그럼에도 그러한 비용들이 실질적으로는 조직에 막대한 부담을 주고 있는 경우가 많다.

4) 수직적 위계와 정형화

　　조직구조를 결정하는 데는 업무의 세분화만으로는 불충분하다. 업무 세분화가 조직 단위들 간의 수평적인 구조의 분화 정도는 위계 구조와 정형화 등에서 나타난다. 조직구조가 완성되려면 업무의 세분화와 함께, 업무 단위들 간에 혹은 업무자들 간에 권한이 어떻게 배분되어야 하고, 의사결정은 어떻게 수행될 것인지, 의사소통의 양식을 어떻게 설정할 것인지 등에 대한 결정도 필요하다. 조직구조의 결정에 있어서 이러한 측면은 보통 수직적 위계, 정형화의 정도로서 표현된다.

(1) 수직적 위계

　　수직적 위계(hierarchy)는 한 조직의 권한 배분이나 의사결정 방법 등과 주로 관련되어 있다. 권한(authority)이란 조직의 목표들을 수행하는 데 필요한 의사결정, 하급자들의 행동 지휘, 자원 할당, 상벌의 실시 등에 쓰이는 합법적인 권리를 가리키는 것이다. 어떤 조직에서는 하급자들의 순응을 얻어내거나, 업무를 조정하기 위해 권한을 적절히 배분하는 것은 매우 중요하다. 의사결정(decision making)이란 조직의 제반 업무수행 과정에 존재하는 여러 대안들 중에서 선택하는 행위를 뜻한다. 조직의 방향 설정에서부터 특정 서비스 기술의 선택에 이르기까지 사회복지서비스 조직들에서는 다양한 유형의 의사결정들이 필요하다.

조직에서 권한이나 의사결정과정이 수직적으로 진행되는 집권식(集權, centralized)과 이에 반대되는 분권식(分權, decentralized)이라 한다. 한 조직 내에서 의사결정의 권한이 소수에게 집중 되어 있는 정도가 높을수록 집권식으로 간주하고, 다수에서 분산되어 있는 정도가 높을수록 분권식이라고 본다. 하나의 조직이 반드시 한 가지 유형의 의사결정 구조를 갖는 것은 아니다. 한 조직 내에서도 다양한 의사결정이 집권식으로 되어 있고, 다른 영역은 분권식으로 되어 있는 경우들도 흔하게 나타난다.

대부분의 사회복지서비스 기관들에서 예산이나 인사에 관한 의사결정 방법이나 이에 수반되는 권한 등은 수직적 위계의 상부에 집권화 되어 있다. 반면에, 서비스 개입방법이나 행사, 치료 계획 등을 결정하는 영역에서는 분권식 구조로 되어 있는 경우를 많이 볼 수 있다. 그래서 한 조직이나 프로그램을 두고서 그것이 집권식인지 혹은 분권식인지를 획일적으로 판단하는 것은 적절치 못하다. 그보다는 서로 다른 조직이나 프로그램들을 비교해 봄으로써, 그들 간의 상대적인 위계의 수직성을 비교해 볼 수 있을 것이다.

(2) 정형화

조직구조의 수직적 위계 정도는 정형화와도 밀접하게 관련되어 있다. 정형화(定型化, formalization)란 업무수행의 신뢰성과 일관성을 높이기 위해서, 업무자들의 재량과 임의적인 행동반경을 축소시키거나 의사결정과정을 일상화하기 위한 장치를 의미한다. 한 조직의 정형화 정도는 업무자들의 행동을 관리하기 위해 그 조직이 사전에 설정된 규칙이나 절차들에 어느 정도로 의존하고 있는가에 의해 파악될 수 있다. 각종 행정적인 규제나 절차, 업무 처리의 문서화 등과 같은 명시된 수단을 통해 업무자들의 행동이 통제되는 경향이 높을수록 그 조직이나 프로그램은 정형화의 정도가 높은 것으로 볼 수 있다.

정형화의 단점은, 의사소통의 과정이 엄격한 규칙이나 절차들에 의존하게 됨에 따라 조직 과정에서 경직성을 증가시킨다는 데 있다. 이는 업무자들의 창의력과 주도력을 저해하여 효과적인 업무 달성을 저해하는 요인으로 작용할 수 있다. 반면, 정형화로 인한 장점도 있다. 정형화는 각 업무와 업무자들의 역할을 명확하게 설정해 두고 제시할 수 있어서, 역할들 간의 기대를 분명히 하여 혼란을 방지하고, 각 지위에 수반되는 권한의 임의적 사용을 억제할 수 있다는 것 등이 장점이다.

정형화도 수직적 위계의 경우와 마찬가지로, 조직이나 프로그램 내에서 각기 다른 활동 영역들에 따라 정형화의 정도가 각기 다르게 나타날 수 있다. 예를 들어 클라이언트에 대한 자격 심사, 업무자들에 대한 평가, 민원 접수 등과 같은 활동 부서는 다른 부서들보다 업무처리 과정이 정형화되어 있을 가능성이 높고, 치료 개입, 수퍼비전, 업무 조정 등과 같은 활동 영역들은 보다 덜 정형화되어 있을 가능성이 높다.

조직의 구조에서 집권화의 정도와 정형화의 정도는 통상적으로 긍정적인 상관관계를 나타낸다. 한 조직이 집권식 위계 구조의 성향을 나타낼수록 정형화의 정도는 높아지고, 분권식으로 될수록 정형화의 정도가 약하게 나타날 가능성이 높다. 그러나 이러한 관계들이 항상 고정적으로 나타나는 것은 아니다. 정형화의 성향을 강하게 띠는 조직에서도 분권식 조직구조를 갖추고 있는 경우가 있을 수 있다. 조직이 다루는 업무의 속성은 단순하지만(그래서 정형화가 가능하지만) 서비스 기술이 명확하게 정의되지 않은 경우에는 의사결정과정을 수직적 위계로 배열하기가 어렵게 된다.

(3) 조직구조의 선택

조직의 구조를 최적화하기 위해 어떤 식의 배합이 절대적으로 좋은 것인지에 대한 획일적인 답은 없다. 일반적으로 합의된 원칙은 상황(situation)에 따른 최적의 배합을 성취하는 것이 중요하다는 것이다. 특히 사회복지조직들과 같이 외부 환경에 의한 영향을 강하게 받는 조직에서는 이러한 상황에 따른 조직구조의 선택이 매우 중요하다. 환경과 조직구조의 관계에 대해서는 개연성 이론(혹은 상황적합 이론)을 통해 적절하게 설명될 수 있다.

개연성 이론에서 한 조직의 구조적인 특성은 그 조직이 처한 환경과 조직이 사용하는 기술의 성격에 따라 다양하게 결정될 수 있다고 본다. 안정적이고 예측 가능한 환경에서는 집중화되고 정형화된 조직구조가 대개는 더 효과적이 된다. 반면에 안정적이지 못하고 변화가 심한 환경에서는 덜 집중적이고 덜 정형화된 조직구조가 효과적일 가능성이 높다고 본다.

조직의 기술을 소유하는 조직들의 경우에는 의사결정과정이 보다 집권화 되어 있을 가능성이 높다. 이 경우에는 또한 각 업무와 업무자들에 대한 권한이 정형화된 형태로 규정되기가 쉽다. 반면에 조직의 기술이 비일상적이고 불명확할 경우, 의사결정은 분권화되고 업무자들의 유연성과 재량권이 증대될 가능성이 높다.

사회복지조직들은 대부분 복잡하고 비확정적인 기술들을 많이 사용하고 있으며, 불확실한 환경에서 운영되고 있다. 따라서 사회복지조직들에서는 정형화와 집권화의 정도가

그림 6-2 환경·기술 상황에 따른 조직구조

높을수록, 조직의 업무수행이 비효과적이기 쉽다는 생각이 일반적이다. 그럼에도, 모든 사
회복지조직들에서 이러한 현상이 유사하게 나타나는 것은 아니다. 사회복지조직들 중에서
도 직접서비스를 제공하는 조직과 간접서비스를 제공하는 조직들이 있을 수 있으며, 서비
스의 성격에 따라 조직이 다루는 클라이언트의 속성과 기술의 완성도 등에서 차이가 있을
수도 있다. 그러므로 모든 사회복지조직들에 비해 비정형화된 분권식 조직구조가 더 효과
적일 것이라는 생각은 바람직하지 않다.

대부분의 사회복지서비스들은 워커와 클라이언트 간의 강도 높은 대면적 상호작용을
통해서만 전달이 가능하다. 이를 보통 '전문적인 관계'로 표현하는데, 이러한 유형의 상호
작용은 미리 만들어진 표준화되고 고정된 규칙 등을 통해 통제하기가 힘들다. 설령 굳이
그렇게 통제를 한다 해도, 그러한 통제를 통해서 서비스의 산출을 실질적으로 효과적이게
만들기는 힘들고, 오히려 서비스 실천에 해가 되는 경우들도 있다. 이것이 상황에 부적합
한 조직구조가 만들어 내는 대표적인 비효과성의 문제이다.

사회복지서비스 조직들에서의 집권화와 정형화 구조에 대한 과도한 강조는 또한 업
무자들의 직무만족도나 사기 등을 저하시킬 수 있다. 재량권을 강조하는 전문직과의 관계
형성을 어렵게 하는 문제도 만들어 낼 수 있다. 그러나 이러한 집권화와 정형화의 문제점
들에도 불구하고, 업무들 간의 조정과 책임성 구현을 위해 어느 정도의 집권화와 정형화는
필요하다. 문제는 어느 정도가 적절한 것인가에 달려 있지, 필요한가 필요하지 않는가에
문제는 아닌 것이다. 현실적으로 과도한 분권화보다는 과도한 집권화에 대해서 많은 논의
가 이루어지는 것은, 사회복지조직들의 환경과 서비스기술의 특성에 적합하지 않은 과도
한 집권화와 정형화가 보다 많은 문제가 되고 있기 때문이다.

사회복지조직들이 최근에 처하게 된 상황과 관련해서, 사회복지행정 이론에서는 다음
과 같은 조직구조의 문제들이 활발하게 다루어지고 있다.

<u>위계적 구조에서 유기적 구조</u> 환경의 변화가 급속하게 진행되는 경우에 조직은 그에 적
응하기 위해 보다 유연하고 유기적인 조직구조를 갖추는 것이 필요하다. 조직 내의 명령체
계가 정형화되고 조직 활동의 이니셔티브(initiative)를 조직 리더가 소유하는 집권식 구조로는
급속한 환경 변화에 신축적으로 대응하기 어렵기 때문이다. 외부 환경의 변화들이 보다 공
개적이고 자유롭게 조직 내에서 논의되고 그로부터 새로운 전략들이 도출될 수 있으려면,
조직구조는 일종의 '느슨한 결합(loosely coupling)'을 통한 유기적(organic) 구조가 적절하다. 이
러한 구조에서는 조직의 각 부서들이 비교적 자율적으로 움직이고, 부서들 간의 조정도 최
소한의 수준에서 이루어진다. 수퍼비전과 통제는 일반적으로 분산되어 분권화되어 있다.

<u>관료제 구조에서 소규모 임무중심(take force) 구조</u> 전형적인 관료제적 구조는 안정적인
환경에서 효율성을 발휘할 수 있으나, 변화가 심한 환경에서는 공룡의 몸짓과 같은 둔감성

을 나타낼 수밖에 없다. 따라서 변화하는 환경에 적응하기 위해서는 소규모 임무중심(task force) 구조에 근거한 조직구조가 보다 적합하게 된다. 이러한 임무중심의 한시적(ad hoc) 구조는 운영에 있어서의 우연성, 변화에 대한 적응, 자원 제공자와 클라이언트로부터의 즉각적이고도 직접적인 피드백(feedback)의 수용을 가능하게 한다.

<u>전문직 중심의 구조</u> 사회복지조직을 포함한 휴먼서비스 조직들에서 전문직들이 차지하는 비중이 증가하고 있다. 이것이 조직구조와 관리에 본질에 영향을 미치는 요인이 되는데, 전문직들은 보다 많은 자율성을 요구하고 의사결정에 있어서의 참여와 권한을 요구하게 된다. 엄격하고 집중적인 조직 위계의 체제에서는 전문직의 목적과 기술들을 적절히 실천해 나갈 수 없기 때문이다. 전문직 중심의 조직구조는 관료체계의 특징인 조직 자체에 대한 충성(royalty)을 전문직에 대한 충성으로 대체하게 된다. 조직의 주요 구성원들이 대부분 전문직들로 구성되면, 조직 내에서 혹은 조직들 간에 인력의 유동성도 커지게 될 가능성이 높다. 그것은 개별 조직 단위의 엄격한 경계가 허물어질 수 있음을 의미하는 것이기도 하다. 이런 현상들은 또한 조직의 혁신과 성장에도 기여하는 것으로 알려져 있다.

5) 행렬 조직

행렬 조직(matrix organization)은 조직구조의 한 방법으로서 주로 업무세분화에 따르는 문제들에 대처하기 위한 것이다. 기존의 조직구조들에 대한 일종의 대안적 시도로서, 합리적인 수준의 분업은 살리면서 동시에 통합을 강조하는 이중적인 기능을 담고 있다.

(1) 행렬 구조의 성격

일반 조직에서는 조직의 내부 기능을 위조로 나누어진 분과들만으로 조직의 구조가 결정된다. 반면에 [그림 6-3]의 예에서 보는 것처럼, 행렬 조직구조에서는 권한은 두 개의 라인에 의해 구축되고 유지된다. 이러한 행렬 구조를 보통 팀(team) 접근 방식이라고도 한다. 여기에서 조직구성원들은 일차적으로는 분과에 소속되어 수직적인 위계에 의해서 통제를 받는다. 한편 조직구성원들은 각 프로그램 단위 혹은 팀(team) 단위의 구분에 의해서도 나누어진다.

행렬 조직에서는 각 분과의 전문가들이 공통적인 과업이나 문제에 대처하기 위해 존재하는 프로그램 팀에 배속된다. 이들은 자신이 속한 분과의 상급자에게 행정적인 책임을 계속적으로 지게 하면서, 한편으로는 팀장의 지휘 하에 다른 분과의 전문가들과 협조적인 상황에서 업무를 수행한다. 각자가 자신이 소속된 분과의 정책과 절차를 수행해야 하지만, 팀 수준에서 유기적이고 내부적으로 일관된 접근 방법을 만들어 내야 할 책임도 있다. 조직의 한 구성원이 분과와 프로그램에 대한 이중적인 역할과 책임을 갖게 되는 데 각 팀은 해당 프로그램 사안에 대해서 전반적인 책임을 진다.

| 그림 6-3 | 행렬 구조의 예 |

보통 이러한 행렬 혹은 팀 구조는 기능적 분과와 프로그램들 간의 상호교차적 관계를 가능하도록 하는 목적으로 많이 쓰이지만, 반드시 그것에만 제한되어 쓰이지는 것은 아니다. 조직의 기능을 분류할 수 있는 어떤 두 가지 변수들의 조합에 의해서도 행렬 구조는 가능하게 된다. 예를 들면, 프로그램의 대한 지역별 혹은 인구별 행렬 구조 등도 가능할 수 있다. [그림 6-3]과 같은 형식으로 나타내면 행에 해당하는 프로그램 분류는 그대로 두고, 열에 해당하는 란에 각 지역별로 나누어진 분류를 넣어서 해당 업무자들의 참여를 표시할 수도 있다.

(2) 행렬 구조의 장·단점

행렬 구조가 갖는 장점은 조직을 구조화 하는 데 있어서 집권화와 분권화가 동시에 가능하도록 한다는 데 있다. 계속되는 업무 세분화와 분권화에 대해, 통합적인 서비스를 유지하면서도 복잡성의 장점을 살리기에 비교적 적합한 구조로 고려되고 있다. 이것은 조직으로 하여금 불확실하고 역동적인 환경에 적응케 하는 데도 기여한다. 일상적으로 수행되어야 할 기능들은 수직적 위계의 축을 통해 비교적 일정하게 지속될 수 있는 반면에, 기관의 프로그램들과 같이 외부환경에 의해 빈번한 변화를 겪게 되는 것들은 조직의 기본 골격과는 상관없이 이에 반응해서 자유롭게 변화할 수 있게 한다. 즉, 수직적이고 정형화된 구조가 주는 장점인 안정성과, 수평적인 구조의 장점인 탄력성을 동시에 갖출 수 있게 한다는 것이 행렬 구조의 대표적인 장점이다.

행렬 구조의 단점으로 대부분 두 개의 권위 라인을 유지하는 데 따르는 복잡성과 그로 인한 비용의 발생에서 기인한다. 행렬 조직에서는 프로그램 구조들 간의 관계가 수평적으로 분화되어 있으면서도, 그러한 프로그램 업무들을 조정하기 위한 역할과 권한이 명료하게 정의되지 않아서 불협화음이 발생하기 쉽다. 행렬 구조에서는 개별 업무자들이 수평적, 수직적 기능들 사이의 교차점에 위치해 있어서, 자신들의 업무 역할과 책임 소재에 대한 인식을 불분명하게 할 수 있으며 그로 인해 업무자들 간에 갈등이 발생할 수 있다. 한 개인이 분과와 프로그램에서의 이중적인 역할을 갖게 됨에 따라 역할 긴장이 나타날 수도 있다. 이러한 이중적인 역할에의 할당은 또한 이들에 대한 업무수행에 대한 평가를 어렵게 하는데, 평가를 위해 필요한 자료들이 이중적으로 분산되어 있기 때문이다. 이러한 문제들로 인해서 개인들을 조직과 업무에 헌신하도록 유도하기 위한 통제가 쉽지 않게 된다.

대부분의 사회복지서비스 조직들은 이러한 행렬 조직의 구조를 기본적으로 갖추고 있다고 볼 수 있다. 복수의 프로그램들을 수행하고 있으면서 분과의 구분과 프로그램별 배합에 의해 업무 할당이 이루어지고 있다면 그 조직은 행렬 구조적 특성이 나타나고 있다고 말할 수 있다. 사회복지조직들에서의 행렬 구조에 대한 활용 정도는 행렬 구조가 갖는 장점 못지않게 단점 역시 적절하게 고려한 연후에 결정되어야 한다.

2. 사회복지조직과 사회환경

사회복지조직은 사회로부터 공익을 위한 활동을 하도록 인가를 받을 뿐 아니라 활동에 필요한 물질적 및 비물질적 후원을 받는 조직이다. 사회 속에 있는 인간의 바람직하지 못한 상태를 예방하거나 개선시키거나 또는 현재 상태를 유지하거나 그것의 악화를 지연시키는 활동을 하는 조직이므로 다른 어떤 종류의 조직보다도 그 조직을 둘러싸고 있는 사회적 환경과 밀접한 관계를 갖고 있다. 이러한 면에서 보면 사회복지조직은 '환경의 포로'(Carlson, 1964, 재인용)라고 해도 과언은 아닐 것이다. 사회복지조직은 그러한 관계에 있음에도 불구하고 이 점을 등한히 하거나 의식하지 못함으로써 조직의 목표를 효과적으로 그리고 효율적으로 달성하지 못하는 경우가 많다. 사회복지조직의 사회환경과의 관계를 이해하고 사회환경적 여건에 대처해 나가는 방법을 아는 것은 사회복지조직의 유지와 발전을 위하여 필수적인 지식과 기술이 아닐 수 없다. 그러므로 이 장에서는 사회복지조직과 환경과의 관계와 사회환경적 요인들을 이해하고 환경적 요인의 변화에 대처할 수 있는 여러 가지의 방법들을 간략히 살펴보고자 한다.

1) 사회복지조직과 사회환경과의 관계

(1) 사회체계 이론적 관점

사회체계 이론(social system theory: 체계이론이라고도 함)에서는 모든 사회적 실체, 즉 개인, 가족, 소집단, 조직, 지역 사회, 국가사회를 하나의 유기체와 같은 체계로 보고 이들

체계들은 그들의 위상에 있어서 등위적인 체계, 상위적인 체계 및 하위적인 체계들과 상호의존적인 밀접한 관계를 가지고 존재하고 있는 것으로 본다. 따라서 모든 사회체계는 그것이 전체로서 다른 하위체계를 내포하고 있는 동시에 또한 부분으로서 상위체계에 속해 있다[(Koestler, 1979 : 23~51)는 전체이면서 부분인 이러한 체계를 홀론(holon)이라 불렀다]. 사회체계들은 상호의존적인 관계를 갖고 전체를 이루고 있으며 전체는 부분의 합보다 더 크고 다른 성질을 갖고 있으므로 전체에 나타나는 조직이나 상호의존성을 전체를 구성하는 개별적인 부분들로 환원할 수 없다. 그리고 사회체계에서의 인과관계망은 체계들 간의 일방적인 인과관계가 아니라 모든 체계들과 모든 하위체계들 간의 상호적 인과관계이다.

사회체계는 속성상 살아있는 개방체계이며 등위체계, 상위 및 하위체계간의 상호작용을 통하여 필요한 에너지를 만들어 내고 이 에너지의 상호교환과 이전을 통하여 체계가 존속하고 분화하고 진화하고 발전하게 된다. 따라서 사회체계는 개방체계로서 환경과의 끊임없는 상호작용은 불가피하며 상호작용을 통하여 유지되고 발전될 수 있다. 이러한 점에서 사회복지조직은 분명히 사회체계이며 개방적인 체계로서 그것을 둘러싸고 있는 다양한 등위체계 및 상위체계와의 상호작용을 함으로써 조직에서 필요한 에너지(자원)를 확보하고 이것을 내적 및 외적 체계 간에 상호 이전시켜 사회복지조직을 유지하고 발전시켜 나갈 수 있다는 것이다. 따라서 조직은 생존과 발전을 위해서 개방체계가 되어야 하고 외적인 환경과의 상호작용은 불가피한 것이다.

(2) 교환이론적 관점

교환이론은 인간을 이기적이고 합리적이고 환경의 변화에 적응하는 존재로 본다. 그리고 사회적 관계를 개인 간, 개인과 집단 간 및 집단과 집단 간에 상호 필요한 자원을 주고(비용이 됨) 받는 (보상이 됨) 관계로 보고 사회를 개인으로 구성된 소집단 간의 교환관계가 지속적으로 이루어져 정교화되고 발전되고 유형화된 것으로 본다. 따라서 사회적 집합체인 사회복지조직도 사회복지조직을 둘러싸고 있는 외적인 조직들 또는 환경과의 끊임없는 교환관계를 가지게 되는 것이다. 다시 말해서 교환론적 관점에서 보면 사회적 실체인 사회복지조직은 다른 사회복지조직, 기타 다양한 사회조직, 제도와의 교환관계에 의한 상호관계는 불가피하고 당연한 것이다.

교환관계가 이루어지는 보편적인 조건은 교환 당사자는 비용보다는 보상이 크다는 판단이 서야 한다. 그리고 권력 면에서 상호 대등한 입장에서 교환관계를 가지려고 하며 권력적으로 약세에 처한 불평등한 교환관계에 있다고 판단하는 측은 가능하면 대등한 교환관계를 가지려는 성향이 있다는 것이다. 많은 경우 교환관계는 반드시 균형적인 교환(대등한 교환)이 되지 못함으로써 권력과 의존관계가 형성된다. A에서 B에게 제공한 것(비용)만큼의 가치 있는 것(보상)을 B에게서 끌어낼 수 없는 상황이 빈번히 일어날 때, A의 B에 대한 의존성보다는 B의 A에 대한 의존성이 커져 불균형적인 교환관계가 성립되며 A는 B에 대하여 권력을 갖게 된다. 즉 B가 A에 의존하는 정도(Dba)가 A가 B에게 의존하는 정도(Dab)보다 크면 (Dab 〈 Dba) B가 A에 대하여 갖는 권력(Pba)보다 A가 B에 대하여 갖는 권력(Pab)이 크게 되어(Pab 〉 Pba) 결국은 A가 B에 대하여 권력을 갖게 된다(Dab 〈 Dba → Pab 〉 Pba). Emerson(1960 : 32)은 이러한 의존과 권력관계에 대하여 다음과 같이 설명하고 있다. 행위자 A가 B에게 의존하는 정도(Dab)는 B에 의하여 제공되는 보상을 얻기 위해 A가 투자한 자원(비용)의 정도에 비례하고 A가 원하는 자원을 얻을 수 있는 출처가 B 이외에 얼마나 많은가에 반비례한다는 것이다.

　　사회복지조직도 외부환경에서 사업을 위한 인적 및 물적 자원을 조달하여야 하므로 환경과의 교환관계에서 의존-권력관계를 피할 수 없다. 권력에 의하여 지배되는 관계에 처하면 의존-권력관계를 피하는 전략을 사용하여야 할 것이다. 의존-권력관계를 벗어나서 균형적 교환관계를 구축하려는 전략으로는 다음과 같은 것이 있다(Emerson, 1960 : 35~40 : Johnson, 1981 : 369). ① 동등한 가치의 다른 자원으로서 보상하는 것, ② 다른 보상의 원칙을 개발하는 것, ③ 새로운 자격이나 지위를 획득하는 것, ④ 강제력을 사용하는 것, ⑤ 연합적 활동으로 대응하는 것, ⑥ 소유자원의 질을 향상시키는 것, ⑦ 원하는 보상이나 욕구를 포기하는 것이다.

2) 환경적 요인

　　환경은 Hall(1977)에 의하여 일반환경과 과업환경으로 나눌 수 있다. 일반환경(general environment)이란 환경 내의 경제적, 통계적, 문화적, 정치적, 법적, 기술적 조건들을 의미하는데 이러한 조건들은 모든 조직에 영향을 미치며 특별한 경우를 제외하고는 조직이 변경시킬 수 없는 주어진 조건으로 생각되는 것이다. 과업환경(task environment)이란 특정의 사회복지조직이 자원과 서비스를 교환하고 특별한 상호작용을 하는 집단들을 의미하는데 조직활동에 대한 인가허가기관, 감독기관, 재정자원 제공기관, 클라이언트를 의뢰해 오는 기관, 보조 서비스 제공 기관 등이 여기에 포함된다. 과업환경은 일반환경에 의해서 영향을 받는 것이 일반적이며 특정 사회복지조직에 영향을 미치기도 하지만 사회복지조직에 의하여 영향을 받기도 한다.

(1) 일반환경

① 경제적 조건

　　국가사회나 지역사회의 일반적인 경제 상태는 조직에 직접적으로 영향을 미친다. 정부의 사회복지 재정은 경제성장과 더불어 일반적으로 증가하는 경향이 있고 특정부문의 사회복지 재정, 예를 들면 공공 부조에 대한 비용은 경제성장률이 낮거나 경기 후퇴의 경우에 증가하는 경우가 많다. 지역사회의 사회복지조직은 지역사회의 경제상태에 의해서 크게 영향을 받을 수 있는데 특히 지방정부의 재정지원이나 지역주민의 기부금에 의존하고 있는 조직일수록 지역사회의 경제상태에 따라 많은 영향을 받게 된다. 경제상황은 사회복지조직에 대한 자원공급을 결정하는 주요 요인이 될 뿐 아니라 또한 사회복지조직에 대한 클라이언트의 수요를 경정하는 주요 요인이 된다. 대규모의 실업상태는 탁아 서비스, 정신건강 서비스, 가족문제 서비스 등의 수요를 증대시키는 경향이 있다.

② 사회·인구·통계학적 조건

연령과 성별분포, 가족구성, 거주지역, 사회적 계급은 여러 가지의 문제와 욕구의 발생 빈도와 밀접한 관계를 가지고 있다. 예를 들면 여성세대주 가족, 노인층, 농어촌 거주자들은 소득수준이 낮고, 성격장애의 빈도는 남성에게 높은 반면에 신경증의 발생률은 여성에게 더 높은 경향이 있다. 또한 정신장애는 일반적으로 저소득층에 더 많은 경향을 보이고 있다. 지난 20여 년간 가족구조에 큰 변화가 초래되었는데 1980년에는 우리나라의 평균가족원 수는 4.8명이었는데 2000년에는 3.0명으로 줄어들었고 노인가구 중에 노인세대들만의 노인단독가구의 비율도 1981년의 약 20% 수준에서 2000년에는 45%로 증가하였다. 이러한 변화는 탁아 서비스와 노인보호 서비스(가정 봉사원 서비스, 탁노서비스 등)의 필요성을 증가시키고 있다. 클라이언트의 사회인구학적 특성은 사회복지조직에서 클라이언트를 택하는 데도 영향을 미친다. 예를 들면 미국의 경우에는 사적 사회복지조직은 다루기 어려운 클라이언트보다는 친절하고 성공가능성이 높은 클라이언트를 받는 경향(Gates, 1908 : 130)이 나타난다. 특히 유료 서비스 조직인 경우에는 이러한 경향이 두드러지고 있어 문제가 되고 있다.

③ 문화적 조건

사회복지조직은 사회의 우세한 문화적 가치에 의하여 민감하게 영향을 받는다. 특히 조직에서의 서비스 형태, 클라이언트의 서비스에의 접근, 문제의 규정 등이 크게 영향을 받는다. 예를 들면 노동윤리를 존중하는 문화에서는 노동능력이 있는 자에 대한 공공 부조는 일을 시키고 대가로 지불하는 방식(기초생활보장에서의 취로사업과 같은 것)의 서비스 형태를 취할 수 있고(workfare라고 하는 사람도 있다). 국민의 권리로 인정하는 문화에서는 노동에 대한 요구 없이 금품을 지급하는 서비스의 형태를 취할 수 있다. 또한 알코올 중독자에 대한 정의에서 미국사회에서는 그 정의를 엄격히 하는 데 비하여 한국에서는 아주 느슨하게 하고 있다. 따라서 미국의 정의를 한국에서 적용한다면 알코올 중독자 수는 크게 늘어날 것이다.

④ 정치적 조건

사회복지조직이 가용 재정자원을 대부분의 경우 정부에 의존하고 있는 상황에서 자원분배를 통제하는 과정으로서 정치적 환경은 매우 중요하다. 정부에서는 1980년대 이전에는 선성장－후분배의 정책기조로 국가발전전략을 위해 왔지만 1980년대 이후는 복지사회 건설이라는 국정이념으로 성장과 분배의 균형적 전략을 주장해 왔다. 그러나 그러한 전략을 실천하려는 정책의지가 매우 약하여 정부에서는 사회복지사업법과 복지관련법(국민기초생활보장법, 장애인복지법, 아동복지법, 노인복지법, 모자복지법 등)에 규정된 구빈적인 최저수준의 급부도 제대로 제공하지 못하는 정책을 수행하고 있다(백종만, 1990 : 145). 한편 사회보험도 공익법인(공단)에 맡겨 운영비를 중심으로 최소한의 지원을 하면서 감독권만을 강하게 행사하고 있다.

⑤ 법적 조건

중앙과 지방 수준의 정치적 과정을 통해서 만들어지고 있는 법률, 명령, 규칙 등은 사회복지조직이 클라이언트들에게 서비스를 제공하는 것과 관련된 많은 조건들을 규정하고 통제 또는 장려함으로써 사회복지의 고객선정, 장소, 계획, 서비스 인력에 중대한 영향을 미친다. 우리나라 사회복지 관계법의 특징은 사회복지사업에서 국가책임과 자활조성을 원칙으로 하여 개인의 책임 및 국민의 의무를 강조하는 것이라 하겠다(국민기초생활보장법 제3조, 노인복지법 제4조, 장애인복지법 제5조 2항 참조, 백종만, 1990 : 146). 또한 중앙정부나 지방정부가 직접 복지사업을 설립·운영·관리하기보다는 민간 사회복지법인이 그 설립과 운영을 담당하는 것을 장려하고 있다. 그럼에도 불구하고 민간 사회복지조직들이 자생적으로 성장할 수 있는 법적 조건이 정비되어 있지 못하다. 특히 기부금품 모집행위금지법은 민간부문이 자율적으로 지역사회의 자원을 동원할 수 있는 길을 방해하고 있다.

⑥ 기술적 환경

사회복지조직에서 제공할 수 있는 서비스의 범위는 의료, 정신건강, 교육, 지역사회 및 사회계획과 같은 분야에서의 기술개발에 의해서 크게 영향을 받는다. 일반적으로 조직의 기술적 수준은 사회의 기술의 일반적 수준과 연구와 훈련을 통하여 지식을 추구해 가는 사회적 결의에 의하여 영향을 받는다. 따라서 사회복지조직에서 인간문제의 해결을 위하여 사용하는 기술은 인간문제와 욕구에 대응하기 위하여 개발된 전반적인 기술수준을 반영하고 있는 것이다. 정신건강 분야에서의 치료는 정신작용 약물(psychoactive)의 발견으로 크게 진전되었고, 심리학에서의 행동수정 이론은 사회복지조직에서의 서비스 기술을 크게 향상시키고 있다.

(2) 과업환경

① 재정자원의 제공자

사회복지조직의 재정제공자는 조직에 가장 큰 영향을 미치는 요인인데 정부 및 공적 및 사적 사회단체 그리고 개인 등이 있다. 우리나라의 민간 사회복지조직(사회복지 시설 및 기관)의 대부분의 재정원천을 보면 정부보조에 의존하는 비율이 제일 높고 지역사회의 모금이나 재단의 자체 수입에 의존하는 비율은 아주 낮은 편이다.

② 정당성과 권위의 제공자

사회복지조직의 합법성과 권위는 법률에 의하여 부여되고 있다. 조직에 대한 사회적 승인이나 정당성은 조직이 봉사하고 있는 지역사회나 클라이언트 집단, 전문가 집단으로부터 나오는 것이다. 예를 들면 정부의 감독기관으로 공적 사회복지 전달체계인 보건복지부, 시·도청, 시·군·구청 등이 있고, 한국사회복지협의회, 한국사회복지사협회 등이 여기에 해당된다.

③ 클라이언트 및 클라이언트 제공자

이는 조직으로부터 직접 서비스를 받고자 하는 개인과 가족 및 클라이언트를 사회복지조직에 의뢰하는 타 조직, 집단, 개인을 포함한다. 클라이언트의 제공자는 구체적인 사회복지조직의 성격과 종류에 따라 다양하다. 예를 들면 학교, 경찰, 청소년 단체, 교회, 노인복지회관, 사회복지관, 동사무소 등이다.

④ 보충적 서비스 제공자

사회복지조직에서는 모든 서비스를 다 제공할 수 없는 것이 일반적이다. 그러나 사회복지조직은 인간문제에 대한 통합적인 서비스의 원칙을 지킴으로써 서비스의 효과성과 효율성을 높일 수 있다. 따라서 서비스 조직은 주된 서비스를 보충해 줄 수 있는 보충적 서비스의 제공자와 공식적 또는 비공식적 협조체계를 유지하여야 한다. 그러므로 클라이언트의 문제를 해결하는 사회복지조직에서는 다른 기관에 일부의 서비스를 의뢰할 수밖에 없다.

⑤ 조직 산출물의 소비·인수자

사회복지조직은 문제나 욕구가 있는 인간을 사회복지조직의 외부에서 내부로 투입하고 기술을 사용하여 처리해서 변화된 사회적 지위와 신분, 변화된 신체적 혹은 개성적 속성을 가진 인간으로 산출하는 것으로 볼 수 있다. 그렇다면 조직이 산출하는 산출물인 변화된 상태의 클라이언트를 받아들이는 측(인수자)이 있어야 한다. 이러한 인수자에 해당하는 자는 클라이언트 자신 및 클라이언트와 관계를 맺고 있는 자들, 예를 들면 가족, 교정기관, 노인복지 시설, 아동복지 시설, 학교 등이다.

⑥ 경쟁하는 조직들

이는 클라이언트나 다른 자원들을 놓고 경쟁하며 따라서 자원에 대한 조직의 접근에 영향을 미치는 조직들을 포함한다. 예를 들면 가족복지 기관은 클라이언트를 놓고 개인적인 가족치료자들과 경쟁할 수도 있다. 어떤 사회복지 재단에서 서비스 지원을 응모하는 경우 지역사회의 많은 사회복지기관들과 경쟁하게 되고, 정부나 지역공동모금 후원회로부터 지원을 받기 위해서도 타 기관들과 경쟁하게 된다.

<table><tr><td>그림 6-4</td><td>사회체계론과 교환론적 관점에서 본 사회복지조직과 환경과의 관계</td></tr></table>

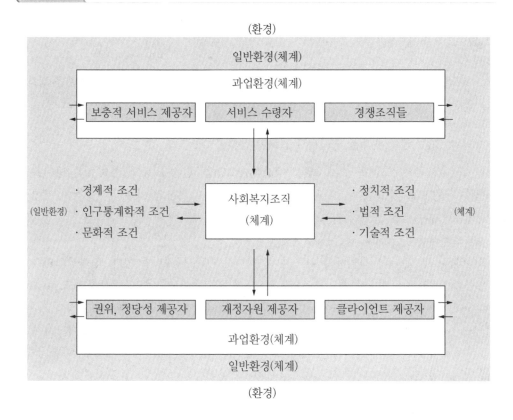

3) 환경의존에 대한 대응전략

(1) 사회복지조직에서의 의존-권력 강화 및 상쇄조건

현실적으로 사회복지조직과 환경과의 관계에서 의존-권력관계를 상쇄시키는 요인들이 많이 있다. Hasenfeld(1983 : 67~68)는 사회복지조직에서 의존·권력관계를 강화시키는 조건과 상쇄시키는 조건을 [표 6-2]에서와 같이 제시하고 있다.

[표 6-2] 사회복지조직의 의존·권력 강화조건과 상쇄조건

의존강화조건	의존상쇄조건
·외부에서의 정책적 강요 ·조직의 서비스를 사용하는 데 있어서 외부에서의 재량권 행사 ·외부조직의 서비스를 크게 필요로 함 ·필요한 목표를 외부에서 인가 ·대안에 대한 부정확한 정보	·외부세력에 의하여 허용된 자유 ·주요 자원의 소유 ·대체적 서비스의 가용성 ·자체승인의 이념개발 ·대안에 대한 효과적인 정보

* 출처: Hasenfeld(1983 : 68).

이러한 조건들을 살펴보면 의존을 상쇄하는 전략으로 작용할 수 있고, 의존을 상쇄하는 조건은 이를 계속 강화시키면 의존을 약화시키는 전략으로 작용할 수 있다.

(2) 의존·권력 관계를 변화시키기 위한 전략

모든 사회복지조직들은 자치권을 행사하며 그들의 환경을 통제할 수 있는 방법을 강구하려는 의도를 가지고 있다. 의존·권력관계를 상쇄하지 못하고 외부의 환경적인 것에 크게 의존한다는 것은 조직에 커다란 불안을 야기하고 외부압력에 대한 취약성을 갖게 하고 또한 조직내부의 권위와 생존을 위협받게 된다.

의존·권력관계를 개선하기 위하여 다양한 전략을 사용할 수 있다. 전략선택의 기준은 사회복지조직이 필요로 하는 자원의 조직외부(환경)에서의 집중과 분산의 정도 및 조직이 통제하는 전략적 자원의 양에 의하여 결정된다. 일반적으로 조직의 외부환경에 자원의 집중도가 높고 조직 내의 전략적 자원이 적을수록 조직이 환경과의 관계를 향상시킬 수 있는 능력이 미약하다. 여기서는 Thompson(1967)과 Benson(1974)이 제시한 전략을 4가지로 정리하여 소개하기로 하겠다(Hasenfeld, 1983 : 71~82).

① 권위주의 전략

조직이 자금과 권위를 관장함으로 인하여 사회복지 전달체계에서 우세한 위치를 차지하고 있을 때, 그 조직은 자체의 교환관계 조건과 다른 조건을 좌우할 수 있는 위치를 가질 수 있다. 이러한 전략은 그 조직이 정확한 행동을 하도록 권력을 사용하고 이들 행동을 권장하거나 보상을 하지 않는다는 의미에서 권위주의적이다. 이 말은 그 조직이 전달체계의 조직들 가운데서 그러한 명령을 할 수 있을 정도로 세력이 크다는 것을 의미한다. 그런데 이러한 전략을 적용하려면 다른 조직의 활동을 감시하고 명령에 동의하도록 효과적인 제재를 가할 수 있는 능력이 있어야 한다. 예를 들면 자금지원과 권위를 관장하는 중앙정부기관이 지방정부기관에 대하여, 정부기관이 민간 사회복지조직에 대하여 이러한 전략들을 사용할 수 있다.

권위를 전략으로 사용하는 것은 조직의 자율성에 영향을 미치지 않고도 외부조직이 교환조건에 상응하도록 할 수 있기 때문에 매우 효과적인 전략이라 할 수 있다. 그러나 사회복지조직이 이러한 전략을 사용할 수 있는 조건에 있는 경우는 이미 그 조직이 권력적으로 우세한 위치에 있는 경우가 일반적이므로 그러한 전략을 사용하지 않더라도 우세한 권력관계를 유지할 수가 있다. 아주 민주적이고 지방분권적인 정치체계가 발전되어 있는 상황이라면 몰라도 그렇지 않은 상황에서는 실제로 이러한 전략을 사용하는 경우는 드물 것이다. 권위주의적 전략은 우세한 위치를 점하고 있는 소수의 사회복지조직에 한정될 수 밖에 없고 이러한 전략을 사용하는 데는 명령에 대한 순응여부를 감시하기 위해 비용이 많이 들고 비록 명령에 대한 순응이 이루어진다고 해도 실질적인 것보다는 상징적으로 될 수도 있는 문제점이 있다.

② 경쟁적 전략

경쟁적 전략은 서비스 질과 절차 및 관련된 행정절차 등을 더욱 바람직하고 매력적으로 하기 위하여 다른 사회복지조직들과 경쟁을 하여 체력을 증가시키는 것을 말한다. 이러한 전략은 조직이 필요로 하는 자원이 외부환경에 분산되어 있고 경쟁자들과 세력균형을 유지할 수 있을 만큼의 충분한 내적 자원이 있을 때 가능하다. 예를 들면 소규모의 특수서비스(아동비행 문제, 부부문제, 가족치료 서비스) 조직은 질 높은 서비스, 클라이언트 관리, 친절한 서비스 등으로 다른 종합 사회복지기관과 경쟁할 수 있을 것이다. 이러한 전략을 사용하는 데 따른 문제점도 예상할 수 있다. 권위와 명성이 경쟁적 지위를 향상시키기 위한 주요 요소가 된다는 면에서 사회복지조직이 성공률이 높은 클라이언트를 위주로 받아들이거나 사회계층이 낮은 클라이언트를 거부할(creaming) 가능성이 있고, 경쟁은 서비스 기관의 중복과 자원의 낭비를 조장하는 면이 있다. 그러나 서비스의 중복과 자원낭비라는 것이 문제가 되지만 한편으로는 클라이언트로 하여금 선택의 폭을 넓혀주고 질 높은 서비스를 받게 하는 이점도 있다.

③ 협동적 전략

협동은 조직이 과업환경 내의 다른 조직에게 필요한 서비스를 기꺼이 제공하여 그 조직이 그러한 서비스를 획득하는 데 대한 불안감을 해소시키는 것을 말한다. 사회복지조직은 제공한 서비스에 대한 보답으로 그 조직에 대하여 권력을 증가시키게 되는데 그 이유는 그 조직은 사회복지조직이 구하는 자원을 제공할 의무를 갖게 되기 때문이다. 이러한 전략은 경쟁적 전략을 사용할 조건들이 잘 형성되는 일이 드물기 때문에, 사회복지조직이 가장 많이 사용하는 전략이다. 협동적 전략은 구체적으로 3가지의 형태로 나눌 수 있다.

계약은 두 조직 사이에 자원 혹은 서비스의 교환을 위해 협상된 공식적 또는 비공식적 합의를 말한다. 어떤 사회복지조직이 찾는 자원이 과업환경 내에 집중되어 있는 한편 그 사회복지조직은 자원을 가지고 있는 조직에 매우 필요한 서비스를 통제하고 있어 그 조직에 대하여 어느 정도 힘을 행사하고 있을 때 계약의 적용이 가능하다. 예를 들면 공립학교는 아동상담소가 필요로 하는 중요한 자료를 가지고 있고 반면에 아동상담소는 문제아동을 잘 치료할 수 있어 학교에 중요한 서비스를 제공할 수 있다면 두 조직 사이에 계약이 이루어질 수 있다. 이 두 조직이 계약을 한다면 상호필요에 의하여 서비스와 자원을 교환하기 때문에 과업환경에 대한 의존을 줄일 수 있게 된다. 이러한 형태를 정부조직이 자금을 가지고 있고 민간 사회복지조직은 정부가 필요로 하는 서비스를 제공할 수 있는 경우에 많이 이루어지고 있는 형태이다. 우리나라에서도 최근에 정부에서 사회복지관에 대하여 운영자금을 제공하고 사회복지관에서는 서비스를 제공하는 형태로 계약에 의하여 위탁 운영하는 경우가 생겨나고 있는데 이도 계약의 한 형태라고 할 수 있다.

그러나 이러한 계약은 조직의 선택의 범위를 좁히고 자율성을 침해하고, 조직의 주요 목적과 맞지 않는 서비스를 제공할 수도 있게 한다. 계약은 또한 서비스의 효과성 평가를 어렵게 하고 부주의한 서비스 전달에 의하여 계약이 남용되는 문제도 초래할 수 있다. 특히 미국의 노인요양원에서 서비스의 남용과 악용의 사례들이 많이 발견되고 있는 것은 이러한 문제를 증명해 주고 있다(Hasenfeld, 1983 : 76).

연합은 여러 조직들이 합동으로 사업을 하기 위하여 자원을 합하는 것을 말하며 회원조직들 간에 분명한 상호합의를 통해서 일련의 공동이익과 관계된 의사결정을 하도록 하는 기구를 마련하게끔 한다. 연합은 주로 다음과 같은 조건하에서 이루어지기 쉽다. ① 각 조직은 필요로 하는 자원을 통제하는 조직들에 대하여 비교적 세력이 약해야 한다. ② 각 조직들 간에는 적당한 정도의 이익의 상호보충적 효과가 있고 상충이 없어야 한다. ③ 각 조직은 연합에 가담함으로써 드는 비용보다는 얻는 이득이 있다고 생각해야 한다. 연합은 '조직들의 조직'을 형성해 과업환경의 단위들과 더욱 효과적으로 협상할 세력을 확보하게 해준다. 예를 들면 민간 사회복지조직들이 공동모금회의 재원을 배정받기 위해 연합할 수 있다.

연합은 여러 가지 예상외의 손실이 따를 수 있다는 데 유의해야 할 것이다. 능동적이고 활발한 정보교환과 연합에서 지정한 책임수행을 위해서 비용이 많이 들 수도 있고, 연합이 취한 행동으로 회원조직 간의 불화가 발생할 가능성, 연합을 통해서 얻은 이익배분에 대한 의견불일치 등의 문제가 있을 수 있다. 따라서 연합은 시간적으로 한정된 목적을 위해서 형성되고 목적이 달성되면 해체되는 경우도 많다.

흡수는 과업환경 내의 주요 구성 조직들의 대표자들을 조직의 지도층 혹은 정책수립기구에 흡수함으로써 조직의 안정 또는 생존에 대한 위협을 피하는 것을 말한다. 이 전략은 외부환경의 주요 대표자들을 조직 속에 자기편으로 끌어들임으로써 그 조직의 합법성과 생존에 대한 지지를 얻어내거나 최소한 위협만이라도 피하자는 것이다. 흡수전략은 사회복지조직이 필요로 하는 자원이 환경에 집중되고 조직 자체가 전략적인 자원이 없을 때, 그리고 그 조직이 직면하는 위협을 기존자원으로 상쇄할 수 없을 때 이용되는 경향이 있다. 예를 들면 사회복지조직의 의사결정 및 프로그램평가 등에 클라이언트 대표자를 참여시키거나 지역사회 주민 대표자를 참여시키거나 또는 모금기관의 대표자를 이사회나 운영위원회 등에 참여시키는 것 등이다.

흡수는 조직의 자율성을 크게 저해할 수도 있다. 조직의 의사결정에 외부조직의 대표들이 참여한다는 것은 그 조직의 목적과 활동을 외부대표들이 세력을 발휘할 수 있는 비율만큼 수정하고 조정해야 하는 경우도 있게 된다는 것을 유의해야 할 것이다.

④ 방해 전략

방해 전략은 목표조직의 자원생산 능력을 위협하는 행동을 의도적으로 하는 것을 말한다(Beson, 1975 : 242, 재인용). 이러한 전략은 그러한 행동을 함으로써 목표조직이 양보해주기를 바라고 그렇게 함으로써 그들 간의 의존·권력 관계의 판도를 바꿀 수 있기를 기대한다. 방해 전략은 다음과 같은 조건 하에서 채택되기 쉽다.

① 어떤 조직이 세력이 약한 반면에 그 조직이 영향을 미치고자 하는 과업환경이 방해적이 아닌 요구를 묵살한다. ② 방해하려는 조직이 실패하여도 손해 볼 것이 별로 없다. ③ 그 조직은 상대조직과의 갈등해소를 위한 공통적 기본규칙을 제공할 수 있는 외부요인과 상호작용을 지속하지 않고 있다. ④ 그 조직과 상대조직 사이에 이념적 갈등이 존재하고 있다.

소규모 또는 일시적으로 방해 전략을 사용하는 경우는 사회복지 분야에서 흔히 볼 수 있는 일이다. 이러한 방해 전략은 조직 간에 이루어지는 경우도 있지만 대개는 힘이 없는 클라이언트들이나 잠재적 클라이언트들이 사회복지조직에 대하여 사용한다. 이러한 행동의 목적은 이들 사이의 관계에 있어서 중요한 구조적 변화를 야기하려는 데 있다. 예를 들면 사회복지관에서 청소년에 대한 보호관찰업무를 수행하고 있는데 사회복지관과 관계를 가지고 있는 보호위원을 늘려주지 않고 보호관찰대상자만 계속 의뢰하는 경우 관할법원에 보호위원 증원탄원을 계속하여 법원의 업무를 혼란에 빠뜨리게 하는 일을 할 수 있다. 또 다른 예는 수입이 전혀 없는 노인이 다만 재산이 한도액을 약간 넘어서 생활보호를 받지 못하는 경우가 많은데 이를 복지부에 계속 탄원하여 복지부에서 노인에 대한 생활보호 규정을 재검토하도록 할 수도 있다.

방해 전략은 권력을 잃은 사람들, 빈민 및 불우한 사람들을 대신하여 사회복지조직으로부터 양보를 얻어내는 데는 효과적일 수 있다. 그러나 장기적으로 볼 때, 이 전략은 일시적으로 얻은 이득을 상쇄해 버리는 반작용을 야기할 수 있다. 방해 전략은 방해 당하는 조직으로부터 양보를 얻어낼 수 있지만 그 양보는 약소한 것이 되고 오히려 사회복지전달

조직체들 내에 존재하는 더 기본적인 불평등에 대한 관심을 다른 곳으로 돌리게 하는 결과를 가져올 수도 있다.

4) 지역사회 관계형성을 위한 지식

사회복지조직의 행정책임자는 조직을 둘러싸고 있는 환경을 반응적이고 지지적인 환경으로 만들기 위해서는 환경에의 의존에 대한 대응조치를 취하는 한편 또한 지역사회 주민 및 제반 조직들과의 관계를 향상시킬 수 있어야 한다. 앞에서도 언급하였지만 특히 사회복지조직은 지역사회 내의 과업환경에 해당하는 제반조직들과 관계를 가지면서 에너지를 상호교환하면서 활동을 해야 하기 때문에 지역사회 조직사업(community organization)과 홍보(public relations)에 관한 지식을 습득하여 활용할 수 있어야 할 것이다.

(1) 지역사회 조직사업

지역사회 조직사업(community organization)은 사회사업의 핵심적인 한 방법으로 지역사회 내의 공통적 문제나 욕구를 지역사회인들이 스스로 해결하거나 발전적 목표를 달성하기 위한 능력을 향상시키는 활동이라 할 수 있는데 좀 더 구체적으로 말하면 ① 지역사회 내의 욕구를 발견하여 이를 지역사회 내의 자원을 동원하여 충족시키거나 ② 지역사회 주민들의 참여와 협조와 자기 지향적 속성을 개발하고 발전시켜 자신들의 문제와 목표를 효과적으로 다룰 수 있도록 도움을 주거나 ③ 지역사회 내의 관계와 의사결정의 권력분포에 변화를 초래하는 활동이다(Dunham, 1970 : 4).

(2) 지역사회 조직사업의 기본전제(Ross, 1967 : 86~93)

① 지역사회는 그들 자신의 문제를 해결하는 능력을 개발할 수 있다.
② 지역사회 주민들은 변화를 원하고 또 그 변화를 가능하게 할 수 있다.
③ 지역사회 주민 스스로 일으킨 지역사회 생활에 있어서의 변화는 강요된 변화가 갖지 못하는 의미와 지속성을 갖는다.
④ 지역사회 주민들은 지역사회에서 주요한 변화를 일으키고 그 변화를 조정하거나 통제하는 데 참여하여야 한다.
⑤ 종합적인 접근을 단편적인 접근으로는 해결할 수 없는 문제를 성공적으로 해결할 수 있다.
⑥ 민주주의는 지역사회의 일에 협동적 참여와 행동을 요청하며 주민은 이러한 참여와 행동을 가능하게 하는 기술을 배워야 한다.
⑦ 개인이 자신의 욕구해결을 위하여 도움을 필요로 하는 것과 같이 지역사회도 그 욕구를 해결하기 위하여 지역사회를 조직화하는 데 도움을 필요로 하는 경우가 많다.

(3) 지역사회 조직사업의 기본원칙(Ross, 1967 : 157~202)

① 지역사회의 현존 조건에 대한 불만으로부터 추진회(association)의 결성이 이루어져야 한다.

② 불만은 특정문제에 대한 계획을 세우고 실천에 옮길 수 있도록 집약되어야 한다.

③ 지역사회를 위한 불만은 주민에게 널리 인식될 필요가 있다.

④ 지역사회 조직을 위한 추진회는 지역사회 내에 있는 주요 집단들이 지목하고 수용될 수 있는 지도자(공식적, 비공식적)를 참여시켜야 한다.

⑤ 추진회는 지역사회 주민들로부터 고도의 지지를 받을 수 있는 목표와 운영방법을 가져야 한다.

⑥ 추진회의 사업에는 정서적 내용을 지닌 활동들이 포함되어야 한다.

⑦ 추진회는 지역사회에 존재하는 현재적(manifest) 및 잠재적(latent) 호의를 활용하려고 노력해야 한다.

⑧ 추진회는 그 자체의 회원 상호간과 또한 지역사회와의 활발하고 효과적인 대화통로를 개발해야 한다.

⑨ 추진회는 협동적인 노력을 위해 참여하고 있는 여러 집단을 지원하고 강화시켜야 한다.

⑩ 추진회는 정상적인 업무 결정과정을 해치지 않는 범위 내에서 절차상에서 융통성을 지녀야 한다.

⑪ 추진회는 지역사회의 현존 조건에 따라 수행하는 사업의 보조를 맞추어야 한다.

⑫ 추진회는 효과적인 지도자를 개발하는 데 힘써야 한다.

⑬ 추진회는 지역사회 내의 지도자들을 참여시킬 수 있고 어려운 문제를 해결할 수 있는 능력과 안정성 그리고 지역사회로부터 신망을 얻어야 한다.

⑭ 사회복지를 위한 지역사회 조직사업에서 지역사회가 주된 클라이언트이다. 지역사회는 이웃, 시·군·도, 국가가 될 수 있으며 더 나아가서는 국제적 공동체가 될 수도 있다.

⑮ 지역사회는 현재 있는 그대로 이해되고 수용되어야 한다. 각양 각층의 모든 사회복지조직은 상호의존적이다. 어느 한 사회복지조직도 홀로 존재할 수 없으며 다른 사회복지조직과의 관계를 가지면서 존재하고 있다.

(4) 지역사회 조직사업의 과정(Skidmore, 1990 : 181~183)

① 조 사

조사(research)는 문제나 욕구 또는 사실에 관한 자료를 수집하고 확인하는 것이다. 지역사회 지도자(지역사회 조직자)가 지능적으로 활동하기 위해서는 지역사회 주민의 문제와 욕구, 조직 및 서비스 등에 대한 기본적인 사실을 알아야 하고 이를 위해서는 조사활동이 필요하다. 사회복지조직의 행정 책임자는 사회조사에 대한 전문지식을 갖추거나 전문가를 채용하는 것이 바람직하다.

② 기 획

기획(Planning)은 장래에 도달하고자 하는 모교를 달성하기 위한 의도적인 행동계획의 과정을 말하는데 지역사회 각종 집단의 대표자들이 같이 모여 문제를 규명하고 그 해결책을 찾기 위하여 기획의 절차를 거쳐야 한다.

③ 협의 조정

협의 조정(coordination)은 불필요한 갈등과 노력의 중복을 피하기 위하여 같이 협의하는 과정을 말한다. 지역사회 내의 주민 간 또는 조직 간의 협조 및 자원의 확인과 서비스 질과 양의 증진을 위하여 지역사회 내의 여러 사회복지조직들 간의 협의 조정이 필요하다.

④ 조직화

조직화(organization)는 문제해결이나 욕구해결을 위하여 설정된 목표를 달성하기 위해 필요한 활동조직을 만드는 과정을 말한다. 목표달성을 위해서는 조직적인 활동이 필요하고 이를 위해서는 반드시 조직이 필요하다는 것은 두말할 나위가 없다. 이러한 조직화에는 공식적 조직과 비공식 조직도 같이 고려되어야 할 것이다.

⑤ 재정 활동

재정 활동(financing)은 예산을 수립하고 수입원으로부터 자금을 확보하고 지출을 하는 활동을 말한다. 목표달성을 위해 만들어진 조직이 활동하기 위해서는 비용이 필요하고 이를 위해서는 재정 활동이 반드시 필요하다.

⑥ 컨설테이션

컨설테이션(consultation)은 전문가들로부터 전문직업적 정보와 지침을 얻는 활동을 말한다. 지역사회 조직사업의 활동을 해나가는 과정에서 사회복지 분야 안팎의 여러 전문가들의 의견을 들을 필요가 있다.

⑦ 위원회 운영

조직에서 조사, 연구, 기획, 의사결정 및 정책의 집행을 위해서는 위원회 운영(committee operation)이 필요하며 이를 잘 이용하면 목표를 효과적으로, 효율적으로 달성할 수 있다.

⑧ 협 상

협상(negotiation)은 중립적인 제3자의 개입에 의하여 쌍방 간의 갈등을 해결하는 과정을 말한다. 지역사회 내의 조직, 집단 및 개인들이 상호간에 가치관과 의견과 정책이 다를 수 있기 때문에 같이 모여 의견을 나누고 상호 받아들일 수 있는 선에서 타협점을 찾을 수 있어야 할 것이다.

⑨ 기 록

기록(recording)은 지역사회 조직 활동 과정에서 위원회 및 활동 집단의 생각과 행동을 기록으로 설명하는 것을 말한다. 여기에는 회의록 및 활동과정에 대한 기록이 포함되어야 할 것이다.

5) 홍 보

사회복지조직은 지역사회 주민들에게 복지 서비스를 제공하기 위해서 존재한다. 이를 위해서는 지역사회 내의 여러 개인, 단체 및 조직 등과 관계를 유지하여야 한다. 서비스에 대한 정보 제공, 지역주민과 단체들의 협조 및 이해를 얻기 위해서는 홍보가 대단히 중요하다. 사회복지서비스는 그것이 무료이건 유료이건 간에 일반적으로 필요한 많은 사람들에게 전달되도록 하여야 하기 때문에 마치 영업회사에서 상품을 선전하는 것과 같이 홍보가 중요하다.

(1) 성공적인 홍보활동과 주요원칙(Skidmore, 1990 : 187)

① 목표가 무엇이며 어디에 있는가를 알라.
② 접촉하려고 하는 사람이 누구인가를 알라.
③ 이용가능한 자원(돈, 사실, 인력 및 기술 등)을 평가하라.
④ 돌아오는 이익이 접촉하고자 하는 상대방과 어떻게 연관되는가에 유의하라.
⑤ 홍보에 관한 구체적인 기법을 알라.
⑥ 절대적으로 정직하라.
⑦ 사람들에게 감사하라.

(2) 홍보활동의 사례

① 시각적 매체: 신문, 잡지, 회보(반상회 회보, 시 및 구청의 행정홍보 신문), 책자, 팸플릿, 보고서, 유인물(전단), 슬라이드, 사진, 전시회, 가두행진 등
② 청각적 매체: 이야기, 좌담, 강연회, 라디오 등
③ 시청각적 매체: TV, 영화, 비디오, 연극, 공개토론, 대중집회 등
위 매체들은 각각 고유한 특성이 있고 효과도 다르기 때문에 특정한 목표달성을 위해 가장 효과적이라 판단되는 매체를 선택하여야 할 것이다.

인적자원관리

제 7 장   인적자원관리

1. 인사관리

인사관리란? 피고용자, 혹은 종업원의 욕구와 관리자의 기대 및 사회의 욕구에 부합하여 조직구성원들이 조직의 목적 달성을 효과적이고 효율적으로 달성할 수 있게 관리하는 것을 말한다(Noe, Hollenbeck, Gerhart & Wright, 1997 : Pecora & Austin, 1987). 이러한 인사관리가 어떠한 내용으로 구성되어야 하는가에 대해서는 대개 해당 조직의 특성들과 관련하여 다양한 논의들이 있을 수 있으나, 그럼에도 불구하고 인사관리에 포함되는 좀 더 보편적인 내용들을 다음과 같이 정리해 볼 수 있다.

Flippo(1984)는 인사관리의 기본 구성요소로서 인적자원의 확보관리(procurement), 훈련과 교육에 기초한 개발관리(development), 성과에 대한 보답(rewards)을 보증하는 보상관리(compensation), 피고용인, 관리층 및 노조 간의 이해관계를 조정하는 통합관리(integration), 유능하고 자발적인 노동력의 존속을 보증하는 인적 자원의 유지관리(maintenance), 그리고 더 이상 필요하지 않게 된 인적 자원을 사회에 환원하는 이직관리(separation) 등을 제시한다.

한편 Pecora와 Austin(1987)은 일반사회복지조직에 있어서의 인사관리가 어떤 구성요소를 지녀야 하는가를 사회복지조직의 특성을 감안하여 7가지로 제시하고 있다.

인사관리의 주요내용은, 첫째, 직원의 모집, 심사 및 채용, 둘째, 업무과업의 분석과 설계 및 할당, 셋째, 과업평가의 설계와 실행, 넷째, 직원 오리엔테이션, 훈련과 개발, 다섯째, 과업성과를 유지, 제고하게 하며 직원을 발전하게 하기 위한 지도감독, 여섯째, 직원성과에 문제가 있을 때의 처리활동, 마지막으로 직원에 대한 보상과 이직관리에 관한 내용 등이다.

또한 Noe, Hollenbeck, Gerhart & Wright(1997)는 일반적인 영리조직들의 상황에서 인사관리의 내용이 어떻게 구성되어야 하는가를 제시하였다. 기본적인 요소로서 네 가지, 즉 인적자원의 획득(기획, 채용, 배치), 업무활동의 분석과 활동의 결과에 대한 평가, 인적 자원의 개발(훈련 및 경력관리), 그리고 인적 자원에 대한 보상관리(임금 및 부가임금 등)를 들고 있다. 이상과 같은 인사관리의 구성요소들 중에서 사회복지조직에서 공통적으로 논의할 수 있는 핵심적인 인사관리 구성요소로 업무분석 및 업무성과에 대한 평가, 직원개발, 그리고 보상과 같은 세 가지 요소를 언급할 수 있다.

1) 성과관리

업무 및 업무평가 관리에 있어서 가장 중요한 것은 업무분석, 업무설계, 그리고 성과평가(performance appraisal)이다(Noe, Hollenbeck, Gerhart & Wright, 1997). 업무분석이란 업무의 산물(product), 혹은 서비스의 생산에 필요한 과업들을 분석하는 과정을 지칭하며, 업무설계란 이러한 과업들을 특정 작업단위들 혹은 개인들에게 할당하는 과정을 말한다.

일반적으로 업무설계는 업무분석에 기초하여 이루어진다. 인사관리에 있어서 이러한 업무분석 및 업무설계(work design)는 가장 기본적인 사항으로 매우 중요하다고 볼 수 있다. 그 이유는 이 작업의 결과가 직원이 업무에 대해 가지고 있는 기대를 명료화하는 기반으로 사용될 수 있고, 직원의 성과검토를 촉진시키며, 만일 직원이 이직하더라도 업무를 지속적으로 유지시킬 수 있는 기본 자료가 될 수 있기 때문이다. 또한 업무설계는 어떤 종류의 직원이 확보되어야 하는가를 사정하기 위한 기초적인 정보를 제공하는 기능을 하며, 직원의 과업수행과 조직의 목적·목표들 사이의 관계성을 모니터링하는 도구로서 사용될 수도 있다. 뿐만 아니라 업무설계 프로파일들은 직원의 훈련욕구가 어떠한 양상으로 분포되는가를 파악하는 데에도 유용하게 사용될 수 있고, 업무성과와 임금수준의 형평성을 확인하는 도구로도 사용될 수 있다. 덧붙여 업무설계는 업무기대를 명료화하기 위한 슈퍼비전 모임의 횟수를 줄일 수 있기 때문에 슈퍼비전 시간을 절약하는 데도 기여할 수 있다.

한편 성과관리란 업무성과의 평가를 설계하고 실행하는 과정을 말한다. 인사관리에 있어서 직원이 성취한 업무의 성과에 대한 평가(evaluation)는 인사관리의 주요요소가 된다. 첫째, 성과평가는 종업원의 활동을 조직의 목적에 연결시켜주고, 그럼으로써 결과적으로 조직의 서비스 효과성을 보장하는 데 기여할 수 있다. 둘째, 평가는 여러 가지 행정적인 결정들을 위한 기본적 근거자료로서 사용할 수 있다. 예를 들면, 임금결정, 승진, 근무를 지속시킬 것인지의 여부(retention-termination) 등을 결정하는 데 중요한 근거자료가 된다. 또한 평가는 종업원들이 자신의 업무에 대한 효과성을 제고시키면서 자신의 발달을 가져오는 역할을 할 수 있고, 이를 통해 궁극적으로 조직의 서비스 효과성을 제고시키는 기능을 할 수 있다.

2) 개발관리

일반적으로 인사관리에 있어서 인적 자원의 개발관리는 훈련, 개발 및 경력관리 등의 영역으로 나누어 볼 수 있다(Noe, Hollenbeck, Gerhart & Wright, 1997). 훈련(training)이란 직원이 업무와 관련된 지식, 기술, 혹은 행동을 배울 수 있도록 촉진하는 조직의 계획적인 노력을 의미하며, 훈련의 초점은 현재 수행하고 있는 업무이다.

개발(development)은 직원이 조직 내에 존재하는 여러 종류의 업무를 감당할 수 있도록 준비하는 것을 돕는 것을 말하는데, 이때의 초점은 현재 하고 있는 일이 아닌 다른 업무로도 이동하여 그것을 수행해 낼 수 있는 능력을 함양하는 데 있다. 인적자원의 개발관리는 공식적인 훈련과 교육, 현재업무의 확대 또는 순환업무 등의 업무체험 등을 통해 접근된다.

경력개발이란 직무의 수행과정에서 경력을 개발할 수 있는 적합한 과업과 활동들을 갖도록 한다. 적절한 직무 관련 관계성 등을 형성해 나가도록 유도, 지원함으로써 직원의 전반적인 직무능력을 제고시키는 과정을 말한다. 경력개발은 직원개발관리의 내용으로는 상대적으로 작은 비중에서 논의되는 내용이기는 하나, 사회복지조직의 경우는 그 의미가 여타 조직보다 상당히 크다고 생각한다.

이와 같은 훈련, 개발, 경력관리 등은 조직구성원의 업무능력을 향상시켜 직원 개인 및 조직의 욕구를 충족시키고 환경적 요구에 대응할 수 있게 한다. 인적자원관리의 효과를 증대시킴과 더불어 궁극적으로 업무의 효과성과 효율성을 높게 한다.

3) 보상관리

보상(compensation)이란, 피고용인이 고용적 관계로 인해 받게 되는 모든 형태의 재정적 보답과 서비스, 그리고 부가임금(benefits) 등을 말한다(Noe, Hollenbeck, Gerhart & Wright, 1997). 인사관리에 있어서 보상은 핵심적인 요소의 하나로서 특히 중요하다고 볼 수 있는데, 그 이유는 보상이 직원의 노력에 대한 대가를 지불하는 역할을 함으로써, 이를 통해 업무에 대한 직원의 동기를 고취시키기 때문이다. 또한 보상은 잠재적 지원이 직원으로 조직에 합류하게 하는 유인적 요소의 역할을 하기도 한다.

일반적으로 보상관리는 직접적 보상과 간접적 보상, 두 가지의 형태로 구성되어 있다. 직접적 보상은 기본임금, 성과적 임금(pay for accomplishments), 유인적 임금(prior to performance) 등을 포함한다. 간접적 보상은 보호 프로그램 비용부담(의료보험비 등), 근로시간 변제(휴가, 안식년 등), 그리고 종업원을 위한 서비스와 부가적 임금 등이 있다. 서비스와 부가임금의 예로는 주차 공간 제공, 장기간의 훈련 및 교육기회의 제공 등을 들 수 있을 것이다.

이러한 내용의 보상을 결정하는 방식은 다음의 요소에 기초하는 것으로 알려져 있다. 첫 번째는 내적 일관성이다. 보상의 결정은 업무분석, 업무평가, 업무구조에 기초한다는 것인데, 이는 조직의 목표에 대한 종업원들의 기여를 업무내용의 측면과 기술적 중요성의 측면에서 비교함으로써 그 상대성에 기초하여 일관성을 가지고 결정해 나가야 함을 의미하는 것이다. 두 번째 결정 요소로는, 조직 밖의 상황을 고려한 결정, 즉 외적 경쟁력을 갖는 결정 요소인데, 이는 업무와 관련된 시장의 해당업무에 대한 평가를 참조하여 경쟁력 있게 보상의 내용과 수준을 결정해야 함을 나타내는 것이다. 마지막으로는 종업원의 기여에 기초하여 보상을 결정하는 것을 중요요소로 꼽는다. 즉 종업원의 기여를 연공서열이나 성과급제 등의 기준을 적용하여 평가하고 이를 보상에 반영해야 한다는 것이다.

이러한 보상관리체계의 운영이 일반적으로 추구하는 원칙은 효율성, 형평성, 법과 규칙에 대한 순응 등이다. 효율성의 원칙이란 보상이 생산성을 향상시키고 인건비를 조절할 수 있어야 한다는 것을 말한다. 다음으로 형평성의 원칙이란 고용관계에 있는 모든 구성원들을 공정하게 대우하는 보상체계를 구축하고 실행해야 한다는 것을 말한다. 마지막으로, 법과 규칙에 대한 순응의 원칙은 정해진 보상체계가 합법적이고 합리적이어서 모든 구성원들이 그것을 받아들일 수 있어야만 한다는 것이다.

2. 구성요소

사회복지조직에 있어서의 인사관리의 구성에 대한 Pecora와 Austin(1987)의 논의에 기초한다. 직원의 모집과 채용, 직원에 대한 오리엔테이션, 업무과업의 분석과 설계 및 할당, 과업평가의 설계와 실행, 직원의 훈련과 개발 및 경력개발, 직원 성과문제에 대한 대응, 그리고 직원에 대한 보상과 이직관리에 관련해서 보고자 한다.

1) 모집 및 채용

직원모집(recruitment)은 조직이 조직구성원이 될 수 있는 잠재적 역량을 갖는 사람들을 찾아내는 과정이다(Noe, Hollenbeck, Gerhart & Wright, 1997). 그리고 채용(selection)은 조직이 일을 수행할 수 있는 지식과 기술, 능력 및 기타 자원을 갖는 사람을 구별해 내서 조직구성원으로 선택하는 과정이다(Noe, Hollenbeck, Gerhart & Wright, 1997). 이 과정은 조직의 성과에 지대한 영향을 미칠 수 있는 매우 중요한 과정이다. 특히 직원의 모집은 우리 조직에 적절할 수 있는 많은 인재를 모은 후에 선택하는 것을 가능하게 하는 매우 의미 있는 과정이나, 일반적으로 그렇게 많은 비중이 주어지지 않는 과정이다.

조직에서 직원모집에 있어 사용하는 방법은 내적인 모집과 외적인 모집으로 나눌 수 있다. 내적인 모집은 조직내부에서 현재 충원시키고자 하는 일에 관해 관심 있고 역량 있는 이들을 찾아보는 것이고, 외적인 모집은 조직의 외부에서 이러한 인력들을 찾아보는 것이다. 내적인 모집방법은 그 조직에 관해서 잘 알고 있는 이들이 충원될 수 있다는 점에서 강점을 지니고, 외적인 방법은 조직이 현재 갖지 못한 자원을 지니는 이들을 충원하면서 이들의 새로운 시각 등을 활용할 수 있는 강점이 있다.

내적 방법이든 외적 방법이든 구성원을 모집한 후에는 채용이라는 과제를 갖는다. 채용은 정말로 쉽지 않은 과정이다. 채용에서 가장 핵심적으로 문제가 되는 것은 무엇보다도 우리 조직이 필요한 사람을 정확하게 골라서 채용 하였는가 이다. 일반적으로 인터뷰 방법, 추천방법, 이력서를 검토하는 방법, 인지능력검사, 인간성검사, 직업능력검사, 정직성

검사, 약물검사 등에서 가장 적절하다고 생각되는 방법들을 결합하여 채용을 결정한다.

그러나 채용과정에서 다양한 방법을 사용함에도 불구하고 채용의 결과에 대해 많은 후회와 실수를 하게 된다. 이러한 후회를 줄일 수 있는 왕도는 없으나, 우리가 어떤 사람을 채용하고자 하는가가 확실하다면 후회를 방지할 수도 있을 것이다. 업무능력, 인성, 헌신의 비중을 어떻게 놓고 조직구성원을 채용할 것인가를 미리 결정한 후에 구성원을 채용하는 과정을 갖는다면 채용상의 실수는 감소될 수 있을 것이다. 그리고 일반적으로 위에서 언급한 채용방법은 신뢰도와 타당도 측면에서 다소의 제한점을 갖는다고 평가되고 있다. 따라서 채용하는 과정에서 사용하는 방법에 대한 검토를 통해 사용하는 방법에 대한 이해를 높이고 방법들이 갖는 비중을 정확하게 한다면, 조직은 채용상의 실수를 다소나마 감소시킬 수 있을 것이다.

2) 업무과업분석

조직의 인사관리에서 가장 중요한 것은 아마도 업무과업에 대한 분석(job analysis)이라고 할 수 있다. 서비스의 생산에 필요한 과업들을 분석하는 과정인 업무분석과 이에 기초한 업무설계(work design)는 직원채용 시 어떠한 사람이 채용되어야 하는가를 명료화시키고, 업무에 대해 가지고 있는 기대를 명료화하고, 직원의 성과평가를 가능하게 하고, 직원이직 시 업무를 지속적으로 유지할 수 있게 하고, 직원확보욕구를 파악할 수 있게 하고, 직원의 과업수행과 조직의 목적·목표 사이의 관계성을 모니터링하여 업무에 대한 재조정을 가질 수 있게 하고, 직원의 훈련과 개발의 방향을 명료하게 하고, 업무성과와 임금수준의 형평성을 확인할 수 있게 하고, 핵심적인 업무와 주변적인 업무에 대한 파악을 가능하게 하는 등의 매우 유용한 인사관리 핵심요소이다(Noe, Hollenbeck, Gerhart & Wright, 1997).

중요성을 갖는 업무과업에 대한 분석을 위해서는 보통 관찰의 방법, 개별인터뷰의 방법, 그룹 인터뷰의 방법, 구조화된 설문지를 돌리는 방법, 전문가를 초청하여 회의를 통해 파악하는 방법, 관련부문의 전문가의 관찰에 의존하는 방법 등 다양한 방법이 활용될 수 있다. 업무과업을 분석하는 과정에서 보통은 과업을 수행하는 당사자와 상급자를 주요 정보자원으로 삼는다. 즉 이들의 정보에 기초해서 업무과업이 분석되는 것이 일반적이다. 그리고 업무분석의 과정에서 정보의 추출은 보통 먼저 과업의 핵심적인 내용들을 주요 측면으로 나눈 후 각 측면에서 핵심과제들이 무엇인가를 나누고, 마지막으로는 이러한 과제를 수행하기 위해 필요한 지식, 기술, 능력 및 기타 요소는 무엇인가를 파악하는 과정을 거친다. 각 조직의 업무과업과 관련해서 존재하는 업무분장표(job description and job specification)는 바로 이러한 과정을 거친 업무분석의 결과로 만들어지는 것이다. 즉 업무분장표는 바로 업무분석의 직접적인 결과이다.

업무분장표는 보통 그 업무가 수반하는 과업과 책임들을 기술하고 있다. 이러한 업무

를 수행하는 데 필요한 지식과 기술, 능력 및 기타 요구사항들에 대해 기술하는데, 이러한
내용을 갖는 업무분장표는 조직에서 매우 중요한 기능을 갖는다. 무엇보다도 조직구성원
각각의 책임, 즉 조직이 각각에게 기대하는 것이 무엇인가를 분명하게 하고, 이러한 명확
함과 관련해서 구성원의 자율성을 제고할 수 있게 하고, 마지막으로 무엇보다도 직원의 성
과를 평가하는 것을 가능하게 하는 조직의 효율성 관리를 위한 중요한 관리기제이다.

3) 업무과업평가

조직구성원 성과에 대한 평가는 구성원의 활동과 산출물이 조직의 목적과 일치되는
방향에서 만들어지고 있는가에 대한 평가를 통해 성과와 조직의 목적 사이의 결합을 만들
어 내는 과정이다(Noe, Hollenbeck, Gerhart & Wright, 1997).

(1) 성과평가

성과평가는 기본적으로 세 가지 목적을 갖는다. 첫째는 조직의 전략에 맞춰 조직구성
원들의 활동이 수행되고 있는가를 파악하기 위한 것이고, 둘째는 조직구성원의 관리상에
필요한 정보, 즉 임금이나 승진, 해고 등과 같은 인적 관리를 위한 정보를 얻기 위한 것이
고, 셋째는 조직구성원의 개발을 위한 방향과 내용을 구체적으로 얻는 것이다.

직원의 업무성과를 평가하는 데 있어 기본적인 방향은 크게 네 가지로 정리된다. 첫
째, 조직구성원들이 만들어 낸 산출물, 즉 결과물에 대해서 평가하는 것(results approach)이
고, 둘째, 효과적인 업무를 수행하기 위해서 조직구성원이 반드시 보아야만 하는 행동들을
보이는가를 평가하는 것(behavioral approach)이고 셋째, 조직의 성공적인 운영을 위해서 조
직구성원이 나타내야 하는 바람직한 특성, 예를 들면 리더십, 발의성, 경쟁력 등을 얼마나
지니고 있는가를 평가하는 것(traits approach)이다. 마지막으로는 조직구성원이 직접적인 통
제력을 갖는 부문에 대해서 구성원이 얼마나 책임 있게 요구되는 행동을 보이고, 성공적인
일을 만들기 위해서 꼭 필요한 원인적 행동과 활동들을 만들어 냈고, 조직을 위해 필요한
조직시민행동을 실천하였는가를 평가하는 것(TQM approach)이다(Noe, Hollenbeck, Gerhart &
Wright, 1997).

업무성과 평가 방향 중에서 결과 평가의 대표적인 방법이 MBO(Management By Objectives)
인데, 이는 목표를 설정해서 이에 대한 결과를 파악하고 평가하는 방법이다. 행동평가방식
은 서비스 업종에서 많이 사용되는 것인데 이 방법은 기본적으로 그 과업을 성공적으로
완수하기 위해서 절대로 필요한 일(critical incidents)을 파악하고 이의 수행정도를 평가하는
방법이다. 질 평가의 방법은 조직구성원의 성과평가에서 결과물만을 가지고 평가하는 것
이 많은 경우 용이하지 않고 바람직하지 않기 때문에 조직구성원이 직접적인 통제력을 갖
는 부문을 분명하게 설정하고 이 부문에서 성공적인 과업수행을 위해 반드시 필요한 원인

적 활동을 어떤 수준에서 수행하였는가 그리고 협력적 태도, 발의성, 의사소통의 원활함 등과 같은 조직의 발전을 위해 필요한 시민적 행동을 어느 수준에서 실행하였는가를 평가하는 방법이다(Noe, Hollenbeck, Gerhart & Wright, 1997).

이러한 내용을 측정하는 데 있어, 보통 조직들은 절대평가방식의 측정방법을 사용하기도 하고 상대평가방식의 측정방법을 사용하기도 한다. 절대평가방식의 측정 방법으로 대표적인 것은 Graphic Rating Scale과 Mixed Standard Scale이다. 전자의 방법은 주어진 평가기준에 따라서 평가 받는 사람의 위치를 다른 이와 비교하는 것 없이 체크하는 방법이고, 후자의 방법은 각 기준에 대해서 평균보다 더 잘하고 있는지, 평균의 수준인지, 혹은 평균보다 낮은 수준인지를 체크하는 방법이다. 한편 상대평가방식의 측정방법에는 Raking의 방법, Forced Distribution의 방법, Paired Comparison의 방법이 있다. Raking의 방법은 평가대상자들을 각 평가기준, 즉 항목별로 순위를 매기고 이를 합하여 평가하는 방식이고, Forced Distribution의 방법은 평가대상자들이 받을 수 있는 등급의 비율을 미리 결정해 놓고 이러한 할당된 비율에 맞춰 평가대상자들의 등급을 각 기준별로 평가하는 방식이다. 그리고 Paired Comparison의 방법은 모든 평가기준에 대해서 평가대상이 되는 모든 이들을 비교하고 이를 합하는 방식을 통해서 평가자들의 기준별 순위 및 전반적 순위를 계산하고 이를 통해 평가하는 방식이다(Noe, Hollenbeck, Gerhart & Wright, 1997).

어떠한 방식을 이용한다 해도 업무과업수행에 대한 평가는 문제를 가질 수 있다. 평가의 기준을 설정하는 문제에서부터, 기준에 대해서 측정하는 방식이 가져오는 문제, 평가자들의 설정이 가져오는 문제 등 업무과업수행은 정말로 다양한 문제들을 내포하고 있다. 이러한 문제로 인해 업무과업 수행평가의 과정에서는 항상 이 평가가 객관적인가 하는 의문을 불러일으킨다. 평가기준과 관련해서 우리는 현재의 과업과 활동을 반영하는 정교한 업무분장표가 왜 그렇게 중요한가를 인식할 수 있다. 그리고 측정의 방식과 관련해서는 왜 보다 다양한 측정방법의 개발이 필요하고 측정하는 이들의 평가와 관련된 훈련이 왜 필요한가를 인식할 수 있다. 또한 평가자들의 설정과 관련해서는 누가 평가해야 하는가 그리고 최근에 보다 적극적으로 논의되고 활용되고 있는 자기평가와 다양한 조직구성원 혹은 고객에 의한 평가를 인식할 수 있다.

평가자의 문제와 관련해서, 많은 학자들은 상급자가 가장 중요한 평가정보를 제공하긴 하나, 다음의 문제점을 지적한다. 일반적으로 지적되는 평가자 관련문제는 평가대상자가 보이는 하나의 긍정적인 것을 확대 해석해서 전반적으로 긍정적으로 평가하는 문제(halo effect), 평가에 있어 의심스러운 기준들에 입각해서 평가가 이루어지기 때문에 독단적 평가 속에 전반적으로 낮게 평가되는 문제(horns effect), 모든 것에 대해서 관대하게 평가하는 문제(leniency error), 평가자가 대상자들의 업무성과를 모두 유사하게 평가하는 문제(similarity error), 평가자가 대상자들의 업무성과를 평가함에 있어 우수한 사람과 그렇지 못한 사람을 제대로 구별해 내지 못하는 문제(low differentiation), 평가자가 정말로 극단적으로 우수한 대상자를 기준으로 하기 때문에 다른 대상자들이 상대적으로 낮게 평가되는 문제(contrast error), 평가자가 너무나 엄격해서 그의 기준에서는 모두가 다 낮게 평가되는 문제(strict error), 평가자가 모두 중간 정도로 평가하는 문제(central tendency error) 등이다.

(2) 평가의 과정과 문제점

평가의 과정에서 평가자와 관련해서도 다양한 문제가 발생할 수 있다. 이러한 문제와 관련해서 우리가 할 수 있는 대안적인 노력의 하나는 평가자들을 대상으로 그들이 범할 수 있는 문제점들에 관해 훈련시키고 또한 그들이 어떻게 평가를 해야 평가가 더욱 객관적이고 정확할 수 있게 되는가를 훈련하는 것이다(Noe, Hollenbeck, Gerhart & Wright, 1997).

평가의 문제와 관련해서 우리는 다양한 과제를 갖는다. 첫째, 평가의 목표가 무엇이고 평가를 통해 우리가 추구하는 효용가치가 무엇인지를 분명하게 하면서 평가하는 것이고, 둘째, 평가대상자가 맡고 있는 업무 및 책임과 관련해서 평가를 진행하는 것이고, 셋째, 더욱 객관적일 수 있는 측정방법을 꾸준히 찾고 개발하는 것이고, 넷째, 성과의 평가내용을 조직의 상황에 맞춰 그리고 평가대상자의 업무와 책임에 맞춰 다양하게 구성하는 것이다.

그리고 평가의 과정에서 다음과 같은 원칙을 반드시 기억해야 할 것이다. ① 평가는 평가대상자의 참여(participation)와 관여(involvement) 속에서 진행되어야 한다는 것이고 ② 평가를 함에 있어 모든 대상자들에게 일관되게 적용되는 방법과 기준을 사용해야 한다는 것이고 ③ 평가는 일 년 내내 업무활동에 대한 피드백을 통해 지속적으로 수행되어야 하는 것이지 일 년에 단지 한 번 수행되는 것이 아니라는 것이고 ④ 평가는 사람에 초점을 맞추는 것이 아니라 그 사람이 수행한 일, 일의 결과, 일과 관련된 행동에 초점을 두어야 한다는 것이고 ⑤ 평가는 문제를 해결하는 것이 기본취지이지 문제를 드러내고 이를 통해 문제를 악화시키는 것을 지향하지 않아야 한다는 것이고 ⑥ 평가는 좋고 나쁨이라는 가치판단에 기초하는 것이 아니라 잘하고 못함이라는 실제적 활동에 초점을 두고 판단되어야 한다는 것이고 ⑦ 평가는 구체적 목표를 정하고 일 년 내내 이 목표를 향한 진보를 리뷰하면서 진행되어야 한다는 것이고 ⑧ 평가는 비판을 통한 폄하가 목적이 아니라 칭찬을 통한 성장과 발전이 기본목적이어야 한다는 것이다. 조직구성원의 성과에 대한 평가에서 보편적인 최상의 평가방식이라는 것은 존재하지 않는다는 것을 기억해야 할 것이다. 즉 조직구성원의 평가는 반드시 조직의 상황, 조직의 욕구, 구성원의 욕구, 업무의 성격 등을 고려하면서 객관적이고 정확하게 수행되어야 하는 것이다.

4) 교육훈련개발 및 경력개발

높은 수준의 역량을 조직구성원이 지닐 수 있고 그 역량을 더 개발시킬 수 있다면 이는 조직에 엄청난 자산일 수 있다. 그리고 동시에 높은 수준의 역량을 갖게 지원해주고 개발시켜 주는 조직에서 일하는 사람들은 조직에 대한 만족감과 조직에 대한 헌신도가 높을 수밖에 없고, 그러한 기회를 제공하는 조직에서 오랜 기간 동안 자신의 직업활동을 전개시키는 선택을 할 수밖에 없을 것이다. 즉 직원에 대한 훈련과 개발이야말로 조직이 역량 있는 직원의 이직을 막고 보유하는 데 큰 기여를 할 수 있다.

이러한 기여와 관련해서 Pecora와 Austin(1987)은 보다 구체적으로 직원훈련과 개발이 다음의 네 가지 측면에서 조직에 기여할 수 있다고 강조한다. 먼저, 직원훈련과 개발은 조직의 효율성과 효과성을 높이는 것에 기여하고, 둘째로 직원의 사기를 제고하는 것에 기여하며, 셋째로 조직을 혁신적인 방법으로 재생시키는 것에 기여하고, 마지막으로는 조직의 안정성을 성취하는 것에 기여함을 강조한다. 다음에서 중요성을 갖는 직원훈련과 직원개발에 관한 일반적인 내용을 정리해 보고자 한다.

(1) 교육훈련개발

먼저 직원훈련은 조직구성원이 수행하고 있는 직무와 관련해서 필요한 지식, 기술, 행동 등에 대한 학습을 촉진시키기 위해서 조직에 의해서 실행되는 계획된 노력이다(Noe, Hollenbeck, Gerhart & Wright, 1997). 직원훈련과 관련해서 기억해야 하는 것은 직원훈련은 한 번만 실행되는 것이 아니라, 조직구성원들이 자신의 업무, 자신의 부서, 자신의 조직, 조직목적에 대해서 정확한 인식을 하면서 자신이 하고 있는 업무를 보다 잘 수행하게 하기 위해 지속적인 학습을 제공할 수 있어야 한다는 것이다. 직원훈련을 보다 효과적으로 수행하기 위해서는 기본적으로 다음과 같은 과제를 수행하는 것이 필요하다.

첫째, 직원훈련과 관련된 욕구조사를 하는 것이 필요하다. 이 단계에서는 조직, 직원 개인, 그리고 그가 하는 업무 등의 세 차원을 보아야 한다. 즉 조직의 전략과 자원 등에 비추어 볼 때 어떠한 형태의 직원훈련이 적절한지, 직원 개개인은 어떠한 훈련이 필요한지, 그리고 각각의 업무를 보다 효과적이고 효율적으로 수행하기 위해서 어떠한 훈련이 필요한지를 파악해 내야 한다.

둘째, 조직구성원들이 훈련을 위한 준비가 되어 있는지, 즉 학습을 위한 준비가 어느 정도로 되어 있는지를 파악하면서 학습에 대한 동기부여를 하는 것이 필요하다. 이 단계에서는 조직구성원들의 훈련에 대한 개인적인 욕구 및 자기효능감의 수준을 파악하면서, 훈련을 통해 얻을 수 있는 혜택을 인지시키면서 훈련을 위한 동기를 부여시키는 것이 필요하다.

셋째, 훈련 프로그램을 개발할 때에 어떠한 훈련방법을 사용할 것인가를 검토하면서 적절한 방법을 선택하는 것이 필요하다. 훈련을 위해서 많이 사용되는 방법으로는 새로운 지식과 기술에 대해서 조직 내에서 혹은 조직 밖에서 강의 등을 통해 프레젠테이션을 받을 수 있게 해 주는 방법, 과업의 수행과 관련해서 현장에서 직접적으로 개별적인 훈련 및 사례의 분석 등을 통해 지식과 기술을 높여 주는 방법(hands-on techniques), 과업의 수행과 관련해서 팀원들 모두의 경험과 지식 및 아이디어를 공유하게 해서 지식과 기술을 높여 주는 방법(group-building techniques) 등이 있다.

넷째, 보다 효과적인 훈련이 되게 하기 위해서는 조직구성원들이 훈련을 가진 이후에 새로운 지식과 기술 및 행동이 과업에 적절하게 반영되고 있는지, 즉 훈련의 전이(transfer of training)가 발생하고 있는지를 확인하는 것이 필요하다.

다섯째, 훈련 프로그램이 적절하게 수행되었는지, 목표를 얼마나 달성하였는지, 앞으로 지속할 것인지, 앞으로 어떻게 개발시켜 나가야 하는 것인지 등을 평가하는 것이 필요하다.

(2) 직원개발

조직구성원의 현재직무에 초점을 두는 직원훈련과는 다소 다르게 다양한 직무를 보다 잘 수행할 수 있게 조직구성원을 준비시키는 것에 초점을 두는 직원개발을 직원의 역량, 가치, 태도, 능력, 지식, 기술 등을 한 차원 더 높은 수준으로 개발시키는 것을 의미한다. 직원의 개발을 위해서는 기본적으로 공식적 교육, 역량 및 잠재력에 대한 사정 후 피드백, 업무경험 다각화, 멘토십(mentorship) 등의 네 가지 접근방법들이 사용되고 있다.

첫째, 공식적 교육에 의한 방법이란 조직 밖 혹은 조직 내에 있는 공식적인 교육기관에서 다양한 부문의 역량을 제고시키기 위해서 교육을 받게 하는 방법이다. 이 방법은 이전에는 갖지 못했던 다양한 시각에 접할 수 있게 하고, 자신에 대한 확신을 높이게 하고, 문제에 대해서 새로운 시각에서 접근할 수 있게 하는 효과를 갖는다고 평가받는다.

둘째, 역량 및 잠재력에 대한 사정 후 피드백 방법이란 조직구성원의 강점과 제한점 등에 대해서 다각적인 방법을 통해 정보를 수집하여 그들의 행동, 의사소통방식, 지식과 기술 등에 대해서 피드백을 제공해서 구성원 스스로가 상위의 직무를 수행하기 위해서 필요한 역량을 개발할 수 있게 하는 방법이다. 이러한 방법을 사용함에 있어 주의할 것은 정보수집은 직원의 개발을 위한 방법이기 때문에 이러한 목적하에 사용되어야 하고 반드시 그 정보는 직원과 공유되어야 한다는 것이다. 그리고 그러한 공유에 기초해서 조직구성원 스스로가 자신의 역량 개발을 위한 활동을 기획(action plan)할 수 있게 해야 한다.

셋째, 업무경험 다각화 방법이란 새로운 업무들에 대한 경험을 통해 새로운 시각, 지식 및 기술을 개발하면서 조직구성원들이 자신의 역량을 더 확장하고 확대시킬 수 있게 하는 방법이다. 이러한 방법으로는 현재의 업무를 확장시키는 방법(job enlargement), 조직 혹은 부서 내에서 다양한 업무를 경험할 수 있게 순환시키는 방법(job rotation), 다른 조직에서 업무를 익히게 하는 방법, 이전의 업무와 성격상 완전히 다른 업무를 수행하게 하는 방법(transfer), 현재의 업무보다 위 단계에 있는 업무를 수행하게 하는 방법(promotion), 현재의 업무보다 아래 단계의 업무를 수행하게 하는 방법(downward move) 등이 있다. 이러한 방법에서 일반적으로 이전의 업무와 성격상 완전히 다른 업무를 수행하게 하는 방법과 현재의 업무보다 아래 단계의 업무를 수행하게 하는 방법은 조직구성원이 받아들이기 힘든 부분이 많기 때문에, 왜 이런 과업수행이 결정되었는지 그리고 앞으로 어떤 가능성들이 있는지 등에 관한 정보를 반드시 공유해야 한다.

넷째, 멘토십의 방법이란 위 단계의 업무에 대해서 아직 경험이 많지 않은 조직구성원들에게 경험을 공유시키면서 지혜를 갖게 하고 이를 통해 이들의 역량개발을 유도하는 방법이다. 현재 많은 선진조직들은 이러한 멘토링 프로그램을 공식화하면서 일정 자격을 갖춘 조직구성원 모두가 이 기회를 가질 수 있게 하고 있는데, 멘토링의 공식화는 구성원 모두가 공평하게 개발기회를 가질 수 있게 한다는 점에서 매우 의미 있는 것이라고 생각한다.

(3) 경력개발

직원훈련과 직원개발과 더불어 인사관리의 과제로 부각되는 것은 바로 경력개발(career development)이다. 현대사회에서 우리는 다양한 직업경험을 쌓아 나간다. 어떠한 직업이 본인에 있어 가장 적절한 것인지를 모른 채 평생 동안 한 직업을 경험하는 이들도 있고 다양한 직업을 선택에 의해서 혹은 외적 요인에 의해 경험하게 되는 이들도 있다. 조직구성원에 대해서 조직은 구성원 각각이 갖고 있는 경력 관련 욕구, 가치지향, 강점과 제한점 등을 파악하면서 함께 최선의 선택을 할 수 있고 이를 향해 갈 수 있게 지원해 주어야 한다. 조직의 관점에서 경력개발이란 바로 조직구성원 각각이 원하는 경력을 쌓아 나갈 수 있게 하기 위해 경력욕구, 가치지향, 강점과 제한점 등에 대한 파악과 함께 경력의 목표를 형성할 수 있게 지원하고, 경력의 목표를 이룰 수 있는 행동계획을 세우게 하고, 구성원의 경력목표와 관련되어 현재 유용한 조직 내 정보를 제공하고, 아울러서 관련된 업무 등을 경험할 수 있게 하는 것 등을 의미한다.

이러한 경력개발은 조직구성원 혼자의 노력으로 수행되는 것이 아니라, 조직구성원과 관리자 그리고 조직 시스템이 함께 움직여야 하는 것이다. 특히 조직이 인사관리 시스템 내에서 이러한 경력개발 프로그램을 체계화시키는 것이 필요하다. 예를 들어, 조직이 구성원 각각이 경력개발에 대해서 인식할 수 있게 하는 프로그램과 경력개발과 관련된 카운슬링 프로그램을 개발하고 실행하면서 조직 내에서의 경력경로 등에 관해서 확실하게 구성원들에게 인식시켜 주는 것은 조직구성원들의 경력개발에 뿐만 아니라 조직인사 시스템의 효율적인 운영을 위해서도 매우 큰 의미가 있을 것이다. 아울러서 조직구성원들이 그들이 원하는 도전적인 업무들을 수행할 수 있게 기회를 제공하고, 조직의 업무에 대한 내부공모를 통해서 자신이 원하는 업무로의 이전과 함께 업무에 대해서 다양한 경험을 가질 수 있게 기회를 제공하는 것도 경력개발과 관련해서 매우 필요한 과제일 것이다.

직원훈련과 개발과 관련해서 마지막으로 언급하고 싶은 것은 지속적인 훈련과 개발에 무엇보다도 핵심적인 기여를 하는 것이 바로 슈퍼비전이라는 것이다. 위에서 언급한 직원훈련 및 직원개발의 많은 내용들은 바로 슈퍼비전의 과정에서 그 정보가 얻어지고 이 과정을 통해 실행될 수 있다. 따라서 직원훈련과 직원개발의 핵심적 기제 중의 하나가 바로 슈퍼비전임을 명심하고, 조직은 구성원을 위한 슈퍼비전이 제대로 실행될 수 있게 전반적인 시스템을 확립하고 실행을 평가하는 작업이 필요하다.

5) 성과관리

조직구성원들은 업무의 수행과 관련해서 문제를 가질 수 있다. 이 경우 과제는 문제가 어떻게 발생하였는가를 파악하는 것이다. 사회복지조직의 인사관리과정에서 무엇보다도 먼저 구성원의 업무수행문제와 관련해서 이 문제가 개인의 문제인가 혹은 부서 등을 포함하는 조직의 문제인가를 파악하는 작업을 수행해야 한다. 즉 업무와 관련된 개인의 지식과 기술이 부족해서 이러한 문제가 발생하였는가, 개인의 태도와 동기에 문제가 있는가, 개인의 능력 전반에 문제가 있는가, 혹은 시간활용 및 의사소통기법과 같은 기술적인 측면에서 문제를 갖는가 등을 파악해 내야 한다.

동시에 조직에 초점을 두고, 이 문제가 조직의 불명확한 정책에서 비롯된 것은 아닌가, 자원의 부족으로 인해 발생한 것은 아닌가, 업무에 대한 우선순위를 불명확하게 설정해서 발생한 것은 아닌가, 슈퍼비전이 부실해서 발생한 것은 아닌가, 너무나 과다한 업무가 부과되어서 발생한 것은 아닌가, 적절하지 않은 사례를 할당해서 발생한 것은 아닌가, 조직의 전반적인 분위기가 침체되어서 발생한 것은 아닌가 등을 파악해 내야 한다. 많은 경우, 조직에서 업무의 문제가 발생하면, 그 업무를 수행하는 개인들이 희생양이 된다. 실제로 업무의 문제는 개인의 역량 및 의지부족으로 발생할 수도 있고 조직 혹은 부서의 문제로 인해서 발생할 수도 있다.

따라서 인사관리 측면에서 이러한 성과의 문제에 대해서 접근할 때, 문제의 원인이 무엇인가를 분명하게 규명해 주는 것이 필요할 것이다. 이때, 조직구성원들은 조직의 공정한 운영에 대한 인식을 제고하게 되고 더 높은 동기를 가질 수 있게 될 것이다.

6) 보상과 이직

(1) 보상

피고용인이 고용적 관계로 인해 받게 되는 모든 형태의 재정적 보답과 서비스 그리고 부가임금(benefits) 등을 의미하는 보상은 인사관리의 핵심적인 요소의 하나로서 업무에 대한 직원의 동기를 고취시키고 조직의 목적 달성을 보다 원활하게 하는 데 기여하는 매우 중요한 것이다. 이러한 보상을 제대로 실행하기 위해서는 무엇보다도 임금을 통한 보상을 제대로 해야 할 것이다. 임금을 통해 제대로 보상을 하기 위해서는 먼저 임금구조를 제대로 디자인하는 것이다.

임금구조(pay structure)란 조직 내 모든 업무가 제공하는 평균임금을 의미하는 임금수준(pay level)과 각 업무의 임금을 의미하는 업무구조(job structure)로 구성되어 있다. 많은 조직에서 임금수준은 평균적 임금이기 때문에 같을 수 있으나, 업무구조를 어떻게 하는가에 따라서, 즉 업무별 임금지급을 큰 폭으로 설정하는가 혹은 작은 폭으로 설정하는가에 따라서 다를 수 있다. 즉 업무구조의 개발은 보상에 대한 관리에서 매우 중요한 의미를 지닐 수 있다.

업무구조는 기본적으로 조직에서 수행되는 모든 업무의 가치를 평가하고 각 업무의 상대적인 가치를 판단해서 형성되는 것인데, 이는 임금의 결정에 절대적으로 중요한 영향력을 갖는다. 이러한 업무구조의 결정에 기초해서 임금구조를 결정해야 하는데, 이 과정에서는 업무구조의 정보도 매우 중요하나, 동시에 유사한 업무구조에 대해서 조직 밖에서의 임금이 어떻게 지불되고 있는가를 파악해서 반영하는 것이 중요하다.

임금을 통한 보상에 있어, 이렇게 임금구조를 형성한 후에 조직구성원 개개인에 대해서 어떻게 보상할 것인가의 문제가 남는다. 이는 매우 중요한 이슈인데, 왜냐하면 어떻게 보상하는가가 조직구성원의 동기에 직·간접적인 영향을 갖기 때문이다. 보상의 방법과 관련해서 현재 개별적인 성과와 관련지어 보상하는 성과급 방법이 영리조직의 영역에서 많이 사용되고 있으나, 성과를 쉽게 측정할 수 없고 성과를 구분하는 데 보다 많은 노력이 요구되는 사회복지조직 등에서는 제한점을 갖는다고 볼 수 있다. 이러한 방법 이외에도 팀에 대해서 보상하는 방법 등도 활용되고 있는데, 이러한 방법은 팀의 성과를 제고하는 데 기여할 수 있으나 보다 높은 수준의 개인 노력을 유인하는 데 있어서는 제한적이라는 평가를 받는다.

영리영역과 비영리영역 모두를 포괄해서 개인에 대한 임금을 통한 보상을 결정하는 데 가장 많이 고려되는 것은 성과, 노력, 연공서열, 보유하고 있는 지식과 기술수준, 수행업무의 중요성과 어려움, 조직구조상의 지위 등이다. 즉 이러한 요인들의 조합을 통해서 각 조직은 임금을 통한 보상을 결정하는 것이 일반적이라고 볼 수 있다.

보상에 있어, 많은 조직은 임금을 통한 보상 이외에도 각종 보험혜택, 휴가, 안식년 제도, 은퇴 후의 혜택 등의 간접적 보상 프로그램(fringe benefits programs)을 갖는다. 현재 각 조직에서는 이러한 간접적 보상 프로그램이 증가 추세에 있는데, 그 이유는 아마도 보다 높은 수준의 역량을 갖는 사람들이 조직에 참여할 수 있게 하고 그렇게 참여한 이들을 보유하기 위해서인 것으로 보인다. 즉 조직이 제공하는 혜택을 증가시켜 보다 경쟁력 있는 구성원들을 유인하고 이들을 통해 보다 경쟁력 높은 조직을 만들어 내기 위한 것이다. 이와 같이 사회복지조직은 그 수준을 전반적으로 높이고 다양한 보상 프로그램을 개발하는 등의 부단한 노력이 필요하다고 생각된다.

(2) 이직

조직구성원과 조직의 분리를 관리하는 것을 이직관리(termination management)라고 한다. 이직은 다양한 상황에서 발생될 수 있다. 즉 은퇴연령과 관련해서 발생될 수 있고, 사직과 관련해서 발생할 수도 있고, 조직구조조정에 의해서 발생될 수 있고, 불만족스러운 성과의 지속으로 인해 발생할 수도 있고, 바람직하지 않은 행동, 즉 비도덕적 행동에 의해서 발생할 수도 있다. 이러한 이직관리는 대부분의 경우 정말로 어려운 일이고 유쾌하지 않은 일이다. 그럼에도 불구하고 인사관리의 영역에서는 이를 정확하고 안정적으로 처리해야 한다.

이를 위해서 무엇보다도 필요한 과제는 이직관리와 조직의 인사관리정책 그리고 이직과 관련된 법규에 기초해서 실행되어야 한다. 이 과정은 정당한 이유와 그것에 대한 증거가 될 수 있는 것과 함께 철저하고 솔직하게 실행되어야 한다. 또한 이직관리는 이직의 대상인 구성원이 참여할 수 있는 기회를 제공하면서 진행되어야 한다. 만약 정당한 이유가 제시되지 않고, 참여적이지 않은 상황에서 이직의 결정이 실행된다면, 이는 이직을 개인적인 것으로 만들어 그 관리를 더욱 어렵게 할 것이다. 따라서 이러한 문제와 관련해서 Pecora와 Austin(1987)은 이직관리에서 또 하나의 중요한 과제로 이직과 관련된 회의들을 수행하고 반드시 당사자와 인터뷰 등을 실행하는 것을 제시한다. 즉 이러한 노력이 있었을 때, 이직관리가 보다 객관적인 것이 될 수 있고 유쾌하지는 않지만 관리자를 그나마 떳떳하게 만들 수 있다고 생각한다.

재정자원관리

제 8 장   재정자원관리

사회복지조직의 가장 큰 특징 중의 하나는 자원의존성이 강한 것이다. 자원 중에서도 재원에 대한 의존성이 높은 편이어서, 사회복지조직들은 편성되는 예산에 따라 사업을 진행할 수 있게 된다. 따라서 사회복지조직의 행정가들은 항상 안정적인 재원확보를 위한 노력에 많은 신경을 쓰게 된다. 재원확보의 구조와 과정은 사회복지조직구조 및 형태, 의사결정과정에도 상당한 영향을 미친다.

사회복지조직에서 재정관리는 재정자원을 동원하고, 예산을 수립하여, 효율적으로 집행하는 과정으로 구성된다. 재정관리는 일반적으로 기관의 목표달성을 촉진하고, 재원과 기타 관련자원을 법적 및 사회복지윤리성에 근거하여 통제하고, 계획적으로 사용하는 데 관계하는 것이다. 목적적인 측면에서 볼 때, 사회복지조직에서 재정관리는 예산, 교부금 신청, 인건비, 세금 및 여비 지급 등과 관련된 기술적이며 부차적인 관계이다. 그러나 수단적인 측면에서 볼 때는 재정관리는 사회복지조직의 관리과정을 구성하고 있는 가장 중요한 요소 중의 하나로 사회복지행정에 있어 필수 불가결한 요소이다. 또한 재정관리는 기획, 인사관리, 지역사회 관계와 같은 다른 관리적 이슈와 구별되는 일련의 과업을 포함하고 있다. 따라서 재정적인 문제는 어느 정도 전문가에게 의존하지만 일반관리자들도 자신의 역할과 관련된 재정문제에 지속적인 관심을 가져야 한다(Lohmann, 1980).

비영리조직으로서 사회복지조직들은 영리적인 이윤을 추구할 수 없기 때문에 모금활동과 같은 외부적 재원확보 노력에 많은 시간과 자원을 투자할 수밖에 없다. 이러한 비영리조직 재원확보행태는 사회복지조직의 태생적 특성과 재원의 유형에 따라 영향을 받는다. 일반적으로 사회복지조직의 재원은 정부보조금, 기부금, 이용료 수입 등으로 구성된다. 조직의 형성초기에는 재원확보체계가 다양하고 변동적이지만, 안정적인 단계에 돌입하면 비교적 고정적인 재원을 확보하게 된다. 조직의 업무특성과 양, 재원의 통제가능성과 예측가능성 등에 따라 다양한 차이를 보이게 된다.

비영리조직 중에서도 사회복지조직은 외부재원의 영향을 특히 많이 받는다. Hasenfeld (1992)는 사회복지조직과 재원의 관계에 관한 주요특징을 다음과 같이 제시하고 있다.

첫째, 사회복지조직은 일반적으로 재원의 지속적인 조달을 직접적으로 통제할 수 없으며, 통제하려 하지도 않는다. 사회복지조직은 법적으로 위임된 서비스라 할지라도 재정할당정도를 스스로 정할 수 없고, 입법기관에서 정해 주어야 한다. 이는 사회복지조직이 예산과 관련된 정책결정과정에 참여할 수 있는 권한을 제한당하는 것을 의미한다. 또한 영리부문과 비교할 때, 사회복지조직은 그들이 제공하는 서비스의 전체비용을 기꺼이 지불하거나 지불할 수 있는 소비자에게 접근할 준비가 미흡하다. 즉 수입을 늘릴 수 있는 홍보, 마케팅, 기타 다른 시도를 충분히 하지 못하고 있는 것이다. 또한 사회복지조직이 이러한 시도를 발달시킨다면, 영리조직으로부터 '부당한 경쟁'이라고 비난받을 수도 있다.

둘째, 사회복지조직은 매우 다양한 재원을 갖는다. 예를 들어 ① 정부로부터 직접적으로 받거나 계약의 형태로 지원받는 정부보조금, ② 재단지원금, 협찬후원금, 직접적인 개별기부, 유증, 종교기관기부 등의 형태로서의 기부금, ③ 서비스 요금, 대여, 상품 판매 등의 수익사업에 의한 이용료, ④ 기타 특별행사나 기증, 투자 등의 수입 등 다양하며, 이러한 각각의 유형들은 사회복지조직 특성에 따라 중요성의 비중이 달라진다. 미국 시카고 지역에서 사회복지조직을 분석한 결과에 의하면, 전체 사회복지조직 중 2/3는 정부보조금과 서비스 요금, 직접적인 개인 기부를 동시에 받고 있는 조직이었으며, 2/5는 재단지원금이나 협찬후원금을 갖고 있었고, 1/4은 공동모금회, 기증 또는 다른 투자, 판매에 중점을 두었으며, 1/5은 종교단체나 다른 연방기금의 자원을 주요 재원으로 하고 있었다(Gronbjerg, Kimmich & Salamon, 1985).

셋째, 이들 다양한 원천으로부터 재원을 확보하기 위해 사회복지조직은 특별한 업무를 수행해야 한다. 즉 재단에 사업제안서(proposal)를 쓰거나, 정부와 계약관계를 맺고, 기부자에게 후원금을 요청하거나, 공동모금회 회원단체들과 연대하여 모금행사에 참여하고, 클라이언트에게 요금을 지불하도록 마케팅하고, 기부금품을 모집하거나 접수받고, 특별행사를 조직화하는 등의 다양한 재원확보전략을 추진해야 하는 것이다. 이러한 특별한 업무는 각 기금주의 특성에 따라 다양하다. 또한 대부분은 수혜기관과 직·간접적으로 연관되어 있으며, 사회복지조직 입장에서는 재원을 확보하기 위해 의도적인 연계 노력이 있어야 한다. 따라서 사회복지조직의 운영자들은 조직의 기능을 잘 유지하기 위해서 조직들 간에 어떻게 결합되고 상호작용하는지에 대한 이해를 갖고 전략적으로 관리할 수 있어야 한다.

1. 예산

1) 예산의 의의

(1) 예산의 기능

국가적 차원에서 예산(budget)이란 일정기간에 걸친 국가의 수입·지출의 예정액 또는 계획안이다. 국가의 재정수요와 이에 충당할 재원과를 대조하고 안배한 1회계연도에 있어서의 세입·세출의 예정계산서를 말하며, 헌법과 예산회계법에 의거하여 편성되어 국회의

심의·의결을 거친 재정계획이라고 할 수 있다. 조직적 차원에서 예산이란 일정기간(회계연도)에 걸친 조직의 수입 및 지출에 관한 예정액 혹은 계획안이라고 할 수 있다. 사회복지조직에서는 사회복지법·시설 재무회계규칙이 정하는 바에 따라 법인(시설)이 일정한 규칙과 형식에 의하여 편성하고 또는 예산(안)에 대한 심의의결기구의 심의·의결을 거쳐 확정된 1회계연도 기간 동안의 재정계획(형식적 의미의 예산)을 말한다. 예산의 효력은 세입예산과 세출예산에 따라 다르나, 세입예산은 세출예산의 재원으로서의 예정수입일 뿐이며 세입예산의 범위 내에서 수납하는 것은 아니다. 반면에 세출예산은 1회계연도 내에 지출할 수 있는 최고액 한도를 표시한 것으로서 이를 초과하여 집행할 수 없다.

　사회복지조직은 지역사회와 주민의 복지증진을 위하여 각종 복지사업을 수행하는 독립된 경제주체이다. 법인격을 가진 독립적 경제주체로서의 사회복지법인은 영리를 추구하는 민간기업 등과는 달리 지역사회와 주민전체를 대상으로 하는 복지증진의 공익성과 봉사성, 비영리성, 책임성 등을 목적으로 운영해야 하는 특징을 지니고 있다. 따라서 수입에 있어 법인(시설)의 기본재산운용에 의한 과실금과 후원금 및 국고 또는 자치단체보조금, 그리고 지출에 있어서는 「사회복지법인 재무·회계규칙」에 의한 엄정한 회계절차를 따라야 하는 책임성이 요구되며 관련제도와 정책의 기준 하에서 자율적으로 운영한다. 일반적으로 정부의 예산은 다음과 같은 기능을 한다(유훈, 2003).

① **정치적 기능**: 예산은 정치적 욕구와 재정적 가능성 간의 타협점을 표시한 것이기도 하다. 이 타협점이 어느 액수에서 결정되는가는 특히 민주정부의 체제에 있어서는 정치적 의의를 갖는 결정 또는 계획에 의하여 규정된다.

② **법적 기능**: 예산은 법률이 아니지만 입법부에 의한 행정부에의 재정권 부여의 형식이라고 할 수 있다. 따라서 세출을 지출하기 위해서는 반드시 이것을 지원하기 위한 재원이 있음을 전제로 해야 한다.

③ **경제적 기능**: 예산은 국가경제와 관련하여 국민경제의 안정 기능, 경제성장의 촉진 기능, 소득재분배의 기능, 자원최적배분의 기능, 사회정책수행의 기능을 수행한다.

④ **행정적 기능**: 예산은 행정부가 기용자원을 효과적으로 동원하여 국가발전을 위한 각종사업계획을 뒷받침하기 위하여 가능한 한 최대의 경제성, 효율성을 고려하면서 이를 관리하는 기능이다.

　사회복지조직에서도 예산은 조직을 운영하는 기능과 함께, 법적·재정적·행정적 기능을 갖는다. 조직운영기능으로는 집행부 통제기능, 이해관계 조정기능, 정책형성의 기능이 포함된다. 법적 기능으로는 사회복지시설 운영자에 대하여 예산의 집행권한을 부여하는 기능을 포함하여, 세출은 예산에 따라 집행해야 하는 의무(의결기구의 심의·의결된 용도와 금액 이상 지출 불가)가 있으며, 세입은 연간수입의 추계에 불과하여 별도의 법적 근거가 있어야 실현이 가능하다는 의미를 갖는다. 재정적 기능은 사회복지조직에서 세입은 법인 (시설)이 보유 중인 자원의 일부를 목적사업 추진 재정으로 전환하는 것이며, 세출은 전환된 재정을 운용·관리하는 것을 의미한다. 행정적 기능으로는 예산이 사회복지조직사업 전반을 관리할 수 있는 도구가 되는 것을 의미한다.

(2) 예산의 원칙

예산의 원칙이란 예산의 편성·집행에 있어서 준수되어야 할 원칙을 말하며 전통적으로 다음과 같은 원칙들이 강조된다(Smith, 1945).

① **공개의 원칙**: 예산의 편성·심의·집행과정의 주요단계는 공개되어야 한다.
② **명료성의 원칙**: 예산은 모든 국민이 이해할 수 있도록 짜야 한다.
③ **포괄성의 원칙**: 예산은 총계주의원칙에 입각하여 모든 세입, 세출을 포괄해야하며, 정부의 모든 활동을 나타내야 한다.
④ **예산통일성의 원칙**: 모든 세입은 하나의 일반기금(통일국고)으로 납부되고 여기에 모든 세출이 나와야 한다. 이 원칙은 세입과 세출 간에 특별한 직접적인 관계가 있는 경우 등을 제외하고는 특정한 세출과 세입이 직결되는 것을 금지한다.
⑤ **명세성의 원칙**: 예산수지는 구체적, 명시적으로 제시되어야 하며, 특별한 경우 외에는 예산의 이용·전용은 금지되어야 한다.
⑥ **사전승인의 원칙**: 예산은 사전에 의회의 심의·의결을 받아야 한다.
⑦ **정기성의 원칙**: 지출권한을 일정기간에 한하여 부여하여야 한다. 이 기간이 끝날 때까지 사용되지 않은 예산은 효력을 상실하든지 금액과 용도를 정하여 의회의 재의결을 받아야 한다.
⑧ **정확성의 원칙**: 예산의 추계는 가능한 한 정확해야 하며, 세출을 과다하게 적산하거나, 세입의 과소추계에 의한 은폐된 재원이 존재해서는 안 된다는 것이다.

이와 같은 전통적인 예산원칙들은 통제지향의 예산제도 하에서 입법부에 의한 완전한 재정 통제를 위하여 생겨난 것이라고 하겠다. 사회복지조직에 있어 예산의 원칙은 예산의 편성과 집행 및 결산에 있어 개별 사회복지법인 및 시설을 자의적으로 운영하지 않도록 「사회복지법인 재무·회계규칙」에 의하여 전국적인 통일성과 행정의 표준화를 기하고 있다.

사회복지조직의 세입·세출예산구조(과목구분)는 그 내용과 기능을 고려하여 관·항·목의 구분과 설정을 「사회복지법인 재무·회계규칙」(제10조 제2항)으로 정해 놓고 있다. 특히 예산서는 예산의 과목구분에 따라 편제되므로 과목구분설정 시에는 예산의 체계와 특성 및 내용 등이 일목요연하게 파악되도록 제도화된 행정표준화 사항을 고려해야 한다.

· 관 : 기능별·조직별·사업목적별 분류
· 항 : 경산예산별, 사업예산별, 채무상환, 예비비 등
· 목 : 사업의 성질별 및 사업내용별 구분

2) 예산의 유형

예산체계들은 무엇을 가장 중요한 요소로 삼느냐에 따라 모형이 분류된다. 품목별 예산(LIB: Line-Item Budget), 성과주의 예산(PB: Performance Budget), 프로그램 예산(PB: Program Budget), 영기준 예산(ZBB: Zero-Based Budget)이며 이러한 기본적인 예산 형식들을 바탕으로 두 가지 이상의 모형이 혼합된 기획 프로그램 예산시스템(PPBS: Planning and Programming Budgeting System), 수행 프로그램 예산(PPB: Performance-Program Budget) 등이 개발되어 사용되고 있다. 각각의 이러한 예산 형식들이 갖는 차이는 단순히 항목들의 계산 방식이 다르다는 것에 그치지 않는다. 각각의 형식들은 효과성과 효율성에 대한 강조가 다르고, 경영통제 등에 대한 강조에 있어서도 각기 차이를 나타내고 있다.

(1) 품목별 예산

품목별 예산(LIB: Line-Item Budget)은 정부의 비영리조직 예산에 있어서 가장 오래된 모델 중의 하나이다. 다양한 수입과 지출목록들이 명시되고 각 목록마다 예상되는 예산의 금액이 명시되어야 한다. 단순하면서도 그 간편성으로 인해 가장 오랫동안 사용되고 있는 예산 형식으로서 다가올 회계연도에 예상되는 지출항목을 나열하는 것이 주된 예산안 작성 방식이다. 대개는 지난 회계연도와의 비교를 위해 각 항목별로 지난해의 예산 금액들을 제시하기도 한다. 이 예산에서는 급여와 부가급여, 출장비, 전화비, 각종 경비, 사무용품비 등과 같은 기본적인 투입물의 비용 계상에 초점을 맞추고, 각각의 항목들은 집합적인 단위가 될 수도 있고, 세부품목들로 나누어질 수도 있다.

사회복지기관의 회계체계는 보통 이러한 항목으로 조직화되고 수입의 지출내역을 얻을 수 있게 함으로써 장래 기획안의 기초로 활용된다(B. 세퍼, C. 호레이시, 1998 : 651 ; 신섭중 외 2002 : 300 재인용). 기본적으로 비용은 봉급, 공급물, 여행, 설비 등과 같은 일정한 범주 안에서 집단화된다. 그러나 품목 예산은 조직의 일반적 목표와 구체적 목표를 고려하지 않는다. 이 예산은 제공하는 서비스를 설명하지 않고 프로그램의 결과나 욕구에 개의치 않고 지출을 측정하기 위해 개발되었다.

사회복지서비스 조직들에서는 주로 간편성의 이유 때문에 이 예산 형식이 광범위하게 사용되어 왔으나 최근에는 품목별 예산이 갖는 근본적인 취약점, 즉 의사결정에 대한 불충분한 정보제공과 그로 인해 책임성을 제시하기가 어렵다는 점 때문에 이 형식을 사용하는 것에 대한 한계가 많이 지적되었다(R. Macleod, 1978 : 253~255). 주된 한계는 각 항목들에

대한 지출을 프로그램 활동이나 성과, 혹은 목표들과 연계하지 않는다는 것에서 비롯된다.

[표 8-1] 예산체계의 유형

모형 특성	LIB	PB	PPBS	ZBB
정의	구입하고자 하는 물품, 서비스별로 편성하는 예산(투입중심예산)	활동을 기능별 또는 사업별로 구분한 후에 이를 다시 세부사업으로 나누고 각 사업의 단위원가와 업무량을 계산하여 편성하는 예산(과정중심예산)	목표달성을 위한 장기적 기본계획을 수립하고 기본계획을 연차적으로 실행하기 위하여 사업별로 편성하는 예산(산출중심 예산)	전년도 예산을 전혀 고려하지 않고 계속 사업, 신규 사업의 정당성을 매년 새로이 마련하고 우선순위를 정하여 편성하는 예산
특징	·전년도 예산이 주요 근거가 됨 ·회계계정별로, 구입품목별로 편성 ·통제적 기능이 강함 ·회계자에 유리한 예산	·단위원가×업무량 =예산 ·장기적 계획을 고려하지 않음 ·효율성을 중시함 ·관리기능이 강함 ·관리자에 유리한 예산	·장기적 계획과 단기적 예산편성과 구체적 사업실행계획을 통하여 유기적으로 연결 ·장기적 계획을 전제함 ·목표를 분명히 하고 달성을 강조함 ·계획기능이 강함 ·계획자에 유리한 예산	·매년 사업목표와 수행능력을 고려 ·목표 달성을 위한 다양한 사업 고려 ·사업의 비교평가에 기초 ·의사결정 기능이 강함 ·소비자에게 유리한 예산임
장점	·지출근거를 명확히 하므로 예산 통제에 효과적임 ·회계에 용이함	·목표와 사업을 분명히 이해할 수 있음 ·자금분배를 합리적으로 할 수 있음 ·사업별 통제가 가능 ·사업의 효율성을 기할 수 있음	·목표와 사업을 분명히 이해 ·자금분배를 합리적으로 할 수 있음 ·장기적 사업계획을 신뢰할 수 있음 ·사업계획과 예산편성의 괴리를 막음 ·사업의 효과성을 높일 수 있음	·예산절약과 사업의 쇄신에 기여 ·관리에 참여 확대 ·재정운영과 자금배분의 탄력성을 기대할 수 있음 ·자금의 배분을 합리화 할 수 있음 ·사업의 효율성과 효과성을 기할 수 있음
단점	·예산의 신축성을 해할 우려 ·예산 증대의 정당성 부여의 근거 희박 ·결과나 목표 달성에 대한 고려 부족 ·사업내용을 알기 어려움, 효율성을 무시함	·예산통제가 어려움 ·비용산출의 단위 설정과 비용 책정의 어려움 ·효과성이 무시됨	·목표 설정이 어려움 ·결과에만 치중, 과정 무시 ·권력과 의사결정이 중앙 집중화 될 경향이 있음	·효과적 의사소통, 의사결정, 사업평가에 대한 관리자의 훈련이 필요 ·정치적·심리적요인 무시 ·장기계획에 의한 사업수행이 곤란

(2) 성과주의 예산

미국에서 1912년 처음으로 도입하여 행정부의 각 부서에 이용하게 되었다(성규탁, 1993). 1930년대에 개발되어 부분적으로 사용되어 오다가 사회복지계에서 이것에 대한 관심이 증가하는 된 것은 1970년대 중반 이후였다. 사회복지조직들에서 업무수행과 관련한 책임성을 제시하고 이를 근거로 예산을 확보하기 위한 노력과 병행되면서, 성과주의 예산은 점차 그 중요성이 강조되고 있다.

성과주의 예산(PB: Performance Budget)이란 구입하는 물품보다는 목적을 강조하는 형식이다. 먼저 조직의 활동을 기능별 또는 프로그램별로 나눈 다음, 이를 세부 프로그램으로 나누고, 세부 프로그램은 단위원가와 업무량을 계산하여 서로 곱한 뒤 필요한 예산을 측정하는 방식을 말한다(우종모 외, 2004 : 342). 이 예산은 새로운 서비스를 제공하기 위해서 현행 프로그램을 수정하는 비용을 사정하는 데 유용하다. 조직이 그들의 비용과 세입항목을 설정하고 왜 더 많은 자금이 필요한지를 설명할 수 있어야 하기 때문에 대부분의 비영리 사회복지서비스 조직은 성과주의 예산을 사용한다.

이 예산 형식의 특징은 개별지출항목들을 조직활동들과 연결시킨다는 데 있으며, 품목별 예산에서는 다루지 않는 산출물에 대해서도 다룰 수 있게 한다. 즉, 품목별 예산이 인건비나 용품비 등과 같은 투입물(input)의 비용에 강조를 두는 반면, 성과주의 예산은 다양한 산출물(output)들에 관심을 갖게 한다. 만약 한 아동복지 프로그램이 양육, 입양, 그리고 상담 부분들을 갖고 있다면, 성과주의 예산안의 지출항목들은 각 서비스 부분에 대한 비용의 설정을 가능하게 하는 것이다. 또한 품목별 예산은 예년의 기준을 따르지 않는다. 예산 할당의 기준은 '효율성'에 근거한다. 즉, 각 서비스 산출물에 대한 투입비용의 적절성을 근거로 해서 예산 할당에 대한 평가를 시도하는 것이다.

성과주의 예산 형식은 사회복지조직들로 하여금 산출물과 비용을 결부시키려는 노력을 하게 만든다는 점에서 유용하다.

(3) 프로그램 예산

프로그램 예산(PB: Program Budget)은 지출항목을 결과와 연결 지어 제시하는 것으로 프로그램 목표들과 결부시키려는 보다 의욕적인 기준을 사용한다는 데 있다. 즉, 지출을 프로그램 실행결과 나타날 것으로 예상되는 성과에 연결하는 것이다.

프로그램 예산은 궁극적으로 다양한 조직목표들에 대해 가격을 매길 수 있게 한다는 것이 가장 큰 장점이다(Lohman, 1980 : 152~155). 프로그램 예산은 관심의 초점을 내부비용(품목별 예산)과 효율성(성과주의 예산)에서 벗어나, 조직활동의 '목표(objective)'에 둔다. 이러한 방향은 조직의 구조적 오리엔테이션도 변화시키는데, 조직과 분과 중심에서부터 '프로그램' 중심으로 예산 작성 노력의 초점이 바뀌는 것이다. 프로그램의 목적과 그것을 성취하기 위해 요구되는 비용 사이의 관계에 초점을 둔 예산 형식이 된다.

프로그램 예산은 자원을 요청하는 조직·프로그램이 그 목표 성취를 위해 드는 비용을 계산한 것이므로, 자원제공기관들에게는 가장 유용한 정보를 제시할 수 있다. 자원 할당의 의사결정을 위해 필요한 가장 본질적인 정보를 이 예산 형식이 제공할 수 있다는 것이다. 이러한 장점에도 불구하고, 사회복지조직들에서 나타나는 목표의 불명확성, 개입기술의 불확정성, 성과에 대한 평가의 어려움 등의 이유로 프로그램 예산이 널리 사용되기에는 많은 어려움이 있다. 설령 목표들에 대한 확인이 구체적으로 이루어지고, 서비스 실행에 대한 성과의 평가가 가능하더라도, 많은 시간과 비용이 요구된다는 것이 실질적인 한계로 작용한다. 항시 부족한 예산으로 운영될 수밖에 없는 사회복지조직들로서는 프로그램 예산의 작성 그 자체가 곧 실질적인 서비스를 위해 투입되어야 할 자원들이 전용되어 지나친 비용부담을 가진다.

그럼에도 불구하고, 프로그램 예산안의 이념적인 지향은 사회복지조직들이 추구해 나가야 할 방향이 되는 것은 분명하다. 기관이나 프로그램에 투입되는 사회적 자원들이 어떤 '성과'들을 도출하는지를 파악하는 것은 매우 중요하다. 조직의 입장에서는 자신들의 활동이 주어진 사회적 목적에서 이탈하지 않고 책임성을 준수하는지의 여부를 확인하고, 조직에 자원을 제공하는 의사결정자들의 입장에서는 제공된 자원의 쓰임에 대한 정당성을 확인할 수 있기 때문이다.

(4) 영기준 예산

영기준 예산(ZBB: Zero-Based Budget) 형식은 전년도의 사업이나 관행에 구애받지 않고 영(zero)에서 출발하여 업무계획을 수립하고 채택된 프로그램에 관해서만 예산을 편성하는 방식이다. 조직은 모든 사업을 매년 처음 시작한다는 전제하에서 매년 사업의 필요성에 대한 정당성을 제시하고 다른 사업과의 경쟁을 전제로 우선순위에 입각하여 예산을 수립한다.

예산단계는 ① 의사결정 단위의 결정, ② 의사결정 패키지 작성(예산요구액, 예산요구의 정당성 등), ③ 각 대안의 비교 및 우선순위 부여, ④ 대안에 대한 예산배정 수준 결정이다 (U.S. Office, 1978 : 306~313). 이 예산체계의 장점은 예산의 절약과 사업의 쇄신에 기여하고 재원의 합리적 배분을 기하여 재정운영과 예산배정에 탄력성을 기할 수 있고 나아가 사업의 효율성을 높일 수 있다. 그러나 시간과 노력이 많이 들고 우선순위를 정하는 데 어려움이 있다(유훈, 1997 : 387).

(5) 기타예산

① PPBS

PPBS(기획 프로그램 예산 시스템, Planning and Programming Budgeting System)이란 장기적인 기획수립과 단기적인 예산편성을 유기적으로 관련시킴으로써 자원배분에 관한 의사결정을 합리적으로 일관성 있게 행하려는 예산체계이다. 즉, 당해연도의 사업계획과 이를 뒷받침하는 예산을 통합하여 수립하는 예산체계이다(Zwick, 1968 : 18).

이는 프로그램 예산을 확대시킨 것으로, 구체적인 목표를 성취하여 발생하는 성과를 화폐적인 단위로 환산하여 편익(benefits)으로 나타낸다. 즉, 프로그램 예산과 수행예산의 본질적인 요소들을 채택하여, 프로그램 비용과 편익에 대한 수량적인 추정을 만들어 내고, 이를 통해 편익－비용(benefit－cost)분석을 시도한다. 이 예산 형식에 대한 집중적인 비판은 편익과 비용을 화폐단위로 산출해 내는 것이 매우 어렵고, 설령 가능하다 해도 엄청난 비용이 든다는 데 있다. 서비스를 실질적으로 산출하는 데 들여야 할 많은 자원들이 비용과 편익의 계산에 쓰이는 결과를 초래하고 이 예산 형식의 사용으로 인해, 수단이 목적을 좌우하게 될 위험성도 있다. 편익과 비용에 대한 분석의 강조는 자칫 서비스 조직들로 하여금 보다 쉽게 수량화될 수 있는 목적과 전략들을 선호하게 만들 수 있기 때문이다.

이 예산체계는 목표와 사업을 분명히 하고 장기적인 사업계획의 바탕 위에 이루어지기 때문에 사업계획과 예산수립의 괴리를 막을 수 있고 사업의 효과성을 높일 수 있다. 그러나 목표 설정 과정이 용이하지 않고 결과에만 치중하므로 과정을 등한시하고 의사결정이 중앙집권화 되는 문제점이 있다.

② PPB

PPB(수행 프로그램 예산, Performance－Program Budget)이란, 수행예산과 프로그램 예산의 원칙들을 합한 것이다. 그 결과 효율성과 효과성에 대한 이중적인 강조가 주어진다. 비록 PPBS와 많은 유사점을 갖기는 하지만 PPBS에서 많이 후퇴한 것이다. 이 예산 형식은 각각의 대안적인 프로그램 산출물들에 대해 화폐단위의 비용과 편익을 환산할 것을 요구하지 않는다는 점에서 PPBS와 다르며, 또한 수년간의 회계 계획을 포함시키는 등의 PPBS식의 시도도 없다. 그 결과 의사결정이 중앙집중화 되지 않고 분권화 될 수 있다. 서로 다른 프로그램 산출물들을 통합적으로 비교할 수 있는 근거가 없다면, 의사결정들도 각각의 산출물 유형들로 분산될 수밖에 없다.

예를 들어, 보건복지 프로그램과 국방관련 프로그램에 대해, 그에 따른 산출물의 편익을 동일한 기준의 화폐적 가치로 산출하지 않는다면, 그러한 프로그램들을 비교하고 우선순위를 결정하기 위한 합리적인 근거가 없게 되는 것이다. 그에 따라 예산관련 의사소통은 각각의 영역별로 분산되고 그 안에서 이루어질 수밖에 없다(김영종, 2001 : 214).

3) 재정자원관리 과정

사회복지조직에 있어 재정관리과정은 조직의 운영목표달성을 위하여 필요로 하는 재화와 용역을 조달하고 관리·운용하는 제반 경제활동, 즉 재정활동을 의미한다. 재정활동에는 예산뿐만 아니라 수입과 관련된 각종 경제활동과 결산 및 재산의 관리, 세입·세출의 현금출납업무까지 포괄하지만 이러한 활동은 주로 예산이라는 계획 하에 진행된다. 따라서 재정관리의 과정은 일반적으로 예산편성 및 집행을 중심으로 이루어진다.

그림 8-1   재정관리과정

예산편성 → 심의의결 → 예산집행 → 결산 및 회계감사 → 결산보고서 심의·승인

---

(1) 예산편성절차

예산편성이란 조직의 특정목표를 달성하기 위해 필요한 비용을 추정하는 과정이다.

Weiner(1990)는 예산편성은 정치적 과정이며, 프로그램 기획 및 관리 과정임과 동시에 궁극적으로 조직을 변화시키는 매우 광범위하고 포괄적이며 미래지향적인 과정임을 강조한다.

사회복지서비스 프로그램들의 예산편성을 위한 예산안에는 ① 프로그램 목표에 대한 개요 ② 서비스에 대한 정의 ③ 욕구인구와 서비스 활용수준에 관한 추정치 ④ 프로그램 비용과 요청되는 자금 등이 기본적으로 포함된다(김영종, 2002).

예산편성 과정은 예산의 유형에 따라 다소 차이가 있으나 일반적으로 다음과 같은 단계를 거친다(Flynn, 1985).

· 1단계: 해결하기 위한 문제와 대상 집단을 정의, 목표와 세부목표설정, 프로그램 모델 혹은 개입들이 실제로 성취될 수 있는지 결정
· 2단계: 세입과 세출을 산정
· 3단계: 프로그램 수행 이후 수입과 지출조정 및 수정
· 4단계: 예산안 확정

(2) 정부의 예산지원체계

① 보조금

국가 또는 지방자치단체는 사회복지시설의 설치 또는 운영에 필요한 비용 중 일부를 매년 예산의 범위 안에서 보조한다. 이 경우 사회복지시설의 운영에 필요한 비용의 보조비

율은 보조금의 예산 및 관리에 관한 법률시행령이 정하는 바에 의한다(영 제36조 제1항). 국가 또는 지방자치단체가 사회복지시설의 운영에 소요되는 비용을 보조하는 때에는 시설 평가(사회복지사업법 제 43조)의 결과 등 당해 사회복지시설의 운영실적을 고려하여 차등하여 보조할 수 있다(영 제36조 제2항).

* 보조금관련법률
  ⓐ 예산회계법   ⓑ 보조금의 예산 및 관리에 관한 법률
  ⓒ 사회복지사업법   ⓓ 재무회계규칙
  ⓔ 각종 사회복지사업 안내지침

② 보조금의 지급대상

국가 혹은 지방자치단체는 사회복지사업을 수행하는 자 중 대통령령이 정하는 자에 대하여 필요한 비용의 전부 또는 일부를 보조할 수 있다(법 제42조). 여기서 '대통령령이 정하는 자'라 함은 ① 사회복지법인 ② 사회복지사업을 수행하는 비영리법인 ③ 사회복지시설 보호대상자를 수용하거나 보육·상담 및 자립지원을 하기 위하여 사회복지시설을 설치·운영하는 개인을 말한다(영 제20조).

③ 보조금의 예산 및 관리에 관한 법률시행령

ⓐ 법 제9조 단서의 규정에 의하면 보조금의 지급대상이 되는 지방자치단체의 사업 및 기준보조율은 다음과 같다(영 제4조: 보조금지급대상사업의 범위와 기준보조율). 기준보조율은 당해 회계연도의 국고보조금, 지방비부담액, 국가의 재정융자금으로 조달된 금액 및 수익자가 부담하는 금액 기타 예산청장이 정하는 금액을 모두 합한 금액 중 국고보조금이 차지하는 비율로 한다.

ⓑ 법 제10조의 규정에 의하여 기준보조율에 일정율을 가산하는 차등보조율(이하 '인상보조율'이라 한다)은 기준보조율에 20%, 15%, 10%를 각각 가산하여 적용하고, 기준보조율에 일정율을 차감하는 차등보조율(이하 '인하보조율'이라 한다)은 기준보조율에 20%, 15%, 10%를 각각 차감하여 적용한다. ㉠ 제1항의 규정에 의한 인상보조율은 재정사정이 특히 어려운 도·시 및 군에 한하여 적용한다. ㉡ 예산청장은 제2항의 규정에 의한 인상보조율의 적용을 요구한 지방자치단체에 대하여 보조금을 교부하는 경우에는 당해 지방자치단체의 재정운영에 대하여 필요한 권고를 할 수 있다(제5조: 차등보조율의 적용기준 등).

[표 8-2] 장애인복지보조금 지급대상사업의 범위와 기준 보조율(제4조 관련)

장애인 복지사업	기존보조율(%)
124. 장애인복지관 운영	40
125. 장애인재활의료시설운영	30
127. 장애인복지관 부설 봉사센터	서울: 50 / 지방: 70
147. 장애인복지시설 및 장비지원	30(용지매입비 제외)
158. 기타 국가와 지방자치단체 상호간에 이해관계가 있고 보조금의 교부가 필요한 사업	재정경제원의 예산안 편성지침에 대상사업과 기준보조율을 명시하거나 매년 예산으로 정한다.

④ 보조금의 사용제한

ⓐ 이 보조금을 그 목적 이외에는 사용하지 못한다(법 제42조 제2항). ⓑ 법인회계 및 시설회계의 예산은 세출예산이 정하는 목적 외에 이를 사용하지 못하는 것이 원칙이다(사회복지법인 재무회계규칙 제15조). 그러나 예산집행에 탄력성을 부여함으로써 사업계획이나 여건변동에 따른 집행의 효율화를 기하기 위하여 예산의 목간전용과 세출예산의 이월이라는 제도를 인정한다.

⑤ 보조금의 성격

사회복지의 증진에 대한 국가책임이 현실적으로는 대부분 민간법인에 의한 시설보호사업으로 이루어지고 있다. 따라서 국가의 책임은 이러한 민간법인에 대한 보조금의 형태로 이루어진다. 우리나라의 국고보조금관리의 근거법인「보조금관리법」제2조에서 보조금을 "국가 이외의 자가 행하는 사무 또는 사업에 대해서 국가가 이를 조성하거나 재정상의 원조를 하기 위하여 교부하는 보조금, 부담금 기타 반대급부를 받지 않고 교부하는 급부금을 말한다. 그리고 보조금은 지방자치단체에 관한 것과 기타 법인 또는 개인의 시설자금이나 운용자금에 대한 것에 한한다"고 정의한다.

⑥ 예산의 적용

예산회계법 제34조(예산의 목적 외 사용금지와 예산이체)에서 "…… 예산이 정한 각 장·관·항 간에 상호 이체할 수 없다"고 규정하여 보조금의 목간전용은 허용되지만 항간전용은 금하고 있다. 그러나 사회복지의 전문성에 비추어 볼 때 예산운용은 자율성, 재량성, 개별성이 최대한 허용되어야 한다. 이 점에 대해서 신법은「사회복지법인 재무·회계규칙」을 통해 해결하고 있다. 즉 "법인의 대표이사는 관·항·목 간의 예산을 전용할 수 있다. 다만, 관·간의 전용은 이사회의 의결을 거쳐 관할시장, 군수, 구청장의 승인을 얻어야 하고, 동일관내의 항·간의 전용은 이사회의 의결을 거쳐야 하며, 예산총칙에서 전용을 제한하고 있거나 예산성립 과정에서 이사회에서 삭감한 관·항·목으로 전용하지 못한다"(재무회계

규칙 제16조 제1항). 대표이사는 예산을 전용할 때 관할시장, 군수, 구청장에게 즉시 신고해야 한다(동 규칙 제16조 제2항).

⑦ 세출예산의 이월

법인회계와 시설회계의 세출예산 중 경비의 성질상 당해 회계연도 안에 지출을 마치지 못할 것으로 예측되는 경비와 연도 내에 지출원인행위를 하고 불가피한 사유로 인하여 연도 내에 지출하지 못한 경비는 이사회의 의결을 거쳐 다음 연도에 이월하여 사용할 수 있다(동 규칙 제17조).

⑧ 특정목적사업예산

완성에 수년을 요하는 공사나 제조 그 밖의 특수한 사업을 위하여 2회계연도 이상에 걸쳐서 그 재원을 조달할 필요가 있을 때에는 회계연도마다 일정액을 계상하여 특정목적사업을 위한 적립금으로 적립할 수 있다(동 규칙 제18조).

⑨ 보조금의 수준

현실적으로 사회복지법인은 자체 재정이 빈약하여 그 운영비의 대부분을 국가보조금에 의지하고 있는데, 그나마도 시설운영을 위한 실제예산과 이에 대한 정부보조금(국고와 지방비)의 차이가 너무 심해 이의 현실화가 이루어져야 한다. 이와 같은 차이점이 생기는 이유는 정부의 시설운영비보조금의 책정기준과 시설에서 직접 수용자들을 보호하는 데 소요되는 실제비용의 책정과의 차이에서 오는 것이다.

⑩ 보조금의 환수

국가 또는 지방자치단체는 이미 교부한 보조금이라도 다음의 경우에 해당할 때에는 그 전부 또는 일부의 반환을 명할 수 있다(법 제42조 제3항). 즉 ⓐ 사위·기타 부정한 방법으로 보조금의 교부를 받은 때 ⓑ 보조금을 사업목적 이외의 용도에 사용한 때 ⓒ 법인이 사회복지사업법 또는 사회복지사업법시행령을 위반한 때 등이다.

(3) 재정의 집행

아무리 잘 편성된 예산이라 할지라도 실제로 그것을 잘 집행하지 못한다면 예산수립의 의미를 크게 상실하고 따라서 조직의 목표를 효율적 및 효과적으로 달성할 수 없을 뿐 아니라 나아가서는 조직의 존속까지 위협을 당하게 된다. 따라서 재정관리에는 재정집행에 대한 관리가 반드시 포함되어야 한다. 예산의 집행은 수입과 지출에 관한 단순한 관리나 통제로서의 의미만 가지는 것이 아니고 회계의 통계, 프로그램관리 통제, 인사관리의 통제, 산출(제공된 서비스)의 통제, 관리행위(형태)의 통제라는 의미도 아울러 갖고 있다 (Weiner, 1990 : 299~301). 사회복지조직에서 예산통제의 원칙과 예산집행 통제기제를 간략히 살펴보기로 하겠다.

① 예산통제의 원칙

사회복지조직에서의 예산통제의 기본원칙은 4가지 요소를 기초로 하고 있다. 첫째, 활동을 허가하고 금지시키는 규칙, 둘째, 한계, 표준, 구체적 요구조건을 정함으로써 규칙을 해석하게 하는 기준, 셋째, 규칙이나 기준에 따른 이해 혹은 상호간의 동의, 넷째, 규칙이나 기준에 의하여 타결된 합의서이다. 이러한 요소들을 기초로 하여 다음과 같은 원칙들이 나올 수 있다(Lohmann, 신섭중·부성래 역, 1989 : 266~270).

ⓐ **개별화의 원칙:** 재정통제 체계는 개별기관 그 자체의 제약조건, 요구사항 및 기대사항에 맞게 고안되어야 한다.

ⓑ **강제의 원칙:** 재정통제 체계는 강제성을 띠는 어떤 명시적인 규정이 있어야 한다. 강제성이 없는 규칙은 효과성이 없다. 강제성은 때로는 개별성을 무시할 수 있으나 규칙의 동일한 적용을 통한 공평성과 활동을 공식화하는 것이다.

ⓒ **예외의 원칙:** 규칙에는 반드시 예외상황을 고려하여야 하고, 그러한 상황에 적용되는 다른 규칙도 명시되어야 한다.

ⓓ **보고의 원칙:** 통제체계는 보고의 규정을 두어야 한다. 재정활동에 대한 보고의 원칙이 없으면 재정관련 행위를 공식적으로 감시하고 통제할 수가 없다. 예를 들면, 예산의 남용이나 개인적 유용, 항목변경 등의 사실들이 있는데도 보고되지 않으면 재정활동에 큰 문제가 생길 수 있다.

ⓔ **개정의 원칙:** 규칙은 많은 경우 일정한 기간 동안만 적용될 수 있도록 제한되어 있거나, 적용할 때 부작용이 나타날 경우를 대비하여 일정한 기간이 지난 후에는 규칙을 새로 개정할 수 있어야 한다. 예를 들면 여비, 연료비 등은 물가의 상승과 연계되어 있으므로 일정기간마다 개정되어야 한다.

ⓕ **효율성의 원칙:** 통제에는 시간과 비용이 많이 드는 경우가 있다. 통제는 비용과 노력을 최소화하는 정도에서 이루어질 수 있어야 한다. 예를 들어 보고서의 수를 많게 하거나 통제업무를 위해 인원을 새로 증가시키는 것은 비효율적이 되는 경우가 많으므로 효율성에 항상 유의해야 한다.

ⓖ **의미의 원칙:** 효과적인 통제가 되기 위해서는 규칙, 기준, 의사소통 및 계약 등은 관계되는 모든 사람들이 의미 있게 잘 이해할 수 있도록 전달되어야 한다. 그러므로 규칙은 명확하게 쓰이고 통제자료는 쉽게 얻을 수 있어야 하고 절차의 분류와 해석을 위한 것도 명확히 쓰여야 한다.

ⓗ **환류의 원칙:** 재정통제 체계에 관한 규칙, 기준, 의사소통, 계약 등을 적용할 때 발

생할 수 있는 여러 가지의 부작용 및 장단점 등을 관련 자료들로부터 들어서 개정
과 개선의 기초가 되어야 한다.

ⓘ 생산성의 원칙: 재정통제는 서비스가 효과적이고 효율적으로 전달되도록 하기 위
한 수단이므로 이로 인하여 서비스 전달이라는 생산성에 장애와 갈등이 발생하지
않도록 유의하여야 한다. 예를 들면 청소년 프로그램에서 장비의 훼손, 남용, 도난
을 방지하기 위하여 장비를 단단히 자물쇠로 잠근다면 문제가 될 수 있다.

② 예산집행 통제 기제

예산집행을 통제하는 기제는 여러 가지가 있지만 여기서는 주로 많이 활용되는 기제
를 소개하기로 하겠다(Weiner, 1990 : 301~304 : Hildreth 1988 : 97~98).

ⓐ 분기별 할당: 수입예산이 계획된 대로 들어오지 않을 경우도 있고 또 한 기간에 집
중되어 들어오는 경우도 있는가 하면 비용의 지출이 월별로 또는 분기별로 동일
하지 않고 어떤 시기에 집중되는 경우도 있고, 한편으로는 집중하여 지출하는 것
이 절약이 되는 경우도 있다. 이러한 경우 수입예산의 수입과 지출예산의 지출을
분기별로 조정하여 수입과 지출의 균형을 유지할 필요가 있다. 행정책임자는 이러
한 재정집행 사정을 하부활동 책임자에게 이해시키고 상의하여 할당의 효과가 나
타나도록 하여야 할 것이다.

ⓑ 지출의 사전승인: 조직에서 일정액 이상의 지출을 할 경우 최고 행정책임자의 사전
승인을 받도록 하거나 또는 지출액수에 따라 중간 행정책임자의 사전승인을 받도
록 하는 것이 일반적이다. 이와 같은 사전승인은 수입과 지출의 균형을 유지하는
데 도움이 되고 때때로 승인을 의도적으로 연기하여 지출을 억제할 수도 있다.

ⓒ 자금지출의 취소: 예상된 재정원천으로부터의 수입이 인가되지 않거나 또는 삭감
정책에 의하여 예상된 수입액이 입금되지 않을 경우는 자금지출을 잠정적으로 취
소하거나 또는 최종적으로 취소할 수밖에 없다.

ⓓ 정기적 재정현황 보고서 제도: 행정책임자는 월별, 분기별로 재정현황을 보고받아
검토하여야 한다. 보고서의 내용은 수입지출 현황, 변제비용, 인원 당 비용, 기능별
비용, 서비스 단위당 비용 등이 포함되는 것이 바람직하다.

ⓔ 대체: 회계연도 말쯤에 재정현황이 사업별 또는 계정별로 과도지출이 되었거나 또
는 과소지출이 된 경우에는 과소지출분에서 과다지출분을 메우기 위하여 대체할
필요가 있다. 이러한 대체는 조직의 구조와 액수에 따라 중간 행정책임자 또는 최
고 행정책임자의 승인을 받아야 한다.

ⓕ 지불 연기: 이 방법은 조직의 내외부로부터의 지불요청에 대하여 의도적으로 적당

한 방법을 통해 연기를 함으로써 수입예산의 입금 여유를 갖는 것이다. 특히 지불 연기로 벌칙이나 벌금이 없는 경우는 요청자의 양해를 얻어 최대한으로 지불연기를 할 수 있다.

⑨ **차용**: 차용은 은행 또는 특별단체(협회, 연합회, 정부기관 등)로부터 자금을 빌리는 것을 말한다. 수입예산이 계획대로 확보되지 않을 경우 불가피한 지출을 위해서는 일반적으로 은행, 사회복지 관련 특별단체 또는 정부의 기금으로부터 장기적 또는 단기적인 대부를 받을 필요가 있는 경우가 있다.

2. 결산·회계·감사

1) 결산

결산이란 한 회계연도 내에 발생한 모든 수입과 지출을 확정적인 계수로 표시하는 절차이다. 세입·세출결산보고서 또는 수입·지출결산서는 중앙관서의 장이나 법인의 대표이사, 시설의 장이 작성하므로 예산집행의 마무리 단계라 할 수 있다. 결산이 필요한 이유는 법인의 경우 이사회의 의도대로 법인이나 시설이 예산을 집행하였는지를 규명하고 흑자나 적자의 크기를 확인하고 결산결과를 다음해 예산에 반영시키기 위해서이다.

그림 8-2 회계의 순환절차

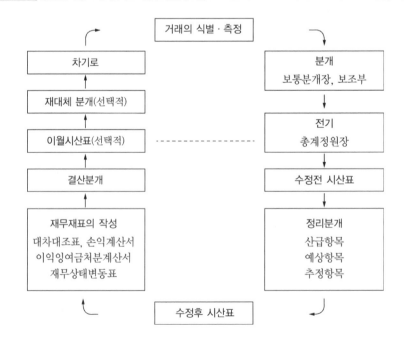

사회복지법인의 경우에 대표이사는 법인회계와 시설회계의 세입·세출결산보고서를 작성하여 이사회의 의결을 거친 후 다음 연도 3월 31일까지 시장, 군수, 구청장에게 제출한다(사회복지법인 재무·회계규칙 제19조). 시설의 경우는 원장이 수입지출결산서와 사업실적보고서를 법인 이사회에 제출해야 한다. 시장, 군수, 구청장은 결산보고서를 제출받은 때에는 20일 이내에 법인과 시설의 세입·세출예산의 개요와 후원금품의 수입 및 사용내역 개요에 대한 사항을 시·군·구 게시판에 20일 이상 공고하고, 법인의 대표이사로 하여금 법인·시설의 게시판에 20일 이상 공고하도록 해야 하며 일간신문이나 정기간행물에 게재하는 것으로 대체할 수도 있다.

2) 회계 및 감사

(1) 회계

회계(accounting)는 재정적 거래를 분류, 기록, 요약하고 그 결과를 해석하는 표준화된 기술적 방법이라 할 수 있고 목적에 따라 재무회계(financial accounting)와 관리회계(managerial accounting)로 나누어진다(남상오, 1988 : 16~17 : Hildreth, 1988 : 100~101). 재무회계는 내부 및 외부 정보 이용자의 경제적 의사결정에 유용하도록 일정기간 동안의 수입과 지출 사항을 측정 보고하는 것인데, 거래자료 기록, 시산표 작성, 분개 작성, 결산을 주요 내용으로 하고 있다. 관리회계는 행정책임자(경영자)가 행정적(경영적) 의사결정을 하는 데 필요하도록 재정관계 자료를 정리하는 것인데, 예산단위의 비용을 계산하여 예산의 실행성과를 분석하는 것을 주요 내용으로 하고 있다.

회계는 기록업무, 정리업무, 재정보고서 작성 및 보고업무를 위주로 하고 있는데 이를 간략히 설명하면 다음과 같다.

① 기록업무

수입과 지출에 관한 다양한 기록 장부를 마련하고 회계원칙에 따라 장부에 기록하는 일이다. 사회복지법인이 가장 대표적인 사회복지조직이라 할 수 있으므로 여기서는 사회복지법인과 관련하여 회계업무를 설명하도록 하겠다. 사회복지법인 재무·회계규칙(1988년 6월부터 시행)에 의하면 법인 회계와 수익사업 회계는 복식부기에 의하도록 하고 있으며 시설회계는 단식부기에 의하도록 하고 있다. 시설(이용시설 및 수용시설)에서도 복식부기의 회계를 하면 시설의 전반적인 재정사항을 잘 파악할 수 있어 재정 관리에 유익할 것으로 본다.

복식부기를 원칙으로 한 회계업무의 절차를 나타내면 [그림 8-2] 및 [그림 8-3]과 같다(회계절차에 대한 자세한 설명은 남상오(1990)를 참고할 것). 이 그림에서 보면 수입과 지출이 발생할 경우 분개장에 적고 분개장의 사항을 총계정원장에 전기하여 시산표를 작성하며 정리분개를 한 후, 정산표를 작성하든지 아니면 바로 재무제표(대차대조표, 손익계산서,

이익잉여금 처분계산서, 재무상태 변동표)를 작성하여 결산분개를 한 후에 다시 거래로 돌아오는 순환과정을 거친다.

② 정리업무

장부에 기록된 회계사항을 주기적(월별, 분기별)으로 종결하여 정리하는 업무인데 이는 주기적으로 재정상태를 파악하기 위한 재정보고서 작성을 위해서도 반드시 필요한 절차이다.

③ 재정보고서 작성 및 발행

사회복지조직의 재정 상태를 정기적으로 파악하기 위하여 월별, 분기별의 재정보고서를 작성하여 시설내부 및 이사회에 보고할 필요가 있다. 회계연도 말에는 1년분의 수입지출 현황을 알 수 있는 적절한 양식의 보고서(대차대조표를 포함한 보고서)를 작성하여 정부기관 및 이사회에 반드시 보고해야 하고, 가능하면 재정원천이 되는 조직이나 개인에게도 보고하거나 공개하여 그들이 제공한 재정자원이 어떻게 사용되었는지를 알려주는 것이 바람직하다.

재정보고서와 병행하여 사업실적 보고서도 만들어 보고하는 것이 더욱 바람직하다. 특히 앞으로 지방자치제하에서는 지역사회 및 지역주민들의 참여가 기대되고 이들에 대한 보고를 통하여 더욱더 많은 사람들의 관심과 지원을 받을 수 있게 될 것이다.

그림 8-3 회계장부를 중심으로 본 회계업무절차 도표

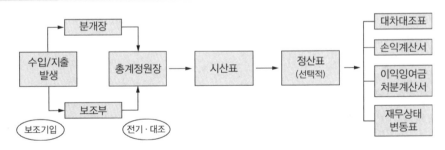

* 보조부: 현금출납장, 재산 대장, 소모품 대장, 비품관리 대장, 유가증권 수급 대장, 신탁 대장, 차입금 대장, 미수금 대장, 미불금 대장, 당좌예금 출납장 등.
* 출처: 남상오(1990 : 37).

(2) 감사

사회복지기관과 프로그램들에서 점차 중요시되는 것이 감사이다. 감사(audit)란 사회적으로 할당된 자원들에 대한 청지기로서의 조직이나 프로그램이 그 역할을 적합하게 수행하고 있는지를 확인하는 작업이다. 감사는 일반적으로 두 가지 형태로 구분해 볼 수 있는데 규정순응 감사와 운영 감사가 있다.

① 규정순응 감사

규정순응 감사(compliance audit)는 재정 감사(financial audit)라고도 한다. 이것은 기관의 재정적 운영이 적절한 회계 절차에 따라 시행되었는지, 재정이나 다른 보고서들이 적절하게 준비되었는지, 기관에 적용된 각종 규칙과 규제들에 기관이 적절하게 따랐는지를 확인하는 것에 대부분의 목적을 둔다. 다양한 자금원천을 보유하는 기관이나 프로그램들의 경우에는 각 자금원천 기관별로 따로 감사를 대비하여야 하는데, 수집되어야 하는 정보의 성격이나 따라야 할 구체적인 규칙과 절차들이 다르게 나타나는 것이 보통이다.

규정순응 감사는 전통적인 품목별 예산과 잘 맞아 떨어진다. 사전에 규정된 항목들에 따라 해당 자금이 정직하게 쓰였는지를 주로 본다. 본래 규정순응 감사는 '사리사욕에 관한 것'을 감시하기 위한 것이었다. 그러다 공적인 목적과 도구들이 점차 복잡하게 됨에 따라, 감사 기능의 확대된 개념이 필요하게 되었다. 프로그램이 입법 의도와 일치하는 방식으로 운영되는지, 경제적이고 효율적으로 집행되었는지 등과 같은 예산 집행의 기본적인 가치들의 준수여부에 대한 관심이 규정순응 감사에 포함된다.

규정순응 감사는 규칙과 규제에 대한 순응 여부를 감독함으로써 프로그램이 경제적이고 효율적으로 운영되었는지를 모니터링하려고 한다. 그러나 이것은 일종의 가정에 기반하고 있는데, 기관이나 프로그램이 규칙과 규제들을 잘 따르게 되면 경제적이고 효율적인 서비스 생산을 할 수 있을 것이라는 전제이다. 실제로는 이와 반대의 경우 즉 규칙은 잘 순응했지만 생산은 효율적이지 않을 수도 있고, 혹은 규칙에만 충실하다 보면 오히려 탄력성을 잃어 생산의 효율성을 저해할 수도 있을 것이다.

단지 규정의 순응 여부만을 따지는 감사는 실제로 업무가 효과적 혹은 효율적으로 추진되었는지의 여부에 관심을 두지 않는다는 데 문제가 있다. 따라서 이러한 감사의 방법은 자칫 지나치게 형식적이고 절차에만 충실하게 만들어, 문제 해결의 본질과는 오히려 거리가 먼 딱딱한 사회복지행정을 만들어 내는 원인으로도 작용할 수 있다. 이런 식의 감사의 한계를 벗어나도록 하는 것이 운영 감사이다.

② 운영 감사

아직도 기관과 프로그램의 책임성을 나타내는 주요 도구는 규정순응 감사의 성격을 나타내는 것이 보통이지만, 점차적으로 운영 감사가 중요시되고 있다. 운영 감사(operational audit)는 바람직한 프로그램 결과가 성취되었는지의 여부, 목표들은 어느 정도의 경제성과 효율성으로 성취되었는지 등과 같은 문제들에 관심을 갖는다. 규정순응 감사와 마찬가지로 운영 감사 역시 예산의 관련성에 초점을 둔다.

운영 감사를 위해서는 적어도 기능별 예산이나 프로그램 예산과 같은 예산 형식들을 갖추어야 한다. 그래야 목표 자체가 달성되었느니, 혹은 얼마만큼의 산출물이 예정했던 비용과 연계해서 발생했느니 등을 판단할 수 있게 해 주기 때문이다. 운영 감사에서는 주로 다음과 같은 사항들이 중점적으로 점검된다.

경제성과 효율성 예산 활용 부서가 자신들의 자원(인력, 돈, 공간 등)을 경제적이고 효율적인 방식으로 관리 활용하고 있는지에 대해 판단한다. 경영정보시스템(MIS)이나 행정적 절차 혹은 조직구조에 있어서의 부적절함 등과 같이, 비효율적이거나 비경제적인 조직 활동들에 대해 그 원인이 어떤 것인지를 분석해 내는 것도 포함한다.

프로그램 결과 의도된 결과나 편익들이 성취되었는지, 자원제공 기관이 의도했던 목적들이 달성되었는지, 동일한 성과를 더 적은 비용으로 산출할 수 있는 대안들이 적절히 고려되었는지 등에 대해 판단한다.

운영 감사는 규정순응 감사에 비해 보다 폭넓은 지식수준과 기술들을 필요로 한다. 프로그램의 비효율성에 대한 원인들을 규정하고 확인해내는 작업은 그냥 서류들을 대조하고 확인하는 것과 크게 다르다. 이런 식의 운영 감사를 적절하게 수행하기 위해서는 사회복지전문직이 감사 과정에 적극적으로 참여하는 것이 필수적이다. 사회복지서비스의 규정과 목적, 그것을 실행하는 데 필요한 적절한 개입기술 등에 대한 판단은 단순히 회계 전문가의 노력만으로 불가능하다.

사회복지행정 관리자들은 재정 관리에 대해 비록 전문적이지는 않더라도 기초적 지식들만큼은 갖추어야 한다. 적어도 운영 감사의 과정에서 소외되지 않을 만큼은 갖추고 있어야 한다. 이 과정에 사회복지전문직이 참여해야 하는 이유는 단순히 전문직의 이해타산을 위해서가 아니라, 사회복지전문직이 대변하는 클라이언트 집단과 사회복지적 목적들이 감사나 평가의 과정에서 적절히 대변되어야 하기 때문이다.

정보자원관리

제 9 장   정보자원관리

1. 정보관리

1) 정보관리체제

(1) 정보관리체계의 개념

정보관리체계에 대한 본격적인 이해에 앞서 관련용어의 개념을 명확히 할 필요가 있다. 정보체계에 관한 논의과정에서 가장 기초적이고 빈번하게 사용되는 개념은 자료, 정보, 지식 등이다. 이들 이외에도 보다 세부적인 관련용어들이 있으나 이들에 대한 용어설명은 논의 과정에서 필요한 경우에 추가적으로 설명하도록 하자.

자료(data)는 그 자체로는 의미를 갖지 않는 단순한 숫자나 숫자들의 조합이라고 할 수 있다. 수학적으로도 의미가 없는 경우가 있다. 예를 들어, '120749'라는 숫자가 있다고 할 때, 이 숫자에서 숫자라는 것 이외에 어떤 의미를 찾을 수 없다. 이는 하나의 자료에 불과한 것이다.

정보(information)는 자료의 개념을 뛰어넘어 자료 자체로서 특별한 의미를 갖도록 조직화된 것이다. 앞서의 '120749'라는 숫자에서 이 숫자가 하나의 우편번호를 의미한다고 하면, 서울 서대문 지역에 소재한 'Y'대학교의 우편번호라는 것을 확인할 수 있을 것이다. 후반부의 '749'라는 것이 'Y'대학교를 지정하고 있는 것이다. 이제, '120749'라는 숫자는 단순한 자료가 아니라 하나의 정보로서 역할을 하는 것이다.

지식(knowledge)은 특정한 대상의 실체에 대한 설명을 제공할 수 있고, 특정관계를 보여줄 수 있는 정보를 의미한다. 앞의 우편번호에서 'Y'대학교를 확인할 수 있었고 'Y'대학교는 기독교정신에 입각하여 설립된 사립대학의 하나라는 것을 연상할 수 있다. 이러한 실체에 대한 설명 및 이해를 가능하게 하는 것이 지식이라고 하겠다.

이들 세 가지 용어는 정보체계에서 전달하고 전달받는 의사소통의 내용을 지칭한다. 그런데 정보체계에 대한 논의에서 자료, 정보, 지식의 개념에 대한 명확한 구분이 그다지 중요하지 않을 수도 있다. 때로는 혼동되어 사용하기도 하며, 가장 빈번하게는 '정보'라는 용어가 사용되는 것이다.

사회복지영역에서 논의되고 있는 '정보관리체계(information system)' 또는 '관리정보체계(management information system)'에 대해서 설명하면 다음과 같다.

정보관리체계에는 엄격한 의미에서 "조직관리와 관련된 기본적인 정보를 처리하기 위해 컴퓨터를 응용하는 것"이라고 할 수 있다(Schoech, 1999 : 88). 하지만 포괄적인 의미에서의 정보체계는 사람과 절차, 기술의 집합체라고 할 수 있으며, 이 요소들은 데이터와 정보를 모으고 그 처리과정을 강화하여, 그 결과물들을 활용하기 위해 존재한다(Schoech, 1999). 이러한 광의의 정보관리체계는 비공식적일 수도 있으며, 반드시 전산 시스템의 응용을 전제하지도 않는다. 회의나 회식을 통해 조직 내의 정보 교류 및 수집이 이루어진다면 이는 광의의 차원에서 본 정보관리체계의 사례일 수 있는 것이다. 따라서 이 장에서 논의하는 정보관리체계는 앞서의 협의의 개념을 사용한다. 사실 정보화시대의 정보관리는 협의의 개념을 전제로 논의되어지고 있기 때문이다.

협의의 개념을 사용할 때, 사회복지기관이 컴퓨터를 사용하고 있다고 해서 반드시 정보관리체계를 갖추었다고 볼 수 없다. 효과적이고 효율적인 조직관리를 위해 전산화된 업무환경에서 정보처리기술을 응용하는 경우에만 정보관리체계를 활용하고 있다고 할 수 있는 것이다.

같은 맥락에서 Lewis et al., (2001)은 정보체계는 이해할 수 없는(mysterious) 목적을 위해 사용되는 것이 아니라 모든 유용한 정보와 수집되어야 할 정보, 즉 서비스 단위 및 클라이언트의 성과(outcomes)로부터 직원의 이직률과 직무만족도까지도 포함하는 것으로 정보체계의 개념을 설정하고 있다. 그리고 사회복지조직에서 활용될 수 있는 정보체계 또는 관리정보체계의 개념과 전산화(computerization)는 구별되어야 한다고 한다. 대부분의 사회복지조직의 종사자들은 정보체계라고 하면 컴퓨터를 떠올린다. 정보체계를 이루기 위해서는 컴퓨터가 필수적이나 전산화가 자동적으로 자료를 수집하고 정리하는 것이라고 한다면, 정보체계는 이러한 전산화를 사회복지조직의 목적과 조직의 성과에 초점을 두고 활용하는 방법에 관한 것이라고 할 수 있다(Lewis et al., 2001).

성규탁(1993)의 경우에도 정보체계는 인간이 가지는 인지능력과 시간적 한계성을 극복하도록 도와주며, 대량의 복잡한 정보를 신속히 효율적으로 활용하여 효과적 관리를 가능하게 하는 편리한 도구로 설명한다. 따라서 정책결정과 행정을 위한 각종 복잡한 자료와 사회복지실천에 필요한 정보를 포괄적이고 체계적으로 분류하는 작업이 요구된다(성규탁, 1993).

결국 대부분의 정보체계는 보고서를 만들어 내고, 질문에 대답하기 위해서 정보를 수집하고, 관리하고, 조정하는 것에 초점을 맞추고 있으며, 정보체계의 산출(outputs)은 관리자 또는 임상실천가가 그들의 업무를 다루는 데 도움을 주기 위해서 고안된다. 드물게는 클라이언트의 임상실천가와의 관계를 강화시키기 위해 만들어지는 것도 있다. 정보체계는

조직의 기본적인 기능을 통합하는 효과가 있기 때문에 이로 인해 직원들에게 미치는 파급
효과도 대단히 크다.

(2) 정보관리체계의 목적

사회복지서비스 영역에서는 책임성과 효과성 검증의 필요성이 강조되면서, 조사방법
론적 접근에 대한 관심이 증가해 왔다(Kettner, Moroney & Martin, 1999). 이러한 관심에 따라
사회복지기관들은 자신들의 활동이나 성과에 대해서 일목요연하게 설명할 수 있어야 하는
상황에 놓이게 되었다. 이를 위한 방법 중의 하나가 다양한 관련 정보를 취합하여 구조화
된 문서로 완성하고, 이것을 지역사회, 클라이언트, 이사회, 이해당사자들(stakeholders)에게
제시하는 것이다(Lewis et al., 2001). 하지만 사업의 다양성과 사회변화, 그리고 정보기술의
발달은 보다 효율적인 정보관리를 요구해 왔다. 따라서 사회복지기관은 보다 앞선 방법을
사용하여 서비스 제공에 관한 막대한 양의 정보를 수집해야 하고, 필요할 때마다 이를 문
서화하여 활용할 수 있는 능력을 갖추는 것이 중요하게 되었다. 이러한 일련의 과정을 가
능하게 하는 것이 정보관리체계이다(성규탁, 1994).

사회복지기관에서 정보관리체계에 대한 논의가 이루어지는 배경에는 다음의 세 가지
요인이 있다(Lewis et al., 2001). 첫째, 다양한 사회복지사업(예: 아동학대예방 프로그램, 정신보
건, 장애인직업재활, 노인치매예방 등)을 위해 예산이 집행되었고, 정책입안자와 국민은 이에
대한 결과가 제시되기를 기대한다. 이것은 사회복지조직의 책임성 및 효과성 검증 차원의
논의이며, 다양하고 많은 분량의 서류작업을 요구한다. 이를 위해 적절한 정보체계를 갖출
필요가 있다는 것이다. 둘째, 사회복지조직의 종사자들은 사회복지가 가치 있는 일이며,
클라이언트를 진정으로 돕고 있고, 문제를 해결하기 위해 노력하고 있다는 것을 확인하고
싶어 한다. 즉 사회복지종사자들은 성공적으로 맡은 일을 해내고 싶어 한다. 이 과정에서
업무수행을 위한 보조수단 혹은 일부로서 적절한 정보체계를 필요로 하는 것이다. 셋째,
사회복지기관의 종사자들은 업무성과에 대해 피드백(feedback)을 통해서 가치를 부여하고
싶어 한다. 자신이 수행한 사업에 대한 적절한 평가를 통해 수행방법에 대한 개선을 시도
하고 나아가 전문성을 증진할 수 있기를 기대하는 것이다. 따라서 사회복지조직의 정보체
계 도입은 사업수행에 대한 평가를 위해서도 필요하고, 다양한 사회복지현장에서의 실천
능력배양과 전문성 증진을 위해서도 필요성이 제기되는 것이다.

결국 이상의 세 가지 요인을 종합적으로 고려할 때, 정보관리체계의 필요성은 외부적
요구와 내부적 요구에 의해 제기된다고 볼 수 있다. 또한 정부체계는 단순히 사회복지기관
의 관리운영상의 목적을 뛰어 넘어 조직구성원의 업무수행능력을 증진하는 차원에서도 그
중요성이 크다고 할 수 있는 것이다. 따라서 정보체계는 사회복지조직의 기본적인 관리업
무에 대한 통합뿐만 아니라 사회복지사업의 효율성을 제고하고 나아가 조직성과를 대내·외

적으로 보여줌으로써 사회복지서비스의 책임성을 검증받는 의미도 있는 것이다.

(3) 정보관리체계의 유형

사회복지조직의 업무를 지원하고 문제를 해결하기 위해 활용되는 정보체계유형 및 정보 프로그램들에 대해 설명하면 다음과 같다(Schoech, 1999, 재편성). 1950년대 이전에는 자료를 수작업 또는 전자계산기로 처리하였으며, 1950년대는 현재와 비교할 수 없을 정도의 느린 속도를 가진 고가의 대형 컴퓨터가 일상적인 업무자료를 처리하였다. 주로 일반 사무 처리를 위해 전산응용프로그램(회계 또는 재고관리)을 사용하였던 것이다. 그런데 1960년대에는 자료처리(data processing) 요구의 증가와 방대한 자료에 대처하기 위해 새로운 형태의 응용프로그램이 필요하게 되었고, 이를 위해 관리정보체계(MIS: Management Information System)를 개발하여 사용하게 되었다. 이후 1970년대는 의사결정지원 시스템(DSS: Decision Support System)이 등장하였는데 이는 데이터 관리기술이 정보체계를 좀 더 유연하고 접근성을 용이하게 하기 위한 노력이었으며, 데이터 관리기술의 한 차원 높은 발전이라 할 수 있었다. 의사결정지원 시스템의 등장 이후, 1990년대의 데이터 관리기술은 정보기술의 발달에 힘입어 특정한 업무의 성과를 향상시키는 데 초점을 둔 업무수행지원 시스템(performance support system)의 개발을 가능하게 하였다.

이러한 역사적 발전과정을 정보기술의 발달과정에 따라 정보체계유형으로 재구분하면, 자료처리응용(data processing applications), 관리정보체계(MIS: Management Information System), 지식기반체계(KBS: Knowledge-Based System), 의사결정지원체계(DSS: Decision Support System), 업무수행지원체계(PSS: Performance Support System)로 설명할 수 있다.

① 자료처리 응용단계

자료처리(data processing)는 기계, 사람, 절차 그리고 반복적인 사무업무를 가능하게 하는 장비로 구성되어 있다. 자료처리업무는 정보의 수집, 저장, 검색, 조정, 이송 그리고 자료출력을 포함한다. 자동자료처리 응용프로그램(automated data processing)은 비서업무와 직원들의 일상 업무를 처리하는 데 소요되는 시간과 비용을 감소시키기 위해서 고안된 것이다. 봉급명세서의 자동처리, 이용자명부관리, 영수증자동발급 등이 사례가 될 것이다. 비교적 단순·반복적인 업무에서 발생되는 자료의 양이 증가함에 따라 기계적인 자료처리 필요성이 높아진 것이다.

② 정보관리체계·관리정보체계단계

정보관리체계(information system)는 사람의 모집, 절차, 자료와 정보수집기술, 일련의 절차를 통해서 자료와 정보를 향상시키는 기술, 그리고 그 결과를 출력하여 배포하는 것을 포함한다(O'Brien, 1995). 정보관리체계는 기초적인 조직정보를 처리하는 공식적이고 전산화된 응용프로그램을 말하며, 자료처리(data processing)의 특성을 많이 가지고 있다. 정보체계는 많은 독립된 자료처리과정을 통합시키고, 단계별로 조직에게 도움을 주며, 보고의 형식으로 정보를 만들어 낸다. 예를 들어, 이용자 실적을 사업부서별로 월별, 분기별 보고서를 자동 작성하도록 하여, 사업현황을 정기적으로 점검할 수 있는 정보를 제공하도록 하는 것은 정보체계의 덕택이라 할 수 있다.

③ 지식기반 시스템

지식은 자료 또는 정보, 그리고 지식의 구조 그 이상의 의미를 포함하고 있기 때문에 더 복잡하고 어려운 처리기술을 요구한다. 사회복지조직에서의 지식기반 응용프로그램은 실험단계에 있지만 매우 중요하다. 그 이유는 사회복지조직의 지식기반 응용프로그램은 클라이언트와 임상실천가의 상호작용을 증진할 수 있는 복잡성을 다루고 있기 때문이다. 사회복지조직과 특별한 관계를 가지고 있는 지식기반 응용프로그램의 세 가지 유형에는 전문가 시스템, 사례기반추론, 자연음성처리가 있다.

전문가 시스템(expert system)은 사용자가 제공한 사실을 기초로 컴퓨터 안에 저장된 지식을 응용하여 사례에 관한 의사결정을 하는 것이다. 전문가 시스템은 사례에 초점을 맞추고 있고 보고서를 만들기보다는 오히려 의사를 결정하는 것이다. 현재 활용되고 있는 몇 가지 전문가 시스템은 ECS(Expert Counseling System, 클라이언트에게 고용문제를 해결하도록 도와주는 시스템)과 ICS(환자에게 투여되는 약의 처방횟수를 줄이기 위하여 병원에 있는 환자의 기록을 배경으로 약 처방을 점검하는 것) 등이 있다. 전문가 시스템이 가지고 있는 한계는 각 사례가 가지고 있는 사실과 관련된 불확실한 정보를 의사결정을 위해 결합하는 데 따르는 어려움이다. 불확실한 정보가 최종 의사결정에 영향을 주고, 나아가 서비스 효과에도 예상하지 못한 영향을 줄 수 있는 것이다. 또한 전문가들은 그들 사이에서도 동일한 사안에 대해 서로 다른 견해를 가질 수 있으며, 전문가 시스템을 유지하게 위해서는 전문성 차원에서의 지속적인 점검과 시스템의 재정비를 필요로 한다는 것이다. 결국 이를 위해 막대한 예산이 투입되어야 하는 재정적 부담의 문제도 검토되어야 한다.

사례기반추론(case-based reasoning)은 수천 개의 클라이언트 사례(인구통계, 서비스, 성과)를 조사하여 저장하고, 이들 저장된 사례자료로부터 지식을 얻어 내는 것이다. CBR은 문제해결 중심 패러다임을 활용하여, 비슷한 특성을 가진 사례는 이미 해결했던 선례에 의존하여 해결하고자 하는 것이다. CBR이 활용되는 프로그램으로는 CAMP(Case-based Menu Planner, 개개인의 영양학적 선호도와 개인적 선호도의 요구를 식단과 연결시켜 주는 것)가 있다.

자연음성처리(NLP: Natural Language Processing)는 언어를 텍스트로 전환하는 것이다. 즉 사람의 언어(예를 들어 영어나 일어)를 이해하고 말을 하는 전환음성기(converting speech)나, 외국어번역 테스트(영어에서 러시아어, 러시아어에서 영어)기를 말한다. NLP는 휴먼서비스 영

역에서 키보드 또는 컴퓨터 기술을 가지지 못하는 많은 사람들에게 인간과 컴퓨터의 상호
작용을 가능하게 할 것이다.

의사결정지원 시스템(decision support system)은 효과성과 의사결정의 득성을 탐구하는
것에 초점을 두고 있다. DSS는 전문가가 복잡한 의사결정을 보다 쉽게 할 수 있도록 지원
하기 위해 고안된 것이다. 사용자가 자료를 검색하고, 관리하고, 의사결정에 관한 정보를
얻는 데 도움을 준다. DSS는 사용자의 경험과 판단의 대리인이 아니라 단지 데이터이고
모델일 뿐이다. 즉 DSS가 의사결정을 하는 것은 아니고 전문가가 직접 의사결정을 한다.
의사결정과정에서 전문가는 DSS를 활용하는 것이다. DSS가 활용되는 한 예로는 미국의
미네소타에 있는 Ramsey County에서의 GAIN(General Assistance Intake)을 들 수 있다. 이 시
스템은 접수일정을 자동으로 결정하며, 처음 접수할 때 온라인으로 제공되는 기록을 통하
여 클라이언트에 대한 자료를 확보하고 적절한 담당자에게 자료를 전송시키고 클라이언트
에 대한 통계를 작성한다. DSS의 다른 예로는 캐나다 온타리오 주에서 활용하고 있는 '임
상도구 및 정보관리를 위한 아동복지척도(The Child Well-being as a Clinical Tool and
Management Information System)'이다. 이 시스템은 아동에 대한 정확한 서비스 계획수립을 돕
기 위해 개발된 의사결정지원형 구조화된 사정도구이다.

업무수행지원 시스템(performance support system)은 현장에서의 업무수행능력을 향상시
키기 위해 개발된 통합정보제공 시스템이다. 이를 통해 다른 사람으로부터 최소한의 도움
을 받아 즉시 그 문제를 해결하거나 업무를 완수할 수 있도록 하는 것이다. PSS는 직접
서비스를 제공하는 사회복지사의 업무성과를 높이는 것에 초점을 두고 있으며, 의사결정
에 초점을 두고 있지는 않다. PSS는 DSS보다는 오히려 덜 복잡하다. PSS의 목적은 즉각적
으로 성과를 증가시키는 데 목적이 있는 것이다. PSS는 사용자가 업무수행을 위해 특정한
정보가 필요한 경우 이를 즉각적으로 도와주는 것이다. PSS는 일을 수행하는 방법에 관한
지시사항과 절차가 방대할 때, 직원이 재편성되고 업무교육이 일상적일 때, 기관이 적소에
기본적인 컴퓨터 시스템을 가지고 있을 때, 예산을 줄이고, 질을 향상시켜야 할 압력이 존
재할 때 효과가 있다. 예를 들어 CASP(Computer-Assisted Services Planning, www.psp.info.com)
는 문제를 정의하고 구조화하도록 도와주며, 측정과 개입을 위해 담당자를 지원해 주는 프
로그램이다. 서비스 제공계획의 수립을 도와주는 것이다.

2) 정보관리체계의 설계

정보체계의 개발 및 설계는 주관적인 판단보다는 현실에 대한 객관적인 이해에서 출
발해야 한다. 정보체계는 적절하면서도 효과적이어야 하며, 동시에 효율성과 가치성을 내
포해야 한다(Kettner, Moroney & Martin, 1999 : Lewis et al., 2001). 다음에서는 Schoech(1995)에
의해 개발된 7단계 정보체계의 설계과정을 설명하고자 한다. 여기서 소개하는 설계과정은

현존하는 정보체계를 최신의 정보체계로 전환하거나, 교환 또는 재설계할 때 사용할 수 있다. 또한 사회복지조직에 새로운 정보체계를 도입할 때도 활용될 수 있을 것이다.

(1) 현재 상황에 대한 사정

정보체계를 개발하거나, 현재의 시스템을 강화 혹은 재설계하고자 할 때, 본격적인 작업에 앞서 무엇보다도 관리자와 직원들 간의 충분한 논의가 있어야 한다. 정보체계를 개발하기 전에 반드시 사업의 목적과 목표를 직원들이 이해할 수 있도록 알려 주어야 하는 것이다. 그리고 현재 상황에 대한 정확한 사정(assessment of the current situation)및 정보체계 개발(혹은 강화)을 위해 별도위원회(예: 정보화추진위원회)를 구성하고, 모든 직원들의 참여와 헌신을 유도할 필요가 있다. 예를 들어, 전체 작업을 진행하기 위한 정보화추진위원회가 구성되었다고 할 때, 위원회에는 관리자, 사업부서별대표, 총무회계분야직원, 일반직원대표 등이 참여할 수 있어야 한다. 위원회구성과정의 초기단계에서는 정보화추진위원회에 참여를 희망하는 사람들을 중심으로 시작하는 것이 바람직하다.

정보체계개발을 위해 현재 상황을 사정하는 과정에서는 위원회활동에 참여하는 구성원들의 시간, 현재 정보화의 수준과 내용, 정보화 자문비용 등이 포함되어야 한다. 또한 전체직원들의 기술력(skills), 가치, 이념, 보유하고 있는 전산 관련 장비, 정보체계개발의 목적과 미래에 대한 비전 등이 반드시 사정(assessment)되어야 한다. 정보화추진위원회는 정보체계의 영향력을 포괄적이고 솔직하게 관찰해야 한다. 이를 바탕으로 현재의 상황에 대한 사정결과보고서를 전 직원에게 공개한 후 정보체계 개발 작업을 추진할 것인지, 아니면 현 단계에서 종결할 것인지를 결정해야 하는 것이다.

(2) 기존정보체계에 대한 분석

정보체계개발을 추진하기로 결정한 후의 다음 단계는 현재 사용 중인 정보체계 혹은 정보관리환경을 분석하는 것이다. 효과적인 정보체계는 정보체계가 사회복지기관의 특성을 반영한 사업계획, 경영, 그리고 평가욕구에 얼마나 잘 부합하는가에 달려 있다. 직원들은 가능한 한 필요한 자료의 유형, 자료의 출처, 수집되고 배포되어야 하는 자료의 유형을 정확하게 구분할 수 있어야 하고, 수집된 자료의 배포횟수를 확인할 필요가 있다. 정보화추진위원회는 정보체계개발의 주된 목적이 직원들의 업무성과를 향상시키고, 나아가 클라이언트와 지역사회에 도움을 줄 수 있다는 것을 공감해야 한다. 일반적으로 효과적인 정보체계를 설계하는 데는 다음과 같은 정보가 필요하다.

① **지역사회정보**: 인구통계학적 정보, 사회적·경제적 특성에 관한 자료, 서비스를 받고 있는 대상자의 신원확인, 실질적인 서비스와 재원의 목록 등.

② **클라이언트 정보**: 클라이언트의 현존문제, 개인력, 서비스 수혜 유형, 서비스 기간, 사회경제적·가족적 특성, 고용상태, 만족도 측정과 서비스 성과 등.

③ **서비스 정보**: 기관의 서비스 단위, 클라이언트 수, 주어진 기간 내에 서비스를 제공받은 클라이언트 수와 서비스가 종결된 클라이언트 수, 서비스와 관련된 활동들에 대한 설명 등.

④ **직원정보**: 사업수행에 참여한 시간, 도움을 준 클라이언트 수, 서비스 제공의 양, 서비스의 차별성 등.

⑤ **자원할당정보**: 전체비용, 특수한 유형의 서비스 비용, 예산 및 결산 보고서를 위해 필요한 자료 등.

정보체계를 설계할 때는 어떤 정보가 수집되어야 할 것인가를 결정하기 위해서는, 업무의 흐름도, 프로그램의 목적, 직원과 외부 이해당사자의 정보욕구에 대한 이해와 분석이 필요하다. 이를 바탕으로 정보체계개발을 위해 관련된 모든 영역의 정보를 수집해야 한다. 구체적으로, 조직이론의 체계모델에 근거하여 투입(직원, 장비, 시설, 재원, 클라이언트), 전환(서비스 전달업무), 성과(performance)로 구분하여 관련정보를 수집할 수 있을 것이다(Kettner & Martin, 1993).

(3) 세부설계

세부설계(detailed design)단계의 핵심은 어떻게 자료가 사용될 것인가에 대한 이해를 정확히 하는 것으로부터 출발한다. 특정 정보에 대한 욕구가 구체화되면 정보를 얻을 수 있는 자료의 출처를 파악해야 한다. 설계자는 조직 내에서 어떤 부서의 어떤 직무단위가 필요한 정보를 가장 쉽게 기록할 수 있는가를 판단해야 한다. 그리고 누구에게 정보를 보고해야 하는지, 누가 보고된 정보를 분석할 책임이 있는지를 결정해야 한다. 또한 어떤 정보가 전산화되어야 하는지, 어떤 것은 지속적으로 수작업으로 관리해야 하는지를 결정하는 것도 이루어져야 한다. 정보체계는 서비스를 제공하는 직원과 정보체계를 관리하는 직원이 쉽게 사용할 수 있어야 한다. 관리자는 사업수행에 관한 과정을 추적하기 위하여 전산화된 자료를 사용할 것이다. 이때 이러한 정보체계와 맞는 소프트웨어 프로그램을 선정할 수 있다. 그리고 소프트웨어 프로그램에 적합한 새로운 하드웨어가 선택될 수 있다.

(4) 정보관리체계검증과 준비

새로운 정보체계가 승인을 받은 후에는 직원훈련비용뿐만 아니라 소프트웨어나 하드웨어의 구입비용이 산정된다. 이때부터는 직원훈련, 소프트웨어와 하드웨어의 유지 및 업데이팅(updating) 지출이 적지 않은 규모의 정규예산항목이 된다. 직원훈련이나 프로그램 사용자에 대한 교육훈련을 중요하지 않게 여기는 경우가 있다. 그러나 새로운 소프트웨어나 하드웨어의 사용방법을 배우는 것은 정보체계개발의 성공을 위한 필수조건이며, 조직발전을 위해서도 중요한 일이다. 직원은 사업수행과정에서 프로그램을 계획·수정하기도 하며, 클라이언트에게는 직접 서비스를 전달하면서 정보체계를 이용하고 의지하게 된다. 따라서 정보체계에 대한 교육훈련은 정보체계개발의 성공을 좌우하는 요소가 될 수 있는 것이다. 교육훈련의 중요성에 관해, Schoech(1995)은 성공적인 정보체계발전을 위해 "…전체 재원의 10%는 하드웨어에 지출하고, 40%는 소프트웨어에, 나머지 50%는 개발, 실행, 교육훈련에 지출해야…"라고 하였다.

정보체계는 전산직원(information system coordinator)과 같은 새로운 직종을 만들어 낼 것이다. 그리고 이러한 변화는 직무규정, 업무평가범위에 대한 수정이 필요하다는 것을 의미하는 것이기도 하다.

(5) 전환

시험적용과 교육훈련이 종결되면 새로운 정보체계가 실행되는 단계로 진입한다. 모든 것이 동시에 갑자기 전면적으로 변하는 것은 혼동을 가져올 수 있다. 새로 개발된 정보체계와 기존의 정보체계가 같이 사용되면서, 새로운 체계를 사용해도 불편하거나 손해 보는 것이 거의 없다는 확신을 사용자들에게 심어줄 수 있어야 한다. 새로 개발된 정보체계가 정말 필요한 정보를 제공한다는 것을 테스트 기간 동안 확신하고 경험한 후에, 기존의 정보체계사용은 더 이상 허용되지 않는다. 그리고 사무실의 위치나 공간배치가 새로운 정보체계의 적용에 따라 변동이 있을 수도 있다.

(6) 평가

정보체계개발은 클라이언트에 대한 서비스 향상, 후원자들에 대한 서비스 질 향상, 비용감소, 업무환경의 개선을 통해 사회복지기관의 목적을 달성하는 데 의의가 있다. 정보체계를 설계하고 실행하는 데 참여한 모든 직원들은 새로운 정보체계에 대한 최초의 목적, 목표, 기대를 관찰하고 현재의 결과와 비교해야 한다. 정보체계개발의 성공과 실패에 대한 평가는 관리자 차원, 정보화추진위원회 차원, 단위부서 차원, 직원 개인 차원, 서비스 대상자 차원에서 시도될 수 있을 것이다. 과거의 정보체계와 신규 개발된 정보체계의 비교를 통해 가능한 것이다. 업무성과향상, 효율성 증진, 비용절감 등의 기준을 적용한 평가분석도 가능하다.

(7) 운영, 유지, 수정

새로이 개발된 정보체계와 의도했던 바와 같이 운영되기 위해서는 적정한 관리유지와 발생할 수 있는 보완요소에 대한 준비가 되어야 한다. 이를 위해 다음과 같은 고려사항이 있을 수 있다. 첫째, 정보체계에 대한 전담직원이 별도로 확보되어야 한다. 조직규모에 따라 전담직원의 수도 달라질 수 있을 것이다. 정보체계 담당직원은 책임감을 가지고 지속적으로 정보체계를 모니터링하고 관리·유지하는 역할을 담당한다. 이 직원은 정보체계가 기획했던 대로 사용되도록 지원하고, 사업목적에 따라 필요한 정보가 활용될 수 있도록 한다. 정보체계운영상의 IT 기술적 문제가 발생되는 경우 정보체계개발업체와 협력하여 문제해결을 위해 노력해야 할 것이다. 둘째, 전체직원은 일상 업무에 정보체계를 이용하여 데이터를 저장하고 사용하며, 관리자는 고유사업수행과 정보체계 활용을 모니터링하여 필요한 경우 업무조정을 해야 한다. 또한 정보체계를 활용하여 보고서를 작성하도록 장려하고 실제업무에 사용해야 할 것이다. 셋째, 직원교육을 위한 예비예산을 확보하도록 한다. 신입직원과 직원이 교체되었을 때의 정보교육비용을 준비해야 한다. 넷째, 직원회의 때 정보체계를 활용하는 것이 조직의 사업목적을 달성하기 위해서도 가치 있는 것임을 강조한다. 다섯째, 관리자는 직원들이 정보체계를 통해 수집된 자료를 발표하고 공개적으로 활용하도록 유도한다. 직원들의 자료수집 활동상황을 파악하여 직원들의 정보체계 활용이 사업수행과 서비스 제공에 있어서 얼마나 도움을 주고 있는지를 확인시켜 준다.

이상의 7단계의 정보체계개발을 위한 설계과정은 앞서 논의된 바와 같이 처음으로 정보체계를 개발하는 조직이나, 이미 개발되어 사용 중인 정보체계를 개선할 필요성이 있는 조직에도 적용 가능한 모델이다(Schoech, 1995). 다만 사회복지조직의 규모의 한계와 초기개발비용의 부담으로 인해 1단계에서의 현재 상황에 대한 사정작업에 보다 신중하게 접근해야 할 것이다. 또한 아무리 우수한 정보관리체계가 개발되었다고 하더라도 사용자가 불편해하거나 이용을 기피한다면 소기의 성과를 얻지 못할 것이다. 세밀한 교육훈련과 관리자의 적절한 격려 및 자극이 전제되어야 정보체계개발의 성공이 가능할 것이다.

3) 정보관리체계 개발을 위한 과제

사회복지조직은 보다 적극적이고 조직적으로 정보화시대에 적응해 가는 노력이 요구된다. 사회 전반적으로 정보화시대에 부응하여 개인생활이나 조직환경에서 다양한 변화가 나타나고 있다. 이와는 대조적으로 사회복지조직이 정보화 사회에서 나타나는 변화를 따라가지 못한다면 사회복지조직은 사회구조적인 차원에서의 도전에 직면할 수도 있을 것이다. 정보화 사회에서 사회복지조직에게 요구하는 기대수준은 기존의 전통적인 조직관리 차원을 뛰어넘는 수준일 것임이 분명하다고 하겠다. 따라서 사회복지조직은 보다 적극적이고 다양한 정보화 사회에 적응하는 노력이 요구된다.

정보화 사회에서 현재의 우리나라 사회복지조직에게 요구되는 일차적인 과제는 본격적인 정보체계의 개발과 응용에 앞서 사회복지기관의 업무효율을 높이기 위한 전산 프로그램을 개발하는 것이다. 물론 일부 사회복지기관들을 중심으로 자발적인 노력이 있어 왔으나, 예산 및 인력의 부족으로 여건이 여의치 않은 복지기관들에게는 부러움의 대상이며 무력감의 근원이었을 뿐이다. 이러한 문제에 대한 접근은 분야별 사회복지기관협회를 중심으로 공동개발을 모색하는 노력이 필요하다. 개별복지기관차원에서 개발하는 경우보다 개발비용과 시간을 줄일 수 있고, 사회복지현장에서 취약한 부분인 사업표준화의 성과도 기대할 수도 있기 때문이다. 공동개발과정에서 정부지원, 공동모금회와 기업복지재단 등을 통한 지원도 시도해 볼 수 있을 것이다.

기본적인 전산 프로그램의 개발보급을 이룬 상태에서, 중장기적으로는 지식기반체계(KBS: Knowledge-Based System), 의사결정지원체계(DSS: Decision Support System), 업무수행지원체계(PSS: Performance Support System)의 구축으로 발전해야 할 것이다. 아동학대예방 및 개입을 위한 프로그램을 운영하는 경우, 과거의 모든 사례가 일정한 포맷의 데이터베이스에 저장된 과거 사례 중 가장 유사한 사례를 검색해 낼 수 있을 것이다. 이 과정을 통해 보다 정확한 진단과 분석, 효과적인 개입전략을 수립할 수 있게 된다. 주관성에 의존한 경험과 지식을 뛰어넘어 보다 객관적이고 전문적인 접근을 시도할 수 있는 것이다. 이러한 일련의 작업이 지식기반체계(KBS)에 의존한 사업수행의 일례라고 하겠다.

또한 급여대상자의 자격기준 일치정도를 판단하여 급여대상자를 최종결정하는 경우, 표준화된 동시정보검색이 가능하다면 업무의 정확성이 향상될 것이다. 이러한 업무수행방식은 공적부조 관련업무뿐만 아니라 사회복지시설 입소대상자 선정 및 기타 서비스 대상자 선정과 같은 사회복지서비스 부분에서도 응용 가능할 것이다. 의사결정지원체계(DSS)를 통해 가능한 업무수행방식인 것이다.

끝으로 재가복지 봉사업무를 담당하는 사회복지사가 있다고 하자. PSS를 통해 대상자의 과거 서비스 수혜내용을 현장에서 확인하고, 방문당일의 서비스 제공내역을 현장에서 입력한다고 하자. 입력된 내용은 무선망을 통해 사회복지관의 컴퓨터에 자동 저장되고, 이는 필요한 경우 얼마든지 문서로 출력될 수 있는 체계가 갖추어져 있다고 하자. 이는 현장 중심의 업무수행을 강화하게 하고, 문서작성업무를 대폭 경감시키는 효과를 기대할 수 있게 한다. 이러한 과정을 가능하게 하는 것은 업무수행지원체계(PSS)인 것이다.

이와 같이 정보체계개발은 사회복지기관의 업무수행방식 및 조직관리방식에 커다란 변화를 가져오는 것임을 짐작하게 한다. 이러한 변화는 사회복지조직 내부적 환경에서의 효율성 제고를 기대하도록 하고, 책임성을 향상시키는 계기로 연결될 것이다.

2. 정보시스템

1) 정보시스템의 개요

정보시스템(information system)이란 정형화된 구조를 통해서 다양한 자료들을 수집, 저장, 처리하여 유용한 정보로 전환하는 것이다. 사회복지기관에서의 정보시스템은 클라이언트에 관한 정보를 다룰 목적으로 쓰이고, 재정 자원의 관리와 같은 내부 운영의 통제 목적을 위해서도 사용된다. 최근 들어 조직 내·외부의 의사결정에 고급 정보를 활용하고자 하는 욕구가 증가함에 따라 그리고 이러한 요구들은 적은 비용과 합리적인 수준에서 다룰수 있게 하는 정보처리 기술이 급속히 진전됨에 따라, 사회복지조직들의 정보시스템에 대한 관심도 높아지고 있다.

공식적인 정보시스템은 자료처리 작업을 수행하는 체계적이고 정형화된 부분들의 조합으로 구성되며, 다음과 같은 목적을 갖는다. 첫째, 법적인 규제를 확인할 수 있도록 하거나, 각종 거래에 수반되는 요구 조건들이 충족되고 있는지를 확인하게 해 준다. 둘째, 기획이나 통제, 의사 결정 등에 필요한 경영 정보를 산출하고 제공해 준다. 셋째, 외부에서 요구하는 다양한 종류의 보고서들을 산출할 수 있게 한다.

사회복지조직의 정보시스템은 크게 세 가지의 근본적인 하위 정보시스템들로 나누어질 수 있다. 클라이언트 정보시스템, 조직정보시스템, 수행정보시스템이 이에 해당되는 것이다. 이 세 가지 정보시스템들은 서로 연결되어 있는데, 특히 수행정보시스템은 클라이언트 정보시스템과 조직정보시스템의 결합에 의해서 발생하는 것이다. 그래서 각 시스템 간의 유기적인 연결을 통해 통합적인 정보시스템을 구축하는 것이 중요시되고 있다.

(1) 클라이언트 정보시스템

클라이언트 정보시스템(client information system)은 클라이언트에 관한 정보, 클라이언트와 서비스 프로그램 간의 상호작용에 관한 정보 등을 생성, 조직, 보고하기 위한 것이다.

이 시스템의 기본적인 기능은 프로그램 이용자들에게 서비스를 제공하는 것에 초점을 맞춘다. 따라서 클라이언트 정보시스템의 주요 하위 시스템들은 이러한 과정에서 나타나는 활동들을 반영하는 것이다. 클라이언트 정보의 유형과 관련된 정보 원천들을 클라이언트의 접촉에서부터 종료에 이르기까지 조직 과정의 흐름 순서대로 나타내면 표에서 보듯이, 각각의 단계에서 얻어진 정보들은 다른 단계들에서도 사용될 수 있어야 한다. 하나의 조직 안에서 뿐만 아니라 다른 조직들에까지 이러한 클라이언트에 관한 정보가 전달될수 있는 여건이 마련된다면, 조직들 간의 자연스러운 정보시스템의 공유까지도 가능하게된다.

[표 9-1] 클라이언트 정보시스템의 단계별 자료·정보

단계별 활동	수집할 자료·정보
1. 이용자 확인	서비스의 잠재적 수요자 명단. 다른 기관들의 의뢰, 비공식 접촉, 혹은 다양한 아웃리치(outreach) 활동을 통해서 얻어지는 것.
2. 인테이크(intake)	개인이나 가족에 관한 개인력 자료. 해결될 필요가 있는 문제에 관한 자료 포함.
3. 자격여부 결정	해당자의 프로그램에 대한 자격 여부를 판단하는 데 적합한 자료산출. 누가 서비스 비용을 지불할 것인가도 포함: 정부기관, 보험회사, 의뢰기관, 혹은 클라이언트 자신 등.
4. 프로그램 진단·계획	문제, 욕구, 계획들 간의 관계에 대한 기록. 문제사정은 때로 구술 형식으로 기록, 반면에 치료 계획 같은 것들은 개인적 혹은 케이스의 목표들은 보다 구체적으로 기록한 자료.
5. 서비스전달	언제, 누구에 의해, 어떤 서비스가 제공되는지 등의 자료. 연결된 서비스들의 경우 그 과정에 대한 자료도 포함.
6. 케이스 모니터링	활동 계획과 실질적으로 제공된 서비스를 비교하는 자료.
7. 케이스 평가	케이스 혹은 개인의 서비스 결과에 관한 정보. 케이스 종료 직전 혹은 종료 후에 발생되는 정보.
8. 케이스 종료	케이스 종료의 시점과 이유에 관한 정보. 자발적 중단, 목표의 성공적인 성취 혹은 실패, 다른 지역으로의 이전 등과 같은 자료 포함.

(2) 조직정보시스템

조직정보시스템(organization information system)은 기획이나 예산, 보고, 비용 통제 등과 같은 기본적인 행정 기능들을 보조하는 역할을 수행한다. 주로 외부의 자금제공 기관들이 요구하는 정보들을 수집하는 경우가 많다. 조직정보시스템에서 지원되는 전형적인 기능들은 다음과 같다.

· 욕구사정
· 시설 및 운영에 관한 기획
· 예산
· 조사연구
· 직원 및 임금 대장
· 회계 및 비용 통제
· 통계 보고 및 예측

조직정보를 생산하는 기본적인 원천은 운영 단위 혹은 개별 업무자이다. 클라이언트에 관한 정보를 생성하고 갱신하는 책임을 갖는 동일한 단위와 개인들에 의해서 조직 정보가 생성된다. 다만, 클라이언트 정보가 '누구에게, 누가, 언제, 어디서, 어떤 정도로, 무엇을 했는지'의 문제들에 주로 관심이 있다면, 조직정보시스템은 '어떤 자금으로, 누가, 어떤

목적을 위해, 얼마나, 사용했나'에 주된 관심을 두는 것이다. 시간, 임금, 임차료, 여행, 훈련, 물품, 진단 및 치료 과정, 계약, 서비스 구입 등과 같은 기본적인 자료들이 재정 관리의 지출 항목들에 의거해서 생성된다.

조직 정보는 생성되고, 분류되고, 집합된다. 조직 운영과 관련한 다양한 자료들이 어떤 정보로 집계되고 제출되는가는 정보 요구자의 입장에 의해서 대부분 결정된다.

(3) 수행정보시스템

수행정보시스템(performance information system)은 의사 결정의 향상을 위해서 프로그램의 생산성 및 효과성과 같은 다양한 측면들을 평가하는 데 필요한 목적으로 정보들을 다룬다. 이 시스템은 굳이 새로운 정보시스템을 운영하지 않고서도, 기존의 클라이언트 정보시스템과 조직정보시스템을 합성해 만들 수 있다. 물론 이러한 합성을 두 시스템이 자료를 호환·공유할 수 있는 통합성을 갖고 있을 때 가능하다.

정보의 합성을 고려한다면 정보시스템들은 모듈화가 필요하다. 모듈화(modules)란 정보의 단위들을 쉽게 분리하거나 결합할 수 있게 하는 것이며, 각기 다른 정보시스템들에서 생성된 정보 단위들이 새로운 정보의 산출을 위해 손쉽게 합성될 수 있게 한다. 보고 내용과 형식들에 대한 상부로부터의 요구가 종종 변화하고, 새로운 프로그램과 서비스가 계속해서 더해지거나 감해지는 현실에서, 클라이언트 정보시스템과 조직정보시스템들은 모듈화되는 것이 바람직하다. 모듈화된 클라이언트와 조직에 관한 정보들을 합성하면 수행 정보들은 손쉽게 산출될 수 있다.

수행에 관한 정보는 다시 기획을 위한 정보와 평가를 위한 정보로 나눌 수 있다.

① 기획 정보

미래의 계획을 수립하기 위해 필요한 정보로서 장기간에 걸친 데이터의 축적이 필요하다. 계획 기간 내에 욕구를 가진 인구와 서비스 예상 인구를 예측하는 데 필요한 정보가 주된 관심의 대상이 된다. 이것을 위해서는 다양한 원천들로부터의 방대한 자료가 필요하다. 예를 들면, 지역사회 포럼, 지역사회 서베이, 서비스 이용자 기록 등에 관한 자료들이 그것이다. 이러한 각각의 정보들은 독립적으로 만들어지지만, 만약 서로가 호환성이 있다면 통합되어 사용될 수 있다. 자원과 비용에 관한 기획 정보도 같은 중요성을 갖는다. 케이스 부담률에 대한 예상, 서비스 질 향상을 위한 새로운 방법의 도입에 따르는 비용 추산, 인력과 시설비용, 서비스와 물품 구입비 등은 기획 과정에서의 비용에 관한 중요한 정보들이다.

② 평가 정보

서비스 성과와 비용에 관한 정보들이 여기에 해당된다. 서비스 이용자들은 복수의 문제와 욕구들을 소유하고 있을 가능성이 높으며, 이들은 각기 다른 여러 기관들의 서비스를 사용하는 것이 보통이다. 따라서 서비스의 효과성 평가를 위해서는 자기 기관에서 제공한 서비스와 관련된 정보만이 아니라, 클라이언트의 다른 기관들에서의 다양한 서비스 경력에 관한 정보들도 요구된다. 이를 위해 다른 기관이나 프로그램들과의 정보시스템의 호환성 내지는 통합성이 필요하다. 한편 정보의 공유로 인해 클라이언트의 프라이버시가 침해될 가능성이 명백하므로 세심한 주의가 필요하다.

사회복지 프로그램은 사회복지행정의 실천을 위한 주요 수단이다. 사회복지행정은 사회 정책이나 목적들을 서비스 실천으로 연결하는 과정으로, 그러한 과정에 대한 구체적인 설계가 사회복지 프로그램들을 통해 나타난다. 사회복지 프로그램은 다른 프로그램들과는 다른 독특한 성격을 띠고 있다. 전체사회의 목적과 관련된 프로그램 구조에서 그러한 성격이 뚜렷이 나타난다. 사회복지 프로그램들은 또한 서비스 급여와 재정자원의 동원 방식 등에서도 다양한 특성들을 갖고 있다. 이 장에서는 이러한 사회복지 프로그램의 제반 성격들을 살펴본다.

2) 정보시스템의 개발과 참여

정보시스템의 개발과 도입은 종종 심각한 조직적 변화를 초래하게 된다. 그래서 어떤 형태의 정보시스템을 개발한다 해도, 그것의 성공적인 실행을 위해서는 조직 내에서 변화에 대한 수용 자세를 갖추는 것이 필요하다. 앞으로 사회복지조직을 포함한 대부분의 휴먼서비스 조직들에게 요구될 중대한 변화 가운데 하나는 '초조직적인' 개방성을 갖추는 데 있다. 즉, 조직의 엄격한 울타리를 걷어내고, 조직들 간의 교류가 가능하도록 조직 영역의 경계를 투과적으로 할 필요가 있다는 것이다. 폐쇄적인 개별 서비스 조직들이 서비스 통합의 목적을 위해 조직의 테두리를 개방하는 데는 현재와 같은 네트워크를 통한 자료 공유의 확산 추세가 크게 기여할 수 있다.

그럼에도 이러한 변화의 요구에 응하여 조직들이 변화하기 위해서는 근본적으로는 조직구성원들이 변화해야 한다. 그 일차적인 대상이 행정을 담당하는 행정관리자들이다. 사회복지서비스 조직들에서도 이들이 변화의 요구를 일차적으로 수용하는 것이 중요하다. 조직 내에서의 변화에 대한 요구와 이니셔티브는 대부분 이들 행정관리자에 의해서 제시되는 것이 보통이기 때문이다.

변화에 대한 이니셔티브가 일단 주어졌다면, 변화의 실행을 위해서는 다양한 조직구성원들의 참여가 중요하다. 변화는 변화에 따른 영향을 가장 많이 받게 되는 사람들에 의해서 가장 잘 관리될 수 있다, 개발된 정보 시스템이 조직구성원들의 욕구에 부합하여 적절하게 쓰이고, 경영 관리에 필요한 효과적인 정보들을 산출할 수 있으려면 정보시스템을 사용하게 될 사용자 집단의 적극적인 참여가 중요하다. 참여는 참여자들로 하여금 동기와 책임의식을 유발하게 하여, 정보시스템에 입력되는 자료의 실질적인 질을 높이는 효과를 가져올 수 있다.

다수의 조직구성원과 개발자들이 참여함으로 인해 정보시스템의 개발과정이 더디게 진행될 수도 있다. 그럼에도 참여를 통한 작업은 궁극적으로 정보시스템의 성공 가능성을 높이는 데 기여한다. 특히 사회복지조직들에서는 직접서비스를 담당하는 일선 전문 인력들의 적극적인 참여가 필수적이다. 이들이 정보 생성을 위해 필요한 원자료를 정보시스템에 제공하는 주된 자료 입력자들이며, 또한 생성된 정보를 활용하여 서비스 질이나 효율성을 높이는 변화에 노력을 기울여야 할 직접 당사자들이다.

비록 정보시스템의 도입과 관련한 변화와 적응 과정이 강제적으로 이루어질 수도 있으나, 그 결과는 바람직하게 나타나지 않을 가능성이 높다. 그렇게 해서 만들어진 시스템이 비록 다양한 자료들을 산출해낼 수는 있으나, 실질적으로 조직과 조직구성원들에게 효용 가치를 갖는 정보로서 활용되기는 어렵기 때문이다.

> 사회복지기관들에서 이러한 경우를 자주 목격할 수 있다. 정보시스템이 일선 서비스, 워커들의 서비스 활동을 반영할 수 없음으로 인해서, 비록 방대하지만 의례적이고 형식적인 정보들만 산출하고, 그것을 위해 일선 서비스 인력들은 이중적인 자료처리의 업무 부담을 감수해야 하고, 종국에는 정보 관리에 대해 냉소적인 자세로서 일관하게 된다. 그로 인해 정보시스템의 도입이 본래의 목적인 서비스의 효과성과 효율성을 높이기보다는 오히려 그 반대의 목적에 기여하는 경우들이 많다.

사회복지조직에서는 일선 서비스 전문 인력을 중심으로 전체 구성원들이 참여하여 정보시스템을 계획하고, 실행하는 것이 무엇보다 중요하다. 그것 없이는 아무리 훌륭한 정보처리시스템을 갖추어도, 사회복지조직들의 정보 관리에 기여하지 못한다.

3) 관리와 행정정보체계

(1) 관리정보체계의 의의

관리정보체계(MIS: Management Information System)란 행정이나 경영에 필요한 정보를 신속히 제공하기 위하여 설계된 종합관리 정보체계이다.

① 행정 또는 경영분야에서 계획·심사 및 통제의 기능을 지원하기 위하여 필요한 정보를 적시에 제공함을 목적으로 특별히 설계된 보고체계이며,

② 조직체의 운영을 위한 의사결정상 적절하다고 객관적으로 판단된 정보를 조직적으로 수집·가공하여 관리상의 필요에 따라 적시에 제공하는 인간과 기계의 공시적 조직으로,

③ 행정 또는 경영의 최고위층의 의사결정에 필요한 정보를 즉시 제공받을 수 있도록 조직된 종합관리체계이다.

(2) 행정정보체계의 의의

행정정보체계(PMIS: Public Management Information System)란 행정의 구조와 기능 및 정보체계가 고도화됨에 따라 변화·발전한 개념이다.

① 공공부문 내에 있는 조직의 MIS라 하며,

② 조직에 있어서 운영, 관리, 분석 및 의사결정기능을 지원하기 위하여 정보를 제공하는 통합적 사용자·기계시스템이다.

(3) 관리정보체계(MIS)와 행정정보체계(PMIS)의 비교

관리정보체계와 행정정보체계를 비교하면 [표 9−2]와 같다.

[표 9-2] MIS와 PMIS의 비교

구 분	관리정보체계(MIS)	행정정보체계(PMIS)
자료수집	적극적	소극적
정보해석·대안탐색	합리적모형	점증모형, 만족모형
목표설정	일원적·단기적 목표	다원적·무형적·추상적·장기적 목표
평가기준	경제성·능률성 등 명확한 사업평가기준	불명확·변동적 평가기준→민주성, 형평성, 대응성에 중점
경쟁성과 대기비용	치열한 경쟁성, 대기비용 상승	독점성, 대기비용 대면화

(4) PMIS의 순기능과 역기능

① 순기능

   a. 작고 효율적인 정부 수립을 촉진

   b. 고객 중심적 행정체계 강화

   c. 행정정보화는 행정에 대한 시민참여 강화

   d. 국제 간 정보 유통으로 행정의 글로벌화

② 역기능

   a. 조직 내 행정관리의 비인간화 초래

   b. 정보의 집중으로 인한 사생활의 침해

   c. 국제 간 정보화의 발달격차에 따른 문화적 제국주의와 희생국가의 등장

   d. 컴퓨터 범죄, 기능 정지로 인한 행정체계의 공황현상 발생

제10장

마케팅과 서비스

제10장 마케팅과 서비스

1. 마케팅

1) 마케팅 도입배경과 필요성

비영리조직(NPO: Non-Profit Organization)이란 이윤이나 영리추구를 목적으로 하기 보다는 공공이익의 실현을 최우선 과제로 삼고 설립·운영되는 조직을 말한다. 이러한 조직들로는 사회복지기관, 시민단체, 환경단체, 교육기관, 문화예술단체 등 인간의 삶의 질을 개선하고 풍요롭게 하기 위한 다양한 조직들이 있다.

비영리조직은 민간자원봉사조직(private voluntary organization), 비정부조직, 공공노동조합에 가입된 비정부조직(government organized non-governmental organization), 준자치권을 갖는 비정부조직(quasi autonomous non-governmental organization), 기업이 조직한 비정부조직(business organized non-governmental organization), 기금주가 조직한 비정부조직(founder organized non-governmental organization), 정치성을 띤 비정부조직(political non-governmental organization) 등 다양한 형태로 운영되고 있다(Sargeant, 1999 : 3~4). 이러한 조직은 개인적 이익이나 자산획득, 주주나 구성원들에게 잉여이윤을 배분하지 않으면서, 사회의 일반적인 개발과 발전을 위해 존재한다. 따라서 사회를 유지·발전시키는 데 있어서 비영리조직의 존재는 매우 중요하다.

현대사회의 다양하고 복잡한 문제는 정부의 기능과 역할만으로 해결할 수 없는 일들이 발생한다. 사회전반의 욕구 - 교육, 복지, 문화, 생활의 욕구 - 해결은 다양한 민간기구의 활동과 참여로 해결을 시도하고 있다. 비영리조직이 지역사회와 시민의 욕구를 실현하는 데 있어 자원봉사수준의 활동을 넘어서면서 조직의 규모와 활동이 발전·지속되기 위해서 운영에 필요한 재원확보가 가장 중요한 현안으로 대두되면서 재원마련을 위한 마케팅 개념의 도입이 요구되었다.

마케팅은 기업, 비영리조직 및 정부기관이 각 고객의 욕망을 잘 파악하고 그에 합치된 상품이나 서비스, 아이디어 혹은 그 전체를 기획·개발하고 이에 관한 사실을 전달하며 각 주체자가 최소비용으로 최대의 고객만족, 최대의 가치를 창출할 수 있도록 당해 상품 및 서비스를 제공하는 행위 및 처리과정을 포함하는 것이다(정익준, 1999). 이러한 맥락에서 사회복지조직에의 마케팅 개념도입은 조직의 효과성과 효율성을 증진시킬 수 있는 수단이 될 수 있다.

서구사회에서 비영리기관들은 1960년대 이후부터 비용상승과 수익감소로 인한 어려움을 겪기 시작하였는데, 이때부터 서비스의 비용효과성에 대한 관심이 증가하게 되었다. 1970년대 중반 이후에는 복지국가 위기상황을 맞이하면서 사회복지행정에 있어서 경제적 운영원칙의 기본원리가 무시되는 사항들이 지적되었다. 특히 합리적인 결정을 위한 자료와 정보가 결여되었거나 그것을 수집하고 적용하는 데 필요한 전문기술이 부족함을 드러냈다(정무성, 1998). 이런 상황에서 비영리부문의 급속한 팽창은 인적·물적 자원의 획득을 위한 비영리기관 간의 다양한 경쟁이 이루어지게 되었다. 이러한 상황은 비영리기관에서의 마케팅기법 도입을 촉진하는 계기가 되었다. 우리나라에서도 비영리기관들의 확대와 경쟁으로 인해 점차 비영리마케팅에 대한 관심이 늘어가고 있다.

마케팅은 분석, 기획, 집행, 통제를 포함한 체계적인 과정으로 면밀한 프로그램에 따라 진행된다. 또한 가치의 자발적인 교환을 추구하며 정확하게 사정된 표적시장을 대상으로 한다. 효과적인 시장의 공략을 통해 조직의 생존과 건강한 유지를 돕는 것이다. 마케팅의 성패는 판매자의 입장보다는 표적시장의 욕구에 부응하는 조직의 공략체계에 달려 있다. 마케팅은 마케팅 함수(marketing mix)라 불리는 제품설계, 가격결정, 홍보, 장소선정의 방법 등을 혼합적으로 이용한다.

비영리조직의 마케팅은 영리기업에서처럼 영리를 극대화하기 위한 목적이 아니라 비영리조직 자체의 목적 달성에 있다. 비영리조직이 마케팅을 행하는 목적은 사회구성원의 발전을 도모하며, 사회적 이득을 설득하고 새로운 정보를 제공하여 행동의 변화를 유도하고자 하는 것이다. 영리조직과 비영리조직의 마케팅은 '고객만족'이라는 공통점을 가지고 있는데, 영리조직은 물건이라는 제품을 통해서 마케팅이 이루어지지만 비영리조직은 보이지 않는 가치를 중시하는 무형의 서비스를 통해 이루어진다.

사회복지조직의 마케팅은 사회적 약자에 대한 직접적인 서비스로 연결되는 것이기 때문에 다른 조직보다 윤리성이 강조된다. 사회복지기관에 마케팅의 원리와 기법을 활용하는 분야는 후원자개발, 대상자 선정, 이용자 모집 등인데, 이 과정에서 사회복지의 윤리와 철학이 훼손되지 않도록 주의해야 한다.

2) 마케팅 개념의 변화

마케팅 이론은 미국에서 처음 도입된 경영철학이다. 이 이론은 생산자는 잠재적 소비자의 욕구를 분석해야 하며 그들의 욕구를 만족시켜야 한다는 입장에서 출발한다. 이러한 입장은 사회복지조직의 운영에도 많은 함의를 제공할 것으로 보인다.

(1) 마케팅의 개념

　마케팅이란 시장에서 가치를 창출하고, 기본적 욕구와 수요를 충족시킬 목적으로 이루어지는 교환이 성취되고, 관계가 이루어질 수 있도록 시장을 관리하는 것을 의미한다. 따라서 마케팅은 제품과 가치를 창조하여 다른 사람과 교환함으로써 그들의 욕구와 수요를 충족시키기 위해 개인과 집단이 원하는 것을 획득하는 과정이라고 할 수 있다(조봉진·윤훈현, 1998). 이처럼 마케팅의 개념에는 교환의 의미가 매우 강하다.

　영국의 마케팅특허협회에 따르면 마케팅의 개념에 대해 "유용한 고객의 수요를 만족시키고 예측하고 정의하려는 일련의 책임 있는 관리 과정"이라고 정의하고 있다. 한편 Kotler에 의하면, 마케팅은 "조직의 목표를 달성하기 위하여 표적시장(target markets)에서 자발적인 가치의 교환(voluntary exchanges of values)이 이루어지도록 만들어진 프로그램의 분석, 계획, 집행, 조정이다. 또한 그것은 크게 조직이 제공할 수 있는 제품을 표적시장의 요구에 따라 결정하며, 사람들에게 알리고 동기를 부여하며, 서비스를 제공하기 위해 효과적인 가격설정(pricing)과 홍보(communication), 그리고 유통경로(distribution)를 사용하는 것이다." 즉 마케팅은 신중하게 정형화된 프로그램의 분석, 기획, 수행, 통제를 설계하는 것인데, 조직의 목표를 성취하기 위하여 표적시장의 자발적인 가치의 변화를 유도한다. 그리고 조직이 제공하는 산출물을 설계하는 데 있어 표적시장의 욕구와 수요에 크게 의존하고, 효과적인 가격, 의사소통, 정보분배, 동기부여, 시장에 대한 서비스 측면 등을 주로 활용한다(Sargeant, 1999).

　Kotler(1982)는 마케팅 정의를 바탕으로 다음 몇 가지의 구체적인 내용을 덧붙여 제시하고 있다. 첫째, 마케팅은 분석, 계획, 집행 그리고 조정을 포함하는 체계적인 과정이다. 둘째, 마케팅은 비체계적인 활동이 아닌 욕구충족을 위해 면밀하게 짜여진 프로그램 속에서 진행된다. 셋째, 마케팅은 모든 사람들에게 모든 제품을 대상으로 모든 시장을 찾아 비현실적으로 공략하기보다는 선정된 표적시장을 대상으로 해야 한다. 넷째, 마케팅의 목적은 효과적인 시장의 공략을 통해 조직의 생존과 건전한 유지를 돕는 것이다. 특히 효과적인 마케팅 계획을 위해서는 조직이 구체적인 목표를 설정하는 것이 필요하다. 다섯째, 마케팅은 판매자의 입장보다는 표적시장의 욕구에 따른 조직의 공략체계에 의존한다. 여섯째, 마케팅은 소위 마케팅 믹스라 불리는 제품설계, 가격, 홍보 그리고 유통방법들을 이용하고 혼합하는 것이다.

　이와 같은 Kotler의 마케팅 정의로 종합해 볼 때 마케팅의 저변에 깔려 있는 중심개념은 교환이다. 교환이란 상대방에게 무엇을 제공함으로써 그로부터 무엇을 되돌려 받는 것을 의미한다. 영리기관에서 교환은 상업적인 제품이나 화폐의 교환을 의미하며 비영리기관이나 사회복지조직에서의 교환은 기부금이나 세금을 통해서 공공서비스나 프로그램이 교환되는 것이다.

(2) 마케팅 개념의 확대

일반적으로 마케팅은 기업이나 영리단체에만 국한하여 왔으나, 1960년대 이후 미국의 많은 비영리조직들이 경영난을 겪으면서 마케팅 이론의 도입이 주장되었다. 또한 조직 재생규모가 커짐에 따라 일반기업과 같이 효과적인 재정 관리를 위한 필요성이 대두되었다. 따라서 더 이상 판매자 위주의 시장이 아닌 고객 중심의 시장이 되어야만 하는 상황에 직면하게 되었다(Kotler & Zaltman, 1971).

이러한 상황에서 1969년 2월 Kotler & Levy「마케팅 개념의 확대(Broadening the Concept of Marketing)」라는 논문에서 "마케팅이란 이제 더 이상 기업에만 국한되는 기능이 아니다. 마케팅은 비영리조직에도 유효한 기능이며 모든 조직은 마케팅 관련문제를 지니고 있어서 모든 조직이 마케팅을 이해할 필요가 있다."라고 주장하게 되었다. 왜냐하면, 병원, 대학, 박물관, 종교단체, 시민단체, 사회복지조직에서 겪는 경영 맥락에서 미국마케팅협회(AMA: American Marketing Association)에서는 마케팅은 "기업, 비영리조직 및 정부기관이 각 고객의 욕망을 파악하고 그에 합치된 상품이나 서비스 또는 아이디어 혹은 그 전체를 기획·개발하고 이에 관한 사실을 전달하여 각 주체자가 최소의 비용으로 최대의 고객만족, 최대의 가치를 창출할 수 있도록 당해 상품 및 서비스를 제공하는 행위 및 처리과정을 포함하는 것"이라고 정의하였다.

따라서 비영리조직에서도 이러한 경영난을 타계하기 위해 서구사회에서는 1970년부터 비영리기관들이 마케팅 개념을 도입하여 운영하기 시작했고, 마케팅의 주체는 영리기업에서 대학, 박물관, 교회, 사회복지단체 등 비영리조직으로 확장되어 갔다. 그리고 단체뿐만 아니라 정치인, 의사와 개인들로 마케팅을 필요로 하게 되었다. 마케팅의 객체 역시 상품이나 서비스뿐 아니라 사람, 장소, 아이디어, 경험, 조직 등도 마케팅의 대상이 되게 하였다(Andreasen & Kotler, 2003).

마케팅의 개념은 보다 폭넓게 확장되고 있다. 상품과 서비스를 더 많이 판매하고자 하는 것뿐 아니라 그러한 소비를 줄이기 위한 마케팅도 있다. 술, 담배, 고지방 식품, 총기류 같이 소비를 줄여야 하는 제품이나 서비스에 대한 마케팅의 역할은 판매를 억제하는(unselling)것이다. 따라서 비영리조직에서 마케팅의 중심목적은 단지 판매와 수요의 창출이 아니라 수요관리가 된다.

우리나라의 경우 1980년대부터 몇몇 대학들과 사회복지조직들이 미약한 수준이나마 이벤트, 캠페인, 정기후원자 모집 등 마케팅에 의한 모금을 하기 시작했으며, 1990년대부터는 DM, ARS 모금, 이벤트, 정기후원자개발 등 본격적인 모금활동과 운동이 확산되고 있다. 그러나 아직 전문적인 마케팅에 의한 모금운동은 대표적인 대규모의 몇몇 비영리조직을 통해서 이루어지고 있으며, 사회복지기관에서의 마케팅 개념 활용은 아직 초기단계에 있다고 볼 수 있다(양용희 외, 1997).

(3) 마케팅 개념의 핵심요소

마케팅을 정의하기 위한 핵심요소는 소비자의 욕구(need)와 선호(want), 수요(demand), 소비자의 만족, 교환, 시장 등이라고 할 수 있다.

① 소비자의 욕구와 수요

마케팅은 인간의 욕구와 수요에서 시작한다. 인간의 필요는 기본적인 만족의 결핍을 느끼고 있는 상태이다. 인간은 생존을 위해 의·식·주, 안전, 소속감, 자존감 등을 필수적으로 갖추어야 하는데, 이 같은 것들이 결핍되었다고 느낄 때 그 사람은 욕구(need)를 가지고 있다고 볼 수 있다. 이 같은 욕구들은 사회나 마케팅에 의해 만들어지는 것이 아니라 인간이 생리적으로 갖고 있거나 인간의 조건 그 자체에 의해 생겨난다. 소비자들은 갖고 있는 욕구를 만족시킬 수 있는 구체적인 제품이나 서비스에 대한 선호(want)를 갖게 된다. 이러한 선호는 문화나 사회에 따라 다르며, 학교, 기업, 가족 등의 사회적 제도나 힘에 의해 형성되고 끊임없이 변형되어 간다. 특정 제품이나 서비스에 대한 욕구가 구매의사와 능력에 의해 뒷받침될 때 우리는 그것을 수요(demand)라고 한다. 즉 지불능력이 있는 욕구는 시장에서 수요가 된다.

뛰어난 마케팅 기업들은 고객들의 욕구와 수요를 파악하는 데 철저하다. 즉 그들은 소비자들이 좋아하는 것과 싫어하는 것을 알기 위해 소비자조사를 수행한다. 그리고 마케팅 기업들은 고객의 요구사항, 보증 및 서비스 자료를 분석한다. 또한 기업들은 자신의 제품과 경쟁되는 제품을 사용하는 고객들을 관찰하여 충족시키지 못하고 있는 고객들의 욕구를 간파하도록 판매원들을 교육시키고 있다. 따라서 고객의 욕구와 수요를 세밀하게 이해한다는 것은 마케팅 전략을 수립하는 데 중요한 투입요소를 제공한다(조봉진·윤훈현, 1998).

② 소비자의 만족과 가치

소비자들은 제품이나 서비스를 가지고 그들의 욕구와 수요를 충족시킨다. 그리고 소비자들은 여러 대안들 중에서 그들의 욕구를 가장 잘 만족시켜 줄 수 있다고 생각하는 대안을 선택한다. 그러나 소비자들은 욕구나 수요의 충족이라는 면뿐만 아니라 어떤 대안을 얻기 위해 지불해야 하는 대가를 동시에 생각한다. 따라서 소비자들이 제품을 선택하는 데 있어 지침이 되는 개념은 각 대안이 소비자에게 제공할 수 있는 가치라고 할 수 있다. 가치라는 것은 고객이 그 제품을 소유하고 사용하여 획득한 이익과 그 제품을 획득하는 데 소요되는 비용 간의 차이이다. 대안의 가치는 가격을 고려한 대안의 고객만족수준이다. 만족은 소비자의 기대에 비하여 가치를 전달하는 데 있어 제품에 대해 지각하는 성능에 좌우된다. 만약에 제품의 성능이 소비자의 기대에 미치지 못한다면 그 구매자는 불만족하게 된다. 반면에 제품의 성능이 기대에 일치한다면 구매자는 만족하는 것이다.

③ 교 환

마케팅은 사람들이 교환을 통해서 그들의 욕구나 수요를 충족하려고 결정하였을 때 발생한다. 교환(exchange)이란 어떤 측면으로부터 바람직한 목적물을 획득하고, 그 대신에 상대방에게 어떤 것을 제공하는 행위이다. 교환은 사람들이 바람직한 목적물을 획득할 수 있는 여러 가지 많은 방법들 중의 한 가지이다. 어떤 제품이나 서비스가 소비자의 욕구나 수요를 충족시키고 소비자에게 만족과 가치를 제공한다고 하더라도 그 제품이나 서비스를 제공하는 기업에게도 무엇인가 이득이 있지 않으면 교환은 일어나지 않는다. 교환은 가치 있는 제품이나 서비스에 대해 대가를 제공하고 획득하는 행위를 말한다. 교환이 실제로 일어나기 위해서는 교환의 조건이 교환의 당사자로 하여금 교환 이전보다 더 나은 상태로 만들어 줄 수 있어야 한다. 그런 의미에서 교환은 가치를 창조하는 과정이라고 할 수 있다(조봉진·윤훈현, 1998). 따라서 욕구나 수요를 충족시키는 수단으로서 교환은 상당히 중요한 것이다.

④ 시 장

시장(market)은 어떤 제품이나 서비스의 실제 또는 잠재적 구매자들의 집합을 의미하는 뜻으로 쓰이고 있다. 이러한 구매자들은 교환과 관계를 통해 충족될 수 있는 어떤 특별한 욕구와 수요를 소유하고 있다. 원래 시장이란 용어는 구매자와 판매자가 그들의 재화를 교환하기 위해 모인장소, 즉 마을 광장과 같은 공간성을 갖는 장소를 의미하는 것이었다. 그러나 마케팅 관리자들은 판매자들을 어떤 산업을 구성하는 것과 관련되어 있는 반면에 구매자들을 어떤 시장을 구성하는 것과 관련되어 있는 것으로 인식한다.

현대경제는 노동의 분업원리에 따라 운영되는데, 노동의 분업이 이루어지는 곳에서 각 사람들이 어떤 것을 생산하는 데 전문화하고, 대금을 받고, 이러한 돈으로 필요한 것을 구입한다. 따라서 현대경제에서는 시장들이 다양하게 존재한다. 마케팅 기업들은 이들 시장에 대해 진지하게 관심을 기울인다. 기업은 마케팅을 통해 특별한 시장의 욕구와 수요를 파악하고, 최상으로 서비스를 제공할 수 있는 시장을 선정한다. 이러한 과정을 통해 기업들은 시장의 고객들에게 가치와 만족을 창출하는 제품과 서비스를 개발할 수 있으며, 그 결과로 기업은 판매와 이익을 얻게 된다.

(4) 사회복지마케팅 개념화

마케팅은 소비자의 욕구를 발견하여 충족시켜 주는 과정이라고 할 수 있다. 사회복지조직의 입장에서는 대상자의 욕구를 정확하게 파악하여 그에 맞는 서비스를 제공하는 과정이라고 할 수 있다. 사회복지조직에서의 마케팅 개념 도입을 위해서는 우선적으로 사회복지조직의 존립당위성을 제공하는 제품(서비스)이 무엇인지가 명확해야 한다. 또한 서비스를 제공할 표적집단에 대한 정의가 구체적이고 분명해야 한다. 이를 토대로 고객이 대상자들의 행동을 분석하고 차별화된 마케팅을 시도할 수 있다.

마케팅은 판매자 위주의 생산이나 제품판매의 개념이 아니라 소비자 중심으로 나아가야 하는데 이를 위해서 ① 고객지향성, ② 관계지향성, ③ 사회지향성, ④ Y이론의 패러다임을 도입할 필요가 있다(박성연, 1998).

① 고객지향성

마케팅 개념의 출발이 고객의 필요와 욕구를 파악해서 그 욕구를 만족시킬 수 있는 제품을 판매한다는 데서부터 시작한다고 보는 것이다. 즉 만들 수 있는 것을 파는 것이 아니라 팔릴 수 있는 것을 판매하는 것이다. 따라서 고객인 대상자의 욕구에 맞는 서비스를 제공하는 것이 사회복지마케팅의 기본이다.

② 관계지향성

구매자와 판매자 사이의 관계를 중시한다. 마케팅의 또 하나의 특징이 구매자와 판매자 사이에서 일어나는 가치의 교환과정이기 때문에 관계지향성일 필요가 있다는 것이다. 기업의 성장은 교환관계를 지속적으로 성사시키는 데 있으며 따라서 마케팅은 관계지향적이어야 한다는 것이다. 따라서 마케팅에 성공적인 기업들은 급격한 시장의 변화로부터 기업을 지켜 줄 방파제의 역할을 고객과 기업 모두에게 이익이 되는 상생관계(win-win relationship)의 발전에서 찾고 있다. 판매 위주의 판촉 개념에서 벗어나 경제적·기술적·사회적 관계 강화를 통해 고객을 깊이 이해하고 고객과의 장기적인 유대를 강화한다는 개념인 관계 마케팅은 고객만족경영과 상호밀착된 관계에 있다고 볼 수 있다. 따라서 사회복지조직에서 서비스를 제공받는 대상자의 만족도에 대한 관심을 가져야 한다.

③ 사회지향성

지금까지의 마케팅 개념이 고객지향성, 즉 고객의 욕구를 충족시키고 만족을 준다는 점에 강조점을 두었는데 이것이 사회전체의 장기적 이익에 위배되는 경우도 많았다. 따라서 기업의 사회적 책임을 강조하고, 기업이 생존하기 위해서는 기업외부 곧 사회와의 커뮤니케이션을 확대하여 공동의 관심사를 키워야 한다는 마케팅 개념, 즉 사회적 마케팅이 등장하게 된 것이다. 사회복지조직은 기본적으로 사회지향적 성격을 가지고 있으나 마케팅의 도입과 함께 지역사회와의 관계에 대해 더욱 충실한 조직으로 거듭나야 한다.

④ Y이론

패러다임의 도입이 중요하다. 마케팅 개념 이전의 판매 개념에서는 소비자를 소극적이고 수동적인 X이론의 관점에서 바라보았는데 정보화시대를 살아가는 소비자는 스스로 정보처리를 하고 정보창조도 하는 능동적·주체적 존재라고 보는 관점이다. Y이론은 대부분의 고객이 지성적이고 능동적이며 자아실현과 배움에 대한 욕구가 강한 동시에 다양한 욕구를 가지고 있다고 가정하고 있다. 따라서 소비자들은 합리적인 구매활동을 하며 삶의 질을 향상시켜 줄 수 있는 신제품과 새로운 서비스에 대해서 관심이 높아 적극적으로 배우고 이용하려 한다고 본다. 이러한 원리는 사회복지의 기본적인 가치 중의 하나인 자기결정권의 존중과 관련이 깊다. 대상자가 자신의 복지를 스스로 결정할 수 있도록 해주는 배려가 필요하다.

3) 마케팅 관리의 철학

마케팅 관리란 표적시장과 바람직한 교환을 성취하기 위해 과업을 수행하는 것이다. 마케팅 관리 철학은 판매자의 입장에 선 경영철학들과는 달리 고객의 입장에 서서 여러 가지 활동을 전개해 나가고자 하는 고객 중심적 경영철학이다. 마케팅 개념을 경영철학으로 채택하고 있는 기업에서는 고객을 단순히 상품의 판매대상으로 보지 않고 그들의 상품과 관련하여 갖고 있는 문제들을 완전히 해결하여 만족을 얻을 수 있도록 하는 것을 목표로 한다. 고객만족은 조직이 생존하는 데 절대 필요한 삶의 방법이 되고 있으며, 또한 정부기술과 전략적 계획이 조직문화로 정착되고 있는 것과 마찬가지로 고객만족도 조직문화로서 자리 잡아야 한다.

마케팅 개념은 판매개념과 혼동되는 경우가 종종 있다. 그러나 판매개념이 기존제품의 판매와 촉진활동의 강화를 통해 매출을 증가시켜 이윤을 남기려는 생각인 데 반해서 마케팅 개념은 시장의 고객들이 가진 욕구를 통합된 마케팅 활동을 통해 충족시킴으로써 이윤을 창출하려는 생각이라는 점이 다르다. 즉 판매개념은 누가 구매하며 또는 왜 구매하느냐에 대해서는 거의 관심을 갖지 않고 단기적인 판매를 달성하는 것으로서, 고객획득에 주로 집중한다. 반면에 마케팅 개념은 조직외부에서 출발하여 조직내부로 향하는 관점이다. 이는 잘 규명된 시장에서 시작하고, 그 시장 내의 고객욕구에 집중하고, 고객에게 영향을 미칠 수 있는 모든 마케팅 활동을 조정하고, 고객가치와 고객만족에 바탕을 둔 장기적인 고객관계를 조성함으로써 이익을 창출한다.

조직에서의 마케팅의 유형은 앞서 제시하였던 마케팅의 개념에 대한 설명을 토대로 고전적인 마케팅의 철학과 현재 변화된 마케팅의 철학을 비교하여 보는 두 가지 관점이 있다. [그림 10-1]은 마케팅 부서가 조직의 운영, 정보기술, 재정, 행정, 인적자원 등에 같이 포함되지 않는 단순한 대외적 판매를 위한 부서로 위치하는 것을 의미한다. [그림 10-2]는 마케팅의 조직의 구성요소에서 핵심이라는 관리철학적 관점을 보여준다(Sargeant, 1999). 오늘날 대부분의 조직에서 마케팅은 조직의 핵심경영요소로서 모든 부서에서 고객만족을 위한 경영을 하도록 지원하고 있다.

그림 10-1 대외판매부서로서의 마케팅 부서

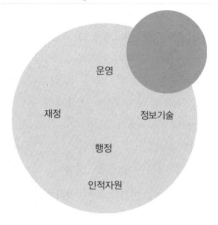

그림 10-2 조직핵심으로서의 마케팅

이는 '기업의 장기적인 이익을 극대화한다는 기본목적을 위하여 다른 기능들과 융합
하에 모든 마케팅 기능을 통합·협력하고자 하는 기업의 태도, '고객지향과 이익지향에 대
한 필요성을 전사적으로 받아들이고, 시장의 욕구를 회사의 모든 주요부서에 전달하여 주
는 데 작용하는 마케팅의 중요한 역할을 인식하는 것에 근거한 조직관리의 철학(McNamara,
1972)'을 의미한다(손영석 외, 1999).

4) 마케팅 믹스

마케팅 믹스(mix)는 기업이 표적시장에서 원하는 반응을 얻을 수 있도록 하기 위해서
혼합하여 통제 가능한 전술적인 마케팅 도구의 집합을 뜻한다. 마케팅 믹스는 기업이 제품

의 수요에 영향을 주기 위해 활용할 수 있는 모든 수단으로 구성되어 있다. 이러한 마케팅 개념을 토대로 성공적인 마케팅을 위한 요소인 마케팅 믹스에 대해 일반적으로 4가지 요소(4P: Product, Price, Promotion, Place)를 제안하는데, 비영리기관의 마케팅에 관해 언급한 Fine(1992)은 비영리기관에서 4P만을 가지고 최적함수를 도출해 내는 것은 무리가 있다고 주장하면서 추가적으로 3P가 포함되어야 한다고 강조하였다. 즉 마케팅을 하는 주체인 생산자(Producer), 마케팅을 통해 호소를 해야 하는 대상자인 구매자(Purchaser), 과학적인 탐구 과정인 조사(Probing) 등이 마케팅 함수에서 고려되어야 한다는 것이다.

이는 마케팅 전략을 수립하는 데 더욱 광범위한 틀을 제공하고 있어 사회복지기관의 마케팅 전략을 제시하는 데 더욱 적합한 모델로 보인다. 따라서 Fine의 7P 모델을 중심으로 사회복지기관의 마케팅 전략을 제시하는 것이 바람직하다고 여겨지며, 이러한 맥락에서 사회복지기관 마케팅의 기본 틀을 구성하는 마케팅 믹스는 다음과 같다.

(1) 생산자

마케팅을 위해 구매자와 교환할 아이디어를 창출하고 메시지를 생산해 내는 주체를 의미한다. 후원자개발을 위한 마케팅에서 비영리기관이 생산자가 된다. 비영리기관은 마케팅의 주체인 생산자가 되어 비영리기관의 목표에 대한 가치를 확신시켜야 한다. 이를 위해 비영리기관은 일반시민들로부터 믿을 만하고 의지할 만한 기관으로서 신뢰를 받아야 하고, 대상자들의 중요한 대변인 역할을 해야 한다. 마케팅 주체로서 비영리기관은 교환하고자 하는 아이디어나 메시지에 책임을 질 수 있어야 한다.

(2) 구매자

기업의 마케팅에서 구매자는 일반적으로 잠재적 고객을 의미한다. 사회복지기관의 후원자개발을 위한 마케팅에서 구매자는 잠재적 후원자들이다. 잠재적 후원자가 될 사람들은 마케팅의 초기단계에서 반드시 파악되어야 한다.

(3) 제 품

제품은 구매자의 욕구를 충족시키기 위한 산출물을 의미한다. 제품을 개발할 때에는 구매자가 사려는 것이 무엇인지를 파악하는 것이 중요하다. 따라서 비영리기관의 후원자개발을 위한 마케팅에서 후원금 자체에 중점을 두기보다는 후원행위를 통한 사회적 기여와 소외계층의 삶의 질 향상에 중점을 두어 상품이 개발되어야 한다.

(4) 가 격

가격은 구매자가 그 상품을 얻기 위해 기꺼이 지불하고자 하는 대가를 의미한다. 생산자는 가격을 결정하기 전에 사람들이 그 상품에 어떤 가치를 부여하고 있는지를 반드시 파악해야 한다. 상품의 거래에서 구매자가 지불하는 것에는 시간, 노력, 생활양식의 변화, 혹은 다른 기회비용이 포함된다. 그러나 사회복지기관에서 가격을 결정할 때는 반드시 이용자의 지불능력이 고려되어야 한다. 지불능력이 높은 사람에게 더 많은 지불을 요구하고, 지불능력이 없는 사람에게는 실비나 무료로 서비스를 제공하는 가격정책이 수립되어야 한다.

(5) 판 촉

판촉은 고객 마음속의 관심, 궁극적으로 구매할 의도를 자극하기 위해 활용되는 모든 판매촉진기술이다. 즉 그 제품의 유익함을 전달하는 과정이다. 이는 홍보와 의사소통(communication)을 의미한다. 홍보는 창의성과 다양성이 요구된다. 또한 홍보에 있어서 중요한 것은 기발한 소재이다. 일반적으로 대중매체가 많이 사용되지만, 광고, 대변, 로비활동, 교육 프로그램 등 사람들과의 직접적 대면방법도 사용된다.

(6) 장 소

마케팅 상품이 구매자들이 구입하기 가장 적합한 때와 장소에 그것이 있도록 하는 것을 의미한다. 사회복지기관에서 장소는 서비스에 대한 접근용이성을 의미한다. 사회복지서비스는 공간적인 접근성뿐만 아니라 심리적 접근성도 방해받지 않도록 제공하여야 한다.

(7) 조 사

소비자조사는 마케팅 담당자들이 사용하는 가장 중요한 도구이지만 때로 지나치게 남용될 수도 있다. 따라서 조사는 필요성이 매우 높을 때 행해져야 하며, 철저하고 주의 깊게 이루어져야 한다(정무성, 1998).

5) 사회복지 마케팅의 특성

비영리조직 마케팅의 특성을 기술한 Lovelock & Weinberg(1990)의 설명은 사회복지 마케팅 특성의 복잡성을 이해하는 데 도움을 주는데, 이들에 의하면 비영리조직 마케팅은 조직을 둘러싼 구성원의 다양성으로 인해 복잡해진다고 주장한다. 또한 영리부문에서처럼 단순히 재정적인 목표만 가지고 있는 것이 아니라 다양한 목적들이 있고, 이들이 추상적인 경우가 많아 목표달성을 측정하기 어렵다(Sargeant, 1999).

대부분의 비영리조직에서는 물리적인 상품보다는 서비스를 생산한다. 영리부문에서 생산하는 물리적인 상품과 사회복지조직에서 생산하는 서비스 간에는 차이가 있어 마케팅에 영향을 미친다. 실제로 많은 비영리조직들은 명확하게 규정하기 애매한 서비스 같지 않은 서비스를 생산하기도 한다. 예를 들어, 어떤 조직들은 표적집단과의 직접적인 의사소통을 통해서 혹은 간접적인 로비활동 등을 통해 사회행동의 변화를 시도하는 일이 주 업무인 경우도 있다. 이러한 비영리부문의 서비스가 영리부분의 상품과 다른 차이점은 다음과 같이 네 가지로 요약할 수 있다(Zsithaml et al., 1985).

첫째, 서비스의 무형성(intangibility)이다. 영리부문에서 고객이 상품을 구입할 때보면 우선 그 상품의 외형, 냄새, 맛 등을 통해 그것을 평가하게 된다. 그리고 그 상품을 통해 얻게 될 이익에 대해 어느 정도 기대를 갖게 되고, 그동안의 경험 혹은 정보를 통해 품질에 대한 확신도 갖게 된다. 그러나 사회복지조직의 서비스는 그것을 이용해 보기 전에는 서비스 제공자의 주장을 확인할 수 있는 방법이 거의 없다. 이러한 비유형성으로 인해 서비스는 상품처럼 진열하거나 재고정리를 하기가 어렵고, 상대방을 설득하기 위해 홍보를 하거나 특허를 내기도 한다. 서비스는 이용자가 실제이용을 해본 후에만 평가가 가능하기 때문에 마케팅의 어려움이 있다.

둘째, 서비스의 다양성(heterogeneity)과 복잡성(complexity)이다. 영리부문의 상품은 대량소비를 유도하기 위해 표준화를 통한 저비용을 유지하는 경우가 많아 다양성이 부족하다. 그러나 사회복지서비스는 이용자의 개별적인 욕구를 중시하기 때문에 다양한 서비스가 제고되어야 하며, 또한 서비스와 관련된 이해집단이 다양하여 욕구를 충족시키는 과정이 매우 복잡한 특징이 있다. 특히 스텝과 이용자 간의 관계에 따라 다양하고 복잡한 과정을 통해 서비스가 제공된다. 이러한 이유로 대량생산이 불가능하고, 사회복지서비스 단위비용은 영리부문 상품의 단위비용보다 훨씬 높다.

셋째, 사회복지부문의 서비스는 생산과 소비가 동시에 일어난다. 영리부문에서의 윤리적 상품은 생산이 선행되고 고객에 의해 소비가 발생한다. 그러나 사회복지조직에서는 생산과 소비가 분리되지 않는 경우가 많다. 즉 서비스는 먼저 판매행위가 발생할 수 있지만 생산과 소비는 동시에 일어난다. 이는 생산자와 소비자가 서비스 생산과정에 동시에 참여한다는 것을 의미한다. 따라서 사회복지마케팅에서는 상품의 교환과정뿐만 아니라 생산자와 소비자의 상호작용을 강조할 필요가 있다.

마지막으로 서비스는 소멸성(perishability)이 있다. 사회복지기관의 서비스는 식품이나 가전제품처럼 쌓아 두거나 저장할 수 없다. 그래서 서비스는 변환하거나 되팔 수 없다. 서비스가 일단 시작되면 참여하지 않은 사람들은 그 서비스를 잃어버린 것이다. 유사한 서비스가 다음에 제공된다 할지라도 정확하게 똑같은 것은 아니며, 그 서비스가 제공되기까지 일정기간을 기다려야 한다. 사회복지마케팅에서는 서비스가 가능한 최적의 조건에서 제공된다는 확신의 전략을 실제로 제공하는 노력이 요구된다.

이와 같이 사회복지서비스는 영리부문의 상품과는 여러 가지 측면에서 다른 점이 있다. 더구나 취약계층을 위한 사회복지서비스는 대상자들에게 상당한 이익을 줄 수 있음에도 불구하고 반대세력의 저항에 부딪히는 경우가 많다. 사회복지관의 사회교육 프로그램이나 자활사업, 무료급식 등의 경우 지역사회 내 영리업자들과의 이해관계가 문제가 된다.

2. 마케팅 과정

마케팅 전략수립의 과정에서 핵심적인 내용은 고객, 기관, 경쟁자와 고객세분화, 표적 시장선택 및 포지셔닝이다. 또한 전략은 환경과 맞아야 하고, 조직구조는 전략과 어울려야 하며, 이들이 전략적 적합성을 가질 때 좋은 성과를 기대할 수 있다. 따라서 [그림 10-3] 에서 보는 바와 같이 마케팅 과정은 기관환경분석, 마케팅 조사, 목표설정, 시장분석, 마케 팅 도구설정, 마케팅 실행, 마케팅 평가 등으로 구성된다.

그림 10-3 마케팅 과정

1) 사회복지기관 환경분석

마케팅의 출발점은 기관 및 기관이 속한 환경에 대한 분석으로부터 시작된다. 이 과 정은 기관이 마케팅을 위한 준비상태를 확인하는 과정이기 때문에 기관의 존재이유, 기관 프로그램, 기관지원, 기관지원의 당위성, 지원자에 대한 혜택과 같은 사항들에 대한 분석 이 필요하다.

기관의 환경적 요인분석을 할 때 환경적 요인은 사회제도적 환경과 조직내부환경으로 구분해 볼 수 있다. 사회제도적 환경은 모금과 관련된 각종 법규와 정부정책, 경제상황 등 에 관한 내용을 포함한다. 조직내부의 환경은 조직의 경쟁력과 조직 내 자원의 분석을 의미 한다(정무성, 1998). 조직이 활동하고 있는 환경을 분석하고 주요한 환경동향과 조직 간의 관 계를 명확하게 하며 조직이 적응하려는 적응대상을 결정해야 한다. '우리가 일하고 있는 상 황(context)은 무엇인가?'에 중점을 두고 있다. 즉 기회(상품, 종교 등이 압력과 경쟁 등)요소 를 파악한다. 기관 환경분석단계에서 쓰이는 기법은 SWOT(Strength, Weakness, Opportunity, Threat) 분석으로 이는 기관에 마케팅상의 강점과 약점을 확인하고, 외부환경인 기회적 요인 과 위협적 요인을 규명하는 분석기법이다.

자원의 분석은 '우리가 가지고 있는 자원은 무엇인가?'에 중점을 두고, 강점(이미지, 자원 등)과 약점(결정과정, 자원부족, 유통망 등)을 분석한다. 환경분석을 마친 후 관리자는 경영자원과 능력분석을 해야 한다. 이 분석의 목적은 조직의 주요자원에 대해 강점과 약점의 관점에서 명확성을 기하기 위함에 있다. 그래서 조직은 강점에 의해 유지되므로 거기에 적합한 목표, 기회, 전략이 추구되어야 하고 자원 면에서 취약한 부문은 회피해야 한다.

주요자원은 인재, 자금, 시설, 시스템, 시장자산으로 분류되며, 각 자원이 갖는 강함과 약함의 정도를 알아 둔다. 기회를 고려할 때 조직은 필요한 자원이 충분한가를 검토하며, 최선의 기회를 포착하기 위해서는 조직의 독자적 능력, 즉 조직이 특별한 강점을 지닌 자원과 능력에 관심을 기울여야 한다. 또한 조직은 강점의 균형을 맞추어 골고루 잘하려고 추구하기 보다는 한 가지의 최고 강점을 잘 운용하는 것이 훨씬 효과적이라 할 수 있다.

2) 마케팅 조사

오늘날 비영리 중심의 학교, 병원, 정부기관, 정당, 자선단체 등 거의 모든 형태의 조직들은 그 조직과 관련된 환경집단과 시장에 대한 마케팅 조사를 실시하고 있다. 정확하고 충분한 자료를 얻기 위하여 관리자와 소비자를 직접 연결시켜 줄 수 있는 최선의 커뮤니케이션 수단으로 마케팅 조사가 수행되어야 하는 것이다. 비록 마케팅 조사가 마케팅 활동을 지원하기 위해서 생겨난 것이지만, 오늘날 그 활용범위는 점차 확대되어 가고 있으며, 중요성이 커지고 있다.

마케팅 초기단계에서 이루어지는 시장조사는 마케팅을 하는 기관은 시장에 관해 최소한 다음 네 가지 점을 사전에 분명히 파악하고 있어야 한다. 첫째, 상품이나 서비스에 대한 욕구가 있는가? 둘째, 욕구를 지닌 사람들이 상품이나 서비스를 사는 데 관심이나 잠재적 욕구가 있는가? 셋째, 그들이 상품을 사기 위한 돈이 있는가? 마지막으로 충분한 돈을 소유한 자들이 그들이 원하는 상품이나 서비스를 위해 기꺼이 쓰고자 하는 의지가 있는가?

사회복지시설에서 시장조사는 잠재적 후원자와 그들이 원하는 바를 찾아내는 작업이라고 할 수 있다. 이를 6하 원칙에 입각하여 제시하면, "누가 후원하기를 원하는가(who), 무슨 분야에서 후원을 원하는가(what), 언제 후원하기를 원하는가(when), 어디에서 후원하기를 원하는가(where), 어떤 방식으로 후원금 내기를 원하는가(how), 왜 사람들은 경쟁기관에 후원하지 않고 우리 기관에 후원하고자 하는가(why)"로 구성해 볼 수 있다.

마케팅 관리자는 일반적으로 내부보고 시스템, 고객정보 시스템, 마케팅 지능 시스템들에 의해서 제공되는 정보와 의사결정지원 시스템에 의한 분석결과를 토대로 의사결정을 내린다. 그러나 이와 같은 정보만으로는 마케팅 문제의 해결에 충분치 못한 경우가 흔히 발생한다. 예를 들어 시장 환경에 큰 변화가 없는데도 불구하고 연간1%씩 시장점유율이 5년째 감소하였다고 하자. 이 경우 광고비의 증액이나 영업사원의 사기진작을 통해 매출 증대를 꾀할 수도 있을 것이다. 그러나 이러한 원인이 심리적 요인에서 기인하였다면 기존의 마케팅 정보 시스템에 축적된 정보만으로는 그 원인을 찾기 어려울 것이다.

따라서 마케팅 조사는 의사가 환자를 치료하는 과정에 비유될 수 있다. 의사는 병의 증상을 파악하고, 그 원인을 규명하기 위하여 다양한 진단방법을 도입한 다음, 수집된 진단자료를 토대로 적절한 처방을 내리는 절차를 거친다. 마찬가지로 시장조사도 조사문제의 파악, 시장조사설계, 자료의 수집과 분석, 보고서 작성의 4단계를 거친다(인광호 외, 1998).

3) 마케팅 목표설정

마케팅의 목표를 설정하기에 앞서 기관의 목적을 살펴볼 필요가 있다. 목적은 실행계획을 더욱더 구체적으로 제시하는 목표와는 구분이 된다. 사회복지기관의 목적은 대부분 소명헌장의 형식으로 기관의 현재 상태와 미래의 방향을 제시해 준다.

목표설정은 정확한 문제의 진술, 표적집단의 성격과 규모, 기관의 정책, 자원동원 등의 변수들에 의해 범위와 방향이 정해진다. 목표는 마케팅 기획의 초기단계에서 명확하게 규명되어야 하며, 특히 세부목표는 그 중요성의 우선순위가 제시되어야 한다. 목표는 목표 자체로 완성될 수 없으며 사전조사와 목표달성을 위한 프로그램 그리고 결과에 대한 평가가 항상 함께 있어야 한다. 세부목표는 SMART하게 구성되어야 하는데, 이는 구체적(Specific)이고, 측정가능(Measurable)하며, 달성가능(Attainable)하고, 결과지향적(Result-oriented)이면서 시간적 한계(Time-boundary)가 명확히 제시되어야 함을 의미한다(정무성, 1998).

4) 시장분석

시장분석은 시장세분화(segmentation), 표적시장선정(targeting), 시장포지셔닝(positioning)의 세 단계로 구성되어 있다. 이를 표적 마케팅이라고 부르는데 이는 전체시장 속의 세분화된 특정시장의 소비자욕구에 대응하는 마케팅 활동을 의미한다.

시장세분화, 표적시장, 포지셔닝은 [그림 10-4]와 같은 순서로 진행된다. 시장세분화란 분리된 상품과 마케팅 믹스를 요구하는 욕구, 특징, 행동을 기반으로 하여 구별되는 소비자 집단으로 시장을 구분하는 것이다. 시장을 표적화 하는 것은 각 시장세분화의 매력을 평가하고, 하나 이상의 세분화를 선택하는 과정이다. 시장포지셔닝은 경쟁되는 상품과의 비교에서 한 상품이 소비자의 마음에 명확히 구별되어 새기고 싶은 이미지를 형성하는 것이다(Armstong & Kotler, 2000).

그림 10-4　시장세분화, 표적시장, 포지셔닝의 단계

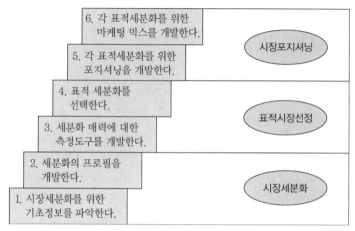

* 참고: Armstong & Kotler, 2000.

(1) 시장세분화

　　시장세분화(segmentation)란 전체시장을 일정한 기준에 의해 동질적인 세분시장으로 구분하는 과정이다. 전체시장을 세분시장으로 나누는 이유는 다양한 소비자의 욕구를 무시하고 하나의 제품만으로 제품시장에서 경쟁우위를 확보하기가 어렵기 때문이다. 그렇다고 너무 지나치게 고객지향적인 사고에만 집착하여 개별적인 고객의 요구를 모두 충족시키려는 마케팅 노력은 기업이 추구하는 이익의 달성을 불가능하게 만든다. 이에 전체시장을 욕구가 비슷한 고객집단으로 구분하고 각 집단별로 차별적인 접근을 시도한다.

　　마케팅 관리자는 시장세분화 과정에서 어느 수준에서 하나의 세분시장으로 묶을 것인지에 대한 의사결정을 내려야 한다. 모든 소비자를 하나의 세분시장으로 보고 접근할 수도 있고 반대로 각각의 소비자를 별도의 세분시장으로 간주할 수도 있다. 그러나 실제로 많은 기업들은 두 방법의 중간적인 형태로 일정수의 동질적 소비자들을 묶어 세분시장으로 나누는 방법을 채택하고 있다.

그림 10-5　시장세분화의 수준

* 참고: Armstong & Kotler, 2000.

① 대량 마케팅

이는 제품시장 내 고객들을 구분하지 않고 전체소비자들에 대해 하나의 마케팅 프로그램을 제공하는 방법이다. 예를 들면 럭키치약, 농심라면, 기아자동차 등의 승합차 봉고의 경우이다. 대량 마케팅(mass marketing)이 제품시장에서 성공적으로 받아들여질 수만 있다면 대량생산을 통한 원가절감을 통하여 이익을 창출할 수도 있다. 그러나 현재와 같이 고객의 욕구가 다양화되고 기업 간 경쟁이 치열한 상황에서는 하나의 제품과 마케팅 프로그램만으로 모든 고객을 만족시키기는 어려우며, 이 방법은 제품수명주기상의 도입기에 제한적으로 사용할 수도 있는 접근방법이다.

② 세분화된 마케팅

고객의 욕구가 다양해짐에 따라 기업들은 일부 세분시장에서 마케팅 노력과 자원을 집중하여 경쟁우위를 확보하려는 접근방법을 도입하고 있다. 예를 들어, 화장품회사가 소비자의 연령대에 따라 고등학생, 20대 초반, 20대 후반, 30대 등으로 제품시장을 세분화(segment)하는 방법이다.

③ 틈새시장 마케팅

틈새시장(niche market)이란 세분시장을 더욱 세분화한 보다 적은 규모의 소비자집단을 의미한다. 예를 들어 유아식을 다시 연령대에 따라 초유성분의 제품, 3개월 미만, 그리고 3~6개월에 맞는 제품으로 구분하거나 30대를 겨냥한 화장품을 다시 주름살을 제거하는 화장품이나 기미를 제거하는 화장품 등으로 구분하는 경우이다. 틈새시장은 세분시장에 비해 규모는 작지만 경쟁자가 많지 않으며 독특한 고객욕구를 만족시켜 줌에 따라 소비자가 기꺼이 고가의 제품을 구매하는 경우가 많다. 이에 따라 틈새시장을 규모가 작은 기업들에게 제한된 자원을 집중하여 비교우위를 확보할 수 있는 기회를 제공해 준다.

④ 미시적 마케팅

미시적 마케팅(micro marketing)은 개별적이고 고객수준에서 각 고객의 욕구에 맞춰 제품에 마케팅 프로그램을 개발하여 제공하는 방법이다. 이러한 방법은 한정된 경영자원을 효율적으로 관리하는 데 있어서의 어려움으로 인하여 일반 소비재시장에서는 널리 활용되지 못하였으며 소수의 거래고객들을 대상으로 하는 산업체나 소규모의 기업에서 제한적으로 적용되어 왔다. 그러나 최근에는 컴퓨터 기술의 발전과 함께 대량의 고객정보에 대한 분석과 처리가 가능해짐으로써 개별적인 고객에 맞는 마케팅 프로그램을 개발·적용하는 데이터베이스(DB: database) 마케팅이 확산되고 있다.

시장을 세분화할 때에는 어떤 변수들이 소비자의 행동을 가장 두드러지게 나타내 주는지 구분되는 변수를 찾아내는 일이 중요하다. 소비자 시장의 변수에는 크게 지리적 변수, 인구통계학적 변수, 심리적 변수, 행동적 변수 등으로 나눌 수 있다. 지리적 변수는 지역단위, 지역의 크기, 인구밀도 등으로 구분하여 파악될 수 있다. 인구통계학적 변수는 후원자의 소득, 직업, 나이, 종교, 성 등에 따른 후원행위의 차이를 볼 수 있다. 심리적 변수는 사람들의 개성, 생활 스타일, 소속감, 관계의 지속성 등이 있다. 행동적 변수에는 구매자들이 상품에 대하여 갖고 있는 지식, 태도, 사용반응 등에 기초하여 구분될 수 있다.

(2) 표적시장선정

시장세분화 작업을 통해 시장은 동질적인 범주를 파악하여 기관이 공략가능하다고 선택한 시장이 표적시장(target market)이다. 표적시장을 선정하기 위하여 마케팅 관리자가 여러 세분시장을 평가할 때에 사용되는 기준은 다음과 같다. 첫째, 특정세분시장에 진입하는 것이 기업의 사업목표 및 마케팅 목적과 일치하는가를 검토해야 한다. 둘째, 기업이 특정세분시장에서 성공하는 데 필요한 기술과 자원을 갖추고 있는가를 고려해야 한다. 셋째, 세분시장이 적절한 규모와 성장을 유지하고 있는가를 검토해야 한다. 넷째, 세분시장이 수익성의 관점에서 매력성을 지니고 있는가를 검토해야 한다(예종석 외, 1998).

표적시장선정은 세분시장별 3C 분석은 시장의 규모와 성장성을 평가하는 고객(customer), 상대적 경쟁력을 평가하는 경쟁사(competitor), 자사와의 적합성과 시너지 효과 등 자사(company)의 요소를 고려하여 세분시장별 매력도를 평가하는 것이다.

표적시장을 선정하는 데 있어 가장 중요한 제품과 시장이라는 두 요인을 고려하면 다음과 같은 5가지 대안이 있을 수 있다.

① 단일구획집중화

단일구획집중화(single-segment concentration)는 가장 단순한 경우로 단일시장을 선택하여 그에만 마케팅 노력을 집중하는 것이다.

② 제품전문화

제품전문화(product specialization)는 한 가지 제품으로 다양한 고객층에 판매하는 전략이다. 가령 냉장고 하나만을 생산하여 가정, 소매점, 병원, 학교 등에 판매한다.

③ 시장전문화

시장전문화(market specialization)는 특정한 고객층이 지니고 있는 상이한 여러 욕구와 충족에만 집중하는 전략이다. 가령 대학이 필요로 하는 각종 설비와 기자재만을 판매하고 있다면 그 회사는 시장전문화 전략을 채택하고 있는 것이 된다.

④ 선별적 전문화

선별적 전문화(selective specialization)는 선수익성이 높고 기업의 자원이나 목표와도 부합되는 몇 개의 시장만을 선별해서 진출하는 전략이다.

⑤ 전체시장 포괄

전체시장 포괄(full market coverage)은 각 고객집단들이 필요로 하는 모든 제품을 생산·판매하는 전략으로서 흔히 내규보의 회사에 의해서 채택된다.

(3) 시장포지셔닝

기업이 표적시장을 선정하여 고객이 원할 것으로 판단한 새로운 제품을 출시하였다 하더라도 표적시장 내 소비자들이 그 제품을 자신들에게 적합한 제품이 아니라고 생각한다면 마케팅 노력은 모두 허사가 된다. 이러한 문제점을 극복하기 위해 마케팅 관리자는 표적시장의 고객들에게 자사제품이 경쟁제품들에 비해 어떤 차별점을 갖고 있으며 고객의 욕구를 제대로 만족시켜 주고 있음을 확신시켜 주는 포지셔닝 전략을 펴야 한다(권익현 외, 1999).

이는 비영리조직에서도 서비스를 차별화하는 전략을 구사해야 한다는 함의를 제공한다. 포지셔닝이란 시장 내 고객들의 마음에 위치 잡기라는 의미를 갖는다. 포지셔닝을 잘하기 위해서는 다른 기관들보다 차별적 위치를 차지하여 고객욕구를 잘 충족시키는 서비스를 표적시장에 제공해야 한다. 즉 포지셔닝이란 기관의 시장에 대한 의사결정을 종합적으로 반영하고 있다. 고객은 누구이며(표적시장), 그들에게 어떤 이미지를(제품·서비스 개념), 어떤 방법으로(마케팅 믹스 전략) 심으려고 노력하는가를 포지셔닝 전략에 의해 파악할 수 있다는 것이다. 포지셔닝 전략의 유형은 다음과 같이 구분해 볼 수 있다(권익현 외, 1999).

① 제품속성에 의한 포지셔닝

표적소비자들에게 중요하게 생각하는 제품속성에서 자사제품이 차별적 우위를 갖고 있음을 직접적으로 강조하는 방법이다. 예를 들어 이마트(E-mart)같은 새로운 유통업, 승용차 티코는 저가격을 집중적으로 강조하여 경제성을 추구한다.

② 사용상황에 따른 포지셔닝

제품이 사용될 수 있는 적절한 상황과 용도를 자사제품과 연계시키는 방법이다. 예를 들어 술 마시기 전후에 마시는 컨디션, 김치를 보관하기 위한 싱싱냉장고 김장독이 사용상황에 따른 포지셔닝이다.

③ 제품사용자에 따른 포지셔닝

표적시장 내의 전형적 소비자를 겨냥하여 자사제품이 그들에게 적절한 제품이라고 소개하는 방법이다. 예를 들어 대우자동차의 라노스는 젊은 남성소비자를 표적으로 한 로 미오와 젊은 여성소비자를 겨냥한 줄리엣을 차별적으로 출시하였다.

④ 경쟁제품에 의한 포지셔닝

소비자의 마음속에 강하게 인식되어 있는 경쟁제품에 비한 자사제품의 차별점을 제시하는 방법이다. 한국통신의 시외전화에 비해 9%까지 가격이 싸다고 강조하는 데이콤의 광고를 예를 들 수 있다.

5) 마케팅 도구설정 및 실행

(1) 마케팅 도구설정

마케팅을 수행하기 위한 적절한 방법의 설정은 마케팅 대상을 선정하는 기부시장의 분석단계와 마찬가지로 중요성을 갖는다. 모금 마케팅을 위해서는 연주모금, 자본모금, 전화 및 자동응답서비스(ARS), 특별행사, 재단기부금, 대중매체광고, 직접우편(DM)과 같은 방법을 활용할 수 있다. 그리고 마케팅 도구를 사용한 과거경험을 적절히 활용해야 하는데, 과거에 기관에서 활용한 마케팅 도구와 그 결과에 대한 면밀한 분석이 필요하다. 또 기부 출처에 따라 좀 더 효과적일 수 있는 마케팅 방법이 무엇인가에 대한 분석도 과거 마케팅의 경험을 토대로 한다.

(2) 마케팅 실행

마케팅 실행이란 전략적인 마케팅 목표를 달성하기 위해 마케팅 기획을 활동으로 옮기는 과정이다. 마케팅 기획이 어떤 마케팅 활동을 왜 하는가에 관한 것인 반면, 집행은 '누가, 어디에서, 언제, 어떻게 하는가' 하는 것이다. 성공적인 마케팅 실행은 기업의 활동 프로그램, 조직구조, 의사결정 및 보상 시스템, 인적 자원 및 기업문화를 기업의 전략을 지원하는 종합적인 프로그램으로 어느 정도 잘 규합하느냐에 좌우된다. 효과적 마케팅 실행을 위해서는 조직이 새로운 환경에서 목표를 달성하기 위해 전략을 개발하고 실행하는 데 요구되는 시스템을 구축하는 일이 필요하다.

① 마케팅 정보 시스템

조직을 효과적으로 경영하기 위하여 마케팅 환경요인과 조직내부에 관한 정보를 계속적으로 수집해야 한다. 이 정보를 제대로 수집·전달하려면 정확하고 적시에 포괄적으로 그것을 가능하게 해 주는 마케팅 정보 시스템을 개발·활용해야 한다.

② 마케팅 계획 시스템

모든 조직은 마케팅 활동을 수행하게 될 다음 기간에 대응하여 목표, 전략, 마케팅 실행계획 및 예산 등을 포함하는 계획을 수립하여야만 한다.

③ 마케팅 통제 시스템

계획은 그것이 실행되고 감시될 때에만 유효하다. 따라서 마케팅 목표의 달성여부를 검토하고 달성되지 않았을 때 마케팅 성과를 개선하기 위해 필요한 수정활동을 취할 수 있는 마케팅 통제 시스템의 구축이 요구된다.

④ 평가 시스템

전략적 마케팅 계획이 얼마나 목표에 접근했는가와 변화를 주어야 할 것은 무엇인가를 평가할 수 있도록 한다.

3. 마케팅 평가 및 과제

1) 마케팅 평가

마케팅 평가는 기부행위의 발생에 대한 종합적인 평가와 함께 새로운 기관외부환경에 대한 분석으로 연계되는 과정이다. 기관 존재의 이유가 되는 사명에 기초한 사회적 욕구에 대한 분석이 필요하다. 이 점에서 마케팅 평가의 과정은 마케팅의 종료가 아닌 새로운 과정으로의 변환을 의미한다(김형석 외, 2002). 마케팅 평가는 다음과 같은 네 가지 특성을 포함하고 있어야 한다.

(1) 포괄적 평가

마케팅 감사는 소수의 문제발생 분야뿐만 아니라 특정기업이나 사업부의 모든 주요 마케팅 활동을 포함한다. 만약에 마케팅 감사가 가격결정, 광고결정 등의 한정된 마케팅 활동만을 평가한다면, 기능적 감사에 불과하고 마케팅 문제에 대한 근본적인 원인을 규명하기에는 부족하다.

(2) 체계적 평가

마케팅 감사는 마케팅 환경, 내부 마케팅 시스템, 특정 마케팅 활동을 포함하는 체계적인 일련의 평가과정을 내포하고 있다. 따라서 마케팅 감사 이후에 기업의 마케팅 유효성을 개선하기 위한 장·단기 프로그램을 개발할 수 있다.

(3) 독립적 평가

마케팅 감사는 자체검사, 상호검사, 상부로부터의 감사, 기업의 감사부에 의한 감사, 외부감사 등으로 실시될 수 있다. 일반적으로 독립성, 객관성, 전문지식, 폭넓은 경험을 보유한 외부감사가 더 유용하다.

(4) 주기적 평가

마케팅 감사가 전형적으로 판매부진, 사기저하 등의 문제가 발생한 이후에 실시하고 기업의 상황이 좋을 때에는 실시하지 않는 것이 일반적이다. 그러나 기업의 상황이 좋은 경우에도 미래의 환경변화에 대처하기 위해서는 주기적으로 마케팅 감사를 실시해야 한다.

2) 마케팅의 과제

비영리조직이 마케팅을 도입하는 이유는 기본적으로 마케팅이 이들 조직체로 하여금 그 목적 달성을 보다 유효하게 해줄 수 있기 때문이다. 영리추구를 목적으로 하지 않는 비영리 조직에서는 이윤극대화보다는 자체 조직의 목적을 달성하기 위하여 마케팅 활동을 한다. 예를 들면 한국아동학대예방협회가 아동학대율을 낮추기 위해 캠페인을 벌이거나, 잘못된 인식을 개선하기 위한 홍보용 프로그램을 실시하는 것 등이 포함된다. 따라서 비영리조직의 마케팅 목적을 살펴보면 그 효과를 짐작할 수 있다.

· 개인의 발전을 도모하기 위해서이다. 예를 들면 여러 보건관련단체는 건강유지를 위한 정기진단의 필요성을 대중에게 알리며, 문화센터와 박물관 등에서는 예술과 문화의 이득을 소구하고 있다. 이런 서비스들은 비록 방법은 다르지만 개인의 안전과 함께 발전을 촉진하기 위해서이다.
· 사회적인 아이디어를 설득하기 위함이다. 예를 들어 낙동강 수질보호단체가 부산 시민들이 맑은 물을 식수로 사용할 수 있도록 낙동강 수질보호법을 입법화하는 캠페인을 전개하거나 의견 선도자들에게 편지를 띄우며 국회의 입법 필요성을 탄원하는 일 등이 여기에 속한다.
· 새로운 정보와 실천을 전파하기 위함이다. 비영리조직은 대중에게 그들의 이익이 되는 정보를 전달하며 어떤 실천을 촉구한다. 예를 들면 보건당국에서는 설탕과 비만이 심장질환과 관계가 깊다는 생각에서 식이요법을 행하는 데 대한 비판적인 정보를 전파하고 알맞은 건강생활의 지침을 제공한다.
· 행동변화를 유도하기 위해서이다. 비영리조직은 자신과 사회에 이로울 수 있도록 개개인의 행동을 변화시키려고 시도한다. 미국의 경우 암협회와 심장기금협회는 사람들로 하여금 담배를 끊도록 집요하게 홍보한다. 또 교통행정당국에서는 절대 음주운전 하지 말 것과 좌석벨트를 매도록 습관화시키려 한다(정익준, 1999).

(1) 효과적인 마케팅을 위한 행동적 특성

Narver & Slater(1990)는 효과적인 마케팅을 위한 조직의 행동적 특성을 제시하고 있다.

① 고객지향성

고객지향성(customer orientation)은 조직의 가치보다 고객에게 가장 중요한 것이 무엇인지에 대한 충분한 이해를 통해서 가치를 창출하는 것을 의미한다. 가치창조적 서비스 환경은 관리자와 소비자의 상호작용에 많이 의존하므로 시장지향성의 목표달성은 궁극적으로 조직전체에 퍼지게 되는 문화적인 특성의 적절한 개발과 정착을 요구한다(Deshpande & Webster, 1993).

② 경쟁지향성

경쟁지향성(competitor orientation)은 현재와 미래의 경쟁자가 단기적으로 강점, 약점 그리고 장기적으로 능력, 전략을 이해하는 조직화를 포함한다. 이것은 조직이 경쟁적인 기술혁신에 의해 붕괴되는 것을 피하기 위해서는 필수적이다. 이 성과는 비영리기관에 상당한 전략적 편입을 제시하고, 효과적인 경쟁상대를 모니터링하는 시스템을 개발할 것을 요구한다. 이것은 벤치마켓 수행에 대해 중요한 데이터를 제공하고, 지속적인 경쟁우위(sustainable competitive advantage)의 근거로 사용될 수 있는 관리를 위한 핵심부분이라고 할 수 있다.

(2) 부서 간 조화

부서 간 조화(inter-functional coordination)는 표적소비자를 위한 보다 나은 가치적 창조를 위한 내부적인 자원을 유용화 하는 것이다. 부서 간의 조화의 문제가 조사되고 그것의 유지를 위한 내부 마케팅(market orientation)은 이러한 세 가지 정의로 초점을 맞추고 자원의 활용과 그것을 개발하는 시장대응의 유형이라는 점에서 잠재적으로 조직에 상당한 편익을 제공한다. 이는 여러 가지로 조직체에서의 마케팅 철학의 구체화로 간주될 수 있다.

실제로 다음과 같은 방법으로 조직을 특성화 할 수 있다.
① 조직화적인 구조와 전략적인 계획과정을 통한 시장요소의 폐쇄적인 통합
② 개별적인 부분보다는 조직의 전체를 기본적으로 동일시
③ 경쟁보다는 상호협력을 기본으로 하는 상호부분적인 관계

마케팅으로 인한 비영리조직에서의 효과는 조직의 향상과 발전에 영향을 줄 뿐 아니라 조직과업의 틀을 제공할 수 있다. 이를 정리하면 다음과 같다.
① 마케팅은 소비자의 만족을 얻는 수준을 향상시킬 수 있다.
② 마케팅은 비영리조직의 자원동원에 도움을 줄 수 있다.
③ 마케팅의 전문적인 접근을 채택하는 경우 차별화된 조직의 발전에 도움이 된다.
④ 마케팅의 전문적인 접근을 통한 욕구조사에 의한 체계적인 접근, 목표설정, 목표를 달성하기 위한 기획, 실질적으로 그것의 달성을 확실하게 하는 정형화되고 통제된 활동의 유인 등은 가치 있는 마케팅 자원의 소모를 최소화할 것이다(Sargeant, 1999).

따라서 비영리조직도 마케팅 도입을 해야만 하는데 이를 위해서는 다음의 두 가지 측면에서 태도변화가 요구된다.

① 관리자와 스텝은 그들의 해야 할 일이 고객의 욕구를 이해하고 그것을 충족하는 것이라는 직무태도를 가져야 한다. 이런 태도의 변화는 고객만족의 개선을 위해 강력히 도입되어야만 한다.

② 마케팅 변수가 상호작용을 통해 시장에 어떠한 영향을 미치는가에 대한 기술적 지식을 알고 이를 활용해야만 한다. 이런 기술적 지식을 활용함으로써 더욱 능률적인 마케팅 활동을 수행할 수 있게 된다(방강웅, 1995).

4. 홍보

1) 사회복지조직의 홍보

일반적으로 홍보라 함은 PR, 즉 대중관계(Public Relations)를 의미한다. PR은 '대중관계'라는 그 말 자체가 의미하듯이 '조직이 그의 사회적 환경이 되는 대중과의 원활한 관계를 유지하고자 하는 제반노력'을 일컫는다. 사회복지조직의 입장에서는 조직을 둘러싼 이해당사자(클라이언트, 가족, 지역사회, 후원자, 정부, 기타 기관 등)들과 다양한 관계를 형성하는 노력을 의미한다. 이러한 과정을 통해 자원을 개발하고, 이용자를 확보하며, 조직 생존을 위한 지지를 얻기도 한다.

사회복지조직은 지역사회 주민들에게 복지서비스를 제공하기 위해서 존재하고 이를 위해서는 지역사회 내의 여러 개인, 단체 및 조직 등과 관계를 유지해야 한다. 서비스에 대한 정보제공, 지역주민과 단체들의 협조 및 이해를 얻기 위해서는 홍보가 대단히 중요하다. Skidmore(1995)는 효과적인 홍보를 위해 다음과 같은 사항을 제시한다. ① 목표가 무엇이며 어디에 있는가를 알아야 한다. ② 접촉하려고 하는 사람이 누구인가를 알아야 한다. ③ 이용 가능한 자원(돈, 정보, 인력 및 기술 등)을 고려해야 한다. ④ 돌아오는 이익이 접촉하고자 하는 상대방에 어떻게 연관되는가에 유의해야 한다. ⑤ 홍보에 관한 구체적인 기법을 알고 있어야 한다. ⑥ 절대적으로 정직해야 한다. ⑦ 사람들에게 감사해야 한다.

남기민·전명희(2001)는 사회복지관 PR활동의 중요성을 다음과 같이 네 가지 측면에서 제시하고 있다.

① 사회복지관 시설 및 이미지 PR
② 자원봉사자 모집 PR
③ 후원자개발 PR
④ 프로그램 PR

2) 홍보매체

홍보를 위한 매체는 크게 시각적 매체(신문, 잡지, 회보, 책자, 팸플릿, 보고서, 유인물, 사진 등), 청각적 매체(이야기, 좌담, 강연회, 라디오 등), 시청각적 매체(영화, 텔레비전, 비디오, 인터넷, 연극, 공개토론, 대중 집회 등)가 있다. 이들 매체들은 각각 고유한 특성이 있고 효과가 다르기 때문에 특정한 목표달성을 위해 가장 효과적이라 판단되는 매체를 선택해야 한다.

후원자개발을 위한 사회복지기관의 대중매체활용은 아직 미진한 실정이나 라디오나 잡지 등을 통한 홍보가 점차 활성화되고 있다. 특히 잡지를 통해 후원자를 개발하고자 할 경우에는 잡지의 판매부수, 독자층, 성격 등을 고려해야 한다. 또한 광고의 성과를 올리기 위해서는 한 잡지에 적어도 6개월 이상 광고를 해야 효과를 볼 수 있다.

사회복지기관이 특정 이슈를 가지고 텔레비전, 라디오, 신문, 인터넷 등의 대중매체를 활용하는 경우 다음과 같은 이점이 있다.

① 일반인들의 기관에 대한 인지도를 높일 수 있다.
② 기관의 모금에 도움을 줄 수 있다.
③ 문제가 심각해지기 전에 여론화함으로써 사회문제를 예방할 수 있다.
④ 문제를 부각시켜 정책결정자들에게 영향을 미칠 수 있다.

이러한 대중매체를 적절히 활용하기 위해서 사회복지기관의 홍보담당자들은 다음과 같은 사항을 명심해야 한다.

① 평소 언론인들과의 지속적인 관계를 유지한다.
② 언론사 내 다양한 사람들과의 접촉을 유지한다.
③ 특정 사회문제에 있어 전문가임을 언론사가 인지하도록 한다.
④ 기관을 대변할 수 있는 위치임을 분명히 하라.
⑤ 언론사 관계자가 귀하를 쉽게 접촉할 수 있도록 하라.
⑥ 언론사의 마감시간을 숙지하라.
⑦ 독점 인터뷰가 아닌 경우에는 자료를 동시에 모든 언론사에 제공하라.
⑧ 언론도 실수할 수 있음을 기억하라.
⑨ 기대했던 이야기가 실리지 않더라도 실망하지 마라.
⑩ 말하는 것이 그대로 실리지 않거나 말한 모든 것이 실릴 수 있음을 기억하라.

3) 홍보의 장애요인

우리나라 사회복지기관 PR의 가장 큰 문제점은 예산부족으로 인해 PR을 전문적으로 담당할 부서나 인력을 둘 수 없다는 것이다. 이로 인해 효과적인 PR을 적극적으로 펼치기가 어려운 실정이다. 따라서 PR전문 인력을 양성하고, PR예산확보를 위해 노력해야 한다. 나아가서 사회복지기관의 PR활성화를 위해서는 적극적인 언론 PR활동을 실시할 필요가 있다. 현대사회에서 언론의 영향력이 워낙 크고 중요하기 때문에 언론을 통한 PR활동에 중요한 비중을 두고 PR활동을 실시해야 한다.

언론 PR활동은 출입기자의 관계가 중요하게 작용하며 언론사, 방송사의 출입기자들을 어떻게 관리하느냐가 관건이다. 따라서 사회복지관의 PR실무자는 취재기자들에게 사회복지관의 개념과 사회복지관 PR의 필요성을 인식시킴과 동시에 출입기자들이 원하는 기삿거리가 가급적 많이 준비되도록 해야 하며, 보도 자료를 기회 있을 때마다 기자들에게 제공하는 노력이 더욱 필요하다.

또한 사회복지기관에 적합한 PR매체를 개발해야 한다. 오늘날 CATV(cable television), 위성방송 등 유선계, 무선계의 뉴미디어의 활용과 멀티미디어의 활용, 인터넷과 PC통신을 활용한 PR활동, 팩시밀리를 이용한 DM전략, 다양한 이벤트 형식의 PR활동 등 사회복지관에서 활용할 수 있는 매체는 무한하다. 또한 인터넷을 통해 홈페이지를 작성하여 기관의 PR과 후원자를 모집하는 방법을 사용할 수 있으며, 배너광고를 활용하는 방법, 인터넷 업체와 연계하여 인터넷 이용자가 모은 적립금을 후원금으로 기부하는 형태도 나타나고 있다(남기민·전명희, 2001).

5. 서비스

오늘날 우리 사회는 사회복지행정서비스의 양적 확대와 질적인 강화를 어느 때보다도 더욱 절실히 요구하고 있다. 그런데 사회복지행정서비스의 양적인 확대는 질적인 강화에 비해 상대적으로 보다 많은 재원을 필요로 하고, 자원(인력·재원 등)의 한계로 서비스의 욕구를 충족시키는 데는 실제적으로는 많은 어려움이 있다. 이런 관점에서, 사회복지행정서비스의 양적인 확대도 중요하지만 질적인 강화를 추구해 가는 것이 더 바람직하다고 할 수 있다.

사회복지행정서비스 질적인 강화, 즉 서비스 질의 관리를 위한 노력은 먼저 복지행정기관의 현행 서비스 질적 수준에 대한 정확한 진단이 요구되고, 이것은 사회복지행정서비스 질 관리를 위한 올바른 개선책을 가져올 수 있다.

1) 서비스의 개념

서비스란 일반적으로 상대방에게 무형적이고 소유권의 이전이 없는 행위나 효용을 제공하는 행위를 말한다. 대부분의 서비스에 공통적으로 적용할 수 있는 특성은 크게 네 가지로 정의된다(김연성 외, 2002 : 41~43).

(1) 무형성

무형성(intangibility)은 서비스업과 제조업을 구별하는 가장 분명한 차이점이다. 보통 재화(goods)는 유형적이기 때문에 만지거나 감촉을 느끼거나 냄새를 맡아 볼 수도 있다. 그러나 서비스는 다르다. 서비스 제공에 있어 유형적 대상이 사용되거나 수반되는 경우가 있지만 서비스 그 자체는 손에 잡을 수 없는 무형적인 것이다. 대부분의 서비스는 일종의 수행(performance)이다. 실제의 서비스 산출물은 리포트 속에 기록되어 있는 전문적 지식이나 아이디어이다. 이러한 특성의 결과로 인해 재화의 구입은 곧 소유를 의미하나 서비스는 구매한다고 해서 그것을 소유할 수는 없다.

(2) 동시성

동시성(simultaneity)은 서비스가 갖는 또 하나의 대표적 특성으로서, 서비스의 생산과 소비는 따로 나누어질 수 없다(inseparable). 서비스는 생산됨과 동시에 소비되기 때문이다. 예컨대, 텔레비전을 구입했다고 해서 이를 즉시 사용할 필요는 없으나, 환자에 대한 의사의 진찰은 그 장소에서 즉시 소비된다. 또한 서비스는 고객이 없이 이루어질 수 없으며 고객이 서비스 편익을 누리기 위해서는 서비스 현장에 참여해야 한다. 따라서 서비스 제공자와 고객 간의 상호작용은 서비스 마케팅의 중요한 특성이 된다. 즉, 서비스를 성공적으로 생산하기 위해서는 서비스 제공자와 고객 간에 상호작용이 요구되며 고객과 서비스 제공자 공히 서비스의 성과에 중요한 영향을 미친다.

(3) 소멸성

서비스가 갖는 또 다른 특성 중 하나는 나중을 위해 보관하거나 다른 곳으로 이동할 수 없다는 점이다. 호텔 숙박이나 변호사 상담에서처럼 고객이 제공받는 서비스는 제공과 동시에 소멸(perishability)되기 때문이다. 따라서 재고(inventory)의 대상이나 개념이 없다. 서비스업에서는 재고를 가질 수 없으므로 수요관리는 매우 어려운 과제로 부상한다. 따라서 서비스 관리자들은 자신의 서비스 공급능력에 맞는 정교한 수요 대응전략을 짜야 한다. 따라서 수요와 공급 간의 균형을 유지할 수 있는 세심한 마케팅 전략을 필요로 한다.

(4) 변동성

마지막으로 서비스는 보통 공급자나 수요자가 모두 사람이며 이들은 서로 상호작용(interaction)을 하게 된다. 예컨대, 컨설팅, 부동산중개, 의사의 진료 등에 있어 서비스 품질 여부는 실질적으로 그 서비스를 제공하는 사람에 의해 좌우된다. 그러나 서비스는 아무리 같은 회사나 같은 직원에 의해 제공된다 하더라도 매번 달라지며 예측할 수 없다. 동일한 비행기 승무원의 기내 서비스, 호텔 데스크의 안내 서비스 등이 매번 변하는 것이 그 예이다.

이러한 변동성(variability)의 의미는 두 가지 측면에서 살펴볼 수 있다. 우선 아무리 똑같은 서비스를 받아도 이를 받는 고객들은 저마다 각각 다르게 느낀다는 점이며, 다른 하나는 같은 사람이라도 매번 100% 똑같은 서비스를 수행할 수는 없다는 사실이다. 이러한 '이질성(heterogeneity)'으로 인해 서비스 경영은 일반 경영과는 다른 차원의 문제를 안게 된다. 즉, 서비스품질에 대한 보증과 관리·서비스 생산과 전달의 표준화가 어려우며 결과적으로 그 생산성의 측정도 매우 까다롭다.

따라서 서비스 경영에 있어 무엇보다 중요한 것은 바로 현장에서 고객과 접촉하며 직접 서비스를 제공하는 직원들에 대한 교육과 훈련이다. 이는 그 직원들에 대한 서비스 평가가 곧 그 기업에 대한 평가로 받아들여지기 때문이다.

서비스 고유의 특성과 관련하여 제기되는 마케팅 문제와 그에 대응하는 마케팅 전략 대안을 제시하면 [표 10-1]과 같다.

[표 10-1] 서비스의 특성과 관련한 마케팅 문제 및 마케팅 전략

서비스 특성	마케팅 문제	마케팅 전략
무형성	1. 저장 불능 2. 특허로 보호 불능 3. 진열이나 커뮤니케이션의 어려움 4. 가격 설정 곤란 5. 지각된 위험이 높음	1. 유형적 단서 강조 2. 개인적 정보원 이용 3. 구전 커뮤니케이션 자극 4. 강한 기업이미지 창출 5. 가격설정을 위해 원가회계 이용 6. 구매 후 커뮤니케이션에 관여
비분리성	1. 소비자의 생산참여 2. 다른 소비자의 생산참여 3. 집중적 대량생산 불능	1. 고객접촉요원의 선발과 훈련 2. 소비자 관리 3. 많은 입지 이용 4. 내부 마케팅
이질성	1. 표준화된 품질관리의 어려움	1. 서비스의 산업화 2. 서비스의 고객화
소멸성	1. 재고화 불능	1. 변동적 수요 대응전략 이용 2. 수요와 공급의 균형을 위한 동시적 조정

* 출처: Zeithaml, Parasuraman & Berry, 1985. Problems and Strategies in Services Marketing, Journal of Marketing, Vol. 49(Spring), p35수정.

서비스의 특성에 따른 재화와 서비스의 기본적 차이점에 대해 C. Lovelock와 L. Wright는 다음과 같이 설명하고 있다(김연성 외, 2002 : 13~16, 재인용).

① 고객은 서비스의 소유권을 가질 수 없다.

② 서비스 산물은 무형의 실행이다.

③ 서비스 생산과정에 고객이 참여한다.

④ 사람이 서비스 생산의 일부를 구성한다.

⑤ 투입과 산출에 있어 변동성이 크다.

⑥ 고객의 평가가 어렵다.

⑦ 재고 개념이 없다.

⑧ 시간이 중요한 요소이다.

⑨ 서비스 전달 채널이 다양하다.

2) 서비스 질

서비스 질은 서비스 사용자가 서비스에 대해 느끼는 만족의 정도이다. 따라서 서비스 질이 훌륭하다는 것은 고객이 기대하는 바를 충족시켜 주거나 기대 이상의 서비스를 제공하는 것이다. 서비스는 객관적인 질의 평가가 용이한 유형의 재화와 달리 서비스의 특성들로 인해 서비스 질을 정의하고 측정하기가 어렵다.

Parasuraman, Zeithaml, Berry(1988 : 15) 등은 서비스 질을 "서비스의 우월성과 관련한 전반적인 판단이나 태도"라고 정의한다.

사회복지행정서비스 질은 '사회복지행정기관에서 제공하는 사회복지행정서비스의 탁월성이나 우수성에 대한 장기적이며 전반적인 판단이나 태도'라고 할 수 있다. 사회복지행정기관이란 요구호자를 대상으로 사회복지행정서비스를 제공하는 민간복지기관과 전 국민을 대상으로 사회복지행정서비스를 제공하는 공공사회복지기관을 모두 포함한다. 따라서 사회복지행정서비스는 사회사업기관의 행정서비스와 공공사회복지기관의 행정서비스를 모두 포함한다.

(1) 서비스 질의 기준

서비스 질은 쉽게 규정되기도 어렵고, 측정하기도 쉽지 않다는 특성을 갖는다. 효과성을 사회적 목표들의 성취로서 규정할 때, 효과성을 나타내기 위한 지표로서 보통 사용하는 것이 '서비스 질'이다.

그러나 대부분의 사회복지서비스들은 워커와 클라이언트의 긴밀한 대인적 관계를 통해 형성된다. 이 관계에서 양자 간의 신뢰가 형성되지 않고는 효과성을 성취하기 어렵다. 따라서 서비스 과정에서의 클라이언트에 대한 신뢰구축은 장기적으로 서비스 질을 높이는 보다 본질적인 서비스 질 관리이다.

신뢰관계 형성을 위해 첫째, 신뢰는 클라이언트의 기대와 프로그램의 목표 사이에 일치감이 존재할 때 가장 쉽게 형성되므로, 이것을 위해서는 강력한 인테이크 및 사정절차가 필요하다. 클라이언트의 욕구와 기대를 정확하게 파악하고 그에 따른 서비스 프로그램의 적합성을 판단한다. 둘째, 워커의 전문적 재량권이 있어야 한다. 이것이 보장될 때, 클라이언트는 워커에 대해서 신뢰를 가질 수 있다. 셋째, 서비스 프로그램들에서 클라이언트가 참여할 수 있게 한다. 클라이언트가 적극적으로 참여할 수 있는 역할을 보장한다거나 서비스나 정책 혹은 절차 등에 대해 클라이언트의 피드백 기회를 보장해 주는 것 등이 있다. 사회복지 프로그램은 다음과 같은 기준들을 동원해서 서비스 질을 나타낸다.

① **과정기준**: 수행되어야 할 일의 실제적 본질에 대한 관심이다. 이 경우 서비스 질은 개별 이용자를 위해 행해지는 활동들에 근거해서 정의된다. 서비스 이용자들의 문제, 제공된 서비스의 종류, 욕구와 서비스 연결의 적절성, 의뢰 서비스의 성공 여부 등에 관한 자료들이 과정기준에 해당하는 지표들이다.

② **구조적 기준**: 한 조직이 업무를 수행할 수 있는 잠재력이나 능력에 관심·조직의 전체적 특성들에 초점을 맞춘다. 서비스 형태의 다양성·시설의 적합성과 접근성·교육수준과 전문 자격의 소유 등으로 측정되는 업무자들의 자질, 그리고 정보와 회계 시스템·보고절차 등과 같은 서비스 보조구조의 적합성이 여기에 해당된다.

③ **성과적 기준**: 클라이언트에게 나타나는 서비스의 결과를 두고 서비스 질을 판단하는 만큼 보다 직접적이고 바람직한 방법이다.

(2) 서비스 질의 구성요소

사회복지행정서비스 질의 구성요소로 PZB가 개발한 서비스 질의 5개 차원인 신뢰성(Reliability: R), 확신성(Assurance: A), 유형성(Tangible: T), 공감성(Empathy: E), 대응성(Responsiveness: R) 등에 관한 그 구체적인 내용은 다음과 같다.

첫째, 유형성은 물리적 시설, 장비, 통신의 확보, 물리적 환경(예: 청결도)의 상태는 서비스 제공자가 보여준 세심한 관심과 배려의 유형적 증거이다. 이는 복지행정기관에 대한 긍정적·부정적 이미지를 창출한다. 또 복지행정서비스에 대한 거부감을 완화하는 데 도움이 될 수 있다는 점에서 복지행정서비스 질의 중요 구성요소이다.

둘째, 신뢰성은 약속한 서비스를 믿음직스럽고 정확하게 수행할 수 있는 능력이다. 신뢰할 만한 서비스의 수행은 고객의 기대에 대하여 적시에 동일한 방법으로 매번 실수 없이 성취할 수 있는 수단을 말한다. 이는 복지행정서비스 대상자들에게 심리적 불안이나 안전감을 제공해 줄 수 있다는 점을 감안해 볼 때, 복지행정서비스 질의 중요 구성요소로 고려되어야 한다. 또한 신뢰성은 청구서 작성과 기록 유지의 정확성을 기대하는 사무실 안쪽으로 연장된다.

셋째, 대응성은 고객을 돕고 신속한 서비스를 제공하겠다는 의지이다. 뚜렷한 이유도 없이 고객을 기다리게 하는 것은 서비스 질에 대한 불필요한 부정적 인식을 자아내게 한다. 만일 서비스 실패가 발생하게 되면 전문가적 입장에서 신속하게 복구할 수 있는 능력이 서비스 질에 대한 긍정적 인식을 심어 준다. 이는 복지요원들이 특별히 갖추어야 할 덕

목이며, 일반적으로 복지행정서비스의 대다수 고객들은 적극적인 도움을 필요로 하는 '의존적인 존재'라는 점에서 또한 복지행정서비스 질의 중요 구성요소로 고려되어야 한다.

넷째, 확신성은 믿음과 확신을 동반한 직원들의 능력뿐만 아니라 그들의 지식과 호의, 확신성 차원에서 주요 특징은 서비스 수행능력, 고객에 대한 정중함과 존경, 고객과의 효과적 의사소통, 서비스 제공자가 진심으로 고객에게 최선의 관심을 쏟는 것을 포함한다. 이는 일반적인 대민행정서비스의 제공에 비해 복지행정서비스의 제공은 보다 깊이 있는 능력을 필요로 하는 경우가 많다는 점에서 복지행정서비스 질의 중요 구성요소로 고려되어야 한다.

다섯째, 공감성은 복지행정기관이 고객에 대한 배려와 개별적인 관심을 보일 준비이다. 공감성은 고객의 요구를 이해하기 위하여 접근가능성, 민감성, 노력을 주요 특징으로 포함한다. 이는 복지행정서비스의 대상자들이 대부분 '사회적 약자'라는 점을 감안할 때, 역시 복지행정서비스 질이 중요 구성요소로 고려되어야 한다.

[표 10-2] SERVQUAL 차원의 정의

차 원	SERVQUAL 차원의 정의
유형성	물리적 시설, 장비, 직원, 커뮤니케이션 자료의 외양
신뢰성	약속한 서비스를 믿을 수 있고 정확하게 수행할 수 있는 능력
대응성	고객을 돕고 신속한 서비스를 제공하려는 태세
확신성	직원의 지식과 예절, 신뢰와 자신감을 전달하는 능력
공감성	회사가 고객에게 제공하는 개별적 배려와 관심

* 출처: 김연성 외, 2002. 서비스 경영-전략·시스템·사례, p.276 수정.

3) 서비스 질의 측정방법

서비스 질의 측정방법으로 가장 일반화된 모형 SERVQUAL이 있다. Parasuraman, Zeithaml, Berry 세 학자(이하 PZB)에 의해 개발된 서비스 질 측정도구로서 서비스 기업이 고객의 기대와 평가를 이해하는 데 사용할 수 있는 다문항척도(multiple-item scale)이다(김연성 외, 2002 : 273).

(1) 서비스 질의 측정

서비스 질을 측정하기 위해서는 서비스 질에 대한 정의와 그 결정요소 등에 대한 연구가 있어야 한다. 서비스 질을 정의할 수는 있으나 서비스 질을 측정하기는 어렵다. 그 이유는 다음과 같다(김연성 외, 2002 : 272~273).

첫째, 서비스 질의 개념이 주관적이기 때문에 객관화하여 측정하기 어렵다. 모든 경우에 적용되는 서비스 질을 정의하기는 어렵다.

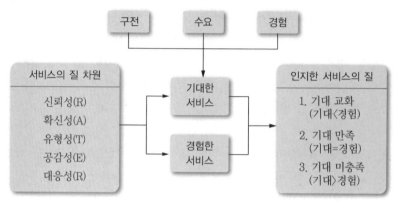

그림 10-6　인지한 서비스 질 모형

* 출처: 김연성 외, 2002. 서비스 경영-전략 · 시스템 · 사례, p.277.

둘째, 서비스 질은 서비스의 전달이 완료되기 이전에 검증되기가 어렵다. 서비스는 생산과 소비가 동시에 이루어지기 때문이다.

셋째, 서비스 질을 측정하려면 고객에게 물어 보아야 하는데, 고객으로부터 데이터를 수집하는 일이 시간과 비용이 많이 들며 일반적으로 그 회수율도 낮다.

넷째, 자원이 서비스 전달과정 중에 고객과 함께 이동하는 경우에는 고객이 자원의 흐름을 관찰할 수 있다. 이런 점은 서비스 질 측정의 객관성을 저해한다.

다섯째, 고객은 서비스 프로세스의 일부이며, 변화를 일으킬 수 있는 중요한 요인이기도 하다. 따라서 고객을 대상으로 하는 서비스 질의 연구 및 측정에 본질적인 어려움이 있다.

그럼에도 불구하고 서비스 질을 측정하려는 이유는 개선을 하기 위한 첫 단계가 측정이라는 점과 경쟁우위 확보를 위한 서비스 질에 대한 중요성이 증대되기 때문이다. 사회복지행정서비스 질 관리는 요구호자들에게 제환된 자원으로 최대한의 만족을 얻도록 하는 데 있다.

(2) 서비스 질 측정방법

복지행정서비스 질은 다음과 같은 네 가지 측정방법을 사용하여 그 정도를 각기 파악해 볼 수 있다.

① 지각된 성과-기대 측정: SERVQUAL

복지행정서비스 질은 서비스의 실제적인 제공을 기준으로 하여, 그 이전 단계에서 서비스에 대한 고객의 기대만을 측정하고, 그 이후 단계에서 제공된 서비스에 대한 고객의 지각된 성과(서비스 경험)만을 측정하여, 양자의 차이를 계산함으로써 그 정도를 파악해 볼 수 있는 방법이다. 이 방법은 매우 폭넓게 이용되고 있는 PZB(1988, 1991)의 'SERVQUAL'의 서비스 질의 측정도구이다.

이 방법의 주요 장점은 서비스 질 개념의 지배적인 패러다임을 일반적인 표준실험설계(standard experimental design)에 입각하여 측정한다는 데 있다(Oberoi & Hales, 1990 : 709). 실제적인 서비스 제공을 기준으로 설문작성 과정을 이분하여 고객의 기대와 지각된 성과를 각기 분리하여 측정함으로써 양자가 서로에게 미칠 수 있는 잠재적인 영향을 비교적 엄격하게 차단할 수 있다.

그러나 이 측정방법은 다음과 같은 단점이 있다. 첫째, 속성상 기대는 높게 형성되는 경향이 있다. 둘째, 기대측정치는 응답자들의 태도를 정확하게 대변해 주지 못할 것이다. 셋째, SERVQUAL 방법에 의한 지각된 성과 – 기대 측정치는 신뢰성과 판별타당성(discriminant validity)의 측면에 문제가 있다.

② 지각된 성과 측정: SERVPERF

이 방법은 복지행정서비스 질을 제공된 서비스에 대한 고객의 지각된 성과만을 대상으로 하는 방법이다. PZB(1988 : 15~16)의 측정항목에 기반으로 둔 Cronin과 Taylor(1992 : 56)의 'SERVPERF'는 바로 이러한 측정방법에 입각한 서비스 질 측정도구이다. 이는 고객은 평가대상기관의 객관적인 서비스 질(서비스의 실제 기술적인 우수형이나 탁월성)을 자신이 정한 측정지표에 기반을 두고서 평가하기 때문에 전반적인 서비스 질의 측정치는 '서비스 질은 고객이 결정한다'는 관점에 비추어 볼 때, 그 기관의 서비스 질을 매우 정확하게 대변해 준다고 볼 수 있다. 그러나 이 방법은 서비스 질 개념의 지배적인 패러다임으로 널리 인정되고 있는 '서비스 질=지각된 성과 – 기대'에 벗어난다는 단점을 지니고 있다.

③ 지각된 성과 – 기대 측정: SERVPEX

이 방법은 복지행정서비스 질을 서비스에 대한 고객의 기대와 지각된 성과를 동시에 측정함으로써, 그 정도를 파악한다. 이 측정방법은 SERVQUAL 방법에 의한 불일치(지각된 성과 – 기대) 측정방법이 지닌 단점들을 극복하기 위해 고안된 대안적인 서비스 질 측정방법이다. SERVQUAL 방법에 의한 불일치 측정방법은 기대와 지각된 성과를 각기 분리하여 측정하지만, 이 방법은 고객의 기대와 지각된 성과를 동시에 측정한다. 그러나 여기서 한 가지 유의해야 할 점은 '기대수준임'의 응답에 대한 해석이다. '기대수준임'의 응답은 보통 수준의 서비스 질이 아닌 만족 수준의 서비스 질 평가로 해석해야 한다.

이 방법은 첫째, 실제적인 실험국면에 있어서는 SERVQUAL방법에 비해 연구자의 고객들에 대한 접근과 확보가 보다 용이하다(Oberoi & Hales, 1990 : 709 ; Webster & Hung, 1994 : 53~54). 둘째, 설문지에 보다 많은 측정항목들을 포함시킬 수 있다. 셋째, 비교기준이 제시된다는 점에서 응답자들의 기대를 보다 사실적으로 표출시킬 수 있다(Vandamme & Leunis,

1993 : 46). 넷째, 서비스 질 개념의 지배적인 패러다임에 벗어나지 않는다.

④ 가중치 부여에 의한 측정

이 방법은 복지행정서비스 질을 세 가지의 측정방법에 의해 도출된 측정치에서 각각의 서비스 질 구성요소의 가중치를 합산하여 그 정도를 파악한다. 이 방법의 기본적인 사고는 특정 서비스 속성의 상대적인 중요도를 반영하여 측정대상기관의 서비스 질을 측정하는 것이 올바른 서비스 질 측정이라는 것이다. 이러한 측정방법은 특히 Caman(1990)에 의해 강력하게 주창되었다. 이 방법은 서비스에 대한 고객의 직·간접적인 경험이 많다는 것을 전제로 고객의 기대를 안정적이고 동질적인 것으로 보고 서비스 질 $=\sum$ 중요도 i (지각된 성과 i – 기대 i)라는 식에 의거하여 서비스 질을 측정한다. 여기서 중요도 i 는 서비스 속성 i 의 중요도를 말한다.

이 측정방법의 주요 장점은 중요한 서비스 질 구성요소(구성 차원)에 가중치를 두어 서비스 질의 개선점을 쉽게 찾아낼 수 있다는 점을 들 수 있다. 그러나 단점은 응답에 오류가 발생할 경우, 실제로 중요하지 않은 항목의 중요도가 높아지게 되며, 이로 인해 측정치의 신뢰성이 크게 손상될 수 있다.

4) 서비스 질의 관리방안

(1) 단기적 관점

사회복지행정서비스 질을 개선시키기 위해서는 몇 가지 노력이 필요하다. 즉, 고객이 기대하는 서비스의 수준을 이해하고 파악하기 위한 자료를 수집하는 일, 각 업무단계별로 서비스 질의 요구사항을 정의하여 관리하는 일, 서비스 질 기준을 설계하고 그에 따른 실행을 하며 서비스 질 전달시스템을 체계적으로 관리하는 일 등을 하여야 한다. 그 구체적인 내용은 다음과 같다.

첫째, 고객의 서비스에 대한 기대를 이해하고 확인하는 일이다. 즉, 자료수집을 위한 도구를 설계하는 일이 필요하다. 여기서 도구란 SERVQUAL 모형(기대와 인지의 차이를 두 개 질문지 쌍으로 묻는 것), SERVPERF 모형(인지에 대해서만 묻는 것), SERVPEX 모형(하나의 질문에 기대와 인지의 차이를 묻는 것) 등과 같은 측정방법을 의미한다. 그리고 프로세스 흐름도를 작성하는 일을 해야 한다. 그 다음은 정보, 고객, 자원 등 각 투입요소를 검토하는 일이다.

둘째, 각 프로세스 단계별 서비스 품질 요구사항을 정의하는 일이다. 서비스 전달 시스템을 설계하고, 이를 바탕으로 대기시간, 투입 질 규정, 산출 질 규정, 불만 고객의 수, 절차 및 체크리스트에 대한 운영기준 설정 등을 실시한다.

셋째, 서비스 질 기준을 설계하고 실행하는 일이다. 서비스에서 질 기준이란 서비스 표준화가 전제되어야 한다. 서비스 표준화가 가장 어려운 점은 고객이 생각하는 표준이 무엇인가 알아내어 정하는 것이다. 고객이 원치 않는 표준의 설정은 고객의 욕구, 우선순위, 기대수준을 무시한 것으로 고객 불만을 유발하는 요인이 된다. 고객이 정의하는 서비스 표준은 직원이 직무를 수행하는 목표나 지침이 되는 하드(hard) 표준과 소프트(soft) 표준으로 구분된다.

하드 표준은 고객이 정한 표준을 나타내는 것이기 때문에 사회복지행정기관의 서비스 표준의 일부를 구성한다. 비교적 계량화가 가능한 표준이 하드 표준이다. 소프트 표준은 고객의 우선순위가 계량화될 수 없으므로 볼 수는 없으나 고객의 의견을 청취하여 자료로 수집하는 것이다. 하드 측정치는 구체적인 반면 소프트 측정치는 지각된 측정치이다. 소프트 표준은 고객의 지각을 계량화하여 직원에게 고객을 만족시킬 수 있는 방향, 지침, 피드백을 제공하는 것이다.

넷째, 서비스 질 전달 시스템의 설계에 피드백 하는 것이다. 이상의 과정을 통해 얻은 결과를 투입 쪽에 연결하여 개선을 유도하는 활동을 하여 서비스 질을 개선하는 프로세스를 마무리한다.

(2) 장기적 관점

사회복지행정기관이 서비스 질을 향상시키기 위해서는 단기적인 관점에서가 아니라 장기적인 관점에서 사회복지행정기관의 문화·조직 내 인간관계 그리고 정보통신기술을 비롯한 기술의 전략적 활용에서 그 길을 찾을 수 있다. 즉, 사회복지행정기관의 문화를 서비스 질의 향상에 적합하게 변화시키고, 조직 내 조직원들이 참여하는 분위기가 마련되어야 하며 서비스 질의 향상을 위한 기술의 활용이 체계적으로 이루어져야 한다. 이러한 내용을 간략히 개념화하면 [그림 10-7]과 같다.

그림 10-7 서비스 질 개선의 방향

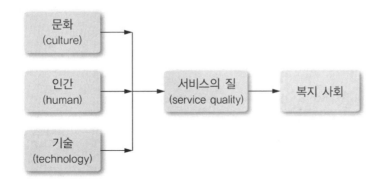

사회복지행정서비스는 서비스 자체의 질과 성과보다는 고객에 대한 즉각적인 대응이 중요하고, 신뢰를 바탕으로 하며, 고객의 입장에서 이루어져야 한다는 것을 의미한다. 이는 서비스를 공급자 위주에서 수요자 위주로 보는 발상의 전환이 이루어지고 있는 것이다. 이러한 발상의 전환은 행정서비스에 대한 국민의 인식, 공무원과 국민상호작용 방식 및 서비스가 조직되는 방식을 변화시키고 있을 뿐만 아니라, 서비스의 공급유형과 전달방식도 변경시키고 있다.

사회복지행정 프로그램

제11장 사회복지행정 프로그램

1. 프로그램의 성격

사회복지 프로그램은 사회복지행정의 실천을 위한 주요 수단이다. 사회복지행정은 사회 정책이나 목적들을 서비스 실천으로 연결하는 과정으로, 그러한 과정에 대한 구체적인 설계가 사회복지 프로그램들을 통해 나타난다. 사회복지 프로그램은 다른 프로그램들과는 다른 독특한 성격을 띠고 있다. 전체사회의 목적과 관련된 프로그램 구조에서 그러한 성격이 뚜렷이 나타난다. 사회복지 프로그램들은 또한 서비스 급여와 재정자원의 동원 방식 등에서도 다양한 특성들을 갖고 있다.

1) 프로그램의 중요성

사회복지행정은 현대사회의 복잡성, 사회복지 기능의 확산, 그리고 그러한 기능을 실현하기 위한 실천활동 등에서 필요하다. 기획, 실행, 평가 및 수정 등을 포함하는 실천활동은 사회복지조직과 프로그램을 통해 수행된다. 그 중에서도 사회복지적 목표를 달성하는 데 프로그램이 직접적으로 관여하기 때문에 프로그램의 유지와 관리가 사회복지행정의 주요한 과제인 것이다.

또한 사회복지정책적 관점에서 볼 때, 프로그램은 서비스 전달을 위한 도구이며 정책이 의도하는 변화를 실천에 옮기는 모델로서의 역할을 수행한다. 다시 말해서 사회복지 프로그램은 사회복지정책들이 서비스로 구체화되어 전달되는 과정에 대한 것이다. 정책이 주로 '무엇이 되어야 하는가'라는 당위성을 이루고 있다면, 프로그램은 '어떻게 그것을 실현할 것인가'에 대한 방법론을 담고 있다. 사회복지를 다루는 사회정책들은 '개인을 공동체에 통합시키는 데' 주된 목적이 있으며, 따라서 사회복지 프로그램은 공동체 통합의 목적을 위해 쓰이는 방법론적인 도구이다. 사회복지 프로그램은 일종의 변화 모델로서 의도적인 개입을 통해 개인, 집단 혹은 사회에 대한 변화를 시도하는 것이다(김영종, 1998 : 175).

프로그램의 중요성은 [표 11-1]과 같이 빈약한 프로그램과 충실한 프로그램과의 비교를 통해 보다 명확하게 이해될 수 있다. 프로그램이란 '의도된 계획에 따라 어떤 목적을 달성하기 위해 인적·물적 자원을 활용하는 일련의 집합적인 행동들'이라 할 수 있다. 프로그램은 특정 목적을 달성하기 위하여 일정한 방향으로 행동하도록 한 것들의 집합체인 것이다. 이와 같이 프로그램은 그 성격상 집합적 활동이며 일련의 진행과정에 따라 인간과 환경 간의 다양한 상호작용을 보여주는 역동적인 활동인 것이다(신복기 외, 2000 : 379). 따라서 사회복지행정가는 사회구성원을 원조하기 위해 프로그램을 작성·운영하고 있는 것이다.

그러므로 충분하게 준비되지 못한 프로그램은 서비스를 향상시키고 확장시키는 데 부정적인 영향을 초래한다. 즉, 프로그램 계획과 조직화, 시행에 있어서의 불충분한 준비는 사회복지사나 프로그램 참여자들의 '소진(burnout)'이나 갈등, 직원들의 분노나 욕구불만, 스트레스, 그리고 프로그램 활동 초기부터 문제를 계속적으로 야기할 수 있다(Brudney, 1990 : 92~93).

[표 11-1]   빈약한 프로그램과 충실한 프로그램과의 비교

빈약한 프로그램	충실한 프로그램
· 직원과 관리자는 가장 작은 것에서 가장 많은 것을 요구 · 직원과 클라이언트의 기대, 목적이 명확하지 않음 · 다른 기관, 직업, 클라이언트, 대중이 갈등이 있는 프로그램의 목적, 원인에 대해 명확히 알지 못함 · 기부금 제공자는 과업들의 비현실적인 기대를 알기 어려움 · 조직의 힘에 비해 실천이 개선되지 못함 · 창의적인 프로그램의 개입이나 탐색이 회피되고 선택됨	· 사려 깊은 설계를 통해서 결점들을 약화 · 프로그램의 효과성을 높임 · 프로그램의 능률성을 높임 · 직무만족의 수준을 높임 · 조직체로부터 많은 지지를 확보할 수 있음 · 조직의 실천행위를 개선할 수 있음

* 출처: 박차상, 1999. 한국사회복지행정론, 대학출판사. p.402~403.

2) 프로그램의 구조

사회복지 프로그램(program)은 서비스 전달을 위한 도구이며, 정책이 의도하는 변화를 실천으로 옮기는 모델로서의 역할을 수행한다. 정책이 주로 '무엇이 되어야 하는가'라는 당위성을 다루고 있다면, 프로그램은 '어떻게 그것을 실현할 것인가'에 대한 방법론을 담고 있다. 사회복지를 다루는 사회 정책들은 '개인을 공동체에 통합시키는데' 주된 목적을 두고 있으므로, 사회복지 프로그램은 공동체 통합의 목적을 위해 쓰이는 방법론적인 도구로 간주될 수 있다.

사회복지 프로그램은 일종의 변화 모델이다. 사회적으로 무엇이 바람직한지 혹은 바람직하지 않은지에 대한 가치 판단이나 이를 통해 바람직한 상태로의 변화라는 정책적 목적들이 결정된다면, 그러한 목적 상태에 도달하기 위해 필요한 실천적인 과정들을 주조하는 것이 프로그램이 된다. 즉 사회복지 프로그램이란 의도적인 개입을 통해 개인이나 집단, 혹은 사회에 대한 변화를 시도하는 것이다.

(1) 정책과 프로그램

정책이 목적적인 개념이라면 프로그램은 보통 수단의 개념으로 구분한다. 그러나 이런 식의 절대적인 구분은 실천적으로는 그다지 유용하지 못하다. 하나의 프로그램은 목적적인 측면과 수단적인 측면을 동시에 띠고 있으면서, 상대적인 관점에 따라 그것이 목적으로서도 혹은 수단으로서도 각기 달리 이해될 수 있기 때문이다.

예를 들어, 한 광역시에서 '아동학대방지 (A)프로그램'을 계획, 실행한다고 하자. 이 프로그램은 교육부와 보건복지부에서 합동으로 주관하고 있는 '아동청소년 보호사업(AJPS)'의 일환으로 자금 지원되고 있다고 하자. 프로그램 계획안에는 지역사회를 대상으로 한 '부모교육(A1)', '가두캠페인(A2)', '사회복지기관 아동관련 담당자 연수(A3)' 등이 세부 프로그램들로 짜여 있다. 이 경우에, 광역시의 프로그램(A)는 AJPS 프로그램의 목적 혹은 정책을 실현하기 위한 수단이 된다. 한편 프로그램(A1, A2, A3)의 관점에서는, 프로그램(A)는 자신들이 지향해야 할 정책적인 목적이 되는 것이다.

사회정책이 설정되고 프로그램화되는 과정은 인수분해(factoring)의 과정과도 같다. 하나의 거시적 프로그램이 세부 프로그램들로 분해되고, 그 세부 프로그램들은 다시 각자가 자신들의 하위 프로그램들을 만들어 나가는 과정이 연속된다. 사회적 목적과 프로그램의 크기와 성격에 따라, 이러한 분해 과정은 단순하게도 혹은 복잡하게도 나타날 수 있다.

한 사회 프로그램은 상위의 프로그램에 대해서는 수단이 되며, 하위의 프로그램에 대해서는 목적이 되는 이중적인 성격을 띠고 있다. 따라서 한 프로그램의 성격을 규정할 때, 절대적인 의미에서 그것을 목적 혹은 수단으로 구분하는 것은 바람직하지 못하다. 한 프로그램이 사회적으로 차지하고 있는 의미와 활동들을 이해하기 위해서는 목적과 수단의 두 가지 측면을 동시에 고려해야 할 필요가 있는 것이다.

(2) 사회 프로그램 구조

하나의 사회복지 프로그램은 전체사회 프로그램들과의 관계 속에서 존재한다. 전체 사회정책적 목적을 실현하는 제반 프로그램들 간의 논리적이고 조직적인 관계를 나타내는 것을 프로그램(structure) 혹은 개념 지도(conceptual map)라고 한다. [그림 11-1]은 프로그램 구조의 한 예다. 이것은 한 프로그램이 차지하고 있는 사회적 목적과 활동들의 성격이 전체 사회적 목적이나 다른 프로그램 기능들과는 어떤 관련을 갖는지를 보여준다. 프로그램 구조의 이해를 통해서 새로운 프로그램들에 대한 필요성을 확인하거나 기존 프로그램들의 중복과 비효율성을 확인할 수 있고, 협력적인 활동을 필요로 하는 프로그램들의 묶음을 찾을 수도 있게 한다.

사회 프로그램의 구조로서 가장 잘 알려진 것이 미국의 유나이티드웨이(UW)에서 발행한 UWASIS II(서비스 확인 시스템)이다. [그림 11-1]은 그중의 일부를 도표로 구성해 나타내 본 것이다. UWASIS II에서는 사회 프로그램들의 구조를 그림의 왼편에 나타 있듯이 우선 크게 네 가지의 위계(목적, 서비스 시스템, 서비스, 프로그램)로 나눈다.

- 목적(goal): 가장 상위의 위계에 속하며, 8개의 광범위한 사회의 목적을 명시하고 있다.
- 서비스 시스템(service system): 각각의 목적들은 하위의 서비스 시스템들을 갖고 있는데, 총 33개로 구성된다.
- 서비스(service): 서비스 시스템에서 구체화 된 것들로, 총 231개의 서비스들로 구성된다.
- 프로그램(program): 가장 하위의 위계에 속하고, 직접 실천을 위한 것으로 587개로 분류된다.

그림 11-1 프로그램 구조의 예(UWASIS II)

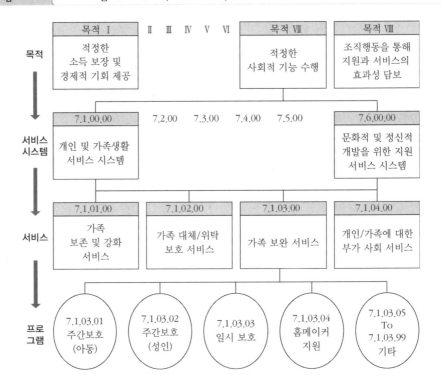

이러한 분류에 의거해서, UWAIS II는 각각의 프로그램들에 대한 목적과 활동들을 상세하게 기술하고 있다. 이와 같은 프로그램 구조의 틀을 갖추고 있다면, 개별 사회복지 프로그램들은 전체 사회적 목적과의 관련성을 보다 명확히 설정할 수 있을 것이다. 사회복지서비스 전달체계에 대한 이해도 이러한 프로그램 구조의 틀에 근거하는 것이 바람직하다. 전체 사회적 목적에 보다 가까이 위치하는 거시적 프로그램들로 갈수록, 프로그램의 개념은 하나의 단일한 조직적 실체의 개념으로 파악되기 힘들다. 예를 들어, 한국의 청소년복지 프로그램이라고 할 때, 그 실체는 단일하지 않으며 다수의 조직과 프로그램들이 얽혀 있는 것으로 파악된다. 이런 경우에는 자원의 배분과 프로그램 결과에 대한 평가 등도 다양하게 확산된 개념으로서만 파악이 가능하게 된다. 그 결과 하위 프로그램들의 입장에 서는 이러한 상위 프로그램은 종종 사회 정책과 명확하게 구분되기 힘든 경우가 많다.

프로그램 구조의 상부에서 하부로 이동할수록, 사회 프로그램들의 성격은 규정적, 기획적 개념의 거시적 프로그램에서 구체적, 실천적 개념의 서비스 프로그램으로 바뀐다. 클라이언트에 대한 직접서비스를 담당하는 대부분의 사회복지서비스 프로그램들은 개념 지도의 하위에 위치한다. 따라서 사회복지 프로그램들과 이를 담는 틀로서의 사회복지조직들은 그 자체로서 목적이 되기보다는, 상위 프로그램들의 목적을 실천하는 수단으로서의 기능이 보다 강조된다.

(3) 조직과 프로그램

프로그램은 종종 조직의 개념과 혼용된다. 특히 사회복지서비스에서 조직과 프로그램은 뚜렷이 구분되기 어렵다. 서비스를 실행하는데 있어서 프로그램과 조직은 불가분의 관계에 있기 때문이다. 그 결과 행정관리의 제반 업무들(예를 들어, 인사 관리나 재정 관리)은 조직과 프로그램의 관리라는 통합적인 목적으로 사용되는 것이 보통이다. 실체가 비교적 뚜렷한 프로그램이 단일한 조직적 틀을 갖추고 있을 때, 조직과 프로그램은 같은 의미로도 사용된다.

조직과 프로그램이 뚜렷이 구분되는 경우들도 있다. 프로그램 구조의 상위에 위치하는 프로그램들의 경우에는 하나의 프로그램이 다수의 조직들로 구성될 수 있다. 반면에 직접서비스를 실천하는 사회복지서비스 프로그램들의 경우는 하나의 조직적 틀 속에 다수의 프로그램들이 포함되어 있을 수 있다. 이 경우는 프로그램이 조직과의 관련성에서 하위에 위치한다.

대부분의 사회복지서비스 조직들은 하나 이상의 서비스 프로그램들을 갖고 있다. 이런 경우에 프로그램은 모(母)조직의 목표 달성과 관련되어 있는 하위체계 혹은 도구가 된다. 그 프로그램에게는 자신이 소속되어 있는 조직 자체가 상위 프로그램의 성격을 갖게 되는 것이다. 프로그램이 이처럼 조직의 활동요소로서 규정된다면, 그 프로그램은 조직 내의 다른 프로그램들과 상호의존적으로 활동해야 하며, 한편으로는 한정된 모조직의 자원에 대한 배분에 있어서 경쟁적인 관계이다. 그 결과 프로그램의 지속여부는 그 프로그램이 조직의 목적에 얼마나 기여하는가에 의해 결정된다.

2. 프로그램 분류

사회복지 프로그램들은 사회 정책을 실현하기 위한 전략적, 조직적인 요소들이다. 사회 정책들은 의도적인 재분배의 문제를 주로 다루고, 그에 따라 사회복지 프로그램들은 대개가 전형적인 정치학 문제들을 다루게 된다('누가 무엇을 어떻게 갖게 되는가'). 그래서 사회복지 프로그램들은 '누가'의 문제에 해당하는 서비스대상자 선정 방법과, '무엇을'에 해당하는 서비스급여 형태에 따라 각기 분류될 수 있다.

1) 자격 요건에 의한 분류

프로그램의 자격 요건이란 '누가' 서비스의 수급자인가를 결정하는 것이다. 정책에서 의도한 욕구에 부합하는 상황이나 사람들이 누구인지를 판단하기 위해 몇 가지의 조작(操作)적인 기준들이 동원된다. 보통을 경제적인 생활 능력의 기준, 인구사회학적인 지위 기준, 보상 차원의 기준, 진단적인 기준 등을 사용한다.

(1) 수단-검증(means-tested) 기준

공적부조 서비스와 같은 선별적인 프로그램들에서 주로 사용하는 기준이다. 보통은 개인의 자산이나 소득을 근거로 해서, 그 개인이 속한 집단의 평균이나 중간값에 대비해 보아 일정한 위치 밑으로 떨어지는 사람들을 선별하게 된다. 기초생활보장이나 의료보호 등과 같은 프로그램들에서 서비스 대상자를 책정할 때 대부분 이러한 (생활)수단-검증 기준을 적용한다. 민간 사회복지서비스 프로그램들은 직접적으로 수단-검증을 실시하기 어려운 경우에 공공 기관에 의해 인정된 수단-검증 자격을 준거로 삼기도 한다.

예를 들어, 유아원에서 기초생활보장 대상자 자녀들에 대해 무료 보육서비스를 실시하는 경우(보육료 감면), 일종의 수단-검증 기준을 사용하는 것이다. 유아원이 대상자들의 생활 형편을 직접 확인하기에는 인력도 부족하고 법적으로도 문제될 수 있으므로, 동사무소에서 발부하는 기초생활보장 수급자 등록증을 요구하는 것으로 대체한다.

사회보험이나 일반교육 서비스 등과 같이 수단-검증이 없는 프로그램들을 보편적 프로그램이라 한다. 선별적 및 보편적 프로그램들에 대한 선호의 논쟁은 [표 11-2]에 소개되어 있다.

(2) 지위(status) 기준

데모그란트(demo-grant) 프로그램들이 주로 여기에 속한다. 앞의 수단-검증 기준이 선별적 프로그램들에서 종종 쓰인다면, 지위 기준은 보편적 프로그램들에서 흔히 쓰인다. 특정 연령 집단, 특정 지역사회 거주자 등과 같은 개인의 인구사회학적 지위에 기준해서 자격 요건이 결정된다. 수급 여부가 개인들의 개별적인 특성이 아니라 개인들이 점유하고 있는 사회적 위치를 기준으로 하기 때문에, 집단적인 특성에 의거한 분류에 가깝다.

예를 들어, 노인수당, 가족수당, 12세 미만 아동에 대한 각종 공공 및 문화 시설 이용료 감면, 65세 이상 노인 지하철 무료 탑승, 저소득지역에 설치된 무료목욕서비스 프로그램, A시의 시민들에 제한된 노인복지관 이용, 혹은 B구의 노인들에 제한된 무료급식서비스 등의 경우들이 이해 해당한다.

지위 기준의 시행을 위해서도 각종 문서나 확인 서류들이 여전히 요구되지만, (생활) 수단-검증 방법에 비하면 훨씬 단순하게 적용될 수 있다.

[표 11-2] 선별적-보편적 프로그램의 논쟁

선별적 대 보편적

선별적 서비스(selective service)는 희소한 사회적 자원을 비용-효과적으로 사용하는 것이 가능하다는 점에서 선호된다. 특정한 욕구를 갖는 사람들에 대해서 집중적으로 자원을 배분하는 것이 가능하다. 생존을 위해 본질적인 재화나 서비스를 시장에서 획득할 수 없는 사람들에게 공적으로 통제된 자원들이 쓰일 수 있게 한다. 보편적 서비스는 희소하고 한정된 자원을 낭비할 우려가 있다. 시장 경제에서의 '비용'과 같은 자연스런 통제가 상실된 상태에서 보편적 프로그램을 실시하는 것은, 프로그램 자원에 대한 과소비를 불러일으킬 수 있다. 따라서 재분배적인 프로그램들에 대한 자격 요건은 시장 등을 통해 서비스를 구입할 수 없는 사람들에게 한정되어야 한다.

보편적 서비스(universal service)를 옹호하는 입장에서는 선별적 서비스가 갖는 문제를 들어 보편적인 프로그램들을 선호한다. 첫째, 선별적 서비스를 운영하게 되면 수단-검증에 따르는 엄청난 행정적 부담을 가중시킬 뿐만 아니라, 그에 따른 인력과 기구를 유지하는 비용도 막대하게 된다. 그러한 비용은 오히려 직접적으로 서비스 수급자들에게 돌아가게 해야 한다. 둘째, 선별을 위한 수단-검증 기준의 도입은 필연적으로 서비스 수급자들에 대한 사회적 스티그마를 부여하게 된다. 그 결과 정당하게 서비스를 받아야 할 사람들조차 복지 급여에 접근하는 것을 꺼리게 할 수 있다. 셋째, 일단 복지적 급여를 제공받게 되면 서비스 수급자들은 그 프로그램에 의존적으로 종속되기 쉽다. 수단-검증이 있는 상태에서 계속적으로 급여를 받기 위해서는 일정한 소득의 최저 설정 기준에서 벗어나서는 안 되므로, 그 기준 안에서 안주하게 만드는 의존성을 초래한다. 자립과 자활을 보조하기 위한 복지 급여들이 오히려 복지에 대한 의존성을 강화하는 수단으로 작용할 수 있다.

사회복지서비스 프로그램들에서 수단-검증 기준을 어떻게 적용할 것인가의 문제는 그리 간단하지 않다. 일반적으로는 자원에 대한 제약이 심하지 않을 경우, 서비스가 개인들이 사회에 살아가는 데 필수적인 경우들에서는 개인들의 소득 등에 상관없이 공식적인 권리로서 주어지는 보편적 서비스의 형태가 더 바람직하다고 본다. 서비스에 투입될 수 있는 자원이 절대적으로 제약되어 있고, 서비스를 필요로 하는 사람들의 소득 편차가 심하게 나타나는 경우에는 선별적인 프로그램들이 더욱 효과적일 수 있다.

---

(3) 보상적(compensatory) 기준

'누가 사회적인 기여를 했는가, 혹은 누가 사회에 의해서 손해를 입었나' 등에 기준해서, 보상적 차원으로 이루어지는 것이다. 사회보험이나 보훈관련 프로그램들이 그 대표적인 경우이다. 공동체 사회의 상호의존성이라는 원칙에 의거해서, 한 개인이 공동체 사회를 위해 기여한 정도에 따라 보상수준을 결정하는 것이 보상적 기준이다. 연금이나 의료보험, 실업보험, 재해보상보험 등과 같은 사회보험들은, 개인들이 국가 공동체를 위해 헌신한 노력에 대한 보상이므로 그 자격 기준은 '얼마나 일을 했는지'와 주로 관련되어 있다. 그것을 통해 한 개인에 의한 사회적기여도를 평가하고, 그에 적절한 보상 급여를 하기 위한 기준으로 삼는 것이다. 공동체 사회를 위한 피해나 헌신에 대한 보상이라는 점에서는, 보훈관련 프로그램들도 사회보험 프로그램들과 다를 바가 없다. 다만 구체적인 자격 기준을 결정하는 데 있어서, 보훈 프로그램들의 경우 개별 사안별로 사회적 기여도를 평가하고 보상하는 원칙을 채택하고 있다는 점에서 차이가 난다.

(4) 진단적(diagnostic) 기준

대인적 사회서비스(personal social service) 프로그램들의 경우에 이 기준을 많이 적용한다. 진단적 기준은 프로그램의 자격 요건을 결정하는 데 사용되는 여러 기준들 중에서도 가장 까다로운 방법이다. 다른 기준들은 대개가 사전에 명백한 규정을 갖고 있으면서 그에 비추어 적합성의 여부를 판단하는데 비해, 진단적 기준은 표준화된 규정을 미리 만들어 두기가 어렵다.

예를 들어, 법원에서 내리는 판단들을 미리 구체화해 놓기는 거의 불가능하다. 비록 넓게는 유사한 유형들로 묶이고 유형화에 기준한 개괄적인 틀은 존재하지만, 거기에서 개별 케이스들로 들어가 보면 어떤 케이스도 이전의 케이스와 같은 것은 하나도 없다.

환자를 진단하는 의사들이나 클라이언트를 인테이크하는 사회복지사들이 내리는 판단도 대개는 이와 같고, 그래서 사후의 전문적인 진단을 통해서 서비스 수급에 대한 자격 여부를 결정하게 된다. 사전에 객관적으로 규정된 엄격한 자격 요건들이 존재하기 어려운 까닭에, 대부분 이런 기준을 적용하는 프로그램들은 전문가를 필요로 한다. 진단적 기준에서는, 자격 요건에 대한 판단이 임의적이고 타당하지 않는 것을 배제하기 위해서, 외형적인 통제보다는 전문가들의 능력과 윤리에 상당한 정도로 의존하게 된다. 따라서 진단적 기준을 활용하는 대부분의 서비스 프로그램들은 전문가 중심의 조직구조를 갖출 수밖에 없다.

사회복지 프로그램들에서는 서비스 수급자들의 자격 요건을 판단하는데 한 가지의 기준만을 사용하지 않는 것이 보통이다. 대부분은 복수의 기준들을 혼용해서 자격 요건을 판단하게 된다. 보상적 기준에 의한 프로그램들을 제외하고는 대부분의 공적부조관련 프로그램이나 사회복지서비스 프로그램들은 수단-검증, 지위, 진단적 기준들을 섞어서 프로그램의 자격 여부를 결정하는 것이 일반적이다.

2) 서비스 급여에 의한 분류

사회복지 프로그램들은 다양한 형태의 급여(benefits)들을 갖추고 있다. 서비스 급여의 질적인 특성에 따라 사회복지 프로그램들은 다음의 유형들로 나눌 수 있다.

(1) 기회(opportunity) 제공

유형의 재화나 서비스가 아니라 기회와 같은 잠재적, 무형(無形)의 급여를 제공하는 것이다. 어떤 개인이나 집단에 대해 이전에는 부정되었던 급여의 접근을 가능하게 만드는 것이다. 이것은 유형(有形)의 재화나 서비스를 명시된 수급자들에게 직접 전달하는 급여 유형들과는 다르다.

예를 들어, 장애인에 대한 운전면허 교부 조항을 변경하는 것과 같은 것이다. 장애인의 면허 취득 제한과 관련된 법이나 규정들을 변화시킴으로써, 이들 특정 집단에게 이전에는 없었던 사회적 영역으로 진출할 수 있는 기회를 제공하는 것이다.

비록 무형적이기는 하지만, 중요한 사회정책의 목적들은 때로 이러한 기회 전략을 통해서 성취되는 경우가 많다. 그러나 이러한 급여는 단지 잠재적 수급자들에 대해 가능성이나 기회를 제공하는 것이므로, 그들이 실제로 그러한 가능성을 활용하는지에 대해서는 통제할 수 없다.

(2) 현금 이전(cash-transfer)

한 개인이나 제도로부터 다른 개인이나 제도로 일정 금액이 이전되어 할당되는 것이다. 임금이나 이용 요금 등과는 다른 것이, 이런 식의 급여들은 반대급부가 없이 이루어진다는 점이다. 기초생활보장과 같은 공적부조 프로그램들은 국민이나 주민들로부터 거두어진 세금이 저소득층의 수급자들에게 현금 이전되는 것으로, 계층 간 이동의 대표적인 경우이다. 국민연금이나 의료보험과 같은 사회보험 프로그램들에서는 계층들 간에 급여가 이동한다기보다는 계층들 내에서 시간적으로 이동하는 경향이 높게 나타난다. 비록 부분적으로는 계층들 간의 재분배 효과도 발생하나, 대부분은 현재 불입되는 현금이 같은 계층 내에서 미래로 이전되는 효과로써 발생한다. 소규모의 서비스 프로그램들(예: 청소년가장에 대한 후원금 전달 등)도 이러한 현금 이전 전략에 속하는 것들이다. 이 경우는 재분배적인 성격의 현금 이전이 한 집단에서 다른 집단으로 이루어지는 것이다. 현금 이전 전략은 일단 이전이 이루어지고 나면, 제공자의 입장에서 수급자의 소비 형태를 직접적으로 통제하는 것이 불가능하다.

(3) 현물(in-kind) 제공

현금으로 지급되는 서비스 급여가 갖는 문제점들로 인해, 수급자에게 의도된 서비스 급여들을 현물로 지급하는 것이다(현금-현물 논쟁은 [표 11-3] 참고). 부식비의 명목으로 현금을 지급하는 대신에, 부식이 되는 쌀이나 반찬을 직접 제공하거나 이와 유사한 효과를 내는 교환권 등을 지급할 수도 있다. 프로그램이 의도했던 목적에 적합하게 자원이 쓰이도록 통제하려는 것이다. 다음의 두 가지 전략들은 현물 서비스의 성격에 가깝다.

신용(cerdit) 전략 특정 재화나 서비스의 소비를 권장 혹은 억제하고자 하는 경우나, 수급자들을 최대한 통제하려고 할 때 사용된다. 세금제도가 신용 전략의 수행을 위한 주요 도구로써 사용될 수 있다. 각종 소득세, 재산세, 부가가치세, 연금이나 의료보험비 등의 세금들을 조절함으로써 특정 재화나 서비스의 소비에 대한 통제를 가하는 방법이다. 예를 들어, 봉급생활자들의 소비 행태는 세금공제제도에 의해서 통제될 수 있다. 의료나 주택구입, 가족부양, 특정 금융상품 구입, 기부 및 자선 등과 관련해서는 이에 상당하는 수준의 금액만큼을 소득에서 제외하고 세금을 계산하기 때문에, 그에 따르는 세금 감소분만큼의 소득 이전 효과를 가져다준다. 그래서 세금공제 항목을 추가하거나 삭제함에 의해서 특정한 소비에 대한 증가와 감소를 가져올 수 있게 한다. 간접적이기는 하지만, 소비와 저축, 결혼과 가족 크기, 일과 레저, 자선, 의료 등과 같은 다양한 형태의 개인들의 성향을 신용 전략을 통해 효과적으로 통제할 수 있다.

바우처(voucher, 인환권) 전략 신용 전략의 일종으로서, 현재 이루어지는 소비가 특정한 상품이나 서비스들에 한정되도록 만들기 위한 것이다. 인환권은 일종의 교환을 보증하는 증서를 말한다. 상품권, 식권, 건강보험증, 경로버스표 등이 이러한 인환권의 예들이다. 비록 구입될 수 있는 특정 재화나 서비스의 종류는 명시되어 있지만, 어떤 서비스 공급자를 선택할 것인지는 수급자들이 결정하게 한다. 1990년대 초에 한동안 논란이 되었던 '경로우대 버스표'의 경우, 굳이 현금보다는 해당되는 금액만큼의 버스표를 제공하려 했을 때의 논리는 바로 인환권 전략과 관련이 있다. 소비되어야 할 서비스의 항목을 고정시켜 놓고 여기에만 서비스가 구입되도록 강제하는 것이다. 적어도 노인들의 나들이를 권장하기 위한 서비스의 목적이 술이나 담배를 구입하는 등의 비용으로 전용되는 것을 방지하기 위한 전략이다. 현금으로 지급되는 경우 통제가 불가능하기 때문에 이러한 인환권 전략들이 잘 사용된다.

[표 11-3] 현금-현물 서비스의 논쟁

현금 대 현물

현금(cash) 서비스의 옹호론자들은 신고전주의 경제학 이론에 바탕을 두고 있다. 급여를 분배하는 가장 효율적인 방법은 시장 기능에 의존하는 것이라고 가정한다. 완벽한 경쟁이 이루어지는 시장과 여기에서 자주적인 판단을 하는 합리적인 소비자들은 자신들의 효용을 극대화하기 위해 항상 노력한다. 따라서 현금의 지급은 개별 소비자들이 각자의 효용을 극대화하게 하여 그 결과 전체의 효용성을 극대화할 수 있게 한다. 이런 관점에서는 정부가 직접 현물이나 서비스를 제공하는 것은 비효율적이라고 본다. 서비스 전달을 위한 각종 행정 비용의 추가도 비효율적이며, 소비자의 욕구와 제공되는 서비스가 일치하지 않을 경우 자원의 비효율적 낭비가 발생할 수밖에 없다. 따라서 직접서비스나 현물보다는 현금을 제공함으로써, 동일한 비용으로 더 효용성과 소비자 만족도를 성취할 수 있다고 본다.

현물(in-kind) 서비스 옹호론자들은 개인들의 소비 행태를 통제함으로써 급여의 분배를 통제하는 것이 바람직하다는 입장이다. 신고전주의가 근거하는 완전경쟁 시장과 자주적 소비자의 개념은 근거 없는 사회적 통념에 가깝다고 본다. 제한된 자원과 시간, 정보를 소유하는 개인들이 자주적 소비자로서 시장에 참여할 수는 없으며, 공급자들에 의해 시장이 주도되는 상황에서 완전경제 시장의 효율성도 찾기 어렵다는 것이다. 현금서비스론과 신고전주의 경제이론은 개인적인 효용성에 초점을 맞추고 있지만 대부분의 사회복지 프로그램들은 개인적인 효용성과 함께 사회적 효용성도 동시에 고려해야 한다. 예를 들어 각종 공공주택 프로그램들은 서비스 수급자가 거주공간을 확보한다는 개인적인 효용성도 중시하지만, 그로 인한 슬럼화의 방지 및 범죄 예방과 같은 사회적 통합의 효용성도 강하게 의도한다. 정신질환자에 대한 강제 입원 조치와 같은 정신보건서비스들에서는 개인적인 효용성보다 전체 사회의 효용성이 압도하는 경우도 많다. 이런 경우들에서, 개인적인 효용성의 극대화가 곧 전체사회의 효용성의 극대화를 만들어 낸다는 공리주의적 논리는 적용되기 힘들다.

위의 두 방식은 서비스의 종류를 명시해 둔다는 점에서 현물급여에 해당된다. 그럼에도 소비자(혹은 수급자)가 서비스 공급자를 선택할 수 있도록 한다는 점에서 직접적인 현물급여 방식과는 차이가 있다. 직접 급여 제공에서 문제가 되는 서비스 제공자와 수급자 간의 파워의 불균형, 소비자 주권의 약화, 그로 인한 서비스 질의 저하 등의 문제를 극복하기 위해, 신용과 바우처 전략은 특정한 서비스의 소비를 장려하는 제도적 장치를 만들고, 복수의 경쟁적인 서비스 제공자들이 등장하게 하고, 소비자는 그 가운데서 보다 질 높은 서비스를 선택할 수 있게 한다. 특히 바우처는 사회복지서비스의 민영화(privatization)와 클라이언트의 임파워먼트(empowerment, 권능부여)를 촉진시킬 수 있는 전략으로 주목받고 있다.

(4) 사회서비스(social service)

사회서비스는 보다 직접적인 서비스 제공의 급여 형태이다. 현금과 현물 서비스들의 경우에는, 수급자가 특정한 재화나 서비스를 획득하게 되면 그로 인해 서비스의 의도된 효과들이 나타날 것으로 가정을 한다. 예를 들어 기초생활을 보장하기 위해 현금이 지급되면, 수급자는 자활을 하게 될 것이라고 가정을 하는 것이다. 자활이 목적이라면 자활이 가능하도록 사람들에게 직접적으로 개입하여 변화를 시도하는 것이다. 자활에 필요한 심리사회적 태도의 변화, 취업교육, 취업알선 등을 자활대상자들에게 직접 제공함으로써, 자활의 목적에 도달하게 한다. 대부분의 휴먼서비스들은 이러한 전략을 많이 내포하고 있다.

<u>보편적 사회서비스</u> 보편적이고 제도적인 사회복지 개념과 밀접히 관련되어 있다. 보통 의료, 교육, 주택, 취업 등과 같은 일반적인 사회서비스들이 여기에 포함된다. 대인적 사회서비스들 중에서 발전이나 사회화의 강화 등을 강조하는 '사회공익성'의 성격을 띤 프로그램들은 여기에 속한다.

<u>선별적 사회서비스</u> 대부분의 대인적 사회서비스(personal social service)들이 여기에 해당한다. 개인들의 사회에 대한 부적응, 문제, 질환, 어려움 등에 대처하기 위한 서비스들이다. 비록 서비스를 직접 받은 개인들에게 서비스의 일차적인 혜택이 돌아가기는 하지만, 그러한 개인들의 문제 해결을 통해 '부정적 외형(negative externality)'이 감소함으로써 이차적이고 실질적인 혜택은 전체 사회에 귀속된다.

경우에 따라서는 하나의 동일한 대인적 사회서비스가 어떤 때는 보편적인 것으로, 어떤 때는 선별적인 것으로 이해될 수도 있다. 탁아 프로그램의 경우에, 이것은 현대사회의 가정에 보편적으로 필요한 서비스이기도 하고, 한편으로는 주부의 노동을 권장하여 복지의 대상에서 벗어나게 하려는 선별적 서비스가 되기도 한다. 한 프로그램이 어떤 측변에 치우치는가에 따라 서비스 질과 방법론에서 차이가 발생하게 된다.

3. 프로그램 재정

사회복지 프로그램들에 대한 재정 지원은 다양하게 이루어진다. 국가에 의한 재정 지원도 있고, 각종 민간 주체들에 의한 지원도 있다. 이것은 곧 프로그램이 제공하는 서비스에 대한 비용을 누가 지불할 것인지의 문제와 결부된 것이다. 개별 프로그램의 관점에서 자원이 어떻게 동원되는지를 기준으로 프로그램의 재정자원 원천들은 크게 다섯 가지로 구분될 수 있다.

1) 재정 원천의 유형

사회복지 프로그램들은 다양한 재정자원 원천들로부터 지원을 받는다. 각각의 재정자원들은 나름대로의 특성을 갖고 있으며, 그러한 자원들을 활용하게 되는 사회복지 프로그램은 그에 따른 개연적인 효과(특히, 자원-의존 효과)를 나타내게 된다.

    <u>이용자 요금 부담</u> 서비스를 이용한 사람이 직접 그에 대한 비용을 부담하는 것이다. 보편적 사회서비스들에서 이러한 방식을 많이 채택한다. 교육, 의료, 주택, 탁아서비스, 유료 양로, 탁노 서비스 등이 그런 경우이다. 서비스에 대한 이용료를 산정하는 방식에서는 다양한 전략들이 채택될 수 있다. 서비스 이용 정도에 따른 차등적인 요금 산정 방식을 적용하는 것이 일반적이다. 그러나 대부분의 사회복지 프로그램들은 이용자 수입만으로는 자립적이지 못하고, 공공기관이 제공하는 자금들로 보조되는 것이 보통이다. 그리고 사회적으로 특히 권장되는 서비스들에 대해서는 이용자들이 지불하는 요금을 소득세에서 공제해 주는 등의 방식으로 간접보조 되기도 한다. 탁아나 의료, 교육비용 등에 대한 소득공제가 대표적인 경우이다.

    <u>민간 조직 제공</u> 자선활동에 대한 기부를 목적으로 하는 조직들이 프로그램에 대해 재정 지원하는 것이다. 지역사회의 각종 공동모금 기구들이나, 개인이나 기업의 출연금에 의한 복지재단들이 이러한 조직에 해당한다. 미국의 경우에, 적십자나 유나이티드웨이(UW)와 같은 공동모금 조직들이 사회서비스 조직들을 지원하는 비중은 상당히 크다. 이들 조직은 기업의 출연금, 개인들의 기탁금 등과 같은 각종 자원들에 대한 모금 활동을 전담하는데, 이렇게 해서 모아진 자원을 지역사회의 사회서비스 프로그램들에 배분하는 역할을 수행한다.

    <u>제3자 제공 서비스</u> 이용자의 요금을 제3자가 대신해서 서비스 제공 기관에 지불하는 방식이다. 건강보험과 같은 경우가 그 대표적이 예이다. 의료기관이 환자에게 제공한 서비스들에 대해 그 요금의 전액 혹은 일부를 제3자인 국민건강보험공단이 지불하는 방식이다. 인환권 등을 사용하여 이용자의 요금을 누군가가 대신해서 지불하는 프로그램들도 모두 이러한 제3자 제공 방식에 해당된다. 생활시설에 수용된 클라이언트에 대한 서비스 요금을 해당 공공기관에서 지불하는 것도 이러한 방식에 해당된다.

    <u>보험원칙</u> 보험원칙은 한마디로 '지금 지불하고, 나중에 혜택을 받는' 것이다. 연금과 같은 각종 사회보험 프로그램들은 기금이 정보기관에 의해서 수집된다. 이 기금들은 고용주나 근로자 혼합에 의해서 불입된다. 법적으로는 이러한 기금은 다른 정부 수입원으로부터 독립되어 있어야 하고, 해당 프로그램의 목적만을 위해서 쓰이게 되어 있는 것이 보통이나, 많은 경우 자금의 전용이 문제가 되기도 한다. 대부분의 주요 사회보험들은 그 규모로 인해서 행정 관리하는 데 거대 관료제적 조직을 필요로 한다.

    <u>정부지원</u> 우리나라의 경우 생활시설이나 이용시설 할 것 없이 대부분의 민간 사회복지기관들이 정부보조에 의해서 운영자금을 획득하고 있다. 정부지원에는 특정한 서비스 제공에 대한 보상 방식과, 서비스 조직의 유지와 운영을 위한 지원 방식이 있다. 인건비를 비롯한 경상운영비 위조로 제공되는 정부보조금 방식에 속한다.

2) 정부지원의 형태

대부분의 사회복지서비스 프로그램들의 주된 재정자원의 원천은 정부지원에 의존되어 있다. 비록 민간 자원을 활성화하려는 의도와 노력이 현재 진행되고 있으나, 공공 자원이 갖는 '안전성'을 대체해 줄 수 있는 자원 원천들은 아직까지도 존재하기 어렵다. 그로 인해, 정부지원은 앞으로도 사회복지조직과 프로그램들에게 핵심적인 자원 원천으로 남을 가능성이 크다. 정부지원은 크게 두 가지의 유형을 구분한다.

(1) 보조금

보조금(subsidy)이란 지방정부 단체나 민간 기관들의 서비스 제공에 대해 중앙정부나 지방정부가 이를 일정 부분 보조해 주는 것이다. 이제까지는 중앙정부에 의한 국고보조금이 주요한 위치를 차지해 왔다. 근로소득세를 비롯한 주요한 세금 원천들이 중앙정부에 귀속되어 있는 관계로, 중앙정부의 세입은 지방정부에 비교할 수 없이 크다. 그래서 재정적으로 지방정부보다는 중앙정부의 재정적인 지원이 큰 몫을 차지해 왔었다. 우리나라의 사회복지조직들에서는 수용의 성격이 강한 서비스 프로그램들일수록 국고보조금의 비율이 조직의 전체 수입에서 차지하는 비중이 증대되는 것으로 나타난다.

정부보조금의 방식은 특별교부금과 일반교부금으로 나눌 수 있다. 특별교부금은 사용처가 미리 지정된 제한적인 보조금(categorical grants)이고, 일반교부금은 비지정보조금(block grants)으로 일정하게 주어진 금액에 대해서 보조금의 수급기관이 이의 구체적인 용도를 결정할 수 있는 것이다. 용도를 지정하면 자금이 다른 목적으로 유용되는 것을 막을 수는 있지만, 탄력성 있는 자금 활용을 결여할 수 있다. 비지정보조금의 장단점은 이와는 반대의 경우이다.

보조금 방식에 전적으로 의존해 운영되는 사회복지 프로그램들의 문제는, 보조금의 관리를 위해 드는 행정사무의 비용이 만만치 않다는 것이다. 만약 하나 이상의 보조금을 사용한다면, 그에 따르는 행정사무 비용도 그만큼 증가하기 쉽다. 정부 기관에 의해 획일적으로 고안된 보조금 활용에 관한 규칙들 또한, 서비스 조직들이 자금 운용을 융통성 없게 하도록 강요하는 결과를 초래한다. 보편 일관성의 원칙을 강조하는 정보 행정으로서는 어쩔 수 없는 것이나, 개별성을 강조하고 변화하는 환경에 대한 탄력적인 적응이 강조되는 사회복지행정의 원리에는 부적합한 측면이 많다. 보조금의 운영과 이에 대한 평가의 문제들의 이르기까지 사회복지행정의 시각이 개입되어야 할 필요성도 여기에 있다.

(2) 서비스 구입

서비스 구입(purchase of service)이란 자원을 가진 조직이 서비스 대상자들에게 직접적으로 서비스를 제공하는 것이 아니라, 서비스제공 능력을 가진 조직들로부터 서비스를 구입하여 간접적으로 서비스를 제공하는 방식이다. 조직들 간에 서비스의 구입과 제공이 이루어지는 것이다. 이러한 서비스 구입은 정부 조직이 계획을 세우고, 직접적인 서비스들은 민간 조직들로부터 구입하는 형식으로 서비스를 전달한다. 이 경우에 복수의 민간 조직들이 서비스 구입 계약에 경쟁적으로 참여하게 된다.

미국의 경우 1975년에 개정된 사회보장법 Title XX에 의해서 본격적으로 활용되기 시작하여, 현재는 대인적 사회서비스 전달방식의 지배적인 유형이 되고 있다. 우리나라에서는 아직 이러한 방식이 본격적으로 활용되지 않고 있다. 부분적으로는 생활시설에 대한 정부지원에서 이러한 서비스 구입 계약적인 요소가 있는데 조치제도를 통해서 정부가 클라이언트를 특정 시설에 조치하고, 그에 따른 수용비를 산정해 주는 방식에서 찾아볼 수 있다.

서비스 구입 방식은 보조금 지원방식보다 자금 제공과 업무수행의 가이드라인이 엄격하고, 서비스의 실패에 대해서는 보다 강한 책임을 물을 수 있게 한다. 정부 기관이 직접 서비스를 전달하는 것보다 민간으로부터 서비스를 구입하는 것이 보다 장점이 되는 이유는, 정부 조직의 관료제적인 경직 구조에 얽매이지 않고 서비스가 조직되고 전달될 수 있어서, 보다 높은 유연성과 창의성을 진작할 수 있기 때문이다. 또한 경쟁 체제의 도입으로 인해 같은 질의 서비스를 보다 낮은 가격으로 구입할 수 있어서 효율성을 높일 수 있다는 장점도 있다.

공공 조직이 서비스 프로그램들을 기획도 하고 실행까지도 담당하는 것보다는, 실행은 민간 서비스 기관들에게 맡기고 공공 조직은 기획에만 전념할 수 있는 역할 분담이 서비스 구입 방식의 중요한 장점이 될 수는 있다. 그러나 이러한 서비스 구입으로 인해 새롭게 추가되는 행정적인 부담도 만만치는 않다. 서비스제공 조직과 프로그램들에 대한 감독과 평가, 각각의 구입된 서비스들을 조정하고 통합하는 것 등에 많은 비용과 노력이 소모되기 때문이다. 또한 이러한 시스템이 오랫동안 계속되다 보면, 민간 서비스 제공 조직들이 공조직화되는 경향이 발생하여, 애초의 탄력성과 관련된 장점들이 사라질 수도 있다. 한편으로는 경쟁 체제를 유지하기 위해 복수의 서비스 제공 기관들을 유지해야 한다는 것도 사회적인 부담으로 작용할 수 있다.

4. 프로그램의 개발

1) 프로그램 개발 시 고려요소

사회복지 프로그램은 참여자가 잠재능력을 가지고 있고 시간의 경과에 따라 성장·변화할 수 있다는 기본 전제하에서 만들어져야 할 것이다. 따라서 프로그램 관리자들은 이러한 전제를 고려하여 프로그램을 개발하여야 한다(정무성, 1999 : 68). 프로그램의 개발에 고려해야 할 요소로서 5P(Person, Problem, Purpose, Process, Place)를 들 수 있는데, 그 요소를 다음과 같이 정리·요약할 수 있다(신복기 외, 2002 : 380~382).

(1) Person: 능력수준과 흥미에의 적합성

프로그램 내용은 무엇보다도 지도 대상자를 고려하여 선정되어야 한다. 프로그램의 내용에는 지도 대상자의 필요, 흥미 및 능력수준뿐만 아니라 친밀감도 고려되어야 한다. 따라서 프로그램의 대상자는 물론 참여자 및 그 가족들을 포함하는 것이 더욱 바람직하다.

(2) Problem: 프로그램의 통합성

프로그램의 통합성이란 프로그램에 참여하는 대상자의 문제해결이나 목표달성을 위한 단편적인 프로그램이 아니라 인간의 경제적·사회적·심리적·문화적 제반 측면들을 통합적으로 고려하는 프로그램인 것이다. 예를 들어, 비행청소년이나 범죄자의 경우, 그들의 비행의 감소, 재범방지 및 사회복귀에만 그치는 것이 아니라 대상자와 그 가족의 사회적 관계망의 유지와 회복, 정서적인 안정, 자립 및 갱생에 도움이 될 수 있는 대안적 서비스도 고려되어야 할 것이다.

(3) Purpose: 합목적성 및 목표의 일관성

프로그램 내용은 목표에 입각하여 결정되어야 한다. 참여자로 하여금 협동심을 고취시킨다는 목표를 세워 놓고 그 내용에는 경쟁 상태의 활동내용만을 포함시켰다면, 프로그램의 내용과 목적이 일치하지 못한 경우인 것이다. 따라서 프로그램 내용에 지나치게 치중하여 수단이 목적이나 목표에 전도되는 '목표전치' 현상이 발생되지 않도록 유의하고 프로그램을 진행하는 도중에 목적과 목표에 대한 점검이 필요하다.

(4) Process: 프로그램의 지속성과 네트워크화

프로그램은 지속적이고 제도적인 안정성을 가져야 한다. 프로그램들은 일시적이고 일회적인 것이 아니라 장기적이고 체계화된 일정 계획 아래 지속적이고 제도적인 것이 되어야 한다. 또한 프로그램 내용의 구성에 있어서도 지식, 이해, 기능, 태도 등의 측면이 프로그램에 반영되게끔 하여 공통 목표의 달성에 기여할 수 있어야 한다. 예를 들어, 비행청소년이나 범죄자의 재범방지나 원만한 사회복귀 및 갱생을 위하여 공공시설, 기업, 민간 및 종교단체 등과 같은 다양한 인적·물적 자원을 연결시키는 체계적인 서비스 지원 시스템의 구축을 통하여 프로그램의 네트워크가 형성된다.

(5) Place: 지역성

프로그램 실시기관의 지역적·문화적 상황이 다르기 때문에 프로그램의 내용 선정에서도 지역적 특성을 반영하고, 각 지역의 독특한 특성을 발굴해 내는 것이 중요하다. 특히 그 지역의 문화적 특성이나 전통, 관습, 방언 등을 발굴하여 프로그램명이나 집단명으로서 활용할 때, 프로그램 참여자나 팀 구성원 및 지역사회 주민들이 프로그램에 보다 쉽게 접근할 수 있고 많은 호응도를 불러일으킬 수 있는 이점이 있다.

2) 프로그램 개발과정

프로그램 계획, 기획 설계라는 용어 대신에 프로그램 개발이라는 용어를 사용하는데 그것은 기존의 프로그램을 개선하거나 새로운 프로그램으로 만드는 것을 의미한다. 프로그램 개발이란 새로운 프로그램을 창출하거나 기존의 프로그램을 과학적이고 체계적인 일련의 과정을 통하여 발전시켜 나가는 활동이다(신복기 외, 2002 : 383). 여기에서는 프로그램의 기획과 설계를 포함하는 거시적인 의미로서 프로그램의 개발이라는 용어를 사용한다. 사회복지기관은 효과적이고도 효율적인 서비스를 제공하기 위하여 프로그램의 개발이 필요하다. 사회복지기관에 있어서 프로그램 개발은 사회복지서비스 활동에 있어 필수적인 업무인 것이다.

프로그램 개발은 문제발견, 욕구분석, 포괄적인 목적과 구체적인 목표의 조작·설정 및 목적과 목표의 달성을 위한 실행체계인 것이다. 국내·외 학자들이 프로그램 개발과정을 다양하게 제시하고 있지만, 프로그램의 개발과정은 크게 7단계로 구분하여 정리·요약해 볼 수 있다(신복기 외, 2002 : 385).

(1) 문제의 욕구사정

사회복지 프로그램의 개발에 있어 첫 번째 단계는 사회문제의 발견과 욕구분석을 통하여 그것들의 원인을 규명·진단하는 것이다. 사회복지 프로그램의 개발에는 먼저 관련 당사자와의 사전모임을 통해 관심 분야(예: 자폐아동, 학교폭력 청소년, 독거노인, 지체장애인, 모자가정 등)의 선정과 그 프로그램 개발에 관련된 동기부여가 필요하다.

동기부여의 다음 활동은 해당 문제의 원인을 분석하는 일이다. 그리고 욕구분석을 통해 사회의 어떤 바람직하지 못한 상태가 인지되었을 때, 그 바람직하지 못한 상태가 조사되고, 원인이 파악되게 된다. 문제분석과 욕구분석을 통해 욕구사정이 이루어지게 되는데, 이러한 욕구사정을 통해 프로그램의 목적과 목표가 설정된다.

(2) 자원체계의 검토

자원체계의 검토란 해당 프로그램에 인적 및 물적 자원이나 지식 및 기술, 사회적 환경을 연결시키는 활동인 것이다.

유능한 프로그램 관리자는 프로그램과 연관된 사람들을 확인하여야 한다. 특히 프로그램 수혜자의 확인을 통해 서로 다른 인구의 성격도 파악해 낼 수 있다. 프로그램에 연관된 사람들이란 프로그램에 대해 진정한 관심을 가진 사람들과 프로그램에 의해 직접적인 영향을 받게 되는 사람들인 것이다. 그 중에서도 프로그램에 의해 직접적으로 영향을 받게 되는 표적집단 더 나아가 클라이언트 집단은 네 가지 집단의 구분을 거쳐 파악된다.

① 일반집단: 프로그램에 영향을 미칠 대상 가능 인구
② 위험집단: 일반집단 중 해당 문제 노출 위험이 있거나 욕구가 있는 집단
③ 표적집단: 위험집단 중 프로그램 영향이 구체적으로 미치는 인구
④ 클라이언트집단: 표적집단 중 실제 프로그램의 참여자

[표 11-4] 부산 Y종합복지관의 장애지체아동 및 가족지원 서비스 프로그램의 예

문제집단	대상인구	인원수
일반집단	부산 시내 정신지체장애아동 및 가족	총 4,725명
위험집단	남구 지역 정신지체장애아동 및 가족	441명
표적집단	관내 정신지체장애아동으로 가족지원이 가능한 아동 및 가족	84명
클라이언트	프로그램에 참여하는 장애아동과 가족	8명

그리고 나서 프로그램 참여자의 관심, 장점, 기술과 시설 및 장비를 해당 프로그램에 연결시키게 된다. 이러한 활동을 통해 프로그램 참여자들의 능력과 자원과 관련하여 그 프로그램의 제한조건을 파악할 수 있다. 이러한 제한조건의 파악에는 SWOT 분석(김형식, 1997 : 80~81)이 활용될 수 있을 것이다.

사회복지기관의 잠정적인 SWOT 분석

1) S: Strength
기관 내부의 장점분석에 초점을 둔다.
기관(프로그램)의 목적을 효과적으로 달성시키는 데 도움을 줄 수 있는 요소를 규명한다.
기관의 모든 장점을 명세(list)화 한다.

2) W: Weakness
기관 내부의 취약점에 초점을 둔다(예: 봉사자의 사기, 재원부족 등)
기관의 모든 단점을 명세화 한다.

3) O: Opportunities
기관의 목적 달성과 운영에 도움이 되는 요소
기관의 발달에 기여할 수 있는 외적인 요소

4) T: Threats
기관의 발전에 위협이 될 수 있는 요소(유사 프로그램, 사회인지도 등)

(3) 목적과 세부목표 설정

프로그램의 목적과 세부목표는 프로그램의 실행을 위한 틀을 제공한다. 그것들은 주관기관의 소명헌장 또는 공식적 목적에 의해 영향을 받게 된다. 소명헌장이란 기관활동의 지속적인 철학적 관심이며, 기관의 존립근거인 것이다(Kettner et al., 1985 : 118). 따라서 목표는 사회복지기관이나 시설의 활동지표 내지 활동목표가 된다.

문제진단은 프로그램의 존재의의를 가지게 하는데, 그러한 문제진단에 의거하여 프로그램의 목적을 설정하는 것은 중요하다. 프로그램의 목적은 정확성(단문 45자 내외), 명쾌성(용어 통일, 알기 쉽게), 명료성(타이틀은 인상적 용어), 그리고 두괄식으로 표현하는 것이 바람직하다. 왜냐하면 프로그램 참여자들은 간단명료하고 쉽게 적용할 수 있는 목표에 동기유발되는 경향이 있기 때문이다(신복기 외, 2002 : 392).

프로그램의 목적은 프로그램 참여자들의 욕구와 기관의 주어진 목적을 고려하여 설정되어야 할 것이다. 목표는 어떤 활동주체가 달성하고자 하는 미래의 바람직한 상태이다. 이러한 의미를 프로그램에 적용시키면, 목표(objective)란 주어진 시간 안에 프로그램이 성취하기를 의도하는 결과와 영향을 기술하는 것이다(Myron, 1990 : 254~255). 대개 하나의 프로그램의 목적을 성취하기 위해 하나의 목적이 구체적인 부분목표들로 나누어지는 것이다.

(4) 자료수집과 대안설정

프로그램 관리자가 대상집단이나 대상문제와 관련된 프로그램, 해당 기관과 타 기관 및 시설의 유사한 경험이나 프로그램, 외국의 실례 등을 조사해 본다. 프로그램에 관련된 다양한 자료수집방법이 있는데 그 중에서도 인터넷을 통한 검색은 시간절약 및 정보수집에 많은 도움이 될 수 있다.

문제의 정의와 해결을 위한 토의와 서비스 활동내용의 선정에 있어서 참가자의 다양한 아이디어와 관련 전문가의 자문도 도움이 될 수 있다. 아이디어의 발상으로 브레인 스토밍(BS)과 Brain Writing(BW) 등이 활용되고 있다.

> Brain Writing(BW)은 침묵발상법이라도 하는데, 여섯 명의 참가자가 3개의 아이디어를 5분마다 차례로 발상하여 종이 시트에 적는 방법이다. 이 방법은 1968년 독일의 Holliger에 의해 개발된 것으로서 침묵사고, 개인사고를 살린 집단사고 방법이다. 주로 30분이 1라운드로서 2~3라운드를 진행하고 난 뒤 아이디어를 평가하고 정리한다.

* 출처: 신복기외, 2002, 전게서. p.394.

우선순위의 선정이란 어떤 서비스가 수혜자에게 가장 도움이 되는가, 어떤 서비스가 가장 많은 그리고 가장 적은 자원을 필요로 하는가, 그리고 어떤 서비스가 프로그램의 목적과 목표 달성에 가장 바람직한가를 결정하는 것이다. 이러한 우선순위를 선정하는 데 있어 지침이 될 수 있는 세 가지 중요한 질문과 이에 대한 답변을 정리하면 다음과 같다 (Booth, 1984 : 4 ; 신복기외, 2002 : 394 재인용).

첫째, 클라이언트의 문제에 가장 적합한 서비스는 무엇인가? 아마도 가장 심각한 문제를 지닌 클라이언트나 다른 서비스로부터 수혜를 받지 못하는 클라이언트에게 주어지는 서비스를 택하는 것이 바람직할 것이다.

둘째, 해당 서비스 제공자들이 가장 잘 할 수 있는 서비스는 무엇인가? 기본적인 전략은 전체 자원봉사자들이 ① 가장 하고 싶어 하고, ② 가장 자신감이 있으며, ③ 그들의 지식과 기술 및 능력을 충분히 발휘할 수 있고, ④ 계속적으로 제공할 수 있는 서비스이다.

셋째, 수혜자와 제공자 모두에게 가장 만족감을 줄 수 있는 서비스와 앞으로도 계속 봉사활동의 성과가 지속될 수 있는 서비스는 무엇인가? 낮은 만족도를 갖는 서비스는 낮은 우선순위를 점하게 된다. 왜냐하면 그러한 서비스는 낮은 성과를 산출하기 때문인 것이다.

프로그램의 대안은 우선순위의 비교와 자원동원 가능성에 따라 결정된다. 이러한 대안의 선택에는 프로그램 개발에 관련된 사람들의 대체적인 합의가 요구되는데, 이를 위해 당사자의 자유로운 의견 개진과 그 의견에 관련된 타협과 조정이 필요하다.

(5) 실천계획의 묘사

실천계획의 수립이란 목표를 달성할 수 있는 체계를 창출하는 과정이다. 거기에는 프로그램 목적과 목표의 설정, 내용의 선정과 조직, 그리고 프로그램의 실행과 관리에 관한 내용들이 포함되어야 한다. 이러한 계획의 수립은 프로그램의 목표를 달성할 수 있는 체계를 구축하는 과정인 것이다. 따라서 프로그램 실천의 설계는 다음과 같은 의의를 가진다 (신복기 외, 2002 : 395~396).

첫째, 치밀한 설계는 프로그램의 목적을 최대로 충족시킬 수 있다.

둘째, 프로그램 실행에 영향을 주는 여러 요인들을 차근차근 고려할 수 있다.

셋째, 프로그램의 질을 높일 수 있다.

문제의 해결책이 선택되면 구체적인 실천계획이 수립되어야 한다. 이러한 프로그램 실천계획에는 프로그램의 목적, 목표, 활동시간, 장소, 예산 및 업무분담 등이 포함되어야 한다. 프로그램 실천계획의 수립에 있어 해당 관계자들의 합의에 의한 이른바 '프로그램 헌장'의 설정도 고려해 볼 수가 있다. 이러한 헌장은 프로그램 관계자들에게 서비스 제공에 따른 책임감을 느끼도록 하게 한다.

프로그램의 명칭은 구성원들에게 호기심과 긍지를 가지게 하기 위해서 창의적이고 구체적인 명칭으로 되어야 할 것이다. 그리고 프로그램 관련자의 사정을 직접적으로 나타내거나 스티그마를 낳을 수 있는 명칭(예를 들어, 정신지체 어린이와 공원 나들이, 치매노인 목욕시켜 주기 등)을 사용해선 안 된다(신복기 외, 2002 : 397).

역할분담은 전체 프로그램에 있어서 관계자의 세부과업을 할당하는 것이다. 이러한 분담을 통하여 프로그램 관계자들 간의 업무 중복이나 비효율성을 사전에 예방하고 프로그램 계획서에 입각한 프로그램의 수행이 가능하게 된다.

세부과업이 할당되면 그 과업을 수행하는 데 소요되는 시간의 추산이 필요하다. 이러한 시간을 추산하는 방법에는 ① PERT, ② Gant, ③ Sched-U-Graph 등이 있다. 프로그램 예산수립은 재정계획을 세우고 재원을 조달하여 여러 가지 목적에 따라 할당하는 과정이다. 프로그램 예산은 인건비, 관리비, 기자재 및 집기구입비, 수용비 및 사업비 등으로 각 항목의 산출근거를 구체적으로 제시하여 책정하여야 한다. 이러한 예산에 의거하여 자금조달계획을 수립하게 되는데, 이 계획은 자금부담 방법에 따라 기부금, 프로그램 수행 기관 자체의 부담금 및 보조금 등으로 나누어 작성한다.

(6) 프로그램의 실천 활동과 시행

프로그램 실행이란 전 단계들에서 제시된 사항들을 정해진 시간 내에 계획된 서비스를 실시하는 것이다. 프로그램의 실행에 있어서 목표전치가 발생하지 않도록 주의하여야 한다. 즉, 프로그램은 효과적인 서비스 제공의 수단이지 목적이 아닌 것이다. 따라서 프로그램의 실행 계획은 융통성이 있어야 하고, 때로는 목적 달성을 위하여 수정될 수도 있다.

보통 이 단계에서 프로그램이 곧바로 실시될 수 있는데, 경우에 따라서는 효과적인 프로그램 수행을 위해 사전훈련 작업이 필요하다. 이 사전훈련은 프로그램 수행에 필요한 내용을 전문가나 현장 관계자로부터의 설명이나 조언을 구하는 형태로 진행된다. 그리고 일정(日程) 프로그램을 수행한 연후에 프로그램 관계자들은 프로그램 관리자나 슈퍼바이저와 함께 해당 프로그램에 대해 논의하게 된다. 이러한 슈퍼비전은 프로그램의 진행 도중에 행하는 형성평가인 것이다.

(7) 측정 및 평가

측정과 평가는 수혜대상자와 지역사회에서 일어난 변화, 즉 생산성(productivity)을 측정하고 효과성(effectiveness)을 평가하는 것으로 구체적인 계량화가 요구된다. 특히 프로그램의 개발에서 평가는 설정된 목표가 달성되었는가를 알아보기 위한 과정 혹은 시행한 프로그램의 가치와 의의를 판단하는 사회적 과정인 것이다.

프로그램을 평가하는 이유에는 여러 가지가 있지만, 그러한 이유를 정리하면 다음과 같다(Posavac & Carey, 1980 : 7). 그것은 ① 프로그램에 대한 공적인 인정의 충족, ② 프로그램 재정의 결산, ③ 프로그램 정보요구에 대한 대응, ④ 행정적인 의사결정에의 참고, ⑤ 프로그램 개발에 직원들의 참여 유도, ⑥ 의도하지 않은 효과들에 대한 학습 등이다.

프로그램평가는 ① 프로그램 개시 직후, ② 프로그램 진행 도중, ③ 프로그램 종료

후에 할 수 있다. 그런데 대개의 경우 평가는 프로그램의 종료 후에 이루어지지만, 새로운 정보나 상황의 변화에 적응하기 위해서 프로그램 개시 직후 및 진행 도중에 이루어질 필요가 있다. 초기 및 중간 평가를 통하여 수립된 계획에 따라 목표 달성을 위하여 다각적인 노력을 시도하고 비록 상황변화에 따라 조기 종료를 하게 되거나 심지어 실패했을 경우에도 최종평가가 이루어져야 한다. 물론 성공적으로 끝났을 때에도 마찬가지이다(이성록, 1996).

평가기준은 평가하기 위한 척도로서 프로그램의 성패를 판단하기 위해서 프로그램의 어느 측면을 평가의 초점 내지는 대상으로 삼아야 할 것인가에 대한 기준인 것이다. 평가기준은 대체로 ① 목표 달성 수준, ② 기대하는 변화의 정도, ③ 변화 또는 성과를 나타내는 기준, ④ 의도한 서비스의 효과가 표현되는 맥락이나 상황의 수준, ⑤ 원하는 가치가 산출되는 정도나 범위, ⑥ 소비자의 만족도를 나타내는 특정지표, ⑦ 특정 행동 또는 태도의 변화 등으로 표현될 수 있다(신복기 외, 2002 : 403).

[표 11-5] 각 학자들의 평가기준

Paul	Sudman	Patti	Tripodi	Sanber	York
노력성	노력성	노력성	노력성	노력성	노력성
효과성	효과성	효과성	효과성	효과성	효과성
과정	효율성	효율성	효율성	효율성	효율성
	과정			적합성	영향
	적합성				질
					과정
					공평성

5. 프로그램 기획

1) 프로그램 기획의 정의

기획(planning)이란 '문제를 해결하고 미래의 사건들에 대한 경로를 통제하려는 의식적인 시도로서, 예견, 체계적 사고, 조사, 그리고 가치선호를 통해 대안들을 선택해 나가는 의사결정들'이라고 규정된다. 또한 '목적들을 최적의 수단들에 의해 성취되도록 하기 위한 것으로, 미래의 행위에 대한 일련의 결정들을 준비하는 과정'이라고도 규정된다. 요크 (R. York)는 기획에 대한 제반 정의들에 공통적으로 포함되어 있는 기획의 요소들을 '미래지향성', '지속성', '의사결정', '목적지향성', '수단과 목적의 결부'로 파악했다.

즉, 기획이란 미래에 어떤 일을 어떻게 할 것인지를 지속적으로 결정하는 과정이라고 볼 수 있다. 기획의 세부적인 관심이나 초점들은 관점에 따라 각기 다르게 나타난다. 조직의 관점에서 기획이란, 조직의 내·외부 환경의 변화에 대처해서 새로운 목표를 세우고, 이를 달성하기 위한 미래의 행동계획을 합리적으로 결정해 나가는 의사결정이 과정이 된다.

프로그램의 관점에서 기획이란, 프로그램의 목적 설정에서부터 실행, 평가에 이르기까지의 일련의 과정들을 합리적으로 결정하고 고안하는 과정이 된다. 기획이 정책적인 목적에 쓰인다면, 다양한 목적들 간의 합리적인 비교와 선택을 위한 의사결정과정들에 치중하게 될 것이고, 행정의 측면에서는 그러한 선택된 목적을 실현하기 위한 합리적인 전략이나 수단, 방법들을 선택하는 것에 초점을 둔다.

여기에서 프로그램 기획(program planning)이란 '현재와 미래의 환경변화에 대응하기 위한 것으로, 프로그램의 목적 설정, 수단의 선택, 실행, 평가에 이르는 제반 프로그램 과정에서의 합리적인 의사결정과 활동들'로 규정한다. 프로그램 기획의 범주는 기획이 적용되는 상황에 따라 각기 달리 규정될 수 있다. 사회적 자원의 배분이나 할당에 관여하는 자원제공자들(이를 보통 기획가라 한다)의 관점에서 프로그램 기획이란, '한정된 자원을 경쟁적인 사회 프로그램들에 할당하는 데 필요한 의사결정을 포함하는 것'이 된다. 이 경우에 기획의 목적은 사회적 목적을 성취하는 데 최적의 가용 수단이 되는 것들에 자원을 할당하기 위한 것이다. 반면에 프로그램 설계자들(대개는 프로그램 관리자가 이에 해당)의 관점에서는 프로그램 기획이란 '직접적인 서비스 실천과 프로그램의 관리 목적'에 유용한 것이다. 프로그램의 효과성에 대한 지속적인 확인과 변화하는 환경에 대해 프로그램이 적절한 대응여부를 계속적으로 점검해야 한다.

프로그램 기획은 '격동적인' 환경 변화에 둘러싸인 사회복지 프로그램들에서는 특별한 중요성을 갖는다. 프로그램의 효과성과 효율성, 혹은 책임성으로 표현되는 사회적인 요구들에 대응해서, 프로그램 수행의 정당성을 제시하기 위해서는 특히 합리적인 성격을 띤 프로그램 기획이 매우 필요하다.

(1) 합리성[1]의 증진

기획은 문제해결과 의사결정을 위한 활동들에 합리적인 기술을 도입함으로써, 결과 성취를 위한 최적의 가용 수단들이 무엇인지에 대한 결정들을 보다 체계적, 경험적인 것으로 만든다. 비록 현실적으로 정치적인 고려들을 뛰어넘기는 힘들지만, 최소한 그러한 것들에 한계를 지을 수는 있다.

대부분의 사회복지서비스 프로그램들에서 합리성을 완벽하게 제시하는 것은 한계가 있다. 경험화하기 어려운 휴먼서비스의 속성으로 인한 제약이다. 그럼에도, 문제 분석에서 결과 평가에 이르기까지의 전반적인 기획 과정에서 가능한 한 합리성을 추구하고, 합리적인 과업 수행의 도구들을 갖추려는 노력이 필요하다.

---

1) '합리성(rationality)'이란 경험적인 과학에 의해 입증된 가장 유용한 수단을 사용해서 가능한 목적들을 추구하는 것을 가리킨다. 한 행위가 합리적이 되는 정도는 그 행위가 가능한 결과(목적)를 성취하기 위해 가장 유용한 수단임이 경험적으로 증명될 수 있는 정도에 달려 있다.

(2) 책임성[2]의 증진

공식적인 기획 활동을 통해 프로그램과 관련한 제반 정보들을 드러냄으로써, 프로그램이 사회적으로 재가된 목적들과 일치하고 있는지를(즉, 책임성에 대해) 확인하도록 한다. 이를 통해 제반 이해집단들이 프로그램을 적절히 파악하게 해서 프로그램의 정당화에도 도움이 될 수 있다.

합리적인 기획을 통해서 프로그램이 고안되고 실행되지 못할 경우에, 책임성의 문제에 적절히 대처하기가 어렵다. 합리적 기획이 부재한 상태에서 프로그램에 대한 책임성의 요구는, 자칫 일방적인 규칙이나 규제들에 대한 순응을 요구하는 쪽으로 몰고 갈 수도 있다. 이것을 막기 위해서라도, 책임성을 제시할 수 있는 능력을 사회복지 프로그램들은 갖추어야 한다. 프로그램의 효과성이나 효율성과 같은 책임성을 제시하기 위해서는, 프로그램을 합리적으로 분석, 고안, 실행, 평가하는 데 필요한 제반 기획 과정과 기술들에 대한 이해가 필수적이다.

2) 의사결정 우선순위

기획은 근본적으로 의사결정의 과정이다. 대안들을 확인하고, 그 가운데서 우선순위를 결정하고, 무엇을 선택하는 등의 의사결정들이 지속되는 과정이다. 프로그램 기획도 이와 마찬가지로 프로그램 개발과 관련한 각종 단계들(문제 확인, 목적 설정, 프로그래밍, 실행, 평가 등)에서 우선순위를 파악하고 안을 선택하는 것과 같은 의사결정들이 기획의 핵심적인 과업이 된다.

(1) 의사결정

의사결정(decision making)이란 여러 대안들 가운데서 무엇을 선택하는 것이다. 만약 선택할 수 있는 대안들이 없다면 의사결정도 있을 수 없다. 기획은 본질적으로 여러 대안들 중에 최적의 것을 선택해 가는 과정이다. 그러한 과정의 대부분은 의사결정들로 이루어져 있으므로, 기획과 의사결정은 따로 분리하기 어려울 만큼 유사한 개념이다. 굳이 구분하자면 기획이 의사결정을 포함한다고 볼 수 있는데, 의사결정의 과정을 통해 도출된 결과들까지를 기획으로 보기 때문이다. 기획은 보통 합리적으로 조직된 일련의 의사결정들의 집합을 자칭하는 것이다.

기획에는 크게 세 가지 유형의 의사결정 접근이 있다. 의사결정을 위한 모든 대안들

---

2) '책임성(accountability)'이란 보통 프로그램의 정당성을 합리화할 수 있는 분석이나 설명을 제시할 수 있는 능력을 가리킨다. 프로그램 관리자들에게 책임성 요구란 무엇이 어떻게 성취되었는지에 대한 근거를 제시하도록 요구받는다는 것을 의미한다. 프로그램이 사회적 문제들을 경감하는데 있어서 과연 효과적이었으며, 다른 대안들보다도 자원을 가장 효율적으로 사용하는 수단이었음을 객관적이고 경험적인 증거에 근거해서 정당화할 것을 요구받는 것이다.

을 내놓고서 그 가운데 가장 합리적인 것을 찾아가려는 '포괄적 합리성' 접근과, 합리성 추구에 있어서의 인간적 한계들을 전제로 보수적인 의사결정을 선호하는 '점증주의'적 접근, 두 가지 의사결정 접근의 중간쯤에 속하는 '제한적 합리성' 접근이 있다. 프로그램 기획을 위한 의사결정에서도 이러한 각기 다른 접근들이 작용한다.

포괄적 합리성(comprehensive rationality) 접근 포괄적 합리성을 지향하는 프로그램 기획은 일차적으로 목적들을 매우 상세하게 구체화하고, 그에 대해 우선순위를 매긴다. 각각의 목적들을 성취하는 데 가능한 모든 대안들과 각 대안에 수반되는 비용들을 모두 확인한다. 특정한 프로그램의 선택에 관한 의사결정은, 설정된 목표들을 충족시키는 데 가장 높은 대가·비용을 제시하는 것이 무엇인지를 확인하고 내려진다.

점증주의(incrementalism) 접근 이 접근에서의 의사결정은 정치적 필요성이나 편의에 의거해서 이루어지며, 기존 실천들을 '점차로 증가해 나가는' 방법을 사용한다. 의사결정의 목표가 궁극적인 합리성을 성취하기 위한 것이라기보다는, 참여자들 간에 의견일치를 재설정하는 것이다. 목적은 쉽사리 합의될 수 없거나 혹은 수단들로부터 구분되기 어려우며, 광범위하고 포괄적인 대안들에 대한 인과론적인 지식을 완전히 갖추기란 불가능하므로, 이런 상황에서 의사결정을 위한 최선의 방법은 '점증'하는 것이라고 본다. 특히 다원주의적 민주주의에는 가장 적절한 모델이라고 주장한다.

제한적 합리성(limited rationality) 접근 여러 가지 이유들로 인해 프로그램 기획에서는 점증주의 접근이 지배적이었다. 그러나 현재로서는 사회복지 프로그램들에 요구되는 책임성의 문제로 인해서 점증주의식 실천은 명백한 한계에 부딪히게 된다. 점증주의에 대한 주된 비판은 기득권을 가진 프로그램들에 유리하고, 혁신(innovation)을 억제한다는 것이다. 비록 포괄적 합리성 접근이 이상향에 가깝기는 하지만, 그것 역시 실천하기가 어렵다는 현실적 한계를 안고 있다. 제한적 합리성은 점증주의에 대한 비판에서 비롯되었고, 합리성을 지향하되 제한적으로 추구할 수밖에 없는 현실을 수용한 것이다. 이 접근에서는 모든 가능한 목적과 대안들을 포괄적으로 두고서 합리적인 선택을 하자는 것이 아니라, 제한적인 영역 내에 목적들을 설정하고 그에 따른 합리적인 대안 선택을 하자는 것이다.

아직까지 사회복지 프로그램들의 기획이나 의사결정에서 합리성을 어느 정도로 도입할 수 있을 것인지는 미지수이다. 기획가나 분석가, 실천가, 의사결정자들에 이르기까지 합리성을 구현하기 위한 실천 도구들이나 혹은 의도조차도 적절히 갖추고 있지 않기 때문이다. 기획에서는 여전히 정치적인 판단들에 의해 의사결정이 이루어진다. 그럼에도 기획의 합리성을 제고하기 위한 노력들은 계속되어야 한다. 그러한 노력들이 점차 이러한 기획과정을 합리적으로 변화시키게 될 것이고, 그로 인해 사회복지 프로그램과 조직들은 책임성 도전의 위기를 극복해 나갈 수 있을 것이다.

(2) 우선순위

프로그램 기획 과정은 본질적으로 자원을 어떻게 할당할 것인지에 대한 의사결정을 내포하고 있다. 자원을 합리적으로 할당하기 위해서는 기획의 대상들(예: 문제, 지역, 서비스 등)에 대한 상대적인 가치를 체계적으로 순위화 할 수 있는 메커니즘이 필요하다. 우선순위(priority)란 제한된 자원들에 대한 접근에서 앞서는 순서나 권리 등을 말하는 것이다. 모든 기획에서의 우선순위의 설정은 필수적인데, 그 이유는 명백히 '자원은 한정되어 있기 때문'이다. 자원들이 무한정 존재한다면, 우선순위를 설정할 필요가 없다.

기획에서의 주된 의사결정은 제한된 사회적 자원을 어떤 사회문제나 목적, 혹은 프로그램들에 투입할 것인지에 관련되어 있다. 그 안에서도 투자의 우선순위는 어떻게 둘 것인지, 무엇을 선택할 것인지 등에 있어서 대안들의 우선순위를 설정하는 것이 일차적으로 요구된다.

예를 들어, 공동모금을 통해 모금된 자원을 배분하기 위해 프로그램들의 신청을 받았다고 하자. 이 경우에 어떤 프로그램이 다른 프로그램들에 대해 더 높은 선호도가 주어져야 할지를 어떻게 결정할 것인가? 한 지역사회에서 수백 개의 온갖 사회문제와 욕구 유형을 다루는 프로그램들이 명백히 제한된 자원을 두고 경쟁을 하고 있다. 극히 단순한 예들을 들어본다. '노인주간보호 프로그램'이 더 가치 있는가, 아니면 '영유아일시보호 프로그램'이 더 가치 있는가? 한정된 자원의 한도에서 어느 것에 우선순위를 둘 것인가? 만약 수백 개의 프로그램들이 이와 같다면, 과연 그것들 중에서 무엇을 선택하기 위해 우선순위를 어떻게 둘 것인가? 프로그램 제안서의 '모양 좋은' 순서대로 우선순위가 결정되지 않아야 함은 분명하다.

우선순위를 설정하는 중요성은 일차적으로 한정된 자원에 대한 할당을 판단할 수 있는 근거를 마련하는 것에 있다. 그 외에도 우선순위의 설정은 몇 가지 점에서 프로그램의 책임성 강화에 기여할 수 있다. 첫째, 우선순위를 결정하기 위해 채택된 기준들을 명확하게 함으로써, 가치 선호를 분명하게 드러날 수 있도록 한다. 둘째, 우선수위의 결정 과정에 동원되는 정보들을 명확하게 함으로써 비합리적이고 편견에 의한 영향력들의 개입을 최소화할 수 있다. 셋째, 공식적인 우선순위-설정 메커니즘은 자원할당에 관한 의사결정에 합리적인 신뢰성을 정착시켜서, 정치적 혹은 이해집단들의 압력을 줄일 수 있어 자원 할당에서 변화를 용이하게 할 수 있다. 이것은 특히 폭넓은 범위의 지역사회와 전문직 리더들이 우선순위-설정 과업에 참여할 때 그렇다.

프로그램 기획에서의 우선순위를 설정하는 과업에는 다음과 같은 점들이 고려된다.

<u>우선순위 결정의 주체</u> 우선순위가 설정될 대상은 주로 서비스들이지만, 기관이나 사회문제, 추구될 목적, 지역 혹은 인구집단들도 포함될 수 있다. 이들을 두고서 프로그램의 리더들이 우선순위를 결정하는 과정에 참여한다. 설정 대상이 무엇인가에 따라, 그에 적합한 리더들의 유형이 다르게 나타날 수 있다. 일반시민 리더들은 기관이나 프로그램이 추구할

문제나 목적들의 설정을 위한 의사결정에 적합하다. 개별 문제와 목적들에 대해 우선순위를 매겨서 각각의 상대적인 중요성을 결정하는 작업은 지역사회의 가치를 가장 잘 반영할 수 있는 사람들의 참여가 필요하다. 이 작업은 전문가들의 배타적인 권한 밖에 위치하는 것이다. 전문가들의 역할을 설정된 지역사회의 결과 목적들을 성취하는 데 최선의 수단이 무엇인지를 발견하는 데 있다. 결과 목적들을 규정하는 것은 비전문가인 일반 리더들의 역할이다. 한편, 서비스들에 대한 우선순위의 결정은 전문직에 의해 수행되는 것이 바람직하다. 그 이유는 이러한 활동이 서비스의 본질과 문제해결에 대한 해당 서비스의 효과성에 대한 깊이 있는 이해를 필요로 하기 때문이다. 지역이나 인구집단들을 우선순위 하는 데는 일반 시민 리더들의 미지(未知)한 판단보다 사회지표들에 대한 분석 등에 의거하는 것이 바람직하다.

  <u>우선순위 결정의 접근 방법</u> 공식적인 우선순위 결정의 방식은 크게 두 가지로 나눌 수 있다. 첫째, '합의적' 접근인데, 참여자들이 상호작용적인 집단 과정을 통해 각종 지침들이나 규제를 검토하고, 이에 대한 토의를 거쳐서 집단적인 합의에 도달하는 방법이다. 둘째, '수량적' 접근이 있는데, 이것은 일반적으로 말하는 민주적인 방식에 가깝다. 우선순위의 결정에 참여하는 사람은 각자 동등한 투표권을 갖고, 최종 의사결정은 투표의 집계에 의해서 이루어진다. 이외에도 직접적으로 결정하는 것은 아니지만, 간접적으로 우선순위가 이루어지는 경우들도 있다. 예를 들어 자원들에 대한 상대적인 분포를 통해 우선순위가 드러나는 경우가 이에 해당한다.

  <u>우선순위 설정을 위한 기준</u> 우선순위를 설정할 때 채용되는 기준들에는 중요도, 효과성, 효율성, 필수성 등이 있다. 이것은 문제나 목적들의 상대적인 중요성을 파악하게 하고, 각종 서비스 대안들을 비교해 보기 위한 목적에 쓰인다. 그러나 대부분 우선순위의 설정 과정에서 실제로는 이러한 모든 기준들이 엄밀하게 적용되기가 힘들다. 그 이유는 우선순위 설정의 과정이 보통은 정치적 차원에서의 영향을 받기 쉽고, 분석적으로 지향되어 있지 않은 비전문가들이 많이 참여하기 때문이다.

3) 합리적 의사결정을 위한 도구들

  프로그램 기획에서는 문제 확인, 목적 설정, 프로그래밍에 이르기까지 다양한 의사결정들이 이루어진다. 무엇이 문제인가에서부터, 수많은 문제들 중에서 어떤 것들이 가장 중요하고, 제한된 자원 내에서 어떤 문제들에 초점을 두어야 할 것이며, 그것을 위해서는 어떤 구체적 목적과 목표들이 추구되어야 하고, 어떤 개입전략들이 가장 효과적, 효율적일 것인지에 대한 의사결정들이 각기 이루어져야 한다.

  기획은 합리적인 의사결정을 필요로 한다. 다양한 도구들이 합리적 의사 결정에 도움을 줄 수 있다. 다음은 그 중에서 몇 가지를 소개하는 것이다. 사회지표 분석, 구역 분석,

명목집단기법, 교차-영향 행렬, 합리적 예산안과 같은 것들은 모두 의사결정의 합리성을 증진하기 위한 것들이다.

　　사회지표(social indicator) 분석　사회문제를 수량화하는 도구로서, 대상 인구집단에서의 문제들이 존재하는 정도를 사정하는 데 유용하게 쓰이며, 적절한 자료 요소들을 선택하고 이를 적절히 조합해서 지표화 하는 방법이다. 실업률, 아동학대 발생률, 영아사망률, 청소년비행률, 주택보급률, 주거환경 열악도, 인구이동률 등과 같은 사회지표들을 이용해서, 기획이 의도하는 지역의사회문제와 욕구의 정도를 확인하는 데 사용할 수 있다. 자료의 통합에는 요인분석(factor analysis) 등과 같은 통계학기법들이 보통 많이 사용된다.

　　구역 분석(area analysis)　사회지표 분석을 보다 구체적으로 적용한 기법으로, 행정 관할 구역들을 기준으로 욕구의 분포 상태를 확인하는 데 유용한 도구이다. 먼저 한 지역을 세분화된 구역들로 나눈다. 각 구역에 지역사회의 문제를 나타낼 수 있는 각종 사회지표들을 투입해서 구역들을 비교해 보고, 어떤 구역들에서 어떤 문제들이 높게 나타나는지와 서비스 공급의 능력이나 정도들을 확인해서, 그 격차를 통해 구역별로 투자의 우선순위를 판단하기 위한 기초 자료를 제시하는 것이다.

　　명목집단기법(NGT, Nominal Group Technique)　의사결정과정에 사용되는 민주적이고, 수량화된 기법이다. 이것은 구조화된 집단방법으로 의사결정 집단에서 아이디어들을 민주적으로 도출하는 데 사용된다. 집단(구성원들)이 대안들을 검토하고 그에 따라 의사결정(예: 문제, 욕구의 우선순위, 프로그램 선택 등)에 이르러야 할 때, NGT는 집단구성원의 '합의'가 아니라 '표결'이라는 방법을 사용한다. 또한 집단의 특정 구성원들(예: 전문가, 지역유지 등)이 집단의 의사결정에 과도한 영향력을 미치는 것을 통제하기 위해 무순위기명(round-robin) 방식 등과 같은 '참여의 평등성'을 보장하기 위한 장치들을 갖추고 있다.

　　교차-영향 행렬(cross-impact matrix)　의사결정과정에서 사용되는 수량화된 접근 방식으로, 이것 역시 NGT와 마찬가지로 참여하는 모든 개인들에는 동등한 점수권이 주어진다. 개별 서비스 프로그램들이 지역사회의 문제들이 미치는 영향을 교차시켜 만든 행렬에 각자의 판단에 따라 점수들을 부여하게 하고, 그것들을 집계해서 각 프로그램에 대한 상대적인 점수를 도출하는 방식이다. 이 기법은 특히 우선순위의 결정 등에 유용하게 쓰일 수 있다.

　　합리적 예산안　영기준 예산이나 프로그램 예산 등이 이에 해당하는데, 프로그래밍의 과정에서 산출물 혹은 성과를 도출해 내는데 따르는 대안적 개입전략들의 상대적인 효율성을 확인할 수 있게 한다. 프로그램 기획의 과정에서 중요한 과업인 프로그램 대안들의 합리적인 확인과 선택 결정에 필요한 도구들이 된다.

4) 기획의 단계

프로그램 기획의 과정은, 사회적으로 재가 된 목적들을 성취하기 위한 자원의 최적 배치라는 근거에서 프로그램을 선택하고, 선택된 프로그램을 실행하여, 그 결과를 평가해 보는 것으로 한 사이클이 완성된다. 프로그램 기획은 '지속적인' 특징을 갖는데, 한 번의 사이클 완수로 기획이 종료되는 것이 아니라, 다음의 기획으로 계속해서 연결된다는 것이다. 그와 결부해서 프로그램 기획은 직선적인 과정이 아니라, 상호교류적인 과정으로 간주된다. 그래서 프로그램 기획의 과정은 엄밀히 말하면 단계들의 합이라고도 하는데, 각각의 단계들은 서로의 활동들에 영향을 미친다.

프로그램의 기획 과정에 포함되는 단계들과 각 단계의 수행에 수반되는 과업들을 규정해 둔 것이다. 이러한 단계와 과업들은 서로 간에 깊이 연관되어 있어서, 하나를 고려하기 위해서는 다른 것들을 동시에 고려하는 것이 보통이다. 예를 들어, 영향목표를 설정하는 과업은 기대되는 자원 수준에 대한 고려와 프로그램 결과를 평가하기 위해 사용가능한 수단들에 대한 고려 없이는 이루어질 수 없다. 다음은 프로그램 기획의 과정에 포함된 각 단계들에 대한 설명이다.

| 그림 11-2 | 프로그램 기획의 단계들

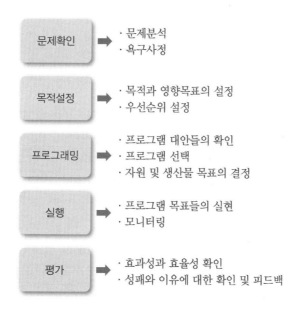

(1) 문제 확인

프로그램 기획 과정의 첫 번째 단계로서, 문제 분석과 욕구사정의 과업들을 포함한다. 문제 확인은 프로그램이 의도하고자 하는 사회적 조건들의 변화(예: 실업률의 감소, 아동학대의 예방, 비행 방지 등)를 찾아내고, 이를 통해 프로그램 전략들을 도출하는 근거를 마련하기 위한 것이다. 문제 확인을 위해서는 문제 분석과 욕구사정이 시도된다. 이 두 가지의 과업들은 매우 밀접하게 관련되어 있다. 욕구사정을 통해서 문제들이 인구집단에 퍼져 있는 정도를 측정하고, 행위의 표적들을 확인한다.

(2) 목적 설정

이 단계는 목적과 영향목표를 결정하는 것이다. 먼저 목적(goal)과 영향목표(impact objective)들에 대한 정의가 내려진다. 이것을 통해 프로그램 활동이나 노력이 지향할 방향을 정하게 되고, 그것은 다시 평가의 과정에서 표적들이 된다. 목적은 무엇이 성취될 것인지에 관한 것이고, 영향목표는 목적 성취를 통해서 문제 확인에서 규정된 사회 문제들에 대해 얼마나 많은 영향을 줄 수 있을 것인지를 판단하는 것이다. 목적과 영향목표들에 대한 정의에는 우선순위에 대한 결정이 포함된다. 우선순위를 통해서 프로그램의 의사결정에 지역사회를 비롯한 제반 이해집단 요소들의 가치를 도입하고, 그에 따라 자원 할당을 유도하려는 것이다.

(3) 프로그래밍

문제 확인을 거쳐서 목적 설정이 이루어지면 그에 따라 구체적인 프로그램 계획들이 이루어지는데, 이 과정을 프로그래밍(programming)이라 한다. 동일한 목적에 대해서도 다양한 프로그램 대안들이 제시될 수 있으므로, 가능한 한 폭넓은 대안들에 대한 고려가 이루어져야 한다. 점증주의(incrementalism)에 기초한 대안 확인은 합리적인 프로그래밍을 방해한다. 보다 효과적이고 효율적일 수 있는 개입전략들을 확인해 내기 위해서 포괄적 합리성(comprehensive rationality) 내지는 적어도 제한적 합리성(limited rationality)에 기초한 대안 확인 작업이 필요하다.

대안들이 확인되고 난 후에는 프로그램 선택을 위한 기준을 결정하고, 그 기준들을 이용해서 최적의 프로그램 대안들을 선택한다. 중요도, 효율성, 효과성, 필수성, 평등성, 부수적인 효과 등이 합리적인 프로그램 대안 선택의 과정에서 채용되는 기준들이다. 이 기준들에 비추어서 어떤 프로그램이 주어진 문제 해결을 위해 최적의 방법이 될 것인지를 결정한다. 이 단계에서도 역시 기획의 일반적인 성격인 의사결정과 우선순위의 설정작업들이 이루어지는데, 전문가의 영향이 강조되는 것이 바람직하다.

다음 과업은 '프로그램 생산물을 규정'하는 것이다. 생산물(product)은 뚜렷이 측정될 수 있는 프로그램의 산출물(output)이다. 생산물은 클라이언트에 대한 성취의 기준으로 언급되는 것이 이상적이지만(예: 취업한 사람들의 수), 서비스의 단위로 규정되는 경우들도 흔히 있다(예: 취업훈련의 시간 수). 때로는 단지 서비스를 받은 사람들의 수나 서비스 에피소드(episode)의 수로서 확인되기도 한다(예: 아동학대 조사의 건수). 이 과업의 주된 의도는 프로그램이 얼마나 많은 자원을 요구하는지를 파악하기 위해서 프로그램 노력의 수준을 확인하려는 것이고, 또한 프로그램 결과에 대한 평가를 위해 필요한 표적을 설정하려는 것이다.

이 단계에서는 프로그램에 소모될 '자원의 결정'이 포함된다. 규정된 생산물에는 어떤 유형과 많은 자원들이 요구되는지, 그리고 무엇을 얼마만큼 할당할 것인지를 결정하는 것이다. 이 과업은 얼마나 많은 생산물들이 필요한지를 확인하고, 다른 지역사회 자원들은 그 욕구를 얼마나 충족시키는지를 확인하고, 공백이 발생하는 부분에 대해 기관의 자원을 각 프로그램 영역별로 어떻게 예산지원을 할 것인지 등을 포함한다.

(4) 실행과 평가

프로그램들은 실행되고 평가되어야 한다. '실행'은 프로그램 목표들이 확실하게 실현되도록 하는 기능에 기여한다. 실행과 기획은 얽혀 있어서, 기획의 결과가 실행으로 나타나며, 실행은 다시 기획을 위한 근거가 된다. 실행의 경험은 무엇이 적절하고 적절치 않는지를 판단하게 한다. '평가'는 목표들이 얼마나 잘 성취되었는지를 결정하게 하고, 성공과 실패에 대한 이유를 확인시켜 준다. 평가의 결과는 프로그램의 방법이나 목표들을 재규정하는 데 사용되고, 추가적인 조사연구를 위한 기반을 찾아준다. 평가는 다음과 같은 두 가지 관련된 질문들에 대한 대답을 시도하는 것이다. '무엇이 성취되었으며, 이를 위해 얼마의 비용이 들었나?' 그래서, 평가는 주로 프로그램 결과에 대한 효과성이나 효율성의 조사에 초점을 맞춘다.

5) 프로그램 분석

(1) 프로그램 분석틀

프로그램 기획을 통해 새로운 프로그램들이 도출될 수도 있고, 기존 프로그램들에서의 변화가 발생할 수도 있다. 어떤 경우에서든 사회복지 프로그램들은 정체되어 있지 않으며, 계속적인 변화의 과정을 겪는다. 그에 따라 프로그램을 분석하고, 평가해야 하는 필요성도 계속적으로 나타난다. 사회복지 프로그램들에 대한 책임성 요구가 점차 높아지는 현실에서, 프로그램의 기획가 혹은 관리자들이 프로그램을 적절히 분석하고 평가해 볼 수 있는 능력을 갖추는 것은 매우 중요한 일이 된다.

프로그램을 분석하기 위해서는 먼저 분석틀이 있어야 하는데, 일반적으로는 체계분석(system analysis)의 틀을 많이 사용한다. 이 틀에서는 프로그램을 투입, 전환, 산출, 성과라는

그림 11-3 프로그램 분석틀

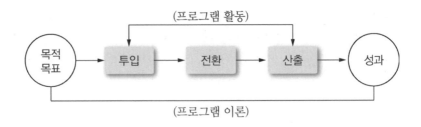

하위체계들로 나누고, 프로그램의 구성요소들을 그에 따라 나누어서 분석, 평가한다. 이것은 사회복지서비스 프로그램들의 분석에도 유용하게 적용되어 왔다. 이 분석틀에 목적과 목표를 추가로 투입하게 되면, 그러한 과정 전체가 곧 프로그램 이론(혹은 가설)을 나타내는 것이 된다. 즉, 특정한 목표에 대해 특정한 프로그램 활동(투입, 전환, 산출)을 하게 되면, 특정한 성과가 나타나게 된다는 것이 프로그램이 설명하는 변화 이론이다. 이를 그림으로 나타낸 것이 [그림 11-3]이다.

프로그램은 이론적으로 크게 세 가지 구성요소를 갖는다.

첫째, 구체화된 목적(goal)과 목표(objective)들을 갖고 있는데, 이것들은 특정한 상황에 대한 변화를 의도하고 있다. 즉, 프로그램의 의도와 목적 부분에 해당하는 것이다. 욕구사정이나 목적 설정을 위한 의사결정과정 등을 거쳐서 도출되는 것이다.

둘째, 프로그램 활동(activity)들을 갖고 있다. 이것은 개입전략과 관련이 있는데, 무엇을 투입해서, 어떤 전환과정을 거치게 하면, 무엇이 산출될 것이라는 논리 구성에 기반 한다. 프로그램이 클라이언트 상황에 대해 직접적인 활동들을 하는 데는 논리가 필요한데, 쓰이는 맥락에 따라 약간씩은 다른 의미가 있지만 대체로 그러한 논리를 개입전략(intervention strategy)이라 하기도 하고, 개입가설 혹은 개입이론(intervention theory)이라 부르기도 한다.

셋째, 성과(outcome)를 갖고 있다. 프로그램이 의도하는 목적과 목표에 대해 프로그램 활동을 개입시켜 발생할 것으로 기대되는 결과가 성과이다. 이론적으로 프로그램 개입활동을 독립변수라고 한다면, 성과는 일종의 종속변수에 해당하는 것이다. 프로그램평가와 관련해서 주된 관심사가 되는 것이 성과 부분이다. 이러한 세 가지 구성요소들을 모두 인과론적으로 연결해서 설명하는 것을 프로그램 이론이라 한다. 예를 들면 다음과 같다.

프로그램 수급자 결정을 위한 인구 모형

프로그램에서 수급자에 대한 막연한 규정은 불분명한 프로그램 활동들의 근원이 된다. 또한 업무자들이 각자의 기준에 의거해서 클라이언트를 결정하게 되는 문제가 발생할 수 있고, 이것이 곧 서비스의 형평성과 통합성에 관한 문제를 야기한다. 이러한 문제를 예방하기 위해서는, 프로그램의 설계 과정에서 서비스의 수급자를 다음과 같은 인구모형으로 확인해 보는 것이 도움된다.

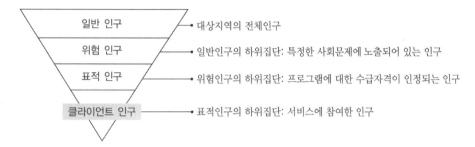

- 일반 인구: 일반적인 사실들에 기초한 설명으로 묘사한다. 예를 들어 아동복지 프로그램이라면, 해당 지역의 아동과 가족에 대해 설명한다. 만성 정신질환자를 위한 프로그램의 경우는 정신질환의 유포에 대해 논의한다.
- 위험 인구: 프로그램이 제기하는 사회문제에 특별히 민감하다고 판단되는 집단이다. 가장 취약한 상태에 있는 사람들의 특성, 그런 특성을 소유한 것으로 판단되는 사람들의 수에 대한 추정이 설명에 포함된다.
- 표적 인구: 프로그램 수급자가 될 자격을 갖춘 사람들이다. 위험 인구 중에서도 프로그램이 구체적인 개입대상으로 삼은 집단을 말한다. 프로그램이 채용하는 개입이론과 제공되는 자원의 성격 등이 표적인구의 선택에 영향을 미친다.
- 클라이언트 인구: 표적 인구 중 서비스에 실제로 참여하게 되는 인구이다. 서비스의 접근성 문제로 인해 표적 인구 전체가 곧 클라이언트 인구가 되는 것은 아니다.

(2) 투입(inputs)

프로그램 활동을 위한 원료와 자원을 의미한다. 사회복지서비스 프로그램의 주된 원료(raw material)는 클라이언트 혹은 클라이언트의 문제 상황이 된다. 클라이언트의 문제를 해결하기 위한 자원은 인적 및 물적 자원들로 구성되는데, 인적 자원은 다시 서비스 인력과 행정인력으로 구성되며, 물적 자원에는 현금, 현물, 시설, 장비 등이 포함된다. 프로그램 분석을 위해서는 투입되는 원료와 자원들에 대한 충분한 정보를 갖추는 것이 일차적으로 필요하다.

302 함께하는 행복한 복지사회

클라이언트 변수 서비스 수급자격(소득수준, 연령, 거주지역, 장애인등록증 등)과 인구사회학적 특성(성별, 연령, 소득수준, 종교, 교육수준, 혼인상태, 가족관계, 고용상태 등)을 비롯해서 서비스 개입을 필요로 하는 문제들에 관한 사정 정보, 개입에 도움이 될 클라이언트 환경 변수들에 대한 정보들로 구성된다.

인적 및 물적 자원 변수 서비스에 투입되는 인력에 관한 정보로서, 성별이나 연령 등과 같은 인구학적 변수들이나, 면허증, 자격, 학위 등과 같은 자격관련 변수들이 이에 해당된다. 현금이나 현물, 시설, 장비 등과 같은 물적 자원들도 변수가 된다.

(3) 전환(throughputs)

서비스 과정으로서의 개입이나 프로그램을 의미한다. 투입 자원들이 클라이언트에게 사용되는 과정으로, 이 결과 서비스의 종료(산출)가 이루어지고, 최종적으로는 클라이언트에 대한 기대 결과(성과)가 나타나게 된다. 사회복지서비스 프로그램들의 경우에는 이러한 전환과정이 대개는 서비스의 주된 활동으로 규정되는데, 상담이나 시설치료, 사례관리, 정보＆의뢰서비스 등과 같이 다양한 형태로 나타난다. 여기에는 서비스의 정의, 개입방법, 서비스 과업 등이 포함된다.

[표 11-6] 서비스의 절차와 활동

---

① **서비스 절차**: 서비스의 시간 흐름에 따른 과업 활동들을 구체화시켜 놓은 것이다. 예를 들어, 전형적인 경우로서 다음과 같은 서비스 절차들이 공통적으로 나타난다.

기본적인 절차 구성 요소	〈상담 프로그램〉의 경우
1. 사정(assessment) 2. 개입계획 및 계약(목표 설정) 3. 개입 실행 4. 평가(evaluation)	1. 인테이크 및 심사 2. 문제 규정 및 사정 3. 사례계획 4. 사례계획 실행 5. 서비스 제공과정에 대한 모니터링 6. 서비스의 효과성 평가 7. 서비스의 종료 8. 사후관리

② **서비스 환경과 활동**: 서비스 과정에서 등장하는 다양한 요인들과의 상호작용을 다루는 것으로, 특히 사회복지서비스의 특성상 대인적인 요소들이 중요한 환경과 활동의 요소이다.
· '클라이언트에 대한 서비스 효과에 영향을 미치는 주요 인물들의 확인': 이들의 개입여부와 기대되는 역할이나 활동들을 예상해서 구체적으로 적시하는 것이 필요하다.
· '서비스 환경의 묘사': 작업 환경에 대해 설정한다. 예를 들어, 상담기술을 적용할 시에 비밀보장과 같은 원칙들이 지켜질 수 있는 적절한 상담 공간에 대한 규정, 장애인프로그램의 경우에 필요한 시설이나 장비의 구비조건 등을 확인한다.

> ・'실질적 서비스 행동의 묘사': 클라이언트와 서비스 참여 인력들이 어떤 상황에서 어떤 행동을
> 취할 것인지를 묘사한다. 특히 업무자와 관리자들이 각각의 예상되는 상황에서 어떤 반응을 보
> 여야 할지를 규정한다.
> ・'예상되는 감정적인 반응들의 확인': 사회복지서비스의 특성인 업무자와 클라이언트의 긴밀한
> 대인관계 과정으로 말미암아, 감정의 교류를 적절히 조절하고 에너지화 되도록 유동할 필요가
> 있다. 감정통제의 실패는 업무자에게는 감정폭발이나 소진현상을, 클라이언트에게는 냉소와
> 좌절감을 심어주는 부정적인 영향을 초래할 수 있다. 이러한 감정들에 미리 대비하기 위해 상
> 황 묘사와 반응을 마련해 둔다.

__서비스의 정의__ 서비스에 대해 한 두 문장으로 정의하는 것이다. 프로그램이 다룰 클라
이언트의 문제와 욕구를 함축적으로 나타내며, 그에 다른 프로그램 활동들을 포괄적으로
명시하는 것이다. 예를 들어, "이 프로그램은 편모취업가정의 보호위험 아동들에게 방과
후 보호 및 상담지도를 제공하는 것이다"와 같다.

__개입방법__ 서비스 전달의 방법을 구체적으로 규정하는 것이다. 방과 후 보호를 어떻게
할 것인지, 예를 들어 자원봉사자와 연계된 가정 내 보호의 형태를 할 것인지 아니면 시설
에서의 집단 보호를 할 것인지 등을 규정한다. 상담지도를 위해서도 심리사회적 모델에서
부터 행동수정 모델에 이르기까지 다양한 개입접근들이 존재한다. 이에 대한 결정은 문제의
이해와 개입가설을 근거로 하는데, 개입방법들이 검증된 것인지를 확인하는 것이 중요하다.

__서비스 과업__ 서비스에서 수행할 과업들을 정의하는 것이다. 유사한 문제를 가진 유사
한 클라이언트들에게 제공되는 서비스들에서의 동질성을 확보하기 위한 것이다. 서비스
과업에 대한 구체적인 정의를 통해서 프로그램에 대한 책임성과 평가도 가능하다. 과업의
어떤 부분들에서 문제가 발생하는지, 혹은 수정되어야 할 부분은 어떤 것인지에 대한 평가
가 이루어질 수 있다. 여기에는 서비스 절차들을 구체화 하는 것과, 서비스 환경이나 활동
들을 구체화 하는 것이 포함된다.

(4) 산출(outputs)

클라이언트가 서비스를 얼마나 받았는지, 프로그램에 명시된 바와 같이 서비스의 종
료가 이루어졌는지 등을 나타내는 것이다. 산출을 나타내는 기준들에는 '서비스의 단위',
'서비스의 종료', '서비스 질' 등이 고려된다.

__서비스 단위__ 워커와 클라이언트 간의 접촉 건수를 서비스 단위로 나타내는 경우가 있
는데, 접촉 자체가 중요한 서비스가 되는 경우들에서 특히 많이 사용한다. 이외에도 물량이
나 시간 단위를 사용하여 서비스를 나타낼 수 있다. 사회복지서비스들에서는 클라이언트에
게 주어진 서비스 시간이 대개는 서비스 산출을 함축적으로 의미하는 단위일 경우가 많다.

서비스 종료 서비스를 종료하는 시점을 산출의 기준으로 삼는 것이다. 사회복지서비스들에서는 최종 종료 시점을 결정하기 어려운 경우들이 많으므로, 단기적인 계획에서의 종료 시점을 활용하기도 한다.

서비스 질 서비스의 단위나 종료만으로는 서비스 산출물의 성격을 적절히 나타내는 어렵다. 그것들은 양적인 측면에 치중한 것이므로, 휴먼서비스를 실행하는 사회복지 프로그램들에 대한 산출의 질을 대변하기에는 명백한 한계가 있다. 따라서 서비스의 산출물을 서비스 질로 나타내는 것이 바람직하지만, 서비스 질에 대한 측정은 결코 쉽지 않다. 그래서 서비스 질에 대한 측정을 위해 미리 규정된 표준(standards)을 사용하는 경우들이 많다.

(5) 성과(outcomes)

프로그램 이론의 전 과정이 의도하는 것은 변화 목적의 성취이다. [투입-전환-산출]로 표현되는 프로그램 활동들은 그러한 의도를 실현하기 위한 수단일 따름이다. 산출은 단지 어떤 서비스 프로그램에 대한 효과성을 평가하려면, 성과에 기준을 둘 필요가 있다. 성과는 측정하는 시점에 따라 크게 두 가지로 나눌 수 있다.

중간성과 최종 산출 시점에서 측정되는 클라이언트의 삶의 질에 있어서의 변화
(예: 향상된 기술이나 취업여부 등)

최종성과 사후관리 시점에서 측정되는 클라이언트의 삶의 질에 있어서의 변화
(예: 자활 혹은 직업적 안정 및 경력 확보 등)

프로그램평가에서는 특히 이러한 성과 기준들에 대해 강조한다. 서비스의 결과로서 클라이언트가 과연 나아졌는지를 판단하기 위해서이다. 클라이언트에 대한 성과를 나타내는 데는 프로그램의 기대효과를 직접적으로 측정하는 방법도 있고, 클라이언트의 만족도와 같은 간접적인 측정 방법들을 사용할 수도 있다.

욕구조사 및 관리기법

제12장 욕구조사 및 관리기법

1. 욕구조사

1) 욕구측정의 개념

욕구측정에 대해 Rubin과 Babbie(1993)는 프로그램 기획과 관련지어 설명한다. 욕구측정은 프로그램 기획에 대한 평가 작업으로 프로그램 개발이 필요한가에 대한 연구과정이라는 것이다. 구체적으로 욕구측정은 프로그램 기획이라는 목적 아래 데이터 수집을 위해 모든 가능한 기법을 사용하는 것이며, 이는 곧 프로그램 기획에 대한 평가 작업과 대단히 흡사하다고 보는 것이다.

한편 Kettner, Moroney & Martin(1999)은 욕구에 관해 "…어떤 사람들이 다른 사람들과 달리, 필수적으로 요구되는 재화 혹은 서비스에 접근할 수 없을 때 사회적 욕구(social need)가 존재하게 된다. 이러한 의미에서 욕구는 상대적이며, 결국 기획이라는 것은 분배와 재분배에 관한 사항이 되는 것이다."라고 설명한다. 사회적 욕구와 사회복지 프로그램 기획의 상관성을 보여준다고 하겠다.

욕구에 대한 개념 정의와 관련하여, 미국의 경우 1974년에 의회 차원에서 사회보장법을 통해 정부지원이 가능하기 위해서는 욕구측정을 포함한 기획과정을 거치도록 명문화한 바 있다. 이때 미국의회가 정의한 '욕구(need)'는 "어떤 개인이 자신이 지닌 역량을 발휘하는 것을 제한받는 상황"이며, 일반적으로 사회적, 경제적, 건강상의 문제와 관련된 질적 측면을 갖는다. 여기서의 욕구측정은 유사한 개인들의 욕구가 총체적으로 합산되어 수치화된 개념이라고 보고 있다(Kettner et al., 1999 : 36).

이러한 욕구의 개념은 학자들 간의 상이성이 존재하나, 몇 가지 속성을 갖는다.

Kettner et al.(1999)은 욕구는 가치관에 따라 달라지며, 생활수준, 사회정치적 환경, 그리고 가용자원과 기술에 따라 변화되는 탄력성을 지닌다고 설명한다. 더욱 구체적으로, 첫째, 욕구는 정적이며 절대적이라기보다는 탄력적이며 상대적이라 할 수 있다. 비슷한 상황에 놓여 있다고 하더라도 개인마다 욕구수준이 다르며, 욕구를 느끼지 않을 수도 있기 때문이다. 또한 욕구는 시간이 지나면서 변화하기도 한다. 둘째, 사회정치적 환경에 따라 욕구의 개념이 달라질 수 있다. 보육서비스 같은 경우가 대표적이다. 과거에는 보육서비스의 필요성에 대해 공감대가 높지 않았다. 하지만 사회 변화 및 여성의 사회활동 증가, 정치력

신장과 더불어 사회적 공감대가 확산되면서 보육서비스에 대한 욕구도 증가하고 있다고
볼 수 있다. 셋째, 자원의 유용성과 기술수준은 욕구의 개념에 영향을 주는 또 하나의 요
인이다. 인공심장, 장기이식은 기술개발이 전제되며, 기술개발이 수요를 창출하고 욕구로
나타나게 하는 것이다.

2) 욕구분류

(1) Maslow의 욕구계층이론

Maslow(1954)에 의하면 인간에게는 5단계의 욕구체계가 있으며, 일반적으로 생존을
위한 생물학적 욕구에서부터 자기성장과 발전을 위한 욕구 순으로 상향적으로 만족시키기
를 원한다고 한다. 인간의 욕구를 위계적(hierarchical)으로 구분하여 설명하고 있는 것이다.
보다 구체적으로 인간은 가장 기본적인 하위의 욕구가 충족되어야 더 높은 단계의 욕구가
발생하고 충족을 기대한다고 설명하고 있다.

가령 사회복지사가 '아동학대' 사례에 개입하는 경우, Maslow의 이론을 적용하면 개
입방법에 대한 설명이 가능하다. 사회복지사는 피해아동을 위해 가장 먼저 쉼터의 음식 등
생존과 관련된 욕구를 충족시켜 주고자 노력하게 된다. 의료서비스가 필요하면 이를 가능
하게 하여 신체적·생물학적 욕구를 우선적으로 충족시키고자 노력하는 것이다. 이러한 상
황에서 다른 유형의 욕구충족보다도 신체적·생물학적 욕구충족이 우선적으로 요구되며,
시기를 놓치면 치명적인 낭패를 볼 수도 있어 대단히 중요하다고 하겠다. 다음 단계로는,
부모 상담을 통해 혹은 상황에 따라 보다 중장기적인 안전한 주택 혹은 보호시설을 연결
할 수 있을 것이며, 동시에 위험요인으로부터 격리시키기 위한 법률서비스 등의 안전욕구
를 충족시키고자 노력하게 된다. 그 다음단계에서는 안전의 욕구가 충족되었다는 전제 아
래, 피해아동의 정서안정이나 자존감 회복 등의 상위의 욕구를 충족시키는 방향으로 프로
그램을 기획하게 될 것이다.

Maslow의 욕구계층론은 사회복지 프로그램을 기획할 때, 욕구의 유형을 식별하여 사
회복지적 개입의 우선순위를 설정해야 하는 경우 대단히 유용한 이론이다. 또 다른 사례
로, 탈북난민을 위한 서비스 전달체계를 구축한다고 할 때도, 욕구계층론에 입각하여 임시
쉼터(보호소)를 설치하여 긴급보호를 먼저 제공하고, 이후 법률적 문제를 풀어주고, 나아가
한국사회에 순조롭게 적용할 수 있도록 사회적응훈련 서비스를 제공하는 순서로 접근할
수 있을 것이다. 이러한 접근은 욕구계층론에 입각하여 탈북난민의 욕구유형을 분류한 후,
서비스 제공의 우선순위에 따라 서비스 전달체계를 구축하는 것이라 볼 수 있다.

| 그림 12-1 | Maslow의 욕구계층론 |

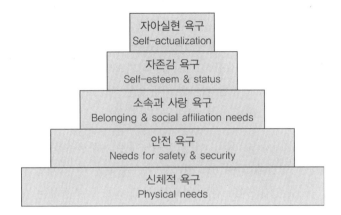

(2) Bradshaw의 욕구구분

Bradshaw(1972)는 욕구인식의 기준에 따라 욕구를 다음과 같이 구분하였다. 이러한 욕구구분은 욕구측정을 위한 접근방향의 다양성을 보여주기도 한다.

① 규범적 욕구

규범적 욕구(normative needs)는 전문가, 행정가 또는 사회과학자 등이 욕구의 상태를 규정하는 것이다. 용어상 규범적이란 일정한 기준(standards)이나 규범(norms)이 존재하고 있다는 것이다. 즉 규범적인 욕구란 관습, 권위, 일반적인 합의에 의해 확립된 일정한 기준에 존재하며 이러한 기준이 욕구를 규정한다고 가정한다. 이러한 규범적 욕구는 지식의 발전과 사회의 가치기준의 변화에 따라서 달라질 수 있는 한계를 가지고 있다. 전문가의 견해를 통해 욕구식별과 욕구수준에 대한 확신을 얻기도 하며, 객관성을 높이기도 한다.

② 감지된 욕구

욕구는 개인적인 생각이나 느낌으로 정의 내릴 수 있다. 감지된 욕구(perceived need-felt need)는 사람들이 어떤 욕구의 상태에 있는지 느끼는 정도(또는 어떤 서비스를 필요로 하는지)를 알아내어 파악하는 욕구이다. 이러한 욕구의 경우 단일한 기준이 존재하여 전체적인 의미에서의 욕구에 관한 논의가 가능하다. 하지만 감지된 욕구의 경우는 사람마다 그 기준이 변화하고 또한 서로 다르다는 것이다.

③ 표출된 욕구

표출된 욕구(expressed needs)는 특정한 욕구를 지닌 사람이 그 욕구를 충족하기 위해 실제적으로 어떤 행동을 취하였는가에 초점을 둔다. 욕구충족을 위해 구체적인 행동으로 연결

지었다면 단순히 명단(waiting list)을 보고 욕구의 정도를 파악하는 것이 하나의 사례가 된다.

표출된 욕구에 근거하여 프로그램을 기획하면 실제수요에 근접하여 기획하는 것이므로, 감지된 욕구에 근거하여 사업을 기획하는 경우보다 사업의 실패 가능성이 더 낮다고 할 수 있다. 반면에 표출된 욕구에 지나치게 의존하는 것은 서비스 제공의 민감성을 제한하게 된다. 새로운 욕구에 대해 실험적으로 접근하기보다는 이미 사회문제가 심각해져 욕구의 강도가 높을 경우에만 반응한다는 한계가 있는 것이다.

④ 상대적 욕구

상대적 욕구(comparative needs)는 어떤 집단에게는 욕구충족을 위한 개입이 이루어지고 어떤 집단은 같은 상황에 놓여 있으면서도 욕구충족을 위한 개입이 이루어지지 않는 경우 발생한다고 볼 수 있다. 지역 간의 비교를 통해 욕구를 추정하는 경우와 동일한 문제를 지닌 사람들을 분석하여 욕구충족을 위한 개입이 이루어지는 집단과 그렇지 않은 집단을 구분하여 상대적 욕구를 파악하는 것이 가능하다.

이상의 네 가지 욕구유형은 욕구에 대한 인식을 어떻게 하는가에 초점을 두고 있으며, 동시에 욕구측정에 대한 방향성을 제공하고 있다. 일반적으로 기획과정에서 욕구인식 및 측정을 시도할 때, 특정한 유형에만 의존하는 경우는 드물다고 하겠다. 정확한 욕구인식 및 측정을 통해 효과적인 프로그램 기획을 가능하게 하고, 나아가 프로그램의 성공가능성을 높이기 위해서는 두 가지 혹은 그 이상의 욕구유형을 응용하여 욕구측정을 하는 것이다. 전문가의 의견도 반영하고, 감지된 욕구파악을 통해 욕구의 규모 혹은 잠재적 욕구까지도 추정하고, 구체적으로는 표출된 욕구측정을 통해 사업의 실행규모를 추정할 수 있는 정보를 얻어 종합적인 의사결정을 시도할 수 있다.

3) 욕구측정기법

기획과정에서의 욕구측정은 전술한 바와 같이 기획목적 아래 데이터 수집을 위해 사용되는 모든 가능한 기법을 포함한다. 사회조사방법론상의 개념과 이론이 그대로 적용되며, 사회조사의 한 유형으로 분류된다. 따라서 조사방법론적 지식과 경험을 보유한 기획가의 경우 기획목적을 위한 욕구측정이 수월할 수 있을 것이다. 욕구측정을 위한 기법은 다양하나 여기에서는 대표적인 방법만을 간단히 언급하고자 한다.

(1) 지표분석

사회지표(social indicator)를 통해 욕구측정을 시도하는 것이 가능하다. 사회지표의 대표적 사례인 평균수명, 평균소득, 모자가정비율, 정신건강지표, 보육대상아동비율 등을 지역별, 집단별로 비교한다. 비교분석과정에서 특정지역 혹은 특정집단이 전체적인 평균수치보다 월등한 차이를 보인다는 사실을 발견할 수도 있을 것이다. 이때 기획가는 특정지역 혹은 집단에 보육서비스 욕구가 높다고 추정할 수 있을 것이며 또는 소득보장을 위한 사회적 지원책이 필요하다는 것을 유추할 수 있을 것이다. 이러한 접근방식을 사용하여 욕구측정을 시도하는 것이 지표분석기법이다.

사회지표는 일반적으로 인구센서스, 경제통계, 노동통계, 사회지표조사 등의 2차적 자료를 통해 얻게 된다. 신뢰성과 타당성을 확보하고 있는지를 사용하는 것이 중요하며, 직접 수집한 자료가 아니라 이미 공공의 목적을 가지고 수집된 자료이기 때문에 관련비용의 부담이 적다는 장점이 있다. 하지만 특수한 문제에 접근하는 경우에는 일치하는 지표를 찾아내기가 어려울 수 있다.

(2) 일반설문조사

구조화된 설문도구를 사용하여 전체주민을 대상으로 설문조사를 실시하고 이를 통해 얻어진 자료를 분석하여 욕구측정을 시도하는 것이다. 전체주민의 수가 많아 전수조사를 실시하기 어려운 경우 무작위표본을 추출하여 설문조사를 실시하게 된다. 설문조사는 자기기입식(self-administered)조사, 면접조사, 전화조사 등의 방법이 있으며, 상황에 따라 가장 적합한 방법을 선택하게 된다. 주민들의 전반적인 욕구유형과 수준을 파악할 수 있으며, 이들의 개인특성, 프로그램에 대한 기대정도, 기존의 서비스 체계에 대한 태도, 서비스 이용을 어렵게 하는 요인 등을 파악할 수 있다.

(3) 표적인구조사

일반설문조사는 전반적인 조사의 성격을 지니므로 기획가가 관심을 갖는 문제를 안고 있는 사람들은 일부에 지나지 않을 수 있다. 따라서 전체주민 가운데 특정한 문제를 지닌 사람의 비율을 파악하는 데는 유용하지만, 문제를 지닌 사람들만의 특성을 심도 있게 파악하는 데는 한계가 있는 것이다. 표적인구조사(target population survey)는 일반설문조사의 포괄성을 피해서 특정집단에게만 초점을 두어 설문조사를 실시하여 욕구측정을 시도하는 것이다. 표적인구조사를 위한 방법과 절차는 앞서의 일반인구조사와 유사하며, 동일한 사회조사방법론이 적용된다.

(4) 주요정보제공자조사

주요정보제공자(key informant)는 관련기관의 서비스 제공자, 인접직종의 전문직 종사자, 지역 내의 사회복지단체의 대표자, 공직자 등을 포함하는 지역사회 전반의 문제에 대하여 비교적 잘 알고 있는 것으로 인정되는 사람들이다. 이들을 통해 정보를 얻어 특정지역의 욕구측정을 시도하는 방법이 주요정보제공자 조사이다. 이러한 조사방법의 장점은 비용이 적게 들고 표본을 쉽게 선정할 수 있고 지역의 전반적인 문제를 쉽게 파악할 수 있다는 점이다. 하지만 의도적 표집으로 표본의 편의현상이 나타날 가능성이 있으며 특정인들의 주관이 지나치게 영향을 줄 수 있다는 단점이 있는 것이다. 또한 이 과정에서 다루어지는 문제들이 정치적으로 민감하고 이해관계가 얽히게 되며 객관적인 욕구측정은 더욱 어렵게 되는 것이다. 욕구측정기법 이외에도 주민공청회, 자원재고 조사, 서비스 제공자조사, 델파이기법 등이 있다(성규탁, 1994).

사회복지서비스를 제공하기 위한 가장 첫 단계는 클라이언트가 무엇을 바라고 있는가를 파악하는 것이다. 그러나 이러한 욕구는 절대적인 기준이 존재하는 것이 아니며 개인과 집단, 사회적 상황과 시대에 따라 다양하게 나타난다. 따라서 다양하게 표출되는 욕구를 객관적으로 파악하는 것이 중요하다.

이러한 욕구를 측정하기 위한 방법들은 다양하게 개발이 되었으며 사회복지기관에서는 다양하게 적용하고 있다. 통합적인 방법을 통하여 서로의 단점을 보완하는 방식으로

[표 12-1] 욕구조사방법의 특성비교

유 형	방 법	욕구유형	강 점	약 점
지표조사	인구센서스와 같이 일반적인 목적으로 수집된 자료를 2차적으로 재이용	상대적	표적집단의 확인, 다른 집단 및 지역 간의 변수비교, 비용 저렴, 기초선(baseline)자료	관심사항과 일치하는 자료 찾기가 어려움, 정태적이며 횡단적
주요정보 제공자조사	전문가 및 주요정보 제공자의 견해로 문제 확인	규범적	원인확인, 비용 저렴.	견해의 협소, 편향가능성
서비스 제공자조사	서비스를 요청했거나 받은 클라이언트에 관한 기록으로부터 자료추출	표출된	비용 저렴, 접근용이, 종단적 자료, 서비스전달 패턴 확인	수요만 측정, 세분화된 욕구에 대한 정보부족
자원재고 (resource inventories)	기존 지역사회자원 및 자원을 가진 사람들에 대한 의견 조사	표출된 규범적	지역사회의 역량확인, 서비스중복·결핍확인	용어의 불일치와 표준화 문제, 세분화된 욕구에 대한 지표빈곤
공청회	문제의 본질과 대책에 대해 관련자들로부터 의견수렴	표출된	관심집단의 의견을 통해 지역사회 지지확보, 지역사회 우선순위 및 소비자들의 감지된 욕구 확인 가능	대표성의 문제, 이익집단에 의해 지배될 가능성
사회조사	프로그램 기획목적을 위해 일반 혹은 표적집단의 욕구 파악, 정보수집	감지된	미해결 욕구의 확인, 정돈된 정보, 기존 서비스의 이용을 막는 장애원인 파악	많은 비용과 시간소요, 표집·척도의 설계 등을 위해 사회조사에 대한 지식요구

* 자료: York(1982).

클라이언트의 욕구를 측정하고 이를 정책과 프로그램에 반영할 필요가 있다. 정확한 욕구 측정을 위해서는 클라이언트를 비롯하여 정책담당자, 프로그램 실무자, 전문가 등의 다양한 집단의 견해가 검토되어야 하며, 이를 위해 기획가에게는 조사방법론적 지식과 해당분야의 전문적 경험이 동시에 요구된다고 할 수 있다.

2. 기획관리기법

1) 기획과정

욕구의 개념과 욕구측정은 기획과정의 일부를 차지하지만, 실제로 사회복지현장에서 욕구측정의 중요성이 높기 때문에 기획과정에 대한 본격적인 소개에 앞서 별도로 다루어 주었다. 욕구측정은 사실상 기획과정의 일부로서의 중요성을 갖는다.

일반적으로 기획(planning)은 사회복지기관의 실무자들에게 가장 부담이 되는 업무 중의 하나이다. 훌륭한 계획서를 준비하는 과정도 상당한 경험과 기술을 요구하며, 성공가능성이 높은 효과성 있는 계획서를 제시해야 사회복지기관 내부에서도 인정을 받을 수 있기 때문이다. 또한 외부지원을 얻기 위한 공개경쟁의 형태로 계획서(혹은 프로그램)를 준비하기도 한다. 선정되어 지원이 확정되었다면 긍지와 보람을 갖지만, 탈락되었을 경우의 낙담과 실망은 결코 작지 않은 것이다. 따라서 사회복지현장에서의 프로그램 기획은 담당자와 그 기관이 지닌 동원 가능한 모든 역량을 결집시키는 과정으로 나타난다고 보아도 무방하다.

하지만 이러한 과정을 거쳐 완성된 계획서가 지원심사과정 및 기관내부의 사업설명을 위한 자료로만 활용되고, 실제 프로그램이 시행되는 단계에서는 담당자의 주관과 경험이 좌우하는 경우가 많다. 계획서와 사업시행이 겉도는 현상이 발생하는 것이다. 계획서는 책상서랍 속에 박혀 있고 사업이 종료될 즈음, 결과보고서를 짜 맞추기 위해 다시 들춰 보는 경우도 있는 것이다. 사업계획서 자체가 현실성이 없는 내용으로 구성되었을 가능성이 첫째 요인일 것이다. 현실성이 없으므로 계획서대로 사업을 수행하면 실패가 자명한 것이다. 둘째 요인은 담당자의 무사안일이다. 선정되어 지원받았으니 이제 다 되었다, 더 이상 고민의 여지가 없으며, 계획서는 참고자료 이상이 될 수 없다는 인식이다. 어떤 경우이든 프로그램의 규모가 크면 클수록, 프로그램의 성격상 사회적 민감성이 높으면 높을수록, 예상치 못했던 상황이 발생했을 경우 돌이킬 수 없는 실패로 연결될 가능성이 높은 것이다. 계획서(혹은 프로그램)는 그럭저럭 흉내를 내어 선정절차를 통해 운이 좋아 지원대상이 되었다고 하여도, 효과적인 기획 혹은 전문적인 사례는 결코 될 수 없는 것이다.

기획(planning)은 단순히 계획서(혹은 프로그램)를 작성하는 수준 이상을 의미한다. 통찰력과 체계적인 사고, 그리고 조사연구를 통해 문제해결을 시도하는 것이며, 이 과정에서 어떤 행동을 취할 것인가에 대한 가치선호행위로 보고 있기도 하다(Gilbert & Specht, 1977 : 1).

또한 성규탁(1993)은 "기획은 과거와 현재의 정보를 분석하고, 장래발전에 대한 예측을 하며, 공식적 목표달성을 위한 전략을 수립하기 위하여 조직체가 취하는 일련의 활동이다"라고 설명한다. 이상과 같이 학자들 간에 다소 기획의 개념에 대한 이견이 있으나, 미래지향적이고 기관의 생존과 성장에 관련한 중요한 의사결정으로 이루어졌다는 점에서는 이견이 거의 없는 것으로 보인다. 기획의 개념과 관련하여 또 다른 논의는 사업의 실행 혹은 집행을 포함하는 '진행형'의 개념으로 보는 것이다. 따라서 기획은 기획과정의 결과로 단순히 계획서가 완성되는 것을 뛰어넘는다. 즉 기획은 계획서대로 실행하고 평가하여 예측하지 못했던 상황이 발생하면 이를 조정함으로써 사업의 성공가능성과 효과성을 높이는 지속적인 개념인 것이다.

기획과정은 학자들에 따라 성공적인 정책 혹은 프로그램 기획을 위한 5단계 혹은 7단계, 10단계 등으로 구성된 일련의 논리적인 접근과정으로 설명되어 왔다(Kettner, Moroney & Martin, 1999 : Lauffer, 1978 : York, 1982 : 최일섭-이창호, 1993). 학자들의 강조점에 따라 혹은 적용영역에 따라, 선호에 따라 몇 단계의 과정을 거칠 것인가가 달라지지만, 동시에 상당 부분 공통적인 속성을 보이기도 한다. 이는 기획과정이 합리성, 과학성에 기초한 논리적 접근이 전제되어야 하기 때문인 것으로 보인다.

예를 들어, Kettner, Moroney & Martin(1999)은 기획과정을 '문제분석', '욕구측정', '전략선택', '목표설정', '프로그램 설계', '정보관리체계구축', '예산수립', '프로그램평가'로 구성되는 8단계로 설명하여 주로 프로그램을 설계할 때 유념해야 할 측면에 주목하고 있다. 반면 김영종(2001)은 기획단계로 '문제확인', '목적 설정', '프로그래밍', '실행', '평가'의 5단계로 설명한다. York(1982)와 Lauffer(1978)의 경우에도 각각 마지막 단계로서의 '평가' 직전에 '집행' 단계를 두어 기획과정이 진행형의 개념임을 보여주고 있다.

여기서는 기획과정에 대해 집행단계를 생략하고, Kettner, Moroney & Martin(1999)의 기획 8단계를 주축으로 하여 기획과정을 설명하고자 한다. 이 가운데 정보관리체계구축과 평가를 제외한 '문제분석', '욕구측정', '전략선택', '목표설정', '프로그램 설계', '예산수립'의 6단계를 간략하게 소개할 것이다. '정보관리'와 '평가'는 기획과정을 뛰어넘어 사회복지행정에서 차지하는 비중을 감안하여 별도의 장으로 구분하여 심도 있게 다루고자 한다.

(1) 문제분석

기획의 첫 단계는 문제분석이다. 어떤 개인 혹은 집단이 부정적이거나 병리적일 수 있는 상황에 놓이게 될 때 사회문제가 될 수 있다. 일반적으로 이러한 사회문제는 하나의 사회적 현상에 가치를 반영한 기준이 적용되어 인식되게 된다. 동일한 현상이 어떤 사회에서는 사회문제로 인식되는가 하면, 어떤 사회에서는 전혀 심각한 사회문제로 인식되지 않는 것이다. 사회적 가치체계 혹은 관습 등이 작용하는 것이다. 예를 들어, 음주의 경우 우리 사회는 상대적으로 관대한 경향이 있다. 서구의 잣대를 적용하면 심각한 사회문제가 아닐 수 없을 것이다. 하지만 우리 사회에서는 서구와 같은 엄격한 잣대를 적용하지는 않는 것이다. 빈곤의 문제도 같은 경우라고 볼 수 있다. 다수의 사람들이 최저생계비에도 못 미치는 소득을 확보할 때 이는 사회문제가 된다. 문제의 심각성은 얼마나 많은 사람들이 최저생계비 이하이며, 얼마나 소득이 부족한가 하는 측면과 관련된다. 여기서 최저생계비는 하나의 기준이 되는 것이다. 그것도 그 사회의 가치체계가 나름대로 반영된 형태에서의 기준인 것이다.

문제분석에서는 현상을 문제로 인식하는 과정이 전제되어야 한다. 경험과 전문성에 의존하게 되며, 이 과정에서 문제에 대한 정확하고 객관적인 이해를 위해 노력하게 된다.

(2) 욕구측정

욕구측정의 예(장애인그룹홈 개발을 위한 프로그램 개발의 예)

① 규범적 욕구: 장애인복지기관 및 관련단체를 방문하여 장애인그룹홈의 필요성과 현황에 대한 자료를 요청하여 분석하고, 장애인복지 전문가들의 의견을 수렴한다.
② 감지된 욕구: 장애인, 장애인부모, 관련기관 종사자들을 대상으로 장애인그룹홈의 수요에 대한 설문조사를 실시한다. 필요하다고 생각하는 정도와 이용할 의향이 있는지에 대한 질문을 포함하여 설문을 구성할 수도 있을 것이다.
③ 표출된 욕구: 현재 지역사회 내에서 운영 중인 장애인그룹홈 프로그램의 데이터를 수집한다. 대기자 명단에 있는 사람들의 수를 파악하여 욕구를 측정한다.
④ 상대적 욕구: 지역사회의 장애인비율을 감안할 때, 해당지역에 장애인그룹홈이 타 지역에 비해 부족하게 운영되고 있다면 상대적 욕구가 높다고 판단할 수 있을 것이다.

문제가 확인되고 분석되면, 이를 욕구로 변화시키는 작업이 필요하다. 이때 개인들의 욕구를 집합적으로 수량화시키는 작업이 욕구측정이라고 하겠다. 다양한 방법으로 욕구측정을 시도하여 프로그램의 필요성과 정당성을 강조할 수 있어야 한다.

(3) 전략선택

기획과정에서 전략선택의 단계는 서비스 제공을 위한 프로그램 가설을 수립하는 과정이라고 할 수 있다. 문제의 원인과 결과('만일 ~라면, 어떤 결과가 나타날 것이다')를 서열화함으로써 프로그램의 목적을 구조화하는 과정인 것이다. 예를 들어, '장애인그룹홈이 운영된다면 장애인들은 생활훈련을 통해 지역사회에서의 적응가능성을 높일 수 있을 것이다', 또는 '부모교육을 실시한다면, 아동학대에 대한 예방효과를 기대할 수 있을 것이다' 등의 조건과 결과를 연결시키는 작업은 프로그램 가설을 수립하는 것이며, 이는 곧 프로그램 개발을 위한 전략선택의 과정인 것이다. 이러한 가설 수립은 목표체계와도 연결된다.

프로그램 가설의 예(빈곤 모자가정을 위한 개입의 경우)

· 만일 국민기초생활보장법 수급권자인 모자가정의 여성가구주가 돈을 벌만한 직업기술을 배울
  수 있다면,
· 만일 그녀가 보유시설을 이용함으로써 양육에 대하 부담을 덜 수 있다면,
· 그러면, 직업훈련을 마칠 수 있고, 안정된 직장을 가질 수 있으며, 자활할 수 있을 것이다.

---

(4) 목적과 목표설정

프로그램 목적(goal)은 프로그램이 예방·소거·개선하려는 문제를 다루면서 기대되는 성과를 진술한 것이다. 일반적으로 목적은 반드시 측정 가능할 필요는 없으며, 프로그램의 방향을 제시하는 것으로서 최소한의 요건은 갖추었다고 볼 수 있다. 예를 들어, "장애인그룹홈을 운영하여 장애인의 사회적응 가능성을 증진한다"라는 표현은 프로그램의 목적을 기술하는 사례가 된다. 또는 "직업훈련을 통해 국민기초생활보장제도 수급권자인 모자가정 가구주의 노동경쟁력을 높인다"라는 기술도 프로그램 목적을 기술한 사례가 될 것이다.

목표(objective)는 일반적으로 목적을 달성하기 위한 수단적 성격과 함께, 하위목적으로서의 성격을 동시에 지닌다. 목적이 방향성을 제시하는 데 초점을 둔다면, 목표는 더욱 구체적이고, 명확해야 한다. 또한 구체적 시기, 변화의 대상, 성취될 수 있는 결과, 측정기준, 책임성 등을 반드시 제시해야 한다. 이러한 구체성은 프로그램 실행을 위한 기본 틀을 제공하는 의미도 동시에 지니게 된다. 즉 목표의 구체성이 프로그램 실행의 세부방법론을 제공하게 되는 것이다. 목표체계가 하위목표체계를 포함하는 계단식으로 설정될 때, 실행방법, 성과측정, 책임분담 등도 명료하게 제시한다.

2) 기획관리기법

프로그램 기획에 있어 실무자들에게 주어지는 또 하나의 고민은 예산이 배정되어 사업을 실행하면서, 어떻게 사업실행을 관리할 것인가와 관련된다. 성공적으로 사업계획서(프로포절)를 작성하여 예산을 확보하였다면, 이제는 어떻게 사업을 시행하여 효과성을 극대화할 것인가라는 부담이 남는 것이다. 따라서 여기서 논의하는 기획관리기법은 기획과정의 일부로서 계획서를 기반으로 한 사업실행을 어떻게 관리하면서 완수할 것인가에 대한 것이다.

프로그램 기획기법은 프로그램의 목적을 달성하기 위해 조직의 인적·물적 자원을 효율적으로 활용하고, 프로그램을 효과적으로 실행하기 위한 방법이다. 일반적으로 프로그램 기획기법은 경영·행정 분야에서 개발되기 시작하여, 현재 다양한 기법들이 소개되고 있다. 여기서는 고전적인 기획기법인 PERT와 Gantt Chart 기법에 대해 간략하게 소개하고, 보다 통합적이고 체계적인 기획기법인 '방침관리기획(breakthrough planning)'을 마지막에 소개하고자 한다.

(1) 프로그램평가 검토기법

프로그램평가 검토기법(PERT: the Program Evaluation and Review Technique)은 1950년대 미 해군의 핵잠수함 건축과정에서 고안된 것으로, 작업의 성격이 복잡하여 종합적인 파악이 중요할 때 유용한 관리기법이다(성규탁, 1998 : 최성재·남기민, 1963).

명확한 목표체계 아래 프로그램이 조직화되어 있고, 시간계획표에 따라 세부과업들이 유기적으로 연계되어 진행될 때, 전체적인 진행사항을 모니터링 하는 데 효과적이다. 이 기법은 목표달성의 범위와 시간을 정해 놓고, 이들 목표를 달성하기 위한 세부목표 또는 활동목표의 상호관계에 초점을 둔다. 시간계획을 논리적 흐름에 따라 연결시켜 도표화함으로써, 주어진 일정 안에서 완수해야 되는 과업을 규정하고 통제하는 데 유용한 것이다(Lauffer, 1978 : 성규탁, 1988 : 최성재·남기민, 1993).

[표 12-2] 그룹홈 개발의 PERT 적용사례

코드	과업	경로	소요시간(주)
A	그룹홈 운영	F-B-A(임계통로)	총 20 주
B	운영프로그램 개발	F-B	12
C	보호대상자 확보	F-C	6
D	그룹홈 설치	E-D	6
E	대상지 선정	F-E	4
F	운영팀 구성	F	-

PERT의 기본원칙은 특정 프로그램의 목표에 따라 이와 관련된 과업과 활동, 세부 활동 간의 관계를 논리적으로 시간순서에 따라 도식화하는 것이며, 이러한 도식화 작업은 프로그램과 관련된 활동 및 사건의 진행과정을 추적·감독할 수 있도록 시간의 흐름에 따른 사업진행정도를 보여주는 지도를 제시하는 효과가 있다(성규탁, 1988).

PERT의 작성절차는 먼저, 최종목적 혹은 궁극적인 목적으로부터 시작하여, 관련된 주요과업과 활동들을 역방향으로 연결하는 과정과 각 과업과 활동들의 소요시간을 추정하여 기입하는 과정으로 구분된다. 이를 순서도(flow diagram)를 사용하여 기록함으로써 보다 명확하고 포괄적으로 목표를 성취하기 위한 업무들을 체계적으로 나타내어 효과적으로 전체과업을 추진해 나갈 수 있도록 도와주는 것이다.

PERT의 사용방법을 구체적인 사례를 통해 살펴보면 [표 12-2]와 같다. 이 사례의 최종목표는 '그룹홈 프로그램'을 개발하여 운영하는 것(A)이며, 이를 수행하기 위해서는 가장 먼저 프로그램을 개발할 운영팀 구성(F)이 요구된다. 또한 프로그램을 실행할 물리적인 공간인 그룹홈 대상자를 선정하고(E), 그룹홈을 어떻게 운영할 것인가와 관련된 운영

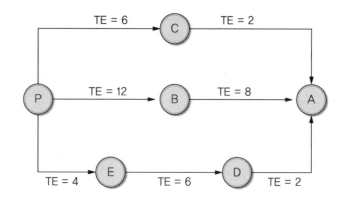

그림 12-2 그룹홈 개발의 PERT 적용사례

프로그램을 개발해야 한다(B). 그 밖에도 보호대상자를 확보하고(C), 그룹홈 운영 직전에 그룹홈을 설치하는 과정이 필요하게 된다(D). 이 과정에서는 일반적인 주거공간으로서의 쾌적함을 느낄 수 있는 수준의 기본요건이 갖추어져야 할 것이다. 여기서 최초의 과업(운영팀 구성)에서 최종과업(그룹홈 운영)에 이르는 가장 긴 경로를 임계통로(critical path)라고 하고, 최종과업을 달성하기 위해 걸리는 최소한의 소요시간을 나타내게 된다. 여기서의 사례는 진행과정을 단순화시킨 사례이므로 실제로 이를 적용하게 되면, 개별 과업과 과업 사이에 세부 과업이나 활동들을 제시하여 각 경로에 포함할 수 있으므로, 보다 복잡한 순서도가 제시될 수도 있다.

(2) 시간별 활동계획

시간별 활동계획도표(Gantt chart)는 1910년 Gantt에 의해 고안된 기획기법으로 PERT만큼 포괄적이지는 못하지만, 상당히 광범위하게 사용되고 있는 기법이다. 이 기법은 프로그램의 목표를 성취하기 위해 일정기간 동안 수행되어야 할 과업과 활동을 나열하여 시간적 순서에 따라 막대도표(bar chart)를 사용하여 나타내는 방법이다. 앞서의 PERT기법에서는 프로그램을 진행과정에서의 과업뿐만 아니라 세부적인 활동까지도 과업들의 연관성 구도에서 순서도에 포함시켜서 나타낼 수 있다. 하지만 Gantt chart에서는 세부적인 활동은 포함하지 않으며, 과업이나 활동 간의 연결과정도 표시되지 않는다. 따라서 상대적으로 복잡하지 않은 사업을 계획할 때 유용하게 사용되는 기법이며, 단순 명료하다는 장점이 있다.

[표 12-3] 그룹홈 프로그램 개발의 Gantt chart 사용 예

과 업	기 간(주)																			
	1	2	3	4	5	6	7	8	9	10	11	12	13	14	15	16	17	18	19	20
1. 운영팀 구성	·	·	·	·																
2. 대상지 선정		·	·	·	·	·	·	·	·	·	·	·	·	·	·	·	·	·		
3. 보호대상자 확보			·	·	·	·	·	·	·	·	·	·	·	·	·	·	·	·		
4. 운영프로그램개발					·	·	·	·	·	·	·	·								
5. 그룹홈 운영																			·	·

(3) 방침관리기획

방침관리기획(breakthrough planning)은 PDCA(Plan-Do-Check-Act) 사이클에 따른 프로그램 기획기법으로, Hoshin Kanri(方針管理)라는 일본 기업의 기획방법에 기조한 것이다. 이 기법은 한 조직의 문제를 해결(breakthrough)하고, 공통된 목표를 달성하기 위해 전체 조직구성원의 노력을 적절하게 조정하기 위해 사용되는 기법이다(cassafer, 1996). PDCA 사이클 계획(Plan)—실행(Do)—확인(Check)—조정(Action)의 순서로 구성되며, [그림 12-3]과 같은 모형을 갖는다.

그림 12-3 Plan-Do-Check-Act cycle

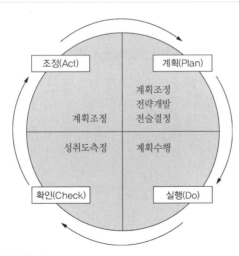

* 자료: Cassafer(1996), p.178에서 재구성.

방침관리기획기법의 수행절차는 앞서 언급한 PDCA 사이클에 따라 원 계획(plan)이 수립되면, 이를 실행(do)하는 도중에 발생하는 상황과 문제를 확인(check)하여, 원래의 계획을 수정 및 조정(action)하는 일련의 절차를 하나의 프로그램 기획관리과정으로 보는 것이다.

(4) 논의

프로그램 기획기법은 효과적, 효율적으로 프로그램의 목적을 달성하기 위한 유용한 방법이며, 프로그램을 계획하는 데 있어서 적절한 프로그램 기획기법을 사용하는 것은 매우 중요하다. PERT와 Gantt chart, breakthrough planning 기법의 특징과 사용방법을 논의한 바와 같이, breakthrough planning 기법은 PERT나 Gantt chart 기법에 비해 보다 포괄적이며, 체계적인 기획기법으로 인식된다. 특히 breakthrough planning 기법은 첫째, 계획에 따라 원하는 결과가 달성되고 있는지 여부를 규칙적으로 측정·평가하고, 둘째, 예기치 않은 상황이 발생했을 경우, 이에 대한 적절한 계획조정이 적절히 이루어질 때 이 기법의 장점이 최대한 나타날 수 있다. 프로그램 기획가는 이러한 기법들의 특징을 고려하여, 프로그램의 규모나 성격에 따라 적절한 기법을 선택하여 사용할 필요가 있다.

3. 목표관리기법

1) 목표설정

(1) 목적과 목표

목적과 목표라는 용어는 유사한 개념이다. 각각 독립되어 쓰일 때는 목적과 목표 둘 다 '어떤 추구하는 방향'이라는 뜻을 내포한다. 그런데 목적과 목표라는 용어들이 함께 쓰일 때는 이 둘을 구분해야 할 필요가 있다.

<u>목적(goal)</u> 보통 장기적이며 추상적으로 의도된 결과들의 상태를 나타내는 것이다. 특정한 가치나 상태, 결과, 방향 등에 대한 제시를 담고 있는 것을 주로 목적으로 표현한다. 넓게는 '지역사회의 복지 증진'과 같은 것에서부터 좁게는 '지역사회 노인 인구의 여가 선용 기회 확대' 등에 이르기까지, 그 범위에 상관없이 추구해야 할 바를 제시하는 것이 목적이다.

<u>목표(objective)</u> 프로그램의 의도나 목적 실현에 필요한 세분화된 방향이나 상태 등을 나타내며, 경험적으로 다루어지는 것이다. 경험적이란, 구체적이며 관찰과 측정이 가능한 상태의 용어로 표현된다는 것을 뜻한다. 한정된 기간 안에 프로그램이 성취하고자 하는 어떤 변화들에 대한 예상을 흔히 목표라고 표현한다.

목적과 목표에 대한 논의에서 중요한 것은 추상적인 목적을 구체화된 목표들로 전환하는 과정에서 두 개념 간의 연결이 불명확해질 수 있다는 점이다.

예를 들어, '빈곤의 완화'라는 목적이 있다고 하자. 이를 위해 다양한 목표들이 세워질 수 있는데, 그중 하나가 '비취업 편모가정에 월 30만 원의 현금제공'이라는 목표라고 하자. 얼핏 보아서는 목적과 관련된 하나의 바람직한 목표가 될 수 있을 것도 같지만, 과연 이 목표가 성취된 다고 궁극적인 목적인 '빈곤의 완화'로 연결될지는 여전히 불명확하다. 오히려 이 목표만으로 는 자칫 빈곤의 완화 목적보다 빈곤의 영속화라는 의도와는 상반된 목적에 기여하는 결과도 초래할 수 있다.

목표는 목적에 대한 일종의 수단이다. 수단적인 목표들을 성취함으로써 결과가 되는, 목적이 실현되는, 일종의 원인과 결과의 관계에 있다. 목적과 목표들 사이에 괴리가 발생 하는 경우에는 아무리 개별 목표들이 최대한의 성과를 나타내도 목적의 실현에는 도움을 주지 못하게 된다. 사회복지전문직이 사회복지 프로그램의 기획 과정, 즉 사회정책이나 조 직의 목적들을 구체적인 목표들로 옮기는 과정에서 핵심적인 역할을 수행해야 할 이유가 여기에 있다. 사회복지적 목적을 구체적인 실행 계획인 프로그램으로 변환시키는 작업은, 사회복지의 전문적인 가치와 지식을 기반으로 한 전문인이 아니고서는 수행하기 어렵다. 다음에 말하는 목적 및 목표 설정, 개입전략 선택은 프로그램 계획의 핵심을 이룬다.

(2) 목적 설정

목적 설정은 기획 과정의 필수적인 부분이다. 기획과 유사하게 쓰이는 엔지니어링 (engineering)이나 디자인(design) 등과 같은 개념들에서는, 목적과 목표들은 대개가 주어진 것으로 보고 그것을 성취하기 위한 노력들에 초점을 둔다. 반면, 기획에서는 목적 설정 그 자체가 중요한 부분이 되므로 기획을 다른 활동들과 차별되게 만든다.

프로그램 기획에서 목적 설정의 과정을 등한시하게 되면, 해결방안들에 대한 기술적 인 디자인에만 치중하게 되는 결과를 초래한다. 아무리 잘 짜인 프로그램 디자인이라 해 도, 추구되어야 할 목적에 대한 불분명성은 프로그램의 실행과 평가의 전반적인 과정에 부 정적인 결과를 초래하고, 그로 인해 프로그램의 사회적 책임성을 약화시키게 만든다. 명료 하게 정의된 목적 설정이 존재하지 않는다면, 대개는 그것이 목적 갈등(goal conflict)이나 목 적 전도(goal displacement)라는 결과를 초래하게 될 수 있다.

① 목적 설정의 단계

프로그램 기획의 과정에서 보면, 목적 설정은 마치 정책적인 과정과도 같다. 프로그 램이 추구해야 할 방향을 결정하는 것이기 때문이다. 설정된 목적은 곧 프로그램의 정책 (policy)으로서의 역할을 하는데, 이러한 정책적 목적이 결정되는 과정에는 몇 가지의 단계 가 있다. 먼저 프로그램이 지향할 넓은 관심의 경계영역들을 설정하고, 그 안에서 선택의 범위를 결정한다. 한정된 범위에서 나타나는 목적들 간의 관계를 조사하고, 개별 목적들이 나 목적군에 대해 상대적인 평가를 실시하여, 특정한 목적들을 정책으로 설정하는 것이다. 이를 각 단계별로 설명하면 다음과 같다.

단계 1 목적들을 찾아나서는 데 필요한 경계를 설정하는 것이다. 적어도 사회복지 프로그램 기획에서는 무역구조의 개선이라든지 외환수급의 균형유지 등과 같은 목적들이 포함될 수 있는 경계를 긋지는 않을 것이다. 사회복지서비스의 이념이나 지향에 바탕을 둔 경계를 설정하고, 그 안에서 나타날 수 있는 폭넓은 목적들을 구체적으로 제시한다.

단계 2 목적 선택의 고려 범위를 결정한다. 명백히 받아들여질 수 없는 것으로 여겨지는 목적 대안들은 제거하고, 생존 가능한 것으로 여겨지는 것들만을 확인한다. 예를 들어, 편부모 가정의 경제사회적 위기 예방이라는 목적은, ① 가족생활 안전망 제공, ② 취업의 확대, ③ 정서적지지 제공 등과 같은 목적들의 범위 내에서 고려될 수 있다. 예를 들어 '이혼의 방지'와 같은 목적들은 이념적 혹은 현실적으로 명백히 받아들여지지 않는 경우로서 목적 선택의 범위에서 배제된다.

단계 3 목적들 간의 관계에 대한 설정이다. 선택된 목적들을 관찰해서 그 안에서 나타나는 다양한 관계들을 발견하는 것이다. 수단과 목적의 관계를 형성하는 목적들의 관계가 있고, 목적들이 상호배타적인 관계를 나타내는 경우들도 있으며, 어떤 목적은 다른 목적에 대해 의존관계에 있는 경우들도 있다. 프로그램 기획에서 어떤 목적들의 집합을 추구하는 것이 가장 바람직한지를 알기 위해서는 이러한 관계들이 판단되어야 한다.

단계 4 단계 2에서 확인된 목적 선택들의 범위를 평가하는 것이다. 어떤 목적들의 선택이 가장 가치가 있고 혹은 가장 비중 있는 욕구를 대변하는가? 다른 단계들에서도 마찬가지지만, 특히 이 과정은 기획의 공통된 과업인 의사결정과 우선순위의 판단이 중요하다. 집단을 통해 결정할 것인가, 아니면 행정 관료나 전문가집단에 의해 수행될 것인가, 아니면 일반시민이나 지역주민 혹은 정치인들에게 맡길 것인가? 우선순위에 대한 결정권한이 누구에게 어떤 방법으로 주어져야 할 것인가의 문제이다.

단계 5 목적들의 실제 설정이다. 선택된 목적들의 집합을 적절히 기술하는 것으로, 이 과업에서는 '목적들에 대한 문구나 문장이 상대적인 가치에 대한 지침으로 기여하도록 하는 것이 결정적으로 중요하다.'

결론적으로, 목적 설정은 논리적인 유형을 따를 필요가 있다. 그것은 프로그램이 추구해야 할 방향에 대한 명확성을 증진시키고, 그로 인해 궁극적으로는 목적 획득에 기여하게 만들기 때문이다.

② 목적 기술(記述)의 유의점

목적이란 무엇이 성취될 것인지에 관한 장기적인 선호를 나타내는 서술문이다. 일반적으로 목적은 추상적인 수준에서 쓰이는 것이라고 본다. 그로 인해 프로그램 활동의 선택 범위를 지나치게 제한하지 않는 데 기여하지만, 그럼에도 공통적인 지향점을 제시해 주는 것에 실패할 만큼 불명확해서도 안 된다.

하나의 서비스나 프로그램 안에도 다양한 목적들이 있을 수 있고, 이러한 목적들 간에는 횡적 혹은 종적인 연계들이 존재한다. 가장 상위에 위치하는 프로그램 전체의 목적은 그 서술이 가장 추상적인 상태를 띤다. 하위 목적들로 내려갈수록 목적 기술들은 점차 구체성을 띤다. 서비스나 프로그램이 프로그램 구조의 위계에 소속된 위치에 따라서도, 그 프로그램들에서 나타나는 목적 서술의 구체성은 달라진다. 대부분의 사회복지서비스 프로그램들과 같이 실천적인 서비스의 목적을 띠는 프로그램들의 경우에, 목적들은 보다 더 많은 구체성을 요구한다. 이 경우 목적들은 대개가 클라이언트에 대한 성과를 나타내는 것으로, 프로그램의 개입으로 인해 성취될 결과를 의미하는 구체적인 것들이 된다.

프로그램이나 목적들의 성격에 따라 다소의 차이는 있으나, 프로그램 목적을 기술할 때 유의해야 할 점으로 다음을 주로 든다.

첫째, 목적은 문제의 분석에서 도출되어야 한다. 문제 분석에서 나타나는 인과론과 결부시켜, 추구해야 할 프로그램의 목적을 설정하는 것이 필요하다.

둘째, 목적은 성과(outcome)지향적이어야 한다. 기관이 무엇을 성취하겠다는 식으로 목적을 나타내는 것은 바람직하지 않다. 가능하다면 클라이언트에 대한 바람직한 성과 위주로 목적을 나타내는 것이 좋다. 그것이 프로그램의 궁극적인 의도와 목적에 보다 접근하기 때문이다. 기관 위주의 목적 제시는 단지 과정적인 목적에 불과하다.

셋째, 목적은 현실적인 것이어야 한다. 목적은 재정적으로, 기술적으로, 윤리적으로, 법적으로 추구 가능한 것이어야 한다.

넷째, 목적은 명료하게 기술되어야 한다. 프로그램의 목적은 그 프로그램이 사회적으로 존재해야 할 정당성을 나타내는 것이기 때문이다.

다섯째, 목적은 클라이언트 인구에 대한 언급을 담고 있어야 한다.

여섯째, 목적은 경험적인 추정을 예비할 수 있어야 한다. 비록 목적 자체는 추상적이지만, 추후에 관찰되고 측정될 수 있는 가능성은 가진 것들이어야 한다.

일곱째, 목적은 긍정적이어야 한다. 무엇을 줄일 것인가 보다는 무엇을 증가시킬 것인가로 나타내는 것이 좋다.

2) 개입전략

프로그램 목표들이 '무엇이' 변화될 것인가를 제시한다면, 개입전략은 이를 구체적으로 '어떻게' 실천에 옮길 것인가를 제시한다. 프로그램 목표와 서비스 개입전략 간의 관계는, '왜' 어떤 특정한 개입이 의도된 변화를 가져올 것인가에 대한 논리적이고도 경험적으로 타당한 설명들로서 뒷받침되어야 한다.

(1) 프로그램과 개입전략

문제 분석 및 욕구사정에서부터 서비스 기술과 프로그램 목표들 간의 논리적 혹은 경험적 연결을 설정하는 과정까지를 [그림 12-4]가 나타낸다. 그림에서처럼 욕구사정의 결과, 현재의 상태와 바람직한 상태가 확인되었다고 하자. 현재 상태에서 불충족된 욕구가 발생하고 있음이 확인되었고, 그것을 바람직한 상태로 변화시키고자 하는 의도가 프로그램의 목적이 되었다. 대부분의 프로그램 목적들은 이처럼 바람직한 상태를 기술하는 경우가 많다. 이러한 상태는 흔히 추상적이고 장기적인 목적으로 표현되기 때문에, 이를 구체화시키기 위해서는 세분화된 목표들로 바꾸어야 할 필요가 있다.

그림 12-4 프로그램 구성의 논리

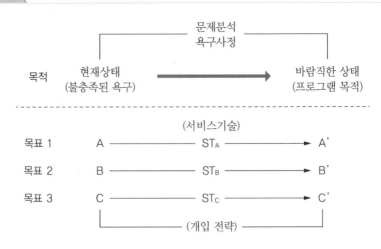

예를 들어, 지역사회의 청소년 비행을 감소시켜야 할 필요가 욕구로 확인되었다고 하자. 이를 실현하기 위해서는 현재 구체적으로 어떤 목표들을 실행해 나갈 것인가를 결정해야 한다. 한정된 예산을 염두에 둔다면, 주어진 예산으로 어떤 개입전략을 적용하는 것이 가장 효율적인가를 판단하는 것도 중요하다. 개입전략의 결정은 어떤 목표들을 추구할 것인가에 의존한다. 청소년 비행의 감소를 위해서는, 기존의 비행 청소년들을 대상으로 재발을 방지, 아직 비행에 접하지는 않은 청소년들을 대상으로 예방, 부모에 원인을 두고 부모의 교육, 학교 교육에 초점을 두고 학교와의 연결 강화, 경찰력의 보완, 비행 탈선을 부추기는 지역사회 공간들에 대한 감시 강화 등의 다양한 방법들이 동원될 수 있다. 이러한 각각의 세분화된 접근 방법들이 청소년 비행의 감소라는 목적을 실현하기 위한 목표들을 이루게 된다.

한 프로그램의 목표가 재발 방지에 관심을 갖고, 현재의 재발률 50%라는 상태(A)를 25%로 낮추어진 상태(A')로 변화시키고자 한다. 이럴 경우에, 그러한 변화를 유발하기에 적합한 것으로 간주되는 서비스기술(ST$_A$)이 있다. 이처럼 목표와 그에 따른 서비스 기술들을 포함한 각종 프로그램 활동의 집합체가 개입전략이 된다. [그림 12-4]에서처럼 개입전략은 프로그램이 설정한 목적(즉, 의도된 상태)에 도달하기 위한 방법으로, 제반 목표들의 선택과 실행 기술들을 담고 있는 일종의 목적과 수단 간의 논리적 매개체이다.

(2) 개입전략의 구분

사회복지서비스들에서 채용하는 개입전략은 사회복지전문직이 문제 해결을 위해 어떤 시각과 기술들을 갖고 있는지를 대변하는 것이다. 사회복지의 관심은 미시적인 인간 심리에 기초를 둔 심리학적 입장도 아니고, 개별적인 인간들을 떠나 거시적 사회 세력들에 관심을 두는 사회학적 입장도 아니었다. 사회복지의 초점은 '상황 속의 인간(person in sit-uation)'에 있으며, 개인과 상황의 상호작용에 전문직의 주된 관심을 두어 왔다. 사회문제는 전적으로 개인의 탓도 아니고 그렇다고 환경의 탓으로만 돌릴 수도 없는 것이므로, 사회문제의 해결을 위한 노력도 개인과 상황의 상호작용의 측면에 둔다는 것이다. 바로 이러한 관점이 사회복지전문직을 다른 전문직들과 차이 나게 만드는 주된 원인론(etiology)이 된다.

비록 이러한 원인론이 전문직이 대강(大綱)을 형성하지만, 그 안에서도 시대적 혹은 사회적 맥락에 따라 초점들이 다소 상이하게 나타날 수 있다. 문제 해결을 위해 어떤 측면에 더 강조를 두는가의 차이에 따라, 사회복지의 개입전략은 크게 M.C.O로 나눌 수 있다. MCO는 펄먼(H. Perlman)에 의해 주창된 개념으로, 동기(Motivation), 능력(Capacity), 기회(Opportunity)를 각기 의미하는 것이다.

<u>M(동기)을 강조하는 입장</u> 개인들의 환경에 대한 부적응 문제를 그 개인들이 갖고 있는 심리학적 측면의 결함에 초점을 두고 이해한다. 문제를 이렇게 규정한다면 빈곤을 비롯한 대부분의 사회복지적 문제들은 개인들의 동기를 강화함으로써 해결될 수 있을 것으로 본다.

<u>C(능력)를 강조하는 입장</u> 개인에게 초점을 둔다는 점에서 M과 비슷하지만, 동기보다는 개인의 능력에 초점을 둔다는 점이 다르다. 개인들의 환경에 대한 부적응이 개인 능력의 미비에서 주로 기인하는 것으로 본다. 이런 접근은 개입전략으로 교육적인 프로그램들을 주로 채택, 활용한다.

<u>O(기회)를 강조하는 입장</u> M과 C와는 달리 문제의 원인에 대한 초점을 개인들에 두지 않는다. 이 접근은 개인과 상황의 부적응을 상황의 변화에 의해서 해결하고자 하는 것에 초점을 둔다. 예를 들어, 실업이라는 문제가 있다면, 개입의 능력이나 동기에 기초해서 문제해결 전략을 선택하기보다는 취업 기회를 확대하는 쪽으로 해결책을 찾는 것이다.

개입전략들에 내포되어 있는 원인론을 이해하는 것은 매우 중요하다. 그것이 사회복지서비스 실천들의 기초적인 이론을 형성하고 있기 때문이다. 효과적이고 효율적인 서비스를 만들기 위한 전문적인 노력들은 궁극적으로는 얼마나 효과적이고 효율적인 원인론을 갖추느냐에 달려 있다. 대부분의 사회복지의 개입전략들은 비록 개인과 환경에 대한 상호적인 관심에 귀결되어 있지만, 대개는 이러한 MCO 중의 선택 혹은 복합적인 사용에 의해서 표출될 수 있다. 여기에 생·물리적 접근을 추가해서, 하센펠드(Y. Hasenfeld)는 클라이언트의 변화를 위한 개입전략들을 다음과 같이 분류한다.

<u>환경적 접근</u> 클라이언트의 경제, 사회, 생태적 환경을 조작하는 개입방법이다. 소득보장, 사회적 유대관계 형성, 환경개선사업 등과 같은 전략들이 여기에 해당된다.

<u>생·물리적 접근</u> 클라이언트의 생물학적 혹은 물리적 측면들의 변화를 꾀한다. 약물치료, 수술, 혹은 물리 요법 등이 여기에 속한다.

<u>인지적 접근</u> 클라이언트의 인식과 인지를 변화시키기를 의도한다. 각종 교육, 훈련, 정보 제공 등의 기술이 여기에 속한다.

<u>정서적 접근</u> 클라이언트의 정서, 감정, 태도 등을 변화시키려는 의도이다. 카운슬링이나 심리치료 등이 여기에 속한다.

개입전략은 사회조직의 차원에 따라 달라진다. 개입의 차원을 개인, 집단, 조직, 제도, 지역사회, 혹은 전체사회적 요소 등으로 달리 두면, 그에 따른 개입전략들도 달라지게 된다.

사회복지서비스를 포함하는 대부분의 휴먼서비스 프로그램들은 재활이나 사회통제 목적의 전략들을 많이 사용하려는 경향이 있다. 환경적인 접근보다는 개인의 문제에 초점을 둔 정서적·인지적 접근 전략들을 많이 사용한다는 것이다. 이러한 전략들은 적어도 사회구조적 변화를 수반하지 않을 것이라는 믿음을 자원제공자들에게 주기 때문에, 사회적 지지를 손쉽게 얻을 수 있는 접근방법으로 선호되는 경향이 있다. 그러나 이러한 접근들은 문제의 원인보다는 결과적인 현상으로 나타나는 것에 집중하는 것이며, 일종의 '피해자비난(blame-the-victim)' 이론에 치우치기 쉽다. 사회복지서비스 프로그램들은 최소한 개인과 환경의 상호작용적 관점을 유지하는 전략들을 선택하기 위해 노력할 필요가 있다.

성공적인 개입을 위해서는 한 차원에 대한 개입전략보다는 다차원적인 개입이 효과적이다. 예를 들어, 심리사회적 개입전략을 선택한 한 프로그램의 목적이 클라이언트의 고용을 성취하고 유지하기 위한 것이라고 하자. 그것을 위해서는 반드시 사전직업훈련, 직업알선, 직업적응훈련, 조직의 요구와 기술에 적응하는 방법, 장기적 지원과 옹호 등이 함께 갖추어져야 효과적이 된다. 한 차원의 변화만으로, 예를 들어 클라이언트의 심리사회적 상태의 변화만으로 고용의 성취와 유지가 가능하다고 보기는 힘들다. 따라서 개입전략들의 차원은 분리되어 있다기보다는 그 영향들이 연결되어 있다고 보아야 한다. 제한된 자원으로 인해 비록 한 차원에 전략이 집중되어 있다 해도, 그것이 다른 차원들에 미치는 영향과 상호작용들은 적어도 이해하고 있어야 한다.

3) 자원의 결정

선택된 개입전략을 지원하고 실행하는 데는 다양한 자원들의 확보가 필요하다. 재정, 인력, 시설, 장비, 용품 등이 그러한 자원들이다. 직접서비스를 제공하는 기관들에서는 재정에서 가장 큰 비중을 차지하는 것이 전문 인력의 확보와 관련되어 있다.

(1) 사회복지서비스 자원의 성격

사회복지조직들에서 인력을 포함한 각종 서비스 자원들을 확보하는 것은 언제나 중요한 과제가 되어 왔다. 사회복지조직들은 일반 생산조직들과는 달리 생산물의 판매에 의해서 자원이 재확보 되지 않는다. 서비스에 대한 자원 공급자와 수급자가 분리되어 있기 때문이다. 이로 인해 사회복지조직이나 프로그램들에서는 자원의 획득이 언제나 단순하지 않고 복잡한 문제들이 되어 왔다.

스타이너(R. Steiner)는 '휴먼서비스 조직들의 존재, 생존, 성정, 소멸은 그들이 자원을 좌우할 수 있는 능력에 의존한다'고 보았다. 이들 조직의 자원이 외부 환경에 의해서 결정된다는 것을 감안한다면, 조직을 움직이는 결정요인들은 '그들의 직접적인 통제 바깥에 있는 환경에서 운영된다'고 보아도 크게 무리는 아니다. 특히 조직 내에 있는 한 프로그램의 입장에서는 모(母)조직까지를 포함한 외부 자원의 변화에 의해 생존이 좌우된다.

서비스 자원에 대한 논의는 대개가 돈, 인력, 시설, 장비, 용품 등과 같은 가시적이고 물질적인 것들에만 집중되어 왔다. 그러나 무형의 비물질적인 자원들도 그 실질적인 중요성은 매우 크다. 조직이나 프로그램 외부에서 중요한 영향력을 행사하는 개인이나 집단들의 지원, 협조 등은 무시할 수 없는 중요한 자원들이 되는데, 이를 패티(R. Patti)는 '정치적 자산'이라 하고, '업무환경에 있는 중요한 프로그램 관련 요소들이 프로그램에 대해 갖는 호의나 태도 등을 말하는 것'이라고 규정한다. 비록 겉으로 드러나는 것은 아니지만, 각종 경제적 자원들의 배분에 관여하면서 프로그램의 성패에 매우 중요한 역할을 할 수 있다는 점에서 사회복지 프로그램이나 조직들의 중요한 자원임이 분명하다.

(2) 내부 자원과 외부 자원

내부 자원이란 프로그램이 모조직의 자원에 의존하는 경우를 말한다. 프로그램이 모조직의 목적 실현을 위한 하나의 수단으로 만들어진 경우에, 대부분의 자원들이 모조직으로부터 제공되기 쉽다. 만약 모조직이 하나 이상의 프로그램들을 운영하고 있다면, 한 프로그램의 자원 확보를 위한 노력은 주로 조직 내부의 다른 프로그램들과의 경쟁이나 협력 관계로서 나타난다. 내부 자원을 획득하는 과정은 주로 정규적인 예산 과정을 통해 이루어진다.

외부 자원이란 조직의 외부 환경으로부터 자원이 확보되는 경우를 말한다. 비록 모조직의 목적을 위해 만들어진 프로그램이라 해도, 조직 외부의 자원과 직접적으로 관련을 갖는 것이 가능하다. 때로는 하나의 프로그램이 성장하여 외부 자원들을 끌어들이는 과정에서 이전의 모조직의 한계를 벗어나 프로그램 스스로 새로운 조직적 틀을 만들어 낼 수도 있다.

외부로부터 자원을 획득하는 것은 기관 내부의 자원 부족으로 인해서, 혹은 보다 혁신적인 프로그램 개발을 위해서 사용되는 방안이다. 보통 사회복지 프로그램들은 모조직의 제한된 자원 속에 있고, 다른 프로그램들과의 형평성 문제로 인해서 특정 프로그램에 대해 혁신적으로 지원하는 것과 같은 합의에 도달하기가 쉽지 않다. 그래서 프로그램을 혁신하고 성장시키고자 할 때 부딪히는 이런 자금 지원의 문제들에 직면해서, 보충적인 자원 확보의 방안으로 외부 자원을 찾게 된다.

외부 자원들은 특정 자원제공 기관들에 의한 지원 보조금이나 서비스 계약 등의 방법으로 획득되는 것이 보통이다. 외부 자원의 장점은 지역사회에서 프로그램의 권위를 확보하거나 모기관에서의 위치를 강화하는 데 도움이 되며, 혁신적인 서비스를 서버하는 데 유리하고 서비스 확장에도 도움을 줄 수 있다는 것 등이다. 외부 자원의 주된 단점은 안정적이지 못하다는 데 있다. 대부분은 시범적인 프로젝트로 주어지는 것이 보통이어서, 안정적이고 장기적인 프로그램의 계획에는 도움이 안 되는 경우가 많다. 계약에 의한 경우도 마찬가지로, 일정 계약이 끝나는 시점에서는 프로그램의 자원확보는 영점으로 돌아가게 된다는 단점이 있다.

이러한 장단점에 기초해서 외부 자원의 확보 시 중요하게 고려해야 할 점들을 몇 가지로 나타내면 다음과 같다.

① 외부 자원 확보에 따르는 이익과 비용에 대한 현실적 평가

많은 경우에 외부 자원은 지속적이 아니라, '일회적'이고 단기간에 한정되어 있다. 외부 자원으로 인해 프로그램 확장이나 새로운 프로그램이 개발된다 해도, 일정 시간이 지난 후에는 누가 프로그램 지원을 계속할 것인가의 문제가 발생한다. 프로그램의 중단은 업무자들과 클라이언트들에게 문제를 초래한다.

② 보조금 기관의 목적과 목표들에 귀속

외부 자원을 신청하기 위해서는 자원제공 기관의 목적에 맞추어 기존의 프로그램 목표들을 수정하거나 새로운 것들을 추가해야 할 필요가 있다. 이러한 변화들은 보조금을 지원받기 위해 드는 적은 비용이라고 생각하기 쉽지만, 그것이 프로그램의 자율성을 저해하거나 프로그램의 원래 의도를 흐리게 하는 정도를 고려해 본다면, 결코 가볍게 간과할 문제는 아니다. 자칫 프로그램들이 원래의 목적을 상실하고 외부 자원 기관이 내세우는 정책과 규제들에 귀속되어버릴 위험성도 크다.

③ 실질적 행정 비용의 추가

각종 보조금 집행과 관련한 보고서들을 작성 제출하는 데 따르는 자료수집 및 정리 등도 무시 못할 추가 행정 부담이 된다. 이러한 것들은 실질적인 프로그램 개발과 진행에 들어야 할 인력의 비용을 막대하게 잡아먹는 경우가 많다.

④ 모(母)기관의 목표와의 괴리

적어도 외부 자금의 지원에 따르는 목적과 목표들의 변화가 모기관이 추구하는 목적과 목표들에 배치(配置)되지는 않아야 한다. 그렇지 않으면, 대부분 단기간에 한정된 외부의 자금지원이 끝났을 때 프로그램의 존속은 더 이상 힘들게 된다.

외부 자원의 활용은 이처럼 예상되는 문제들의 확인을 통해서, 외부 자원의 유입에 따른 손익 평가를 충분히 한 후 결정되어야 한다. 정부 조직이나 기업 출연에 의한 복지재단, 공동모금 등에서 앞으로 이러한 프로그램별 보조금 지원이 확대될 예상이므로, 프로그램의 기획과 운영에 있어서 외부 자원의 획득에 수반되는 지식들을 갖추는 것이 중요하게 된다.

(3) 외부 지원 보조금의 획득 과정

프로그램의 목적에 적합한 외부 보조금을 찾기로 결정하고, 어떤 종류의 보조금들이 적합할 것인가가 선택되면, 보조금을 신청하기 위한 제안서를 준비하는 것이 중요한 과업이 된다. 이 과업은 프로그램의 의도와 능력을 외부 환경에 알리는 것으로, 비슷한 환경에 처한 프로그램들 사이에서는 제안서 작성 능력의 우월성만으로도 외부 자원의 획득에 있어서 쉽게 우위를 점할 수 있다. 제안서를 준비하는 과정을 단계별로 설명하면 다음과 같다.

① 보조금에 관한 정보 수집

보조금의 종류, 가능한 보조금과 서비스 계약 등에 대한 정보를 체계적으로 수집한다. 공공이나 민간에서 제공되는 각종 보조금들의 성격에 대해 파악하는 것이다. 이것은 각종 전문 기관들을 통해 전달되는 회람에 의해서 주로 가능하지만, 개인적으로 보조금들을 수소문하는 것도 필요하다.

② 제안서의 준비

적합한 보조금의 출처가 발견되면, 지원하고자 하는 프로젝트에 합당한 기술적인 능력과 자원을 자신들이 갖추고 있는지를 분석한다. 그런 다음 지원 기관과의 접촉을 통해서 불명확한 것들을 해결하고, 추가적인 정보(자금지원의 의도, 지원 절차, 경쟁자들의 상황 등)를 입수한다. 이러한 단계는 보다 성공적인 제안서 작성을 위해 매우 중요하다. 관련 프로그램 영역에서 성공적인 경험이 있는 기관들로부터 정보를 입수한다. 이전의 프로그램들의 발전 상황에 근거해서 현재 제안되는 프로그램의 성격과 타당성을 설명한다면, 매우 설득력 있는 제안서로 평가될 것이다. 가능하면 지원 획득에 성공했던 제안서를 입수하여 분석해보는 것도 도움이 된다.

제안된 프로젝트를 수행하는데 반드시 협조를 필요로 하는 다른 기관들, 지역사회 집단, 전문가협회 등의 지원이나 보증 추천을 동원하여 지원네트워크를 구성한다. 제안된 서비스가 실제로 필요한가, 얼마나 이를 이용할 것인가 등에 대한 아이디어를 지원 네트워크를 형성하는 과정에서 얻을 수 있다. 제안서 작성을 위해 유용한 아이디어도 이 과정을 통해 얻을 수 있고, 자금 지원이 결정된 후에도 실제 활동 수행의 단계에서 많은 도움이 된다.

③ 제안서 작성

제안서는 의사 전달의 수단이다. 자신이 아무리 그럴 듯하게 무엇을 썼다고 생각해도 읽는 사람이 이해를 못한다면 아무런 쓸모가 없다. 그러므로 제안서를 글로 작성하는 데 있어서 처음부터 끝까지 기억해야 할 것은, 읽는 사람의 관점에서 써야 한다는 것이다. 구체적으로는 다음과 같은 점들에 유의해야 한다.

첫째, 요구되는 모든 항목들에 대해 적절하고도 명확한 답을 해야 한다.

둘째, 간결하게 답한다. 순서에 맞추어서 정리하고, 복잡한 자료들은 참고자료로 부록에 붙이고, 문법이나 문단 작성 등을 세밀하게 한다. 표나 그림 등을 활용하는 것도 내용에 대한 설명력을 높이는 데 기여한다. 설명문들은 무엇보다도 읽기 용이하고, 쉽게 이해될 수 있도록 만들어야 한다.

셋째, 지나치게 희망적인 화법을 사용하는 것은 오히려 역효과를 낼 수 있다. 제안된 프로젝트의 예상되는 문제점들을 적시하고, 이에 대한 한계와 대처방안 등을 설명하는 것이 오히려 경험 있는 제안서 검토 위원들에게는 훨씬 설득력을 가질 것이다.

넷째, 제안서가 완성되고 난 후에는 심사자의 입장과 비슷한 사람들에게 이를 읽혀 보도록 한다.

④ 조직 상급자들의 동의 구함

프로그램 관리자들은 제안서를 개발하는 과정에서 조직의 상급자들이 그 제안 프로젝트에 대해 지원할 것임을 명확히 확인해 두어야 한다. 왜냐하면 상급자의 입장에서는 새로운 프로젝트로 인해 기관의 기존 자원배치가 달라질 수도 있음에 관심을 갖기 때문이다. 상급자의 동의를 얻는 것이 부적절하게 되면, 외부 자원이 중단되고 난 이후에 프로그램의 존속이 힘들어지게 되는 결과를 초래할 수 있다. 지속적인 조직 내부 자원에 대한 획득을 예상해서라도 상급자들의 동의가 중요하다.

4) 목표관리제(MBO)

(1) MBO의 성격

MBO(Management By Objectives, 목표관리제)는 1945년에 드러커(P. Drucker)에 의해 주창된 이후로 사기업들을 중심으로 그 활용도가 급속히 증대되어 왔으며, 비영리 사회복지조직들에서는 1980년대 이후로 그 활용도가 증가하고 있다. 이러한 현상은 과학적이고 책임성 있는 사회복지 프로그램의 운영에 대한 사회적 요구가 높아지는 추세를 반영하는 것이다.

MBO는 경영과 관리에 있어서 일종의 다차원적인 개념으로 쓰인다. MBO를 하나의 독특한 실체를 가진 관리 도구라기보다는 일종의 '활동 중심적이고, 결과지향적이며, 참여를 강조하는 철학'으로 보는 견해도 있다. 한편 MBO는 목표, 계획, 모니터링, 평가 등의 과정을 체계적으로 연결하는 방법으로 간주되기도 하고, 기획, 의사결정, 직원 개발 등과 같은 조직적 활동들을 활성화하고 통합시키는 시스템으로 간주한다.

이론적으로 MBO는 매우 단순한 시스템이다. 기본적으로 관리의 전 과정에서 참여를 강조하는 성향이 있다. 업무자들의 참여를 통해 일정 기간에 성취되어야 할 장기적인 목적과 단기적 목표들이 구체화된다. 구체적으로 합의된 목적과 목표들이 존재함으로 인해, 그것들이 성취되고 있는지의 성공 여부가 정기적으로 평가될 수 있다. 목적과 목표의 설정에 업무자들을 참여시킴으로써, 업무자들을 기관의 사명에 헌신하게 하는 것이 가능하다.

사회복지기관에서 MBO를 활용하는 데 따르는 장점들은 다음과 같다.

첫째, 업무자들이 프로그램의 결정 사항이나 기관의 방향 선택에 참여할 수 있다. 개인별 혹은 분과별 목적들을 제시하는 과정을 통해 참여가 가능해진다.

둘째, 목적과 목표 설정에 업무자들의 참여를 장려함으로써, 업무자들의 자발적인 동기를 증진시키고, 기관에 대한 개인별 기여를 확인할 수 있게 한다. 이것은 일종의 Y 이론(Theory Y) 전략에 의한 생산성의 증대를 의미한다.

셋째, 개인별 목표들을 취합해서 각 분과별로 목적들을 설정하고, 공동으로 이것들을 추구해 나가는 과정을 강조한다. 이것은 개별 업무자들 간의 불필요한 경쟁을 억제하여 업무자들 간에 일종의 결속감이 형성되도록 하는 데 도움을 준다.

넷째, 체계적인 평가를 가능하게 한다. 구체화된 목표들이 제시됨으로써 업무자나 부서별 목표들이 성취되고 있는지의 여부를 확인 가능케 한다.

다섯째, 장·단기적 목적들을 설정하는 것을 장려함으로써, 서비스 요청이 주어질 때마다 수동적으로 반응하는 식의 기획을 막을 수 있다. 목적은 비교적 장기적으로 선정되며 목표들을 그러한 목적들과 관련되어 나타나기 때문에, 궁극적으로는 목적과 목표들을 조직의 사명과 결부시키는 것이 가능하다.

(2) 사회복지기관의 MBO 모델

기관들의 성격에 따라 다양한 MBO 모델들이 존재한다. 조직이나 프로그램이 처한 환경들을 반영하면서 MBO의 이념을 실천하는 다양한 방안들이 개발되기 때문이다. 사회복지기관들에 적용될 수 있는 MBO 모델은 보편적으로 다음과 같은 구성 요소들로 이루어진다.

① 사명에 대한 합의

사명선언문(mission statement)에는 기관의 존립 이유가 구체화되고, 조직의 주요 의도들이 명시되어 있다. 사명은 지역사회가 기관에 대해 기대하는 서비스들을 반영하고 있어야 하며, 그것은 기관이 생존하는데 반드시 필요한 기관의 방향이기도 하다. 사명선언문은 장기적 관점으로 쓰이고, 보통은 구체적인 종료 시점을 제시하지 않는다. 사회복지기관에서 사명선언문을 완성하기 위해서는 모든 적절한 이해집단들의 동의를 구하는 것이 바람직하다. 조직구성원, 행정관료, 이사회, 지역사회 대표 등이 각자 자신들의 관점에서 사명선언문의 작성에 관여하는 것이 필요하지만, 한편 다양한 이해 관심들이 단일한 사명으로 집약될 수도 있어야 한다.

② 귀납적 목적 설정

목적 설정을 위해서 귀납적인 과정을 사용한다. 사명선언문으로부터 조직의 주요한 목적들 몇 가지가 나타난다. 목적은 바람직한 상태를 나타내는 것으로, 보통 3~5년의 장기간에 걸쳐 이루어지도록 구성된다. 사회복지기관들에서 목적 개발은 귀납적이어야 한다. 많은 구성원들의 구체적인 개인별 목표들로부터 일반적인 부서별 혹은 단위별 목적들이 도출된다. 업무자들의 개인별 목표들을 취합한 후에, 부서의 구성원들은 어떤 공통된 목적들이 형성되어 있는지 그리고 어떤 계획들이 개발될 수 있겠는지를 집합적으로 찾아내야 한다. 귀납적 목적 형성에 따르는 장점들은 특히 사회복지기관들을 위해 중요하다. 이유는 다음과 같다.

첫째, 그러한 과정을 통해 각 업무자들의 개별성이 반영되게 하고, 기관의 사명에 비추어 자신들의 독특한 기여를 확인할 수 있게 한다.

둘째, 의사소통과 기획 과정에서 보다 자연적인 혹은 인간적인 시스템이 장려된다.

셋째, 목적 형성에의 참여를 통해 동질감을 불러일으킨다.

넷째, 실질적인 서비스 전달과정을 잘 이해하지 못하는 행정관리자들이 비현실적이고 실천불가능한 목적들을 양산해내는 것을 막을 수 있게 한다.

③ 목표들의 구체화(집단 목표의 설정)

목표들은 MBO의 핵심이며, 주어진 기간 내에 획득될 수 있는 바람직한 성과들에 대한 구체적인 표현이다. 목표들은 보통 측정가능하고 명료한 용어로 제시되어야 하며, 추후에 결과에 대한 평가 기준으로 제시될 수 있는 것이 바람직하다. 목표들을 구체화하는 것은 곧 프로그램의 성과를 구체적으로 명시하는 것과 같다. 지위나 조건과 같은 외형적인 사실들에서부터 행동이나 심리 상태 등과 같은 인간의 내부적인 조건들로 옮겨갈수록 목표들은 점차 명료화, 수량화되기 어렵다.

사회복지기관의 본질의 업무자들의 성격을 감안할 때, 목표들은 부서별 혹은 집단별 기준으로 작성되는 것이 바람직하다. 개인 업무자별로 목표들이 설정되는 것은 피하는 것이 좋다. 업무자들의 상호작용, 상담, 상호참여 등을 장려하기 위해서는 공통된 과업들을 설정하는 것에 강조점을 두어야 한다. 개인별 목표들을 강조하면 종종 심각한 경쟁이 초래될 수 있고, 그것은 클라이언트의 이익에 파괴적이 될 수도 있다. 개인별 목표보다 부서별 목표들을 강조하는 것은 개인에서부터 집단으로 책임성을 옮기는 것이고, 기관의 분위기를 경쟁에서 상호협조로 바꾸기 위함이다. 이러한 방법으로 목표들을 설정할 경우 기관의 생산성을 증가시킬 뿐만 아니라 쓸모없는 경쟁에서 초래되는 여러 부작용들을 줄일 수 있다.

④ 활동과 자원의 결정

목표들을 실천하기 위해서는 영향 모델(impact model)이 필요하다. 일종의 개입전략으로서의 영향 모델이란 'X라는 활동이 Y라는 목표를 성취하는데 어떻게 기여하는가?'를 묘사하는 것이다. 사회복지서비스에서 이러한 영향 모델을 명확하게 제시하는 것은 쉽지 않다. 주로 인간의 이해에 관한 과학적 지식의 한계로 인해서지만, 인간 문제의 도덕적, 가치적 측면들을 기계적이고 결정적인 인과론으로 다루기 위해서도 구속받으므로, 순수하게 인과론적인 효과 관계에만 전념하기도 어렵다.

이러한 어려움들에도 불구하고 사회복지서비스 기관은 나름대로의 충분한 영향 모델을 가지고 있어야 한다. 비록 모든 프로그램이나 조직들이 나름대로는 목표와 활동들에 관한 인과관계를 설정하고 있겠지만, 보다 합리적으로 목표를 추구해 나가기 위해서는 이러한 영향 모델을 명시화하고 구체화하는 노력이 필요하다.

영향 모델에 의해 수행될 활동들이 결정되고 나면, 구성원들에게 주요 활동들에 대한 역할과 책임을 부여한다. 각 개인들이 맡게 되는 역할들을 명료하게 만들어 주고, 그에 따른 구체적인 책임들을 부여하는 것이 필요하다. 여기에 쓰이는 도구로는 '책임행렬(responsibility matrix)'표와 같은 것들이 있는데 주로 목표, 주요 활동, 책임의 종류와 소재 등을 각 구성원별로 구체적으로 명시하고 있다([표 12-4] 참고).

　이러한 표를 작성하는 것이 일방적인 상의하달식 명령으로 이루어져서는 효과적이지 못하다. 개별 행위자들을 책임행렬표의 작성 과정에 참여시킴으로써 이들의 협조와 기여를 이끌어 낼 수 있다.

　활동에 필요한 자원을 규정하기 위해서는 먼저 각 활동들이 명확하게 규정되어야 한다. 비용의 추정은 활동에 대한 명확한 규정이 없을 경우에 불가능하다. 그러나 활동과 자원의 관련성을 확인하는 작업은 일방적인 과정만은 아니고 상호작용을 필요로 한다. 활동에 의해서만 자원이 규정되는 것이 아니라, 자원을 미리 염두에 두고서 각 활동들이 달리 규정되어야 할 필요성도 종종 있기 때문이다.

[표 12-4] 책임행렬표의 예

목표명: (　　　　　　　　　)

활동 \ 직위	기관장	자문회의	팀장	관리 요원	서비스 요원	기타(　)
활동 1	B	D	C	G	H	I
활동 2	A	D	B	F	C	I
활동 3	A	D	B	E	H	C
활동 4	A	D	A	E	C	I
(　　)						
(　　)						
책임 유형 예	A - 일반책임 D - 자문필수 G - 사전승인		B - 운영책임 E - 자문권장 H - (　　)		C - 특정책임 F - 보고필수 I - (　　)	

⑤ 마일스톤

　마일스톤(milestone)은 활동들을 모니터링 하는 것이다. 수행될 활동들이 결정되고, 그러한 활동들 간의 수행 순서가 규정된다. 예를 들어 교육훈련과 서비스제공 활동들이 같이 포함되어 있다면, 교육훈련 활동은 반드시 서비스제공 활동 전에 이루어져야 함을 규정하는 것 등과 같은 것이다.

　활동들에 대한 시간 순서를 규정하는 것은 행정관리자들에게 어떤 시점에서 어떤 자원들이 필요하고 배치되어야 할 것인가를 미리 점검할 수 있게 한다. 마일스톤표(milestone chart)는 프로그램의 진행 상황이나 목표 성취 등을 그래프로 알기 쉽게 나타낼 수 있는 도구이다. 보통 많이 쓰는 것으로 간트(Gantt) 도표가 있고, 퍼트(PERT) 역시 같은 성격이나 진행 사항에 대한 보다 수량화된 고급 정보를 제공할 수 있다([표 12-4] 참고).

[표 12-5] 간트 도표의 예

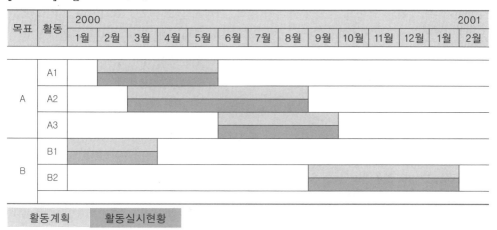

목표	활동	2000												2001	
		1월	2월	3월	4월	5월	6월	7월	8월	9월	10월	11월	12월	1월	2월
A	A1														
	A2														
	A3														
B	B1														
	B2														

활동계획   활동실시현황

마일스톤은 프로그램 진행 상황을 모니터링하고, 목표 성취를 가늠하는데 사용된다. 마일스톤은 활동들로 구성되며, 활동들은 목표 획득을 사정하기에 적합한 지표로서 간주된다. 좋은 목표는 산출물이나 중간매개물 혹은 업무 등보다 종료 결과 혹은 최종성과로서 직접 묘사되는 것이 바람직하다. 그런데도 사람들에 대한 목표의 성과는 직접적으로 측정되기가 어렵다. 서비스 활동과 클라이언트의 기능변화를 직접적으로 연결하여 나타내기는 매우 어렵다. 무엇을 측정해야 할 것인가도 명확하지 않은 때가 많다. 그런 경우에 매개성과나 활동들을 통해서라도 프로그램 목표들을 측정해 나가는 것이 필요하고, 마일스톤의 사용은 그러한 목적에 적절히 기여한다.

(3) PERT

PERT(프로그램평가검토기법, Program Evaluation Review Technique)는 다른 경영관리 도구들과 마찬가지로, 목표와 수단을 합리적이고 체계적인 방식으로 연결하는 데 사용되는 기법이다. 프로그램을 명확한 목표와 활동들로 조직화하고, 진행일정표를 작성하고, 진행일정표를 작성하고, 자원 계획을 세우고, 프로그램의 진행사항을 추적하는 등에 활용되는 유익한 관리 도구이다. PERT는 이미 제반 사회과학 분야에서 기획 도구로서의 기능을 널리 인정받아 왔는데, 특히 공식적 프로그램이나 대규모 프로젝트들의 기획과 관리를 위해 많이 쓰인다.

PERT는 프로젝트(project) 관리를 위한 네트워크 모델의 일종이다. 오랫동안 되풀이해서 시행되는 프로젝트들은 통제와 관리에 대한 자연스럽게 축적된 노하우(Know-how)를 갖고 있다. 프로젝트의 완수에 필요한 시간, 인력, 여타 자원에 관한 것은 과거의 경험을 통해 익히 잘 알려져 있다. 이런 경우에 프로그램의 기획이나 관리에 필요한 정보들은 대

개가 자연스럽게 주어진 것이므로, 산발적인 정보들을 합성하거나 조직화해서 필요한 정
보를 도출해 내려는 과업은 크게 중요하지 않다. 그런데 일회성으로 끝나거나 혹은 최초로
시도되는 프로젝트의 경우에는 계획과 통제를 하는 데 필요한 사전 정보들이 주어져 있지
않는 것이 보통이다. 공공 영역의 활동들이 대개 이러한 종류이다. 그럼에도 '전반적으로
는' 그 프로젝트가 처음일 수 있지만, 프로젝트의 '구성요소들이나 과업들'은 유사한 프로
젝트들에서 이전에도 여러 번 행해져 왔던 것들일 수 있다.

예를 들어, 어떤 지역에 일명 '산푸름' 종합사회복지관의 건립을 계획하고, 실행하고, 최종적
으로 개관에 이르기까지의 프로젝트가 있다 하자. 이 전반적인 '산푸름 프로젝트'는 이전에 없
었던 것이고, 이후에도 없을 것이다. 그래서 이것은 되풀이해서 지속되는 일상적인 프로그램
들과는 다르게, 그 전체 기획과정이 체계화, 공식화되어 있지 않다. 다만, 다른 지역사회들에
서 종합사회복지관 건립 프로젝트들은 이미 많이 시도되었으므로, 그들로부터 그 안에 포함
된 개별적인 과업들에 대한 경험은 얻을 수 있다. 토지구입과 관련한 사항들, 건물시공과 관
련된 것들, 위탁법인의 선정에 따르는 활동사항들, 개관식을 위한 준비사항들, 그리고 전반적
으로 요구되는 인력 자원의 성격과 여타 필요 자원들에 관한 개별적인 정보들은 주어질 수 있다.

이런 경우에 개별적인 활동들에 대한 정보만을 갖고서, 해당 프로젝트의 전반적인 기
획과 관리에 필요한 정보를 산출해내야 할 필요성이 생긴다. 복합적인 활동들로 이루어진
프로젝트를 관리하기 위해 활동들 간의 연속성과 상호관계를 체계적인 그림으로 나타내려
는 시도들이 오랫동안 있어 왔는데, 1950년대 후반에야 비로소 그런 프로젝트들의 계획,
일정관리, 통제에 사용되는 정형적인 방법들이 제안되어 나타났다. PERT와 CPM는 두 가
지 각기 다른 방법들이 출현했는데, 비록 출발은 달랐으나 현재는 PERT/CPM 혹은 PERT
라고 하면 두 방법이 통합된 것으로 이해하면 된다. PERT에서 주로 하는 작업은 다음과
같은 것들이다.

· 프로그램(혹은 프로젝트)에 포함된 개별 행사 목표들의 확인
· 목표들의 수행을 위해 필요한 과업 활동들을 점검
· 활동들의 순서를 결정
· 각 활동마다 소요되는 시간, 요구되는 자원들을 확인
· 목표와 활동들 간의 관계를 네트워크(network)로 나타냄

PERT 작성의 의의는 조직구성원들에게 프로젝트 완수를 위해 필요한 제반 활동과 과
업들을 전체적인 그림을 통해 보여주는 것에 있다. 또한 개별 목표들을 달성하는 데 필요
한 시간들을 추정하게 하고, 프로젝트 전체의 목적을 성취하기 위해 전반적인 업무자들의
진행 사항을 평가할 수 있는 도구로서 유용하게 쓰인다.

| 그림 12-5 | PERT의 기본 구조 |

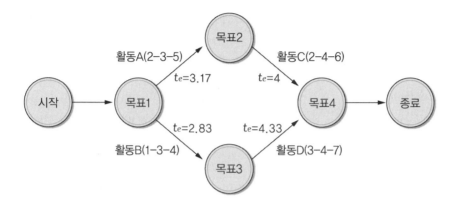

① PERT의 기본 구조

PERT 네트워크는 프로젝트 수행에 필요한 개별 활동이나 업무자들의 과업을 통해 서로 연결된 일련의 행사(event)나 목표들로 구성된다. 업무자들의 과업(task)은 한 목표에서 다음 목표로 이동하는 데 필요로 하는 시간과 자원들을 나타내는 것이다. [그림 12-5]는 단순한 PERT 네트워크를 보여주는 것이다.

PERT는 시간에 대한 통제에 관심이 많다. 업무자의 과업에 대해 세 가지 유형의 시간 추정을 시도한다. 예를 들어, 그림에서 '활동A(2-3-5)'란 활동(A)에 소요되는 시간에 대한 각기 다른 추정치들을 나타내는 것이다. 활동A(a-m-b)는 활동(A)(낙관시간-통상시간-비관시간)을 각기 의미한다. 이를 통해 한 활동에 대한 기대활동시간(t)을 계산한다.

$$t_e = \frac{a + 4m + b}{6}$$

활동A(a=2, m=3, b=5)의 경우에는 기대활동시간(t)은 다음과 같이 계산된다.

$$t_e = \frac{2 + 4 \times 3 + 5}{6} = 3.17$$

a: 가장 우호적인 상황에서 기대될 수 있는 활동수행시간 예상
m: 통상적으로 예상되는 활동수행시간에 대한 예상
b: 가장 비우호적인 상황에서 기대될 수 있는 활동수행시간 예상
t_e: 기대활동시간. 위의 세 가지 활동시간 추정치들의 평균

나머지 활동들에 대해서도 이와 같이 계산한다. 각 활동들에 대한 기대 시간을 모두 구하면 프로젝트의 시작에서 종료에 이르기까지 예상되는 총시간을 도출해 볼 수 있게 된다. 프로그램 관리자들이 개별 목표들과 전체과업 달성에 걸리는 활동 시간들에 대한 예상을 하는 것은 인적 및 물적 자원의 합리적인 통제를 위해서 매우 중요한 일이다. 보다 구체적인 PERT의 의미는 다음의 PERT/CPM을 적용해서 살펴본다.

② PERT/CPM

원래 PERT모델은 위의 경우처럼 세 가지 시간 측정을 허용했다. 여기에 CPM(임계통로방법, Critical Path Method)이라는 시간－비용 추정의 기법이 합쳐져서, 현재 PERT라고 하는 것은 대개가 PERT/CPM을 의미하는 것이다. CPM을 이용한 PERT를 구성하기 위해서는 세 가지 유형의 정보가 필요한데, 이것은 어떤 식의 프로젝트 기획과 통제에서도 반드시 요구되는 기본적인 정보들이다.

· 프로젝트 완수를 위해 필요한 모든 과업들의 확인
· 각 과업은 달성하는 데 걸리는 시간의 길이
· 과업들 간의 선－후 관계 확인(하나의 과업이 끝나야 비로소 시작될 수 있는 과업들 간의 연결)

이러한 정보들은 각 과업에 대한 전문 지식이나 노하우를 갖춘 직원, 외부인들의 도움을 얻어 구하게 된다. 앞서 제시된 세 가지 시간 예측들을 통해 기대 시간을 산출해 보는 것도 한 수량적인 방법이다. 그러나 무엇보다 중요한 것은 이전의 경험을 현재의 프로젝트 상황에 대비시키면서 미래를 예측해 볼 수 있는 능력이다. 프로젝트 수행에 있어서 관리자들의 능력이 대개 이와 관련되어 있다. PERT/CPM의 구성을 다음의 한 예를 들어 설명해 본다.

어떤 대도시 지역의 사회복지협의회가 정보시스템을 개발했다고 하자. 정보시스템의 목적은 지역사회의 서비스 전달에 관한 제반 정보를 획득하고, 한편으로 개별 서비스 기관들에 지역사회의 각종 서비스와 클라이언트에 관한 정보를 제공하려는 것이다. 문제는 이러한 시스템이 최대한 활용되기 위해서는 개별 사용자들이 그 취지를 적절히 이해하고 사용법을 최대한 숙지하는 것이 필요하다. 이에 따라 사회복지협의회는 지역사회 서비스 제공자들을 한 곳에 모아 교육 세미나를 개최하는 프로젝트를 기획하게 되었다.

이를 PERT로 작성하기 위해서는 우선 몇 가지의 기본적이 정보들이 필요하다. 앞서 제시된 PERT 요구사항을 따르자면, 다음과 같은 정보들을 확보해야 한다. 세미나의 기획에서부터 개최에 이르기까지의 과정에 존재하는 모든 종류의 과업 활동들을 확인하고 나열한다. 각 과업들에 대해서는 반드시 선행－후행 과업들의 관계로 연결한다. 각 과업들의 완성에 걸리는 활동 시간을 측정한다. 앞의 예에서 [표 12－6]과 같은 과업 활동들에 대한 파악이 이루어졌다고 하자.

[표 12-6] 과업 활동들의 예

과 업	활동 내역	선행 과업	추정시간
A	세미나의 내용을 계획	-	2
B	연사 확보	A	1
C	세미나 장소 선정	-	2
D	후원자 물색 및 결정	A	4
E	진행요원 선발	-	3
F	초대장 제작 및 발송	B, C, D	2
G	예약 접수	F	3
H	언론 통보	F	1

PERT의 목적은 이러한 개별 과업들에 대한 정보를 이용해서 프로젝트의 기획과 관리에 유용한 새로운 정보들을 도출해내려는 것이다. 즉 '단 한번 뿐인(one-time only)' 프로젝트들에서 대개 결여되어 있는 프로젝트 전반에 관한 정보들(예를 들어, 프로젝트 전체를 완수하는데 걸리는 총시간 등)을 구하려는 것이다. PERT는 이러한 목적을 위해 네트워크(network)를 사용한다. 개별 과업 활동들을 연계하는 네트워크 그림을 통해, 이 기법을 사용하지 않으면 알아낼 수 없는 정보들을 도출할 수 있다.

[그림 12-6]은 전형적인 PERT 네트워크를 보여주는 것이다. PERT 네트워크에는 앞서 PERT 작성을 위해 필요한 기본 정보들이 우선 들어간다. 각 활동들이 동그라미 안에 표시되는데, 동그라미에 과업 목표들을 표시할 때는 그에 수반되는 활동 시간들을 연결선에 표시하기도 한다. 여기서는 동그라미에 과업 활동을 표시했고, 동그라미 안의 괄호에는 활동에 걸리는 시간을 표기했다. 각각의 활동들은 선행-후행을 나타내는 화살표들로 연결된 네트워크로 구성한다. 모든 PERT 네트워크 그림은 [시작]에서 출발해서 [종료]로 끝난다.

[그림 12-6]에서 각 활동들은 각자의 선행 활동들과 연계되어 있음을 볼 수 있다. 예를 들어 활동(B)의 선행 활동은 (A)이고, 활동(F)의 선행 활동은 (B), (D), (C)이다. 활동(F)는 그래서 활동(B), 활동(D), 활동(C)가 모두 완수되기 전까지는 결코 시작될 수 없다. 즉, 연사가 확보되고 세미나 장소가 선정되고, 후원자 발굴이 완수되기 전까지는 초대장 제작과 발송과업에 따르는 활동이 시작될 수 없다는 뜻이다. 활동(E)와 같은 경우는 특별한 선행 과업이 요구되지 않으므로 스스로 활동할 수 있으며, 프로젝트의 종료 전까지 완수되기만 하면 된다. 이 경우는 뒤에서 설명하겠지만, 상당한 여유시간을 가질 수 있는 활동에 해당한다.

그림 12-6 PERT / CPM의 예

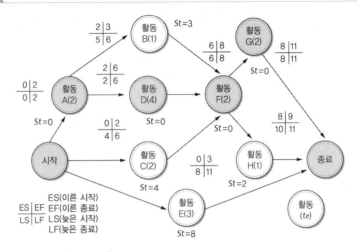

임계통로(CP): 시작 → A → D → F → G → 종료

③ 임계통로의 확인

PERT/CPM에서 CPM은 임계통로 방법을 의미하는 것이다. 임계통로(critical path)란 네트워크 그림의 시작에서 종료에 이르기까지의 여러 통로들 가운데서 가장 오랜 시간이 걸리는 통로를 말한다. [그림 12-6]에서는 7가지의 통로(혹은 경로)가 존재함을 확인할 수 있다.

통로(1): 시작→활동(A)→활동(B)→활동(F)→활동(G)→종료

통로(2): 시작→활동(A)→활동(B)→활동(F)→활동(H)→종료

통로(3): 시작→활동(A)→활동(D)→활동(F)→활동(G)→종료

통로(4): 시작→활동(A)→활동(D)→활동(F)→활동(H)→종료

통로(5): 시작→활동(C)→활동(F)→활동(G)→종료

통로(6): 시작→활동(C)→활동(F)→활동(H)→종료

통로(7): 시작→활동(E)→종료

임계통로는 정의상 가장 많은 시간을 요구하는 통로이므로, 이것은 다른 의미로는 전체 프로젝트 수행을 완수하는 데 필요한 최소한의 시간 길이를 나타내는 것이다. 그래서 임계통로에 들어있는 활동들은 프로젝트의 수행시간을 엄수하기 위해 결정적(critical)으로 중요한 것들이 된다. 여기서는 통로(3)에 들어 있는 활동들의 총시간 소요(개별 활동들의 시간 합)가 11주로서 가장 길게 나타나, 이것이 임계통로가 된다. 이 프로젝트의 수행을 위해

요구되는 최소한의 시간이 11주가 된다는 것이다. [표 12-3]과 같은 개별 활동들에 대한 정보의 나열만으로는 이 프로젝트의 완수에 최소한 몇 주가 걸릴지를 추정할 수 있는 근거가 없다. PERT 네트워크의 CPM만이 그러한 근거를 제시할 수 있다.

위의 예에서는 통로들의 수가 그리 많지 않으므로, 통로들의 총 소요 시간을 각각 계산해서 그중에서 가장 긴 소요시간의 임계통로를 발견해 내는 것이 그다지 어렵지는 않았다. 그러나 활동들의 수가 점차 더 많아지면, 통로들의 수도 늘어나게 되고, 그래서 통로들을 계산하고 임계통로를 확인하는 작업도 그만큼 더 복잡해진다. 프로젝트를 진행하면서 개별 활동들에 대한 시간 수정이 이루어지게 되면, 그때마다 매번 통로들을 일일이 다시 계산해서 임계통로를 확인해 내는 것은 분명히 문제가 있다.

그런 이유들로 인해 임계통로를 체계적으로 확인하는 방법이 개발되어 있는데, 이것을 설명하기 전에 CPM과 관련한 몇 가지의 개념들을 규정해 두는 것이 필요하다.

- ES(이른 시작, Early Start): 한 활동이 가장 일찍 시작될 수 있는 시간을 나타내는 것으로, 선행 활동들이 언제 모두 종료될 수 있을지를 고려해서 계산된다.
- LS(늦은 시작, Late Start): 한 활동이 가장 늦게 시작될 수 있는 시간을 나타내는 것으로, 전체 프로젝트의 진행에 지장을 주지 않는 범위 내에서 계산된다(LS=LF-te).
- EF(이른 종료, Early Finish): 한 활동이 가장 일찍 마쳐질 수 있는 시간으로, 이른 시작에 활동 소요시간을 더해서 계산된다(EF=EX+te).
- LF(늦은 종료, Late Finish): 한 활동이 가장 늦게 마쳐질 수 있는 시간으로, 전체 프로젝트의 진행에 지장을 주지 않는 범위 내에서 계산 된다(LF=LS+te).
- ST(여유 시간, Slack Time): 전체 프로젝트에 지장을 초래하지 않는 범위 내에서, 한 활동의 시작과 종료 시간이 조절될 수 있는 시간 폭을 나타낸다. 정의상 임계통로에 있는 모든 활동들에 ST는 각기 0이다(ST=LS-ES, 혹은 LF-EF).

[그림 12-6]에서는 +안에 ES, EF, LS, LF를 계산해 넣어 각 활동들에 표시해 두었다. 먼저 ES와 EF를 모든 활동들에 표기한다. 위의 예에서는 활동(A)의 ES는 0인데, 이것은 가장 일찍 시작하려면 지금 당장 할 수 있다는 뜻이다. EF는 2주로서, EF=ES+te(해당 과업 활동시간)에 의해 계산된다. 활동(A)는 가장 일찍 마치려면 2주째에 가능하다는 것이다. 활동(D)의 경우 ES가 2주라는 것은, 활동(A)가 선행과업이 되어 있으므로, 가장 일찍 시작하더라도 활동(A)의 이른 종료(EF) 시점에야 비로소 가능함을 뜻한다. 계산식에 의해 활동(D)의 EF는 6주가 된다. 활동(F)의 경우는 두 개의 선행과업이 있는데, 활동(B)의 EF=3, 활동(D)의 EF=6으로 나타난다. 이 경우 활동(F)의 ES는 3이 아니라 6이 된다. 두 개의 선행과업들이 모두 충족되어야 하고, 그 가장 이른 시점이 6주째에야 비로소 가능하

게 되기 때문이다. 이렇게 해서 네트워크에 있는 모든 활동들에 대한 ES와 EF를 먼저 구해 +에 표기해 둔다.

ES와 EF의 확인으로 일차적으로 도출되는 정보는 프로젝트 수행을 위해 필요한 최소한의 소요 시간이다. 이 예에서는 최소한 총 1주의 시간이 프로젝트 종료에 이르기까지 소요됨을 알 수 있는데, 종료에 임하는 활동들(G, H, E) 가운데 활동(G)의 EF=11을 통해 파악된다. 활동(E)의 EF=3을 두고서 이를 가장 이른 종료라고 착각할 수도 있으나, 활동(E)만으로 프로젝트가 완수되는 것이 아니라 모든 활동들이 하나도 빠짐없이 완수되어야 프로젝트의 종료에 이르므로, 가장 오랜 시간이 걸리는 활동들의 통로에 있는 마지막 활동의 EF가 그 프로젝트를 위해 소요되는 최소한의 시간 길이가 되는 것이다.

LS와 LF의 계산은 역방향으로 산정된다. 앞의 예에서는 먼저 종료에 임하는 활동들(G, H, E)의 LF는 그 정의상 각각 11이 된다. 프로젝트의 진행에 지장을 초래하지 않고 가장 늦게 마칠 수 있는 시간이므로 활동(G)도 그렇지만 활동(H)와 활동(E)도 LF는 11을 초과할 수 없다. 그렇다면 활동(G, H, E)의 LS는, 정의상 LS=LF−te 이므로 각각 8, 10, 8이 된다. 활동(F)의 경우에 LF는 8이 된다. 활동(F)는 활동(G)와 활동(H)의 선행과업이며, 활동(G, H)의 LS가 각각 8, 10으로 나타나므로, 아무리 늦어도 활동(F)는 8주째에는 종료가 되어야 함을 강제한다. 활동(G)가 아무리 늦어도 8주째에는 시작되어야 하기 때문이다. 이렇게 해서 모든 활동들에 대한 LF와 LS를 구해서 역시 +에 표시한다.

각 활동들에 대한 ES, EF, LS, LF가 모두 구해지고, +가 완성되면, 임계통로와 여유시간(ST)이라는 두 가지의 결정적인 정보들이 도출된다. 임계통로는 ES=LS 혹은 EF=LF인 활동들의 경로를 시작에서 종료에 이르기까지 연결하는 것이 된다. 임계통로가 확인되고 나면, 프로젝트 수행에 걸리는 총소요시간의 확인과 함께, 프로젝트에 포함된 모든 개별 과업 활동들의 ST가 계산될 수 있다. ST는 그 정의상 LS−ES 혹은 LF−EF로 계산된다. 임계통로에 속해 있는 모든 활동들의 ST 값은 0이 된다. 즉, 이 활동들은 지체할 여유시간이 없다는 것이다. 가장 일찍 시작될 수 있는 시간과 가장 늦게 시작될 수 있는 시간이 일치되어 있기 때문이다. 반면에, 임계통로에 속해 있지 않는 시간이 일치되어 있기 때문이다. 반면에, 임계통로에 속해 있지 않는 다른 활동들의 경우에는 각각의 여유시간들을 갖고 있다. 활동(H)의 경우 ST=2인데, 이것은 활동(H)는 일찍 시작하려 한다면 8주째에 시작해도 되고, 아무리 늦어도 10주째에 시작만 하면 전체 프로젝트의 진행에는 영향을 미치지 않는다는 뜻이다. 만약 8주째에 시작했다면, 원래는 1주의 시간 계획이 되어있지만 9주째에 반드시 종료될 필요는 없으며, 늦어도 11주째까지만 마쳐지면 된다는 뜻도 있다.

④ PERT 활용의 의미

PERT는 수행(Performance)평가검토기법 혹은 프로그램(Program)평가검토기법의 약자에서 비롯되었듯이, 한 프로그램이나 프로젝트의 수행과 관련한 기획, 관리, 평가에 이르는 제반 활동들을 적절히 제어하는 데 활용될 수 있는 기법이다. 개별 활동들에 대한 경험이나 지식을 네트워크의 개념을 이용해서 체계화시킴으로써, 그로부터 행정관리에 필요한 제반 주요 정보들을 얻을 수 있게 한다.

전체 프로젝트의 수행시간 임계통로를 확인함에 의해 전체 프로젝트가 완수되는 데 걸리는 시간을 추정 가능하게 한다. 이것은 일차적으로 개별 활동들의 시간과 활동들 간의 시간과 활동들 간의 선행-후행 관계가 확인된 후에 계산되는 것이지만, 개별 활동들의 수행시간을 조절해 보면서 전체 수행시간의 단축과 연장 등을 검토하는 것도 가능하게 한다. 이것은 프로그램 기획에서 일차적으로 필요한 정보이다.

개별 활동들과 전체 프로젝트의 연결 PERT는 네트워크로 구성되어 있으므로, 개별 활동들이 전체 프로젝트의 일정(혹은 자원이나 비용 등과 같은 여타 요소들)에 어떤 양상으로 연결되어 영향을 미치고 있는지를 파악할 수 있게 한다.

프로젝트 기간의 단축·연장 기획과정이나 혹은 실행과정 중에도 프로그램 내·외부의 변화에 의해 예정된 프로젝트의 기간이 단축되거나 혹은 연장되어야 할 필요성 등이 등장할 수 있다. 이 경우에, PERT의 임계통로 정보는 어떤 활동들을 앞당기거나 혹은 늦춤으로 인해 전체 프로젝트에 어떤 영향을 미치는지를 쉽게 파악할 수 있게 한다. 프로젝트를 앞당기기 위해 필요한 자원과 노력들은 임계통로에 속한 활동들에 일차적으로 집결되어야 하는 것을 알게 한다. 앞서의 예를 들면 활동(B, E, H)를 일주일 앞당기는데 노력을 쏟아 봐야, 전체 프로젝트가 11주 만에 완수되는 것을 변화시킬 수가 없다. 그러나 만약 활동(G)를 3주에서 2주로 줄일 수 있으면, 프로젝트는 10주 만에 종료될 수 있다.

개별 활동들의 여유시간 개별 활동들의 여유시간(ST)에 대한 정보를 제공해 줄 수 있으므로, 프로그램 관리자들은 자원이나 비용 등을 염두에 두고서 활동들의 수행을 조절할 수 있는 능력을 갖추게 된다. 앞서의 예에서, 활동(E)는 전체 프로그램 진행 과정에서 인력과 비용, 관심 등의 측면에서 가장 여유가 있는 시점에서 수행되도록 하면 되고, 다만 늦어도 8주째에는 시작되어야 한다는 것을 알 수 있게 한다.

위에서 든 PERT 활용의 의의는 단지 그 유용성의 일부분만을 제시한 것이다. PERT의 기본적인 논리를 이해하고, 이를 행정관리의 제반 측면들에 적용하면, 상당히 귀중한 정보들을 도출해 낼 수 있다. 자료는 수집되거나 주어지는 것이지만, 정보는 만들어지는 것이다. 행정관리자는 자신이 수행하는 프로그램의 기획과 관리에 필요한 정보들이 단순히

'주어질' 것으로 기대해서는 안 된다. 기존의 경험과 자료들을 체계적으로 활용하여 자신의 행정관리 과업에 필요한 정보들을 '도출해' 낼 수 있는 것이 매우 중요하다. PERT는 중요성 인식에서 비롯된 행정관리의 기법인 것이다.

여기에서는 PERT를 시간 개념에 초점을 두고서 소개했다. 그러나 PERT의 활용은 시간만이 아니라, 프로젝트에 소요되는 자원, 비용, 노력, 혹은 인력 등과 같은 제반 측면들의 관리를 위한 도구로서도 사용될 수 있다. 비록 그러한 측면들이 시간의 개념과 연결된 것이지만, 시간의 정보에 인력이나 자원과 같은 비용의 개념을 추가해서 PERT를 구상해 본다면, 프로그램의 기획과 관리를 위한 보다 세밀하고 고급스런 정보들을 도출할 수 있을 것이다.

사회복지행정의
프로세스

제13장 사회복지행정의 프로세스

1. 의사소통

1) 의사소통의 개요

(1) 의사소통의 개념

의사소통(communication)이란 상징에 의하여 정보, 생각, 감정을 전달하는 것이며 결정의 전제가 되는 정보를 전달하는 과정을 의미한다(Simon, 1957 : 154). 즉, 의사소통이란 쌍방의 과정(a two-way process)으로서 전달자와 피전달자 간에 사실이나 생각, 감정 등을 전달함으로써 상대방에게 생각이나 행동, 태도에 영향을 미치고 행동에 변화를 일으키는 것을 말한다.

정보의 정확한 전달과 활발한 교류에 의하여 조직의 구성원은 조직목표를 명확하게 인식하게 되고 합리적 협동행위를 할 수 있게 되며 권한과 책임의 효율적인 배분이 가능하게 된다(김규정, 2002 : 486).

(2) 의사소통의 중요성

고전적 조직론에서는 조직의 구성원을 조직의 목표 달성을 위한 수단으로만 보는 견해가 지배적이었기 때문에 조직 상위층으로부터 하위층으로의 수직적 의사소통, 즉 하향식 의사소통을 강조하였다. 의사소통에 깊은 관심을 표명하기 시작한 것은 Barnard 등이 중심이 된 인간관계 학파이다. Barnard(1938 : 89~91)는 조직의 3대 요소로서 공통의 목적, 협동에의 의사, 의사소통을 들고 있다. 그에 의하면 조직의 양극에 공통의 목적을 달성할 가능성과 조직에의 협동적 의사를 지니는 개인이 있는데, 이 양극을 연결하여 동태적인 것으로 만드는 과정이 의사소통의 과정이라고 하였다.

조직에서 의사소통의 중요성을 고찰해 보면 다음과 같다(최창호, 2002 : 218~219).

첫째, 의사소통은 두 사람 또는 두 기관 사이에 공통 이해를 조성하여 공통 목표를 향한 상호 협조를 가능하게 해준다.

둘째, 의사소통은 조직에서 행하는 많은 의사결정(decision-making)에 있어서 그것의 전제적 조건이 된다. 정보 없이는 결정이란 불가능하기 때문이다.

셋째, 의사소통은 조직 내 구성원의 심리적 욕구를 충족시켜 주는데 큰 역할을 한다. 즉, 조직이 커질수록 직원들의 소외감 내지 아노미(anomie)가 커지는데, 직원 간의 의사소통을 활발히 해 줌으로써 그들의 소속감과 사기를 높일 수 있는 것이다. 인간은 본질적으로 의사나 감정을 표출함으로써 만족을 얻을 수 있다.

넷째, 의사소통은 장래의 대비를 가능하게 해 준다. 의사소통을 통한 정보의 획득은 장래에 취할 태도나 행동의 대비에 중요한 역할을 수행한다.

Skidmore(1990 : 164~165)는 사회복지행정에서 의사소통의 중요성을 세 가지 측면에서 설명하고 있다.

첫째, 효과성(effectiveness)는 사회복지조직에 있어서 서비스를 효과적으로 전달하기 위해서는 직원 상호 간에 의사소통이 원활하게 이루어져야 한다. 만일 직원 간에 의사소통이 이루어지지 않는다면 목표 달성을 위한 건전한 정책이 수립될 수 없으며, 직원들이 그들의 생각, 의견과 감정을 서로 나눌 수 없다면 의미 있는 의사결정이 이루어질 수 없을 것이다. 조직에서의 효과성은 직원 상호 간 특히 상위직과 하위직 사이에 생각과 감정을 서로 공유한다. 쌍방적 의사소통(two-way communication)은 민주적 과정의 일부이며 효과적인 정책을 결정하고 의사결정을 내리는 데 필수적이다.

둘째, 효율성(efficiency)이다. 효율성은 직원 상호 간에 개방적으로 의사소통을 함으로써 향상된다. 의사소통의 의미가 무엇이든 간에 직원들이 절차, 방법, 사례, 정책, 목표, 그리고 자신들의 열망에 대해서조차도 생각하고 느끼는 것을 서로 공유하는 것이 중요하다. 서비스개선을 위해 효율적인 기법을 습득한 직원은 다른 직원과 공유함으로써 효율성을 높일 수 있다. 또한 어떤 절차가 부적절하고 비효과적이라는 것을 발견한 직원은 다른 직원들로 하여금 사실을 알게 함으로써 조직에 도움을 준다.

셋째, 사기(morale)이다. 사기는 조직의 운영에 있어 특별히 중요하다. 최고 관리층과 조직의 구성원 간에 의사소통이 잘됨으로써 의기투합 되었다고 느끼게 되면 그들은 무엇이 어떻게 돌아가는지 알지 못할 때 서로 간에 훨씬 더 지지적이 되고 조직의 목표를 달성하려고 노력할 것이다. 사기는 상위계층과 하위계층의 직원들이 그들이 무엇을 생각하고 무엇을 느끼고 있으며 또 왜 그렇게 생각하고 느끼고 있는지를 서로 간에 함께 나누어 봄으로써 향상된다. 이것은 그들이 매사에 의견이 일치한다는 것을 의미하는 것이 아니라 상대방이 어떻게 느끼고 있는가를 인식하는 것이다. 조직의 사기는 서비스 전달에서 서로 간에 의사소통을 하고 도움을 주는 행정가와 직원 간에 이해를 바탕으로 이루어진다.

(3) 의사소통의 기능

조직에서의 의사소통은 다음과 같은 기능을 갖는다(김규정, 2002 : 487~488).

첫째, 정책결정, 의사결정의 합리화 기능이다. 정책결정, 의사결정의 합리성은 정확·신속하고 우수한 질을 가진 의사소통체제에 의하여 확보된다. 결함이 없는 결정이라 할지라도 결정이 불충분하게 전달되는 경우 소기의 성과를 얻기 어렵다.

둘째, 사기앙양과 참여촉진 기능이다. 의사소통은 조직구성원의 심리적 욕구를 충족시키는 중요한 수단이다. 활발한 의사소통을 통하여 정책, 업무절차, 인사 등에 관한 정보를 제공하고 안정감, 소속감, 참여의식을 느낄 수 있게 함으로써 사기를 올리게 되며 행정능률이 향상될 수 있다.

셋째, 조정의 효율화 기능이다. 조직 내에 활발한 의사소통이 이루어짐으로써 사업계획이나 조직목표에 대하여 구성원이 충분한 이해와 헌신적 태도를 갖게 될수록 조정이 효율화된다.

넷째, 리더십의 발휘수단 기능이다. 의사소통을 활성화시키고 효과적으로 잘 활용할 수 있느냐의 여부는 행정 리더십의 성패를 좌우하게 된다.

(4) 의사소통의 원칙

의사소통의 정보나 내용은 알기 쉽고 일관성을 가지면서 적절하게 상대방에게 저항을 일으키는 일 없이 전달되어야 한다. 이와 같은 효과적인 의사소통을 위해 학자들이 제시하고 있는 일반원칙을 살펴보기로 한다(김규정, 2002 : 495).

① **명료성**(clarity): 의사소통에 있어서 정보구조는 체계화되어 있어야 하고, 정보표현의 언어는 정확하여야 하며, 정보표현의 문장은 알기 쉬워야 한다.

② **일관성**(consistency): 의사소통은 전달내용이 서로 모순되어서는 안 되며 일관성을 유지해야 한다.

③ **적시성**(timeliness): 정보의 도달점인 피전달자가 정보를 받아들이는 준비성의 정도에 따라서 적시에 정보를 전달하지 않으면 효과가 없다.

④ **적량성**(adequacy): 정보량은 책임도 또는 정보 활용도 등에 따라 조절한다.

⑤ **배포성**(distribution): 정보는 전달받아야 할 피전달자가 명확하여야 한다. 즉, 정보의 전달범위, 대상자가 명확하지 않으면 안 된다.

⑥ **적응성과 통일성**(adaptability & uniformity): 적응성이란 융통성, 현실 합치성을 의미하며, 통일성이란 의사소통이 통일된 내용을 담고 있음을 의미한다.

⑦ **관심과 수용**(interest & acceptance): 어떠한 의사소통이든 피전달자가 관심과 수용적인 태도를 보일 때 효과적으로 행해질 수 있다.

(5) 의사소통의 과정

의사소통은 세 가지의 과정, 즉 메시지를 보내고 받는 과정(sharing), 메시지를 이해하는 과정(understanding), 메시지를 명확히 하는 과정(clarifying)이 있다(Skidmore, 1990 : 167~168).

첫째, 메시지를 보내고 받는 과정은 언어적으로, 비언어적으로 또는 문서 등의 방법으로 다양하게 이루어지며, 수직적 또는 수평적 통로를 통해 이루어진다.

둘째, 메시지를 이해하는 과정은 말하여지는 내용과 들리는 내용이 기본적으로 같음을 뜻한다. 말하는 사람의 내용과 듣는 사람의 내용이 다르다면 그것은 의사소통이 이루어지는 것이 아니다. 이해하는 과정에는 보내는 사람의 메시지와 받는 사람의 메시지가 일치되도록 실제로 말하는 내용을 잘 들으려고 하는 노력이 포함된다.

셋째, 메시지를 명확히 하는 과정은 효과적인 의사소통을 하는데 특히 중요하다. 두 사람이 말하고 있을 때 한쪽에서 뜻하는 것이 불확실하면 문제를 명백히 하기 위해 질문이 제기되어야 한다.

2) 의사소통의 유형

의사소통의 유형은 공식적 계층제를 통한 것인지 아닌지에 따라 공식적 의사소통과 비공식적 의사소통으로 분류할 수 있다. 내용의 흐름과 방향에 따라 수직적 의사소통과 수평적 의사소통으로 분류할 수 있으며, 언어로 하느냐 그렇지 않느냐에 따라 언어적 의사소통과 비언어적 의사소통으로 나눌 수 있다.

(1) 공식적 의사소통과 비공식적 의사소통

공식적 의사소통(formal communication)은 공식적 조직 내에서 공식적 통로와 수단에 의하여 공식적으로 의사가 소통되는 것이다. 이것은 특정한 요건을 갖추어 '누가', '누구에게', '무엇을', '어떻게' 전달할 것인가를 공식적으로 법제화하고 이에 근거하여 의사를 전달하는 것이다. 공식적 의사소통은 전달자와 피전달자 간에 권한에 책임 관계가 명확하고 의사소통이 확실하고 편리하다는 장점이 있다. 그러나 융통성이 없고 소통이 느리며 또한 조직 내의 모든 사정을 사전에 예견하여 합리적 의사소통의 수단을 완전히 이룩하는 것은 불가능하므로 비공식 의사소통을 통하여 보완한다.

비공식적 의사소통(informal communication)이란 조직의 자생집단 내에서 비공식적 방법으로 이루어지는 의사소통을 의미한다. 비공식적 의사소통은 통제가 곤란하고 공식적인 권위관계를 파괴하고 조정을 더 곤란하게 하는 경향도 있으나, 구성원들의 감정을 잘 나타내는 수단이 되며 사회심리적인 만족감과 조직에의 적응력을 높여준다.

(2) 수직적 의사소통과 수평적 의사소통

수직적 의사소통(vertical communication)에는 상의하달적 의사소통과 하의상달적 의사소통이 있다. 상의하달의 방법으로서 명령과 일반정보가 있다. 명령에는 지시, 훈령, 발령, 규정, 규칙, 요강, 고시, 회람 등이 포함되며 이를 전달하는 방법에 따라 구두명령과 문서명령이 있다. 일반정보는 명령과는 달리 조직 또는 조직의 업무에 관한 지식을 구성원들에게 알려주기 위한 편람(manual), 핸드북(handbook), 뉴스레터(newsletter), 구내방송, 강연 등이 있다. 하의상달의 방법으로는 보고, 면접, 의견조사, 제안제도 등을 들 수 있다. 보고는 가장 공식적인 것이며 조직책임자는 보고에 의해서 필요한 의사결정이나 명령을 내릴 수 있다. 면접은 구성원들이 관리층에 대하여 품고 있는 감정을 파악하여 행정에 반영하려는 방법이나 비용이나 시간이 많이 들고 익명성이 보장이 어렵다는 이유로 많이 채택되지는 않고 있다. 의견조사는 질문서 등을 구성원에게 배포·수집하여 구성원들의 사기측정이나 태도조사 등에 유용하게 사용되고 있다. 제안제도는 품의제도라고도 하는 것으로 구성원들의 업무개선에 관한 의견이나 아이디어를 접수하여 유익한 것은 채택하여 실시하고 이를 보상하는 제도이다.

수평적 의사소통(horizontal communication)이란 동일 계층의 사람들 또는 상하관계에 있지 않는 사람들 사이에 이루어지는 의사소통을 말하는 것으로 조직목적의 조정을 확보하는 데 매우 중요하다. 수평적 의사소통의 방법으로 어떤 결정을 내리기 전에 전문가들의 의견을 구하거나 조직의 목표와 합치성 등을 검증하려는 사전심사제도 및 사전사후에 관계없이 이용되는 각서와 사후에 통지 또는 주지시키는 것을 목적으로 하는 회람 또는 통지가 있으며, 회의 또는 위원회제도 등이 있다.

(3) 언어적 의사소통과 비언어적 의사소통

언어적 의사소통(verbal communication)은 말, 즉 구어(口語)로 하는 의사소통을 의미한다. 사회복지조직에서 언어적 의사소통은 직원회의, 위원회, 인터뷰 등에서 일어난다. 또한 커피를 마시기 위한 휴식시간 중에 이루어지기도 한다. 조직에서 언어적 의사소통에는 개인 또는 집단과 대화함으로써 교환될 수 있는 메시지들이 포함된다. 구성원들이 언어를 통해서 자신들의 생각, 계획, 절차, 기법, 사례 등을 함께 나누는 것은 누구에게나 도움이 된다.

언어적 의사소통 과정에서 고려되어야 할 몇 가지 제약점이 있다.

첫째, 언어적 의사소통은 주로 생각과 사실에 강조를 두는 것이지만 감정의 정확한 표현에 중점을 두는 것은 아니다. 둘째, 말하려고 선택한 것이 상황의 근사치에 불과하기 때문에 듣는 사람을 잘못된 방향으로 인도할 우려가 있다. 셋째, 전달할 필요가 있는 내용들을 논의하기 위해 사람들을 함께 모이게 하는 것이 가끔 어려울 수 있다(Skidmore, 1990 : 166~167).

비언어적 의사소통(non-verbal communication)은 사회사업 영역에서 매우 중요하다. 종종 생각과 감정은 언어적 의사소통에서보다도 비언어적 의사소통을 통해서 더 효과적으로 전달된다. 비언어적 의사소통에는 눈짓, 몸짓, 웃음, 말의 속도, 목소리의 높고 낮음, 입술의 경련, 얼굴의 붉어짐, 그리고 눈물 등이 포함된다. 언어를 통해 "이것은 나에게 아무 의미가 없다"라고 말하는 사람에게서 그의 표정이나 태도에서는 그 반대의 의미를 읽을 수 있는 것이다. 다른 사람이 말하는 것을 진실로 듣기를 원한다면 그들의 눈을 가지고 들을 필요가 있다. 의사소통 중에 전달자를 관찰하는 것은 생각과 의미와 감정을 주고받는데 큰 도움이 될 것이다(Skidmore, 1990 : 167).

2. 의사소통의 극복요소

1) 의사소통의 고려사항

사회복지조직에서 의사소통의 중요한 고려사항은 다음과 같다(Skidmore, 1990 : 최성재 · 남기민, 1993 : 263~265).

(1) 사실과 감정

사회복지조직에 있어서 의사소통은 그것이 치료적인 것이든 행정적인 것이든 사실(facts)과 감정(feelings)을 모두 포함한다. 이와 같이 의사소통은 사실과 감정을 모두 포함한다는 것을 이해하는 일은 효과적인 사회복지행정을 위해 필수적이다.

조직에 대한 사실 및 생각들은 구성원들이 조직의 정책, 문제, 계획, 결정 및 활동을 알 수 있도록 분명히 밝힐 필요가 있다. 이와 같은 사실 및 생각들은 문서 또는 구두로 또는 둘 다 이용해서 전달될 수 있다. 구성원들은 조직으로부터 기대되는 변화, 의사결정, 조직이 직면한 문제들을 포함해서 현재 조직이 어느 정도까지 발전해 왔는지를 알 필요가 있다.

한편 사실이나 생각뿐만 아니라 감정도 의사소통에 있어서 특히 중요하다. 감정은 면담, 위원회, 직원회의와 같은 대면적 관계에서 가장 분명하게 나타난다. 행정가는 구성원들에게 자기가 실제로 느끼는 것을 전달할 필요가 있다.

(2) 의사소통의 길이

의사소통에서 중요한 또 다른 요소는 그 길이다. 분명히 메시지는 너무 길어서도 또 너무 짧아서도 안 된다. 가끔 예외가 있을 수 있지만 위원회, 직원회의 등에서 생각과 감정을 전달하는 데 통상 사전에 시간제한이 계획되어야 한다. 그러나 어려운 결정에 대해서는 충분한 시간이 할당되어야 한다. 의사소통을 위한 시간이 제한된 경우는 제한된 시간 내에 생각과 감정을 효과적으로 전달할 수 있도록 치밀한 준비가 있어야 한다. 효과적인 의사소통은 치밀한 준비로부터 이루어진다.

(3) 반복

많은 행정가들이 구성원들에게 문서 또는 구두로 한 번 말하고 그것으로 충분하다고 생각한다. 그러나 대부분의 사람들은 기억력이 짧고 그들이 듣고 읽는 것의 대부분을 다 기억해 낼 수 없다. 만약 정보, 계획, 그리고 사건이 중요하다면 그런 것은 한 번 이상 언급되는 것이 필수적이다. 반복은 효과적인 의사소통을 위해 필요하다.

(4) 경청

의사소통의 또 하나의 중요한 고려사항은 청취자가 되는 것이다. Fulmer(1988 : 253~275)는 경청(listening)을 위한 실제적인 지침을 다음과 같이 제시하고 있다.

첫째, 말하는 것을 멈추어라. 말하고 있는 동안은 들을 수 없다.

둘째, 말하는 사람을 편하게 해 주어라. 자유스럽게 말할 수 있도록 도와주어라.

셋째, 말하는 사람에게 당신이 듣기를 원하고 있음을 보여주어라. 그를 바라보고 관심을 표하라. 반대하기보다 이해하기 위해 들어라.

넷째, 주의산만을 제거하라. 낙서하거나 두드리거나 종이를 뒤섞지 말라. 문을 닫는다면 더 조용할 것이다.

다섯째, 말하는 사람에게 감정이입을 하라. 당신이 그의 관점을 이해할 수 있도록 그의 입장에서 생각하려고 노력하여라.

여섯째, 인내심을 가져라. 말하는 사람에게 많은 시간을 주고 그를 방해하지 말라. 문을 열고 나가지 마라.

일곱째, 화를 내지 마라. 화내는 사람은 남의 말로부터 나쁜 의미만 얻게 된다.

여덟째, 논쟁하지 마라. 가령 당신이 이긴다 해도 당신은 잃게 될 것이다.

아홉째, 질문하라. 질문은 말하는 사람을 격려하고 당신이 듣고 있음을 보여주는 것이다. 질문은 요점을 더 명백히 하는 데 도움을 준다.

열째, 말하는 것을 멈추어라. 이는 다른 모든 지침에 우선하는 것이기 때문에 첫 지침이자 마지막 지침이 된다. 당신이 말하고 있는 동안은 좋은 청취를 할 수가 없다.

2) 의사소통의 장애요인

의사는 정확히 소통되어야 한다. 그러나 여러 가지 요인에 의하여 정확한 의사소통이 장애를 받는다(최창호, 2002 : 224~225).

(1) 의사소통의 결정요인

의사소통의 장애요소를 살펴보기 위해서는 먼저 의사소통의 질을 결정하는 요인부터 고찰할 필요가 있다. 의사소통의 결정요인은 수없이 많으나 이를 다음과 같이 세 가지로 나누어 볼 수 있다.

첫째, 인간적 요인이다. 조직 내의 구성원들의 지식, 경험, 가치관, 선입견 등이 의사소통에 결정적인 영향을 준다.

둘째, 조직구조적 요인이다. 해당 조직의 규모, 성격, 전문화, 계층제, 인간관계 구조 등이 의사소통에 영향을 미친다.

셋째, 사회문화적 요인이다. 의사소통은 조직 내부적 요인뿐만 아니라 그 조직을 둘러싸고 있는 사회문화적 요인의 영향도 받는 것이다.

(2) 의사소통의 저해요인

이상과 같은 결정요인을 중심으로 의사소통의 장애요소를 살펴보면 다음과 같다.

① 인간적 요인

첫째, 인간의 판단기준이 정확한 의사소통을 저해한다. 인간이 가지고 있는 지식, 경험, 가치관, 선입견 등이 그 예가 될 수 있다.

둘째, 인간의 능력의 한계가 장애요소로 된다. 인간은 그 주의력에 한계가 있기 때문에 모든 상황을 빠짐없이 인식할 수도 없고, 또 그것을 빠짐없이 전달할 수도 없다. 거두절미한다든가 간소화된 의사만을 전달함으로써 의사가 왜곡 전달되는 수가 많다.

셋째, 의식적인 제한이 장애요소로 되는 수가 있다. 누구와 경쟁관계에 있다든가 누구에게 적의를 품고 있을 때에 의사(정보)의 제공을 제한하는 수가 있다.

② 조직구조적 요인

첫째, 해당 조직의 생리가 장애요소로 될 수 있다. 조직의 성격, 규모, 인간관계 구조 등이 원활한 의사소통을 저해하는 경우가 그것이다.

둘째, 조직 내의 분화가 저해요소로 되는 수가 있다. 엄격한 계층제에 의한 신분상의 간격, 고도의 전문화에 의한 분야상의 간격, 장소분산에 의한 공간적 간격이다.

셋째, 조직의 업무가 저해요소로 될 수 있다. 과다한 업무량이라든가 비밀유지를 특히 필요로 하는 업무 등인 경우가 그것이다.

③ 사회문화적 요인

첫째, 언어가 장애요소로 되는 수가 있다. 다언어를 사용하는 다민족 국가의 경우는 더 말할 나위도 없고, 그렇지 않은 경우에도 은어라든가 전문용어, 방언 등이 장애요소가 될 수 있는 것이다.

둘째, 환경, 정세가 장애요소가 될 수 있다. 물가, 안보 등 상황의 변동이 의사소통에 차이를 나타내는 수가 있다.

셋째, 사회분화도가 또한 장애요소가 될 수 있다. 사회분화도가 진화되어 그 전문화의 도가 깊어진 사회일수록 의사소통이 어려워진다.

3) 의사소통의 극복방안

의사소통의 장애를 최대한 줄일 때 그 효과성과 정확성을 증대시킬 수 있다. 의사소통의 과정에서 발생되는 장애를 극복하기 위한 여러 가지 방법 중에서 대표적인 것을 살펴본다.

(1) 대인관계의 개선

상하계층 간의 인간관계를 개선하고 집단성원 간의 사회심리적 거리를 단축시켜 의사소통이 원활하게 이루어질 수 있는 구체적인 방법으로 여러 가지가 있다(이창원·최창현, 1996 : 333).

첫째, 자유스럽게 의사표시를 할 수 있는 분위기를 조성한다.

둘째, 하급자들이 상급자들에게 접근하기 용이한 문호개방정책(open door policy)을 실시한다.

셋째, 가족 동반의 사교적 모임을 통해 상급자와 하급자들의 인간적인 분위기를 조성하여 그러한 분위기 속에서 의사소통이 원활히 이루어질 수 있도록 한다.

넷째, 제안함(suggestion box)이나 건의함을 설치하여 어느 때라도 의견을 제시할 수 있도록 한다.

(2) 의사소통 체계의 확립

조직의 의사소통 체계가 효과적으로 기능하는 데 필수적인 원리는 다음과 같다(Barnard, 1938 : 175~181 : 최성재·남기민, 1993 : 270~271).

첫째, 의사소통의 통로는 공식적으로 명시되고 명확하게 모든 구성원들에게 알려져야 한다.

둘째, 조직의 모든 구성원에게 명확한 공식적 의사소통의 통로가 있어야 한다. 모든 사람은 하의상달과 상의하달의 소통체계가 갖추어져 있어야 한다. 즉, 모든 사람은 조직과 명확한 의사소통 관계를 가져야 한다.

셋째, 완전한 의사소통의 계선(line of communication)이 사용되어야 한다. 한 곳에서 다른 곳에서의 의사소통은 권한의 계선상의 모든 지점을 따라 통과되어야 한다. 이는 권한의 계통에 어떤 단락이 있을 경우 발생할지도 모르는 의사소통의 갈등을 피하기 위해서이다. 이것은 또한 책임을 유지하기 위해서도 필요하다.

넷째, 의사소통의 계선은 계선 손실(line loss)을 최소화하기 위해 가능한 한 직접적이고 짧아야만 한다. 의사소통의 계선이 짧을수록 의사소통의 속도는 빠르고 오류가 발생할 확률은 그만큼 적어진다.

다섯째, 의사소통의 계선은 항상 유지되어야 한다. 그렇지 않으면 필요한 정보는 제때에 그것을 필요로 하는 사람들에게 도달되지 못할 위험성이 있다. 어떤 직위에 결원이 생겼을 때 잠정적으로 그 직위를 대행할 수 있는 직원을 곧바로 채워야 한다. 만약 공식적 의사소통의 계선이 파괴되면 조직은 급속히 해체된다.

여섯째, 모든 필요한 의사소통은 적절히 통제되어야 한다. 의사소통 계통에 직위를 갖고 있는 직원은 들어오는 정보를 평가하고 그 정보를 보류해야 할지 보내야 할지 여부를 결정하고 보낼 필요가 있는 정보는 정확히 보내야 하기 때문에 유능해야 하고 직원 및 조직 관계에 관한 지식과 적절한 의사소통 기술을 갖고 있어야 한다.

(3) 적절한 언어의 사용

전달자는 정보를 선택해 공통의 상징체계(구두, 언어, 문자 등)로 변환시켜야 한다. 따라서 전달자는 피전달자가 가장 잘 이해하고 해석할 수 있는 방법을 사용해야 한다. 또한 의사소통 시에 전달자는 언어적 정보와 비언어적 정보를 동등하게 사용하여 피전달자의 이해를 도와야 한다(이창원·최창현, 1996 : 333).

(4) 신뢰의 분위기

조직 내에서의 의사소통은 쌍방을 통해서 이루어져야 하며 상호 신뢰에 기초한 공개적인 분위기 속에서 의사소통이 이루어질 때 가장 효과적이다. 행정가는 하위 직원에게 최대한 공개적으로 모든 관련정보를 제공하고 자신과 하위직원 간의 접촉을 극대화시키도록 노력해야 한다. 원활한 의사소통이 이루어지려면 상호 신뢰성을 바탕으로 합리적인 의사소통이 이루어질 수 있는 분위기를 조성해야 한다.

(5) 반복과 환류

반복(redundancy)은 의사소통의 전부 또는 일부를 두 번 이상 되풀이하는 것으로 의사소통의 정확성을 높일 수 있으나 의사소통 통로에 추가적인 부담을 준다.

환류는 전달자가 발송한 정보를 피전달자가 정확히 받아서 바르게 해석하였는가를 전달자가 알 수 있도록 해 준다. 이 방법은 의사소통의 신속성을 감소시키나 의사소통의 정확성을 높일 수 있는 장점이 있으나 의사소통 통로에 추가적인 부담을 주는 단점이 있다.

3. 정책결정

1) 정책의 개념

Tropman(1984 : 5)은 "정책이란 문서로 표현되고 정당한 권한에 의해 인가되고, 행동지침이 되고 있는 생각(idea)으로서 그것은 정책과 정의 결과"라고 보고 있다. Trecker(1977 : 170)는 "정책은 정해진 행동방침, 즉 의사(intentions)의 진술"이라고 정의하고 있다. 또한 Presthus(1975 : 18)는 "정책이란 정부, 기관, 집단 또는 개인이 여러 대안들 중에서 선택한 일정한 행동방침 또는 행동밥법을 의미한다"라고 설명하고 있다. 한편 Easton(1953: 129)은 "정책이란 정치체계가 산출한 권위적 결정"이라고 보고 있고 박동서(1984 : 127)는 "정책은 정부의 중요한 활동지침"으로 설명하고 있다.

이상의 정책개념을 분석하여 보면 일반적으로 2가지 형태의 정책개념이 존재한다. 하나는 정책의 개념을 단순히 행동방침으로 이해하는 것이다. 정책의 개념을 이와 같이 보게 되면 정부와 같은 공공기관 외에 사기업과 같은 사적 조직에서도 정책이라는 말을 사용할 수 있고 따라서 사회복지조직의 경우 그것이 공적인 것이든 사적인 것이든 관계없이 모든 사회복지조직에 정책이 존재하는 것으로 볼 수 있다. 한편 다른 하나의 정책개념은 정책의 공공성을 강조하는 것이다. 다시 말해서 정책을 주로 공공기관에 의해 이루어지는 결정 및 활동지침으로 이해하는 것이다. 정책의 개념을 이와 같이 보게 되면 사회복지조직의 경우 공공 사회복지조직에만 정책이 존재하고 민간 사회복지조직에는 정책이라는 말을 사용할 수 없게 된다. 이 책에서는 정책의 개념을 단순히 행동방침(a course of action)으로 이해하고 공사의 모든 사회복지조직에 정책이 존재하는 것으로 보고자 한다.

사회복지조직에서의 정책은 이사회나 입법당국에 의하여 공식적으로 채택된 문서화된 행동방침이며, 서비스가 제공되는 제반 상황들은 사람들이 이를 알도록 공공에만 제시되어야 한다. 지역사회, 후원자, 직원들은 구체적인 정책의 성격과 목적, 그리고 그 의미에 대해서 명확히 알아야 한다. 정책은 서비스를 제공하는 데 활용하기 위한 행정가, 직원, 후원자들의 도구(tools)이기도 하다. 좋은 정책이란 조직이 무엇을 하기 위해 존재하고 있으며, 그 일을 어떻게 수행하려고 하는가 등에 대해서 적극적인 진술이 있어야 한다. 정책은 특히 의사결정(decision-making)의 면에서 직원의 업무에 초점과 방향을 제시한다(Trecker, 1977 : 170).

2) 정책결정 과정

정책결정이란 중요한 행동방침을 결정하는 것을 의미하는데 이와 같은 결정은 복잡하고 동태적인 과정을 거쳐 이루어지며 또한 몇 단계의 연속적인 과정(process)으로 이루어진다. 정책결정 과정을 Lasswell은 정보, 건의, 처방, 발동, 적용, 평가, 종결의 7단계로,

Simon은 정보활동, 설계활동, 선택활동의 3단계로, Jones는 확인, 형성, 합법화, 적용, 평가의 5단계로, Lundberg는 문제인식, 정보처리, 선택의 3단계로, Elbing은 불균형, 진단, 문제진술, 해결전략, 실행의 5단계로 보고 있다(안해균, 1982 : 236). 한편 Gilbert와 Specht는 정책결정 과정을 [표 13-1]에서와 보는 바와 같이 8단계로 보고 있는데 이들을 구체적으로 설명하면 다음과 같다(Gilbert & Specht, 1986 : 19~23).

[표 13-1] 전문적 역할과 정책 형성

단계	전문적 역할
1. 문제의 확인	1. 직접적 서비스
2. 정보의 수집 및 분석	2. 조사
3. 공중홍보	3. 지역사회조직
4. 정책목표의 개발	4. 기획
5. 공중지지의 형성과 정당성	5. 지역사회조직
6. 프로그램 설계	6. 기획
7. 수행	7. 관리와 직접적 서비스
8. 평가와 사정	8. 조사와 직접적 서비스

(1) 문제의 확인

제도적인 정책변화의 시작은 정책의 창시자가 지역사회에 인식되지 않거나 충족되지 않은 욕구를 충족시킬 책임이 제도에 있다고 인식하는 데서 비롯된다. 문제의 인식과 제도의 책임은 정책 창시자의 정치적, 경제적, 사회적, 제도적 환경과 밀접한 관련을 맺고 있다.

이 단계에서 수행되어야 할 과업은 충족되지 않은 욕구를 충족시켜 주기 위한 옹호자 및 매개자로서의 기능을 통해서 정책형성 과정의 초기단계에 깊이 관련을 갖게 된다. 이와 같은 기능이 바로 직접적 서비스를 담당하고 있는 일선 직원들의 전문적 역할 중의 하나라고 볼 수 있다. 그들에겐 그들의 과업을 수행하는 데 있어서 사회복지조직들의 역동성을 이해하기 위해 실질적인 많은 지식이 요청된다. 그러나 이 과정에서 그와 같은 지식을 사용하는 데는 조직에의 충성이라는 관점을 뛰어넘어 전문적 책임을 가지고 클라이언트에게 서비스를 제공하는 전문적 관점이 필요하다. 직접적 서비스를 담당하고 있는 일선직원들에게 정책형성에 이바지 하는 데 있어서 중요한 딜레마는 관료주의적 동조(conformity)라는 요구사항 때문에 이와 같은 전문적 가치를 고수하지 못할 때 생겨난다.

(2) 정보의 수집 및 분석

문제를 파악한 후에는 그 문제에 의해 영향을 받고 있는 사람의 수에 대한 실제자료를 파악하고 그 문제가 실제로 어떻게 평가되고 있는가에 대한 명확한 진술을 하는 것이 필요하다. 이 단계에서는 수집되는 정보의 종류와 질은 그 과정이 전개됨에 따라 변할 수 있다. 예를 들어 한 보호관찰관이 군(郡)보호관찰과 산하의 거택시설에서 아동들이 신체적으로 부당하게 처우 받고 있는 것을 발견하게 되었다고 생각해보자. 보호관찰관은 아동들에게 질서유지를 위해 가끔 체벌을 가하는 것은 어쩔 수 없다고 주장하며 방어적인 자세를 취하는 그 시설장에게 동조할 수 없기 때문에 아동의 욕구를 옹호하기 위해서 조직된 시민집단인 시민위원회(citizens committee)에 이 문제를 가져오며 이 시민위원회는 군 전체를 망라한 지역사회 모임을 개최하고 과거 그 시설에 있었던 젊은이들을 초대하여 그들의 경험을 말하도록 한다.

이 사례에서는 시민위원회 업무에 필요한 자료를 얻기 위해 지역사회 모임과 같은 비공식적 절차가 그 과정의 초기에 활용된다. 이런 모임들이 발전해 가고 쟁점사항이 명백해지면서 시민위원회는 시설에 전문적 기준을 확립하는 일이나 지역사회 보호관찰 프로그램을 체계적으로 검토하기 위한 연구 부서를 만드는 일에 그 에너지를 쏟게 될 것이다. 그 구체적인 방법이 무엇이든 간에 이 단계에서의 기본과업은 충족되지 않은 욕구에 대한 관심의 표현으로부터 조직적인 정보수집과 분석의 프로그램으로 방향을 바꾸어 나가는 것이다.

(3) 공중 홍보

공중은 과정의 진전에 따라 문제에 관해 제공받아야 하는 지역사회 내의 다양한 하위체계로서 정의할 수 있다. 공중의 크기는 문제의 성격에 따라 좌우되기 때문에 때로는 전체 지역사회처럼 대규모일 수도 있고 때로는 관련기관의 행정 당사자들로 한정될 수도 있다. 이 단계에서의 과업은 관련당사자의 이해와 관심을 불러일으킬 수 있는 형태로 문제를 제시하는 것이다. 그와 같은 과업의 수행에는 조직화하는 기술과 적당한 매체의 활용을 필요로 한다.

이 단계에서 공중에게 홍보하는 것과 정보수집 사이의 시간적 구분은 명확하지 않다. 예를 들면 지역사회 모임 등에서의 증언들을 활용해서 공중에게 홍보하려는 노력이 정보수집 및 분석과 동시에 이루어진다. 또 한 예로서 주민 자원봉사 대원들에 의해 이루어지는 주민조사는 충족되지 않은 욕구에 관한 정보를 수집하면서 동시에 공중에게 홍보하는 방법이다. 따라서 조사기술과 조직화기술 둘 다 그와 같은 조사를 수행하는 데 필요하다. 이 단계는 정책목표의 개발이라는 다음 단계에 반드시 앞서야 한다. 왜냐하면 변화를 주도하는 당사자들이 구체적인 정책목표를 염두에 두고 있다고 하더라도 공중이 문제가 존재한다는 것을 인식할 때까지는 이와 같은 목표가 공중에게는 아무런 의미가 없기 때문이다.

(4) 정책목표의 개발

공중에게 문제 또는 충족되지 않은 욕구가 존재한다는 것을 인식시키고 그 문제의 정도에 관해 정보를 제공한 다음에는 문제해결과 욕구충족의 방안이 모색되어야 한다. 이 단계에서 많은 해결안들이 문제해결을 위해 제시될 수 있으나 그것들은 취사선택되고 분석이 이루어져 일반적인 정책목표(policy goals)로 개발(development)되어야 한다. 앞의 보호관찰의 사례에서 정책목표는 거택시설의 직원들의 태도와 행동을 변화시키는 것이거나 그 시설에 거주하고 있는 아동들을 그 시설로부터 지역사회 내의 중간의 집(halfway house) 또는 기타 다른 시설로 옮기는 것이거나 또는 근본적인 원인을 제거하는 것이 될 수 있다.

이 단계에서의 주요한 전문적 기능은 기획과업과 밀접한 관련을 맺고 있다. 기획과업은 관련된 문제의 평가와 관계 지역사회의 선호 사이에 지속적인 상호작용을 통해 이루어진다. 특히 사회기획 같은 경우는 이 두 가지 요소의 통합의 결과를 많이 따른다. 결과 또는 산물은 성취해야 할 목표를 일반적으로 진술하는 것이다.

(5) 공중지지의 형성과 정당화

목표설정 과정중이나 목표설정 후에는 관계되는 공중을 포함시키고 제시된 일반적인 행동방침에 대한 공중의 지지를 얻어내기 위한 노력이 이루어져야 한다. 정책을 주도하는 사람들은 정책목표에 지지와 정당성을 제공하고 그러한 목표를 행동수단으로 전환하는 데 도움이 될 수 있는 집단을 동원해야 한다.

이 단계에서 주요한 과업은 리더십의 발휘, 연합형성, 잠재적 지지자들로부터 합의를 이끌어내기 위한 교섭 등이다. 경우에 따라서는 목표진술을 수정하는 타협도 이 단계에서 이루어질 수 있다. 여기에서 계약을 맺고, 교환하고, 설득하는 지역사회 조직가의 기술이 지지기반을 형성하기 위해 필수적이다. 이 단계에서 무엇보다도 중요한 것은 정당, 전문가협회, 시민조직, 사회복지조직, 클라이언트 등으로 구성된 지지집단들의 목표에 부합하는 강령을 채택하는 것이다.

(6) 프로그램 설계

일단 전반적인 방향이 결정된 이상, 실제로 프로그램을 설계하는 과업은 기획담당의 손에 달려 있다. 이 시점에서 정책목표는 입법기관이 고려하도록 법규의 형태로 되었든 또는 조직의 이사회가 참작하도록 프로그램 제안의 형태로 되었든 일련의 행동방침으로 전환된다. 이 단계의 산물인 행동방침 또는 정책은 제안된 프로그램에 대한 책임의 배분을 기술하며 조직구조, 자금조달, 프로그램 운영의 양상을 다룬다. 프로그램 설계의 요소들은 얼마나 상세하고 어느 정도 구체적인가에 따라 다양하다. 종종 프로그램은 프로그램을 관리하고 프로그램 서비스를 수행하는 사람들에 의해 상당한 해석의 여지를 남겨 놓는 수준에서 설계된다.

(7) 수행

프로그램 설계가 얼마나 상세하게 이루어졌는가에 좌우되기는 하지만 아무튼 정책형성 과정의 상당 부분이 이 단계에 속하게 된다. 이 단계에서는 행동방침을 프로그램으로 구체적으로 이행하는 일이 프로그램 실천을 통해서 이루어진다. 이 시점에서의 주요한 과업, 즉 프로그램을 조직화하고, 정책을 명확히 하고, 서비스 또는 급여를 산출하고, 산출된 서비스 또는 급여를 클라이언트 집단에 전달하는 일들은 행정 및 직접적 서비스 기능과 밀접한 관련을 맺고 있다. 또한 법정(courts)도 이 단계의 과정에 개입되어 정책을 명확히 하는 데 중요한 역할을 수행하기도 한다.

(8) 평가 및 사정

어떤 의미에서 사회복지 정책의 목표는 항상 시대에 뒤떨어지고 있다. 새로운 프로그램은 새로운 기대와 욕구를 창조하고 부가적으로 충족되지 않은 욕구를 드러낸다. 프로그램 자체는 정책의 수요환경(demand environment)에 중요한 요소가 된다. 이와 같은 계속적인 과정은 부분적으로는 프로그램을 수행하는 데 필요한 자원과 외부체계의 자원 및 지지적 서비스의 이용가능성에 관한 정책설계의 잘못된 가정에서 비롯되고 있는 것이다. 이 단계에서는 정책의 영향에 관한 평가, 즉 정책이 얼마나 문제해결에 이바지하였고 또 프로그램이 얼마나 정책을 이행하였는가에 관한 평가를 필요로 한다. 사실상 이 단계는 마지막 단계가 아니라 새로이 시작되는 첫 단계이다. 왜냐하면 정책형성의 과정은 계속적인 것이며 분명한 것은 시작도 끝도 없기 때문이다.

3) 정책결정과정의 문제점과 원리

(1) 정책결정과정의 문제점

Hungate는 "정책결정 과정에는 내재적인 많은 문제들이 있다"고 말하면서 그와 같은 문제들을 다음과 같이 요약하고 있다(Trecker, 1977 : 174, 재인용).

① 너무 엄격하게 정의되는 정책

정책을 법률, 명령, 강령 등으로만 생각하려는 경향은 정책을 확립된 목표를 달성하기 위한 편리한 행정적 장치로서 보지 못하게 하는 문제를 일으킨다. 행정은 정책역할에서 분명하게 드러나지 않는 경우가 많아서 행정가는 그 자신을 정책을 집행하는 사람으로서만 보려고 하지만, 사실상 법규는 정책의 일반적인 테두리만 정할 뿐이다. 따라서 행정가는 법규의 테두리 안에서 정책에 대한 책임을 떠맡아야 한다.

② 너무 상세한 정책

조직의 서비스에 관한 모든 세부사항을 정책에 포함시키려는 시도는 심각한 문제를 일으킬 수 있다. 정책은 특별한 상황이 발생하였을 때 어느 정도의 변경을 허용할 수 있도록 충분히 융통성이 있어야 한다. 지나친 경직성을 가지고 모든 운영과정을 기록한 상세한 정책은 직원들의 자신감을 위축시킨다. 세부적인 데까지 한결같이 관심을 가지려는 시도는 정체를 가져올 수 있으며 창의적인 노력을 마비시킬 수 있다. 경우에 따라서는 세부적인 것들이 필요하기도 하지만 그것들에 관심을 쏟다 보면 좋은 서비스를 희생시키는 결과를 가져올 수 있다.

③ 개인의 주관적 감정

정책과정에 감정의 개입은 고려되어야 할 문제이다. 감정을 침해하거나 신념에 어긋나는 정책을 수행하는 것은 물론 쉽지 않다. 행정가는 정책결정이 아주 마음에 들지 않을 경우 그 정책결정에 전혀 손을 대지 않을 가능성도 있다.

④ 훈련과 경험수준의 다양성

직원들의 다양성은 정책형성을 어렵게 만든다. 훈련이 잘 된 직원들에게는 정책을 적용할 때에 좀 더 많은 융통성과 재량이 허용될 수 있으나 경험이 적은 직원들에게는 정책이 좀 더 쉽게 진술될 필요가 있다. 이질적인 직원들은 정책과정에 여러 가지 문제를 일으킨다. 분명히 행정은 다양한 능력을 지닌 사람들의 욕구를 충족시키는 데 어려움을 갖게 된다.

⑤ 전문영역의 다양성

만약 조직이 다양한 전문영역을 갖고 있는 직원들로 구성되어 있는 경우 정책결정을 위해 일반적으로 받아들일 수 있는 준거틀을 발견하기는 쉽지 않다. 전문영역 각각의 특수한 전문성으로 인해 정책이 자신들의 실천 영역에 관계될 경우 각각의 전문적 입장에서 정책을 해석하려고 한다.

⑥ 부분적인 참여

개인이 조직 내에서 그 자신의 일부만을 관여시키고 그 자신의 나머지는 프로그램에 관한 정책의 통제를 벗어나서 일하는 경우이다. 자신의 신념과 일치하는 정책의 부분은 지지하나 자신과 일치하지 않는 부분은 자신으로부터 분리시켜 무시하거나 운에 맡겨 버린다.

⑦ 지리적인 거리 또는 업무부담의 전문화

만일 지리적으로 멀리 떨어져 있는 업무부서들이 긴밀한 조정적 노력이 없이 동일한 정책을 시행하게 된다면 그 정책과정은 문제에 직면하게 된다. 또한 프로그램의 전문화의 차이도 어려움을 가져올 수 있다. 만일 업무할당에서 부서별 전문화가 좁게 이루어진다면 정책상의 일치점을 찾고 통일성을 확보하는 문제는 아주 어렵게 된다.

(2) 정책결정의 원리

Trecker(1977 : 275~276)는 정책결정에 관한 몇 가지 일반적인 원칙을 다음과 같이 요약하고 있다.

① 정책은 조직의 목적에 기초를 주고 개발되어야 한다.

② 정책은 적절히 평가된 사실과 경험에 기초를 두고 이루어져야 한다. 그리고 정책에 의해 영향을 받는 사람들은 정책형성에 함께 참여해야 한다.

③ 정책에는 조직의 목적을 달성하기 위한 초점과 방향이 포함되어야 한다.

④ 조직의 여러 정책 간 그리고 정책과 목적 간의 통일성과 일치성은 필수적이다.

⑤ 이사회가 정책의 제정에 대한 책임을 지기도 하지만(민간 사회복지조직의 경우)전체 조직이 정책형성 과정에 참여해야 한다.

⑥ 정책은 조직의 목적을 지역사회 상황(다른 조건 및 특수한 욕구)과 조직이 갖고 있는 시설 및 자원이라는 현실에 관련시켜야 한다.

⑦ 정책결정, 기획, 운영은 통합적으로 관련을 맺어야 하며 분리될 수 없다.

⑧ 새로운 정책은 기존의 실제 정책을 평가함으로써 체계적으로 검토하고 연구하여 개발되어야 한다.

⑨ 모든 직원들이 정책에 관해 숙지할 필요가 있다. 정책내용을 문서형태로 직원들이 이용할 수 있도록 하는 것이 행정가의 책임이다.

⑩ 정책은 명제형식(position forms)으로 표현되어야 한다. 왜냐하면 그와 같은 방식으로 표현됨으로써 정책의 적극적인 활용이 강조되기 때문이다.

⑪ 정책이 의도한 정신에 따라 정책을 수행하는 일은 행정가의 주요한 책임이다.

⑫ 정책의 내용과 실천 사이에 갈등이 존재한다는 것은 행정가가 이 양자를 모두 다 평가해 볼 필요가 있다는 신호이다.

4) 정책결정의 모형

정책결정의 모형을 설명하는 데는 그동안 연구의 의사결정의 이론모형으로부터 많은 내용들을 빌려오고 있다. 정책결정의 모형으로서 가장 대표적인 것을 들면 다음과 같다(박동서, 1984 : 180~183, 안해균, 1982 : 244~277).

(1) 합리모형

합리모형은 인간이 이성과 합리성에 근거하여 결정하고 행동한다는 전제를 갖고 있다. 정책결정자는 문제를 명확히 인식하고 명확한 목표를 세우며 문제를 해결하기 위한 모든 대안을 작성하고 각 대안이 초래할 결과를 모든 가능한 정보를 동원하여 분석하고 예측하여 각 대안을 비교, 평가함으로써 최선의 대안을 선택한다는 것이다. 이 모형은 규범적·이상적 접근방법이다.

이 모형은 정책결정에 관한 연구가 별로 이루어지지 않았던 초창기에 생겨난 모형이다. 정책결정을 너무나 안이하게 낙관적으로 생각하고, 인간의 전능성(全能性)을 전제로 하고 있기 때문에 현실적으로 적용 가능성이 없는 것이며 근래의 모든 연구는 결국 이를 수정하는 데 있다고 하는 점에서 동일성을 찾아볼 수 있겠다.

합리모형이 받고 있는 비판은 첫째, 모든 정보를 동원할 수 있고 모든 대안을 비교·평가할 수 있다고 하지만 그렇게 하기엔 인간의 능력은 한계가 있고 시간적으로도 그것은 너무 긴 시간을 필요로 하며 대안의 결과는 장래의 것이므로 불확실하고 완전하게 예측할 수 없다. 둘째, 현실적으로 보면 어느 한 대안이 합리모형에서 이야기하는 합리적 절차에 의해 최선의 것으로 판명된다고 하더라도 그 외의 어느 대안이 과거에 채택·실시되어 이미 많은 자원이 투입되어 있는 경우엔 합리적인 새 대안으로 채택하기보다는 과거의 그 대안을 계속 채택하게 되는 경우도 있다. 셋째, 인간이 아무리 이성적이고 합리성이 있다 하더라도 현실적인 제약요건들 때문에 정책결정자는 환경과의 타협 등을 통해 어느 정도 만족할 만한 수준에서 노력을 그치게 된다.

(2) 만족모형

March와 Simon에 의해 주장된 만족모형은 합리모형의 현실적 제약점을 극복하기 위해 제시된 것이다. 이 모형은 합리모형과는 달리 완전무결한 합리성이 아닌 제한된 합리성에 기초하고 있다는 데 그 특색이 있다. 즉 정책결정자가 어떤 결정을 하는 경우 최대한도로 최선의 대안을 위한 노력을 한다고 일반적으로 기대할 수 없으며 현실적으로 만족할 만한 수준에서 대안을 찾는 것으로 그친다는 것이다. 이처럼 만족모형은 보다 현실적인 정책결정의 세계를 설명하려는 데 그 의의가 있다. 이 모형을 현실적·경험적 접근방법의 범주에 넣는 이유도 바로 여기에 있다.

그러나 이 모형은 다음과 같은 문제가 있다. 첫째, 지나치게 주관적이라는 비판을 모면하기 어렵다. 어느 정도 현실적으로 만족할 만한 수준에서 선택되는 대안 역시 어느 정도 심리적 만족을 주는 것이면 된다고 하지만 그 만족의 정도를 결정지어 주는 객관적 척도가 없다. 둘째, 만족모형에 입각하여 어떤 대안이 선택된다 하더라도 그러한 대안은 다분히 현실만족적인 것이며 습관적으로 이루어지기 때문에 다분히 보수적인 성격을 띠게 되고 급격히 변동하는 상황 속에서 보다 쇄신적인 문제해결을 요하는 경우에는 적용하기 어렵다고 볼 수 있다. 셋째, 이 모형은 어디까지나 개인의 의사결정 문제를 설명하려는 의도에서 나온 것이기 때문에 이것을 그대로 조직의 정책결정 문제에 적용시키기에는 무리가 따른다.

(3) 점증모형

점증모형은 Lindblom과 Wildavsky가 취하는 입장으로서 현실적·정치적 접근방법에 속한다. 이 모형은 정책결정을 하는 데 있어 언제나 규범적이고 합리적인 결정을 하는 것이 아니라 현실을 긍정하고 이것보다 약간 향상된 정책에 만족하고 결정하게 되는 것이 일반적이라는 것이다. 따라서 현 상태보다는 크게 다른 혁신적인 새 정책의 결정을 기대하기는 힘들며 설사 구상을 했다고 하더라도 그것은 정치적으로 채택될 가능성이 없다는 것이다. 정책의 결정은 경제적 합리성으로만 이룩되는 것이 아니고 시민 등의 지지를 얻을 수 있는 정치적 합리성이 크게 작용한다고 보는 것이다.

이 모형이 받고 있는 비판은 첫째, 현실을 긍정하고 혁신을 배제한다는 면에서 보수주의로 빠지기 쉬우며 안정과 균형이 상대적으로 유지되고 있는 사회에서는 몰라도 혁신이 요구되는 발전지향의 사회에는 적용하기에 적절치 않다. 둘째, 이 모형은 인간의 미래 변화 능력에 대하여 회의적인 입장을 취하고 있는데 오늘날 급속히 발전되고 있는 정보처리기술은 인간지식 능력의 한계를 확장시키고 있다. 또한 정책결정의 정치성을 지나치게 강조한 나머지 정책의 과학성을 저해하고 있다.

(4) 혼합모형

혼합모형은 Etzioni에 의해 제시된 것으로 합리모형과 점증모형을 혼합시켰다는 데 그 특색이 있다. 이 모형에 의하면 합리모형은 환경에 대한 정책결정자의 지배능력을 과신하는 이상주의적 성격이 농후하며 반대로 점증모형은 그러한 인간의 능력을 과소평가하여 보수주의적 성격이 강하다는 것이다. 따라서 여기의 혼합모형은 이 두 가지 입장을 혼합하여 우선 기본적인 방향의 설정과 같은 것은 합리모형의 방법을 택하나 그것이 설정된 후의 특정문제의 결정은 점증모형의 입장을 취해 깊은 검토를 하는 것이 보다 현실적이라고 하는 것이다.

이 혼합모형은 합리모형이 요구되는 지나치게 이상적인 합리성을 현실화시키는 동시에 점증모형이 갖는 보수성을 극복함으로써 단기적 변화에 대처하면서 동시에 장기적 안목을 가질 수 있는 장점을 지니게 된다고 하겠다. 한편 이 혼합모형에 대하여 제기되고 있는 비판은 이는 새로운 모형이라기보다는 두 개의 대립되는 극단의 모형을 절충 혼합한 것에 지나지 않으며 현실적으로 언제나 이러한 방법을 순서적으로 따를 수 있겠느냐 하는 것이다.

(5) 최적모형

최적모형은 Dror가 제시한 것으로서 대체로 보수적 성향을 띠고 있는 점증모형이나 만족모형에 대한 불만에서 나온 것이다. 이 모형은 합리모형과 만족모형에 대한 불만에서 나온 것이다. 이 모형은 합리모형과 점증모형의 혼합을 주장하고 있다는 점에서는 Etzioni 의 혼합모형과 다르다.

이 모형에서는 정책결정의 질적인 적정화를 기하기 위해서는 정책결정자 개개인의 지적인 합리성만을 고려할 수 없고, 불가피하게 적극적 요인으로 초합리적인 것, 즉 직관, 판단, 창의와 같은 잠재의식이 개입되어야 한다고 보는 것이다. 특히 과거의 선례가 없는 비정형적인 결정을 내려야 할 경우엔 더욱 더 그렇게 해야 한다는 것이다. 언제나 이상을 갖고 가능성의 영역을 개척하기 위하여 정책결정방법은 물론 결정이 이루어진 후의 집행 에 대한 평가 및 환류를 계속하면 결정능력이 최적 수준까지 향상될 수 있다는 것이다.

이 최적모형은 초합리성의 개념을 도입함으로써 합리모형을 한층 더 체계적으로 발 전시키는 데 큰 공헌을 했다고 할 수 있으며 또한 사회적 변동상황 하에서의 혁신적 정책 결정이 거시적으로 정당화될 수 있는 이론적 근거를 제시해 주었다는 점도 공헌이라고 하 겠다. 그러나 이 모형 역시 정책결정에 있어 사회적 과정에 대한 고찰이 불충분하고 이른 바 초합리성이라는 것의 구체적인 달성 방법도 명확치 않으며 너무나 유토피아적인 모형 이라는 비판을 받고 있다.

4. 사회복지서비스의 전달체계

1) 전달체계의 개요

(1) 사회복지 전달체계의 개념

사회복지행정에 있어 전달체계란 급여 또는 서비스를 효율적으로 클라이언트에게 전 달하기 위하여 어떠한 조직을 통해서 실천할 것인가의 전략을 선택하는 것이다. 따라서 사 회복지서비스의 전달체계(organization arrangements)라고 할 수 있다(Gilbert & Specht, 1986 : 119). 즉, 사회복지서비스를 공급하는 자들 간의 조직적인 연계 및 공급자와 수요자 간의 조직적 연결이다.

(2) 사회복지서비스 전달체계의 분석 차원

사회복지서비스 전달체계의 분석 차원은 다양한 관점에서 여러 가지가 있을 수 있는 구조·기능적 차원, 운영주체적 차원, 서비스별 네트워크 차원으로 구별된다.

① 구조·기능적 분석 차원

사회복지서비스의 전달체계는 구조·기능상으로 보면 행정체계와 집행체계로 구분할 수 있다(성규탁, 1993 : 497). 전자의 경우는 서비스를 기획, 지시, 지원, 관리하는 기능을 수행하며, 후자는 클라이언트들과 직접 대면관계를 통해 서비스를 전달하는 기능을 수행한다. 예를 들면, 공적 사회복지서비스인 국민기초생활보장 서비스 전달체계는 보건복지부 →시·도 → 시·군·구 →읍·면·동 → 국민기초생활수급자로 연계된 조직의 체계로 구성되어 있다. 여기서 보건복지부에서 시·군·구에 이르기까지 행정체계라 할 수 있고 읍·면·동과 국민기초생활수급자 간의 체계는 집행체계라 할 수 있다. 이 두 가지 하위체계는 물론 상호 연계되고 상호 보완적인 하나의 총체적 전달체계를 이루고 있다.

행정체계는 법규와 규정에 의해서 움직이는 관료제로서 합리적인 운영을 하는 경향이 있으며, 이와 대조적으로 집행체계는 '사람'에게 서비스를 전달하는 특성 때문에 규정이나 법규에 의해서 해결될 수 없는 복합적인 인간문제를 다루며, 가치 지향적이고, 자율적으로 전문가들의 합의를 바탕으로 고도의 신축성 있는 운영이 필요하다.

② 운영주체적 분석 차원

사회복지서비스 전달체계는 운영주체에 따라 공적 전달체계와 사적(민간)전달체계로 구분될 수 있다. 전자는 정부(중앙 및 지방)나 공공기관이 직접 관리·운영하는 것이고, 후자는 민간(또는 민간단체)이 직접 관리·운영하는 것을 말한다.

공공 서비스 전달체계는 사회보험과 공공부조와 관련된 서비스 업무를 수행하고 있으며 대부분의 대인적 사회복지서비스들을 민간 서비스 전달체계에 위탁하거나 의존하고 있다. 이것을 구조·기능적 분석 차원과 관련시켜 보면, 공공 서비스 전달체계는 행정체계의 성격을 띠고 민간 서비스 전달체계는 집행체계로 분화되는 성향을 나타낸다.

③ 서비스별 네트워크 분석 차원

사회복지서비스 전달체계는 서비스의 종류와 성격에 의해 구분될 수도 있다(김영종, 2001 : 377~380). 앞에서 논의된 구조·기능적 분석 차원과 운영주체별 분석 차원은 서비스 제공자들을 중심으로 한 분류이다. 서비스 제공자 중심의 논의들은 서비스 수급자들의 관점을 직접적으로 반영하지 못하기 때문에 명백한 한계를 지닌다. 그러한 접근들은 서비스 수급자들의 관점이 반영되지 않은 상태에서 서비스 전달자들의 효율성만을 강조하게 되는 위험성이 있다.

서비스 전달체계를 서비스 네트워크(network)별로 구분하려는 분석 차원은 서비스 수급자들의 관점을 보다 직접적으로 명백히 지역사회적인 관점에서 반영할 수 있다. 서비스 네트워크별 구분은 지역사회 내에서 이루어지는 제반 서비스의 수요자와 공급자들 간 네트워크를 가상하는 것이다. 예를 들면, 한 지역사회의 서비스 네트워크를 다음과 같이 구성해 볼 수 있다.

· 아동복지서비스 네트워크: 사회복지공무원, 시, 구, 보육시설, 육아시설, 학교급식 프로그램, 가출청소년일시보호, 청소년쉼터, 국민기초생활보장, 아동상담소, 소년소녀가장세대 지원프로그램, 종합사회복지관, 비행청소년예방 프로그램, 청소년 캠프, 소년원, 그룹홈, 가정위탁보호 프로그램 등
· 노인복지서비스 네트워크: 사회복지공무원, 시, 구, 주간보호소, 양로원, 요양원, 노인연금 프로그램, 재가복지서비스센터, 종합사회복지관, 국민기초생활보장 프로그램, 치매치료센터, 경로당, 무료급식 프로그램 등
· 정신보건서비스 네트워크: 사회복지공무원, 시, 구, 정신질환자 가족협회, 정신병원, 종합병원, 요양시설, 낮병원, 그룹홈, 치매치료센터, 장애인종합복지관, 종합사회복지관, 장애인고용촉진공단 등
· 국민기초생활보장서비스 네트워크: 사회복지공무원, 시, 구, 각종 보장심의위원회, 직업재활시설, 보육원, 양로원, 각종 생활시설 등과 같은 보장기관, 종합사회복지관, 노동사무소, 직업훈련기관 등
· 기타 네트워크: 장애인복지서비스, 교정서비스, 자활서비스 등

법이나 제도 혹은 인식을 통해서 쉽게 구분할 수 있는 행정·집행체계, 공공·민간체계와는 달리 서비스 네트워크를 중심으로 전달체계를 분석하기는 그리 쉽지 않다. 또한 네트워크에 소속된 조직 간에 연결이 실질적으로 느슨하다는 점도 분석을 더욱 어렵게 한다. 그럼에도 불구하고 사회복지서비스는 수급자로서의 클라이언트, 즉 서비스에 대한 수요자들의 욕구를 중심으로 이루어져야 하며, 각 서비스별로 이루어진 네트워크 전달체계를 통해서만 그러한 욕구를 적절히 충족되고 있는지를 직접적으로 확인할 수 있기 때문에 지역사회의 서비스조직들을 서비스별 네트워크들로 구체화시켜야 한다.

(3) 사회복지서비스 전달체계 원칙

① 전문성의 원칙

사회복지서비스의 핵심적인 업무는 반드시 전문가가 담당해야 한다. 전문가는 자격요건이 자격시험 등에 의하여 객관적으로 인정된 사람이며, 자신의 전문적 업무에 대한 권위와 자율적 책임성을 지닌 사람을 말한다.

업무의 성격상 전문성을 덜 요하는 준전문가(para-professional)가 담당하고 비숙련업무 및 일반행정업무는 비전문가(non-professional) 또는 경우에 따라서는 자원봉사자가 담당하도록 되어 있다. 사회복지서비스의 효과성과 효율성을 위해서 이러한 원칙은 반드시 지켜야 한다.

② 통합성의 원칙

클라이언트의 문제는 많은 경우 복합적이고 상호 연관되어 있기 때문에 이러한 문제의 해결을 위한 서비스들도 서로 연결성 있게 연관되어야 한다. 한 클라이언트를 위한 서

비스들이 연결성 없이 파편화될 경우 클라이언트를 조각으로 분리하는 것과 같다.

서비스가 통합적으로 제공되기 위해서는 한 행정책임자에 의해 서비스들이 제공되고 서비스 제공 장소들이 지리적으로 상호 근접되고 서비스 프로그램 간 또는 조직 간에 상호 유기적인 연계와 협조체제가 갖추어져 있어야 한다.

③ 포괄성의 원칙

인간의 욕구와 문제는 다양할 뿐만 아니라 한 가지 문제는 다른 여러 가지의 문제와도 연관되어 있는 것이 일반적이기 때문에 다양한 욕구, 다양한 문제를 동시에 또는 순서적으로 해결하기 위하여 다양한 서비스를 필요로 한다.

서비스의 포괄성을 달성하기 위해서는 한 사람의 전문가가 여러 문제를 다루거나 (일반화 접근방법, generalist approach) 아니면 각각 다른 전문가가 한 사람의 각각의 문제를 다룰 수 있고(전문화 접근방법, specialistic approach) 또는 여러 전문가들이 한 팀이 되어 문제를 해결할 수도 있다(집단 접근방법, team approach). 일반화 접근방법은 전문성이 약해질 우려가 있고, 전문화 접근방법은 통합조정이 어려워질 우려가 있고, 집단 접근방법은 전문가들 간의 갈등이 있을 수 있는 등의 단점이 있다. 복합적이고 다양한 문제를 가진 개인의 문제를 해결하는 데 있어서 한 전문가를 찾아 연결시켜 주고 적절한 서비스를 받을 수 있도록 하는 사례관리방법(case management)도 있다.

④ 적절성의 원칙

사회복지서비스는 그 양과 질과 제공하는 기간이 클라이언트의 욕구 충족과 서비스의 목표 달성에 충분해야 한다. 이러한 적절성의 원칙은 재정형편상 제대로 지키기 어려운 경우가 많고 그 적절성의 수준에 대해서도 논란이 있을 수 있다.

⑤ 연속성의 원칙

전달체계 내의 모든 기관과 프로그램들이 서로 간에 얼마나 밀접하게 근접해 있는지를 나타내는 것이다. 한 개인이 필요로 하는 다른 종류의 서비스와 질적으로 다른 서비스를 지역사회 내에서 계속적으로 받을 수 있도록 그러한 서비스들이 상호 연계되어야 한다. 예를 들면, 직업훈련 프로그램이 취업알선 프로그램 간에 연계되어 있지 않으면 서비스 전달체계의 비연속성이 발생하는 것이다. 연속성의 원칙이 잘 적용되기 위해서는 같은 조직 내의 서비스 프로그램 간의 상호 협력이 잘 이루어져야 할 뿐만 아니라 지역사회 내의 사회복지서비스 조직 간에도 유기적인 연계가 잘 이루어져야 한다.

⑥ 평등성의 원칙

사회복지서비스는 기본적으로 성별, 연령, 소득, 지역, 종교, 지위 등에 관계없이 모든 국민에게 무차별적으로 제공되어야 한다. 현대사회는 사회적 변화에 의하여 개인의 경제적 형편에 관계없이 모든 사람 또는 가족에게 많은 사회문제가 발생하고 있는데 국가는 사회복지서비스를 이런 모든 사람들에게 평등하게 제공되어야 한다.

⑦ 책임성의 원칙

사회복지조직은 국가(사회)가 시민의 권리로 인정한 사회복지서비스를 전달하도록 위임받은 조직이므로 사회복지서비스의 전달에 책임을 져야 한다. 서비스가 클라이언트의 욕구에 적절히 대응하는지, 전달절차가 적합한지, 서비스가 효과적이고 효율적인지 등을 클라이언트나 서비스 공급자에 대하여 책임을 져야 한다.

⑧ 접근성의 원칙

사회복지서비스를 필요로 하는 사람들이 서비스를 활용하는 데는 아무런 장애가 없어야 한다. 클라이언트가 서비스에 접근하는 데 주요한 장애요인으로는 서비스에 대한 정보의 결여나 부족, 원거리 또는 교통의 불편 등으로 인한 지리적 장애, 수급요건의 까다로움 등의 선정절차상의 장애, 금품이나 상담자 부족 등의 자원 부족 등이 있다(Gate, 1980 : 148~160).

2) 공적 사회복지 전달체계 및 운영실태

(1) 공적 사회복지 전달체계와 운영실태

① 공적 사회복지서비스 전달체계의 구조

현대사회에서 사회복지는 공식적으로 조직된 활동으로 법률에 의하여 제도화된 것으로 조직체계를 통하여 전달된다. 우리나라의 공적 사회복지행정은 중앙정부의 거의 모든 부처와 관련되어 있다고 해도 과언이 아니다. 여기서는 사회복지 업무와 직접적으로 관련되어 있는 보건복지부를 중심으로 살펴보고자 한다. 보건복지부의 변천을 보면 1948년 정부 수립과 동시에 사회부가 발족되었으며, 그 이듬해에 사회부의 기능 중 보건에 관한 업무를 분리하여 보건부가 신설되었다. 그러나 1955년 정부의 조직 통·폐합 작업에 따라 보건부와 사회부가 보건사회부로 개편되었고, 2013년에는 보건복지부로 개칭하여 그동안 30여 회의 직제 개정을 거쳐 오늘에 이르고 있다.

한편 정부는 1990년 보건복지부 내에 사회복지정책실을 신설하여 종전의 사회국과 가정복지국을 각각 사회복지심의기관과 가정복지심의관으로 개편하였으며, 1997년 사회복지정책실 내에 장애인복지심의관을 추가·신설하였다. 2003년 현재 사회복지정책실에는 복지정책과, 생활보장과, 의료급여과, 자활지원과, 복지지원과, 노인복지정책과, 노인보건과, 노인·아동복지과, 보육과, 장애인정책과, 재활과가 설치되어 있다. 지방자치단체의 공적 사회복지 전달체계를 담당하는 조직은 IMF 이후 구조조정에 따라 복지와 환경, 보건, 여성 관련 부서들을 통합하여 자치단체별로 그 명칭을 달리하여 운영하고 있으며 행정자치부의 지방조직인 시(특별시, 광역시) · 도 단위에 사회복지국 등을 설치하고 있다.

그리고 행정자치부의 지방 하위조직인 시 · 군 · 구 단위에는 사회복지과 혹은 가정복지과 산하에 사회복지계, 가정복지계, 부녀복지계, 청소년복지계 등이 설치되어 있으며, 이들의 업무는 다시 일선조직인 읍 · 면 · 동 단위의 사회복지계나 소속 사회복지전담공무원으로 이어진다.

사회복지행정 부서의 업무를 보조하며, 중요 사항을 자문하거나 심의하기 위하여 전달체계의 각 단계(중앙, 시 · 도, 시 · 군 · 구) 마다 위원회를 두고 있다. 중앙정부의 국무총리실 산하에 사회보장심의위원회, 노인복지대책위원회와 보건복지부 산하에 국민기초생활보장위원회, 아동복지위원회, 장애인복지위원회, 모자복지위원회 등이 있다. 지방자치단체(시 · 도, 시 · 군 · 구)에는 보건복지부 산하의 위원회와 유사하며, 읍 · 면 · 동에는 자원봉사자직의 정부 위촉위원으로 복지위원과 아동위원이 있다.

한편, 정부에서는 1995년 7월부터 전국 5개 지역을 대상으로 2000년 7월까지 '보건복지사무소'를 설치하여 시범사업을 실시하여 복지사무 집중화를 통한 업무효율 향상과 조직통합으로 인한 방문보건서비스 제공 및 활성화를 위한 긍정적 효과의 파급이라는 성과에도 불구하고 여러 가지의 문제점 도출과 정치적 이해관계로 말미암아 전국적으로 확대되지 못하고 있는 실정이다(신복기 외, 2002 : 166).

② 공적 사회복지서비스 전달체계의 문제점

공공부조와 복지서비스의 업무는 정책결정은 보건복지부에서 그것의 집행은 행정자치부 소관인 지방지치단체에서 담당함으로써 이원화된 형태로 전달체계 조직구조상의 문제와 서비스 제공의 책임성, 전문성, 효율성, 효과성 등 미흡의 문제가 제기되어 왔다. 공적 전달체계의 문제점을 정리해 보면 다음과 같다(신복기 외, 2002 : 169~170).

첫째, 일선 행정체계의 획일성으로 사회복지담당자가 전문성을 발휘하여 자율적으로 업무를 수행하기 어렵다.

둘째, 상의하달식의 수직적 체계로서 지역 특성과 욕구를 반영한 복지서비스를 제공할 여건이 미흡한 실정이다.

셋째, 복지업무가 읍 · 면 · 동과 시 · 군 · 구의 별개의 행정단위체계로 수행되며 대상 분야별 별도관리가 이루어져, 대상자에 대한 중복지원 또는 누락의 가능성으로 인한 급여의 효율성 및 제도 간 연계성이 부족하다.

넷째, 취약계층의 자립 · 자활, 재활을 가능하게 하려면 상담 등의 전문적 대인서비스가 필요하고 사후보호가 반드시 이루어져야 하나, 현재 배치된 사회복지전담공무원들은 업무과중과 주변 여건의 미비로 이를 실행하기 어려운 형편이다.

다섯째, 일반행정 공무원인 상급자가 사회복지 분야에 대한 이해가 부족하여 전문적 지도·감독을 하기 어렵고, 동료 전문직 간의 사례 연구회의 등을 통한 업무의 질적 향상을 기대하기 곤란하다.

여섯째, 복지욕구를 심각한 사회문제로 인식하지 못하고 이에 대한 국가의 투자가 부족한 점과 전통적 가족주의로 인한 복지서비스의 개입을 용이하게 하지 않았다는 점은 복지서비스 제도 및 전달체계의 발달을 지연시켰다.

일곱째, 사회복지 관련 위원회의 활동 부진이다. 위원회가 거의 형식적으로 운영되거나 심지어 구성되지 않은 경우도 있어 유명무실하다 해도 과언이 아니다.

여덟째, 전달체계의 인력상의 가장 큰 문제점의 하나가 전문 인력의 부족이다. 전문 인력의 부족은 특히 사회복지서비스 질을 저하시키고 결국의 서비스의 효과성을 약화시키는 결과를 초래한 것이다.

③ 공적 사회복지서비스 전달체계의 개선

공적 사회복지 전달체계의 문제점을 개선하기 위한 방안을 다음과 같이 제시할 수 있다(김형식 외, 2001 : 84).

첫째, 전달체계 계층의 단순화이다. 전달체계의 과다한 계층적 접근방법에 의한 보고, 지시, 감독, 통보 등을 완화하여 계층의 수를 줄이는 방법이다.

둘째, 사회복지서비스 업무를 하급기관으로 이양한다. 상급기관에서 업무를 기획, 조정, 통합하고 고도의 전문성과 기술성을 요하거나 꼭 필요한 것 외에는 가능하면 많은 업무를 하급기관으로 이전토록 한다. 중앙정부에 의한 획일적이고 수직적인 행정체계보다 지역의 특성에 맞게 운영할 수 있도록 사회복지서비스 업무는 지방정부에 위임하는 것이 바람직하다.

셋째, 사회복지 전달체계를 수직적이고 지시적·감독적·후견적 관계에서 상호보완·수평적·협동의 관계로 전환한다. 사회복지행정체계의 필요성은 지역주민들의 사회복지요구를 효율적이고 효과적으로 충족시키는 데 있다.

넷째, 정부담당 업무 중 민간부문에서 담당해야 할 업무는 민간조직의 활성화를 위하여 이양한다. 즉, 민간 사회복지시설이나 기관의 활성화 방안을 적극적으로 추진해야 한다.

다섯째, 사회복지서비스의 효과성과 효율성을 위해 사회복지 관련 위원회를 그 조직과 운영 면에서 활성화시켜야 한다.

여섯째, 전문 인력을 충원하여 클라이언트에 대해 서비스 제공이 효율적으로 될 수 있도록 사회복지전담공무원을 전달체계 내에 확대 배치하여야 한다.

일곱째, 위와 같은 개선점 등을 종합적으로 실현하기 위해서는 사회복지서비스를 통합적으로 제공할 수 있는 사회복지사무소와 같은 전담기구의 설치가 조속히 이루어져야 한다.

3) 사적 사회복지 전달체계 및 운영실태

(1) 사적 사회복지서비스 전달체계의 필요성

사적 사회복지 전달체계는 공적 사회복지 전달체계를 보완하는 역할을 하며 다음과 같은 그 필요성을 들 수 있다(최성재·남기민, 1993 : 95~96).

① 정부 제공 서비스 비해당자에 대한 서비스 제공

정부에서 제공하는 서비스는 많은 경우 클라이언트의 자격기준을 심사하여 선별적으로 제공하기 때문에 클라이언트가 제한될 수밖에 없다. 따라서 수혜자격이 있음에도 수적인 제한으로 서비스를 받지 못하거나 자산 정도와 연령의 미달이나 초과 등으로 필요로 하는 서비스를 받을 수 없는 사람들에게 서비스의 제공이 필요하다.

② 정부가 제공할 수 없는 서비스 제공

사적 전달체계는 정부에서 제공하는 기본적이고 보편적인 서비스보다는 개인의 여러 문제나 욕구를 충족시켜 줄 수 있는 다양하고 질 높은 서비스를 제공하기 위해서 필요하다.

③ 동일 종류의 서비스에 대한 선택의 기회 제공

정부에서 제공하는 것과 같은 종류의 서비스를 사적 기관에서 제공함으로써 클라이언트로 하여금 그들의 기호나 지역적·시간적 여건에 따라 선택할 수 있는 기회를 제공할 뿐만 아니라 공적 기관과 사적 기관 간의 경쟁을 유발하여 서비스 질도 높일 수 있다.

④ 사회복지서비스의 선도적 개발 및 보급

사적 기관은 공적 기관보다 환경의 변화와 클라이언트의 새로운 욕구에 민감하게 대응하여 새로운 프로그램을 개발하고 평가하여 보급하는 일을 하기에 유리하다. 즉, 정부가 새로운 사회복지서비스 도입을 위한 정보제공과 선도 역할을 하기 위해서도 사적 기관의 서비스가 필요하다.

⑤ 민간의 사회복지 참여욕구 수렴

많은 사람들이 사회복지활동에 자원봉사자로, 재정적 후원자로 또는 운영자로 참여하기를 원하게 되는데 이러한 참여 욕구를 사적 기관에서 적절히 수렴하거나 사적 기관의 설립을 통해 충족시킬 수 있다.

⑥ 정부의 사회복지활동에 대한 압력단체 역할

민간조직은 비슷한 서비스를 제공하면서 정부기관의 활동과 서비스를 감시할 수도 있고 정부가 수행해야 할 서비스를 찾아내거나 확인할 수 있기 때문에 정부가 서비스를 개선하거나 새로운 서비스를 도입하도록 압력을 가할 수 있다. 많은 경우 사적 기관의 연합체 또는 협의체를 형성하여 정부에 대하여 요청을 할 수도 있다.

⑦ 국가의 사회복지비용 절약

사적 기관에 의한 사회복지활동은 바로 정부가 비용을 투입하여 수행해야 할 일을 대신해 주게 되므로 정부의 사회복지비용을 절약하는 효과를 가져 온다. 한편 정부는 이미 존재하고 있는 사적 조직체에 계약으로 서비스를 위탁할 수도 있고 사적 기관에서 제공하고 있는 서비스를 구입함으로써 정부의 사회복지비용을 절약하는 효과를 가져 올 수도 있다.

(2) 사적 사회복지서비스 전달체계의 구조

사적 사회복지조직은 "영리를 목적으로 하지 않는 주민조직과 그리고 사회복지법인, 재단법인 및 사단법인, 종교단체, 법정단체 및 기타 특수법인, 등록단체나 그 법인 또는 단체가 사회복지사업을 목적으로 운영하는 시설과 기관"을 총칭하는 것으로 본다(이정호, 1987 : 49).

사적 사회복지조직은 공적 사회복지조직과 달리 상의하달식의 전달체계를 구축하고 있지 않다. 단지 사적 사회복지조직은 행정당국의 지도·감독을 받아 서비스를 전달하는 사회복지법인(사회복지기관 및 시설)과 행정당국의 지도·감독을 받지 않고 독자적으로 운영되는 민간사회단체나 기타 법인체 등에 의해 사회복지서비스가 전달되고 있다.

지역사회조직사업 분야에 있어서의 협의회는 세 가지 유형이 있다(신복기 외, 2002 : 168).

첫째 유형은 전통적인 사회복지기관협의회(Council of Social Agencies)인데, 이는 사회복지기관들이나 사회복지를 담당하는 위원회 및 부서를 가진 여타의 단체들로 구성된다. 일반적으로 대도시에 존재하는 복지협의회의 전신인 한국사회사업연합회나 한국사회복지관협회도 이 유형에 속한다고 할 수 있다.

둘째 유형은 지역사회복지협의회(Council of Social Welfare)인데, 이는 전문 혹은 비전문개인 회원과 사회복지기관의 단체 회원으로 구성되며 포괄적인 의미의 사회복지 증진에 관심을 갖고 사회행동(social action) 등에도 참여한다. 우리나라의 한국사회복지협의회와 각 시·도의 사회복지협의회가 이러한 유형에 속한다.

셋째 유형은 이른바 '전문분야협의회(specialized councils)를 들 수 있다. 이 협의회는 앞서 말한 두 협의회 유형 중의 하나의 기능적인 형태로서 소 협의회 혹은 독립기구로서 존재할 수가 있다. 예를 들면, 한국사회복지사협회, 가정 및 아동복지협의회, 레크리에이션과 집단지도협의회, 보건문제, 정신위생, 재활, 청소년 비행예방, 청소년 서비스분야 등의 기관협의회를 들 수 있다. 우리나라의 사회복지 분야의 직능단체협의회, 예컨대 사단법인 한국아동복지시설협회, 한국노인복지시설협회, 한국장애인복지시설협회, 한국정신요양복지시설협회, 한국여성단체협의회 등도 여기에 속한다.

사적 사회복지서비스 전달체계는 복지대상자에게 직접적인 서비스의 제공 여부, 욕구나 문제를 가진 대상자별 성격, 그리고 조직의 설립주체 등에 따라 다양하게 분류될 수 있지만 전형적인 사적 사회복지서비스 전달체계는 생활시설, 이용시설 및 이들 간의 협의체로 대별할 수 있다.

(3) 사적 사회복지서비스 전달체계의 문제점

사적 사회복지서비스 전달체계의 조직구조적 측면, 관리운영적 측면, 전달인력적 측면으로 나누어 살펴보기로 한다(신복기 외, 2002 : 171~173).

① 조직구조의 문제점

첫째, 대부분의 사적 사회복지기관이나 시설들이 그 운영에 필요한 재정의 상당부분을 정부의 보조에 크게 의존하고 그 운영에 있어서 지도·감독을 받아야 하기 때문에 클라이언트의 요구보다는 정부의 '지시'에 따르는 경향이 많아 민간부문의 장점인 자율성과 창의성이 크게 제약을 받고 있다.

둘째, 사적 사회복지시설 중 생활시설은 아직도 정부의 지원수준이 낮고, 시설의 종별·지역별 분포가 불균형하며, 재정 상태 및 전문인력 확보가 매우 미비한 실정이다. 이용시설인 사회복지관의 경우에도 도시지역에 편중되어 분포되어 있으며 전문인력의 부족과 재정의 취약성으로 말미암아 시범적이고 포괄적인 프로그램을 지속적으로 제공하지 못하고, 몇몇 독창적인 프로그램들을 제외하고는 기관별 유사한 프로그램을 제공하고 있는 실정이다.

셋째, 사적 사회복지시설 중 생활시설은 지역사회에 바탕을 두고 지역주민의 참여와 함께 시설의 개방화와 사회화가 이루어져야 함에도 불구하고 그렇지 못하고 있는 실정이다. 또한 시설의 서비스와 지역사회의 서비스가 제대로 연계되지 않아 수용자가 통합적인 서비스를 받을 수 없다.

② 관리운영상의 문제점

첫째, 사회복지조직의 협의기구들이 조정자로서의 역할과 기능이 미약하다. 생활시설 협의회의 경우 재정적으로 정부보조금에 의존하고 있기 때문에 사회복지시설의 이슈나 문제에 대하여 정부나 국민에게 사실을 홍보하고 정책건의를 하는 데에는 많은 한계가 있다. 이용시설의 경우, 기관들 간의 협의조정체계가 구축되어 있지만 실질적인 운영에 어려움이 있고, 서비스 간의 연계가 부족하며 이러한 결과로 프로그램의 중복과 누락 현상도 발생하고 있다.

둘째, 생활시설의 경우 재원이 빈약하여 대부분 만성적인 재정난에 봉착되어 있으며, 특히 단순 수용보호 사업만으로는 클라이언트의 건전한 인격 형성, 사회생활 적응능력의 배양, 자립, 자활 등과 같은 클라이언트의 복지목표를 기대하기 어렵다.

③ 전달인력상의 문제점

첫째, 생활시설의 경우 대부분의 시설이 빈약한 운영비 때문에 적합한 전문인력을 고용할 수 없거나, 취업공고를 내도 근무여건의 열악성으로 인하여 전문사회복지사들이 취업을 기피하고 있어 전문적 프로그램의 제공에 어려움이 있다. 이용시설의 경우에도 전문사회복지인력이 많은 복지관일수록 프로그램의 전문성이 나타나고 있으므로 전문사회복지사의 충원과 이를 위해 정부의 인건비 부담금 증액이 요청된다.

둘째, 사적 사회복지조직의 경우 근무하고 있는 직원들의 처우가 일반 기업이나 전문종사자 직원들에 비해 낮을 뿐만 아니라 장시간의 근무 등 열악한 근무환경으로 말미암아 그들에게 전달체계의 원칙인 전문성과 책임성을 추구하는 데는 한계가 있다. 이러한 상황에서 사회복지시설에 종사할 전문인력을 유지하고 확보하기란 매우 어려운 실정이다.

(4) 사적 사회복지서비스 전달체계의 개선

첫째, 사회복지협의회의 효율적인 사업수행을 위해 조직기능을 강화시킨다. 그 방안으로 중앙사회복지협의회의 사무처와 각 부서의 기능을 강화하고, 전국의 시·군·구 지역에 지방기초단체협의회를 구성한다.

둘째, 사회복지기관, 시설운영조직의 강화를 들 수 있다. 민간 사회복지사업의 공정성 확보, 자주성 존중, 경영조직의 확립, 재정적 기반의 강화 및 공사 사회복지사업의 협동 기능을 강화시키고 이를 위해서 법인의 이사회의 기능을 강화할 필요가 있다.

셋째, 전문성을 강화해야 한다. 사회복지협의회, 생활시설 및 이용시설 모두 전문적 수준으로 높이기 위해서는 많은 전문사회복지사들이 생애직으로 받아들일 뿐만 아니라 책임성을 가지고 근무할 수 있도록 종사자에 대한 처우와 근무여건이 크게 개선되어야 한다.

넷째, 민간 사회복지의 자립을 위해 주민참여를 통한 복지자원을 동원해야 한다. 정부나 지방자치단체의 보조금만으로는 한계가 있는 실정에서 지역사회 주민들을 참여시켜 복지자원을 동원하기 위한 방법을 모색해야 한다. 예를 들면, 지역사회의 공동모금회를 활성화하거나 기업과 종교단체의 참여를 유도하며 자원봉사자들을 효율적으로 관리하는 것 등이다.

4) 사회복지서비스의 활용

사회복지서비스 실천에서 서비스 활용에 관한 문제는 흔히 간과되기 쉽다. 서비스가 제공되기만 하면 수요자인 클라이언트는 언제나 넘쳐날 것이라는 생각 때문이다. 이제껏 사회복지 분야에서는 서비스의 수요가 공급을 항상 초과해 왔던 것이 사실이고, 그로 인해 서비스의 활용에 대해서는 높은 관심을 기울이지 않았던 것도 사실이다. 그러나 서비스의 활용에 대한 관점을 조금만 달리해서 보면, 이전에도 그리고 현재에도 서비스의 활용은 중요한 문제가 되고 있음을 확인할 수 있다.

서비스 활용(utilization)이란 주어진 서비스에 대해 얼마만큼의 클라이언트 수를 채울 것인가와 같은 단순한 문제가 아니다. 서비스 활용에 있어서의 보다 중요한 문제는 어떻게 하면 한정된 자원을 가장 필요로 하는 클라이언트들에게 제공할 수 있을까에 대한 관심이다. 비록 서비스에 대한 외형적인 수요는 항상 초과되어 왔지만 한정된 희소자원을 어떻게 하면 최대한의 효용을 발휘할 수 있는 클라이언트 집단에게 쓰이도록 할 것인지는 매우 중요한 문제이다.

(1) 서비스 접근성과 활용

서비스 접근성(accessibility)이란 조직의 관점에서는 적절한 서비스를 적절한 시간에 적절한 사람들에게 주선하기 위한 시도로서, 개인들의 서비스 활용에 대한 장애를 만들어 내기도 하고 혹은 없애기도 하는 모든 의도적인 활동들을 말한다. 서비스 접근성을 관리하는 문제는 그래서 욕구와 서비스를 일치시키는 작업과도 같다. 즉 욕구를 갖는 표적인구집단과 서비스를 실제로 이용하는 클라이언트 인구집단이 일치하도록 만드는 노력인 것이다.

[그림 13-1]은 서비스 접근성을 유형화해서, 이상적인 서비스 활용과 오류적인 서비스 활용 형태들을 각기 비교해 놓은 것이다. 유형(A)는 이상적인 서비스 활용으로 표적인구가 그대로 서비스를 이용하는 인구와 일치하는 경우이다. 유형(B)는 과활용이 발생하는 것으로 비록 표적인구가 서비스 이용 인구에 모두 포함되어 있기는 하지만 서비스가 의도하는 욕구에 불일치하는 인구들까지 추가로 서비스를 이용하고 있음을 나타낸다. 유형(C)는 저활용을 나타내는 것으로 표적인구 중에서도 서비스를 활용하지 않는 인구가 있는 경우이다. 유형(D)는 유형(B)와 유형(C)의 문제들을 복합적으로 갖고 있는 경우이며, 이상적인 유형(A)에 대비되어 대부분의 서비스 활용에서 일상적으로 나타나는 오류의 유형들이다.

① 서비스의 과활용

서비스의 과활용(overutilization)은 욕구에 해당되지 않은 사람들이 서비스를 이용하는 경우에 나타난다. 때로는 의도적인 서비스 '사취(詐取, fraud)'로 간주되기도 하지만 대부분의 경우는 수요자의 기대와 공급자의 기대가 맞지 않을 때 발생한다.

예) 1980년대 말에 공적부조 프로그램이 활성화된 지 얼마 안 되어서 이른바 '복지사기' 사건들이 보도된 적이 있었다. 자가용을 가진 사람이(대개가 행상을 위한 수단으로서의 '고물차'였다고 뒤늦게 알려지기는 했지만) 생활보호대상자로 판정되는 경우 등을 두고 논란이 있었다. 이런 경우들에 있어서 급여를 신청한 대상자들은 자신이 자격 없음을 분명히 알면서도 '사기' 목적을 위해서 접근했다기보다는 자신들의 처지에 대한 주관적인 규정과 기대로 판단할 때 그러한 서비스에 자신이 해당된다고 생각했을 가능성이 크다. 다만 그것이, 서비스 공급자들(공공기관, 전문가, 혹은 납세자로서의 일반인들까지 포함)이 갖고 있었던 서비스의 규정과 기대들에 맞아 떨어지지 않았을 따름이다.

그림 13-1 서비스 활용오류의 유형

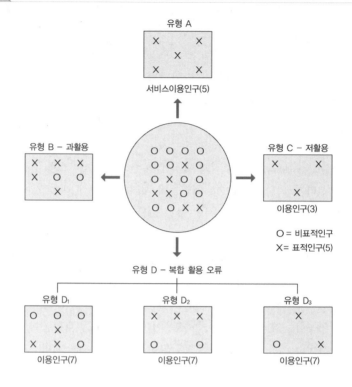

서비스의 과활용은 단순히 서비스 능력을 초과해서 서비스가 활용되는 정도를 말하는 것은 아니다. 한 프로그램이 구상하고 의도했던 바가, 개인들의 기대와 동기에 의해서 발생하는 '표현된 욕구(expressed need)'와 다를 수 있는 경우들을 포함해서 지칭하는 것에 가깝다. 이런 식의 과활용의 문제는 [그림 13-1]에서 유형(B)와 유형(D)에서 찾아볼 수 있다.

② 서비스의 저활용

서비스 저활용(underutilization)이란 욕구를 가진 인구가 서비스 접근에 어려움을 겪는 경우를 말한다. [그림 13-1]에서 유형(C)와 유형(D3)가 이러한 경우를 전형적으로 나타내는 것이다. 특히 서비스 제공 능력이 있는데도 불구하고 이러한 저활용이 발생한다면, 이것은 한 조직이나 전달체계가 클라이언트의 욕구를 불충족시키고 있는데 대한 주요 원인으로 간주된다.

조직이나 전달체계가 서비스 활용을 증대시키기 위해 기울이는 대부분의 전략적 노력들은 유형(C)의 타파와 같은 저활용의 개선과 관련되어 있다. 그러나 유형(D3)와 같은 복합적인 저활용에 대해서도 관심을 놓쳐서는 안 된다. 또한 클라이언트의 수를 확보하기 위한 노력들에만 급급하다 보면 유형(D2)의 수준에서 만족해 버리는 경우들도 발생하게 된다. 이러한 경우에, 비록 외형적으로는 저활용이 개선된 것처럼 나타나지만, 실제로 대상표적인구 집단의 욕구 불충족은 그대로 남아 있게 된다.

③ 접근효과성 지표

접근효과성 지표는 서비스 활용에 있어서 욕구를 가진 인구들이 얼마나 적합하게 서비스에 접근했는지를 나타내는 것이다.

$$접근효과성 \ 지표 = \frac{N-O}{T}$$

N : 정상적으로 서비스를 활용하는 사람들의 수
O : 과활용 사람들의 수
T : 욕구를 가진 사람들의 전체 수

이 지표의 구성에서 알 수 있듯이, 접근효과성은 1을 이상적인 상태로 한다. 1보다 낮을수록 접근효과성은 그만큼 떨어진다는 것을 뜻한다. [그림 13-1]에서는 유형(A)의 경우 접근효과성이 (5-0)/5=1.00으로 완벽한 상태를 나타낸다. 유형(D_1, D_2, D_3)와 같은 복합적인 서비스 활용오류들에서는 접근효과성 지표의 점수가 마이너스까지 내려가는 결과를 초래한다. 과활용과 저활용이 중복된 결과로 나타나는 현상이다. 유형(B)와 유형(C)의 경우는 접근효과성이 각기 (5-2)/5=0.60, (3-0)/5=0.60을 나타내고 있다. 비록 두 유형에서 보이는 서비스 활용의 문제들은 서로 반대의 경우처럼 보이지만 접근효과성의 수치에서는 같은 것으로 나타난다. 그 이유는 접근효과성의 지표로 판단할 때 동일한 크기의 저활용이나 과활용의 문제는 동일한 가치를 갖고 있는 문제로 이해되기 때문이다.

이처럼, 접근효과성 지표의 논리에서 중요한 사실을 유추할 수 있다. 접근성을 통해 서비스의 활용을 관리하는 데 있어서의 핵심은 저활용과 과활용으로 인한 오류들을 동시에 줄이는 것에 있다는 점이다. 이에 대해서는 다음의 서비스 활용과 비용의 문제를 검토하는 것이 필요하다.

(2) 서비스 활용과 비용

접근성 오류는 서비스 활용에 대해 문제 상황들을 유발한다. 문제 상황들은 각기 그에 따르는 사회적 비용들을 수반하게 되는데, 그 비용들은 크게 다음과 같은 세 가지 형태로 나눌 수 있다.

__재활용에 따른 비용__ 욕구를 갖고 있으면서도 서비스를 받지 못한 사람들이나 해결되지 않은 사회적 문제들 때문에 발생하는 비용이다. 이것은 서비스를 필요로 하는 사람들을

정확하게 찾아내지 못하기 때문에 발생하는 것인데, 이러한 비용은 욕구를 가지고서 서비스를 받지 못하는 개인들이 있음으로 인한 직접적인 비용들뿐만 아니라, 그러한 사회문제를 해결하지 못함에 따라 사회 전체적으로 비용이 발생해서 돌아간다.

과활용에 따른 비용 기회비용(opportunity cost) 혹은 잠재적인 개인적·사회적 급여의 상실을 의미한다. 왜냐하면 유용한 서비스 자원들이 실제로 필요로 하는 사람들에게 가지 않고 필요 없는 사람들에게 쓰임으로서, 자원이 보다 생산적으로 쓰일 수 없었기 때문이다. 이 비용은 욕구를 가졌으면서도 서비스를 거부당한 개인들과 전체사회로 귀속된다.

행정비용 욕구를 규정하는 것과 관련해서 프로그램 활용을 선택적으로 촉진하거나 혹은 억제하는 노력에 드는 비용을 말한다. 즉 과활용과 저활용을 줄이기 위한 행정적인 노력에 투입되는 비용이다. 인력, 수송, 정보시스템, 절차 등과 관련한 비용들이 여기에 속하고 이런 비용은 기관과 프로그램의 예산 증가 형태로 전체사회와 서비스를 찾는 사람들에게로 돌아간다.

이러한 세 가지 비용들은 서로 독립적이지 않으며 보통은 상호의존 되어 나타난다. 수요자와 공급자들 간의 욕구에 대한 정의를 일치시키기 위한 노력은 필연적으로 행정비용을 증가시키지만, 과활용과 저활용의 문제로 인한 비용들은 감소하게 된다. 행정비용이 일정할 경우에는 저활용에 따르는 비용과 과활용의 비용이 서로 역상관관계에 처한다. 과활용을 줄이기 위한 노력과 비용은 대개 저활용에 따르는 비용을 증가시키고, 반대의 경우도 마찬가지이다.

예를 들어, 국민기초생활보장 서비스의 과활용과 저활용을 줄이기 위해서는 현재보다 더 많은 수의 사회복지 전담공무원이 필요하다. 수급자선정 과정의 정확성을 높이기 위해 전문인력의 충원이 필요하지만, 이것은 곧 행정비용을 증가시키는 결과를 초래한다. 만약 행정비용을 줄이기 위해 현재와 같은 높은 업무부담률을 지속하게 되면, 과활용과 저활용에 따른 비용들이 증가하게 된다. 문제는 행정비용은 뚜렷하게 나타나지만, 과활용과 저활용의 비용들은 쉽게 드러나지 않는다는 것이다.

각각의 활용 오류들에 따르는 비용을 추적하고 확인하는 것은 그리 쉽지 않다. 그 중에서도 직접적인 지출을 수반하지 않는 저활용과 관련한 비용은 특히 추상적이어서 그 추적이 더욱 어렵다. 그래서 정책입안자들과 일반인들은 사회복지서비스의 과활용과 관련된 비용을 저활용의 비용보다 더 크게 느끼게 된다. 복지활동에 대한 이념이 부정적으로 형성된 사회에서 과활용 비용에 대한 우려가 특히 더 심하게 나타난다. 그 이유를 다음과 같이 제시해 볼 수 있다.

첫째, 일반인들에게는 저활용에 따르는 비용을 해결되지 않는 욕구를 가진 개인들의 문제 비용뿐만 아니라 미해결된 사회문제 장차 사회에 끼치게 될 비용까지도 포함해서 계산하는 것이 결코 쉽지 않다. 비록 막연하게는 이해하더라도 이 비용이 경험적으로 나타나기 어렵기 때문에 더욱 계산을 힘들게 한다.

둘째, 납세자들을 포함한 주된 자원공급자들의 입장에서는 장차 불확실한 비용보다는 현재 발생하는 비용이 더 크게 느껴진다. 과활용의 비용은 눈에 쉽게 띄지만, 저활용의 비용은 장기적으로 발생하므로 현재 크게 느껴지기는 힘들다. 교육, 복지, 환경 등과 관련한 비용들에서 이러한 문제들이 공통적으로 나타난다. 그 중에서도 특히 복지는 과활용 비용에 대한 제약을 더 심하게 받는다.

사회복지의 전문적 행정관리자들은 이러한 서비스 활용의 문제들과 그에 따르는 제반 비용들을 분리해서 파악할 수 있어야 한다. 또한 사회복지 외부의 현실이 과활용에 따른 문제와 저활용에 따르는 비용의 심각성을 알려서 반영될 수 있도록 하는 것이 중요하다. 이러한 활동들은 단순히 클라이언트에 대한 서비스의 활용 증대라는 목적에만 기여하는 것이 아니라, 장기적으로는 납세자들을 포함한 자원제공자들의 비용을 절감시키는 목적에도 기여한다. 바람직한 사회복지행정의 방향은 바로 이러한 두 가지의 목적들을 적절하게 결부시키는 데 있다.

(3) 서비스 활용과정의 장애

서비스 활용과정이란 한 개인이 자신이 필요로 하는 서비스를 활용하기 위해 극복해야 할 일련의 장애들로 구성된 것이다. 이상적으로는 이러한 장애들은 욕구를 갖지 않은 사람들의 서비스 활용을 억제하고, 욕구를 가진 사람들이 활용만을 보호하는 것이어야 한다. 개인들이 서비스에 접근해서 서비스 활용의 장애를 거쳐 최종적으로 서비스 활용에 이르는 과정을 나타낼 수 있다.

[그림 13-2]는 서비스 활용의 과정을 순서대로 나타낸 것이다. 욕구를 가진 사람과 갖지 않은 사람들이 모두 서비스 활용에 대해 관심을 갖고 접근한다. 각각의 사람들은 서비스 활용에 이르기까지 수반되는 다양한 장애 요소들을 극복해야 하는데, 반드시 그림에서와 같은 순서대로 장애 요인들이 존재하는 것은 아니다. 그 순서는 개인들에 따라 달라질 수 있다. 예를 들어, 어떤 사람은 심리적인 요인이 지리적 장애를 앞설 수도 있다는 뜻이다.

[그림 13-2]의 구성틀은 서비스 활용과정의 복잡한 요인들을 이해하는데 유용하고, 또한 각 과정에 따른 대안적인 행정전략들을 수립하는 데 유용할 수도 있다. 이 그림에서는 서비스 활용에 대한 장애 원인이 복합적으로 구성되어 있음을 나타내고, 그로 인해 어떤 개별적인 원인만으로 서비스 활용의 문제를 판단할 수는 없음을 시사하고 있다.

서비스 공급자의 입장에서는 각 장애요인들을 체계적으로 검토해 보는 것이 필요하다. 특정 장애요인을 강화하거나 혹은 축소함으로써, 의도된 욕구 서비스에 대한 접근효과성을 높이는 것이 가능하기 때문이다. 각각의 장애요인들을 구체적으로 설명하자면 다음과 같다.

| 그림 13-2 | 서비스 활용과정의 장애 |

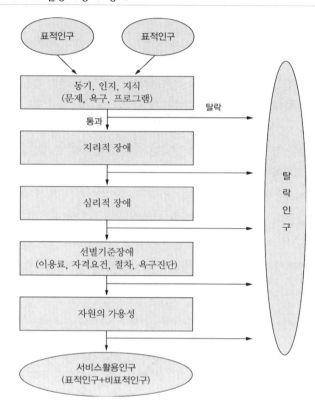

① 동기·인지·지식

개인들이 서비스를 이용하기 위해서는 먼저 동기(motivation)가 발생해야 한다. 서비스를 찾고자 하는 동기는 자신이 문제를 갖고 있다는 것과 외부의 도움 없이는 스스로 문제를 해결할 수 없다는 인지(perception)를 통해 발생한다. 문제에 대한 인지와 동기가 이루어졌다면, 어디에서 도움을 찾아야 할 것인지를 아는 지식(knowledge)도 필요하다. 이러한 초기의 과정이 어떻게 보면 서비스 활용에 있어서 가장 중요한 단계이다.

개인들은 자신이 스스로 해결할 수 없는 문제가 발생할 때, 일차적으로는 주위에 비공식적으로 개인적인 도움을 먼저 구한다. 미국사회의 연구들은, 중산층에 속하는 보통의 개인들은 자신이 스스로 다룰 수 없는 문제에 대해 공식적인 제도권의 도움(서비스)부터 먼저 받으려 하지 않는다고 밝힌다. 대개는 친구나 친척, 혹은 중요 타인들(significant others, 한 개인이 주관적으로 영향력 있게 느끼는 사람들)로부터 일차적으로 해결을 구하게 된다는 것이다. 이를 보통 '일반인의뢰시스템(lay referral system)'이라 하는데, 이 시스템에서 문제 해결을 위한 기대가 난망할 때, 제도권의 공식적인 도움을 찾는 과정이 시작된다고 본다.

개인이 공식적인 도움(서비스)을 구하려고 하는 데는, 다음과 같은 인지요인들이 작용한다.

· 문제의 심각성에 대한 인지 정도
· 도움에서 기대되는 급부에 대한 인지 정도
· 도움을 구하는 과정에서 당면하게 될 장애들에 대한 인지 정도

위의 요인들에 덧붙여서 '촉발 작용' 혹은 일련의 돌발적 사건 등도 중요하게 작용한다. 촉발(triggering)은 방아쇠를 당기는 것과 같이, 공식적인 도움 구하기에 대한 충만된 인지에 행위를 유발케 하는 불을 붙이는 작용이다. 행동 개시를 하게 만드는 신호로서, 대개는 친구나 친척 등과 같은 일차적 관계(primary relationship)를 형성하고 있는 사람들이 제공하는 정서적인 재가(sanction)를 통해 출발한다. 그들로부터 일종의 '한번 해 보라'는 신호가 기존의 인지들에 덧붙여 촉발 작용을 일으키는 것이다.

공식적인 서비스를 찾기까지 사람들에게 나타나는 이러한 과정은, 휴먼서비스를 기획·관리하는 모든 행정관리자들이 중요하게 다루어야 할 것들이다. 서비스 활용과정의 첫 번째 장애가 되는 '동기·인지·지식'이 우리나라에서는 어떤 양상으로 나타나는지에 대한 경험적인 연구결과들은 아직 없다. 다만 우리나라의 경우도 이와 크게 다르지는 않을 것처럼 보인다. 아직까지도 사회복지서비스들에 대해 스티그마가 작용하고 있는 현실을 감안 할 때, 제도권의 서비스를 우선해서 찾기보다는 가능하다면 주위의 비공식적인 도움 구하기를 우선할 것이라는 점은 쉽게 추정할 수 있다.

② 지리적 장애

지리적 장애는 물리적 거리가 서비스의 이용에 미치는 영향을 말한다. 개인의 서비스 이용은 서비스 기관과 이용자의 거주지 간 지리적 거리에 역으로 작용한다. 거리가 멀수록 서비스 이용이 감소하는 현상이 나타난다. 모든 잠재적 서비스 이용자는 이러한 지리적 장애를 염두에 두는데, 다음과 같은 비용들을 고려한다.

· 나들이 준비 시간, 서비스 시간, 이를 합친 전체 경과 시간
· 낯선 장소에 가는 데 따르는 심리적 부담
· 차비 등과 같은 실질적인 경비

지리적 장애는 반드시 절대적인 물리적 거리에 따라 정비례하지는 않는다. 사람들이 느끼는 '거리감'이 매개 작용을 하기 때문이다. 예를 들어, 유사한 서비스를 제공하는 대안적인 시설들이 지역 내에 존재하는지, 대중교통 수단의 빈도나 노선은 적절한지, 보완적인 시설들이 그 기관에 인접해 있는지 등에 의해서 이용자들이 기관까지의 거리에 대해 느끼는 '거리감'은 명백히 달라질 수 있다. 물리적으로는 가깝지만 버스를 두 번이나 갈아타고 가야 하는 곳보다는, 물리적 거리는 더 멀지만 지하철을 통해 바로 갈 수 있는 곳에 대한

거리감이 더 가깝게 느껴질 수 있다. 즉, 절대적인 거리가 물리적 장애로 작용하는 정도는 환경 여건에 따라 가변적이 될 수 있다는 것이다. 따라서 지리적 장애 원인에 대한 확인은 단순히 물리적 거리가 아니라 거리감에 대한 측정에 초점을 두는 것이 필요하다.

③ 심리적 장애

도움을 청하는 과정에서 극복되어야 할 또 하나의 장벽은 심리적인 것이다. 초기에 갖게 되는 두려움들을 극복했다고 해서 심리적인 어려움들이 모두 해결되었다고 볼 수는 없다. 예를 들어, 다음과 같은 다양한 두려움들이 있을 수 있다.

- 어리석게 비추어지지는 않을까에 대한 걱정
- 개인적인 문제를 낯선 사람들에게 누설해야 된다는 것에 대한 꺼림칙함
- 서비스 활용에 따르는 사회적 스티그마
- 서비스 활용으로 신체에 해가 미치지는 않을까에 대한 두려움

이러한 장애들은 도움을 청하기로 이미 작정하고, 최초의 접촉이 이루어졌다고 해서 저절로 사라지는 것은 아니다. 심리적 장애는 서비스 활용의 전 과정에서 계속적으로 다른 장애요인들과 상호작용하면서 남아있게 된다. 지식과 동기, 인지의 과정에서 뿐만 아니라 지리적 장애에 대한 판단과 같은 경우에도, 심리적 장애는 그것들을 증폭시키거나 혹은 감소시키는 역할을 한다.

④ 선별기준 장애

어떤 서비스 형태에서도 이용자를 선별하는 기준들은 갖고 있다. 서비스 이용요금이나 공식적인 이용자격기준 등이 그런 것들이다. 이런 선별기준들은 명시적이거나 무기적으로 서비스 접근에 대한 장애요인으로 작용한다. 이를 유형별로 나누어 보면 다음과 같다.

__재정적 장애__ 의료, 양로, 육아, 상담 등과 같은 대인적 사회서비스들은 이용자로부터 서비스 요금을 청구할 수 있다. 이용에 따르는 요금은 서비스에 접근하는 사람들에게 일종의 재정적 장애가 되는 것이다. 따라서 이러한 장벽을 극복할 수 있는 능력은 개인의 소득수준에 따라 차이가 난다. 특히 일반·정신의료 부문에서는 이러한 재정적 장애가 서비스 활용의 접근성에 미치는 영향이 매우 크다.

__자격요건 장애__ 공공 부문에서 제공되는 많은 서비스들은 공식적인 자격 요건을 갖춘 사람들에게 한정되는 것이 보통이다. 여기에서 자격요건의 가이드라인을 결정하는 것이 종종 복잡한 문제가 된다. 객관적이고 평등한 자격요건을 마련하여 과활용을 억제하려 하나, 이를 위한 정보의 불충분성과 시간의 제약으로 인해서 대부분은 일선 업무자들의 주관적인 판단에 상당 부분을 의존하게 된다.

예를 들어, 국민기초생활보장 수급대상자를 선정하는 과정에서 소득이나 가족 상황 혹은 취업관련 정보 등을 수집하여 이를 객관적인 판단 기준으로 삼도록 되어 있으나, 많은 수의 잠재적 수급자들을 대상으로 충분한 정보를 수집하기 위한 시간과 비용이 사회복지직공무원들에게 주어져 있지 않은 것이 보통이다. 이런 경우에 대개는 과활용을 방지하기 위한 단순 행정적인 장치들을 강조하고 마는 경향이 있다.

절차 장애 복잡하고, 시간을 빼앗고, 품위를 떨어뜨리게 하는 행정적 절차들도 일종의 활용에 대한 장애라고 할 수 있다. 이러한 절차를 의도적으로 조작하여 서비스 활용에 대한 수준을 조절할 수 있다. 이것은 기관의 정책적이고 공식적인 장애로 쓰이기보다는, 일선 업무자들의 수준에서 자신들의 업무부담률(work-loads)을 낮추기 위해 의식적 혹은 무의식적으로 쓰는 장애이기도 하다.

욕구진단 장애 욕구를 파악하기 위해 진단기준 요건을 필요로 한다면, 그것 자체가 주된 선별장애가 될 수 있다. 의료나 상담 분야 등에서는 이것이 서비스 접근에 대한 주된 선별 장치로 사용된다.

⑤ 자원의 가용성

대부분의 사회복지서비스 조직들은 한정된 예산의 압박을 받고 있다. 정부 예산의 경우 대부분 고정되어 있거나, 서비스 수요의 변동에 크게 구애 받지 않고 점증적으로 증액이 이루어지는 것이 보통이다. 심지어 국민기초 생활보장과 같은 공적부조 프로그램에서도, 공급될 자원의 한도를 미리 결정해 두고 수요를 이에 맞추는 경우가 나타난다. 수요는 무한하다는 가정에서 공급될 자원의 할당에 맞추어서 수요와 서비스를 맞추어 나가는 것이다. 이런 경우 자격요건에 충족되는 모든 잠재적 클라이언트들이 반드시 서비스에 연결된다는 보장을 하기가 힘들다.

한편 이와는 반대의 경우로, 예산이 증가되어 공급 능력이 증가하는데도 오히려 수요가 따라오지 못하는 경우가 발생할 수 있다. 이런 경우에는 잉여 자원을 쓰기 위해 활용을 증대하는 데 노력을 경주하기도 한다. 즉, 서비스에 접근하는 잠재적 수급자들의 욕구와는 무관하게 서비스 공급자들이 갖는 자원의 가용성 정도에 따라서 접근 장애물이 높게 설치되기도 하고 낮추어지기도 한다는 것이다. 이러한 이유로 인해서, 자원의 가용성 장애는 앞서 선별 기준의 자격요건 및 절차 장애들과 함께 '관료제적 장애'라고 볼 수 있다.

결론적으로, 사회복지서비스의 활용을 극대화하려는 시도는 단순히 서비스 수급자들의 수를 확보하기 위한 것이 아니다. 한정된 사회적 자원을 보다 높은 효용성을 갖는 클라이언트들에게 연결해 주고자 하는 것이다. 서비스 활용을 극대화하기 위해서는 먼저 서비스 활용의 과정 즉 접근성의 과정을 두고서 파악하는 것이 필요하고, 그에 따른 장애들을 적절히 이해해야 한다. 서비스 접근의 장애들은 만약 그것들이 적절히 계획되고 관리될 수만 있다면, 서비스 활용을 극대화하는 전략들의 근간이 된다. 다음 장에서는 이와 관련한 서비스 활용의 전략들을 소개한다.

(4) 사회복지서비스의 활용전략

사회복지서비스에 관련된 전문직들에서는 클라이언트를 서비스의 '수혜자(受惠者)'로 간주하는 경향이 있다. 사회복지 클라이언트의 대부분이 무상으로 서비스를 제공받으므로, 그들을 쉽게 '혜택(惠澤, 심하게는 恩典)받는 사람들'이라고 규정해 버릴 수 있다. 즉, 클라이언트는 서비스 활용에 따르는 비용 부담을 지지 않는다는 뜻이다. 그러나 점차 이러한 인식들이 변화되어야 할 필요성이 커지고 있다. 사회복지 클라이언트들도 서비스 활용에 따르는 비용을 갖고 있다. 비록 직접적으로 표출되는 비용은 아니지만, 기회비용과 같은 것들이 실질적으로 발생한다.

> 클라이언트들이 서비스를 활용하는 데 수반되는 감정적이고 신체적인 에너지 소모, 혹은 서비스를 위해 소비해야 하는 시간 등은 클라이언트가 서비스 이용을 위해 지불하는 명백한 비용이 된다. 이러한 비용은 서비스 활용에 따르는 장애들을 극복하는 과정에서 발생하는 것이고, 그러한 비용에 의해 서비스 활용에 대한 욕구가 주저되기도 한다. 따라서 서비스 프로그램을 기획·집행하는 과정에서 서비스 활용의 극대화를 꾀하기 위해서는 클라이언트의 서비스 활용에 따르는 기회비용을 줄이려는 노력이 필요하게 된다.

어떤 집단이나 개인들을 법적으로 보장했다고 해서, 서비스 활용이 충분히 이루어질 것으로 확신할 수는 없다. 동일한 욕구라 해도 개인이나 집단의 성격차이로 인해 서비스 활용의 정도가 달라질 수 있다. 서비스 조직들의 환경 차이에 의해서도 활용 정도가 달라질 수 있다. 사회복지서비스의 활용을 극대화하려면, 이처럼 서비스 제공자와 이용자들 간의 욕구의 합치점을 찾기 위한 노력들이 필요하다. 서비스 접근성을 강화하는 것이 주로 이에 해당하는데, 서비스 이용자들의 입장에서는 서비스 활용에 따른 자신들의 기회비용이 줄어들게 됨을 의미하는 것이다.

서비스 접근성을 증진시키는 것은 그 자체만으로도 일종의 중요한 사회서비스가 될 수 있다. 접근성을 개선하여 서비스 활용을 증대시키는 전략들은 다음과 같은 것들로 구성된다. 먼저, 문제를 갖고 있는 사람들을 일단은 어떤 서비스 조직에 접촉하게 해야 한다. 이를 위해 최초의 접촉을 용이하게 하기 위한 전략이 필요하다. 만약 최초의 접촉 기관에서 욕구와 서비스 간의 일치가 이루어지지 않는다면, 클라이언트를 보다 합당한 서비스나 조직에 연결시키기 위한 일련의 전략들도 필요하다. 잠재적 이용자를 받아들이는 서비스 조직들의 자세도 개선되어야 하며, 장기적으로는 서비스 프로그램들이 클라이언트들로부터 신뢰성을 확보하는 것이 서비스 활용을 극대화하는 궁극적인 전략이 된다.

다음은 이러한 전략들에 대해 구체적으로 설명하는 것이다.

① 아웃리치

아웃리치(outreach, 출장서비스)는 서비스 이용자들이 스스로 알고 찾아오기를 기다리는 것이 아니라, 서비스 기관이나 담당자들이 적극적으로 이용자들을 찾아 나서는 태도를 말한다. 아웃리치의 용도는 다양한데, 예를 들면 다음과 같다.

- 단순한 정보 제공
- 욕구사정 활동과 연계
- 서비스 활용에 대한 동기 부여 및 참여 유도
- 서비스 활용의 심리적 장애 극복에 도움(교통편의, 방문서비스 제공)
- 인테이크(intake)에 대한 보조
- 서비스 종료 후의 후속확인(follow-up)

아웃리치를 하는 업무자들은 전문적 휴먼서비스 직원들과 지역 주민들 사이의 격차를 메워 주는 역할을 한다. 이러한 서비스 조직과 지역사회 사이의 교량 역할을 수행하기 위해서는 잠재적 서비스 이용자들의 특성에 맞추려는 노력이 중요하다. 만약 아웃리치 담당자가 그 표적인구 집단의 일원이라면, 사용자와 제공자 간의 문화적 괴리가 훨씬 효과적으로 극복될 수 있을 것이다.

예를 들어, 노인 프로그램의 아웃리치 담당자를 서비스를 이용하려는 노인들 중에서 선발하거나, 청소년 프로그램의 경우 대상 청소년들 중에서 선발하여 활용하는 등이 그런 전략이다. 이런 종류의 전략에는 자원봉사자를 활용하는 것도 효과적이다. 지역사회 자원봉사자에게 기관 프로그램에 대한 교육을 시키고, 이를 토대로 기관 활동과 지역사회를 연결하는 기능을 담당하게 한다.

다른 조직이나 프로그램들과의 협조 관계를 통해 아웃리치의 목적을 실현하는 방법도 있다. 예를 들어, 한 지역에 대해서 두 개의 프로그램들이 방문 홍보를 할 경우 한 프로그램이 다른 프로그램의 것까지 대행해 주는 것이다. 이러한 프로그램들 간의 협조를 통해서 적은 비용으로 아웃리치의 효과를 얻게 되고, 서비스 활용을 증진시키는 데도 도움이 된다.

② 정보 & 의뢰

정보 & 의뢰(I&C, Information and Referral) 시스템은 지역사회가 크기에 상관없이 어떤 서비스 프로그램들에서도 본질적으로 필요한 것이다. 일반적으로 클라이언트는 자신에게 적합한 서비스와 서비스 조직들을 스스로 찾아내기가 어렵다. 그래서 유사하게 인식되는 서비스를 접촉하게 하는 경우가 많다. 마치, 외과수술이 필요한 사람이 아무 병원이나 찾아가는 것과 같다. 이 경우에 자신들의 서비스와 일치하지 않는 클라이언트를 접촉하게 된 기관이나 프로그램에서는 이를 다른 적절한 서비스의 종류와 소재를 파악해서 의뢰해 주는 것이 필요하다. 이와 관련되는 것을 정보 & 의뢰 시스템이라 한다.

효과적인 정보 & 의뢰 시스템에 핵심적으로 포함되어야 하는 것들은 다음과 같다.

· 기관 소재: 지역사회 내에서 사회 서비스들을 제공하는 기관들의 명단
· 서비스 프로그램: 현재 제공되고 있는 서비스들의 구체적인 성격
· 자격요건: 서비스 수급자가 되기 위한 자격요건들(연령, 소득, 거주지, 장애여부, 고용여부, 혼인, 성별 등)

정보 & 의뢰 시스템을 개발하는 데는 현실적으로 크게 두 가지 방식의 접근 전략들이 있다. 각각의 전략은 조직들 간의 협력관계를 구조화하는 데 있어서 집중식 혹은 분산식의 방식 차이가 있다.

전문적인 정보 & 의뢰 기관 설치 지역사회 내에 있는 사회서비스 기관이나 프로그램들이 공동으로 일반적인 목적의 인테이크(intake) 전문기관을 설치하는 것이다. 지역사회의 서비스 이용자들은 일차적으로 이러한 인테이크 기관에서 먼저 의뢰를 구하고, 그것을 통해 자신의 욕구에 적절한 서비스를 찾아가는 방법이다. 인테이크 전문기관의 역할은 지역사회 서비스 프로그램들에 대한 충분한 지식과 클라이언트에 대한 욕구 분석 능력을 함께 갖추어서, 지역사회 서비스 자원과 클라이언트들의 욕구를 효과적으로 연결해 주는 데 있다. 이 전략은 서비스 활용을 극대화할 수 있는 이상적인 방법이기는 하지만, 정보 & 의뢰를 위한 별도의 조직을 운영해야 하고 여기에 많은 수의 서비스 전문가들이 투입되어야 하기 때문에 그에 따른 비용의 증대가 단점으로 작용한다. 기관들 간의 협조가 어느 정도 가능할 지의 여부도 문제로서 작용한다.

개별 기관들의 기능 강화 앞의 방법이 정보 & 의뢰를 집중화하는 방식이라면 이 방식은 분산적이다. 즉 개별 서비스 기관들이 각자 정보 & 의뢰 시스템을 강화하는 것이다. 따라서 집중화로 인한 비용의 상승과 정보 집중의 단점 등을 피할 수 있게 한다. 개별 서비스 담당자들과 서비스 조직들이 각자 지역사회의 서비스 프로그램들에 대해 충분한 정보와 지식을 소유하도록 유도한다. 대부분의 사회복지서비스 조직들이 독립적으로 운영되고 있는 현재의 실정을 감안한다면, 이런 방식의 전략이 현실적으로 우선 가능한 방법이다. 그러나 기관들 간의 정보 & 의뢰에 따른 협력관계를 형성하는 데 있어서의 어려움은 여전히 극복되어야 할 과제로 남는다.

한 지역사회 내에서 효과적인 정보 & 의뢰 시스템을 만들어 내는 데는 많은 문제들이 작용할 수 있다. 공동 출자된 기관을 운영하거나 혹은 단순히 각종 정보의 교환 관계를 형성하는 것만 하더라도 조직들 간의 협력은 그리 쉽지 않다. 비록 기관들이 이러한 협조 관계를 유지할 의사가 충분히 있다 해도, 실제로 효과적이 정보를 산출하고 유지하는 작업은 기술적으로 쉽지 않다. 다양하고 복잡한 클라이언트의 욕구에 대응하여 지역사회 내에서

적합한 서비스를 신속히 찾을 수 있게 하는 정보시스템을 갖추기란 기술적으로 어려운 일이며, 잦은 서비스 프로그램들의 변경으로 인한 지속적인 정보의 갱신 문제 등도 실질적인 운영상의 문제로 나타날 수 있다. 그럼에도 불구하고 지역사회의 각종 서비스들이 공통적인 사회복지의 목적을 실현하기 위해서는 이러한 정보 & 의뢰 시스템을 통해 서비스의 활용을 증대시킬 필요가 있다.

③ 홍보

서비스 접근성을 높여 활용을 증진하는 또 다른 방법은 서비스 프로그램과 그 자격요건들을 해당 지역사회에 널리 홍보(advertizing)하는 것이다. 서비스 제공자의 관점에서는 명백한 것처럼 보이지만, 잠재적인 서비스 이용자들의 입장에서는 프로그램의 존재를 인지하는 것이 쉽지 않은 경우가 많다. 이로 인해 서비스를 활용하지 못하게 되는 경우들이 예상외로 많다는 것을 연구들은 밝히고 있다.

프로그램에 관한 정보를 보급하는 수단으로, 일반적으로는 다음과 같은 홍보의 방법들이 많이 사용된다.

· 대중매체(TV나 라디오, 신문, 잡지 등) 뉴스나 선전의 형태로 게재
· 안내소책자, 전단, 소식지 등을 통한 광고
· 대중연설이나 발표회를 통해 프로그램 소개
· 기관이나 전문가들의 회합 시에 프로그램에 대한 안내
· 지역사회 주민들을 초청하거나 기관 견학 등을 통해 프로그램 안내

다양한 대중을 대상으로 하는 대중매체(예: 라디오 선전)나, 직접적인 정보 전달 수단(예: 아웃리치)을 이용하는 것 중에서 어느 것이 가장 효과적인지에 대한 일관적인 답은 없다. 효과적인 방안의 선택은 표적집단 혹은 잠재적 클라이언트들의 특성과 기관의 환경적인 조건들을 고려해서 결정하는 것이다. 일반적으로는, 한 가지의 방법에 집중 투자하는 것보다는 한 가지 이상의 방법을 혼합하여 사용하는 것이 보다 효과적이라고 알려져 왔다.

보통은 앞에서 제시한 홍보 방법들이 일반적으로 많이 쓰이기는 하지만, 사회복지 프로그램들의 경우에는 그러한 홍보 방법들로는 부족한 경우가 많다. 사회복지서비스 대상자들은 사회적으로 소외되어 있거나, 기존의 다른 사회 프로그램에도 참여하지 않고 이에 대해 냉소적인 사람들일 경우도 많다. 이런 사람들은 프로그램에 대한 인지도가 낮거나 참여를 꺼려하는 정도가 보통 사람들보다 더 심할 수 있다. 따라서 이들의 서비스 활용을 유도하기 위해서는 일반적인 홍보의 방법으로는 부족하다.

보다 적극적으로 지역주민들에게 접근하기 위해서는 다음의 방법들이 보다 유용할 수 있다.

·각 가정에 전단지를 배포
·직접 가정방문을 실시(전문가 혹은 자원봉사자)
·지역사회의 사정을 잘 아는 사람들(예: 이장, 동장, 골목가게 주인 등)에게 부탁
·현지에 출장소나 지소 등과 같은 아웃리치 센터를 설립
·해당 지역의 주민을 준전문가로 활용

이러한 방법들은 보다 직접적으로 잠재적 이용자들을 향해서 프로그램이 손을 뻗치는 것이다. 비록 그에 따른 비용은 더 커질 수 있지만 일반적인 정보 전달의 매체들에서 소외되어 있는 사람들에게는 분명히 더 효과적일 것이다. 대개 이러한 방법들은 서비스의 저활용에 대한 대책에 소용되는 것으로, 특히 사회복지서비스의 활용을 증대시키는 방법으로는 더욱 유용성이 크다.

대부분의 사회복지조직들은 구태여 의무화되어 있지 않다면 적극적으로 클라이언트를 찾아 나서지 않으려는 경향이 있다. 프로그램 정보에 대한 활발한 전파로 인해 서비스의 이용이 증가하게 되면 기존의 할당된 서비스 자원들로는 감당할 수 없게 되는 경우가 발생하기 때문이다. 이와 같은 자원의 제약성이 대부분의 사회복지서비스들을 홍보에 무관심하게 만드는 주된 이유가 되고 있다.

그럼에도 불구하고, 사회복지서비스 기관이 잠재적 클라이언트들을 찾아 나서야 하는 이유는 명백하다. 통상적인 프로그램 정보의 전파 수단만으로 확보되는 클라이언트들은 오히려 사회복지서비스의 목적에 합당하지 않을 가능성이 높다. 아무리 많은 수의 클라이언트를 확보한다고 하더라도 그것이 진정으로 서비스의 활용도를 높이는 것과는 아무런 관련이 없을 수도 있다.

예) 1998년 IMF의 위기로 인해 실직자들이 증가했었다. 한 지역사회종합복지관에서 '실직자 자녀들을 위한 무료 여름캠프' 프로그램을 기획해서 이를 TV방송을 통해 홍보했었다. 3박4일의 기간 동안 자원봉사자들과 함께 야외에서 합숙하면서 아동들이 마음껏 뛰놀 수 있게 하여 일시적으로나마 실직 가정의 부모와 자녀 모두에게 경제적, 심리적 도움이 되도록 하자는 취지였다. 인원은 30명으로 제한했고 선별기준은 선착순이었으며 지역 제한이나 생활수단 검증은 없었다. 신청일이 되자 언덕진 곳에 위치한 복지관의 주변 길들은 새벽부터 사람들이 타고 온 고급 승용차들로 '난리'가 났다. 클라이언트는 몇 분 만에 채워졌고 대기자만도 프로그램 정원의 몇 배가 넘게 등록되었다. 과연 이 프로그램은 서비스 활용도가 높았던 것인가?

사회적으로 소외되어 있는 클라이언트를 찾아나서는 작업은 제한된 사회복지 자원의 효용성을 극대화하기 위한 노력이다. 사회복지전문직과 기관들의 사회적 효용성 역시 이러한 노력을 통해 인정받을 수 있다는 점에서, 최적의 클라이언트 집단에 접근하기 위한 최적의 홍보 전략을 모색하는 것은 대단히 중요하다.

④ 서비스 조직의 개선

서비스 활용의 증대라는 목적을 달성하려면, 적정한 클라이언트의 발굴과 확보만으로
는 한계가 있다. 궁극적으로는 이미 확보된 클라이언트들을 대하는 서비스 조직들의 자세
가 매우 중요하다. 게이츠(B.Gates)는 서비스 활용과 관련한 서비스 조직들의 노력에 숨어
있는 관료제적 병폐를 다음과 같이 파악한다.

'서비스에 대한 접근성의 관리는 양날을 가진 칼이다. 접근성을 개선하기 위해 행정적
인 기법들은 욕구를 가진 사람들에게 최소한의 불편만으로 신속하게 서비스가 제공되게
하려는 것임이 분명하다. 그러나 대개는 욕구의 개념이 추상적이어서, 그것만으로는 한정
된 자원 공급의 할당에 필요한 객관적이고도 논란의 여지가 없는 근거를 제시하기가 어렵
다. 또한 접근성 확보를 위한 이러한 행정적 기법들은 한편으로는 클라이언트의 희생을 통
해서 조직적·정치적·전문적 목표들을 증대하기 위한 유용한 도구로써 사용되고도 있다.'

<u>관료제적 병폐 I - 크리밍 현상</u> 서비스 조직들의 관료제적 병폐들 가운데 대표적인 것
이 '크리밍' 현상이다. 크리밍(creaming) 현상이란 서비스 조직들이 접근성 메커니즘을 조정
하여 보다 유순하고 성공 가능성이 높은 클라이언트들을 선발하고, 비협조적이거나 어려
울 것으로 예상되는 클라이언트들을 배척하는 경향이다. 모든 전문직은 자신들의 개입전
략에 잘 맞아떨어지는 그래서 결과가 성공적으로 나타날 가능성이 높은 케이스들을 선호
하는 경향을 자연스럽게 갖고 있다. 특히 민간 사회서비스 기관들에서는 클라이언트 선별
에 따르는 재량권 행사의 폭이 공공 기관들에 비해 넓기 때문에, 이러한 크리밍 현상의 문
제가 두드러지게 나타날 수 있다.

이런 경향은 어떻게 보면 조직이 외부 환경과의 관계 속에서 자신들의 생존을 극대화
하려는 전략과 잘 맞아 떨어지는 것이다. 한 서비스 기관이 자신에게 주어지는 예상 능력
밖의 서비스 활용에 직면하면, 초과되는 서비스들을 거부할 수밖에 없다. 이런 경우에 비
용이 많이 들고 성공할 가능성이 낮은 소수의 케이스들은 버리고, 다수의 성공 가능성이
높은 케이스를 선택하는 것이 그 조직으로서는 서비스에 대한 사회적 책임성을 가시화 하
는 데 도움이 될 것이다. 즉, 크리밍은 동일한 예산의 한도 내에서 대외적으로 실적을 내
보이는 데 매우 효과적인 조직 전략이 되는 것이다. 관료제적 조직의 관점에서는 효과적일
수 있으나, 사회복지적 관점에서는 이것이 명백한 '병폐'임이 분명하다.

<u>관료제적 병폐 II - 활용수준의 조작</u> 기관들은 공급을 초과하는 수요에 대해 서비스 활
용을 줄이려는 전략을 취할 수 있다. 서비스 접근성과 관련된 다양한 장애들을 강화하거나
혹은 추가로 설치함으로써 서비스의 활용을 줄일 수 있다. 다음이 이와 관련된 예들이다.

· 만원 사례 – 추가적으로 들어오는 서비스 지원서들을 반려
· 대기 시간 늘림
· 서비스 운영 시간을 단축
· 아웃리치의 중단
· 사전 예약 제도의 도입
· 다른 기관들로 클라이언트를 보내기

거꾸로, 실제 서비스 수요가 예상했던 서비스 수요를 밑도는 경우도 있다. 이런 경우에 대부분의 조직들은 할당된 예산을 모두 써야 다음 해의 예산 편성에 문제가 없다는 점 때문에, 서비스의 활용 수준을 억지로 높이기 위해 노력한다. 문제는 이러한 노력들이 진정한 욕구를 가진 사람들을 서비스에 연결시키는 데 실패할 뿐만 아니라, 서비스 이용자들의 기대치를 불공정하게 높여 서비스 이용을 강요하게 되는 결과를 초래하기도 한다. 이로 인해 남용되는 자원들은 보다 유용한 다른 서비스들에 쓰여야 할 비용을 의미하는 것이다.

사회복지조직들이 서비스의 활용수준을 조작하는 것은 자신들의 생존에 일시적으로 도움이 될지 모르나, 그로 인해 전체 사회에 대해서는 한정된 사회적 자원의 남용이라는 해를 끼치는 것이다. 사회복지조직들에서 서비스 제공 능력과 실질적인 활용 간에 불균형이 초래된다면, 사회적 비용은 반드시 발생한다. 공급에 비해 수요가 초과하면 서비스 이용자의 입장에서는 대기 시간의 증가 혹은 만원 사례 등의 형태를 통해 공급 부족에 따른 비용을 부담 받게 된다. 수요를 초과할 경우에는 오·남용을 포함한 활용되지 않은 서비스로 인한 자원 낭비의 비용 부담을 서비스 제공자(납세자 포함)들이 안게 된다.

서비스 활용의 증대와 관련한 기존 논의들은 대개가 클라이언트에 대한 정보 제공의 측면에 초점을 두어 왔다. 이런 관점에서는 클라이언트의 프로그램에 대한 인지 향상이나 접근성 강화를 위한 노력들을 강조한다. 서비스를 제공하는 조직들이 서비스 활용을 극대화하기 위해 노력하고 있다는 전제하에서는, 이러한 노력들이 효과적이다. 그러나 많은 경우에 사회복지서비스 조직들에서 서비스에 대한 접근성이나 활용을 자신들의 목적에 맞추어 적용시키려는 경향이 있음을 간과할 수 없다. 따라서 서비스 활용의 증대를 위한 일차적인 노력은 서비스 조직들의 관료제적 병폐를 극복하는 데 초점을 두어야 한다. 이를 위해서는 사회복지전문직의 역할이 매우 긴요하다. 사회복지조직을 관료제적인 행정 논리에 함몰되지 않도록 하여, 사회복지서비스 본연의 목적을 지향하는 것이 전문행정관리자들이 존립하는 이유이다.

⑤ 클라이언트와의 신뢰구축

보다 장기적인 관점에서 서비스 활용을 증대시키기 위해서는 사회복지서비스의 본질적인 측면에 주목해야 한다. 앞에서 제시한 활용 증대의 전략들이 접근성에 주로 초점을 맞추었다면, 이 전략은 서비스 과정에서 클라이언트와의 신뢰 구축을 통해 서비스 활용을

높이고자 하는 것이다. 기존의 클라이언트들에 대해 서비스의 이미지를 개선하는 것이 보다 장기적이고 본질적으로 서비스 활용을 증진시키는 전략이라는 것이다.

대부분의 대인적 사회복지서비스들은 업무자와 클라이언트의 긴밀한 대인적 관계 그 자체가 서비스의 핵심이고, 이 관계에서는 양자 간에 신뢰가 형성되지 않으면 효과성을 성취하기가 힘들다. 업무자는 클라이언트의 사회적인 영역에 클라이언트들로부터의 신뢰 없이 뛰어들 수 없고, 클라이언트 또한 업무자가 도덕성을 갖춘 채 서비스에 참여한다는 신뢰를 확신할 수 있어야 한다. 비록 이러한 신뢰는 업무자와 클라이언트 간의 직접적인 대면관계에서 발생하지만, 이런 관계를 용이하게 만들어 주는 것은 서비스 프로그램의 환경 설정에 달려 있다. 특히 다음 사항들이 신뢰 형성을 위해 중요하다고 알려져 있다.

인테이크 과정의 적절성 신뢰는 클라이언트의 기대와 프로그램 목표 간에 일치감이 존재할 때 가장 쉽게 형성되므로, 이를 위해 강력한 인테이크 및 사정 절차가 필요하다. 클라이언트의 욕구와 기대를 정확하게 파악하고, 그에 따른 서비스 프로그램의 적합성을 판단한다. 이를 통해 과다하지도 과소하지도 않은 적절한 수준의 기대를 클라이언트들로 하여금 갖게 하는 것이 프로그램에 대한 신뢰를 제공하는 것이다.

업무자의 전문적 재량권 사회복지서비스 실천의 과정은 단선적인 과정이 아니다. 애당초 설정했던 목표들이 케이스가 진행되어 감에 따라, 혹은 업무자와 클라이언트 양자 간의 합의나 상황의 변화에 따라 수정될 수도 있다. 따라서 이러한 상황들에 대처하기 위해서는 개별 케이스들의 서비스 목표나 방법에 관해 업무자가 나름대로의 재량권을 행사할 수 있어야 한다. 클라이언트는 업무자에 대해서 신뢰를 가질 수 있으며, 그러한 신뢰 관계가 곧 서비스 프로그램의 목적을 벗어나니 않는 한도 내에서, 적절한 전문적 재량권을 서비스 업무자에게 귀속시킬 필요가 있다.

클라이언트의 자율권 사회복지서비스에서는 클라이언트의 자발적인 참여와 협조가 서비스의 효과성을 산출하는 데 중요한 요건이 된다. 특히 대인적 사회복지서비스에 있어서는 이러한 원칙이 매우 중요시된다. 클라이언트의 참여를 증진함으로써 이들이 서비스에 대해 보다 높은 신뢰를 갖는데 도움을 주기 때문이다. 클라이언트의 자율권 보장은 자신들의 치료 계획에 적극적으로 참여할 수 있는 역할을 보장한다거나, 서비스나 정책 혹은 절차 등에 대한 클라이언트의 피드백 기회를 보장해 줄 수 있다.

업무자와 클라이언트의 대면적 관계 자체가 핵심적인 서비스를 형성하는 사회복지서비스 프로그램들에서는, 클라이언트들을 통해 형성되는 서비스의 이미지가 장기적인 서비스 프로그램의 활용도를 높이는 데 결정적인 영향을 미친다. 따라서 클라이언트와의 신뢰 구축을 단순한 가치나 자세의 전환으로 볼 것이 아니라, 서비스 환경 속에 내재되어야 할 일종의 서비스 활용을 위한 구체적인 전략의 일환으로 인식된다.

사회복지행정의 평가

제14장 사회복지행정의 평가

1. 평가

1) 평가의 개요

(1) 평가의 개념

우리가 일반적으로 호칭하는 '평가'는 엄밀하게 말하면 '평가조사'를 줄여서 부르는 것이다. 평가조사는 영어로는 'evaluation research'를 의미하며, 이는 '사회조사(social research)'의 한 유형이라고 하겠다. 따라서 '평가조사' 혹은 '평가'는 단순히 사회복지분야에서만 사용되는 용어라기보다는 사회조사가 그러하듯이 범사회과학적 용어로서, 공공행정, 환경, 교통, 보건, 교육 등의 분야에서 다양하게 사용되고 있다. 여기서 평가대상 혹은 평가적용분야의 차이가 있다는 점은 분명하나, 평가방법상의 공통점은 대단히 높다는 점을 이해해야 할 것이다. 방법상의 유사성은 앞에서 언급한 바와 같이 평가조사가 사회조사의 한 분류이기 때문에, 사회조사로서의 기본속성을 유지하는 한 평가방법상의 유사성을 피할 수 없는 것이다. 그러하기에 혹자는 평가조사를 사회조사의 한 분야로서 실제성을 강조한 응용사회조사로 표현하기도 한다.

평가의 개념에 대한 학술적 논의를 넘어서, 평가는 이미 일상생활에서 피할 수 없는 삶의 일부가 되어 왔다. 식당에서 음식의 맛을 논하거나, 지난밤의 텔레비전 프로그램을 화제로 논하거나 하는 등의 행위는 평가의 일상화된 사례를 보여주는 것이다. 물론 초등학교의 성적표, 각종 시험, 이후로의 학창생활 동안의 여러 유형의 시험제도, 대학진학을 위한 수능시험제도, 직장생활에서의 근무평가 등은 공식적이고 동시에 구조적인 평가행위의 사례로 지적할 수 있을 것이다. 결국 인간은 누구나 태어나서부터 끊임없이 평가받는 상황에 놓이며 동시에 부단하게 누군가가 무엇인가를 평가하고 있는 것이다. 결국 이러한 평가의 일상성 속에서 유추하게 되는 평가의 일반론적 의미는 '좋고 나쁨의 가치판단 행위' 혹은 바람직한 상황을 만들고자 하는 진단 및 수정행위'라고 할 수 있다.

학술적인 차원에서의 평가의 개념에 대해, Weiss(1988 : 4)는 평가(evaluation research)를 '정책이나 프로그램의 개선을 목적으로 일련의 내재적 · 외재적 기준에 따라 효과성 혹은 시행상태를 체계적으로 사정하는 작업'으로 정의하고 있다. 또한 Rossi & Freeman(1993 : 5)

은 평가조사를 "사회개입 프로그램의 개념화·설계·시행·효용성을 사정하기 위해 사회조
사방법을 체계적으로 응용하는 것"이라고 정의한다. 결국 이러한 논의를 근거로 평가는
'논리적이고 과학적인 사정방법을 사용하여 정책이나 프로그램의 효용성을 높이고자 하는
의도적인 노력'이라고 이해될 수 있으며, 이 과정에서 과학적인 접근방법과 효용성이 강조
된다는 것을 알 수 있다.

사회복지행정에서는 이러한 평가를 행정관리수단으로 인식한다. 즉 평가는 서비스가
욕구를 지닌 사람들에게 제공되는가, 적절한 서비스를 제공하는가, 서비스는 효과적인가,
그리고 효율적인가를 파악하는 데 초점을 두게 되어 행정관리수단으로서의 역할을 지닌다
는 것이다(성규탁, 1994).

(2) 평가의 목적

왜 평가를 하는가에 대해서는 비교적 다양한 이유나 목적이 제시되고 있다. Rossi &
Freeman(1993)은 평가대상으로서의 프로그램, 조직, 혹은 정책에 대한 가치판단, 개선, 효
용성 판단, 운영의 효과성 증진, 책임성 제고, 정보제공 등을 제시한다. 그들은 평가의 기
본적인 목적을 효과성을 측정하여 사업의 지속, 중단, 확대, 축소 등과 관련된 의사결정을
위한 정보를 제공하는 것이라고 주장한다(최재성, 1998, 재인용). 그런데, Weiss(1998)는 자신
의 책 서문에서 자신의 경험을 근거로 평가조사가 반드시 주요의사결정에 영향을 미치는
결정적인 정보를 제공하고, 이로 인해 프로그램이나 정책에 어떤 변화가 나타나야 할 필요
는 없다고 주장한다. 관련된 정보를 제공하는 것으로도 평가조사로서의 의의는 이미 충분
할 수 있다고 보는 것이다. 즉 평가조사로 인해 생성된 정보가 반드시 어떤 변화를 유발할
필요는 없다는 것이다. 이러한 주장은 실제상황에서 특정한 평가연구의 결과로 변화가 촉
진되기보다는, 불가항력적이고 외생적이라 할 수 있는 정치적 이해관계 등에 의해 평가결
과가 활용되지 못하는 경우가 발생한다는 사실에 기인한다(최재성, 1998, 재인용).

또한 사회복지평가의 목적에 대해 성규탁(1994 : 187~189)은 다음과 같이 환류적 과정
평가, 책임성 이행평가, 학술적 평가연구의 세 가지로 들고 있다. 첫째, 환류적 과정평가는
프로그램 계획이나 운영과정에 필요한 정보를 확보하여 보다 바람직한 프로그램 운영이
되도록 노력하는 것으로서 프로그램 과정상의 환류기능에 초점을 둔다고 볼 수 있다. 둘
째, 책임성 이행평가는 프로그램 운영에 대한 사회적 책임을 강조하고 책임성을 이행하는
차원에서 평가를 수행하는 경우로 볼 수 있다. 셋째, 학술적 평가는 사회조사의 한 분야로
서 평가연구의 학술성을 강조하며 이는 평가연구에서 보조적인 목적으로 나타날 수도 있
다. 프로그램 속에 내재된 변수 간의 인과관계를 검증하여 이론형성에 기여하는 기능이 있
을 수 있다.

이러한 성규탁(1994)의 평가목적 분류는 상호배타적 목적을 의미하지는 않는다. 일반

적으로 평가연구는 앞에서 제시된 세 가지 목적이 복합적으로 설정되어 다목적적 성격을 갖는 경우도 있기 때문이다. 평가의 목적과 관련된 논의에서 Shadish & Epstein(1987)의 연구는 실증적 분석을 통해 다양한 평가목적이 있을 수 있음을 보고하고 있다(최재성, 1998, 재인용). 이들은 미국의 평가학회 회원 350명이 실제 평가활동에 관한 설문조사에서 응답한 내용을 분석했다. 분석결과는 평가활동의 주목적이 프로그램의 효과성 측정, 프로그램의 성과향상, 의사결정자에게 영향을 주는 것의 순서로 나타난다고 밝히고 있다. 그 다음으로는 프로그램의 가치성 판단, 필요한 정보제공 등을 목적으로 한다고 제시한다.

이상의 평가목적에 대한 논의에서 평가는 실질적으로 다양한 목적을 위해 수행될 수 있다는 사실을 확인할 수 있으며, 효과성과 책임성 검증의 차원에서 수행되는 평가의 중요성에 대한 공담이 높다는 점을 파악할 수 있다. 특히 Weiss(1998)가 제시하는 평가연구의 의의에 대한 견해는 주목할 만하다고 하겠다. 평가결과가 즉각적인 사업의 중단, 확대, 수정 등을 포함하는 변화로 연결되는 것도 중요하지만, 이러한 특성이 평가의 절대적 목적이자 성공적 평가의 필수요건은 아니라는 것이다. 평가의 결과로서 대상에 대한 유익한 정보를 생산한 것 자체가 이미 의의가 있으며, 이는 언젠가 있을 수 있는 후속연구 혹은 평가대상에 대한 보다 정확한 이해에 도움이 될 수 있기 때문이다.

(3) 평가의 필요성

평가(evaluation)는 프로그램(혹은 조직)이 의도된 목적을 적절히 실현하는지를 알기 위한 것이다. 평가의 결과는 다양한 입장에 따라 달리 사용될 수 있다. 자원의 할당을 결정하는 기획의 입장(예: 민간 기관들에 자원을 제공하는 공공기관)에서 평가의 결과는 특정 프로그램에 대한 지원을 계속할 것인지 혹은 중단할 것인지, 확대할 것인지 혹은 축소할 것인지 등에 관한 의사결정의 합리성을 높이는 데 사용된다. 서비스 기관이나 업무자들의 입장에서 평가 결과는 자신들의 업무 수행에 대한 피드백(feedback)으로 활용하여 프로그램의 개선, 서비스 전달체계와 조직구조의 변화 필요성과 방향을 파악하는 데 도움이 된다. 한편 클라이언트의 입장에서는 특정한 프로그램이나 기관이 자신들의 욕구에 적합하게 활동하고 있는지 등을 평가를 통해 파악하려 한다.

이러한 평가는 반드시 공식적이고 체계적으로 이루어지는 것은 아니다. 평가들은 종종 비공식적으로, 혹은 의식적인 개입 없이도 이루어지는 경우가 많다. 정치적 판단에 의거한 프로그램의 평가나, 조직과 프로그램 운영에 '도통한' 관리자들의 '감'에 의해서도 평가는 끊임없이 이루어지고 있다. 일선 실천현장에서의 일상적인 평가들은 대개 이러하며, 그 나름대로의 기능도 충분히 인정될 수 있다. 그럼에도 공식적이고 체계적인 평가를 통해 프로그램 정보를 도출하는 것은 매우 중요하다. 내부 평가자들의 '감'이나 '판단' 등에 의존한 평가는 내부자들의 선입견이나 편견을 적절히 통제할 수 없다. 그 결과 조직외부로부터의 시각과 객관적인 정보들에 대한 요구에 적절히 대처하기 어렵다.

평가란 단순히 수치나 자료들의 수집을 의미하는 것이 아니다. 평가는 그러한 자료들을 조합하고 연결해서 유용한 정보를 도출해 내는 과정이다. 공식적이고 체계적인 평가가 필요한 이유도 바로 그 때문이다. 사회복지조직의 관점에서 체계적 평가가 필요한 구체적인 이유들은 다음과 같다.

경영통제(management control) 경영통제는 '자원들의 조직의 목표들을 성취하기에 효과적으로 획득되고 사용되는지를 행정관리자들이 확인하는 과정'이다. 설정된 계획과 기준에 의해 조직과 프로그램이 수행되고 있는지를 파악하고, 심각한 이탈이 나타나는지를 찾아내며, 필요하다면 복구행동까지도 취하는 과정들이 여기에 포함된다. 이러한 과정에서 왜곡된 의사결정을 피하고 좋은 판단을 하기 위해서는 체계적인 평가 정보가 필요하게 된다. 단기적인 경영 통제는 주로 일상적인 운영과 관련된 것으로, 예산 편성, 생산성의 일시 저하, 부서 간의 협력 문제, 업무자들의 협조 등에 관한 정보를 필요로 한다. 장기적 경영 통제는 보다 근본적인 문제에 관한 것으로, 의도된 표적인구가 서비스를 받지 못하고 있다든가, 클라이언트들의 서비스에 대한 요구가 감소하고 있다든가, 프로그램 자원이 부족하게 된다든가, 서비스 질의 저하와 서비스 목표들이 성취되지 못하고 있다는 등에 관한 정보를 필요로 한다.

업무자들에 대한 피드백(feedback) 일선 업무자들에게 자신들의 실천활동을 되돌아 볼 수 있게 하는 평가 정보를 제공한다. 이를 통해 업무자들이 스스로를 평가하게 되고 특정 교육훈련이 필요함을 감지하게 해 준다. 이러한 정보는 또한 업무자들을 적재적소에 배치하는 데 효과적으로 사용될 수 있고, 수퍼비전 활동을 통해 일선 업무자들에게 필요한 지식이나 기술의 부족 상태를 알려주고 이를 지도하기 위한 목적으로 활용될 수 있다.

서비스 혁신(innovation) 평가의 정보는 서비스의 변화와 개선을 자극하는 데 유용하게 쓰인다. 클라이언트의 변화와 관련된 정보, 서비스 기술들 간의 우월성 비교, 불충족된 욕구들에 대한 자료 등을 통해서 새로운 서비스 전달의 양식을 찾게 하는 자극제의 작용을 한다.

책임성 / 순응(accountability / compliance) 프로그램을 수행하는 데 관련된 법이나 규제, 절차 등에 순응하고 있는지 혹은 상부나 조직 외부로부터 요구되는 바람직한 성과의 도출에 대해 순응하고 있는지 등을 판단할 수 있게 한다. 이와 관련한 자료들은 대개 클라이언트의 성격, 제공된 서비스, 기관이 만들어 내는 산출물이나 프로그램 지출 등에서 도출된다.

대외관계(public relation) 평가 정보들은 프로그램의 성과를 외부 사회에 알리는 데 사용된다. 이것은 외부의 부당한 비난으로부터 프로그램을 방어하고, 외부로부터의 지지를 구축하는 데 요긴하게 쓰인다. 또한 연례 보고서, 소책자, 언론홍보물, 발표 등의 활동을 통해 다양한 사람들에게 프로그램이 무엇인가를 알리는 데 도움이 된다.

2) 평가의 기준

평가에 관한 논의에서 평가목적에 대한 명확한 이해가 중요한 만큼, 기준에 대한 이해도 중요하다. 평가대상이 되는 프로그램이나 조직, 혹은 정책의 무엇을 평가하겠느냐의 질문에 관한 것이며, 평가설계(틀)의 핵심적인 부분이라 하겠다.

일반적으로 사회복지분야에서의 평가기준은 다양한데, 이에 대해 김영종(2001)은 노력성, 효과성, 효율성, 영향, 질, 과정, 공평성의 7가지를 제시하고 있다. 또한 성규탁(1994)은 노력(effort), 수행(performance), 적절성(adequacy), 효율성(efficiency) 및 과정(process)의 5가지를 제시한다. 이러한 기준들은 Tripodi(1983)와 Benntt & Weisinger(1977)의 연구에서도 유사하게 제시되고 있으며, Patti(1987)의 경우 이용자만족도와 사회복지개입의 성공여부를 서비스 질과 함께 제시하고 있다는 점에서 약간의 차이가 있을 뿐이다.

여기서는 이들 기준 가운데, 평가연구에서 활용빈도가 비교적 높다고 판단되는 노력성, 효과성, 효율성, 서비스 질, 만족도, 과정의 개념을 검토해 보고자 한다.

(1) 노력성

노력(efforts)은 프로그램을 위해 동원한 자원이 어느 정도인가에 대한 것이다. 주로 투입(inputs)요소에 관한 것으로 공장의 경우 제품을 만들기 위해 어떤 원자재와 자원(인력, 공장 등)을 사용했는가에 대한 논의인 것이다. 사회복지사업에서는 서비스 제공을 위해 양질(quality)의 물리적 공간과 인력, 기타 자원을 어느 정도(quantity)나 사용했는가에 대한 논의인 것이다. 다만 사회복지서비스의 특성상 클라이언트의 수와 특성에 대한 정보가 중요하게 고려된다는 점에 유의할 필요가 있다.

일반적으로 사회복지사업은 클라이언트의 긍정적 변화 혹은 더 이상의 약화를 지연하기 위한 현상유지에 초점을 둔다. 여기서 만일 클라이언트의 특성과 욕구가 강도 높은 집중적 서비스를 필요로 하는 것이라면 사회복지기관이 보여주는 노력정도도 달라야 할 것이다. 예를 들어, 중증장애인을 위해 서비스를 제공하는 경우와 경증장애인을 위해 서비스를 제공하는 경우, 투입요소의 배합방식이 달라져야 한다는 것이고, 이러한 특성이 평가과정에서 충분히 반영되어야 한다는 것을 의미한다.

(2) 효과성

사업의 산출(outputs)을 말하는데 클라이언트의 변화정도와 이러한 실적에 관한 정보가 포함된다. 다시 말하면 노력의 결과를 측정하는 것이라 할 수 있다. 하지만 효과성(effectiveness)은 평가연구에서 영향(impact), 성과(outcome or performance), 결과(results) 등의 개념과 빈번하게 유사한 의미로 사용된다. 이러한 단어를 사용한 평가연구는 서비스 제공 혹은 정책집행으로서의 개입방법의 효과성을 분석하는 연구로 해석해도 무리가 없다.

(3) 효율성

효율성(efficiency)은 일반적으로 '최소의 자원을 투입하여 최대의 효과'를 내는 것을 의미하며, 투입자원(자금, 시간, 인력, 물리적 공간 등)과 산출물(클라이언트의 변화정도, 서비스 제공 실적 등)의 비율관계를 통해 측정한다(Pruger & Miller, 1991 : 최재성, 1995). '노력' 대비 '성과'의 비율이라 할 수 있으나, 간혹 효율성의 개념을 서비스 질을 희생하여 성과를 높이는 경우에도 효율성이 달성된다고 잘못 인식하는 경우가 있다. 하지만 엄밀한 의미에서의 효율성은 서비스 질을 일정한 수준 이상으로 유지하는 것을 전제로 한다. 따라서 서비스 질을 희생하거나 포기하여 비용을 절감하였다고 하였을 때, 이는 효율적인 것이 아니라 단지 투입요소를 희생하여 비용이 적게 든 것뿐이다.

(4) 서비스 질

서비스 질(quality)은 사회복지기관이 서비스 목적을 달성하기 위해 필요한 방법과 기술을 얼마나 적절하게 사용하였는가와 관련된 것으로, Patti(1987)는 시기적절성, 일관성, 접근성, 인간성(humanness), 서비스 기술의 숙련성을 포함한다고 하였다.

(5) 만족도

만족도는 클라이언트가 직접 서비스의 효과성과 질을 평가하는 것과 관련되며, 프로그램 출석률, 조기종결, 서비스 재신청, 과거 클라이언트로부터의 의뢰 등과 같은 자료를 통해 객관적 측정분석이 가능하다(Patti, 1987). 물론 만족도를 측정하는 설문지를 개발하거나 기존의 설문지를 응용하여 인지된 만족도를 측정하는 방법도 빈번하게 사용된다.

(6) 과정

과정은 노력이 산출로 옮겨지는 중간과정 또는 절차를 말하는데, 이후에 소개될 평가연구에 대한 조직이론적 접근에서 보다 자세하게 논의될 체계이론(system theory)의 개념에서 쉽게 설명된다. 산출물이 만들어지기 위한 이전 단계로서의 중간과정이 체계적이고 합리적으로 어떻게 구조화되어 있는지, 그리고 미리 정해진 절차나 규정에 따라 서비스가 제공되는가 등에 초점을 둔다. 이들 과정적인 요소들은 결국 프로그램 효과에 영향을 주기 때문에 현재의 서비스 제공방식 혹은 조직운영방식에 대한 내부분석 및 진단적 특성을 갖는다.

3) 이론적 접근

사회복지평가의 틀은 조직이론적 측면에서 목표달성모델과 체계모델로부터 주로 영향을 받는다고 해도 지나치지 않다. 이들 두 가지 이론적 접근을 장·단점을 중심으로 검토하고, 어떻게 평가 틀을 이론적으로 뒷받침하는가에 대해 살펴보기로 하겠다.

(1) 목표달성모델

평가연구에서 목표달성모델을 사용하는 것은 전통적이고도 일반적인 효과성 분석방법으로, 모든 조직은 특정의 목표를 달성하기 위해 만들어진 합리적인 도구라는 명제를 전제로 한다(Weber, 1947). 따라서 프로그램이나 조직의 효과성을 판단하는 기준으로서는 목표체계 자체가 절대적인 중요성을 지닌다. 목표달성 접근방법에 따르면 조직체는 달성하고자 하는 목표를 분명하게 세울 수 있고, 조직체가 산출하는 것을 정확하게 예측할 수 있으며 주어진 목표를 성취하기 위해 공식적 구조를 통해 인적·물적 자원을 조작할 수 있다는 것이다. 이 방법은 목표성취를 강조함으로써 조직체의 탄생과 그 존재이유를 정당화하는 장점이 있다(성규탁, 1994).

그러나 일반적으로 사회복지조직의 경우 목표가 구체적이지 못하고 추상적이거나 포괄적이기도 하고, 다수의 목표를 동시에 추구하기도 한다. 따라서 목표체계 자체가 효과성 판단의 주요한 지표임에도 불구하고 효과성 평가가 쉽지 않은 것이다. 또한 현대의 조직체들은 보다 복합적인 환경에서 생겨나기 때문에 조직의 복잡성은 점차 증가하고, 조직은 합법성에 대한 지속적인 위기를 극복하기 위해 보다 다양한 목표들을 찾아낸다. 즉 이러한 외적 환경에서 생겨나기 때문에 조직의 복잡성은 점차 증가하고, 조직은 합법성에 대한 지속적인 위기를 극복하기 위해 보다 다양한 목표들을 찾아낸다. 즉 이러한 외적 환경의 변화에 따라 능동적으로 적응하려고 하기 때문에 조직의 목표가 보다 복잡해지고 또 변화하게 된다. 결국 조직의 목표는 단순하게 표현될 수도 있지만 실질적으로는 매우 복잡한 의미를 지니고 있으며, 정도의 차이는 있지만 이해관계가 있는 다양한 관련 집단의 특성을 반영한다고 볼 수 있다(권선진, 1994 : 전혜승·최재성, 1999).

이러한 목표달성모델의 약점에도 불구하고 연구자들은 이 측정방법을 효과성 평가에 매우 유용한 것으로 간주하고 있다. 이 접근법은 기본적으로 조직의 존속을 위해 조직이 지향하는 목표가 있으며, 또한 조직성원들도 목표달성의 측면에 관심을 기울이고 있음을 전제한다. 또한 이 방법은 밖으로 드러나지 않은 목표갈등이나 모호한 목표를 명확하게 해 줄 수도 있다. 결국 목표달성모델은 조직이 측정가능하거나 관찰가능하고 상대적으로 단순하며 많은 사람들이 동의하는 목표를 가지는 조직에서 가장 유용하다고 할 것이다.

(2) 체계모델

평가연구에 있어서 체계모델은 목표나 산출 그 자체보다는 목표달성을 위해 필요로 하는 수단과 과정에 초점을 두고 있으며, 따라서 프로그램 혹은 조직 효과성 평가는 주요 기능 간의 상호독립성을 강조하고 있다. 즉 조직평가의 경우 모든 조직을 상호연관적인 하위체계들로 이루어진 사회적 체계로 보며, 각 조직은 외부환경으로부터 투입요소(input)를 받아들여 조직 내의 전환과정(throughput process)을 거쳐서 환경으로 산출(output)을 내보내는 과정을 지속함으로써 조직의 생존과 성장이 보장된다고 전제하는 것이다(권기성 외, 1995 : 전혜승·최재성, 1999).

사회복지조직은 사회로부터 인적·물적 자원을 제공받아 조직 내의 프로그램 등의 개입과정을 거쳐서 클라이언트의 변화를 도모하고자 만들어진 사회기관이며, 이 과정을 도식화하여 제시하면 [그림 14-1]과 같다.

그림 14-1 사회복지기관의 투입-전환-산출과정

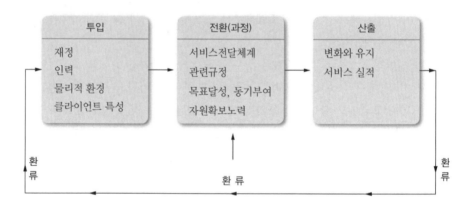

목표달성모델과 체계모델은 사회복지조직 및 프로그램평가의 틀로 가장 흔히 사용되는 모델이다. 하지만 목표체계(혹은 결과)에 지나치게 비중을 두는 것이 사회복지기관과 같은 서비스 조직에는 부적절할 수 있다는 비판, 그리고 목표설정이 다소 애매하여 객관적인 분석이나 평가가 어렵다는 이유로 사회복지평가에서는 체계모델이 더 환영받는 경향이 있다. 물론 여기에는 사회복지환경과의 지속적인 상호작용 및 이의 중요성을 강조하는 것에 대한 공감대가 확산되는 것도 관련이 있다.

4) 평가의 유형과 방법

사회복지평가는 평가주체, 평가대상, 접근방법 등에 따라 여러 유형으로 구분되며 그에 따른 평가방법도 달라진다. 우선 사회복지평가는 평가주체에 따라 내부평가와 외부평가로 나누어지며, 평가대상에 따라 사회복지기관평가와 사회복지 프로그램평가로 나누어진다. 또한 사회복지 프로그램평가는 평가를 하는 시점과 접근방법에 따라 총괄평가와 형성(과정)평가로 나누어진다.

여기서는 각 유형별 사회복지평가의 개념과 특성을 중심으로 살펴보기로 하겠다.

(1) 내부평가와 외부평가

사회복지평가는 평가주체에 따라 내부평가와 외부평가로 구분된다. 내부평가(insideevaluation)는 프로그램을 기획하거나 운영을 담당하는 사람 또는 같은 조직 내의 다른 구성원이 실시하는 평가로서 자체평가로 불리기도 한다. 내부평가는 조직이나 프로그램 운영의 과정이나 결과에 대한 자기반성적 성격을 가진다. 이러한 내부평가는 평가를 통해 얻은 정보를 조직 내에 환류(feedback)함으로써 조직운영이나 프로그램을 개선하고자 할 때 주로 활용된다.

반면 외부평가(outside-evaluation)는 프로그램을 수행하는 조직체가 아닌 대학교수, 조사연구기관 등의 외부의 제3자가 행하는 평가이다. 외부평가도 내부평가와 마찬가지로 조직운영이나 프로그램 개선을 목표로 하고 있다. 그러나 평가결과가 제한적으로나마 외부에 공표되거나, 타 기관과의 비교자료로 활용되는 등 평가결과의 활용방법에 있어서는 내부평가와 차이가 있다.

(2) 프로그램평가와 기관평가

사회복지평가는 평가대상이 기관(조직)인가 프로그램(단위사업)인가에 따라 기관평가와 프로그램평가로 구분된다. 기관평가에서는 기관(조직)의 효과성이나 목표달성을 주로 강조하는 반면 프로그램평가에서는 프로그램의 효과성, 효율성, 만족도에 주된 관심이 있다. 이처럼 프로그램평가와 기관평가는 평가대상을 기준으로 명확하게 구분되지만, 여러 선행연구에서는 기관의 평가기준으로 프로그램평가를 포함시키는 경향이 있다. 그러나 각각 평가의 틀과 기준이 다르게 설정되므로 기관평가와 프로그램평가는 구분하여 접근할 필요가 있다(최재성, 1998).

(3) 총괄평가와 형성평가

① 총괄평가

사회복지평가는 평가시점과 접근방법에 따라 총괄(결과)평가와 형성(과정)평가로 구분된다. 총괄평가는 프로그램이 종결된 이후 프로그램 결과를 평가하여 궁극적으로 프로그램이 미친 영향(impact)을 파악하기 위한 것이다. 형성평가는 프로그램 수행중간에 프로그램 운영 및 활동을 분석함으로써 프로그램의 긍정적인 효과나 부작용의 발생과정을 밝히고, 향후 프로그램 운영개선에 필요한 정보를 얻기 위한 것이다.

성규탁(1994)은 총괄평가를 그 목적에 따라 다시 효과성 평가와 효율성 평가로 세분하고 있으며, 각 평가가 파악해야 할 기본적인 질문을 다음과 같이 정리하고 있다.

첫째, 효과성(effectiveness)평가는 프로그램이 원래 의도했던 목표를 달성하였는지를 판단하기 위한 것으로 다음과 같은 내용을 파악함으로써 이루어질 수 있다.

· 의도했던 프로그램 효과가 과연 그 프로그램 때문에 발생했는가?
· 발생한 프로그램 효과는 프로그램 목표와 대비하여 어느 정도인가?

· 프로그램 효과의 크기는 해결하고자 했던 사회문제를 해결하는 데 충분한가?

둘째, 효율성(efficiency) 평가는 프로그램 효과와 프로그램 비용을 함께 고려한 평가로서 주로 프로그램의 확대여부를 결정할 때, 사용한다. 효율성 개념을 단순화하면 프로그램 투입 대비 산출(산출·투입)이 되는데 투입을 프로그램 비용으로 하고, 산출을 프로그램 효과로 할 경우 효율성은 프로그램 비용 대비 프로그램 효과(프로그램 효과·프로그램 비용)가 된다. 여기에서는 다음과 같은 내용을 파악하는 데 초점을 둔다.

· 프로그램의 직접적 비용은 얼마인가?
· 부작용이나 사회적 충격을 포함한 사회적 비용은 얼마인가?
· 프로그램 효과는 비용을 상쇄시킬 만큼 큰 것인가?

② 형성평가

형성(과정)평가는 프로그램 수행 중간에 프로그램의 운영 및 활동을 분석함으로써 다음의 두 가지 기능을 수행한다. 첫째, 형성평가는 프로그램이 원래 의도한 대로 운영되고 있는지 파악하여 향후 프로그램 운영전략을 세우고 프로그램의 중단·축소·유지·확대여부를 결정하는 데 필요한 정보를 제공한다. 둘째, 형성평가는 프로그램이 의도한 효과나 예상치 못한 부작용 등이 발생하는 경로를 파악함으로써 총괄평가를 보완하는 기능을 한다.

성규탁(1994)은 첫 번째 기능을 수행하는 형성평가는 운영과정평가로, 두 번째 기능을 수행하는 형성평가는 좁은 의미의 형성평가로 세분하고 있다. 운영과정평가는 활동을 계획에 근거하여 확인하면서, 그 활동에 영향을 미치는 절차와 자원, 서비스 전달, 프로그램의 대상영역을 점검하는 것이다. 이것은 주로 다음과 같은 내용을 파악함으로써 이루어질 수 있다.

· 원래 운영계획대로 활동들이 이루어졌는가(activity)?
· 계획된 양·질의 자원(인적·물적)이 계획된 시간에 투입되었는가(inputs)?
· 원래 의도한 프로그램 대상집단을 상대로 실시하였는가(coverage)?
· 관련된 법규나 규정에 순응하였는가(compliance)?

좁은 의미의 형성평가는 프로그램의 효과를 결과로 하고 프로그램을 원인을 한 인과관계와 개입에 영향을 미치는 매개변수를 파악하고자 하는 것이다. 이것은 다음과 같은 내용을 파악함으로써 이루어질 수 있다.

· 프로그램 효과는 어떠한 경로를 거쳐서 발생하게 되었는가?
· 프로그램 효과가 발생하지 않는 경우 어떤 경로에 잘못이 있었는가?
· 프로그램 효과에 보다 강한 영향을 미치는 경로는 없는가?

두 가지 유형의 형성평가 모두 총괄평가에서 제외될 수 있는 운영과정 및 활동을 분석함으로써 궁극적으로 총괄평가를 보완하는 기능을 한다.

5) 환경의 변화와 평가의 경향

(1) 사회복지환경의 변화와 평가

1996년 서울특별시에서 사회복지관에 대한 평가를 실시한 이래로 평가는 우리나라 사회복지분야에서 중요한 이슈가 되어 왔다. 또한 1997년 사회복지사업법이 개정되면서 사회복지시설에 대한 정기적인 평가가 의무화됨에 따라 평가를 둘러싼 사회복지계 내·외부에서 많은 논의가 이루어졌다.

특히 평가제 도입 초기에 발생한 평가주체와 피평가대상 간의 불신, 평가결과활용에 대한 부작용 등은 사회복지기관평가제 도입과 확산을 저해하는 요인으로 작용할 수도 있었으나, 여러 유형의 사회복지기관에 비교적 순조롭게 도입되었다.

이렇듯 우리나라 사회복지분야에 대한 평가제의 폭넓은 적용과 평가제의 도입이 중요한 쟁점으로 등장한 배경을 최재성(1998)은 다음과 같은 몇 가지 요인으로 설명하고 있다.

첫째, 사회복지서비스 분야의 양적 팽창이다. 사회복지관의 경우 1985년 29개소에 불과했지만 이제는 300개소 이상이 운영되어 기관 수가 10배 이상 증가하였다. 사회복지기관은 주요평가대상이 되기에 충분한 규모로 증가하였으며, 자연스럽게 책임성 검증을 요구받게 될 것이다.

둘째, 사회복지적 개입활동의 효과성 검증 압력이다. 앞서의 양적 성장과 연계되어 막대한 자원과 인력이 투입되고 있는 사회복지조직들이 과연 원래의 사업목적을 달성하고 있는지, 그리고 이것이 최선의 대안인지에 대한 검토를 해야 한다는 지적이 설득력을 얻게 되었다.

셋째, 한정된 자원과 효율성의 원칙 강조이다. IMF 외환위기 이후 효율성을 강조하는 시대적 상황 속에서 사회복지분야도 이러한 분위기에서 자유로울 수 없게 되었다. 즉 효율성의 원칙이 반영된 사회복지사업을 추진하고 있는가의 질문이 제기되면서 이에 대한 책임성을 제시할 필요가 있게 되었다.

넷째, 사회복지평가의 필요성에 대한 사회복지계 내부의 자생적 이해가 확산되어 왔다. 앞서 제시된 환경적·외부적 요인들 외에도, 사회복지계 내부에서도 자생적으로 평가의 필요성, 즉 사회복지개입의 효과성에 대한 검증 필요성과 전문성 증진을 위한 평가의 필요성에 대한 폭넓은 이해가 있었기 때문에 평가제는 자연스럽게 확산될 수 있는 요건을 갖추게 되었다.

결국 이상의 요인들을 종합적으로 검토해 볼 때 사회복지분야에서의 평가는 앞으로도 더욱 확산될 것이며 이에 대한 정당성도 대단히 높은 것으로 파악된다. 이제는 사회복지분야에서의 평가가 본래의 목적을 달성할 수 있게 하고 부작용을 최소화할 수 있게 하는 안정적인 평가문화와 평가 시스템을 구축할 때이다.

(2) 우리나라 평가의 경향

현재 우리나라 사회복지서비스 분야에서의 평가 시스템은 보건복지부가 주도하는 시설유형별 기관평가가 주류를 이루고 있다. 우리나라에서 평가에 대한 본격적인 관심을 촉발한 계기는 1996~1998년도에 걸쳐 실시된 서울특별시 사회복지관 평가사업이다(최재성 외, 1999). 서울특별시 사회복지관 평가사업은 여러 가지 의미를 갖는데, 구체적으로 보면 다음과 같다. 첫째, 우리나라 사회복지현장에서는 처음으로 전면적인 평가제를 도입한 사건이었다. 둘째, 평가결과에 따른 인센티브 요인으로 복지관에 대해 시비운영비를 차등 지원하였고, 이로 인한 파장이 적지 않았다. 셋째, 평가모형의 불충분성과 모형개발과정 및 방법의 독단성과 같은 측면에서 사회복지계로 하여금 평가제에 대해 적극적 관심을 갖게 하는 계기를 만들어 주었다(최재성, 2001 : 93).

최재성(2001)은 우리나라의 평가제 확산과정에서 목격되는 두 가지 현상을 다음과 같이 정리하고 있다.

첫째, 우리나라 사회복지평가는 프로그램평가보다는 기관평가 중심으로 이루어져 왔다. 그동안 우리나라에서 시행되어 온 사회복지평가를 살펴보면 평가에 대한 관심과 접근이 기관평가에 집중되어 왔음을 알 수 있다. 이는 다소 과도기적인 현상으로 평가제 도입 초기에 목격되는 것으로 이해할 수 있으며, 일정한 적응기간 이후에는 본격적인 프로그램 평가로 방향이 전환될 것으로 추정할 수 있다.

둘째, 학자들의 연구도 효과성 평가연구보다는 평가모형연구에 집중되고 있다. 평가모형연구는 앞서 논의된 사회복지사업법의 평가관련규정이 절대적인 영향을 주었다고 볼 수 있다.

마지막으로 기존 사회복지평가에 나타난 경향을 바탕으로 평가조사연구의 관점에서 한국 사회복지평가에서 나타나는 조사방법론적 특성을 제시해 보면 다음과 같다(최재성, 2001).

첫째, 사회복지기관평가의 기본 틀이 목표중심모델을 기반으로 하였다기보다 체계이론을 중심으로 형성되고 있다. 평가모형을 제시할 때 별도로 이론적 설명을 제시하고 있지는 않지만, 평가영역을 시설기관의 물리적 환경, 조직운영 및 인력관리, 거주자만족도 등으로 설정하고 있어 체계이론의 투입, 전환, 산출, 성과의 구조와 유사한 맥락을 보여주고 있다.

둘째, 정량적 실적평가지표보다는 정성적 질적평가지표의 활용비중이 높다. 전반적으로 전체 평가지표수의 10%에서 20%의 수준으로 정량적 기준을 사용하여, 사용된 정량적 수치들도 다시 등급기준으로 재분류하여 평가점수를 산정하는 방식을 취하고 있다. 이러한 방식은 특정기관에서 특정실적이 총평가점수에 과도한 영향을 주는 것을 구조적으로 예방하는 접근으로 의의가 있다고 볼 수 있다.

셋째, 전반적인 평가모형의 경향이 사업의 성패를 판단하기 위한 영향평가 혹은 결과평가보다는 문제발견을 통한 개선을 시도하는 모니터링의 형식을 취하고 있다. 이러한 형식의 평가는 기관운영의 적절성을 사정하고 자발적인 개선을 유도함으로써 기관운영의 지침서 역할을 하게 된다.

(3) 사회복지평가의 과제

사회복지분야에 평가가 최초로 도입된 지 만 7년이 되어 가는 시점에서 이제 그간의 사회복지평가경험이 남긴 몇 가지 과제에 주목할 필요가 있다.

첫째, 현재까지의 평가는 주로 기관평가 중심이었는데 이제는 좀 더 다양한 평가유형과 평가방법을 적극적으로 개발하여 활용해야 한다.

둘째, 많은 시행착오를 겪으며 개발해 온 평가모형을 좀 더 정교화, 안정화하는 작업을 해야 한다. 안정적이고 보다 정교한 평가모형은 궁극적으로 사회복지의 효과성과 책임성을 입증할 수 있는 가장 중요한 수단이 되기 때문이다.

셋째, 평가주체와 피평가 대상이 서로 신뢰할 수 있는 평가문화를 정착해야 한다. 신뢰할 수 있는 사회복지평가문화가 정착될 때 비로소 평가에서 나타나는 부작용을 최소화할 수 있기 때문이다.

짧은 기간에 평가제도도입과 확산을 경험한 우리나라 사회복지학계와 실천현장에서는 이제 이러한 과제를 해결하기 위해 더욱 노력을 기울여야 할 것이다.

2. 효과성 평가

체계적인 프로그램평가에는 크게 두 가지 유형이 있다. 효과성에 대한 평가와 효율성에 대한 평가가 그것이다. 효과성의 평가는 프로그램들이 주어진 목표를 성취했는지, 그리고 그런 결과가 서비스 개입에 의해 발생한 것인지를 판단하기 위한 것이다. 효율성의 평가는 서비스에 투입된 비용의 결과의 경제성에 초점을 두고 있다.

1) 효과성의 개념과 서비스 질

효과성(effectiveness)이란 궁극적으로 프로그램이 목표들을 성취하는 정도와 관련이 있다. 효과성을 판단하려면 먼저 프로그램의 목표들을 확인하는 것이 필요하다. 프로그램 목표는 대개 사회적 목적 성취와 결부된 목표들과 자기 유지를 위한 목표들로 크게 나누어진다. 명시적으로는 사회적 목표들이 우선하는 것처럼 보이지만, 자기 생존과 유지를 위한 목표들도 무시할 수 없다. 특히 불안정하고 복잡한 환경 하에서 작동되는 사회복지 프로그램들의 경우에는 더욱 그렇다.

효과성을 자기－생존 목표들의 성취 정도로 나타내려면, 사회복지조직들의 경우에는 복잡한 환경 변화에의 적응 능력을 나타내는 유연성 내지는 탄력성 등을 지표로 삼을 수 있다. 만약 어떤 프로그램의 유일한 가치와 목표가 단지 생존가능성의 증대에만 있다면, 유연성은 곧 그 프로그램의 효과성을 나타내는 유일한 지표가 되는 것이다. 반대로 프로그램이 서비스를 욕구에 적절히 연결시키는 도구로서 간주된다면, 생존보다는 프로그램 운영에 대한 통제와 관련해서 효과성의 측정이 이루어질 것이다. 비록 실질적으로는 생존과 유지가 중요한 목표들이 되기는 하지만, 그에 대한 당위성은 결국 대사회적인 목표의 성취 여부에 달려 있다. 따라서 사회복지 프로그램들의 효과성에 대한 일차적인 관심은 사회적 목표의 성취 여부에 주어져야 한다.

효과성을 사회적 목표들의 성취로서 규정할 때, 효과성을 나타내기 위한 지표로 보통 사용되는 것이 '서비스 질(quality of service)'이다. 서비스 질은 쉽게 규정되기 어렵고 측정도 쉽지 않다는 특성을 갖는다. 일정한 물질적인 형태를 갖추고 있어 반복해서 검사할 수 있는 상품들과는 달리, 무형적이고 즉시(卽時)적인 성격을 띠는 서비스들의 질을 측정하기란 매우 어렵다. 한 가전제품의 질에 대한 평가와 상담 서비스 질을 평가할 때는 서비스 질을 평가한다는 것이 얼마나 힘든 일인가를 이해할 수 있다. 그래서 대개의 경우 서비스 질을 평가할 때는 서비스 질을 대변하는 것으로 간주되는 특정한 기준들과 지표들을 활용하게 된다.

서비스 질을 사회복지 프로그램들의 효과성 평가를 위한 지표로 사용할 때 다음과 같은 기준들이 동원된다.

(1) 과정(process) 기준

수행되어야 할 일의 실제적인 본질에 대한 관심으로, 개별 이용자들에게 행해지는 활동들에 근거해서 정의된다. 평가의 자료는 실제 서비스 활동에 대해 동료, 수퍼바이저, 외부 평가단 등이 관찰을 통해 수집하는 경우도 있지만 대개는 서비스 기록들에서부터 얻어진다. 과정 기준을 나타내는 지표자료에는 다음과 같은 것들이 있다.

- 서비스 이용자들의 문제
- 제공된 서비스의 종류
- 욕구와 서비스 연결의 적절성
- 의뢰 서비스의 성공 여부

과정 기준의 효과성 지표들은 양적인 측정치들을 제공할 수 있는데, 이를 통해 유사한 서비스 조직들 간의 생산성을 단순 비교하는 데 사용할 수 있다. 인테이크 워커가 수행한 케이스 수, 평균 케이스 부담률, 케이스 워커에 의한 클라이언트 방문 횟수, 의뢰 건수, 서비스 이용자와의 평균대면 시간 등이 이러한 수량적 측정치들이다.

(2) 구조(structure) 기준

한 조직의 업무수행에 관한 잠재력이나 능력에 관심이 있다. 과정 기준이 서비스 이용자들에 대한 워커의 실제적인 업무 활동에 초점을 맞춘다면, 구조 기준은 조직의 전체적인 특성에 초점을 둔다. 업무를 수행할 수 있는 조직의 능력과 관련된 요인들을 효과성의 지표로 삼는데, 다음과 같은 것들이 있다.

· 서비스 형태의 다양성
· 시설의 적합성과 접근성
· 업무자들의 자질(교육 수준과 전문 자격의 보유 등으로 측정)
· 서비스 지원구조의 적합성(정보 및 회계 시스템, 보고 절차 등이 해당)

구조적 평가 기준들은 서비스 기관이나 프로그램들에 대한 인증(accreditation)이나 서비스 구입(purchase of service) 계약 등의 목적에도 많이 사용된다. 과정이나 성과 기준을 이용한 직접적인 업무 파악이 어려울 경우에, 이러한 구조적 기준의 지표들을 사용해서 프로그램의 효과성을 대변하는 경우들이 흔히 있다.

(3) 성과(outcome) 기준

성과는 조직 활동을 통해 성취된 결과를 의미하는 것이다. 앞에서 제시한 두 기준은, 서비스 활동이나 능력을 통해 서비스 질을 유추하는 일종의 간접적인 방법들이다. 반면에 성과 기준은 클라이언트들에게 나타나는 서비스의 결과를 통해 서비스 질을 판단하는 보다 직접적이고 바람직한 방법이다. 그러나 문제는 일반 상품들과는 달리 무형의 서비스들에서는 서비스 질의 성과로써 직접 측정한다는 것이 쉽지 않다는 데 있다. 직접서비스를 위주로 하는 사회복지 프로그램의 효과성을 측정하는 데 있어서 그와 같은 문제가 두드러지게 나타난다.

예를 들어, 가족의 의사소통기능 향상을 목표로 삼는 가족상담 프로그램이 실시되었다고 하자. 효과성 확인을 위해 서비스 질을 직접 측정하려면, 프로그램의 결과로서 가족성원들 간의 의사소통에 어떤 변화(성과)가 있었는지를 판단해야 할 것이다. 그런데도 이러한 성과에 대한 판단은 쉽지 않다. 그러한 변화를 양적으로 측정한다는 것이 가능한지, 이론적으로는 가능하더라도 그것을 측정하는 데 따르는 시간, 비용, 노력들이 과연 적절한 것인지, 변화가 측정되었다 하더라도 과연 그것이 서비스 때문에 나타난 결과인지 등을 파악하기가 쉽지 않다.

이러한 어려움들로 인해서, 서비스의 성과를 직접적으로 측정하기보다는 과정이나 능력 기준을 측정하고 이를 근거로 성과를 추정하는 평가들이 많이 나타난다. 서비스를 담당했던 워커의 자질은 충분했는지, 얼마만큼의 시간이 서비스를 위해 투자되었는지, 서비스의 목표는 얼마나 현실적이었는지, 동원되었던 방법론 기법은 문제와 목표들에 적절히 관련되어 있는지 등을 기준으로 해서, 그 서비스 프로그램의 성과는 어떠했을 것이라는 추론적인 판단을 내리는 것이다.

과정이나 구조적 기준과 같은 지표들은 프로그램의 효과성을 직접적으로 제시하는데 명백한 한계를 안고 있다. 그것들이 제시하는 것은 효과성에 대한 대리적이고, 간접적인 지표들에 불과하기 때문이다. 그럼에도 불구하고 비록 불가피한 선택이기는 하지만 이러한 대리적인 지표들을 사용할 수밖에 없는 것이 현실이라면, 그것들을 무작정 배척하는 것은 바람직하지 못하다. 그보다는 이들이 서비스 질을 얼마나 정확하게 대변할 수 있는지를 보다 정확하게 규명하려는 자세가 바람직하다.

2) 효과성 평가의 이론적 모형

프로그램이란 일종의 변화를 위한 도구이다. 변화와 관련해서 프로그램은 목적과 수단의 측면이 있다. 변화되는 상태를 프로그램의 목적이라 한다면, 수단으로서의 프로그램은 그러한 변화를 어떻게 성취할 것인지에 대한 이론을 의미한다. 이론의 역할은 특정한 활동들이 특정한 목표들의 성취에 어떤 영향을 미칠 것인지를 예측하게 한다. 이러한 예측을 평가를 통해 나타난 결과들과 비교해 가면서, 프로그램의 행위를 수정해 나가는 데 필요한 논리적 근거로 활용할 수 있다. 그런 점에서 프로그램평가는 곧 '학습 과정(learning process)'인 것이다.

사회복지 프로그램 역시 일종의 변화 모델로서, 의도적인 개입을 통해 개인과 사회에 대한 변화를 시도하는 것이다. 사회복지 프로그램의 효과성 평가는 이러한 개입 행위가 실제로 변화를 초래했는지를 확인한다. 의도된 변화가 나타났는지, 굳이 프로그램 개입 때문에 그런 변화가 나타났는지를 파악하는 것이다. 효과성을 평가하기 위해서는 우선 프로그램의 변화 모델을 이해해야 하고, 그 안에 포함된 다양한 변수들을 구분해 보아야 한다.

(1) 프로그램의 변화 모델

프로그램 과정을 통해 변화 모델을 보여주는 것이다. 먼저 프로그램에는 목표가 있으며, 목표에서 설정된 결과에 대한 예상치가 있다.

이를 성과 기준치라 한다. 프로그램은 개입이론을 갖고 있다. 개입이론은 특정한 원인 즉 정한 개입을 시도하면 특정한 결과가 도출될 것이라는 논리적인 설명이다. 그림에서 개입이론이란 성과 기준치에 도달하기 위해 운영변수와 개입, 교량변수를 거치는 실행 결과로서 성과 측정치가 나오는 것으로 표현된다. 평가는 궁극적으로 개입이론이 적절한 것인지를 성과 기준치와 성과 측정치 간의 비교를 통해 판단하는 것이다. 그리고 보다 폭넓은 의미의 평가를 위해서는 이러한 프로그램 성과가 지역사회 문제에 어떤 영향(impact)을 미쳤는지를 본다.

| 그림 14-2 | 프로그램의 변화 모델 |

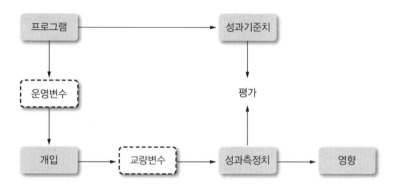

이 변화 모델에는 두 가지 유형의 변수군이 있다. 이들을 운영변수와 교량변수라 하는데, 프로그램이 바람직한 성과를 산출해 내는 과정을 매개하고 있는 개입변수들이다. [그림 14-2]에서 이러한 두 가지 변수들이 작용하는 위치를 볼 수 있다.

운영변수(operation variables)　조직체로서의 프로그램을 서비스 개입을 구성하는 활동들과 과정에 연결시키는 인과적인 과정들을 규정하는 것이다.

교량변수(bridging variables)　프로그램을 통해 실시된 특정한 개입과 프로그램 성과 사이에 위치하며, 개입 활동과 성과를 이어주는 교량 역할을 이용하는 변수이다. 프로그램의 이론을 대변하는 것이다.

운영변수란 프로그램을 운영하는 데 따르는 다양한 방식들의 조합이다. 프로그램의 운영 방식이 결정되어 구체적인 개입이 이루어질 때, 의도된 변화가 발생하는 곳이 교량변수이다. 교량변수의 변화가 궁극적으로 바람직한 성과를 도출한다는 것은 이론적으로 연결된다. 프로그램의 평가는 최종적으로 프로그램이 애초에 설정했던 성과 기준치와 프로그램 실행 후에 측정된 성과 측정치를 비교해 보는 것이다. 즉, 효과성의 평가를 위한 첫 번째 조건인 '과연 변화가 발생하였는가'를 경험적으로 검증하는 것이다.

예를 들어, 어떤 직업상담 프로그램이 다음과 같은 가정을 했다고 하자. [직업 상담서비스를 통해 '일에 대한 태도'를 변화시키고, 그 결과 취업을 증대시킬 수 있다.] 이것은 '상담'이라는 개입방법을 사용하여 '취업증대'라는 성과를 기대한다는 개입이론으로, '일에 대한 태도'를 가교 역할을 하는 교량변수로 사용하였다. 운영변수는 직업상담서비스의 운영방식을 구체적으로 규정하는 것들이다. 집단상담을 할 것인지 아니면 개별상담을 할 것인지, 서비스 기간은 어느 정도로 할 것인지, 강제로 참여하게 할 것인지, 혹은 자발적 참여로 할 것인지, 취업 알선과 연계를 할 것인지, 어느 연령대의 사람들을 대상으로 할 것인지, 어느 정도의 난이도를 가진 사람들을 대상으로 할 것인지 등이 모두 운영변수에 속한다.

이와 같이 모든 프로그램은 개입이론에 의거한 교량변수들과 운영 과정에 대한 구체적인 결정들을 대변하는 운영변수들로 나누어 볼 수 있다. 프로그램의 개입 과정을 이처럼 다양한 변수들로서 이해하는 것은 효과성 평가의 실질적인 목적에 기여하기 위해서이다. 평가에서 일차적으로 드러난 목적 성취의 성공·실패 여부를 두고서, 그 원인을 구체적으로 규명하는 것이다. 특히 프로그램 개입이 의도된 성과를 나타내지 못했다면, 그 원인이 무엇인지를 구체적으로 밝히기 위한 것이다. 이러한 분석 정보들은 평가의 원래 목적인 프로그램의 수정이나 개선을 위한 중요한 정보를 제공할 수 있다. 이는 상당한 비용을 감수하면서까지 프로그램평가를 실시하는 이유가 된다.

(2) 프로그램 오류와 평가

프로그램의 목표가 바람직한 성과로서 도출되지 않을 경우에(프로그램 오류), 그에 대한 원인을 분석해 보는 것이 필요하다. 개입변수들을 구분함으로써 프로그램 실행에서 나타나는 오류들에 대한 근원이 보다 명확해질 수 있다. 프로그램 오류가 교량변수들의 설정과 관련된 이론적인 오류 때문인지, 아니면 개입이론은 적절했으나 실행조건들의 미비 때문인지에 관한 정보를 얻을 수 있다.

① 이론적 오류

수많은 교량변수들 간의 상호작용을 명확하게 이해하지 못했거나 구체화하지 않아서 발생하는 것이다. 프로그램이 교량변수들에 대한 정확한 개입을 했음에도 불구하고, 바람직한 프로그램 성과들이 도출되지 않을 경우가 이러한 오류에 해당된다.

예를 들어, 직업상담이 일에 대한 태도를 변화시켰음에도 불구하고, 기술의 부족 등으로 클라이언트가 취업할 수 없는 경우 등이다. 비록 의도된 교량변수에 대한 개입의 효과가 발생하고 있으나, 또 다른 교량변수의 중요성을 고려하지 않은 것이 이론적 오류인 것이다. 혹은 일에 대한 태도가 실제로는 취업에 매우 미미한 영향만을 미치는 경우도 이에 해당한다.

위의 두 경우에서 보듯이, '일에 대한 태도'에는 프로그램이 의도했던 변화가 발생했음에도 불구하고, 교량변수가 구체적인 성과로 연결되지 않는 경우에 이를 프로그램의 이론적 오류라고 한다. 이 경우에는 다른 교량변수들을 고려하여 프로그램 이론을 수정해야 할 필요가 있다. 동기 측면을 강조하는 '일에 대한 태도'에 능력과 관련된 '직업기술'이라는 교량변수를 추가로 투입하든지, 아니면 아예 '일에 대한 태도'를 버리고 '직업기술'과 '취업기회'를 주된 교량변수들로 두는 새로운 이론을 구성할 필요가 있다.

② 실행 오류

교량변수들에 대해 의도되었던 변화들이 나타나지 않은 경우, 이는 프로그램 활동들의 조작화(operationalization)에 대한 문제로 볼 수 있다. 즉 운영변수들의 설정에 있어서 오류가 발생했다고 보는데, 이를 실행 오류라고 한다.

예를 들어, 직업상담 프로그램이 위협일변도로 진행되어 일에 대한 태도에 바람직한 변화를 유발하지 못하고 그로 인해 취업에 변화가 없는 경우를 들 수 있다. 매개변수 자체에서 의도된 변화가 발생하지 않은 경우이며, 프로그램 운영변수들의 잘못된 설정에서 일차적으로 그 원인을 찾아볼 수 있다.

의도된 성과가 성취되지 않았다는 점에서는 이론적 오류와 마찬가지이지만, 실행 오류로 인한 잘못임을 확인하게 되었다면 그것은 적어도 프로그램의 개입이론과는 무관하다는 것을 뜻한다. 프로그램이 이론적인 기반은 아직까지 의심할 근거가 없으며, 우선 프로그램이 제대로 실행되지 않았던 데 문제가 있는 것으로 간주한다. 만약 프로그래밍 교량변수에 대해 변화를 유발할 수만 있었다면, 이론적으로 취업률을 향상시키는 데는 별다른 문제가 없었을 것이라는 가정은 여전히 유효하다. 따라서 이 경우에는 프로그램이 왜 의도했던 교량변수들에 대한 변화를 초래할 수 없었는지에 대한 분석이 필요하다. 프로그램의 운영변수에 속하는 전술(tactics)이나 기술(예를 들어, 상담기간이 짧았다든지, 워커의 자질이나 능력에 문제가 있었다든지, 집단상담의 분위기 통제에 실패했었다든지 등), 프로그램 실시 환경 등에 대한 분석을 실시할 필요가 있다.

이러한 정보들은 곧 프로그램의 수정에 있어서 '무엇을'에 관한 중요한 자료를 제시한다. 만약 한 프로그램의 오류가 이론적인 것으로 밝혀진다면, 그것은 곧 프로그램의 전면적인 수정을 의미할 가능성이 높다. 기획 측면에서 평가를 시도하여 특정 프로그램이 이론적 오류를 나타내고 있음을 확인했다면, 그것은 곧 투입된 자원의 낭비가 지속될 가능성을 확인한 것이므로 해당 프로그램에 대해 프로그램의 근본적인 수정이나 폐지 등을 권고하게 될 것이다. 개입전략 자체를 수정한다는 것은 프로그램으로서는 전면적인 수정에 해당한다. 특히 전문 기술을 사용하는 서비스 프로그램들에서 이것은 곧 투입된 전문인력의 전면 교체를 의미하는 것이다. '상담'이라는 개입전략 대신에 '기술교육'이라는 개입전략을 사용하게 된다면, 그에 따라 심리지향적 전문직들이 교육지향적 전문직들로 바뀔 수밖에 없다.

만약 프로그램의 실패가 실행 오류에 기인한 것으로 밝혀진다면, 이 경우에는 비교적 부분적인 수정이 권고될 가능성이 높다. 프로그램의 운영방식에 있어서의 변화를 필요로 하기 때문이다. 상담서비스의 기조는 그대로 유지하면서 상담 인력의 부분적인 교체나 추가적인 교육의 실시, 프로그램 장소의 변경, 상담 시간의 조정, 보조적 서비스의 연계 등과 같은 개선안들이 제시될 수 있다. 이론적 오류를 수정하기 위한 전략을 정책이나 기획적인 접근이라 한다면, 실행 오류의 수정을 위한 전략은 행정적인 것에 더 가깝다고 할 수 있다.

(3) 성과의 규범적 기준과 측정

프로그램의 실행 결과로 나타나는 것을 성과라 한다면, 성과를 어떤 형태로든 경험적으로 측정 가능케 하는 것을 성과 변수라 한다. 성과 변수를 측정한 결과는 프로그램의 예상 목표 혹은 성과 기준치와 비교된다. 프로그램의 성과에 포함되는 속성들과 그 측정치들을 유형별로 분류하면 다음과 같다.

- 인지적·감성적: 프로그램 참여자들에 대해 지능 혹은 태도와 관련된 다양한 측정 도구들을 적용
- 행동·건강: 관찰 내지는 다양한 진단적 절차들을 통해 측정 가능
- 지역사회: 포괄적인 변화에 대한 측정치로서 실업, 사망률, 질병률, 이혼율 등과 같은 사회지표들을 통해 측정 가능
- 서비스 네트워크: 서비스 전달체계에 대한 변화를 측정하는 것으로, 관찰, 서비스 기관의 기록, 서비스 이용자의 주관적인 느낌, 욕구사정 등을 통해 도출

공식적 평가는 성과에 대한 규범적 기준을 필요로 한다. 프로그램의 성과를 측정하는 것은 그 자체로서는 아무런 의미를 부여할 수 없다. 그것을 비교하여 평가하기 위한 규범적인 기준이 필요하다. 이러한 기준을 '규범적(normative)'이라 하는 이유는 그것이 인위적으로 설정되는 것이기 때문이다. 어떤 성과가 발생했을 때, 그것을 성공이나 혹은 실패라고 규정하는 평가 기준은 자연적으로 주어지지 않는다. 바람직한 상태를 정의하는 규범적인 기준은 누군가(전문가, 일반시민, 정치인, 행정관리자 등)에 의해서 설정되는 것이다. 프로그램의 결과로서 측정된 성과치는 이러한 기준에 비추어서야 비로소 평가된다.

규범적 평가기준을 설정하는 방법에는 크게 두 가지가 있다. 미리 고정된 목표치를 설정하여 그것을 최종 성과와 대비해 보는 절대 평가의 방법과 다른 프로그램들의 성과와 비교하면서 기준을 정하는 상대 평가의 방법이 있다.

① 절대목표 기준

프로그램 목표들을 절대적으로 규정해 두고서 평가의 기준으로 삼는 방법이다. 가장 많이 사용되고 있으면서도 가장 논란이 많은 평가 기준이다. 평가에 절대목표 기준을 사용하는 것에 대한 대표적인 논란은 그것이 평가의 초점을 지나치게 좁히게 된다는 점이다. 즉 이미 설정된 목표가 성취 되었는지 만을 보기 때문에, 비록 정해진 목표는 훌륭하게 성취했더라도 그로인해 기대되지 않았던 결과들이 나타났는지에 대해서는 평가하기 어렵다.

예를 들어, 청소년 선도를 목적으로 하는 프로그램이 구체적 목표들의 일환으로 비행청소년들의 사회 재적응을 시도하면서, 정상청소년과 비행청소년들의 교류확대라는 방법을 사용했다고 하자. 목표기대치는 비행청소년들의 재발률의 감소에 두었다. 프로그램의 실행 결과, 측정을 통해 재발률이 기대치 이상으로 현저하게 감소했음을 확인했다. 절대목표의 기준을 두고 평가하면, 이것은 현저한 효과성을 보인 것이다.

문제는 의도된 성과 뒤에 숨어 있는 기대되지 않은 성과들도 엄연히 존재한다는 것이다. 프로그램의 실행 과정에서 교류 확대의 결과로 비행청소년들의 비행은 줄었지만, 일부 정상청소년들이 비행에 빠지게 되는 예기치 못한 부정적 결과가 숨어서 발생할 수 있었다(절대목표 기준만을 두고 프로그램을 바라볼 때, 이것은 '보이지 않게' 된다). 비행청소년들의 재발률 감소라는 절대적 규범 기준의 목표만을 두고 평가할 때는 분명히 효과적이었던 것이, 다른 기준 측면(즉, 정상청소년들에 대한 효과)을 두고 본다면 거꾸로 부정적인 효과로 나타날 수도 있는 것이다.

절대적 목표에 기준을 둔 평가의 정교성은 목표의 정교성과 기준이 수량화될 수 있는 정도에 달려 있다. 예를 들어, '직업 상담의 제공'이라는 목표를 가진 프로그램을 평가하는 것은 거의 불가능하다. 목표 기준이 너무 느슨하게 설정되어 있기 때문이다. 어떤 성격의, 얼마나 많은 사람들에게, 어떤 목적의 얼마의 기간 동안 등과 같은 구체화된 프로그램 목표에 대한 규정이 없다. 이런 경우는 프로그램이 실행되고 난 뒤에 그것이 과연 성공적이었는지를 판단할 수 없게 된다. 판단의 근거가 애초부터 명확하게 설정되어 있지 않았기 때문이다.

② 상대비교 기준

평가 기준을 상대적인 것으로 취급하는 것이다. 절대적인 목표 기준에 비추어 프로그램의 성과를 비교·평가하기보다는 유사한 활동들을 수행하는 프로그램들의 성과에 비추어 평가하는 보다 탄력적인 기준을 채택하는 것이다.

> 예를 들어, 한 직업상담 프로그램이 그 성과 목표를 상담자들 중 85% 정도를 취업시키는 것으로 삼았다고 하자. 프로그램의 실행 후에 나타난 결과는 40%의 취업률을 보였다.

절대목표를 평가 기준으로 삼았을 경우에 이 프로그램은 명백히 실패한 것이다. 예상했던 기대치의 절반 정도에도 못 미치는 결과를 초래했기 때문이다. 만약 유사한 환경에서 유사한 목표를 가진 다른 프로그램들의 경우에, 평균적인 취업률이 20% 정도라고 하자. 그렇다면 40%의 취업률이라는 성과를 낸 이 프로그램은 다른 프로그램들에 비해서는 두 배 이상의 효과를 보여주고 있는 것이다. 상대적인 규범 기준을 적용하면 이 프로그램은 매우 성공적이라고 평가될 수 있다. 이처럼 상대비교 기준의 장점은 이상적인 상태에 대한 기대에서 벗어나 실현 가능한 정도로서 평가의 기준을 삼는다는 데 있다.

3) 개입효과와 평가 디자인

프로그램의 효과성을 판단하는 데 필요한 두 가지 기준 중, '의도된 변화가 발생했는가'에 관해서는 앞에서 설명했다. 만약 의도된 변화가 발생했다면, 두 번째 기준으로 '그런 변화가 과연 프로그램 개입 때문인가'를 확인할 수 있어야 한다. 다른 이유들이나 혹은 우연히 그런 결과가 초래되었던 것은 아닌지라는 의구심을 떨쳐버릴 수 있어야 비로소 그것이 프로그램의 개입으로 인한 효과라는 것을 밝힐 수 있다. 개입과 성과의 관계에 관한 이러한 분석은 일종의 인과론적인 인식 모델로서 설명된다.

(1) 개입과 효과성의 관계

프로그램은 자연적인 상태에 대해 의도된 변화를 목적으로 행하는 인위적인 개입이다. 그런 프로그램이 효과적인지를 평가하려면, 상태에 대한 변화가 실제로 나타났는지를 먼저 확인해야 한다. 프로그램이 실시되기 이전의 상태(O_1)와 프로그램이 실시된 이후의 상태(O_2)를 비교해서, 그 차이($O_1 - O_2$)가 목표기준치에 비추어 의미 있는 변화인지를 평가할 수 있다.

이와 같은 형태를 보통 단순 전-후 비교디자인이라 하는데, 문제는 이러한 변화가 의미 있다는 것만으로 효과성이 완전히 검증될 수 없다는 사실이다.

효과성 평가를 위해서는 또 한 가지의 정보가 추가되어야만 한다. 그 변화($O_2 - O_1$)가 과연 프로그램 개입(x) 때문에 발생한 것인가를 확인해야 하는데, 그것이 다른 이유들(예를 들어, $X_1 - X_{10}$) 때문이 아니라 반드시 프로그램(x) 때문만 이라는 것을 보여줄 수 있어야 한다.

그림 14-3 개입과 효과

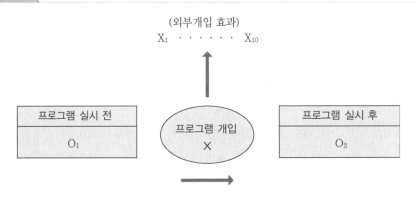

예를 들어, 지역사회 청소년 비행의 예방과 억제에 관심을 둔 프로그램이 있다고 하자. 저소득층 청소년들을 대상으로 그룹워크를 실시하고, 성과에 대한 지표를 청소년 비행률에 두었다고 한다. 이제 1년간의 프로그램 실행연도가 끝나고, 이 프로그램이 과연 효과적이었는지를 알고자 한다. 프로그램 실행연도가 끝나고, 이 프로그램이 과연 효과적이었는지를 알고자 한다.

앞에서 말한 효과성의 논리를 위한 두 가지 기준을 갖고 보면, 다음과 같은 사실들의 확인이 필요한 것이다. 첫째, 비행률에 변화가 있었는가를 본다. 즉 ($O_2 - O_1$)가 실질적인 규모의 차이를 보여주는가를 말한다. 프로그램 실시 전에 10%의 비행률이 프로그램 실시

후에는 6%로 측정되었다고 한다. 즉, $(O_2-O_1)=4\%$라는 변화가 발생한 것이다. 만약 다양한 방법(절대적 혹은 상대적 기준에 대한 비교)을 통해서, 이러한 변화가 합당한 것으로 인정되었다고 하자. 프로그램의 효과성 확인을 위한 첫 번째 조건인 목표 성취가 여부가 전제된 것이다.

둘째, 이러한 변화가 무슨 이유 때문에 발생하게 되었는지를 확인한다. 여기서는 다른 이유들(그 지역에 파출소가 신설되었다든지, 아니면 말썽꾼 아이가 이사를 갔다든지 등)이 아니라, 그룹워크 프로그램의 실시(X)가 비행률 감소라는 변화(O_2-O_1)에 대한 원인이었다는 인과관계를 검증하는 것이다. 다양한 형태의 평가디자인들이 이 과정에서 사용된다.

(2) 이상적인 실험 디자인

개입의 효과를 가장 이상적으로 밝힐 수 있는 것이 실험 디자인이다. 실험 디자인(experimental design)은 개입 이외의 다른 요인들이 성과에 영향을 미치는지에 대한 통제가 가능하기 때문에, 개입의 효과를 확인하는 데 가장 이상적인 디자인이라고 할 수 있다. [그림 14-4]는 사전-사후검사 통제집단 실험 디자인인데, 실험 연구들에서 사용되는 전형적인 연구 디자인이다.

그림 14-4 전형적인 실험디자인

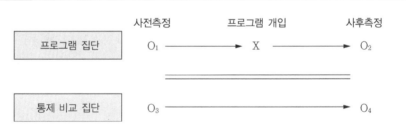

이 디자인은 두 집단을 갖고 있는데, 프로그램 개입이 이루어진 프로그램 집단(혹은 실험집단)과 개입이 주어지지 않은 통제집단이 있다. 통제집단은 프로그램 집단과의 비교를 위해서 필요하다. 이 두 집단은 프로그램이 실시되기 이전에 미리 나누어진다. 대개는 전체 집단을 무작위로 나누어 두 집단을 동질적으로 배분한다. 무작위로 하는 이유는 그것이 두 집단을 가장 동질적으로 만들 가능성이 높기 때문이다. 동일한 성격을 갖는 것으로 믿어지는 두 집단은 실험 도중 내내 다른 모든 상황들이 동일하게 조성 된다. 두 집단 간의 유일한 차이는 프로그램이 개입되고(프로그램 집단), 되지 않고(통제집단)의 차이일 뿐이다. 따라서 프로그램 실시 전·후에 나타나는 프로그램 집단과 통제집단의 차이를 검증해 보고(이는 $(O_2-O_1)-(O_4-O_3)$ 혹은 $(O_2-_4)-(O_1-O_3)$를 통해 확인된다), 차이가 있다면 그것은 다른 이유들이 아니라 오로지 프로그램 개입에 의한 것이라고 유추할 수 있다.

전형적인 실험 디자인은 개입과 성과의 관계에 대한 인과성(causality)을 검증하기에 이상적인 방법일 수 있다. 그럼에도, 이 디자인을 사회복지 프로그램들의 평가에 적용하는 데는 다음과 같은 문제들이 있다.

__윤리적인 문제__   실험은 인위적인 상황의 설정이 필요하다. 동일한 문제와 욕구를 갖는 집단을 실험집단과 통제집단으로 분리하여 차별 대우를 할 수 있다. 서비스 개입이 일종의 혜택으로 간주된다면, 실험의 목적 때문에 이러한 혜택을 당장 받지 못하게 된 통제집단 클라이언트들은 불만을 갖게 된다. 또한 실험 목적을 위해 특정 집단에 서비스를 제공했다가 중단했다가 하는 등의 불연속적인 서비스 개입을 하는 것은, 클라이언트 집단을 실험 대상으로만 취급한다는 인식을 줄 수 있다.

__현실적인 어려움__   실험 디자인이 평가 연구에 쓰이기 힘든 보다 실질적인 이유는 방법론 적용의 어려움에 있다. 사람들을 대상으로 하는 연구에서는 무작위로 실험집단과 통제집단을 나누는 것과 엄격하게 동질적인 집단 환경을 유지한다는 것 등이 거의 불가능하다. 프로그램의 진행 기간에 발생하는 중도탈락자들의 문제, 피실험자들의 반응성의 문제(자신들이 실험 대상이 되고 있음을 느끼고 그래서 부자연스런 반응을 나타내는 것) 등도 통제하기 어려운 문제들이다.

비록 그 정교함에도 불구하고 통제집단 실험 디자인은 하나의 이상형으로만 간주된다. 보통은 현실적인 이유들 대문에 실험 디자인을 대신할 대안적인 디자인들을 많이 선택하여 사용한다. 디자인의 이론적인 우수성을 떠나서, 평가 작업 자체는 현실이기 때문에 현실에 적용 가능한 디자인들을 선택하는 수밖에 없다. 비록 이러한 대안적인 디자인들이 실험실에서와 같은 엄격성은 보장되지 않으나, 현실적인 어려움을 수용하여 실천 가능한 디자인을 선택하는 것은 당면한 문제이다. 그로 인해 통제집단 실험 디자인은 실제적으로 활용되는 다른 평가 디자인들에 대한 타당성의 기준을 제시하는 일종의 이념형 모델의 역할을 한다.

(3) 유사-실험 디자인

사회복지서비스 프로그램들이 실행되는 현실적인 환경에서는 평가의 목적을 위해 엄격한 통제집단을 활용하기란 거의 불가능에 가깝다. 서비스 집단의 성과를 비교해 볼 수 있는 통제집단이 필요하지만, 그것이 힘들다면 비교의 근거를 달리 구해야 할 경우가 생긴다. 유사-실험 디자인(quasi-experimental design)은 이런 경우에 사용되는 디자인이다. 비교의 근거를 어디에 두는가에 따라 유사-실험 디자인은 다음과 같은 유형들로 나누어진다.

비록 통제집단은 갖추고 있으나, 이러한 통제집단이 실험 디자인에서처럼 무작위로

뽑혀지지 않는 것이 다른 점이다. 그 결과 실험집단과 통제집단이 처음부터 동질적인 집단이었다는 보장을 할 수가 없다. 이 디자인은 엄격한 통제집단을 갖는 것이 현실적으로 불가능한 경우에 쓰인다.

> 예를 들어, 중퇴 청소년들의 복교를 목적으로 하는 상담서비스 프로그램에 대한 효과성을 확인하고자 한다. 프로그램 집단의 복교율을 프로그램 실시 전과 실시 후에 측정해서, 성과가 나타났음을 확인할 수 있었다. 그러나 그것만으로는 복교율의 증가가 과연 그 상담서비스 때문이었는지를 확인할 수는 없다. 그래서 그런 서비스를 받지 않은 중퇴 청소년들의 집단을 선택하여 그들의 복교율 변화를 관찰한다.

이러한 형태가 비동일 통제집단 디자인의 예가 된다. 이 경우에 상담서비스를 받은 청소년들이 그렇지 않은 청소년들보다 복교율의 변화가 컸다고 하면, 서비스 개입의 효과성은 일단 추정 가능한 것으로 간주된다. 문제는 과연 서비스를 받지 않은 청소년들(통제집단)이 프로그램에 참가했던 청소년들(프로그램 집단)과 애초부터 동일했다고 가정할 수 있는지에 대한 의문이다. 무작위 배분과 엄격한 통제를 통해 프로그램 집단과 비교 집단의 동질성을 확보했던 실험 디자인의 이상에 비추어 보면, 비동일 통제집단 디자인은 디자인 자체만으로 개입과 효과에 관한 인과성의 준거를 제시하기는 어렵다.

그럼에도 불구하고 현실적으로는 사회복지 프로그램들의 평가에서 엄격한 통제집단을 갖는다는 것이 거의 불가능하기 때문에 이러한 디자인들이 많이 사용된다. 따라서 이런 평가 디자인을 사용할 때는 평가자들이 대상 집단을 보다 잘 이해하고 있어야 한다. 애초부터 성격이 다를 수도 있는 집단을 비교의 근거로 해서 서비스 집단의 성과를 평가하기 위해서는 그에 필요한 논리와 경험들을 해당 집단에 대한 보다 질(質)적이고 깊이 있는 이해와 지식들로 보충할 필요가 있다. 통계학적인 기법을 적용하여 집단들 간의 차이들(개입 이외의 효과)을 통제하는 방법이 도움을 줄 수도 있다.

(4) 비교 디자인

비교 디자인은 유사한 다수의 프로그램들을 비교의 대상으로 삼는 디자인이다. 유사한 개입이론을 갖는 다양한 프로그램들을 비교함으로써, 프로그램에 대한 평가의 근거가 도출되도록 한다. 앞서 제시된 방법들이 보다 조사방법론의 논리에 충실한 디자인들이라면, 비교 디자인은 현실적인 상황에서 통제를 수반하지 않는 상태로 각기 다른 프로그램들을 평가해 볼 수 있는 방법이다. 이 디자인은 통제집단을 따로 갖지 않으므로 비실험 디자인에 속한다.

유사한 개입이론을 갖는 프로그램들이 서로 다른 성과들을 산출해 내고 있다면, 그이유를 프로그램 운영변수들의 차이에 기인하는 것으로 확인한다. 어떤 운영변수들이 성과에 중요한 영향을 미치고, 그러한 운영변수들의 영향을 어떻게 분리해서 설명할 수 있을

지 등의 문제를 다룬다. 이 과정은 명확하게 미리 설정된 논리적 틀에서 안내하기보다는 평가의 상황에 적절한 경험과 내부 지식을 충분히 갖춘 평가자들의 역할이 중요하다. 이들은 프로그램의 운영변수들을 잘 식별해 내고, 그 각각의 효과성에 대한 통제를 디자인에 의존하기보다는 경험적인 지식으로 엄호한다.

비교 디자인은 프로그램의 효과성을 경험적으로 검증하는 데 많은 취약점들을 갖고 있다. 대표적으로는 운영변수들이 성과에 미치는 영향을 설명할 수 있는 명확한 틀이 없다는 점이다. 운영변수들의 복잡성과 각각의 운영변수들을 분리시켜 통제할 방법이 없기 때문에, 엄격한 인과관계에 대한 검증을 제시하기가 어렵다. 또한 그러한 시도를 하기 위해서는 많은 전문가와 시간, 비용을 필요로 하는데 대부분의 프로그램들은 평가를 위해 그 정도의 자원을 할애할 여력이 없는 것도 사실이다. 보다 결정적으로는 운영변수들만 치중함으로써 프로그램의 이론적인 적절성은 이미 평가의 대상에서 제외된다는 점이다.

이러한 단점들에도 불구하고 비교 디자인은 현실적으로 적합하게 쓰일 수 있다. 프로그램의 내부 사정에 익숙한 평가자들에 의해 수행되며, 다른 프로그램들과의 비교를 통해 평가 분석이 이루어지기 때문에, 사회복지조직이나 프로그램이 서비스의 개선을 위해서 어떤 운영변수들을 수정해 나가야 할 것인가를 판단하는 데는 오히려 실용적인 고급 정보들을 제공해 줄 수도 있다. 비교 디자인은 만약 내부자적인 편견이 가미되기 쉽다는 문제점을 보완하는 장치들만 확보된다면, 제한된 자원으로 평가를 요구받는 사회복지기관과 프로그램들에서 상당히 유용하게 쓰일 수 있는 평가 디자인이다.

3. 효율성 평가

효과성의 평가가 프로그램의 성과 여부를 밝히는 것이라면, 효율성 평가는 프로그램의 개입과 성과에 대한 경제성과 관련되어 있다. 목표를 성취하는 데 얼마만큼의 비용이 발생했으며, 그러한 비용은 대안적인 방법들과 비교해서 얼마나 경제적이었는가를 평가하는 것이다. 어느 프로그램에서나 예산은 늘 한정되어 있다. 따라서 프로그램의 효과성에 대한 입증만으로 프로그램 활동에 대한 정당성을 인정받기는 불충분하다. 프로그램이 주어진 목표를 진정으로 달성했는지의 여부뿐만 아니라, 그것을 얼마나 경제적으로 실현할 수 있었는가도 평가의 중요한 기준이 된다. 그래서 비용과 관련된 평가들은 한정된 자원이 얼마나 유용하게 쓰여졌는가를 판단하는 데 긴요하게 쓰인다. 때로는 이와 같은 비용 관련 평가들이 오히려 효과성 평가들을 압도하는 경우도 있다.

효율성이 다양한 개념으로 쓰이기는 하지만, 평가에서는 보통 비용지향적인 기준과 관련되어 있다. 효율성 평가로 분류되는 세 가지 접근 방법에는 비용 회계, 편익-비용, 비용-성과(혹은 비용-효과성) 분석이 있다. 다음은 이를 각각 설명하는 것이다.

1) 비용 회계

비용 회계(cost accounting)란 서비스 활동에 소요된 자원을 파악하고 계산해 내는 것이다. 여기에서 서비스 활동이란 궁극적으로 서비스의 결과 혹은 산출물을 초래하게 했던 모든 직·간접적인 서비스들을 포함하는 것이다. 예를 들어, 한 아이의 입양에 드는 비용, 심장 수술에 드는 비용, 미혼모의 일시 보호에 드는 비용 등을 계상(計上)하려면, 먼저 각 산출물 단위를 생산하는데 드는 비용의 제반 요소들을 분석해야 한다.

(1) 전형적인 비용 분석의 모델

일반적으로 영리 목적의 조직들에서 비용을 계상하는 목적은 이윤추구의 극대화에 있다. 이윤을 극대화하기 위해서는 먼저 비용 요소들을 분석하여 값을 설정하는 것이 필요한데, 두 가지의 함수(函數)가 이것과 관련되어 있다. 먼저 생산 함수(production function)는 투입과 산출의 관계로서, 어떤 수준의 산출물을 만들어 내는데 어떤 유형의 자원과 양이 투입되는지를 구체화하는 것이다. 생산 함수가 투입된 자원의 종류와 양을 결정하는 것이라면, 투입된 자원의 비용을 결정하는 것이 비용 함수(cost function)이다. 비용 함수는 일반적으로 세 가지 유형의 비용으로 구분된다.

· 가변 비용: 생산량의 증가와 감소에 정비례해서 드는 비용
· 반가변 비용: 생산량의 증감에 대해 단계적인 증감을 보이는 비용
· 고정 비용: 생산량의 증감과 관계없이 일정하게 드는 비용

비용 함수의 개념을 통해 사회복지 프로그램을 분석해 보기 위해 보육 시설의 경우를 예로 들어 본다. 비용 분석을 위해서는 먼저 산출물 단위를 결정해야 하는데, 평균 수용인원으로 이 보육시설의 산출물 단위를 삼았다고 하자. 이 산출물의 단위를 생산하는데 드는 비용들이 [표 14-1]과 같이 분석될 수 있다고 가정한다.

[표 14-1] 서비스와 비용의 예

서비스	서비스 내용	서비스 비용
식사제공(M)	1일 3식	1인×3,000원×365일 =연 1,095,000원
숙박시설(L)	1일 기준 숙박 및 시설 이용	건물 및 시설유지 등의 고정 비용 =연 20,000,000원
상담(C)	1일 1시간의 개별 상담 한명의 상담가는 하루 8시간의 상담 가능	상담가 1인의 급여 =연 10,000,000원
행정(A)	행정과 간접경비	

※ 수입 예상: 보조금 수입은 1인당 연 5,000,000원으로 책정.

위의 비용들 중에서 식사제공(M)은 가변 비용이며, 상담(C)는 반가변 비용, 숙박시설 (L)과 행정(A)은 고정 비용으로 간주된다. 여기에 수입에 관한 정보가 도입되어서, 수입과 총비용 그래프에서는 프로그램 운영을 위한 몇 가지 중요한 정보들을 제공해 주고 있다.

<u>한계총비용(marginal total cost)</u> 하나의 산출물 단위가 추가로 생산될 때 전체 비용에서 나타나는 변화를 말하는 것이다. 위의 경우에, 수용인원이 1명에서 8명이 될 때까지는 1명의 추가로 인해서 발생하는 한계총비용의 변화는 단지 1,095,000원이 발생한다. 가변 비용인 M의 변화만을 반영하기 때문이다. 그러다가 수용인원이 8명에서 9명으로 바뀌게 되는 순간에는 반가변 비용인 C가 한 단위 더 추가되어야 하므로, 이때의 한계총비용은 1,095,000원에 10,000,000원이 덧붙여져서 11,095,000원이 된다. 이때부터 다시 16명이 될 때까지는 단지 1,095,000원의 한계총비용만 발생한다. 사회복지조직들에서는 인력이 조직의 주된 자원이면서, 재정자원 지출의 상당부분을 차지한다. 따라서 이런 조직들은 반가변 비용의 영향을 많이 받게 되는데, 특히 적은 인력 규모의 조직들에서는 더욱 그렇다. 그런 점에서 한계총비용을 통해 도출되는 정보들은 조직의 관리와 평가를 위해 유용하게 쓰일 수 있다.

<u>손익분기점(breakeven point)</u> 생산 비용과 수입이 일치되는 지점을 말한다. 앞의 경우에는 수용인원이 13명일 때가 손익분기점에 해당된다. 12명 이하의 수용인원이 있을 때는 적자이고, 14명 이상일 때는 흑자를 본다. 일종의 규모의 경제가 발생하는 셈이다. 손익분기점에 대한 정보 역시 조직이나 프로그램으로서는 치명적으로 중요한 평가 요소이다. 어떤 유형의 조직이든 관리자의 입장에서 조직 관리의 기본은, 현재 이 조직이 손해를 보고 있는지 혹은 이익을 보고 있는지를 판단하는 것이다. 따라서 손익분기점에 대한 정보를 도출할 수 있는 비용 회계는 사회복지조직의 행정관리자들에게도 유용한 의미를 갖는다.

이론적으로는 한계총비용과 손익분기점에 관한 정보들은 매우 유용하게 사용될 수 있다. 산출물을 얼마만큼 생산하는 것이 예상되는 비용에 대비해서 적절할 것인지와 같은 생산력 조절에 필요한 정보를 제시한다. 그러나 이러한 비용 함수를 통해 도출되는 정보에 기초해서 생산성을 높인다는 것이 사회복지조직들로서는 딱히 맞아떨어지지 않는 측면들이 많다. 사회복지조직들은 '비영리' 목적의 '서비스' 생산이라는 특성을 갖고 있기 때문이다.

(2) 사회복지조직의 비용 분석

사회복지조직들에서의 비용 분석은 일반적인 생산 조직들에서의 경우와는 다르다. 그 이유는 먼저 사회복지조직들은 비영리추구의 목적을 갖고 있기 때문이다. 또 다른 중요한 이유는 사회복지조직들은 대개가 유형(有形)의 재화나 상품을 생산하는 것이 아니라, 무형 (無形)의 서비스를 생산한다는 점이다.

① 비영리추구 조직

조직이 이윤 창출을 주목적으로 한다면, 효율성의 측정은 쉽게 가능해진다. 영리추구 조직들이 생산하는 산출물은 시장이라는 기구를 통해서 가치의 효율성이 명확하게 구체화될 수 있다. 반면에 비영리추구 조직이나 정부 조직들의 서비스는 '보조되거나' 혹은 '공짜로 주어지는' 특성을 갖는다. 그로 인해 산출물의 가치도 정치적 시스템이라는 간접적인 방법을 통해 결정되어진다. 조직 외부로부터의 다양한 행위자들에 의해서 만들어진 판단이나 결정들이 그 조직의 효과성과 효율성을 결정하게 되는 특성을 갖는다는 뜻이다. 정치인, 시민단체, 클라이언트 옹호집단, 행정관리 당국, 혹은 납세자들까지도 포함한 다양한 이해집단들의 정치경제학적 맥락을 통해서, 조직의 서비스 산출물에 대한 가치(이를 시장경제에서는 '가격'이라 함)가 부과된다.

② 서비스 생산의 조직

서비스를 생산하는 조직의 주요한 특성은 생산과 소비를 딱히 구분하기 어렵다는 것에 있다. 상품을 생산하는 조직들에서는 생산품을 저장하거나 재고를 조절하는 것 등이 가능하다. 반면에 무형의 서비스를 생산하는 조직들은 이러한 능력이 결여되어 있다. 또한 무형의 서비스는 실체를 파악하기가 힘들다. 따라서 서비스를 생산하기 위해 사용된 과정을 객관적으로 평가하기가 쉽지 않다. 서비스 제공은 제공자와 소비자 사이의 상호작용적인 과정으로서, '어떤 서비스 사례들도 다른 서비스들과 같을 수 없는' 특성을 갖고 있다. 이처럼 정형화되기 어려운 서비스 산출물들에 대해 비용을 계상하는 것은 더욱 쉽지 않다.

사회복지조직들이 생산하는 서비스들은 무형이라는 특성과 함께 일견 모호함까지도 나타난다. 즉, 비확정적인 기술 체계의 특성을 갖고 있다는 것이다. 사회복지서비스의 기술들이 확정적이지 못하다는 것은 서비스의 내용이나 과정들이 명확하게 정의되지 못함을 뜻한다. 그에 따라 과정 자체가 산출물이 되는 서비스들에 대한 비용 계상을 더욱 어렵게 한다.

이러한 특성 즉 '무형의' 서비스를 생산하는 '비영리추구' 조직의 성격 때문에, 사회복지조직들의 비용 계상에 일반 생산조직의 비용 함수를 적용하기가 어렵다. 사회복지서비스의 속성들을 정확하게 이해하지 않고서는 비용 계상이 아예 불가능할 수도 있다. 이러한 이유들로 인해 사회복지서비스에 대한 비용 계상은 정형화된 외부의 평가에 의해 수행되기 힘들다는 특징도 갖게 된다.

2) 비용-편익 분석

비용-편익(cost-benefit) 분석은 프로그램 비용과 성과 간의 관계를 화폐적 단위로 나타내는 것이다. 한 프로그램에 드는 비용을 화폐 단위로 계상하고, 측정된 성과 역시 화폐 단위로 가치를 산정한다. 성과의 계산은, 만약 서비스가 주어지지 않았다면 발생할 결과들을 통해 그 가치를 유추해보는 방식으로 이루어진다. 이렇게 산정된 서비스의 경제적 편익을 프로그램 비용과 비교한다. 비용/편익 비율을 [비용/편익]으로 나타내는데, 이 비율이 높을수록 프로그램은 더욱 효율적인 것으로 간주된다.

이 분석에서는 사회복지 프로그램들을 일종의 투자로 간주한다. 그리고 사기업에서 투자에 대해 분석하는 것과 마찬가지로, 대안적인 프로그램들을 '수익성(profitability)'이라는 기준에 비추어 채택 가능성에 대한 여부를 판단한다. 한 프로그램의 효과는 미래에 편익과 비용에 대한 흐름을 유발하는 것으로 간주된다. 그 프로그램의 일생을 통해서 발생하는 모든 편익들이 화폐가치로 환산되고, 현재의 가치로 맞추어진다. 프로그램 비용의 흐름에 대해서도 마찬가지이다. 프로그램 수익성의 화폐적 가치는 현재 가치의 비용을 현재 가치의 편익에서 빼고 남는 것이다. 모든 대안적인 프로그램 가능성들을 각각 이러한 방법으로 분석한 후에, 수익성이 가장 높은 것으로 나타난 것을 효율성이 가장 높은 것으로 평가한다.

(1) 비용과 편익의 가치 환산

대개 비용은 현재 발생하지만 프로그램 편익은 미래에 기대되는 것이기 때문에, 이들을 화폐 가치로 환산하기 위해서는 동일 시점에 대한 기준이 필요하다. 이러한 조정을 소위 비용과 편익의 '현재 가치'라고 부른다. 미래에 발생할 특정한 금액에 대한 현재 가치의 계산은, 만약 현재 투자되거나 혹은 빌리게 될 경우 부담하게 될 고정된 이자율(interest rate)이나 할인율(discount rate)에 기준을 두고 한다.

만약 100이 오늘 투자된다면, 10% 이자율을 적용하면 1년 뒤에는 110이라는 가치를 갖게 된다. 현재 가치의 분석은 이러한 투자 구상을 역으로 활용한다. 10%라는 이자율을 기준으로 해서 보면, 지금으로부터 1년 후에 획득하게 될 110의 가치와 현재 갖고 있는 100의 가치는 같다. 유사하게, 10%의 이자율로 2년간 투자하면, $(100 \times 1.10 \times 1.10 \times = 121)$을 산출할 것이다. 따라서 2년 뒤에 미래에 발생하게 될 121의 가치에 대한 현재 가치는 100이 된다. 논리를 공식화하면 다음과 같다.

$$PV = \frac{EA}{(1+i)^t}$$

PV: 현재 가치
EA: 미래에 발생할 비용 혹은 편익의 금액
i: 연평균 이자율 혹은 할인율
t: 미래의 연수

할인율은 조직의 '자본에 대한 기회비용'을 나타내는 것인데, 기회비용이란 자본을 투자함으로써 받게 되기를 '기대'하는 회수율을 말한다. 하나의 목적을 위해 사용된 지출은 명백히 다른 투자 기회에는 사용될 수 없다. 그래서 할인율은 상실된 기회의 가치를 반영하는 것이다. 10%의 이자율로 안전하게 은행에 돈을 투자한다면, 투자에 대한 적절한 할인율은 10%가 된다. 만약 할인율을 낮춘다면, 자본에 대한 기회비용을 평가 절하하는 것이다. 반대로 할인율을 높게 잡으면, 자본의 기회비용을 평가 절상하는 것이다.

그래서 동일한 금액의 투자에 대한 회수액일지라도 기회비용의 할인율을 어떻게 설정하는가에 따라 그에 대한 평가가 달라질 수 있다. 100을 투입해서 1년 뒤에 108을 기대하는 투자에 대해, 5%의 할인율을 적용하면 그 투자는 이익을 창출한 것으로 평가되고 10%의 할인율을 적용하면 그것은 손실을 입은 것으로 평가된다.

(2) 편익의 화폐 가치

일반적으로 사회복지 프로그램의 효율성 평가에서 가장 큰 어려움은, 프로그램이 산출하는 편익들을 어떻게 화폐 가치로 산출할 것인지에 달려 있다. 사회복지 프로그램들의 화폐 가치적 편익은 크게 두 가지의 유형으로 나눌 수 있다. 일단 프로그램에 참여하는 사람들을 통해 나타나는 편익이 있다. 서비스의 직접 대상인 클라이언트들에게 나타나는 편익들이 대개 그러하다. 또 다른 유형의 편익은 프로그램에 참여하지 않은 사람들에게 나타나는 것이다. 프로그램의 성과가 '부정적 외형'의 감소를 통해서 나타나는 경우에 발생하는 편익을 말한다. 이 두 가지의 경우를 보다 구체적으로 살펴본다.

① 개인별 편익

개인별 편익을 화폐 가치로 계산하는 접근 방법들로는 '인적자본투자'와 '주관적 가치평가' 분석이 가장 보편적으로 쓰인다.

__인적자본투자(human capital investment) 접근__ 개인별 편익은 인간의 생산적 삶이라는 가치와 관련되고, 사회복지 프로그램은 인간의 생산성을 증가시키는 도구로 간주된다. 신체적 재활이나 지적 능력 혹은 직업적 개발 등을 통해서 생산성의 증대에 기여한다고 본다. 생산성의 증대에 대한 계산은 한 개인의 자연스런 일생 동안의 수입 이외에 프로그램의 개입을 통해 증가될 것으로 기대되는 수입을 산출함으로써 가능하다. 이 접근 방법의 중대한 문제점은 한 개인에 대한 평가를 그 개인의 수입액이나 수입성에 초점을 두고 있다는 것이다. 이 경우 노인보다는 아동을, 장애인보다는 비장애인을, 빈자보다는 부자를 대상으로 하는 서비스들이 훨씬 높은 편익을 발생시키는 것으로 간주될 위험성이 있다.

__주관적 가치평가(subjective valuable) 접근__ 인적자본투자 접근 방식은, 사회복지적 가치에 역행하는 치명적인 결함을 갖고 있다. 이러한 허점들을 피할 수 있는 두 번째의 가치산출 방법이 주관적 가치평가의 방식이다. 이 방식은 '프로그램의 편익을 받기 위한 의지'에 근거해서 비교 판단하는 것이다. 프로그램에 대한 편익은, 잠재적 서비스 이용자들이 부여

한 주관적 가격들의 평균에 프로그램의 존속 기간을 곱해 주고, 이를 다시 현재 가치로 환산하여 산출된다. 이 방식은 예를 들어, 각기 다른 지역사회의 욕구들에 대한 우선순위를 설정하는 데 사용될 수 있다. 또한 개별 프로그램들에 대한 비용과 이들 프로그램의 편익을 비교하여, 상대적으로 수익성이 큰 것을 산출해 내는데 사용할 수도 있다. 그러나 이러한 접근의 문제는 편익의 가치가 과장되어 표현되는 경향이 있는 것이다. 잠재적 서비스 이용자들은 대개 실제로 지불하려는 것보다 더 많이 지불할 것처럼 나타내는 경향이 있다.

② 사회적 편익

비록 일차적으로는 클라이언트들에게 편익이 발생하지만, 그로 인해 전체사회의 '부정적 외형'이 감소되는 편익 효과도 생각해 볼 수 있다.

부정적 외형(negative externality)이란 개인들의 외부 상태가 부정적인 정도를 뜻하는 것이다. 만약 한 개인이 자신을 둘러싼 부정적인 외부 상태를 감소시킨다면, 그것은 비록 간접적이기는 하지만 그만큼의 긍정적인 편익을 자신의 내부에 가져다 준 것으로 간주할 수 있다.

재분배적인 성격을 띠는 사회복지 프로그램들에서는, 비록 재정은 중·상층 사람들에 의해서 마련되지만 직접적인 편익은 하층 사람들에게 발생한다는 이원적인 성격이 나타난다. 이런 상황에서 한 서비스 프로그램의 편익을 계상할 때 결정적으로 등장하는 문제는, '누구의 주관'을 합당하다고 할 것인가이다. 편익을 받는 사람들(즉, 클라이언트)의 주관적 가치평가에 기준할 것인가, 아니면 프로그램을 위해 돈을 지불하는 사람들(예: 납세자)의 주관에 기초해서 가치를 평가할 것인가라는 문제이다.

이타적 동기를 고려하지 않고 본다면, 서비스를 직접 이용하지도 않는 사람들이 그 서비스에 대해 돈을 지불하는 프로그램들에서(대개의 사회복지 프로그램들이 이런 경우이다), 편익의 가치는 부정적 외형의 감소라는 측면을 두고 평가된다. 사회복지 프로그램을 재정적으로 지원하는 측은 비록 프로그램을 직접 이용하지는 않지만 다른 사람들이 그 프로그램을 이용함으로 인해 실제로는 매우 가시적인 혜택을 얻을 수 있다.

예를 들어, 전염병 확산을 방지하는 목적의 공중보건 프로그램들이 대표적인 경우이다. 이 프로그램의 직접적인 서비스 수급자들은 무료로 예방주사를 맞게 되는 이용자들이지만, 그로 인해 전염병의 확산이 방지된다면 주사를 맞지 않았던(즉, 직접 서비스 이용자가 아닌) 모든 지역주민 혹은 납세자들도 실질적인 서비스 수급자가 된다는 것이다. 마찬가지로 비행청소년을 대상으로 하는 서비스의 직접적인 수급자는 해당 청소년들이지만, 그로 인한 편익은 지역사회의 비행률 감소라는 결과를 통해 주민들 전체에게로 귀속되는 것이다.

이러한 서비스에 자원을 제공하는 사람들은 만약 그러한 서비스가 이용되지 않았을 경우에 나타날 부정적 외형을 감소시킴으로써 자신들도 서비스의 편익을 얻는다. 이런 이유로 사회적 편익은 대개가 부정적 외형의 감소에 대한 가치평가를 통해 산출될 수 있다.

③ 편익-비용 분석과 사회복지조직

편익－비용 분석은 2차 대전 이후 미 국방성이 의사결정을 위한 도구로 개발했던 것으로, 현재 여러 분야에서 다양하게 사용되고 있다. 편익－비용분석이 의사결정에 도움을 주는 이유는 PPBS에서와 같이 다양한 이질적인 목표를 가진 활동들에 대한 비교를 가능하게 해 준다는 데 있다. 각기 다른 목표를 추구하는 프로그램들에 대한 편익을 통일된 화폐적 가치기준을 사용하여 계상함으로써, 프로그램들이 동일한 잣대로 비교될 수 있게 한다.

예를 들어, 입양 프로그램과 미혼모 프로그램을 비교한다고 하자. 입양프로그램은 10명의 아이들이 입양 완료되는 것을 목표로 하고, 미혼모 프로그램은 20명의 미혼모와 그 아이들에게 6개월 동안 임시 주거와 육아 서비스를 제공하는 것을 목표로 한다고 하자. 만약 100이라는 한정된 자원이 있을 때, 둘 중 어디에 투자하는 것이 바람직한지에 대한 의사결정을 어떻게 할 것인가? 한편 또 다른 프로그램이 자원을 요구하는데, 장애인전용 주차장 두 곳을 설치하려는 것이다. 이제는 어떤 의사결정이 필요할 것인가?

위의 질문에 답하려면, 먼저 두 프로그램의 성과(혹은 산출물)가 각기 어떤 가치를 갖고 있는지를 알아야 한다. 그래야만 우선적인 가치 혹은 우월한 가치를 갖는 것에 투자한다는 합리적인 의사결정에 도달할 수 있다. 문제는 각 프로그램이 이질적인 유형의 성과들을 제시하고 있어서, 이에 대한 비교는 판단자들의 주관적인 가치 평가에 의존할 수밖에 없다는 것이다. 만약 이들 프로그램의 효과를 각기 화폐가치의 편익으로 산출해낼 수만 있다면, 동일한 가치 기준에서 비교가 이루어질 수 있게 된다.

편익－비용 분석이 목적하는 바가 바로 이와 같은 것이다. 아무리 이질적인 프로그램들일지라도, 만약 그 효과(혹은 성과)들을 화폐적 편익으로 산출하기만 한다면 서로를 비교해 볼 수 있게 된다. 장애인전용 주차장뿐만 아니라, 장갑차 생산, 보육시설 운영, 수출기업 장려금 등에 이르는 모든 프로그램들이 단일 기준(즉, 수익성)에서 비교·평가될 수 있다.

특정한 프로그램들의 영역에서는 편익－비용 분석이 의사결정에 중요한 기여를 한다. 예를 들어, 댐 건설에 따르는 효과 같은 것들에는 이러한 분석 도구가 적용되기 용이하고, 보다 합리적인 의사결정을 위해 도움이 될 수 있다. 그러나 사회복지 정책이나 프로그램들에서는 편익－비용 분석이 실질적인 영향력을 발휘하기 힘들다. 주된 문제는 사회복지 프로그램들의 편익을 어떻게 계상할 것인가와 관련되어 있다. 또한 프로그램들 간의 경계가 불명확하기 때문에, 특정한 성과의 발생을 두고서 그것이 어떤 프로그램에 귀속되는 것인지를 분간하기가 쉽지 않다. 편익－비용 분석의 논리가 사회복지 프로그램들에 적용되기 어려운 이유를 보통 다음과 같이 설명한다.

첫째, 성과가 화폐가치로 환산되는 데 따르는 어려움이 많다. 예를 들어 모자관계의 개선이나 입양에 따르는 성과 등을 화폐적 가치로 계상하는 것은 쉽지 않다. 그 효과들이 눈으로 쉽게 확인되지 않으며, 설령 그렇다 해도 장기적으로 나타나기 때문이다. 그래서 직업 재활이나 가족계획 등과 같이 성과들을 비교적 쉽게 측정할 수 있는 곳들 이외에는 이러한 편익-비용 분석들이 잘 사용될 수 없다.

둘째, 비용과 편익의 결정에 누구의 관점을 동원하는가가 중요한 문제가 된다. 클라이언트, 정부 기관, 지역사회 등의 관점들이 상반될 가능성이 종종 있는데, 이럴 경우에 편익에 대해 상이한 평가들이 나타난다.

셋째, 프로그램의 이차적 비용 결정에 어려움이 있다. 예를 들어, 어떤 프로그램이 직업교육을 통해 한 개인의 취업을 가능하게 했다면, 일차적으로는 그 개인이나 사회가 그로 인해 모두 도움을 받게 된 것이다. 그런데 이차적으로는 한 개인이 취업함으로 인해, 그 직업에 취업할 수 있었던 다른 한 사람이 직업을 놓치게 되는 결과를 초래할 수 있다. 물론 이 경우는 한 사회를 제로섬의 상태로 간주함에 의한 가정이다. 이런 상태에서는 결과적으로 작업을 놓치게 된 그 개인으로 인해, 개인과 사회 모두에게 비용이 돌아가게 된다.

3) 비용-성과 분석

비용-성과(cost-outcome) 분석은 일명 비용-효과성(cost-effectiveness) 분석이라고 불리기도 한다. 편익-비용 분석에서 가장 큰 어려움은 성과를 화폐적 단위로 산출해 내는 것이다. 이러한 점을 고려하여 비용-성과 분석에서는 성과에 대한 화폐 단위 환산을 시도하지 않는다. 동일한 목표를 가진 프로그램들에 드는 비용을 각각 비교하여, 최소 비용으로 최대 효과를 내는 프로그램이 가장 효율적이라는 판단을 하는 것이다. 이 분석은 편익-비용 분석보다 훨씬 덜 복잡하지만, 그래도 이러한 분석을 위해서는 평가에 관한 전문가가 필요하고 MIS나 성과 평가(outcome evaluation)의 능력을 전제로 한다.

예를 들어 서비스 활용의 증대라는 목표를 가진 아웃리치(outreach) 프로그램을 가정해 보자. 이 목표를 추구하기 위해 다양한 대안적 전략들이 채택될 수 있다. 대중매체를 통한 선전, 전문가에 의한 가정방문, 자원봉사자의 가정방문, 혹은 일련의 대중 회합 등을 사용할 수 있다고 하자. 아웃리치 프로그램의 목표는 현재의 서비스 활용 수준으로부터 25%의 증가를 가져오는 것이라고 한다. 이제 각각의 대안 전략들은 이러한 목표를 성취하는 데 따르는 효과성과 그에 따른 비용에 의거해서 평가될 수 있다.

이상적으로는, 프로그램평가자들은 먼저 각 전략들의 목표 성취에 수반된 비용의 수준을 결정하고, 이를 통해 단순히 가장 비용이 적게 드는 전략을 선택한다. 그러나 많은 경우에 이런 방식은 여러 제약 조건들로 인해 불가능하다. 한 전략의 사용은 각각의 비용과 효과성을 달리 나타내므로, 이러한 전략들을 상대적으로 비교하는 것을 어렵게 만든다. 각기 다른 효과성을 나타내는 전략들을 어떻게 각각의 비용들과 상대적으로 비교할 수 있겠는가의 문제가 있다.

그림 14-5 비용-성과 분석을 위한 그래프

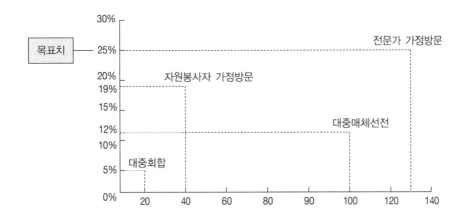

[그림 14-5]에서 보는 것처럼 각각의 프로그램 전략들은 각기 다른 수준의 효과성을 갖고 있다. 또한 각각의 전략들을 실행하는 데는 각기 다른 비용들이 발생하고 있다. 여기서는 단지 한 프로그램만이 미리 설정된 목표기준치인 25%에 도달했다(전문가 가정방문). 만약 설정된 기준치의 목표가 절대적인 것이라면 단지 하나의 전략 즉 전문가의 가정방문만이 채택될 수밖에 없다. 이것만이 사전에 설정된 목표에 도달할 수 있었기 때문이다. 그러나 그것은 가장 값비싼 전략이었다.

비용-성과 분석은 목표 성취와 프로그램 비용들 사이에 발생하는 손익교환(tradeoff) 관계를 확인시켜 준다. 이 경우에 대중매체 전략은 적절한 대안으로서의 자력을 일찌감치 상실한다. 왜냐하면 '자원봉사자 가정방문'과 같은 비용이 더 적게 드는 다른 전략보다도 덜 효과적이기 때문이다. 이것을 제외하고는 다른 대안들 간의 비교 분석이 그리 쉽지 않다. 다른 경우들에서는 효과성의 증대가 프로그램 비용의 증가를 수반함으로 가중해지기 때문이다.

편익-비용 분석이라면 이 경우에 증대된 활용도에 대한 화폐적 편익의 계상이 가능하기 때문에, 이를 비용과 비교해 보면 어떤 전략이 더 우수한가를 판단할 수 있게 한다. 그러나 비용-성과 분석에서는 성과를 화폐적 단위로 계산하지 않기 때문에 비용과 효과성 사이의 손익교환을 평가하기 위한 근거가 마땅치 않다. 이 경우에 비록 불확정적이기는 하지만 보조적인 기법으로 사용될 수 있는 것이 '한계 분석'이다. 한계 분석(marginal analysis)이란, 각각의 대안들에 대해 비용과 효과성의 차이를 계산해서 가장 적은 것부터 가장 많은 것까지를 구분해 내는 방법이다.

위의 예에서, 미디어(media) 전략은 한계 분석에 근거해서 일찌감치 제거되었다. 자원봉사자 방문과 비교해서 볼 때, 미디어 전략은 한계적 효과성이 부정적이었기 때문이다. 일단은 부정적인 한계 효과성을 가진 모든 프로그램은 제거된다. 자원봉사자 가정방문 프로그램이 대중회합 전략에 비해서, 적은 비용의 증가에 비해 효과성의 실질적인 향상을 가져온다. 유사하게 자원봉사자와 전문가의 가정방문 사이의 변화를 평가해 본다면, 효과성에 있어서의 작은 증가가 있을 뿐이고 그에 비해 효과적인지에 대해서는 여전히 판단이 필요하지만, 한계 분석은 약간 덜 효과적이지만 비용이 훨씬 적게 드는 자원봉사 가정방문 전략을 선호하게 될 것이다.

비록 편익-비용 분석보다는 덜 명확한 방법이기는 하지만 비용-성과 분석은 프로그램 기획가와 행정관리자들에게 유용한 도구가 될 수 있다. 일차적으로는 편익에 대한 화폐적 가치의 확산이라는 작업이 제거되었다는 점에서 실천적인 유용성을 보장한다. 그러나 비용-성과 분석이 사회복지 실천의 현장에 적용되는 것에도 문제는 남아 있다. 수량화된 프로그램 목표와 성과 측정의 기준들은 여전히 해결되기 어려운 전제 조건들이다. 이러한 전제 조건들은 비록 이상적이기는 하지만, 사회복지서비스의 실천 현장에서는 적용되기가 쉽지 않은 것들이다.

편익-비용 분석이나 비용-성과 분석 등이 그 막강한 유용성에도 불구하고 잘 쓸 수 없는 이유는 대부분 이러한 전제 조건들에서 기인한다. 그럼에도 사회복지조직이나 프로그램들은 성과를 측정하기 위한 노력들을 꾸준히 해 나갈 필요가 있다. 사회복지의 책임성에 대한 강조와 함께 앞으로 사회복지계에 요구되는 과제들은 바로 이러한 프로그램의 성과들을 어떻게 경험적으로 나타낼 수 있는가에 집중되어 있기 때문이다. 이러한 노력들이 궁극적으로는 전문적 사회복지서비스의 개선과 명료화에 기여하는 것이 된다.

제15장

사회복지행정의
역할분담 및 변화

제15장 사회복지행정의 역할분담 및 변화

1. 정부 간 역할분담

1) 현황과 문제점

(1) 중앙정부와 지방정부 간의 업무분담

① 현황

중앙정부와 지방정부 간의 업무분담을 살펴보면 먼저 중앙정부의 경우 지방자치법 제11조 규정(국가사무가 일곱 가지로 제시되어 있다)에도 나와 있는 바와 같이 한마디로 전국적으로 기준의 통일 내지 조정을 요하는 사무, 즉 전국적 이해관계에 관한 사무는 중앙정부 관할로 되어 있다. 사회복지분야에서는 주로 전국적 제도 통일의 필요성을 갖는 사회보험은 중앙정부의 소관업무로 되어 있다. 이에 비해 지방정부의 임무는 지방자치법 제9조에 여섯 가지 사무분야 57개 단위사무가 예시되어 있는데 그 중 하나가 '주민의 복지증진에 관한 사무'로 열 가지 단위 사무로 구성되어 있다. 사회복지 분야에서는 주민복지사업, 사회복지시설의 설치·운영 및 관리, 빈곤층을 대상으로 한 공공부조사업, 아동, 노인, 장애인, 청소년 및 부녀복지서비스, 그리고 보건진료기관의 설치운영 등을 지방정부가 담당하게끔 되어 있다. 그러나 지방정부의 소관 사항이라도 전국적 통일의 필요성이 있는 사업은 예외를 인정하고 있다. 예를 들면 우리나라 기초생활보장사업에서 대상자 선정, 관리업무는 지방정부의 소관이나 대상자에게 주어지는 급여의 수준은 중앙정부에서 결정한다(최성재·남기민, 1993 : 345).

중앙정부에서 사회복지업무를 담당하는 주무부서는 보건복지부이며 지방정부의 사회복지업무는 행정자치부의 지방조직에서 담당하고 있는데 광역지방자치단체인 특별시, 광역시, 도 및 기초지방자치단체인 시, 군, 구, 그리고 읍, 면, 동 등이 모두 이에 해당한다.

② 문제점

중앙정부와 지방정부 간의 업무분담의 문제점을 요약 정리해 보면 다음과 같다(최성재·남기민, 1993 : 352~354 : 정원오, 1997).

첫째, 지방자치단체 사무분담이 예시되어 있으나 사회복지 기능분담이 개괄적으로 표시되어 있으며 불분명하다. 즉 구분이 애매모호하여 국가·지방자치단체, 광역지방자치단체·기초지방자치단체 사이에 사회복지 기능배분에 관한 명확한 기준이 없다. 또한 사회복지 업무분담에 관한 권한과 책임의 한계가 모호하며 권한과 책임의 불일치 현상이 나타난다.

둘째, 자치사무가 예시되어 있으나 지방자치법 제9조에 국가 기능의 예외를 인정하고 있다, 실제로 이러한 예외는 지방자치의 정신이나 규정의 취지를 보아 부득이한 최소한의 경우에만 허용되어야 하는데 우리나라는 자치사무를 국가사무화하는 개별법이 많아 지방 자치단체의 사무를 예시한 규정의 취지를 무의미하게 하고 있다.

셋째, 지방자치단체 위임사무가 지나치게 많아 지방자치단체가 국가사무의 하청기관 으로 전락하고 있다. 또한 위임사무의 경우에도 업무수행에 필요한 중앙정부의 재정적 지 원이 충분하지 않아 지방자치단체의 재정적 궁핍을 가중시키거나 사회복지 관련 사업을 기피하는 현상도 일어난다.

넷째, 지방자치단체의 고유사무에 대해서도 중앙정부의 행정 및 재정적 통제, 감독이 심하다. 중앙정부의 통제는 지방정부의 자율적인 행정을 제약하고 있다. 이것은 오랜 중앙 집권적 관치행정의 소산이며 이로 인해서 지방자치단체의 자치권이 많은 제약을 받고 있 는 것이 현실이다.

(2) 중앙정부와 지방정부의 사회복지 전달체계

① 현 황

사회복지 전달체계는 독자적인 전달체계를 가지고 있지 못하고 중앙의 보건복지부 조직을 제외하고 지방단위에서는 행정자치부 조직체계에서 사회복지업무를 대신 담당하 고 있다. 따라서 사회복지 담당공무원도 사회복지 전담공무원과 지방직 일반 공무원들이 혼재되어 사회복지 업무를 담당하고 있다. 1987년부터 사회복지 전문요원 제도가 도입되 어 이들을 일선 읍·면·동사무소에 배치시켜 기초생활보장사업을 전담케 하고 있는 점은 사회복지행정의 전문성이라는 점에서 진일보한 것으로 해석할 수 있다. 일반적인 사회복 지 전달체계는 보건복지부 → 특별시, 광역시, 도 → 읍, 면, 동 → 지역주민의 형태를 띠 고 있다.

좀 더 구체적으로 살펴보면 보건복지부 산하에 사회복지정책실과 연금정책국과 건강 보험정책국이 직접적으로 사회복지업무를 담당하고 있다. 사회복지정책실 산하에는 복지 정책과를 비롯하여 13개과에서 복지정책 및 지원에 관한 업무, 기초생활보장사업, 사회복 지사업 등에 관한 업무를 담당하고 있다. 연금정책국에는 국민연금정책과를 비롯한 3개과 와 건강보험정책국에는 보험정책과를 비롯한 4개과에서 보험정책 및 관리, 연금제도 및 재정에 관한 업무를 담당하고 있다.

지방자치단체의 경우, 광역지방자치단체는 시, 도에 따라 약간씩 차이를 보이고 있으 나 대체로 보건사회국(보사환경국)의 사회(복지)과, 가정복지국의 가정복지과, 부녀(여성)복

지과에서 사회복지업무를 담당하고 있으며 기초지방자치단체는 시, 구의 경우 인구규모에
따라 복지국의 설치여부가 결정되며 사회(복지)과, 가정복지과에서 사회업무를 담당하고
읍, 면, 동의 경우 사회복지 전문요원 또는 사회담당이 사회복지업무를 담당하고 있다.

② 문제점

현행 공적 사회복지 전달체계의 문제점을 요약하면 다음과 같다(최성재·남기민, 1993 :
363~365).

첫째, 사회복지 전달체계에 있어서 관련 부서들이 각각 분리 설치되어 있음으로 인해
통합성이 결여되어 있다. 예로서 같은 사회복지 업무라도 사회과 또는 가정복지과와 같이
지방자치단체 내에서의 전달체계가 다르다는 것이다. 또한 부서 간의 급여수혜자격 기준
도 다르고 급여의 중복제공과 같은 문제도 수반되고 있다(박경숙·강혜규, 1992 : 54).

둘째, 업무내용의 중복에 의해 책임소재가 불명확하다. 광역지방자치단체와 기초지방
자치단체 사이에 업무내용의 중복현상은 필연적으로 책임성의 문제를 가져올 것으로 생각
된다.

셋째, 현행 사회복지 전달체계는 중복된 상급기관의 간섭, 관여를 심화시키고 있다.
사회복지 전달체계의 조직이 안전행정부 산하의 지방조직체계 속에 있다 보니 사업수행에
보건복지부의 간섭, 관여는 물론 지방행정조직의 통제도 받게 되므로 이중의 통제를 받게
된다. 예를 들면 지방자치단체의 기초생활보장사업 업무는 보건복지부의 감사는 물론 상
급 지방자치단체의 감사도 동시에 받아야 하는 것이다.

넷째, 현행 전달체계 내에서는 서비스의 자율성과 능동성이 결여되어 있다. 사회복지
행정을 일반직 공무원으로 담당케 하는 이상 자율성과 능동성이 손상 받으리라는 것은 쉽
게 생각할 수 있다.

다섯째, 사회복지 전문 인력이 아직도 부족하다. 1987년 사회복지전문요원제도가 생
긴 이래 1994년까지 3,000명의 사회복지전문요원이 채용되었고 최근 1,200명의 사회복지
전문요원이 새롭게 채용되었으나 사회복지전문요원 1인당 적정수준이라 생각되는 취급
가구수 96~100을 돌보기에는 아직도 크게 미달하는 실정이다. 이와 같은 전문 인력의 부
족은 서비스 질을 저하시키고 결국은 서비스의 효과성을 약화시키는 결과를 초래하는 것
이다.

(3) 중앙정부와 지방정부의 사회복지재정

① 현 황

일반적으로 사회복지가 발달할수록 사회복지에 사용되는 재원 가운데 공공부문의 비
중이 높아져 오늘날 복지선진국들의 사회복지재원은 거의 대부분 공공부문에서 나온다

(송근원·김태성, 1995 : 316).

제7차 경제사회발전 5개년 계획 기간 중 우리나라 중앙정부와 지방정부 간의 사회복지 재원의 배분은 총규모 재원 중 69.5%는 국비에서 충당하고 23.2%는 지방비에서 충당하며 나머지는 재정투융자 특별회계(5%)와 민간자원(2.2%)에서 충당하도록 배분되었다. 연도별로 보면 모든 재원들이 점진적으로 증가하고 있는데 재원별은 1995년부터 국고비율이 증가하고 지방비와 민간자원은 감소하는 경향이다. 총규모 재원의 국고와 지방정부 간의 비율은 75% 대 25%로서 선진국 수준과 비슷한 것으로 나타나고 있다(남기민, 1995 : 116).

② 문제점

첫째, 우리나라 지방자치단체의 재정은 국민총생산에서 차지하는 비중이 매우 낮으며 지방세가 총 조세에서 차지하는 비중이 낮음으로 인해서 중앙과 수직적으로 불균형을 이루고 있고 자체수입 비중이 낮아 재정적으로 자립하지 못하고 있으며, 재정자립도 면에서도 지역 간에 심한 불균형을 이루고 있다(이영철, 1994 : 65).

둘째, 사회보장재원의 국고와 지방정부 간의 비율이 선진국과 비슷한 것으로 나타났으나 선진국과 비교해서 사회보장재원이 절대적으로 부족한 우리나라의 경우 이와 같은 비율은 그 의미가 약하다.

이처럼 지방재정이 취약한 상태에서 사회복지 기능이 중앙에서 지방으로 이전할 경우 심한 재정적 압박을 받게 된다.

2) 원칙과 방법

(1) 중앙정부와 지방정부 간 업무분담 원칙

중앙정부와 지방정부 간의 업무분담은 행정의 민주성 측면과 행정의 효율성 측면에서 필요하다. 이러한 필요성에 기초하여 업무분담의 원칙을 다음의 다섯 가지로 제시할 수 있다(최성재·남기민, 1993 : 355).

첫째, 분권성이다(현지성의 원칙). 이 원칙은 기초자치단체 우선의 원칙이라고도 하며 기초자치단체가 주민들의 욕구를 가장 근접한 거리에서 가장 정확히 파악할 수 있을 뿐만 아니라 행정의 능률성을 향상시켜 줄 수 있다고 보는 것이다.

둘째, 현실성이다. 이 원칙은 지방정부의 규모, 능력, 재원확보 능력에 맞추어 기능 배분이 이루어져야 한다는 원칙으로 중앙정부와 지방정부의 업무분담 시 실행가능성(feasibility)의 측면을 보여주고 있다.

셋째, 전문성이다. 지방정부로 이양되는 업무를 담당할 수 있는 담당행정인력의 전문성이 확보되어야 한다는 원칙이다. 사회복지업무의 경우 현재 중앙정부(보건복지부)가 책임지고 있는 업무 중 많은 부분들을 지방으로 이전한다 하더라도 이를 비전문적 행정인력이 담당할 경우에 행정의 효율성을 기대하기는 어렵다.

넷째, 종합성이다. 지방자치단체의 중앙정부와 지방정부는 물론 지방정부, 즉 광역자치단체와 기초자치단체 간에는 업무상 분업과 조정의 협력체계가 이루어져야 하며 계획과 집행의 분업체계가 확보되어야 한다. 그렇지 않을 경우에는 업무상의 혼돈과 중첩현상이 발생할 것이며 서비스 전달의 효율성을 기대할 수 없게 된다.

다섯째, 책임성이다. 이것은 곧 행정책임 명확화의 원칙으로 주어진 권한과 이에 걸맞는 책임이 주어져야 함을 말한다. 지금과 같이 권한보다는 일방적인 책임만이 과도하게 부과되어 있는 현실에서는 소신 있는 행정업무를 기대할 수 없으며 이것은 곧 행정의 효율성을 고려할 수 없다는 것을 보여준다.

(2) 중앙정부와 지방정부의 사회복지 전달체계 원칙

사회복지 전달체계의 합리화 방안으로서 다음의 원칙들을 제시할 수 있다(최성재·남기민, 1993 : 366~367).

첫째, 계층의 단순화이다. 이것은 각 계층 간의 과다한 계층적 접근방법에 의한 보고, 지식, 감독, 통보 등을 완화하여 계층의 수를 줄이는 방법이다. 왜냐하면 전문직이 제공하는 서비스의 효율성을 향상시키기 위해서는 가능하면 단계가 적은 것이 더 나은 것이다.

둘째, 업무를 하급기관으로 이양하는 방법이다. 업무를 상급기관에서 담당하도록 하는 경우는 기획조정, 통합기능을 강화하거나, 담당업무가 고도의 전문성과 기술성을 필요로 하는 경우 그리고 장비, 기술, 인력, 자원, 정보획득 능력의 강화가 필요로 하는 경우에 한정하고 가능하면 업무는 하급기관으로 이전하도록 한다. 서비스 전달에서 개별화가 필요한 업무는 반드시 하급기관으로 이전되어야 하며 담당업무가 단순하거나 현지성, 경제성이 요구되는 사무 혹은 지역 환경의 변화에 따라 즉각적으로 대응할 필요가 있는 사무 등이다.

셋째, 사회복지 전달체계는 수직적이고 지시적, 감독적, 후견적 관계 속에서 상호보완, 수평적, 협동적 관계로 전환되어야 한다. 사회복지행정조직의 필요성은 지역주민들의 사회복지 욕구를 효율적이고 효과적으로 제공하는 데 있다. 수평적인 협조관계의 구축 이전에 현재 시설 및 기관의 지역적 불균형의 시정이 먼저 이루어져야 한다.

넷째, 독자적인 전달체계의 확립을 위해 전문 인력의 적극적인 활용과 독자적인 조직이 완비되어야 한다.

다섯째, 정부담당 업무 중 자율적인 민간조직의 활성화를 위하여 민간부문에서 담당해야 하는 업무는 과감하게 민간조직에서 담당케 한다. 따라서 민간 사회복지시설이나 기관의 활성화 방안을 적극적으로 추진해야 한다.

(3) 중앙정부와 지방정부 간의 사회복지 재원조달의 방법

현대 국가에서 사회복지재원을 중앙정부가 최우선으로 책임져야 한다는 것은 사회경제적인 체제의 상이성에 관계없이 대다수 국가에서 관철되고 있다. 중앙정부가 지방정부에 재정지원을 하는 방법은 크게 세 가지로 요약된다(송근원·김태성, 1995 : 365~366).

첫째, 항목별 보조금(categorical grants)으로 이 방법은 재원이 사용될 세부적인 항목을 지정하여 제공한다. 둘째, 기능별 보조금(block grants)으로 이것은 항목별로 지원하는 것이 아니라 프로그램의 기능별로 크게 묶어 지원하는 것이다. 셋째, 특별 보조금(special revenue sharing)으로 중앙정부의 예산 가운데 일정 부분을 지방정부에 넘겨주는 것이다. 이것은 지방정부의 독립성을 가장 높여 지방 정부 전달체계의 장점을 크게 살릴 수 있다.

지방정부 사회복지 재원조달의 경우 현재로는 지방자치단체의 재정자립도가 아주 낮으므로 당분간 중앙정부의 재정지원을 받을 수밖에 없으나 중앙정부의 재정에 의존하는 정도가 심하면 그만큼 자율성을 상실하게 되어 지역사회 주민의 복지증진을 꾀하기 어렵게 될 수 있다. 따라서 장기적으로는 지방정부 자체의 사회복지 재원을 마련하는 별도의 방안들이 마련되어야 한다. 현재 지방정부의 세입은 크게 보면 지방세수입, 세외수입, 지방교부세 및 보조금으로 충당된다(문병주, 1991 : 451).

3) 개선방안

(1) 중앙정부와 지방정부 간의 업무분담

사회복지 역할분담의 개선방안은 앞에서 살펴본 원칙에 따라 마련되어야 한다. 후술할 개선방안은 사회복지의 독자적 전달체계가 마련된다는 전제하에 사회복지 업무는 현재의 기초생활보장사업과 사회복지사업이 통합 운영되고 사회보험제도는 관리공단 중심으로 일원화되며 사회복지시설 및 기관 관련 업무는 민간 사회복지조직과 직접적인 협조 하에 실시되는 방향으로 다음과 같이 개선방안을 제시하였다.

① 시·도 차원

먼저 기초생활보장사업과 관련해서는 기초생활보장사업 조정업무를 담당한다. 기초생활보장사업은 우리나라 공공부조 사업의 핵심 사업으로 전국적 차원에서 서비스 내용의 통일이 필요한 업무이다. 따라서 기초생활보장사업과 관련된 종합계획수립은 중앙의 보건복지부에서 담당하고 시·도에서는 기초자치단체 간에 사업내용을 조정하는 업무를 담당해야 한다. 다음으로 사회복지사업, 즉 노인, 아동, 장애인, 여성과 관련해서는 종합계획을 수립하고 기초자치단체 간에 업무를 조정하는 역할이 요구된다. 즉 사회복지사업은 광역 지방자치단체의 책임 하에 사업이 이루어지는 것이 타당하다고 본다. 사회보험업무는 일원화를 전제한 관리공단에 위임하고 시·도에서는 관리감독업무를 담당해야 한다. 사회복지시설과 기관의 업무 역시 민간조직과의 연계를 유지하면서 광역지방자치단체 차원에서 관리하고 조정하는 업무를 담당하는 것이 더 타당할 것이다.

② 시·군·구 차원(사회복지사무소 설치 가정)

사회복지사무소에서는 하급행정기관이 담당하는 기초생활보장사업의 집행에 대한 감독업무를 수행하며 무엇보다 사회복지사업을 직접 집행하고 관리하는 업무를 중점적으로 담당하는 것이 필요하다고 본다. 사회보험 업무와 관련해서는 관리공단의 업무수행에 필요한 협조사항 등을 처리하는 것이 필요하리라 본다. 사회복지시설과 기관에 관한 업무와 민간단체의 업무를 감독하는 것은 기초자치단체에서 담당하는 것이 타당하다고 본다.

③ 읍·면·동 차원(사회복지사무소 지소 설치 가정)

읍·면·동은 지방자치단체는 아니지만 행정편의를 위해 기초자치단체 내에 설치되어 있는 지방행정기관이다. 사회복지 관련업무 또한 원칙적으로 시·군·구 단위에 설치되어 있는 사회복지사무소에서 수행하는 것을 원칙으로 하지만 지리적 거리나 인구의 과중 등의 문제가 있는 경우는 읍·면·동 차원의 사회복지사무소 지소를 설치할 수 있을 것이다. 사회복지사무소 지소에서는 무엇보다 기초생활보장사업의 실제 집행이 이루어지며 사회복지사업업무도 일차적으로 담당하는 것이 필요하리라 본다. 사회보험업무도 관리공단과 관련해서 필요한 업무를 협조해야 할 것이다.

(2) 중앙정부와 지방정부의 사회복지 전달체계

사회보험은 현재와 같이 중앙정부가 지방정부의 조직을 거치지 않고 국민들에게 전달하되 관리공단을 중심으로 일원화될 것을 전제로 논외로 하고 중앙정부와 지방정부가 관여하는 공공부조와 사회복지사업에 국한하여 지금까지 제시된 공적 사회복지 전달체계의 개선방안을 살펴보면 크게 두 가지로 나눌 수 있다.

하나는 시·도의 지방 일반행정기관에서 사회복지업무나 보건복지업무를 분리시켜 보건복지부 직속 하부 집행기관인 사회복지청이나 보건복지청으로 만드는 중앙집권화/분리형이고, 다른 하나는 행정자치부의 집행기관으로서의 시·도의 지방자치단체로부터 직접적인 지시 감독을 받으며 보건복지부로부터는 간접적인 통제를 받게 되는 지방분권화/분리형이다. 중앙집권화/분리형은 다시 중앙집권화/사회복지분리형과 중앙집권화/보건복지분리형으로 나눌 수 있다. 그리고 지방분권화/분리형은 다시 지방분권화/사회복지분리형, 지방분권화/보건복지분리형으로 나눌 수 있다.

중앙집권화는 사회복지의 지방적 특성을 무시하고 사회복지에서의 지방정부의 기능을 약화 내지는 소멸시킬 가능성이 크므로 바람직하지 못하고 또한 보건복지통합형은 기존의 보건소 업무까지 통합하게 되어 복잡할 뿐 아니라 현실적으로 어려운 문제가 많으므로 (예를 들면, 보건측과 복지측과의 권력다툼) 바람직하지 못하다.

　그리고 읍·면·동에 사회복지사무소 지소를 설치하는 것은 예외적인 경우에만 인정하고 업무의 효율성고 통합성을 위해 시·군·구 단위에 사회복지사무소를 두고 사회복지업무를 통합하여 수행하는 것이 바람직하다고 생각된다. 그리고 사회복지사무소 설치의 경우 시·군·구청장의 직속 하에 두는 것이 바람직하다고 생각된다. 사회복지 전달체계 개선모형을 그림으로 나타내면 [그림 15-1]과 같다.

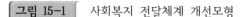

그림 15-1　사회복지 전달체계 개선모형

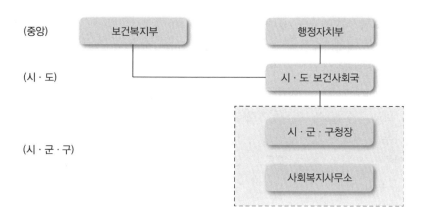

(3) 중앙정부와 지방정부의 사회복지 재정

　지방자치단체간에 경제적 불평등이 심하고 전반적으로 지방정부의 재정자립도가 낮은 우리의 현실상 사회복지 재정의 많은 부분은 중앙정부의 책임 하에 둘 수밖에 없다. 그러나 장기적으로는 지방정부 자체의 사회복지 재원을 마련하는 별도의 방안들이 마련되어야 한다. 지방정부 차원에서 사회복지 재정의 확보 방안은 다음과 같이 대략 다섯 가지로 나누어 볼 수 있다.

　첫째, 지방세 내에 목적세로 사회복지세를 신설하는 방안을 고려할 수 있다. 그러나 이 방안은 현재와 같이 지역 간 재정격차가 심한 경우에는 격차의 폭을 더욱 크게 할 염려가 있으며 지역 주민들의 조세저항도 예상할 수 있다.

　둘째, 지방정부의 세외수입, 예를 들면 수수료, 사용료, 기부금 등을 확대하는 방안을 들 수 있다. 여기서 수수료, 사용료의 확대는 사회복지세와 마찬가지로 재정격차, 조세저항을 예상할 수 있으며 이에 비해 기부금은 이타주의를 강조하는 사회복지의 정신과도 일맥상통하는 것으로 훌륭한 재원확보 방안이 된다.

　셋째, 지방교부세 제도의 활용방안을 고려할 수 있다. 그러나 현 교부세율을 유지하면서 사회복지 비용을 확대하려고 할 경우에는 아직도 기초설비가 미비하기 때문에 지방정부의 재원을 사회복지비로 많이 사용하기는 어려운 실정이다. 다만 교부세율을 확대할 경우에는 사회복지 재정으로서의 사용이 가능하다. 교부세율의 확대는 우리나라 전체 예산구조의 재조정 문제를 전제로 할 때 가능한 것이다.

넷째, 국고보조금의 확대를 고려할 수 있다. 국고보조금은 국가가 용도를 정하여 교부하는 보조 수입으로 지방정부의 사회복지비 대부분을 여기서 충당하고 있다. 국고 보조금의 확대는 사회복지 재정의 확대라는 측면에서 긍정적이기는 하나 지방정부 자율성이라는 측면에서는 문제점을 가지고 있다. 따라서 보조금은 항목별 보조금이나 기능별 보조금보다는 특별보조금의 형태로 주어지는 것이 바람직하다.

다섯째, 지방양여세 제도의 수입 일부를 지방자치단체에 양여하여 특정사업에 사용하도록 하는 제도로 1991년에 도입되었다. 지방양여세는 국민에게 새로운 부담을 주지 않으면서 지방자치단체 간 재정불균형을 해소할 수 있는 방안이 된다. 그러나 현재는 지방양여금이 주로 지방도로 확충과 같은 기간사업에 투자되고 있기 때문에 이것이 장차 사회복지 재정으로 얼마만큼 투자될 것인지는 분명하지 않다.

1995년 6월에 처음 실시된 지방자치단체장 선거를 시작으로 우리도 이제는 본격적인 지방자치시대로 진입하게 되었다. 이와 같은 시대적 변화에 맞추어 중앙과 지방간의 사회복지 역할분담의 문제를 업무분담 문제, 사회복지 전달체계 문제, 그리고 사회복지 재정문제로 나누어 현황과 문제점, 원칙과 방법을 살펴보고 이에 기초하여 개선방안을 제시하여 보았다.

최근 사회복지관련 전문가나 정부관리 중에는 중앙정부가 맡고 있거나 당연히 맡아야 하는 사회복지행정의 책임까지도 지방정부로 섣불리 이양할 것을 고려하고 있는 사람들도 적지 않은 듯하다. 그러나 우리나라는 아직도 지방자치의 여건이 경제적으로나 정치적으로 충분히 조성되지 못하고 있으며 더욱이 지방자치단체 간 격차는 매우 심하여 극히 몇몇 행정구역을 제외하고는 예산적으로나 행정적으로 독립과는 거리가 먼 실정이다(황성동, 1994 : 142).

따라서 국가 전체적인 통일성이 필요한 업무는 반드시 중앙정부에서 담당하며 지방정부에서 수행하는 것이 효율적인 것만 지방에 이양하도록 해야 하며 사회복지 전달체계 역시 지방분권화를 지향하되 체계개편이 너무 급작스럽게 이루어지는 것은 바람직하지 않은 것으로 생각된다. 특히 사회복지 재정의 경우 지방정부의 자치능력이 생길 때까지 지속적으로 중앙정부의 지원이 이루어져야 할 것이다. 다시 말해 사회복지행정에 대한 전반적인 리더십은 중앙정부가 담당하면서 지방정부의 자치능력을 키워나가야 할 것이다.

2. 정부와 민간 간의 역할분담

1) 유형

순수한 정부부문은 사회복지의 제공자가 정부이고 재원은 전부 정부예산에서 나오며 운영도 공무원들이 하는 형태를 말하며, 순수한 민간부문은 사회복지의 제공자가 민간인이고 재원도 민간에게서 나오며 운영도 민간인이 하고 정부의 규제도 받지 않으며 세제상의 혜택도 없고 따라서 정부에 대한 책임도 갖지 않는 형태를 말한다.

복지국가가 발전되기 이전에는 위와 같은 순수한 형태의 정부부문과 민간부문이 많이 존재하였으나 오늘날 이러한 순수형태는 오히려 드물다. 특히 순수한 민간부문의 형태는 오늘날의 복지국가들에서 발견하기 어렵다. 왜냐하면 거의 모든 형태의 민간부문은 정부로부터 규제를 받으며 그 대가로 세제상의 혜택 등을 받기 때문이다(김태성, 1995 : 60).

정부부문은 중앙정부와 지방정부를 포괄하는 개념이다. 한편 민간부문의 범주에는 정부를 제외한 모든 부문이 이에 속하는데 개인, 가족, 이웃과 같은 비공식 민간부문, 영리 민간부문과 비영리 민간부문으로 구분된다. 사회복지 역할분담에 있어서 정부부문과 민간부문이 차지하는 비중은 국가에 따라 차이가 있는데 스칸디나비아 3국을 비롯한 유럽 국가들은 정부부문의 비중이 상대적으로 높고 미국과 같은 국가의 경우 민간부문의 비중이 다른 나라에 비해 상대적으로 높은 편이다.

크래머(Kramer)는 정부부문과 민간부문의 사회복지 역할분담관계를 국유화 모형, 정부주도 모형, 실용적 동반자 모형, 민간강화 모형, 민영화 모형의 5가지 유형으로 분류하여 다음과 같이 설명하고 있다(Kramer, 1981 : ch. 14 : 백종만, 1995 : 129~132).

첫째, 국유화 모형(nationalization model)은 정부부문이 서비스 전달체계의 대부분을 차지하며 비영리 민간부문이나 영리 민간부문은 극소수인 경우이다. 이 모형에서는 정부가 최대의 서비스 제공자이기 때문에 영리 민간부문과 비영리 민간부문이의 역할은 최소한의 주변적인(marginal)것으로 축소되고 만다는 것이다. 정부주도 모형과는 서비스 제공을 주도하는 정도에서 차이가 존재한다.

둘째, 정부주도 모형(government operation model)은 정부만이 보편적이고 형평적이며 책임성 있고 권리로서 이용 가능한 포괄적인 사회복지 체제를 운영할 수 있다고 가정한다. 이 모형에서는 가능한 한 대부분의 서비스가 정부를 통하여 직접 제공되고 있으며 민간 비영리부문은 정부의 역할을 메우거나 보충하기 위해 필요하다는 것이다. 여기서 민간부문의 역할을 주변적인 것은 아닐지라도 정부역할에 부수적이고 종속적인 것이다.

셋째, 실용적 동반자 모형(pragmatic partnership model)은 정부가 기본적인 서비스의 제공을 지속적으로 추구하지만 서비스의 전달과정에서 비영리 민간부문에게 자금을 제공하

고 운영권을 위임하여 관료화를 방지하고 다양성을 살리고자 한다는 점이다. 즉 이 모형에
서도 정부주도 모형에서와 같이 서비스가 권리로 인정되는 공공정책이 채택되고 있으나
독립되고 포괄적인 공공서비스 센터를 강화하는 대신에 비영리 민간부문과의 계약을 실용
적으로 선택하고 있다. 비록 이 모형이 보편적이고 책임성 있고 형평성 있는 서비스의 구
축이라는 이상과는 어느 정도 거리가 있지만 비영리 민간부문에 대한 자금지원방식은 사
회변화를 점진적으로 추구하는 미국 전통이 전형적으로 발휘된 것이라 할 수 있다.

넷째, 민간강화 모형(empowerment voluntary organization model)은 복지국가 위기론 이후
영미에서 주목된 모형으로서 비영리 민간부문 및 비공식 민간부문에 대한 믿음에서 출발
하여 지원단체, 종교조직, 근린지역, 일차적 사회체계의 활용을 강조한다. 민간강화 모형
옹호자들은 사회복지서비스의 생산과 분배는 이타주의가 시장보다 우월하다는 믿음을 갖
는다. 이 모형의 서비스 전략은 서비스 기준의 설정에 대한 정부의 역할은 인정하나 서비
스 전달은 비공식 민간부문, 비영리 민간부문, 영리 민간부문을 이용한다는 것으로 특히
비공식 민간부문과 비영리 민간부문의 활용이 강조된다. 그러나 민간의 역할강화는 재원
의 경우에도 정부의 역할보다 민간의 역할이 강조되기 때문에 서비스의 축소를 가져올 것
이라는 비판도 제기되고 있다.

다섯째, 민영화 모형(privatization model)도 복지국가 위기론 이후 영미에서 주목된 모
형으로서 그 특징은 가능하면 영리부문을 활용하고 가장 합리적 가격으로 양질의 서비스
를 전달하기 위해 시장경제에서의 경쟁에 의존한다. 정부의 부담을 감소시키고 정부의 권
력을 줄이려는 정책목표를 추구한다. 서비스전략은 정부가 재정 및 기준에 대한 어느 정도
의 규제와 서비스를 감독하지만 직접적으로 서비스 제공에 대한 책임을 지지 않는다. 따라
서 서비스제공의 책임은 개인이나 가족에 두고 실제 서비스제공은 시장메커니즘에 의해서
지배되는 영리 민간부문이 주로 담당하게 된다.

1970년대 이후 복지국가 위기에 대응하여 정부역할의 축소를 강조하는 복지다원주의
가 등장했는데 복지다원주의는 정부의 사회복지역할과 부담을 비공식 민간부문, 비영리
민간부분, 영리 민간부문에 적극적으로 떠맡기는 전략을 시도하였다. 특히 복지다원주의
자들은 민간강화모형이나 실용적 동반자 모형을 선호하고 있으며 영리기업과 같은 민영화
모형에로의 지향도 나타나고 있다. 그러나 오늘날 자본주의를 기초로 복지국가를 지향하
는 나라에서 정부와 민간 간의 사회복지 역할분담의 유형을 보면 주로 민간강화 모형, 실
용적 동반자 모형, 정부주도 모형의 테두리 안에서 그 틀이 정해지고 있다고 볼 수 있다.

2) 필요성과 기준

어느 나라나 시대에 있어서 정부와 민간 간의 사회복지 역할은 계속 변화되면서 다양하게 분담되고 있다. 정부와 민간 간의 역할분담의 필요성은 다음과 같다(정경배, 1998 : 12).

첫째, 제한된 자원에 비해 사람들의 욕구는 다양하기 때문에 역할분담이 필요하다. 기초적인 욕구는 모든 사람에게 공통되지만 기초적 욕구가 충족되면 사람들에 따라 특수한 욕구들이 생겨난다. 따라서 정부의 획일적인 서비스로는 그러한 개별적인 욕구를 충족시켜 줄 수 없으며 자원이 낭비될 수 있다. 민간부문은 이러한 소수의 특별한 욕구에 보다 융통성 있게 반응할 수 있다.

둘째, 연대성 강화와 사회통합을 유지하기 위해 역할분담이 필요하다. 우리 사회가 연대성이 강한 사회가 되기 위해서 사회구성원들의 기초적인 욕구에 대하여 정부가 개입하여 서비스를 제공하는 것은 정부의 고유한 기능이다. 그러나 정부는 관료적 조직체로서 획일적인 서비스를 행하게 되어 개별적인 욕구에 대응하기 어려운 특성을 가지고 있다. 이와 같은 문제들을 민간부문과 적절히 역할 분담함으로써 사회적인 연대성이 강화되고 사회통합을 유지하게 된다.

셋째, 사회구성원들의 욕구에 효율적으로 대응하기 위해 역할분담이 필요하다. 기초적인 욕구를 충족시키기 위해서 정부가 획일적인 서비스를 제공할 수 있지만 사회변화에 따른 새로운 욕구의 충족이나 소수의 특수한 욕구의 충족, 보다 고급의 서비스에 대한 욕구 등에 대해서는 민간부문이 보다 효율적으로 대응할 수 있다.

위의 사회복지 역할분담의 필요성에 의해서 서비스를 어떤 부문에서 제공하는 것이 바람직한지를 결정하는 기준들을 논의해 보면 다음과 같다.

첫째, 서비스의 공공재적인 성격의 정도와 외부효과의 정도를 고려해야 한다(김태성, 1995 : 73). 서비스가 공공재적인 성격이 강한 경우 이러한 서비스는 사람들이 집합적으로 소비할 수밖에 없기 때문에 대가를 지급하지 않은 사람을 이용하지 못하도록 배제할 수가 없다. 그러므로 이러한 서비스는 민간이 아니라 정부에 의해 제공되는 것이 바람직하다. 또한 서비스가 외부효과가 큰 경우 이러한 서비스가 개인의 수효에 따라서 시장에 공급된다면 사회적으로 필요한 만큼 서비스가 투입되지 못하는 경향을 가진다. 그러므로 사회적으로 필요한 정도로 이러한 서비스가 제공되려면 정부가 직접 제공하는 것이 바람직하다.

둘째, 어떤 서비스를 사람들이 선택하는 데 있어 이러한 서비스에 대한 정보를 사람들이 많이 갖고 있지 않거나 혹은 갖기에는 비용이 많이 드는 경우 정부에서 제공하는 것이 바람직하다(김태성, 1995 : 73). 사람들의 합리적 선택이 어려운 속성을 갖고 있는 서비스를 민간에서 제공하게 되면 서비스의 형태, 가격, 질 등에 있어서 비효율적인 배분이 일어난다.

셋째, 어떤 서비스는 속성상 대규모로 혹은 강제적으로 제공하는 것이 기술적인 측면에서 바람직할 수 있는데(송근원·김태성, 1995 : 355) 이런 서비스는 민간부문에서의 자발적 가입형태로 제공할 경우 유지하기 어렵기 때문에 정부부문에서 제공하는 것이 이상적이다. 예로서 사회보험의 경우 많은 사람들을 강제적으로 가입시킴으로써 많은 유리한 점을 갖고 있는데 이러한 속성 때문에 사회보험은 정부에서 제공하는 것이 바람직하다.

넷째, 어떤 서비스는 그 속성상 여러 부문에서 보완적으로 제공되는 것이 바람직할 수 있다(송근원·김태성, 1995 : 355). 즉 이러한 서비스는 어느 한쪽 부문에서 제공되면 다른 부문에서의 제공이 필요 없는 대체적인 성격을 갖고 있는 것이 아니라 다른 부문에서 보완적으로 제공할 때 바람직한 제공이 이루어질 수 있는 것이다.

다섯째, 어떤 서비스 제공이 추구하는 중요한 가치가 평등인 경우 이러한 서비스는 민간부문보다는 정부부문에서 제공하는 것이 바람직하다. 왜냐하면 순수한 정부부문쪽에 가까울수록 평등의 가치는 무시되는 경향이 있다.

여섯째, 어떤 서비스를 사람들에게 제공할 때, 단편적인 아닌 지속적이고 안정적으로 제공할 필요가 있을 때 이러한 경우 재정이 불안정한 민간부문보다는 정부예산에 의존하는 대규모 정부부문이 바람직하다.

일곱째, 어떤 서비스 제공이 추구하는 중요한 가치가 공평성인 경우 정부부문보다는 민간부문에서 제공하는 것이 바람직하다. 왜냐하면 일반적으로 민간부문 쪽에 가까울수록 이러한 개별적 공평성의 가치가 크게 반영되기 때문이다.

여덟째, 사람들의 사회복지에 대한 욕구형태는 시간이 지남에 따라 변한다. 특히 오늘날과 같은 복잡한 산업사회에서는 더욱 그러하다. 이때 변화된 욕구에 대하여 얼마나 신속하고 융통성 있게 대응할 수 있느냐 하는 점도 역할분담에서 중요하게 고려해야 할 점이다(송근원·김태성, 1995 : 357~358). 일반적으로 변화를 싫어하고 새로운 것을 받아들이기를 꺼리는 관료제적 속성을 갖고 있는 정부부문이 민간부문보다 이러한 점에서 불리하다.

3) 향후 방향

앞의 사회복지 역할분담유형과 사회복지 역할분담의 필요성과 기준에 관한 논의를 바탕으로 사회복지의 주요영역인 소득보장, 의료보장, 주거보장, 사회서비스 등의 4가지 영역에서 역할분담의 방향을 제시해 보면 다음과 같다.

첫째, 한 나라의 국민들이 인간답게 살 수 있는 최소한의 소득보장을 해주는 것은 정부부문에서 이루어져야 한다. 그 이유는 최소한의 소득보장은 공공재적인 성격이 강하고 외부효과가 크기 때문에 민간부문에서 국민들의 소득보장을 이루는 데는 한계가 있기 때문이다. 반면에 최소한의 소득보장을 넘는 경우 공공재적 성격이 약해지며 따라서 이를 반드시 정부부문에서 제공할 필요가 없고 민간부문과의 다양한 혼합의 유형이 바람직하다

(송근원·김태성, 1992 : 76).

　이러한 유형에서는 정부가 사용자에게 세제상의 혜택을 주어 기업복지의 차원에서 소득보장을 할 수 있고 개별적 공평성의 가치를 높일 수 있다. 또한 개인에게 직접 세제혜택을 주어 가족 내 혹은 가족 간의 소득이전을 권장하여 소득보장을 이룰 수도 있다.

　둘째, 의료보장도 소득보장처럼 공공재적인 성격이 강하고 산업사회에서 건강한 노동력의 지속적인 공급이라는 외부효과가 매우 크기 때문에 정부부문에서 제공하는 것이 바람직하다.

　특히 의료보장이 민간부문에서 제공되어 일반 소비자들이 선택하게 될 때 필요로 하는 정보가 다른 것들에 비하여 많고 복잡하기 때문에, 그리고 이러한 불완전한 정보에서 발생하는 문제가 심각해질 수 있기 때문에 정부부문에서 제공하는 것이 좋다(김태성·성경륭, 1995 : 284).

　셋째, 이 영역에서는 정부부문과 민간부문의 혼합의 유형은 정부에 의한 공공주택의 제공, 민간부문 서비스 제공자에 대한 보조, 소비자에 대한 직접보조(예로서 주택수당), 그리고 소비자에 대한 세제혜택 등의 방법이 있는데 소비자에 대한 직접보조와 세제혜택의 방법이 민간부문 서비스 제공자들의 경쟁을 유발시키고 소비자선택의 폭을 넓힐 수 있다.

　넷째, 사회서비스는 앞의 소득보장, 의료보장, 주거보장 등의 서비스보다 공공재의 성격이 약하기 때문에 정부부문에서 이와 같은 서비스를 제공할 필요성이 가장 적은 서비스이다. 사회서비스는 특히 정부가 재정지원을 해도 서비스의 운영은 민간부문에서 하는 경향이 크다(김태성·성경륭, 1995 : 286). 이러한 경우에 경쟁과 소비자선택의 문제를 고려해 사회서비스를 제공하는 민간사회복지기관 및 시설에 정부가 재정보조를 해주거나 소비자에게 사회서비스를 구입할 수 있는 증서를 제공하기도 하고 또는 소비자들이 사회서비스를 구입한 경우 상환해 주는 방법 등이 바람직하다. 또한 이러한 서비스는 가족 내에서 가족구성원들 사이에 이루어지는 것이 효율적이기 때문에 가족에 세제혜택의 방법을 통하여 동기부여 하는 것도 좋은 방안이 될 수 있다.

　우리나라의 경우 복지공급량 자체가 선진국에 비해 적고 정부부문의 비중이 상당히 낮은 특징을 가지고 있다. 따라서 정부는 국민복지 수준을 향상시키기 위하여 현재보다 좀 더 적극적으로 개입할 필요가 있다. 현재 우리의 사회복지 역할분담유형을 실용적 동반자 모형으로 분석하기도 하지만(백종만, 1995 : 139~140) IMF 사태로 인한 현재의 사회적 위기를 극복하기 위해서는 정부의 적극적인 역할을 좀 더 확대하는 방향으로 나가는 것이 필요하다.

　적어도 국민의 최저생활을 보장하는 선까지는 정부의 복지개입이 증가되어야 한다. 어떠한 경우라도 정부는 모든 국민에게 기초소득보장, 기초의료보장, 기초주거보장을 실시해야 하며 사회서비스의 효율적인 제공을 위하여 다양한 정부의 지원방법을 활용하면서 민간부문과 적절히 역할분담을 이룩해 나가야 한다. 역할분담의 방법으로 민간강화 모형이나 민영화 모형의 장점을 부분적으로 수용하여 사회복지의 공평성과 효율성, 그리고 융통성을 도모하는 것이 아울러 요구된다.

4) 책임성

사회복지조직과 프로그램, 서비스 전달체계는 사회복지의 정책을 수행하기 위한 도구들이다. 따라서 이들은 정책에서 제시된 사회적 목적들을 얼마나 충실히 수행했는지에 대해 평가받고 책임진다. 대부분의 사회 정책들이 그러하듯이, 정책이 제시하는 목적들은 그다지 구체적이지 못하다. 그에 따라 평가와 책임성에는 다양한 시각과 관점이 개입될 수 있고, 심하게는 한 프로그램의 동일한 수행결과가 한편에서는 성공적이라고 평가되고 다른 한편에서는 실패라고 규정될 수도 있다. 특히 사회복지의 환경에서는 이러한 상반되는 관점들이 대립되는 경우가 빈번히 발생한다. 따라서 사회복지의 책임성 규명의 문제는 단순히 기계적인 목표 성취 여부만을 뜻하는 것이 아니라, 다양한 이해 관점들에 대한 배려까지를 포함하는 것이 된다.

(1) 책임성의 개념

책임성의 개념에는 보통 두 가지의 의미가 들어 있다. 특정한 업무수행에 따른 책임을 진다는 의미와 어떤 집단이나 개인에 대해 책임을 진다는 의미가 있다.

> 전자는 '무엇을 책임지는(responsible for)'의 뜻이고, 후자는 '누구에게 책임 있는(accountable to)'의 뜻에 가깝다. 영어에서는 'accountable'이 '<누구에게> 설명할 의무가 있는, <무엇에 대해> 설명(해명)할 수 있는' 이라는 뜻으로 쓰인다. 그래서 여기에서 말하는 책임성(accountability)이란 '누구에게 무엇인가에 대해 책임 있게 해명할 수 있음'이라는 뜻으로 이해하는 것이 적절하다.

사회복지조직과 프로그램들은 환경의 영향을 강하게 받는다. 그런데 그 환경은 단순하지가 않으며, 다양하고 복잡한 이해관계를 가진 집단들로 구성된 일종의 느슨한 연합(coalition) 형태를 띤다. 환경은 또한 안정적이지도 않으며, '격동적(turbulent)'이기까지 하다. 이런 환경 하에서 사회복지조직들은 다양하고 안정적이지 못한 이해관계의 망 속에 둘러싸이게 된다.

다양한 이해집단들은 각기 다른 관점에서 프로그램을 이해하고 해석한다. 동일한 업무수행의 결과를 두고서도 각기 다른 관점에서 보면 각기 다른 해석들이 가능하다. 한 프로그램에 대해 정부기관들 간에도 서로 다른 기대와 요구를 가질 수 있고, 프로그램에 대해 직접적인 이해관계에 있는 클라이언트나 가족들의 요구도 존재하며, 비록 간접적이기는 하지만 자원제공자로서의 납세자와 지역사회 주민들의 관심도 있으며, 조직 내에서도 프로그램 운영과 관련된 각 부서나 전문직들 간에 상이한 시각이 나타날 수 있다.

따라서 사회복지행정 관리자들의 프로그램 운영에 대한 책임성은 단순하고 기계적인 목표 성취의 여부를 두고 파악되지 않는다. 단일한 공식적인 목표를 추구하면 책임 있는 행정이 된다는 식의 생각은 수정되어야 한다. 이들의 책임은 다원적인 이해관계의 망 속에서, '누구에게'라는 프로그램의 책임성을 최대한 실현하는 것에 있다. 각각의 이해집단이 사회복지조직과 프로그램에 대해 부과하는 각종 규칙이나 규제 혹은 요구들을 통해 책임성의 구체적인 실천 요소들을 확인할 수 있다.

예를 들면, 정부보조에 수반되는 사업지침들의 준수 여부, 장애인 단체가 요구 하는 편의시설 설치 요구, 실습생들에 대한 교육 기회 제공 요구, 클라이언트들이 요구하는 질 높은 서비스, 조직 내의 각종 전문직들이 요구하는 프로그램 개선이나 자원배분 조정, 시민단체에 의한 기관운영 참여 요구, 법인의 사명(mission)실현에 대한 준수 독촉 등과 같은 것들이다.

조직이나 프로그램들이 이러한 사항들에 대해 '책임 있게 설명(해명)할 수 있는가'를 고려하는 것이, 곧 행정관리자의 책임성 구현에 대한 적절한 지향이 되는 것이다.

(2) 책임성의 관리

사회복지행정 관리자가 책임성을 관리하기 위해서는 우선 책임성을 제시할 다양한 내·외부 소재들을 파악하는 것이 필요하다. 대부분은 인적, 물적, 법적 자원 등을 제공하는 외부요소들이 주가 될 것이나, 서비스 이용자인 클라이언트의 이익을 대변하는 사회복지 전문직의 관점도 그 과정에서 반영되는 것이 바람직하다. 각 소재의 확인과 함께 이들의 상대적인 영향력에 대해서도 파악할 필요가 있다. 모든 책임성 소재들이 요구하는 모든 사항들에 대해 책임질 수는 없으므로, 그러한 요구들의 상대적인 강도나 영향력의 크기 등을 적절히 고려해서 선별하는 판단도 필요하다. 행정관리자들은 그러한 책임성 소재들에 대한 파악을 통해서 조직과 프로그램의 방향에 대해 영향력을 행사한다.

① 행정관리자의 역할

페퍼와 사란식(Pfeeffer and Salancik)은, 행정관리자가 책임성 구현을 위해 수행하는 역할에 세 가지 유형이 있다고 본다. 첫째는 '상징적(symbolic)' 역할로서, 행정관리자가 조직의 성과에 아무런 영향을 주지 않는 것이다. 행정적인 활동은 단지 상징적일 뿐이며 외부 소재들에 대해 조직이 책임성을 수행하고 있다는 인상을 심어주는 역할만을 한다. 둘째는 '반응적(reactive)' 역할로서, 외부의 요구들에 수동적으로 반응하는 것이다. 외부에서 규정한 의무나 절차들만을 충실하게 수행하며, 자신과 조직의 안전을 최우선으로 하는 전형적인 관료적 역할이 주를 이룬다. 셋째는 '재량적(discretionary)' 역할로서, 행정관리자가 보다 적극적으로 외부 환경과의 타협 내지는 개척까지를 모색하는 역할이다.

위의 세 가지 유형 중에서 사회복지행정 관리자는 재량적 역할을 취하는 것이 필요하다. 환경 요소들의 제반 요구를 단순히 조직의 생존과 관련시켜 수동적으로 따라가는 식의 책임성 이행은 바람직하지 않다. 조직이나 프로그램의 가치와 목적에 근거해 능동적으로 환경 요소들을 파악, 선별함으로써 보다 적극적으로 책임성을 실현해 나가야 한다. 이러한 역할의 재량적 행정관리자는 보다 '창의적인 리더십'을 발휘할 것이 요구된다. 하지만 이러한 적극적인 책임성의 구현이 자칫 편파적인 도덕성에 대한 강조로 나타나는 것은 바람직하지 못하다.

> '사회복지계의 전문적 행정 활동의 지배적인 윤리는 궁극적으로 클라이언트와 그들의 욕구에 대한 근본적인 관심에서부터 도출된다. 그러나 이러한 윤리적인 자세는 단순하고 무작정식의 옹호주의에서 벗어날 수 있는 정치적 기술을 필요로 한다. 무작정식의 옹호주의는 행정관리자의 전문적 신빙성을 약화시킬 따름이고, 어떤 프로그램 변화도 이끌어 내지 못할 정도로 정치적 갈등만을 증폭시킬 수도 있다.'

전문적인 행정 기술은 '행정관리자가 다양한 이해집단들 간의 균형을 유지하고 조화를 찾아내는 방법에 귀착되어 있다. 다만 상대적으로 열세에 처하기 쉬운 사회복지 클라이언트의 특성을 감안해서 이러한 방법의 실전에서 클라이언트의 관점이 강조되도록 하는 것이 마땅하다. 이를 위해 사회복지행정 관리자는 클라이언트에 대한 책임성에 우선적으로 관심을 가져야 하는데 특히 조직과 행정 기술이 어떻게 클라이언트의 욕구를 부정하거나 혹은 충족시키는지를 알아야 한다.

② 책임성의 내부 관리

다양한 외부의 책임성 소재들이 제시하는 제약 요소들을 확인한 후에는, 그것을 내부적으로 소화해서 실행에 옮겨지도록 하는 것도 행정관리자의 역할이다. 외부의 책임성 소재들은 직접적으로 조직구성원들에게 영향을 주지 않는다. 책임성 요구들은 행정관리자의 적절한 해석을 거쳐서 개별 서비스 업무자들에게 적용된다.

사회복지서비스 조직이나 프로그램에서 개별 서비스 제공자들은 책임성을 실현하는데 결정적인 역할을 수행한다. 이들이 서비스 이용자와의 상호작용 관계를 통해 서비스를 실천하는 주체이기 때문이다. 따라서 사회복지조직이나 프로그램이 외부의 책임성 요구에 부합하기 위해서는, 서비스 제공자 즉 업무자들이 기관의 목적에 대해 책임성을 실현하고 있음을 확인하고 관리할 수 있어야 한다. 일반적으로 조직에서 책임성의 관리는 다음과 같이 구성된다.

첫째, 특정 상황에서 서비스 제공자가 취해야 할 특정한 반응은 어떤 것이어야 하는지를 조직이 파악하고 있어야 한다.

둘째, 서비스 제공자들의 활동을 모니터링하고, 모니터링된 활동을 조직이 선호하는 반응과 비교해 사정한다.

셋째, 조직은 서비스 제공자들의 바람직한 행동을 유도하기 위해 다양한 유인적 동기와 제재 수단을 갖추어야 한다.

사회복지서비스 조직들에서는 위와 같은 전형적인 통제가 어려운 경우가 많다. 서비스 이용자들의 문제와 욕구가 단순하거나 이에 반응하는 유형이 규칙적이라면 위와 같은 통제가 가능할 것이나, 현실적으로 대부분 이용자들의 욕구는 복잡 다양하고 또한 안정적이지도 않다. 따라서 이러한 욕구에 대한 판단과 적절한 서비스에 관한 결정을 위해 각종 전문가들의 재량에 의존해야 할 필요성이 높다. 이 경우에 전문적인 재량권을 단순한 행정적인 사전 규정들에 의거해서 평가하고 통제하는 것은 도움이 되지 않는다.

조직의 입장에서는 조직의 책임성을 구현하기 위해 서비스 제공자들의 행동을 통제해야 할 필요성이 있지만, 사회복지서비스의 효과성을 위해서는 개별 서비스 제공자들의 재량권 행사가 필요하다. 이것은 사회복지서비스 조직들의 행정관리에 있어서 일종의 딜레마적 상황의 문제이기도 하다. 이런 경우에 근원적인 해결책은 존재하지 않으며, 다만 재량권과 통제 간에 균형이 필요하다는 것은 분명하다. 외부 책임성 소재들이 요구하는 것을 소화해 내기 위한 통제에 대한 관심과 전문적 서비스에 필요한 재량권 확보에 대한 관심 사이에 균형을 유지하려는 노력이 사회복지행정 관리자들에게 절실하게 요구된다.

③ 서비스 제공자들의 통제

통제의 목적은 개별 서비스 제공자들의 활동이 조직과 프로그램의 목적에 들어맞도록 하자는 데 있다. 보다 궁극적으로는 그러한 통제를 통해 조직 활동이 외부의 책임성 요구에 부응하도록 만들려는 것이다. 예를 들어, 사회복지사의 전문적 서비스 활동에 대해 행정관리자가 관여할 수 있는 것도 바로 그러한 행정관리자의 외부 책임소재와의 연결 기능 때문이다.

행정관리자가 서비스 제공자들의 행동을 통제하는 데는 단순한 원칙이 적용된다. 행정관리자는 '자신이 알고 있는 행동 측면들에 대해서만 통제할 수 있다'는 것이다. 따라서 조직과 프로그램이 보유하는 다양한 서비스 제공자들(예를 들어, 사회복지사, 심리상담가, 물리치료사, 재활교사, 특수교사, 영양사, 간호사, 의사, 혹은 자원봉사자들까지 포함)의 행동을 적절히 파악하는 것이 필요하다. 일반적으로는 서비스 제공자들의 행동에 관한 지식을 얻는 데 세 가지 방법이 있다고 본다.

ⓐ 기록

개별 서비스 제공자에 의해 작성된 기록으로 클라이언트가 제시한 상황들에 대한 정보와 그것에 대해 서비스 제공자가 취한 행동에 관한 것들이 수록되어 있다. 예를 들어, 진단을 위한 질문들, 상황에 대한 해석, 자격요건과 급여 수준의 결정 등에 관한 업무자의 기록이 여기에 해당한다. 이 기록들을 기관의 표준화된 기준에 비추어 비교해 본다. 만약 기록을 대조한 결과 표준화된 절차를 따르고 있었다면, 서비스 제공자의 결정과 행위가 조직이 요구하는 책임성의 범주 안에서 수행되고 있음을 확인할 수 있다. 그러나 이런 방법을 사용하는 데는 세심한 주의가 필요하다. 표준화된 기준을 지나치게 강조하는 것은 개별적이고 특수한 상황에서 서비스 제공자들이 취할 수 있는 재량권의 폭을 제한하는 결과를 초래하게 된다. 비록 서비스 제공자의 태만이나 부적절한 대응 등을 통제하기 위한 의도이기는 하지만, 지나치게 단순한 표준화된 기준들을 제시하는 것은 휴먼서비스의 업무상 특성을 무시하는 것이 된다.

ⓑ 직접 관찰

직접 관찰은 이용자−제공자 간의 상호작용에서 보편적으로 나타나는 무형의 요소들을 평가하는 데 도움이 된다. 물론 이 경우에도 행정관리자는 무엇을 보아야 할 것이며, 이러한 상호작용을 평가할 수 있는 기준들은 무엇인지 미리 알고 있어야 한다. 따라서 사회복지기관의 행정관리자는 직접 서비스에 대한 기본 지식을 갖춘 사람이어야 할 필요가 있다. 관찰을 통해서 얻을 수 있는 정보들은 ① 절차들이 정확하게 수행되는지, ② 행동이 상도(常度)에서 벗어나지는 않는지, ③ 주어진 상황에 대한 해석과 그에 따른 행동이 일관적으로 수행되는지 등에 관한 것이다. 행정관리자에 의한 직접 관찰은 비용이 많이 들고, 관찰 대상자(즉, 서비스 제공자)들이 관찰을 의식하는 행동을 하게 되고 또한 업무자와 클라이언트 관계의 비밀성 보장이 전제되지 않는다는 문제점들이 있다.

ⓒ 수량변수

업무수행과 관련한 수량화된 측정치들을 사용하는 것으로, 인테이크 수, 담당 케이스 수, 종료 케이스 수 등이 이에 해당한다. 비록 서비스 제공자의 업무수행에 관한 추론을 가능케 하지만, 실질적인 평가 도구로 사용하기에는 조악한 측면이 있다. 서비스 과정에서 다양한 변수들이 상호작용하고 있기 때문에, 이런 수량적 변수들의 확인만으로는 실제로 무엇이 특정한 결과를 초래했는지에 대해서는 파악하기 어렵다. 또한 수량화된 측정치들을 서비스 제공자의 행동을 통제하기 위한 수단으로 계속해서 사용하게 될 때, 기준행동이라는 심각한 문제를 야기할 수 있다. 수량화된 측정치로는 높은 성과를 초래하는 것처럼 나타나지만, 서비스 이용자들에게는 실제로 도움이 되지 않는 서비스 제공자들의 행동이 나타남을 뜻한다.

예를 들어, 케이스 종료 건수가 서비스 제공자의 업무수행에 대한 책임성을 나타내는 수량변수로 사용된다고 하자. 이 경우에 서비스 제공자가 비록 높은 종료 건수를 올리고 있다 하더라도, 실제로 그러한 케이스 종료 건들은 클라이언트들에게 얼마나 도움이 되었는가와는 무관하게 진행될 수 있다. 오히려 수량화된 실적을 올리기에만 급급하여 케이스 종료 건수를 높이게 될 때, 비록 수량변수로서의 책임성의 이행은 증가하지만 조직의 실질적인 서비스 효과성은 감소하게 되는 결과를 초래할 수 있다.

기준행동의 문제는 대부분의 사회복지조직들에서 심각하게 다루어져야 하는 문제이다. 사회복지조직이나 프로그램들이 원래의 이념적인 목적에서 벗어나 유지와 생존을 위한 목적에만 집착하게 될 때, 외부의 자원공급자들이 요구하는 수량적 기준치들을 채우는 데만 급급하게 되는 경향이 있다. 이러한 문제를 방지하기 위해 관료제적 통제를 강화하는 것은 오히려 문제를 악화시킬 수 있다. 그보다는 전문직의 통제와 전문적인 책임성을 강조하는 것이 오히려 바람직하다. 적어도, 서비스 제공자들이 주로 전문직으로 구성되고 재량권의 사용이 강조되는 서비스 형태를 유지하는 조직들에서는 수량화된 변수를 책임성의 지표로 활용하는 것에 대해서는 신중을 기할 필요가 있다.

책임성을 확보하기 위한 통제의 방법들 중에서 무엇이 가장 적합한지는 절대적이지 않다. 그것은 상대적으로 결정되며, 서비스가 제공되는 환경적인 특성들과 밀접하게 관련되어 있다. 예를 들면 다음과 같다.

첫째, 단순한 작업 환경을 갖춘 조직일수록 사전에 설정된 기준과 규칙들에 의해 통제가 강화될 수 있다. 예를 들어, 공적부조 담당자들이 서비스 수급자들에 대한 자격 여부를 판단하는 경우가 이에 해당한다.

둘째, 업무가 명확히 규정되기 어려워 사전 설정된 표준을 갖추기는 힘들지만, 그나마 관찰은 가능한 경우가 있다. 클라이언트와 서비스 제공자의 대면적인 상호작용이 서비스 질을 결정하는 서비스들이 이러한 경우이다. 이런 경우에는 서비스의 성격을 잘 이해할 수 있는 수퍼바이저에 의한 관찰과 통제가 적합하다.

셋째, 사전 규정과 관찰이 모두 불가능하고, 단지 서비스 이용자의 관점에 의해서만 평가될 수 있는 것들도 있다. 서비스 제공자의 태도나 반응, 혹은 스타일 등과 같은 것들인데, 이에 대한 통제는 수퍼비전과 훈련 등을 혼합하여 적용하는 것이 바람직하다.

여기에서도 다시 한 번 확인할 수 있지만, 사회복지조직과 프로그램의 행정관리자들이 책임성을 실천하기 위해서는 무엇보다도 서비스 실천의 방법과 과정에 대한 이해가 필요하다. 그래야만 적절한 통제의 방법을 찾아 낼 수 있기 때문이다. 이러한 이해는 사회복지 실천에 대한 기본적인 지식을 갖춘 전문직이 아니고서는 쉽사리 취득하기 어렵다. 따라서 사회복지의 행정관리에 전문직의 기반이 필요하다는 것은 여전히 유효하다.

5) 변화의 전략

사회복지조직과 프로그램들은 계속적으로 변화해 나가야 한다. 외부로부터의 위임 사항이 변화하고, 각종 자원이나 클라이언트 환경도 변화하며, 조직 내부로부터의 효과성과 효율성 제고에 대한 요구도 등장한다. 이러한 것들이 조직과 프로그램을 계속해서 변화하게 만드는 동인으로 작용한다. 내·외부의 환경적 요구들이 변화하는 상황에서 그에 따른 변화된 요구들을 내부적으로 수용하는 것은 사회복지의 책임성 실천과 직접적 관련이 있다.

그럼에도 기존의 조직이나 프로그램들이 변화하기란 그리 쉽지 않다. 조직이 갖는 두 가지의 목적(즉, 개체 유지와 대외적 목표 추구) 중 하나인 개체 유지가 안정을 희구하는 성향으로 작용하기 때문이다. 즉 대외적 목표는 변화를 요구하는데 반해서, 조직 유지의 목표는 안정을 지향하는 상반된 속성을 나타낸다. 조직이 목적전도 현상을 나타내는 경우는 조직 유지의 목표가 대사회적 목표를 압도할 때 발생한다. 이런 경우에는 외부의 환경적 요구들의 변화에 발맞추어 조직과 프로그램이 변화해 나가는 것이 불가능해진다. 오히려 조직의 유지를 위해 유리한 환경 요소들을 선별하려는 경향까지도 나타낼 수 있다.

사회복지행정 관리자들은 일차적으로 조직의 대사회적 목표 추구에 우선적인 가치를 부여해야 한다. 조직의 안정과 유지가 불필요한 것은 아니지만, 조직의 유지를 위한 정당성은 일차적으로 대사회적 목표 추구에 있다는 점을 조직구성원들에게 끊임없이 환기시켜야 할 책임이 있다. 사회복지조직과 프로그램들이 이러한 근원적인 가치에 충실하게 될 때, 사회적 책임성의 확보는 그만큼 더 쉬워진다.

(1) 변화의 유발과 과정

사회복지조직과 프로그램의 변화를 유발하는 요소들은 다양하게 산재해 있다. 이들을 크게 두 가지로 나누어, 외부적인 요인과 내부적인 요인으로 구분해 볼 수 있다.

<u>외부적인 요인</u> 조직과 프로그램을 둘러싼 환경적인 요인의 변화로서, 공공 정책이나 행정 규제 혹은 법원의 명령, 예산 삭감, 인구 추세, 사회적 가치의 변화, 새로운 기술의 출현 등이 여기에 해당한다. 클라이언트를 포함한 각종 외부 자원과 영향 세력의 변화가 프로그램의 변화를 유발하는 것이다. 새로운 기술 출현의 한 예는, 노인이나 장애인 등과 같은 요보호 인구의 보호에 있어서 기존의 재가보호와 시설보호라는 방법에 주간보호라는 새로운 개념의 서비스 방법을 추가한 경우이다. 이로 인해 보호 관련 프로그램들은 이 기술을 활용하거나 혹은 적응하기 위한 노력이 필요하게 되고, 그에 따라 조직의 구조와 프로그램의 성격에 있어서의 변화가 필요하게 된다.

<u>내부적인 요인</u> 일선 업무자들이 보다 많은 재량권과 자율성을 요구하거나, 전문직들이 클라이언트의 관점에서 서비스 개선을 요구하거나 혹은 케이스 부담률을 낮추어 달라고 요구하는 등으로 쟁점이 발생하는 경우에, 변화의 동인을 내부적으로 갖게 된다. 행정 관리자가 독자적으로 변화를 요구하는 경우도 이에 해당된다. 조직의 사기 저하, 의사소통의 문제, 대인 혹은 업무 단위들 간의 갈등, 업무들 간의 비효과적인 조정 등의 문제를 행정관리자가 감지하고, 이러한 문제들에 대해 변화를 시도하는 것이다.

변화의 목표는 현재의 프로그램 상태와 바람직한 프로그램 상태 간의 비교를 통해서 그 격차를 줄이고자 하는 데 있다. 프로그램의 일상적인 활동들에 대한 수정에서부터, 프로그램의 근본적인 성격 변화에 이르기까지 변화의 차원들은 다양하게 나타날 수 있다. 변화가 수행되는 과정은, 먼저 현재와 바람직한 상태로서의 프로그램에 대한 분석을 한다. 그리고 나서 요구되는 변화들을 시도하는데, 조직 내부로부터 변화에 대한 저항이 있을 수 있다. 변화에 따르는 수용과 저항의 요소들을 사정한 후에 적절한 변화 추진 전략을 실행한다.

① 문제 분석

변화의 과정은 문제에 대한 인식에서부터 시작된다. 프로그램의 내부 및 외부에서 발생하는 다양한 원인들에 의해서 현재 수준의 업무수행과 바람직한 업무수행 간의 격차가 발생하고 있음을 확인하는 것이다. 문제의 확인 다음에는 문제의 분석이 이루어진다. 문제 분석이란 이러한 격차를 유발하는 장애 요소들을 확인해 내는 것이다. 문제 분석은 비공식적으로 혹은 공식적으로 이루어질 수 있다.

비공식적인 문제 분석　이미 존재하고 있는 자료나 개인적인 관찰을 통해서 행정관리자가 일방적으로 문제와 그 원인을 규정하는 것이다. 시간과 에너지의 제한으로 인해 부득이한 경우에 이러한 문제 분석적 접근이 취해질 수 있다.

공식적인 문제 분석　문제가 보다 심각하거나 이러한 문제에 대한 해결책이 프로그램에 미치는 파장이 클 때 주로 선택된다. 행정적인 절차에 관한 감사나 생산성에 대한 운영 감사 등이 여기에 속한다.

문제 분석을 위해 하급자들의 의견을 규합하는데, 이러한 접근 방식은 하급자들이 변화 과정에서 핵심적인 역할을 수행해야 할 경우에 더욱 적절하다. 왜냐하면 변화되어야 할 대상이 바로 자신들이기 때문이다. 문제 분석 역시 변화의 상황이 어떤 요소들에서 비롯되는지를 통해 적절한 접근법을 선택해야 한다.

② 변화에 대한 수용과 저항

문제의 해결책이 조직 내에 제시되었을 경우, 변화의 당사자들이 이에 대해 저항할 것인지 혹은 수용할 것인지를 사전에 평가해야 할 필요가 있다. 수용과 저항에 대한 사정이 필요한 이유는 타당한 문제 해결책이 되려면 실행 가능성이 먼저 고려되어야 하기 때문이다. 아무리 뛰어난 이론을 갖춘 해결책이라도, 그것이 실제 상황에서 닥치는 저항 요소들을 고려하지 못한다면 쓸모가 없게 된다. 저항과 수용에 대한 사정은 변화를 위한 전략의 선택에도 도움을 준다. 저항적인 요소들과 수용적인 요소들의 배합을 고려하여서, 그에 적절한 전략(예를 들어, 기간, 정도, 방법 등에 관한)을 수립하는 데 단서로 삼을 수 있다.

조직이나 프로그램 내에 변화가 도입될 때는 그것에 저항하거나 혹은 수용하려는 상반된 경향이 나타날 수 있다. 그러한 경향은 다음과 같은 이유로 나타난다.

과거의 경험 하급자들은 현재 제안된 변화를 과거의 경험에 의거해서 인식한다. 과거에 상급자나 외부 기관이 프로그램의 변화를 일방적으로 강요했었다면, 현재의 변화 제안을 방어적인 성향이나 냉소주의로 받아들일 가능성이 높다. 이전의 변화 노력들이 별다른 보상이나 인정을 가져다주지 않았던 경우에는 특히 새로운 변화 노력에 대해 주저하게 된다. 결과는 제안된 변화에 대해 형식적으로만 순응하는 형태로 나타난다. 실질적인 저항은 드러내지 않은 채, 외형적으로만 순응하는 것처럼 행동하는 것이다. 따라서 행정관리자는 과거에 어떤 경험들이 존재했었는가를 확인하여, 저항 성향을 예측할 필요가 있다.

투자회수 비용 모든 조직구성원들은 현재의 행동 유형이나 상황을 만들어내기 위해, 자신들의 시간과 노력, 헌신 등을 투자해 왔다. 그것은 개인으로서는 자신에 대한 투자 비용이 되는데, 이를 흔히 '매몰 비용(sunk cost)'이라고도 한다. 일반적으로 매몰 비용이 크면 클수록, 변화에 대한 저항도 그만큼 더 커지게 된다. 매몰 비용은 구성원들에게는 일종의 조직 내에서의 신분보장권이나 마찬가지다. 기존의 조직구조와 과정의 유지에 개인적인 이해관계를 형성하는 것도 이 때문이다. 이러한 저항은 매몰 비용을 대체하기 위한 유인적 동기를 제공함에 의해 극복 가능하다. 변화에 대한 시도가 오히려 기존의 지위나 세력을 강화하는 데 유리함을 보여주는 것도 한 방법이다.

사회적 관계 조직구성원들은 지위나 집단에 대한 소속감, 혹은 정서적 지지 등을 제공하는 일련의 사회적 관계들 속에서 업무를 수행한다. 업무 수행 환경은 개인들의 기능적인 관계뿐만 아니라 동료들과의 밀접한 사회적인 관계를 통해 유지된다. 이러한 가운데 집단 내에서는 비공식적인 규범이 발생한다. 옷차림, 역할 할당, 갈등 해소 양식, 생산성 수준의 조절 등이 이러한 규범들의 예다. 만약 변화의 노력이 이러한 규범들에 어긋나는 것이면 저항을 유발하게 되고, 순응하는 것이면 수용을 촉진한다.

파워와 자원의 분배 인력이나 자율성, 예산 할당 몫 등에 대한 기존의 배치 구도에 변화가 초래되는 경우에 저항이 발생한다.

의사소통 제안된 변화의 본질이 부적절하게 알려지거나 혹은 잘못 이해될 때는 저항이 발생한다. 변화에 대한 불확실성이나 이에 따른 추측 등의 이유 때문에 종종 근거 없는 저항들이 유발되기도 한다.

저항과 수용에 대한 사정은 변화를 위한 평가와 전략 수립에 귀중한 참고 자료가 된다. 조직구성원들 사이에 존재하는 변화에 대한 저항을 단지 근거 없는 것으로 간주하거나, 무조건 극복되어야 할 것으로 규정하는 것은 바람직하지 않다. 오히려 조직의 변화와 관련된 중요한 '신호(signal)'로서 간주하고 이해되어야 한다.

(2) 전략적 접근

행정관리자가 조직의 변화를 유도하기 위해 선택하는 전략은 대부분은 리더십 스타일과 관련되어 있다. 조직구성원들로 하여금 변화에 대한 필요성을 인식하고 수용하게 해서, 프로그램에 궁극적인 변화가 초래되도록 하려면 적절한 리더십을 갖추는 것이 중요하다. 다양한 유형의 리더십 스타일이 존재하지만, 어떤 스타일이 조직과 프로그램의 변화를 위해 최선의 것인가에 대한 획일적인 답은 없다. 사회복지 프로그램은 대부분 상황에 의존적인 경우가 많고, 그 결과 주어진 상황에 가장 적합한 리더십을 선택하는 것이 필요하다. 리더십 전략을 선택하는 데 필요한 상황 변수에는 다음과 같은 것들이 있다.

세력 분포 만약 변화의 추진 세력이 억제 세력보다 더 강력하다면, 선택이 보다 자유롭게 된다. 다양한 리더십 스타일을 시용하는 것이 가능하다. 그러나 억제 세력이 더 강하다면, 참여적 스타일이 보다 효과적이 된다. 저항을 극복하고 헌신하도록 만들기 위해서 이러한 스타일이 필요하다.

시간 변화를 위해 주어진 시간이 촉박할 경우에는 지시적 스타일을 쓸 수밖에 없다. 클라이언트에 대한 위험 등으로 즉각적인 대응이 필요한 위기 상황이나, 상부에서 급박한 지시가 하달된 경우 등에는 하급자들의 의견을 구할 여유가 없기 때문이다. 이때에도, 지시적 스타일을 하급자들이 싫어하면 이러한 스타일을 선택하게 된 이유를 명확하게 설득할 필요가 있다.

문제의 본질 행정관리자가 분별 있는 결정에 필요한 충분한 정보를 갖고 있는 문제 상황일 경우, 하급자들의 지나친 참여는 불필요하게 된다. 반대로, 문제가 불명확할 경우에는 하급자들의 참여가 오히려 적절한 정보와 경험을 제공해 줄 수 있다.

직원의 경험과 기대 이전부터 어떤 스타일로 운영되어 왔는지에 대한 직원들의 인지가 변수가 된다. 통상적인 지시적 스타일에서 급작스럽게 참여적 스타일로 전환하는 것은 오히려 의심을 유발하고, 책임소재를 떠넘기는 것으로 오인 받을 가능성이 있다. 한편, 참여적에서 지시적으로 전환하는 것은 자율성과 협조를 깨기 위한 것으로 의심받을 수 있다.

행정관리자의 파워 보상과 제재에 대한 파워가 결여된 행정관리자는 하급자들에 대한 변화를 강제하기 어렵다. 특히 계속적으로 지시적 스타일에 의존하는 행정관리자는 자칫 하급자들의 소외를 유발시킬 수도 있다. 수동적인 저항, 의례적인 순응, 혹은 비판 등을 하급자들 사이에 유발시킬 수 있다. 이런 경우, 상급자들의 지원을 받지 않는 행정관리자는 이러한 저항에 대해 매우 취약하게 된다.

<u>실행 과정에서의 직원에 대한 의존성</u> 변화의 실행이 직원들의 자발적이고 분별력 있는 협조를 필요로 할 경우에는, 참여적 스타일이 선호된다. 그것이 직원들로부터 변화에 대한 헌신적 참여와 주인의식을 불러일으킬 수 있기 때문이다. 세밀한 통제가 불가능할 경우에는 업무자들의 참여 동기에 의존할 수밖에 없는 것이다.

어떤 변화 전략을 선택할 것인지는 행정관리의 상황 변수들에 대한 적절한 고려를 통해서 판단되어야 한다. 어떤 상황 변수에 가중치를 두는가는 행정관리자의 개인적인 소신이나 경영 철학, 혹은 장기적 목표 등에 의해 좌우될 것이다. 일반적으로는 사회복지조직들에서 참여적 리더십 전략이 중요시되는 경향이 있다. 그러나 그것이 사회복지 프로그램들의 모든 변화 상황에 적절하고 유일한 리더십이라는 것을 의미하지는 않는다. 전략은 단지 수단으로 취급되어야 하며, 지나치게 명분에 입각하여 특정한 리더십을 고집하는 것은 프로그램의 효과성 제고를 위한 변화의 목적과 노력들에 오히려 반한다.

3. 사회복지행정의 환경변화

1) 실천동향

사회복지행정은 서비스의 효과적 제공과 조직의 효율적인 유지관리를 의미한다. Weinbach(2002)는 사회복지에서의 행정과정은 환경에 긍정적인 영향력을 발휘하고, 효과적인 서비스 전달을 위해 보다 많은 지원 자원을 확보하고, 효과적인 서비스 전달을 어렵게 하는 제반 요소들을 제거하거나 최소화하는 방법을 찾는 것이라고 하였다. 이러한 사회복지행정의 과정에서 관리자가 수행해야 할 과업내용으로는 기획, 조직, 설계, 인적 자원 개발, 리더십, 재정관리, 평가, 마케팅, 홍보 등이 있다. 사회복지행정에서 이러한 실천기법들의 수월성이 사회복지조직의 경쟁력을 높이게 된다.

오늘날 사회복지부문도 경쟁의 시대에 진입하게 되었다. 그리하여 인적·물적 자원의 획득을 위한 다양한 경쟁이 이루어지고 있다. 특히 우리나라도 2008년부터 노인들이 본격적인 국민연금의 수혜를 받으므로 노인들이 재정능력을 갖추고 이에 따라 노인들은 서비스를 선택할 수 있는 권한이 생겼다. 이는 사회복지 대상자를 지불능력이 있는 소비자(consumer)로 만드는 결정적인 계기가 되었다. 그러므로 사회복지서비스 부문도 본격적인 시장경쟁의 시대에 돌입하게 되었다. 실제로 복지서비스를 제공하는 민간사회복지계의 발달단계는 다음과 같이 나누어 볼 수 있다.

① **개인적 자원봉사 단계**: 개인이 자원봉사 차원에서 사회복지사업 시작하는 단계이다.
② **자선의 조직화 단계**: 사회적 지지와 후원을 얻어 사회복지사업을 위한 재원을 마련

하는 시기로서, 공신력과 책임성을 확보하기 위해 법인화를 추진하는 등의 조직화
노력을 경주한다.

③ **전문화와 권리주장 단계**: 사회복지에 대한 국가의 책임을 인식하고 정부의 지원을
강조하는 단계이며, 정부의 확대된 지원을 바탕으로 전문 인력들을 충원하는 단계
이다.

④ **경쟁적 시장 단계**: 사회복지욕구의 증가와 다양화에 따라 사회복지서비스의 공급을
민간부문에서 경쟁적으로 제공하는 시기이며, 그 결과 사회복지서비스 공급에서
점차 영리부문과 비영리부문의 경계가 없어지게 된다.

이러한 복지국가의 추세를 한마디로 요약하면 'less state more market'으로 표현할
수 있다. 이는 정부의 역할축소와 함께 시장기능을 강화한다는 의미이다. 그러나 이는 정
부의 복지예산이 축소되었다는 의미가 아니라 정부의 복지서비스 기능을 민간의 경쟁을
통해 제공한다는 의미이다. 이러한 맥락에서 사회복지동향은 정상화의 이념을 기초로 한
지역 중심의 대인서비스, 재가복지의 활성화, 자조를 강조하는 모델 확산, 자원의 효율적
활용을 위한 네트워크 구축 등으로 요약할 수 있다. 이러한 맥락에서 우리나라 민간사회복
지계도 다음과 같은 전환을 모색하고 있다.

① 시설복지에서 지역복지로의 전환
② 공급자 중심의 서비스에서 이용자 중심의 서비스로의 전환
③ 욕구(need)충족을 위한 복지에서 수요(demand)충족을 위한 복지로의 전환
④ 클라이언트의 개념에서 소비자(consumer)개념으로의 전환
⑤ 원조(help) 중심에서 자립(self-help) 중심으로의 전환

2) 사회복지조직의 환경분석

사회복지조직에 있어 성공적인 혁신을 위해서는 조직을 둘러싼 내·외부 환경을 이해
하고 환경의 변화에 적응해 나가는 것이 필요하다. 먼저 내부환경을 이해할 필요가 있다.
많은 내부적 요소는 상호역동적이며 전체 기관과 각각의 단위들이 서로에게 영향을 준다.
조직구성원들이 이해해야 할 내부환경은 다음과 같다(Lewis et. al., 2001).

① **기관의 목적, 사명, 철학**: 잘 운영되는 기관은 조직을 관통하는 사명(mission)과 철학
을 가지고 있다.
② **기관기획**: 전략적·장기적 전략, 그리고 프로그램 기획은 상호일관성이 있고 서로
상호작용을 한다.

③ **기관 상호작용**: 각각의 부서, 프로그램, 단위들의 기능을 주기적으로 조사해야 한다.

④ **서비스**: 서비스 기능은 그들 내부의 일관성을 위해 요약되고 매년 보고되고 사정된다.

⑤ **기술자원**: 기관의 모든 부서, 프로그램, 단위들은 적어도 최근의 통합된 기술의 최상수준에 머물러 있어야 한다.

⑥ **재정자원**: 재정기록은 누적되어 있어야 하고, 투명하게 공유되어 실무자들의 역할수행에 미래지향적으로 영향을 미쳐야 한다.

다음으로 외부 환경을 이해해야 하는데 흔히 외부 환경을 이해할 때 PEST(Political·Economic·Social·Technological Trends)분석을 이용한다.

① **Political Trends**(정치적 경향)에서는 규제, 법률, 정치적 풍토(분위기), 전문가의견에 관한 사정을 해야 한다.

② **Economic Trends**(경제적 추세)는 재정자원, 비현금수입, 소비자, 공급자, 경쟁자에 관한 사정이 필요하다.

③ **Social Trends**(사회적 추세)에서는 지역사회의 인구통계, 지역사회의 문제와 욕구, 이용 가능한 노동력에 관해 사정해야 한다.

④ **Technological Trends**(기술적 추세)는 새로운 기술, 새로운 실행모델에 관한 사정 등을 요구하는데, 정보화 사회에서 기술은 거의 '컴퓨터'의 뜻으로 쓰이며, 사회복지분야에서는 보다 넓은 의미로 해석하여 투입을 산출(물질 또는 서비스)로 전환하는 데 쓰이는 작업규정, 도구, 능력이나 자질 또는 정보를 의미한다.

3) 환경변화와 과제

Martin & Kettner(1996)는 미국의 사례를 중심으로 사회복지행정과 관련된 앞으로의 전망을 다음과 같이 제시하고 있다.

① **경쟁성 강화**(more competitive behavior): 사회복지기관 사이의 관계는 전통적으로 협조적(cooperative) 관계였지만, 앞으로는 기금, 프로그램, 고객유치 등에서 협조보다는 경쟁적인 분위기가 주도하게 될 것이다.

② **민영화 경향**(more privatization): 보수적이고 정부의 개입이 억제되는 분위기가 지배적일 것이기 때문에 계약, 보조금, 이용권(vouchers), 공동생산(co-production), 자원봉사자활용 등과 같은 '민영화(privatization)'의 기법을 사용하지 않을 수 없다.

③ **재구조화 경향**(more restructuring): 경쟁이 심화되고 민영화가 지속적으로 진행되면서 동시에 정보기술이 비약적으로 발전하게 되면 사회복지기관의 재구조화는 필연적

일 것이다.

④ **마케팅 활성화**(more marketing): 전통적인 사회계획이나 욕구사정 같은 기법은 더 이상 통용될 수 없고, 클라이언트와 기금주들의 관심을 유발할 수 있는 프로그램 구성과 포장, 그리고 서비스의 제공이 더 중요한 문제가 될 것이다.

⑤ **기업경영적 행정강화**(more entrepreneurial management): 사회복지 시스템의 분권화, 민영화가 촉진되기 시작하면 연방·주 정부의 기금을 확보하기 위해서는 규격화되고 획일적인 프로그램의 구성과 포장으로는 불충분하게 된다. 따라서 새롭고 창조적인 것을 추구하는 기업가적 경영이 더욱 필요하게 될 것이다.

⑥ **품질관리강화**(more quality management): 과거 사회복지분야에서 사회복지전문가가 서비스 질을 결정하는 접근방법(quality assurance approach)이 사용되어 왔다면 앞으로는 고객과 클라이언트 중심의 서비스를 제공하는 서비스 품질관리 접근법이 필요하게 될 것이다.

⑦ **결과에 대한 강조**(more emphasis on result): 앞으로의 사회복지는 과정보다는 결과를 중시하게 될 것이므로 성과측정, 성과할당 등의 분야에 보다 많은 노력을 기울여야 할 것이다.

⑧ **전략적 기획강화**(more strategic planning): 사회복지는 주변 여건이나 환경에 대한 보다 체계적인 분석을 통하여 외부환경이 클라이언트, 프로그램, 기관 등에 미칠 영향을 면밀하게 분석하여 적용할 것은 적용하고, 피할 것은 피하는 등의 전략적인 대처가 필요할 것이다.

이와 같은 내용들은 모두 경영학에서 이전부터 사용되어 오던 개념이라는 점에서 앞으로 사회복지행정의 나아갈 방향과 관련해 매우 시사적이라고 보고 있다. 그동안 비영리조직은 기업과는 달리 영리를 추구하지 않는 조직으로 이해해 왔고, 그래서 기업과는 다른 운영원리가 적용되어야 한다고 생각하였다. 사회복지조직은 주로 외부로부터 재원을 지원받아 사용하는 비영리조직이며, 그 조직의 사명(mission)을 위해 존재하는 조직이다. 영리단체의 경우는 자기들의 자원을 자기들의 목적을 위해서 임의대로 쓸 수 있지만, 사회복지조직은 그 기관을 믿고 그 기관에서 봉사하며 재정적으로 기부해 주는 사람들의 순수한 신뢰를 조직의 활동으로 교환(exchange)하여 제공하는 조직이라고 할 수 있다. 따라서 사회복지조직의 경우 영리조직보다 자원을 효율적으로 활용해야 할 책임이 훨씬 크면 재원의 사용에 더욱 신중해야 할 책임이 있다.

사회복지행정과 관련하여 환경변화의 두드러진 점은 서비스 기대수준 제고와 복지수요의 증가이다. 즉 교육수준의 향상 및 소득의 증가에 따라 시민의 복지행정서비스에 대한 기대수준이 높아지는 것과 함께 소득격차 및 노령층 인구의 확대에 따라 복지수요가 크게 증가하고 있다. 따라서 사회복지행정은 이와 같은 사회변화에 적절히 대처해 나가야 한다. 우선 소득격차의 확대 및 노령층의 증가에 맞추어 볼 때 새로운 복지서비스의 획기적 확대가 요구된다. 이를 위해 일차적 노력은 중앙정부의 복지지출을 확대하는 것이다. 또한 소득수준에 걸맞은 보다 양질의 복지행정서비스를 제공해야 한다. 한편 사회복지조직들은 한정된 재원의 효율적 사용을 통해 서비스의 우선순위 조정, 복지행정 생산성의 제고, 구조조정, 사용자 부담 등 효율화를 위한 다각적 방안의 검토와 적용이 요구된다.

4) 사회복지기관의 경쟁력

과거에는 조직의 목적과 관련하여 기술체계를 강조하였으나, 최근에는 사회체계의 중요성이 인식되고 인적 자원 개발의 필요성이 강조되고 있다. 특히 1980년대 미국 경영인들의 교과서가 되었던 Peters & Waterman의 「In Search of Excellence(1982)」에서 '사람을 통한 생산성(productivity through people)'의 중요성을 강조하면서 각 조직마다 인적 자원의 잠재력 향상을 위한 노력이 본격화되었다.

사회복지시설은 다양한 모습으로 존재하지만, 기본적으로 욕구를 가진 사람들의 삶의 질을 유지·향상시킴으로써 행복과 보다 나은 삶을 살 수 있도록 영향을 주기 위해 전문가적이고 직업적인 기술을 제공하도록 사회적으로 위임받은 곳이라고 할 수 있다. 따라서 사회복지시설이란 사람들의 기본적 욕구를 충족시키고 삶의 질을 보장해 주기 위해 사회적으로 위임받은 곳이라고도 할 수 있다.

사회복지조직은 다른 관료제 조직과 구별되는 특성을 지닌 수급권을 가진 클라이언트와 직접 접촉을 하며 활동을 하는 사회복지제도의 최일선(front line)에 위치한 기구라고 할 수 있다. 또한 사회복지조직은 사회성을 가지고 있어서 그 존재의 정당성을 사회로부터 부여받을 수 있다. 나아가서 전문가들의 전문적 역량과 기술이 서비스의 효과성을 좌우할 수 있다. 따라서 사회복지조직은 ① 클라이언트 중심적이어야 하고, ② 조직구조가 탄력성이 있어야 하며, ③ 전문적인 조직이 되어야 한다. 즉 사회복지서비스는 전문 인력이 있는 사회복지기관이나 시설을 매개로 하여 대상자에게 전달된다. 사회복지행정은 이러한 시설을 효율적으로 운영하여 서비스의 효과성을 극대화하고자 하는 전문적인 노력이다.

이러한 시설들의 효과적 운영은 사회복지서비스 전달체계의 원칙에 입각해야 한다. 일반적으로 사회복지서비스 전달체계에서 고려되어야 할 원칙으로는 포괄성, 접근성, 연계성, 통합성, 책임성 등이 있다(Gates, 1980). 포괄성은 충분한 양, 질, 충분한 기간에 걸친 일련의 서비스 제공이며, 접근성은 서비스를 필요로 하는 사람들에게 서비스 이용에 대해 물리적·사회심리적 장애요인을 없애는 것이다. 연계성은 전체적인 프로그램과 기관 내에서 조직상호 간 접근성의 관계이다. 통합성은 프로그램 간의 연결이 결여되거나 프로그램에 대한 불확실성으로 인한 서비스의 단절을 최소화하는 것이다. 책임성은 종종 이용자의 유일한 문제나 욕구에 대해 책임을 지거나 이용자들이 그들의 불만이나 불평을 처리할 수 있는 일련의 과정이 있어야 함을 의미한다. 따라서 사회복지행정가는 서비스 전달과정에서 이러한 원칙들이 준수될 수 있도록 노력해야 한다.

그런데 최근 사회복지서비스 추세의 하나는 대상자들에게 선택의 자유를 보장해 주는 방향으로 나아가고 있다. 선택의 자유를 제공하기 위해서는 서비스 공급자들이 다양해야 한다. 이를 위해 정부는 민간부문의 경쟁을 유도하는 경향이 있다. 실제로 많은 나라에서 민간사회복지는 경쟁의 시대에 진입하였다. 급격한 사회변화에 따라 사람들의 복지요구는 급격하게 변하고 고급화, 다양화된다. 정부의 보조금만으로는 대상자들의 욕구를 도저히 충족할 수 없는 단계에 이르고 정부도 더 이상 재정적 지원을 확대할 수 없는 시점에 이르면 사회복지서비스 공급자의 자격을 완화하여 경쟁을 유도하는 방향으로 나아가게 된다. 사회복지서비스는 다양한 공급자의 경쟁을 통해서 제공되고 경쟁력을 갖는 조직만이 생존하게 되는 시장경쟁의 단계에 이르게 된 것이다.

사회복지기관들이 경쟁력을 갖기 위해서는 최소한 다음과 같은 요소들에 대해 고려해야 한다. 첫째는 저비용의 서비스이다. 영리조직이든 비영리조직이든 간에 경쟁력의 가장 큰 핵심은 비용의 문제이다. 경쟁력을 갖기 위해서는 다른 조직보다 저렴한 비용으로 서비스를 제공할 수 있는 체계를 만들어야 한다. 둘째는 서비스의 품질이다. 아무리 저렴하고 품질 좋은 서비스가 있다 할지라도 접근성이 떨어지면 경쟁력에서 뒤질 수밖에 없다. 현대사회에서 스피드는 많은 조직에게 아주 중요한 경쟁력 요소가 되고 있다. 접근성은 신속하게 다가가는 서비스를 의미한다. 사회복지서비스도 점차 신속한 개입, 다가가는 서비스를 요구받고 있다. 또한 접근성을 어렵게 하는 사회심리적 요인도 고려되어야 한다. 접근성을 높이기 위해서는 사회적 편견, 소외 등을 제거하기 위한 노력도 있어야 한다. 셋째는 자원동원력이다. 다양한 욕구에 대응하기 위해서는 그만큼 많은 인적·물적 자원이 필요하다. 우수한 전문 인력을 확보하는 것이 무엇보다 중요하며, 새로운 프로그램을 위한 후원자의 확보능력도 경쟁력의 중요한 요소이다. 인력과 돈이 있어야 서비스를 제공할 수 있기 때문이다.

사회복지조직이 경쟁력이 있다는 것은 대상자의 후원자 모두에게 매력을 주는 것을 의미한다. 대상자들이 선호하는 조직이나 서비스는 후원자들에게도 기부의 동기를 강화시켜 줄 것이다. 그럼에도 불구하고 사회복지조직에서 책임성의 위기에 대한 논의가 반복되고 있는 것은 기관운영과 관련된 사회복지행정의 미숙에서 기인하는 것이다. 사회복지에 대한 사회자원의 투자가 괄목할 만큼 증대되고 사회복지조직이 다원화되어 경쟁이 일어나고 있음에도 불구하고 사회복지조직들은 효과성을 제시할 수 있는 객관적인 증거를 성공적으로 확보하지 못하고 있기 때문에 책임성 논쟁이 계속되고 있다고 할 수 있다.

따라서 이러한 책임성의 문제를 해결하기 위해서는 행정적인 차원에서 서비스의 성과(performance), 법규의 준수성(compliance), 직원의 전문성 등에 대한 정확한 통제와 관리가 요구된다. 실제로 이러한 관리를 통해 행정효과성을 높이는 경우 책임성에 관한 논란의 소지는 줄어들고 조직의 성과도 높아지게 된다. 이는 자연적으로 사회복지조직에 대한 사회적 신뢰를 높이게 되고, 그 조직에 소속되어 있는 사회복지조직 직원들의 전문직에 대한 위신을 높여 주며, 사회적인 후원이나 지지도 향상시키게 될 것이다.

사회복지의 목표는 소외계층과 지역사회 모두에게 의식을 고취시키고, 인적 자원을 개발하여, 개인과 지역사회의 역량강화를 이루어 내서, 스스로 문제를 이해하고 해결할 수 있도록 도와주며, 생계를 위해 새로운 환경을 창출할 수 있도록 도와주는 것이라고 할 수 있다. 그동안 우리나라에서 지역 사회를 거점으로 하는 민간사회복지체계가 비난을 받는 이유 중의 하나가 대상자의 참여를 제대로 이끌어 내지 못했기 때문이라고 할 수 있다. 이제 사회복지기관들이 대상자들의 역량을 강화시키고, 지역 사회의 자원을 효과적으로 조직화해 내는 노력이 가시적으로 나타나도록 해야 할 것이다. 특히 그동안 정책결정과정에서 소외되었던 대상자들이 자신들의 복지에 영향을 미치는 결정들과 정책형성과정에 참여하도록 도와줄 필요가 있다.

4. 조직변화

1) 조직변화의 고려사항

급격한 사회적 변화는 사회복지조직에도 변화와 개혁을 요구하고 있다. 외부로부터의 요구사항이 변하는 경우, 각종 자원이나 클라이언트 상황에 변화가 있는 경우, 혹은 조직 내부의 변화 필요성이 있는 경우 그 변화의 요구를 수용하는 것은 사회복지조직의 책임성 수행과 직접적인 관련이 있다. 특히 서비스의 효과성과 효율성에 대한 사회적 요구가 커가고 있는 요즈음 사회복지조직의 변화와 개혁의 중요성이 더욱 강조되고 있다. 변화의 형태, 변화에 대한 수용과 저항, 변화의 리더십 전략에 관해 간략히 논의해 보면 다음과 같다.

(1) 변화의 형태

① 목표변화

조직목표의 변화는 여러 가지 형태를 취할 수 있는데 이들은 목표의 명확화, 목표의 우선순위 변경, 새로운 목표의 추가, 조직의 근본적인 이념의 변경 등이 있다(Katz & Kahn, 1978 : 479~480). 이 중에서 목표의 명확화가 목표변화(goal change)의 형태 중에서 가장 일반적인 것이고, 조직의 근본적인 이념의 변경이 가장 드물고 찾아보기 힘든 형태라고 볼 수 있다.

② 절차상의 변화

목표를 달성하기 위한 전략의 변화가 실질적인 절차상의 변화(procedural change)로 볼 수 있다(Katz & Kahn, 1978 : 515). 실질적인 절차상의 변화는 내부적인 변화와 외부관계에서의 변화로 구분해 볼 수 있다.

내부적인 변화

내부적인 변화는 집권화로부터 분권화로의 변화와 같은 조직 내에서 권한과 권력구조의 변화, 새로운 서비스 전달기술의 도입 등으로 인한 직원들의 역할구조의 변화, 보상구조의 변화, 의사소통구조의 변화 등을 말하며 이와 같은 변화는 직원들의 매일 매일의 업무수행방식에 큰 영향을 미치게 된다.

외부관계에서의 변화

외부관계에서 변화는 조직간 의사소통과 협력을 용이하게 하기 위한 절차를 마련하는 것을 말하며 또한 직원들의 태도가 다른 조직과 고립되거나 경쟁적인 태도로부터 협력과 조정의 태도로 변화하는 것도 포함된다. 결국 외부관계에서 변화의 핵심은 목표를 공유하거나 자원교환을 위해 조직간 상호의존 해야 하는 역동성에 대한 이해가 기초를 두고 있다.

③ 프로그램의 변화(programmatic change)

프로그램이 제공하는 서비스를 수정하는 노력을 말한다. 여기서의 주안점은 프로그램이 더욱 효과적으로 목적을 달성하기 위해 서비스를 추가하거나 줄이거나 혹은 수정하는 데 있다(Patti, 성규탁·박경숙 역, 1988 : 219).

(2) 변화에 대한 수용과 저항

사회복지조직에서 행정가는 수용과 저항에 대한 측정을 통하여 변화전략에 대한 중요한 단서를 얻을 수 있다. 조직의 변화에 저항하거나 혹은 수용하려는 상반된 성향들이 나타나는 원인들에게는 다음과 같은 것이 있다(Patti, 성규탁·박경숙 역, 1988 : 223~225).

① 과거의 경험

변화에 대한 직원들의 인식은 과거의 경험(history)에 의해 영향을 받는다. 과거 상사들이나 외부기관에 의해 일방적으로 부과되었던 프로그램에 있어서는 직원들이 매우 방어적이고 심지어는 냉소적인 태도를 취하기까지 한다. 이렇게 되면 직원들은 변화에 대해 표면적인 동의만 할 뿐 속으로는 그에 대해 달갑지 않게 생각할 것이다. 따라서 행정가는 프로그램 변경에 대한 직원들의 인식과 태도에 과거의 경험이 어떤 영향을 미치고 있는지를 민감하게 파악해야만 한다.

② 매몰비용

매몰비용(sunk costs)이라 함은 현재의 업무형태나 상황을 개발하고 유지하기 위해 직원들이 투입하는 시간과 정력, 그리고 사명감 등을 말하는 것이다. 일반적으로 어떤 측면에 투입한 비용이 클수록 그것을 변화시키려는 것은 반대에 부딪히게 된다.

③ 사회적 관계

직원들은 지위나 집단에 대한 소속감 혹은 정서적 지지 등을 제공하는 일련의 사회적 관계들(social relationships) 속에서 업무를 수행한다. 업무수행의 환경은 개인들의 기능적인 관계들뿐 아니라 동료들과의 밀접한 사회적 관계를 통해서도 유지된다. 이러한 가운데 집단 내에서 비공식적인 규범이 발생한다. 만약 변화의 노력들이 이러한 규범들에 어긋나는 것이면 저항을 유발하게 되고 순응하는 것이면 수용적이 된다(김영종, 1998 : 381).

④ 권력과 자원의 분배

한 집단이나 부서로부터 다른 쪽으로 권력과 자원을 분배(the distribution of power and resources)하게 하는 변화는 영향을 받는 사람들이 자신들의 파벌적인 이익을 초월하는 경우도 있다. 그러나 일반적으로 파벌들은 인력이 줄거나 자치력이 줄고 또는 예산이 삭감되는 등 자신들이 가지고 있는 이익이 줄어드는 것에 대해 반대한다.

⑤ 의사소통(communication)

직원이 변화에 대한 정보를 제대로 듣지 못했거나 변화의 성격을 충분히 이해하지 못할 때 저항이 생긴다. 변화에 대해 부하직원의 협조를 얻기 위해서는 변화의 목적, 예상되는 결과, 그리고 시기 및 변화에 따르는 활동의 순서에 대해 직원들이 이해하고 있어야 한다는 것이다. 주위상황이 불확실할 때는 비관적인 생각들이 널리 퍼지기 쉽기 때문에 변화로부터 영향을 받을 만한 사람들을 문제를 분석하고 해결책을 구하는데 참여시키는 것이 좋다.

(3) 변화를 위한 리더십 전략

사회복지조직에서 행정가가 조직의 변화를 유도하기 위해 선택하는 리더십 전략의 대부분은 리더십 유형과 관련되어 있다. 직원들로 하여금 변화에 대한 필요성을 인식케 하고 그러한 변화를 수용하여 궁극적이 변화를 가져오게 하기 위해 적절한 리더십을 선택하는 것이 필요하다. 다양한 리더십 유형이 존재하지만 어떤 유형이 조직의 변화를 위해 최선의 것인가 하는 물음에 대한 획일적인 해답은 존재하지 않는다(김영종, 1998 : 382). 조직이 주어진 상황에 따라 상황에 가장 적합한 리더십을 선택하는 것이 필요하다. 리더십 전략을 선택하는 데 필요한 상황 변수들에 다음과 같은 것들이 있다(Patti, 성규탁·박경숙 역, 1988 : 228~229).

① 변화에 대해 작용하는 세력(the force field)

변화를 추진하려는 세력이 억제 세력보다 더 강하다면 다양한 유형의 리더십이 선택될 수 있으나 저항하는 세력이 추진하는 세력보다 강할 때는 참여적인 리더십이 효과적이다. 왜냐하면 참여적인 리더십은 변화에 대해 이해를 조성하는 데 유리하고 동시에 저항을 줄이거나 완화시킬 수 있기 때문이다.

② 시 간(time)

변화를 위해 주어진 시간이 촉박할 경우에는 지시적 리더십이 효과적이다. 예를 들면 클라이언트가 위기에 처했다든지 위로부터 주어진 시간 내에 무슨 일을 하라고 명령한다든지 하면 행정가는 부하직원의 의견도 묻지 않고 일을 할 수밖에 없을 것이다. 만약 행정가가 변화에 대해 참여적 리더십을 행사하기를 좋아하나 시간적으로 촉박하여 지시적 리더십을 구사할 수밖에 없는 경우 직원들에게 그 이유를 설명하는 것이 중요하다.

③ 문제의 본질(nature of the problem)

변화와 관련된 문제가 쉽게 규정되고 이해되며 행정가가 그 문제에 대한 결정을 내리는 데 도움을 주는 정보들을 충분히 가지고 있는 상황에서는 직원들의 참여를 확대시키는 것이 오히려 불필요하고 부자연스럽다. 그러나 반대로 변화와 관련된 문제가 모호하고 정보가 결여되어 있는 경우에는 폭넓은 경험과 지식을 가지고 있는 직원들의 참여가 필요하며 이때 행정가는 참여적 리더십을 구사하는 것이 필요하다.

④ 직원들의 경험과 기대(experiences and expectations of staff)

조직내부에서 행정가가 전통적으로 참여적 리더십을 행사해 왔을 경우 변화와 관련하여 별안간 지시적 리더십을 사용하는 것은 기존의 행정규범을 위반하는 것으로 취급될 것이며 분노와 불신을 야기할 수 있다. 반면에 직원들이 이전에 의사결정에 참여해 본 경험이 거의 없고 위로부터 부과되는 변화에만 익숙해져 있다면 그들은 참여적 리더십에서 필요로 하는 책임과 모험을 감당하기를 꺼려할 것이다.

⑤ 행정가의 권한(the manager's power)

보상과 제재에 대한 권한이 결여된 행정가는 직원들에 대한 변화를 강제하기가 어렵다. 또한 보상이나 제재에 대한 권한이 있는 행정가라 할지라도 지시적 리더십만을 일관되게 구사해 왔다면 자칫 직원들의 소외를 유발시킬 수도 있다. 이때 행정가가 상급자의 지원을 받지 못하면 직원들로부터의 저항에 매우 취약하게 된다.

⑥ 변화수행에서 직원들에의 의존성(reliance on staff for implementation)

변화의 수행이 부하직원들의 자발적이고 비공식적인 협조가 필요한 경우 참여적 리더십이 바람직하다. 참여는 변화에 대한 사명감과 주체성을 길러준다.

이와 같은 변화에 대한 리더십 전략의 선택은 행정가가 상황적 변수를 고려하여 결정해야 하나 전반적으로는 사회복지조직에서 참여적 리더십이 중시된다.

2) 조직변화의 외부적 요인과 변화의 방향

21세기의 사회복지조직은 급변하는 외부환경에 적극적으로 대처해야 할 상황에 놓여 있다. 사회복지조직이 변화와 혁신을 추구하지 않으면 안 될 외부적 요인과 21세기 사회복지조직 변화의 방향을 간략하게 논의해 보면 다음과 같다.

(1) 사회복지조직 변화의 외부적 요인

① 사회복지 공급주체의 다원화

IMF 이후 사회복지계는 제도화된 사회복지기관 밖의 종교기관과 시민단체를 중심으로 한 민간조직들의 사회복지활동에의 참여가 확대되었다. 이는 한국 사회의 사회복지 총량을 확대시키는 데 큰 기여를 할 것으로 여겨지지만 한편으로는 제한된 예산과 대상을 놓고 서로 경쟁하는 관계 속에서 기존의 기득권을 확보하고 있는 사회복지기관들의 행태를 문제 삼는 사례가 늘어나고 있다(정무성, 1999 : 13). 최근 제기된 사회복지시설의 비민주적인 운영사례, 후원금 관리의 투명성 의혹, 모금에 대한 행정비 과잉지출 등 서비스의 책임성에 관한 논란이 연속적으로 제기되고 있다.

② 급격한 사회변화와 다양한 사회문제의 대두

최근의 사회변화 속도는 사상 유례 없이 빠르게 진행되고 있으며 이와 같이 변화하는 사회의 가치나 규범이 새롭게 대체되는 과정에서 사회구성원들의 부적응, 소외, 낙오 등의 문제는 심각한 사회문제로 대두되고 있다. 따라서 빈곤노인, 장애인, 빈곤아동문제와 같은 기존의 사회문제와 더불어 새로운 사회문제들이 등장하고 기존의 사회문제들도 새로운 문제유형으로 전환될 것으로 예측된다. 그리고 21세기에는 남북통일과 더불어 과거에는 존재하지 않았고 쉽게 예상하지 못했던 많은 사회문제들이 나타나게 될 것이다. 이와 같은 문제들에 대응하는 사회복지조직의 사회복지서비스에 대한 사회적 욕구가 상당한 수준으로 확대됨에 따라 사회복지조직의 적극적인 개입이 절대적으로 요청될 것이다.

③ 사회복지조직의 책임성과 전문성에 대한 요구증대

21세기에는 점차로 지방자치가 정착되면서 지역사회 주민들의 복지욕구가 증대됨에 따라 사회복지조직들이 사회복지의 증진을 위해 일하고 있다는 사실만으로는 그 존재 이유를 설명할 수 없게 될 것이다. 점차로 사회복지서비스는 그 자체가 목적이 아니고 사회적으로 인정된 목표를 달성하는 수단으로 생각되고 있다. 사회복지조직이 수행하는 모든 사업은 그것들이 사회적 목표를 달성하는 데 이바지할 수 있다는 것을 보여주지 않으면 안 되게 되었다. 더구나 이들 사회복지조직들은 그들이 수행하는 프로그램에 투입한 사업비가 사회에 얼마나 공헌하고 있는가를 면밀히 검토해야 한다는 압력을 받고 있는 것이다. 이러한 압력은 사회복지조직이 하는 일이 사회에 대해서 책임성을 지녀야 한다는 것을 의미한다(최일섭, 1999 : 12). 또한 서비스 대상자의 욕구와 특성에 적합한 프로그램을 개발해야 한다는 시대적 요청에 부응하지 못할 때에는 사회복지조직의 존립에 필요한 자원을 동원할 수 없다는 긴박감 속에서 서비스 운영의 효율성이라는 전문화의 노력이 절실히 요청된다.

④ 사회복지서비스의 민영화 경향

인간의 삶에 있어 국가의 역할과 더불어 시장과 시민사회의 기능을 강조하는 변화가 일어나면서 사회복지계도 민간위탁이 더욱 많아지고 있다. 정부는 위탁을 받은 법인들을 대상으로 지원된 막대한 정부의 재원이 효과적이고 효율적으로 사용되었는지 관심을 갖게 되었으며 따라서 정부는 체계적인 사회복지조직 평가를 통해 사회복지조직 사업에 대한 정부지원의 타당성을 검증하지 않을 수 없게 되었다.

⑤ 사회복지사업법의 개정

사회복지사업법의 개정에 따라 민간 사회복지기관, 시설들이 최소한 3년에 1회 이상 평가를 통해 책임성을 입증하도록 제도화되었다. 특히 평가를 통해 가시적이며 측정가능한 목표를 강조하는 추세를 보이고 있다. 또한 사회복지사들은 전문성에 대한 자긍심이 높아져 전문가적 성취와 자율성 추구, 정책결정에의 참여요구가 늘어나고 있다(정무성, 1999 : 14).

⑥ 국민기초생활보장법의 제정

2000년 10월 1일부터 시행된 국민기초생활보장법의 제정은 시민의 사회적 권리의 확보라는 측면에서 진일보한 개혁적인 입법으로 평가된다(강혜규, 1999 : 94). 대상자의 범주에서 인구학적 구분을 철폐하여 생계보호가 확충되었고 소득인정액의 도입, 자활프로그램의 강화, 주거급여 및 긴급급여의 신설 등을 통하여 제도를 합리화하고 있다. 이와 같은 제도의 도입으로 공공사회복지 전달체계 확대개편이 예상되고 이에 따라 사회복지조직의 자활후견 서비스와 사회복지서비스가 체계적으로 연계 제공될 수 있는 시스템의 구축 등이 요청된다.

이상과 같이 사회복지조직을 둘러싼 외부환경의 변화가 사회복지조직의 책임성 인지에 영향을 미치고 사회복지조직을 변화하게끔 유도하고 있는 것이 오늘날 한국 사회복지의 현실이다.

(2) 사회복지조직 변화의 방향

① 소비자 주권(consumer sovereignty)

이는 대상자 중심의 서비스를 인식해야 한다는 것을 의미하는데 사회복지조직은 대상자들에게 서비스의 이용성과 접근성을 배려하는 조직이 되어야 한다. 즉, 사회복지서비스 분야에서도 소비자주의 개념이 도입되어야 한다. 이 개념에서는 서비스의 공급주체는 소비자가 원하는 양과 질, 방법으로 서비스를 제공한다는 시장경제원칙에 기초하고 있다(정무성, 1999 : 16). 이를 위해 소비자에게 보다 많이 다양하게 제공하고 서비스에 대한 접근성을 높이기 위해 서비스와 시간, 직원의 태도, 우호적인 면접 분위기 창출 등을 위해 노력할 필요가 있다.

② 사회복지조직의 개방화

사회복지조직의 개방화란 사회복지조직이 대상자 중심의 양질의 사회복지서비스를 제공함과 동시에 지역사회의 복지욕구를 충족시키기 위해서 사회복지조직이 소유하고 있는 장소, 설비, 기능, 인적 자원 등을 지역사회에 개방하고 지역사회주민들이 이를 활용하게 하는 것이라고 볼 수 있다(최영욱 외, 1990 : 28~29). 개방적 시각에서 볼 때 사회복지조직은 다양한 이해집단의 이해들이 이곳을 통해 실현되는 곳이다. 사회복지 대상자들에게는 자신들의 서비스 수급권이라는 이해가 실현되는 장이고, 지역사회 주민들에게는 지역사회 과정에 대한 참여의 욕구나 자원봉사의 욕구를 실현하는 장이며 운영법인들에게는 법인의 목적 등이 구체화되는 장이다(김영종, 1999 : 64). 따라서 사회복지조직은 결코 특정 이해집단에 의한 독점의 개념으로 이해되어서는 안 된다. 사회복지조직의 시설을 지역사회에 널리 개방하고 모든 사회계층을 과감히 참여시켜 사회복지조직이 지역사회 주민들 자신의 센터임을 인식시켜야 한다. 또한 이사회나 운영자문위원회를 통해 지역사회주민을 참여시키고 그들의 의견을 적극 수렴하여야 한다. 이를 통해 지역사회로부터 재정적, 정서적, 정치적 지지를 획득할 수 있게 된다.

③ 창의적 프로그램의 개발

사회문제의 복잡성과 다양성에 덧붙여 사회복지 대상자들의 욕구가 점차 다양해지고 새로워지고 있기 때문에 오늘날 사회복지조직은 창의적인 프로그램을 개발하는 것이 필요하다. 이를 위해 사회복지조직의 사회복지사들은 지속적인 계속 교육을 받는 한편 끊임없이 양질의 프로그램을 개발하기 위해 노력해야 한다. 또한 공동모금이나 기업재단들의 사회복지 사업의 지원이 사업계획서의 평가를 통하여 이루어지고 있는 추세를 따라가기 위해서도 프로그램 개발에 있어 창의성은 매우 중요한 요소이다(정무성, 1999 : 16). 지역사회 주민들에게 사회복지조직의 이미지를 심어주기 위해서 다른 사회복지조직과 차별성 있는 그 지역사회의 특성을 반영한 프로그램을 개발하는 것이 필요하다.

④ 혁신적인 사회복지조직 모델의 개발

하나의 성공적인 모델이 개발되면 그것은 사회복지조직들의 제도적 특성으로 말미암아 쉽게 전파되고 모방될 것이다(DiMaggio & Powell, 1983). 이것은 전체 사회복지조직들을 혁신시키는 데 중요한 기여를 할 것이다. 한국 사회에서 요구되는 성공적인 모델은 적어도 청렴성과 개방성, 그리고 효과적인 기술들이 결합된 것이어야 한다(김영종, 1999 : 68). 성공적인 모델은 자생적으로 나타나야 하며 이를 뒷받침하기 위한 혁신적인 자원들이 필요한데 기업이나 민간단체 등과 같은 외부자원들이 이러한 목적에 동원될 수 있을 것이다.

⑤ 전문성 및 전문직의 강화

앞으로 사회복지조직의 서비스는 전문성이 매우 중요한 평가기준이 된다. 사회복지서비스 공급주체의 다원화로 인해 경쟁관계에 있는 종교단체나 시민단체에 비해 사회복지조직이 차별화될 수 있는 전략은 전문성이 강화된 서비스를 제공하는 것이다. 그러므로 사회복지조직은 전문성 있는 사회복지사를 많이 확보하고 그들에 대한 훈련 및 재교육 기회를 확대해야 한다(정무성, 1999 : 16). 또한 전문직의 기능을 강화해야 한다. 사회복지사들의 조직과의 관계는 전문직의 일원으로서 조직에 참여하는 것이지 법인이나 운영주체의 고용인으로 참여하는 것은 결코 아니다. 따라서 사회복지사들은 전문적 집단으로서의 영향력을 강화시켜 나갈 필요가 있다.

⑥ 유관기관과의 협력체계 구축

사회복지조직은 지역사회의 각종 관련기관과 유대를 원활히 하고 대상자의 의뢰 및 회송체계를 확립함과 동시에 지역사회의 여타 사회복지기관 및 단체와 협력하여 공동사업의 계획 및 시행에 적극적으로 참여해야 할 것이다(황성철·강혜규, 1994 : 294). 경쟁이 치열해지고 효율성이 강조되면서 이와 같은 협력체계(partnership) 구축의 중요성이 강조되고 있다. 사회복지서비스의 공급주체가 다양화되면서 각 민간주체들 간의 역할갈등이 심화될 수 있다. 경쟁은 더 나은 서비스를 제공할 수 있는 긍정적인 측면이 있는 반면에 서비스의 중복과 누락의 가능성도 배제할 수 없다. 따라서 서비스를 조정하고 통제할 수 있도록 협력체계가 구축되어야 한다.

참고문헌

구자현(1970), 「한국복지행정론」, 한국복지행정연구소.

권선진(1994), "中央과 地方의 社會福祉行政 機能配分에 관한 研究,"「韓國保健社會硏究」, 서울: 韓國保健社會研究院.

권익현·임병훈·안광호(1999), 「마케팅」, 서울: 경문사.

김규정(2002), 「행정학원론」, 서울: 법문사.

김연성외(2002), 「서비스경영: 전략시스템 사례」, 서울: 법문사.

김영란(1999), "대학사회봉사의 내실화를 위한 실증적 연구: 한양대 사회봉사활동사례를 중심으로," 漢陽大行政大學院.

김영종(1998), 「사회복지행정」, 서울: 학지사.

김영종(1999), 「신사회학개론」, 서울: 형설출판사.

김영종(2001), 「사회복지행정」, 서울: 학지사.

김영종(2002), 「복지행정론」, 서울: 형설출판사.

김태성(1995), 「사회복지정책론」, 서울: 나남출판.

김태성·성경륭(1995), 「복지국가론」, 서울: 나남출판.

김형석외(2002), 「사회복지행정론」, 서울: 동인.

김형식·이영철·신준섭(2001), 「사회복지행정론」, 서울: 동인.

남기민(1995), "중앙정부와 지방정부 간의 사회복지 역할 분담," 남세진 편, 「한국사회복지의 선택」, 서울: 나남출판.

남기민(1999b), "사회복지 행정가의 관리기술과 역할,"「21C 한국 사회복지 전문직의 과제」, 서울: 한국사회복지관협회.

남기민·전명희(2001), "사회복지관의 PR현황과 활성화 방안,"「한국사회복지행정학」제5호, pp.115~144.

남상오(1988), "企業公示의 문제점과 對策," Ruhnka John, Bagby John W.; 南相午 譯 西江 Harvard Business. 23('88.11), 韓國經濟新聞社.

남상오(1990), 「회계원리」(제2판), 서울: 다산출판사.

남세진(1979), "靑少年 指導者, 청소년지도자들의 현황과 양성실태,"「靑少年」6('79.7), 서울청소년회관.

문병주(1991), 「지방자치와 지역사회복지사업」, 서울: 그리인파스츄어.

박경숙·강혜규(1992), 「사회복지사무소 모형개발」, 서울: 한국보건사회연구원.

박경일(2000), "사회복지서비스의 질적 향상을 위한 관리기법으로서 복지 QC 활동에 관한 사례 연구," 「한국사회복지학」40, pp.97~130.

박광준(1999), "21세기의 사회복지와 지방정부의 역할," 한국사회복지학회 춘계학술대회 자료집.

박동서(1984), "人力政策—人力配分,"「行政論叢」22,1('84.6), 서울大學校行政大學院.

박성연(1998), "마케팅 개념의 확장과 효과적인 비영리조직 운영,"「경영논총」제16호, 이화여자대학교 경영연구소.

박연호(1994), 「現代人間關係論」, 博英社.

박차상(1999), 「한국사회복지행정론」, 대학출판사.

박태룡(1997), 「사회복지행정」(제3판), 대구: 홍익출판사

방강웅(1995), "비영리조직 마아케팅관리에 관한 연구," 「社會科學論文集」 22('95.2), 大田大學校社會科學硏究所.

배기효(1995), "일제 강점기의 복지행정에 관한 연구," 대구대학교 박사학위논문.

백종만(1990), "서비스산업의 공간분포변화에 관한 연구," 단국대 대학원, 박사학위논문.

백종만(1995), "공중합에서 확산이 율속하는 반응속도식의 모델링 II: 공중합체의 조성과 평균분자량 예측," 「화학공학」 173('95.12), 한국화학공학회.

성규탁(1986), "貧困家族과 社會事業: 프로그램 方向 構想," 宋聖子·成圭鐸, 「社會福祉」 90('86.9), 한국사회복지협의회.

성규탁(1988), 「사회복지행정론」, 서울: 법문사

성규탁(1993), 「사회복지행정론」, 서울: 법문사

성규탁(1994), 「사회복지행정론」(제2판), 서울: 법문사

성규탁(1998), "Acrylic Fiber, wool혼방지의 Pilling에 관한 연구[外]," 국회도서관.

성규탁(1999), "21C 한국 사회복지 행정의 방향," 한국사회복지 행정학회 창립기념 학술대회 자료집.

성규탁 역(1985), 「사회복지행정론」, 한국사회개발연구원.

손영석외(1999), "기업의 전략유형이 광고회사와의 관계유지 결정에 미치는 영향," 한국광고학회 춘계 광고학 세미나 자료집.

송근원·김태성(1995), 「사회복지정책론」, 서울: 나남출판.

신복기(1984), "사회사업행정의 발달과정에 관한 연구," 「사회과학논총」 제3권 제1호, 부산대학교 사회과학대학.

신복기·박경일·장중탁·이명헌(2002), 「사회복지행정론」, 양서원.

신복기외(2000), "한국의 노인 장기요양보호정책 모형," 대구대 대학원.

신상준(1970), 「한국재무행정의 근대화 과정」, 신조출판사.

신섭중외(2002), 「グローバリゼーションと國際社會福祉」, 仲村優一·愼燮重·萩原康生 共編著, 中央法規出版.

신유근(1998), 「신조직환경론」, 서울: 다산출판사.

신철우(1999), 「연봉제의 성공적인 도입을 위한 목표에 의한 관리」, 새로운 제안.

안광호외(1998), 「마케팅원론」, 서울: 학현사.

안해균(1982), 「현대행정학」, 서울: 다산출판사.

양용희·김범수·이창호(1997), 「비영리조직의 모금 전략과 자원개발」, 한국사회복지사 프로그램 연구회, 아시아 미디어 리서치.

예종석외(1998), 「마케팅」, 서울: 한영사.

우종모·김재호·조당호(2004), 「사회복지행정론」, 양서원.

유훈(2003), 「재정행정론」, 서울: 법문사.

이계탁(1983), "영국의 구빈법과 우리나라 복지입법의 전개과정소고," 「사회과학논총」 1('83.12) 경희대학교 사회과학대학.

이성록(1996), 자원봉사 프로그램개발, 삼성사회봉사단 봉사팀 리더 기본교육.

이영철(1994), 지방화시대의 사회복지정책, 지방화시대를 맞은 광주사회복지, 광주직할시 사회복지

협의회.

이정호(1987), "한국사회복지행정 조직체계의 개선방안에 관한 연구," 경희대학교 박사학위논문.

이창순(1998), 「조직」, 서울: 박영사.

이창순(1999), "선진 경영기법 도입을 위한 경영혁신 사례 연구: 주요국 통신사업자를 중심으로" 論文集 17('99.12) 대덕대학.

이창원·최창현(1996), 「새 조직론」, 서울: 대영문화사.

장인협·이정호(1993), 「사회복지행정」, 서울대학교 출판부.

장인협·이혜경·오정수(1999), 「사회복지학」, 서울대학교 출판부.

전국경제인연합회, 기업·기업재단사회공헌백서(2000).

전혜승·최재성(1999), "부랑인시설의 조직 효과성 분석-체계이론과 목표달성모델을 중심으로," 「한국사회복지행정학」 창간호, pp.119~156.

정경배(1998), "IMF시대의 정부와 민간의 사회복지 역할분담," 「사회복지」 통권 제139호, 서울: 한국사회복지협의회.

정무성(1998), "사회복지기관의 후원자개발을 위한 마케팅 전략에 관한 연구," 「사회복지리뷰」 제3집.

정무성(1999), 사회복지 프로그램 지원 신청서작성, 한국사회복지행정학회 제1차 Workshop, 한국 사회복지행정학회 교육전문위원회.

정원오(1997), "21세기 사회복지의 전망," 한국사회복지학연구회, 「상황과 복지」 제2호 서울: 인간과 복지.

정익준(1999), 「비영리조직 마케팅」, 영풍문고.

정인근(1996), "조직문화유형별 GDSS 선택요인에 관한 탐색적 연구," 「경영학 연구」 25(4).

조봉진·윤훈현(1998), 「최신마케팅원론」, 서울: 석정.

최성재·남기민(1993), 「사회복지행정론」, 서울: 나남.

최영욱외(1990), 「사회복지시설론」, 서울: 범론사

최원규(1991), "남북한 사회복지 비교연구," 「社會科學硏究」 18, 全北大學校 社會科學硏究所.

최일섭(1985), 「지역사회복지론」, 서울대학교 출판부.

최일섭·이창호(1993), 「사회계획론」, 서울: 나남.

최재성(1995), "미국 노인요양원 산업의 효율성 분석: 확률전선비용모델을 적용한 사례," 「연세사회 복지연구」 제2호, pp.3~25.

최재성(1997), "공공조직 및 비영리조직에서의 품질경영(TQM)과 이에 대한 자가진단식 평가방법," 「장애인고용」 26('97.12) 한국장애인고용촉진공단.

최재성(1998), "사회복지기관 평가모델 개발의 방향과 과제," 「연세사회복지연구」 제5호, pp.265~290.

최재성(2001), "사회복지분야의 평가경향과 과제," 「한국사회복지행정학」 제4호, pp.89~115.

최창현외(1996), 「새조직론」, 서울: 대영문화사.

최창호(2002), 「새행정학」, 삼영사.

황성철(2000), "사회복지관의 지역사회 자원동원 능력 결정요인 분석," 「한국사회복지행정학」 제2호, pp.173~189.

황성철(2002), "임파워먼트 모델과 사회복지조직관리," 「한국사회복지행정학」 제6호, pp.65~90.

황성철·강혜규(1994), 「사회복지관 운영평가 및 모형개발」, 한국보건사회연구원.

AASW(1929), Generic and Specific. New York: American Association of Social Workers.

Adams(1963a), Toward an understanding of inequity. Journal of Abnormal and Social Psychology, vol. 67.

Alderfer(1972), Existence. relatedness and growth. New York: Free Press.

Aldrich(1979), Organizations and environment. Englewood Cliffs, NJ: Prentice-Hall.

Aldrich & Pfeffer(1976), Environments of Organizations. Annual Review of Sociology, vol. 2, pp.79~105.

Andreasen & Kotler(2003), Strategic Marketing for Nonprofit Organizations(6th ed.). Upper Saddle River, NJ: Prentice Hall.

Argyris(1999), Marketing: An Introduction(5th ed.). Upper Saddle River, NJ: Prentice-Hall.

Armstong & Kotler(2000), Marketing: An Introduction(5th ed.). Upper Saddle River, NJ: Prentice-Hall.

Arthur Dunham(1929), History and political science. v. 8~10, 12~14 Michigan University, Univ. of Michigan.

Arthur P. Miles(1949 : 11~12), An Introduction to Public Welfare. Boston D.C.: Health and Co.

Austin(1989), Moses Austin(Book Review): McDonald, Archie P. American Historical Review 1989/ Jun89, Vol. 94 Issue 3.

Barber(1965), Some Problems in the Sociology of Professionals, in Professions in America. Edited by K. S. Lynn. Boston: Houghton Mlifflin, pp.15~34.

Barnard(1938), The Function of the Executive. Cambridge: Harvard University Press.

Beson(1975), The Inter organizational Network as a Political Economy, Administrative Science Quarterly.

Bradshaw(1972), City classification handbook: Methods and classification. New York: John Wiley.

Brown(1940), Public Relief: 1929~1939. New York: Henry Holt and Co. pp.273~298.

Brudney(1990), Fostering Volunteer Programs in the Public sector. San Francisco: Jossey-Base Publishers.

Burger와 Luckman(1967), The Social Construction of Reality. New York: Doubleday.

Burns와 Stalker(1961), The Management of Innovation. London: Travistock.

Carlson(1964), "Environmental Constraints and Organizational Consequences: The Public School and Its Clients." in Behavioral Science and Educational Administration. Chicago: National Society for the Study of Education.

Cherin & Meezan(1998), Evaluation as a means of organizational learning.

Cohen & Austin(1994), Organizational learning and change in a public child welfare agency. Administration in Social Work. 18(1), pp.1~19.

Cronin & Taylor(1992), measuring Service Quality: A Reexamination and Extension. Journal of Marketing.

Deal & Kennedy(1982), Corporate Cultures: the Rites and Rituals of Corporate Life. Addison Wesley.

Denison(1990), Corporate Culture and Organizational Effectiveness. New York: John Weiley & Sons.

Deshpande, R. & Webster, F.(1993), Corporate Culture Customer Orientation and Innovativeness in Japanese Firms: A Quadrad Analysis. Journal of Marketing, 57, pp.23~37.

Dill(1958), Environment as an Influence on Managerial Autonomy. Administrative Science

Quarterly, Vol. 2, pp.409~443.

DiMaggio & Powell(1983), The Iron Cage Revisited: Institutional Isomorphism and Collective Rationality in Organizational Fields. American Sociological Review, Vol. 48, pp.147~160.

Easton(1953), The Political system: An Inquiry into the State of Political Science. New York: Alfred A. Knopf.

Edith Abbott(1964), Modern Organizations. Englewood Cliffs, New Jersey: Prentice-Hall.

Fine(1992), Marketing the Public Sector. New Brunswick, NJ: Transaction publishers.

Flippo(1984), Personnel Management. U.S.A.: McGrew-Hill Inc.

Flynn(1985), Social Agency Policy: Analysis and Presentation for Community.

Freeman & Hannan(1983), Niche width and the dynamics of organizational populations. American Journal of Sociology, 88(6), pp.1116~1145.

Fulmer(1988 : 253~275), The New Management(4th ed.). New York: Macmilan Publishing Co.

Gary Wamsley & Mayer Zald(1976), The Political Economy of Public Organizations, Blooming: Indiana University Press.

Gate(1980), Social Program Administration the Implementation & Social Policy. NJ: Prentice-Hall. pp.148~160.

Gilbert & Specht(1977), Planning for Social Welfare. Englewood Cliffs, NJ: Prentice-Hall.

Gilbert & Specht(1986), Dimensions of Social Welfare Policy(2nd ed.). Englewood Cliffs, NJ: Prentice-Hall.

Gronbjerg, Kimmich & Salamon(1985), The Chicago Nonprofit Sector in a Time of Government Retrenchment. Washington, DC: urban Institute.

Gunther & Hawkin(1999), Making TQM Work: Quality Tools for Human Service Organization. NY: Springer Publishing Company.

Hall(1977), Structure and Process(2nd ed.). Englewood Cliffs, NJ: Prentice-Hall.

Hannan & Freeman(1988), Density dependence and the growth of organizational populations. In G, carroll(Ed.), Ecological models of organizations. Cambridge, MA: Ballinger.

Hannan & Freeman(1984), Structural Inertia and Organizational Change American Sociological Review, Vol. 49, pp.49~164.

Hasenfeld, Y & English, R, A(1974), Human Service Organizations, Ann Arbor: The University of Michigan Press.

Hasenfeld(1980), Implementation of Change in Human Service Organizations: A Political Economy Perspective. Social Service Review, Vol. 54.

Hasenfeld(1983), Human Service Organization, Englewood Cliffs, New Jersey: Prentice-Hall, Inc.

Hasenfeld(1992), The Nature of Human service Organizations. In Y. Hansenfeld(Ed.), Human Services as Complex Organizations. Newbury Park, CA: Sage. pp.3~23.

Hatch(1997), Organization Theory. Oxford University Press.

Herzberg(1959), The motivation to work. New york: wiely.

Herzberg(1966), Work and the nature of man. Cleveland: World Publishing.

Hildreth(1988), "Budgeting and Financial Management." in Handbook on Human Services

Administration. Edited by J. Rabin & M. B. steinhauer. New York: Marcel Decker Inc.

Hoy & Miskel(1987), Educational administration: theory, research and practice. New York: Random House.

James Hagerty(1967), McGraw-Hill.

Jones(1983), Transaction Costs, property Rights and Organizational Culture: Exchange perspective. Administrative Science Quarterly, Vol. 28.

Katz & Kahn(1978), The Social Psychology of Organizations(2nd ed.). New York: John Wiley.

Katz & Kahn(1966), The Social Psychology of Organizations. New York: John Wiley.

Kettner & Martin(1993), Performance, accountability and purchase of Service contracting. Administration in Social Work, 17(1), pp.61~79.

Kettner et al.(1985), Initiating change in organizations and communities. Montey: Brooks/Cole.

Kettner Moroney & Martin(1999), Designing and Managing Programs: An Effectiveness-Based Approach(2nd ed.). sage.

Koestler(1979), Random House, pp.23~51.

Komaki, Coombs & Schepman(1996), Motivational Implications of Reinforcement Theory. In Motivation and Leadership at Work. McGrew-Hill.

Kotler & Zaltman(1971), Social Marketing: An approach to Planned Social Change. Journal of Marketing, 35, pp.1~15.

Kotler(1982), Marketing for Nonprofit Organizations. Englewood Cliffs, New Jersey: Prentice-Hall.

Kramer(1981), ch. 14 Voluntary Agencies in the Welfare State. Berkeley: University of California Press.

Kurtz(1998), A case study of a network as a learning organization. Administration in Social Work, 22(2), pp.57~73.

Lauffer(1978), Social Planning at the Community Level. Englewood Cliffs, NJ: Prentice-Hall.

Lawrence & Lorsch(1967), Organization and Environment: managing Differentiation and Integration. Boston: Harvard University Press.

Lewis, J. A., Lewis, M. D., Packard, T. & Soulee, F. S. Jr.(2001), Management of Human Service Programs. Belmont: Wadsworth Com.

Likert(1967), The Human organization: Its management and value. New York: McGraw-Hill.

Locke & Latham(1990), A theory of goal setting & test performance. NJ: Prentice-Hall.

Lohman(1980), Breaking Even: Financial Management in Human Service Organizations. Philadelphia: Temple University Press. pp.152~155.

Lohmann, 신섭중·부성래 역(1989), 「사회복지기관의 재무 관리」, 서울: 대학출판사.

Lovelock & Weinberg(1990), Public and Nonprofit Marketing(2nd ed.). San Francisco, CA: The Scientific Press.

Lubove(1965 : 119), The Professional Altruist. Cambridge: Harvard Univ. Press.

Martin(1993), L.L. Total Quality Management in Human Service Organization. Newbury Park, CA: Sage Publications.

Maslow(1954), Motivation and personality. New York: Harper & Row.

Mayo(1933), The Human problems of an industrial civilization. New York: Macmillan.

McClelland(1961), The achieving society. Princeton, NJ: Van Nostrand.

Merton(1957), Social theory and social structure. New York: Free Press.

Meyer & Rowan(1977), Institutionalized organization: Formal structure as myth and ceremony. American Journal of Sociology, 83, pp.320~363.

Miles, R.(1975), Theories of Management: Implication for Organizational Behavior and Development. New York: McGraw-Hill.

Moore(1986), Organization, policy and practice in the human services. New york: Longman.

Morse & Lorsch(1970), Beyond theory Y. Harvard Business Review, 45, pp.61~68.

Myron(1990), Human Services Management: Analysis and Application. Belmont: Wadsworth Publishing Co.

Narver & Slater(1990), The Effect of a Market Orientation on Business Profitability. Journal of Marketing, 54, pp.20~35.

Netting et al.(1993), Social work macro practice. New York: Longman.

Neugeboren(1985), Organization, Policy and Practice in the Human Services. New York: Longman.

Noe, Hollenbeck, Gerhart & Wright(1997), Human Resource Management(2nd ed.). U.S.A.: IRWIN Inc.

Oberoi & Hales(1990), Assessing the Quality of the Conference Hotel service Industries Journal, 10(4).

Ouchi(1981), Theory Z. Reading. Mass: Addison-Wesley.

Parasuraman, Zeithaml, Berry(1988), Problems and Strategies in Services Marketing. Journal of Marketing. Vol. 49(Spring).

Patti(1983), Social Welfare Administration: Managing Social Programs In A Developmental Context. Englewood Cliffs, New Jersey: Prentice-Hall, Inc.

Patti(1987), Social Welfare Administration: Managing Social Program in a Developmental Context. 성규탁·박경숙 역(사회복지사업관리론), 서울: 법문사. 1988.

Pecora & Austin(1987), Managing Human Services Personnel. U.S.A.: Sage Publications.

Perrow(1986), Complex organizations: A critical essay(3rd ed.). New York: Random House.

Perrow(1967), Framework for the comparative Analysis of Organization. American Sociological Review, Vol. 32.

Pfeffer(1978), External control of Organization. New York: Harper and Row Publication.

Piven & Cloward(1971), Regulating the Poor: the functions of public welfare, Vintage Books, New York.

Posavac & Carey(1980), Program Evaluation. Englewood Cliffs, NJ: Prentice-Hall.

Pruger & Miller(1991), Efficiency and the social services: Part A. Administration in Social Work, 15(1~2), pp.5~23.

R. Clyde White(1980), Administration of Public Welfare. New York: American Book Co.

Robbins(1990), Organizational Theory: Structure, Design and Applications(3rd ed.). Prentice-Hall International, Inc.

Roderick Macleod(1978), program budgeting works in non-profit institutions: In S. Slavin(ED.), Social Administration, New York: Haworth Press.

Ross(1967), Theory, Principles and Practice(2nd ed.). New York: Harper & Row.

Rubin & Babbie(1993), Research Methods for Social Work(2nd ed.). Pacific Grove, CA: Brooks & Cole Publishing Company.

Sargeant(1999), Marketing Management for Nonprofit Organization. Oxford University Press.

Sarri, R. C. (1971), Administration in Social Welfare. Social Work Yearbook(16th ed.). Vol. 1. New York: National Association of social workers.

Sarri(1973), Facing the Challenge. New York: Council on Social Work Education.

Schein(1985), Organizational Culture and Leadership. San Francisco: Jossey-Bass.

Schoech(1995), Information systems. In R. Edwards(Ed.), Encyclopedia of social work(19th ed.). Washington, DC: NASW Press.

Schoech(1999), Human Services Technology: understanding, designing and implementing computer and internet applications in the social services. New York: Haworth Press.

Scott(1981), Organizations: Rational, Natural and Open Systems. Englewood Cliffs, NJ: Prentice-Hall.

Scott(1987), Rational, Natural and Open systems(2nd ed.). Englewood Cliffs, NJ: Prentice-Hall.

Scott(1998), Organizations: Rational, Natural and open systems. Englewood Cliffs, NJ: Prentice-Hall.

Senge(1990), The fifth discipline: the art and practice of the learning organization. New York: Doubleday.

Skidmore(1983), Social Work Administration: Dynamic Management and Human Relations. Englewood Cliffs, NJ: Prentice-Hall.

Skidmore(1990), Social Work Administration: Dynamic Management and Human Relationships(2nd ed.). Englewood Cliffs, NJ: Prentice-Hall.

Skidmore(1995), Social Work Administration. Englewood Cliffs, NJ: Prentice-Hall.

Skinner(1974), About behaviorism. New York: Vintage.

Smith(1945), Management of Your Government. New York: McGrow-Hill.

Swiss(1992), Adapting Total Quality Management(TQM) to Government, Public Administration Review, 52(July/August).

Thomas(1992), The Personal Side of Street-Level Bureaucracy. Urban Affairs Quarterly.

Thompson(1967) Organizations in Action. New York: McGrew-Hill.

Trecker(1977), Social Work Administration: Principles and Practice. New York: Association Press.

Vandamme & Leunis(1993), Development of a Multiple-Item Scale for Measuring Hospital Service Quality. International Journal of Service Industry Management, 4(3).

Vroom(1964), Work and motivation. New York: Wiely.

Walter A. Friedlander & Robert Z. Apte(1974), Introduction to Social Welfare(4th ed.), Englewood Cliffs, NJ: Prentice-Hall.

Weber(1947), The Theory of Social and Economic Organization, translated by A.M. Henderson and T. Parsons, N.Y: The Free Press.

Webster & Hung(1994), Measuring Service Quality and Promoting Decentring. The TQM Magazine, 6(5).

Weinbach(2002), The Social Worker as manager: A Practical Guide to Success(4th ed.). Brown: Allyn & Bacon.

Weinbach(1990), The Social Worker as Manager: Theory and Practice. New York: Longman.

Weiner, Y.(1988), Fomes of Value Systems: A Focus on Organizational Effectiveness and Cultural change and Maintenance, Academy of Management Review, Vol. 13(4).

Weiner(1990), Human Service Management: Analysis and Applications(2nd ed.). Belmont, CA: Wedsworth.

Woodward(1965), Industrial Organization: Theory and Practice. London: Oxford University Press.

York(1982), Human Service Planning. Chapel Hill: The University of North Carolina Press.

Zastrow(1999), The Practice of social work(6th ed.). Pacific Grove, CA: Brooks & Cole.

Zeithaml, Parasuraman & Berry(1985), Problems and Strategies in Services Marketing, Journal of Marketing, Vol. 49(Spring).

Zucker(1988), where do institutional patterns come from? Organizations as actors in social systems. In L. Zucker(Ed.), Institutional patterns and organizations. Cambridge, MA: Ballinger.

明山和夫(1957), 社會福祉行政論, 東京: 關西院.

찾아보기

저자약력

윤권종(尹權鍾)
충남 공주에서 태어나서 천안에 삶
배재대학교 행정학박사
천안아산경제실천시민연합 정책위원장
한국매니페스토 충남본부 정책위원장
선문대, 배재대, 백석대, 상명대, 호서대, 충청남도교육연수원 강사 재직

주요저서

상생협력과 갈등관리(공저, 2009)
葛藤管理論(2010)

연구논문

"충청남도 공무원의 직무가 조직몰입에 미치는 영향에 관한 분석"(2008.12.)
"地方公務員의 勞組沒入 決定要因 分析"(2008.11.)
"地方公務員의 勞組沒入이 職務滿足과 職務成果에 미치는 影響에 관한 硏究"(2008.8.)
"公務員勞組沒入이 職務에 미치는 影響에 관한 分析"(2008.8.)
"지방정부의 경쟁력제고를 위한 노조몰입이 직무에 미치는 영향분석"(2008.7.)
"제3섹터 方式의 住民Ombudsman制度에 關한 硏究"(2007.3.)

함께하는 행복한 복지사회 –사회복지행정론–

초판인쇄   2014년 1월 10일
초판발행   2014년 1월 20일

지은이   윤권종
펴낸이   안종만

편 집   김선민 · 배우리
기획/마케팅   안상준
표지디자인   홍실비아
제 작   우인도 · 고철민

펴낸곳   (주) **박영사**
           서울특별시 종로구 평동 13-31번지
           등록 1959. 3. 11. 제300-1959-1호(倫)

전 화   02)733-6771
f a x   02)736-4818
e-mail   pys@pybook.co.kr
homepage   www.pybook.co.kr
ISBN   979-11-303-0044-3   93330

* 잘못된 책은 바꿔드립니다. 본서의 무단복제행위를 금합니다.
* 저자와 협의하여 인지첩부를 생략합니다.

정 가   23,000원